청소년을 위한 DBT®

다이어렉티컬 행동치료

감정조절장애와 경계선 성격장애 치료를 위한 매뉴얼

DBT ® SKILLS MANUAL FOR ADOLESCENTS

저자에 관하여

Jill H. Rathus 박사는 롱 아일랜드대학 C.W. Post 캠퍼스의 심리학 교수이며, 다이어렉티컬 행동치료 (Dialectical Behavior Therapy, DBT)의 scientist-practitioner 훈련 프로그램을 운영하고 있다. Rathus 박사는 뉴욕 그레이트넥에서 다이어렉티컬 행동치료와 인지행동치료(Cognitive Behavior Therapy, CBT)를 위한 치료 기관인 인지행동치료 전문가 그룹의 공동 디렉터이기도 하다. Rathus 박사는 Alec L. Miller 박사와 마샤 리네한 박사와 함께 『Dialectical Behavior Therapy with Suicidal Adolescents』의 공동 저자이기도 하다. Rathus 박사의 관심 연구 주제는 DBT, CBT, 청소년 자살, 결혼으로 인한 고통, 연인 간의 폭력, 불안장애, 심리평가를 포함하며, 이 분야에서 수많은 연구 논문과 저서를 출간하였다. Rathus 박사는 심리학 관련 연구 논문들의 검토자이고 치료 프로그램 개발에 대한 자문을 하고 있으며 해외 정신 건강 전문가들을 훈련하고 있다.

Alec L. Miller 박사는 알버트 아인슈타인 의과 대학, 몬테피오레 병원의 임상 정신의학 및 행동과학 교수이자 아동 청소년 심리학과 과장이며 청소년 우울증과 자살 예방 프로그램의 디렉터이다. 그는 뉴욕 웨스트체스터와 맨하탄에 있는 인지행동치료 자문 그룹의 공동 설립자이기도 하다. Miller 박사는 DBT와 청소년 자살, 아동 학대, 경계선 성격장애와 관련된 논문과 저서를 게재하였고, DBT를 배우고자 하는 수천 명의 정신건강전문가들을 훈련시켰다. 그는 미국 심리학회의 12분과(임상심리학)와 53분과(임상 아동 및 청소년 심리)의 펠로우이다. 그는 Jill H. Rathus 박사와 마샤 리네한 박사와 함께 『Dialectical Behavior Therapy with Suicidal Adolescents』의 공동 저자이다.

한국어판 저자 서문

우리가 마샤 리네한 박사를 처음 만난 것은 미국 시애틀에서 열린 다이어렉티컬 행동치료(DBT) Intensive Training에서 였습니다. 리네한 박사는 인지행동치료 모델에 혁신적으로 마인드풀니스와 수용이라는 주요 요인을 추가하였고, 이러한 새로운 접근방법은 뉴욕 브롱스의 몬테피오레 병원에서 치료받고 있던 청소년들에게 매우 유용할 것이라고 생각하였습니다. DBT의 핵심적인 이론과 전략은 청소년의 자살행동이나 반복적인 위기상황과 입원, 그리고 그동안 청소년들에게는 치료 효과가 없었던 심리치료기법과 관련된 다양한 문제들을 해결할 수 있었습니다. 『청소년을 위한 DBT 다이어렉티컬 행동치료』매뉴얼은 저희가 성취한 임상 및 연구 성과를 기반으로 출간되었습니다. 이 매뉴얼은 복합적 문제를 안고 자해적 행동을 하는 청소년 뿐 아니라 일반 청소년 그룹에도 적용할 수 있도록 구성되었고, DBT의 영역을 확장시켰습니다.

청소년을 위한 DBT를 개발하면서 프로그램을 수정하고 시행하는 것이 결코 쉬운 일은 아니었습니다. 새로운 모듈을 추가할 때마다 무수히 많은 도전이 있었고, DBT의 원형을 유지하면서 청소년 발달에 적절한 치료적 접근을 개발하기 위해 수많은 연구를 반복적으로 해야했습니다. 이 책이 나오게 되기까지 DBT가 청소년들에게 치료적 효과가 있을 것으로 생각하고, 그 잠재력을 잘 알고 있던 리네한 박사와 동료들의 도움과 격려가 있었습니다. 표준 DBT에 추가하여 청소년 DBT에는 중도의 길 걷기라는 새로운 스킬 모듈이 추가되었고 부모를 위한 치료적 개입과 심리교육적 내용, 가족회기, 또한 부모를 스킬훈련에 직접 참여시켜 청소년 뿐 아니라 부모에게도 더욱 지지적인 환경을 조성하였습니다.

저희는 청소년용 DBT를 개발하면서 좀 더 많은 청소년들이 이 효과적인 치료에 접근이 가능하도록 해야한다는 사명감을 가지고 있었습니다. 이 심도있는 청소년과 가족을 위한 스킬훈련 자료가 감정조절장애와 행동조절장애로 괴로움과 고통을 겪는 청소년들의 삶에 큰 도움이 될 것이라고 생각합니다. 이 책이 문화와 언어의 장벽을 넘어 번역되고 널리 퍼지게 되는 것에 대해 매우 기쁘게 생각합니다.

2005년부터 한국에서 DBT를 올바르게 전달하려는 조용범 박사와 다이어렉티컬 행동치료센터-한국본부/더트리그룹의 전문가들의 노력에 감사를 표합니다. DBT를 훈련시키고 수퍼비젼하는 것은 결코 쉬운 일이 아닙니다. 치료자들이 미국의 기준에 면밀히 따르도록 하는 데에는 헌신과 열정이 필요하기 때문입니다. 이 모든 노력이 DBT에 관한 주요 저서를 올바르고 명확하게 번역하려는 의지로 나타났다고 생각합니다. 이 책과 함께 올해 한국에서 번역 출간 예정인 리네한 박사의 두 권의 DBT 스킬훈련 매뉴얼이 역시 그 산물입니다.

임상적 지식과 연구 결과가 결집된 DBT 매뉴얼을 번역하는 것은 단순히 언어와 개념을 이해하는 것만으로는 부족합니다. 원문에 있는 내용을 잘 전달하기 위해 적절한 용어를 찾고 만들 때, 문화적으로 왜곡 없이 호환되도록 하기 위해서는 두 문화권에 대한 깊고 통찰력있는 지식과 DBT라는 전문 분야에 대한 깊은 이해를 필요로 합니다. 한국어는 라틴어 기반의 언어가 아니기 때문에 번역 과정에서 기술적인 부분과 문화적 부분의 어려움이 많았을 것입니다. 이 스킬 매뉴얼을 번역하기 위해 수많은 전문가 시간과 에너지, 그리고 헌신이 있었을 것이라는 점은 의심할 여지가 없습니다. 실제로 3년여에 걸쳐 번역을 하면서, 초본을 자살행동과 감정조절장애 증상을 보이는 한국의 청소년과 그 가족들에게 실제로 적용함으로써 완결성을 높였습니다.

이 매뉴얼의 번역은 한국 DBT 센터의 중요한 업적이 될 것입니다. 한국은 세계에서 가장 높은 자살율을 보이는 국가이며, 자살은 한국 청소년의 주요 사망 원인입니다. DBT는 자살 및 자해행동을 치료하기 위해서 이론화된 치료 모듈로써 자살행동에 대한 관리와 감정조절과 행동조절 문제를 치료할 수 있도록 만들어졌습니다. 이 청소년 DBT 스킬을 통해 수많은 청소년과 그 가족들이 도움을 받고, 그들의 삶의 궤적이 변화되기를 바랍니다.

그러나 이 책에 있는 내용만으로 효과적인 DBT 치료자가 되기에는 충분하지 않습니다. 자질을 갖춘 DBT 치료자가 되기 위해서는 적절한 수련과 DBT 치료 모드와 전략 그리고 윤리규정을 엄격하게 따라야 하며 이것이 성공적인 DBT 치료를 하는 필수 조건입니다.

저희는 『청소년을 위한 DBT 다이어렉티컬 행동치료』 한국어 판을 통해 한국의 청소년, 또 그 가족들과 연결될 수 있어 정말 기쁘게 생각합니다. 우리는 이 책을 접한 치료자와 청소년, 그리고 가족들이 미국에서와 마찬가지로 DBT를 통해 새로운 희망을 얻게 되기를 바랍니다.

공동 저자

Jill H. Rathus · Alec L. Miller

역자 서문

Marsha Linehan 박사의 다이어렉티컬 행동치료 (Dialectical Behavior Therapy, DBT)에 관한 최초의 저서인 『경계선 성격장애 치료를 위한 다이어렉티컬 행동치료』가 출판된 지 24년이 지났고, 한국에 역서를 출판한 지는 이제 10년이 되었다. 그동안 DBT 는 전 세계적으로 없어서는 안되는 중요한 치료기법으로 자리매김하였다. 병원을 포함한 다양한 임상현장과 교육현장에 적용되어 수많은 사람들에게 새로운 삶과 희망을 주었다. 감정조절이 되지 않아 마음의 고통과 괴로움 속에서 죽음을 생각했던 사람들, 자신의 문제를 자각하지도, 해결하지도 못하여 본인의 의도와는 관계없이 주변 사람들과 끊임없는 마찰을 일으키는 사람들, 그리고 어떻게 해야 감정을 다스리고 새로운 행동을 배워 의미 있는 삶을 살 수 있는지에 대해 아무런 가이드가 없었던 사람들, 이런 사람들에게 DBT는 생명을 주는 약처럼, 기적같은 삶의 변화를 일으켰다.

지난 15년간 더트리그룹/다이어렉티컬 행동치료센터-한국본부에서 인연이 되어 찾아온 수많은 내담자들을 만나고 치료하며, 그들의 고통과 상처에 함께 공감하고, 때로는 같이 괴로워하고, 같이 웃으며 DBT 치료를 진행하였다. 마샤 리네한 박사는 직접 한국에 방문하여 우리 기관에서 주최한 워크숍을 통해 전문가들을 교육하였다. DBT의 총본부가 있는 미국 시애틀의 핵심 전문가인 Anthony DuBose 박사 (現 Behavioral Tech., Chief Training Executive & Director of CE/CME)와 Jennifer Sayrs 박사(現 Evidence Based Treatment Centers of Seattle, Executive Director) 팀과 더트리그룹 DBT 팀은 서울과 시애틀을 교차 방문하며 올바른 DBT를 시행할 수 있도록 하였다. DBT 교육, 수련 및 치료 시스템과 운영 시스템은 놀라울 만큼 치밀하고, 철저하고, 윤리적이며, 동정심을 기반으로 구성되어 있다. 아마도 현존하는 최고의 시스템일 것이라고 역자는 생각한다.

---

[1] 마샤 리네한은 Dialectical Behavior Therapy(DBT)를 명명하면서, 다이어렉티컬(Dialectical)은 단순히 철학적 의미의 변증법만을 의미하는 것이 아니라, 심리치료를 할 때 치료자가 수용과 변화의 태도를 유지하고, 내담자가 균형 잡힌 새로운 성격 구조를 유지하게 하며, 설득하는 대화(dialogue)와 관계를 맺는 방식, 그리고 끊임없이 변하는 현실(reality)에 대한 인식 등을 포괄하는 철학적 세계관이라고 규정하였다. 역자는 리네한 박사와 미국의 심리학자와 정신과 의사, 그리고 한국 서양고대철학 전문가들과 숙의과정을 거쳐 영문명을 그대로 음역하여 '다이어렉티컬'로 명명하였다.

[2] '마인드풀니스(mindfulness)'는 1970년대 미국에서 선불교와 남방불교의 위빠사나 수행기법을 문화적으로 순화시켜 미국사람들이 자신의 의식 과정에 대한 깨달음을 얻어, 풍요롭고 행복한 마음의 상태를 유지하도록 한 방편적인 수행기법이다. 마인드풀니스는 미국문화의 맥락(context)에서 마음(mind-)이 충만한(-fulness) 상태를 언급하는 고유명사이다. 그 역사-문화적인 의미를 축소시키지 않기 위해 음역하여 사용하였다. DBT 에서는 틱낫한의 마인드풀니스를 감정조절의 중요한 수행 방법으로 사용하고 있다. 하지만 이를 치료적으로 상품화하는 것에 대해서는 경계하고 있음을 밝힌다. 특히, 마인드풀니스를 가르쳐야 하는 DBT 치료자는 깊이 있는 기독교 혹은 불교 명상수행과 스승으로부터 철저한 검증을 받아, 비윤리적인 적용을 하지 않도록 늘 경계해야 한다.

역자는 1998년에 처음 다이어렉티컬 행동치료를 뉴욕의 쥬커힐사이드 병원에서 수련을 받던 중 접하게 되었다. 새로운 치료기법을 임상현장에서 다양한 인종과 문화권에 있는 내담자들에게 적용하면서, 내담자들에게서 믿을 수 없는 변화를 보게 되었다. 감정조절이 되지 않아 충동적인 행동을 하고, 심지어 자해적 행동을 하여 입원병동을 수시로 방문했던 사람들이 DBT 치료를 한 지 7개월쯤 뒤에는 새로운 직장을 갖고 새로운 관계를 맺기 시작했다. 한국인을 대상으로 한 DBT 에서는 이민 1세대인 분들의 대표적인 증상인 화병증상이 DBT 스킬을 배워 완화되기도 하였다. 지난 15년간 우리는 감정조절과 연관된 다양한 증상을 호소하는 성인과 청소년 그리고 부모를 대상으로 DBT 개인치료와 스킬훈련그룹 (우리는 DBT Class라고 불렀다)을 시행하였다. 초기에는 청소년과 부모를 대상으로 한 매뉴얼이 아직 출간 전이었기때문에, 성인을 위한 매뉴얼을 주교재로 사용하고, 리네한 박사의 시애틀 팀을 통해 청소년용 DBT 연구자료를 제공받아 사용하였다.

청소년을 위한 DBT 다이어렉티컬 행동치료의 저자 Rathus박사와 Miller 박사는 DBT 초기 전문가 그룹을 형성한 주요 멤버이다. DBT의 연구 및 임상적 적용 영역을 청소년과 가족에게 확장시킨 심리학자들이다. 이들의 노력이 없었다면 청소년을 위한 이렇게 세심한 DBT 매뉴얼과 자료가 만들어질 수 없었을 것이다. DBT 치료자들은 유독 헌신적인 분들이 많다. 리네한 박사의 평생에 걸친 연구와 치료, 그리고 내담자에 대한 측은지심은 가까이에서 경험한 사람이라면 그 깊이에 놀라게 된다. 연구현장과 임상현장에서 높은 전문성과 윤리성 그리고 종교적 헌신이 결합된 DBT를 세계 곳곳에서 시행하는 치료자는 매우 특별한 사람들이다. 그들은 모두 마인드풀니스를 기반으로 한 깊은 종교적 견해와 수행력을 가지고 있고, 지나친 상업성을 경계하며 윤리규정을 지키려 노력한다. 결코 '만만치 않은' DBT를 '만만치 않은' 내담자들에게 '만만치 않은' 시간과 노력을 들여 치료하는 사람들이다. 어쩌면 그만큼 DBT 치료를 받은 내담자들과 가족은 행운일 수도 있겠다.

이 청소년 매뉴얼 영문판이 미국에서 출간된 해인 2015년에 리네한 박사는 1993년 저서의 제2판인 『전문가를 위한 DBT 다이어렉티컬 행동치료』(DBT Skills Training Manual, 2nd edition)와 『DBT 다이어렉티컬 행동치료 워크북』(DBT Skills Training Handouts and Worksheets, 2nd edition)을 출간하였고, 우리 팀은 어마어마한 분량의 촘촘하게 짜인 매뉴얼을 번역하기에 이르렀다. 청소년을 위한 DBT 다이어렉티컬 행동치료와 함께 리네한 박사의 최근 출간된 저서는 지난 25년간 DBT 치료의 결정체로써 전문가들과 내담자들에게 큰 도움이 될 것이다. 총 3권의 역서에서 나오는 판매 수익은 올바른 DBT 치료를 위한 학술 및 출판 업무와 한국DBT 센터의 운영에 쓰여지게 될 것이다.

역자는 이 서문을 빌어 이 책이 출간될 수 있도록 도움을 준 모든 더트리그룹의 스태프 선생님들께 감사를 드린다. 이분들의 헌신적인 노력으로 이 번역서가 출간될 수 있었다. 이 역서가 감정조절의 어려움으로 고통받는 청소년들과 부모, 그리고 보호자들에게 새로운 삶의 기회를 줄 수 있도록 적극적이고 윤리적으로 활용되기를 바라며, 지금도 깊은 상처와 고통으로 어두움에 갇혀있는 모든 분들께 이 책을 바친다.

2017년
역자 조용범

마샤 리네한의 서문

Jill Rathus 박사와 Alec Miller 박사는 초기 다이어렉티컬 행동치료(Dialectical Behavior Therapy, DBT®) Intensive Training 과정에 참여한 분들입니다. 두 분은 뉴욕에 있는 몬테피오레 병원에서 대도시에 거주하며, 자살위기와 복합적 문제를 겪고 있는 청소년을 돕기 위해 DBT를 배우고, 이를 적용했습니다. 두 분이 DBT Intensive Training 과정 Part 2에서 자신들이 운용하고 있는 프로그램에 대해 발표했을때, DBT 치료에 대한 깊은 이해와 청소년에게 DBT를 적용하기 위한 사려 깊은 태도와 열정 그리고 동정심에 깊은 감명을 받았습니다. 저는 그 때 그 분들의 접근이 DBT를 필요로 하는 청소년을 위해서, 그리고 DBT 자체를 위해서 얼마나 훌륭한 것인지 깨달았습니다.

Rathus 박사와 Miller 박사는 독창적이고 창의적이며 청소년 발달에 적합한 요소들이 포함된 새로운 형태의 DBT를 시작하였고, 스킬 훈련과 가족치료 세션, 부모님 코칭 모듈 속에 가족을 포함시켜 청소년의 환경적 요인을 직접적으로 다루었습니다. 이러한 방식은 청소년을 도와줄 뿐만 아니라 낙담해 있는 부모에게 무엇을 어떻게 해야 하는지에 대해 알려줄 수 있었습니다. 그들은 부모와 자녀, 부모 간, 청소년과 치료자 간의 갈등 문제를 파악하였고, 갈등 속에서 새로운 다이어렉티컬 딜레마를 발견했습니다. 또한 가족 내 갈등을 다루기 위해 DBT 치료자 뿐만 아니라 청소년과 부모에게 다이어렉틱스를 스킬화하여 교육하고, 꼭 필요한 수인하기 스킬과 가족들 간에 잘못 사용하여 문제가 되는 행동수정 스킬들이 포함된 새로운 스킬 모듈을 개발하였습니다. 이들은 부모에게 생물사회이론을 가르칠 수 있는 상세한 방법을 만들었고, 부모와 자녀가 서로의 행동에 대해 부정적으로 귀인하는 문제를 다루기 위한 DBT 의 기본 가정을 설명하는 강의 내용을 개발했으며, 비밀유지조항 문제를 다루는 방법과 청소년들이 흥미를 느낄 수 있는 마인드풀니스 연습 방법을 만들었습니다. 이것은 이분들이 이루어낸 창의적인 업적 가운데 일부분에 불과합니다. 이들의 혁신적인 접근 방법은 『Dialectical Behavior Therapy with Suicidal Adolescents』에 상세하게 기술되어 있습니다. Rathus 박사와 Miller 박사는 2007년에 청소년 중심의 치료 방법을 책으로 써냈으며, 단지 저는 공동 저자로 참여하여 필요할 때 자문 역할을 맡았습니다. 그 책은 청소년에게 적용하는 DBT의 주요 저서이며, 이 책은 동반자와 같은 책이라고 볼 수 있습니다.

지난 20여년 간 Jill Rathus 박사와 Alec Miller 박사는 수많은 연구 논문을 발표하고, 치료 서비스를 확장시켰으며, 청소년을 위한 DBT프로그램을 실행시키기 위해 세계의 수많은 전문가들을 훈련하고 있습니다. 이들은 청소년 DBT 프로그램을 국제적으로 확산시키는 데 중심 역할을 하는 전문가로서 이전에는 치료 기관과 임상적 연구에서 배제되었던 청소년과 그 가족들에게 치료를 전파하고 있습니다.

이 책은 청소년 DBT에 관한 최신의 연구 업적으로, 2007년에 출간된 책과 함께 큰 영향력을 끼치게 될 것이며, 여러 현장에서 치료자가 다양한 정서 행동 문제를 보이는 청소년들의 증상을 치료하는데 도움을 줄 것입니다. 이 책은 총 10개의 장으로 청소년과 보호자들에게 스킬훈련을 시행하도록 구성되어 있습니다. 1장부터 4장에서는 치료자가 청소년 DBT 스킬훈련 프로그램을 구축하고 구조화하는데 필요한 모든 것을 설명하고 있습니다. 이 부분에는 스킬훈련과 그룹관리전략, 스킬훈련의 문제점, 다양한 기초 스킬훈련의 유형(format), 청소년과 부모에게 나타나는 치료방해 행동, 스킬훈련 시 나타나는 다이어렉티컬 긴장 상태, 다이어렉티컬 딜레마와 연관된 주요 치료 목표에 관한 내용이 담겨 있습니다. 또한 개인치료 상황과 가족치료 상황, 그리고 스킬훈련 모듈 전체를 포함하는 다양한 주제의 문제 및 질문에 대한 해결책을 제시하였습니다. 6장부터 10장은 각각의 청소년 스킬훈련 모듈에 상응하는 마인드풀니스, 고통감내, 중도의 길 걷기, 감정조절, 대인관계 스킬의 강의 노트입니다. 이 강의 노트에는 치료자가 스킬그룹에서 '어떻게 강의할 것인지'에 대한 기본 내용뿐 아니라, 청소년과 가족을 염두에 둔 교훈적 이야기, 사례, 연습 과제, 역할극, 그리고 청소년과 부모에게 질문을 던지거나 도전 과제를 주어 반응을 유도하는 저자의 임상적 지혜가 담겨 있습니다.

마지막으로 이 책에는 DBT스킬 세트 전체와 스킬 연습을 위한 워크시트가 있습니다. 저희는 워싱턴 주립 대학교(University of Washington)에서 자살위기를 보이는 청소년 내담자에게 성인용 자료와 워크시트를 사용했지만(실제로 청소년이 부모보다 내용을 더 잘 이해했던 것 같습니다), 많은 청소년 치료 전문가들은 청소년만을 위해 특별히 기획된 이 책에 있는 DBT 스킬을 더 친숙하게 느끼게 될 것입니다. Rathus 박사와 Miller 박사는 표준 DBT(Standard DBT)의 주요 스킬 내용을 잘 유지하면서, 동시에 부모와 자녀가 함께 할 수 있는 즐거운 활동이나 청소년을 위한 즐거운 활동, 또 학교에서 활용할 수 있는 위기생존 전략과 같은 청소년과 가족에게 적합한 새로운 스킬을 추가하였습니다.

Jill Rathus 박사와 Alec Miller 박사가 청소년 DBT 분야에서 최고의 전문가라는 것은 분명한 사실입니다. 빠르게 성장하는 청소년 DBT 분야에서 두 분만큼 청소년 치료에 대해 모든 것을 알고 있는 치료자는 없을 것입니다. 이 책은 치료자들이 청소년과 그 가족들에게 어떻게 접근하여 치료에 참여하게 하고, 새로운 희망을 주는지에 대해 상세하게 설명하고 있습니다. 이 스킬 매뉴얼은 두 분에게 중요한 업적이 될 것이고, 많은 전문가들의 치료 효과를 높여 수많은 생명을 살리게 될 것입니다.

마샤 M. 리네한 박사, ABPP
미국 워싱턴 주립 대학

저자 서문

마샤 리네한의 다이어렉티컬 행동치료(DBT®; Linehan, Armstrong, Suarez, Allmon & Heard, 1991; Linehan, 1993a, 1993b)는 인지행동치료에 대변혁을 일으키며, 마인드풀니스, 수용과 같은 요인을 지금의 행동적 접근에 녹아들게 하였다. 리네한 박사는 감정조절장애나 행동조절장애와 같은 복잡한 문제를 치료하는 기술을 개발하여, 기존에 치료자들이 다루기 힘들어했던 내담자들을 동정적인 마음으로 치료를 할 수 있게 하였다.

리네한 박사는 자살행동과 자해행동을 보이는 자살 고위험군 내담자를 위하여 DBT를 개발하였다. 이 치료 기법은 어떤 문제가 발생하였을 때마다 해결책을 개발하여 체계화하는 방식으로 발전되어 왔다. DBT 치료를 받는 내담자들은 특정 능력이 결핍되어 있기 때문에 리네한 박사는 이 문제를 다루기 위하여 내담자들에게 감정을 조절하는 방법, 자신의 내적 상태를 자각하여 주의집중하는 방법, 고통을 감내하는 방법과 만족스러운 대인관계를 형성하고 유지하도록 돕는 방법을 담은 표준화된 스킬 세트를 개발하였다. 또한 치료자가 내담자의 위기상황을 관리하고 있을 때는 새로운 스킬을 교육할 여유가 없기 때문에 스킬훈련을 독립된 모듈로 분리하여 교육하도록 하였다. 리네한 박사는 DBT를 하나의 통합된 치료 패키지로 디자인하여, 스킬훈련과 개인치료, 회기 간 전화 코칭, 치료자를 위한 자문을 포함시켰다(Linehan, 1993a, 1993b).

우리는 1990년대에 처음으로 외래 클리닉에서 자살위기와 함께 복합적인 문제를 가지고 있는 청소년과 그 가족들에게 DBT를 적용하였으며, 초기에 개발된 리네한 박사의 스킬훈련 매뉴얼을 사용하였다(1993b). 당시에는 많은 청소년과 부모들은 그 자료를 읽고 이해하는데 한계가 있다는 것을 알았지만, 초기의 DBT 내용을 온전히 파악하고 사용하기 전까지 기본 프로토콜을 변형시켜 적용하지 않았다. 우리는 내용을 수정하기에 앞서 청소년 환자와 그 가족 혹은 보호자에게 성인용 매뉴얼을 있는 그대로 적용하며 임상적 정보를 얻기 시작했다.

청소년을 위한 성인용 스킬훈련 매뉴얼 수정

초기 성인용 매뉴얼을 수정해 나갈 때 우리는 참여자의 직접적인 피드백과 우리의 임상적 관찰 정보를 활용했다(Miller, Rathus, Linehan, Wetzler, & Leigh, 1997). 우리는 이 매뉴얼을 위해 2007년에 출판된 『Dialectical Behavior Therapy with Suicidal Adolescents』(Miller, Rathus, & Linehan, 2007)에 있는 내용을 반영한 후, 다시 수정하여 출간하게 되었다.

우리는 다이어렉틱스의 기본 원리와, 생물사회이론, DBT의 기능, 가정, 치료를 위한 주요 목표, 변화를 위한 절차, 치료 전략(핵심 마인드풀니스, 다이어렉티컬, 스타일리스틱, 케이스 관리 전략), DBT 스킬과 같은 DBT의 필수 요인들은 그대로 유지하면서 꼭 필요한 부분만을 수정했다. 우리가 리네한 박사의 DBT 스킬의 원형을 모두 유지한 이유는 다음과 같다. (1) DBT 스킬 가운데 어떠한 부분이 치료에 필수적이지 않은지 구분할 수 없다. (2) 내담자마다 어떤 스킬이 가장 도움이 되는지에 대해 모두 다르게 반응했기 때문에 모든 스킬에 노출시키는 것이 가장 도움이 될 것이라고 보았다. (3) 내담자들이 스킬훈련 그룹 시간에 모든 스킬을 다 익히기는 어렵기 때문에, 집에서 연습 과제를 수행하고 복습하며, 개인치료 시간에 문제해결을 하고, 전화 코칭 시간에는 실제로 스킬을 적용하면서 숙련감을 높일 수 있도록 구성되어 있다. (4) 2장에 기술한 대로 내담자는 스킬 모듈을 반복해서 학습하거나 혹은 졸업자 그룹에서 여러 차례 배울 기회를 갖는 것이 좋기 때문이다.

이러한 방식을 충실하고 정확하게 따르기 위해 청소년을 위한 DBT를 시행하는 치료자는 DBT를 잘 알고 있어야 하고, 청소년을 위한 DBT가 기존 표준 DBT와 다르지 않다는 것을 인식하고 있어야만 한다. 우리가 리네한 박사와 공동 집필한 2007년 책(Miller et al., 2007)에서는 청소년 그룹에 관한 연구와 임상적 치료 과정에 관한 내용을 담고 있으며, 리네한 박사가 개발한 DBT 치료방법의 원형을 따르고 있다.

우리는 DBT 치료를 청소년의 특성에 맞게 수정하였는데, 그 이유는 청소년은 성인과 감정적/인지적 발달 단계가 다르고, 대부분 학교를 다니고 가족과 함께 거주하며, 치료를 포함한 일상 생활에서 가족에게 많이 의존하기 때문이다. 따라서 발달적으로 적절하면서도 가족을 기반으로 한 치료 목표, 인지적 처리 과정과 능력의 차이점, 특수한 책임 문제, 환경(주 보호자)에 대한 개입을 고려하였다. 청소년에게 적절한 삶의 질과 연관된 치료 목표와(예: 학교 결석) 청소년 가족의 2차적 치료 목표를 찾았고, 청소년과의 적절한 치료적 관계를 강조했으며, 환경적으로 개입하는 방법을 더 많이 활용하였다. 치료과정에 부모를 포함시킨다는 것은 스킬훈련에 부모를 참여시키고, 필요할 때 가족 혹은 부모에게 치료를 제공하는 것을 말한다. 스킬훈련에 부모를 참여시키면서 우리는 "중도의 길 걷기"라는 가족을 기반으로 한 모듈을 추가하였다. 또 청소년의 인지 처리 과정과 능력의 차이점을 감안하여 기존 스킬훈련 자료의 용어와 형태를 수정하였다. 또한 다음 사항을 추가하였다. (1) 전체적으로 내용을 줄였고, (2) 자료 하나에 담는 정보의 양을 제한하였으며, (3) 상당수의 내담자와 부모의 모국어가 영어가 아니어서 중학교 2학년 수준의 영어 읽기 능력을 가지고 있기 때문에 용어를 단순화 하였다. (4) 또한 청소년 발달 상황에 맞게 교훈적 이야기와 연습 과제, 자료에 제시된 예시, 강의 노트 등을 조정하였고, (5) 주의분산이 심하고 감정조절이 어려운 청소년에게 더욱 시각적, 정서적으로 다가가기 위해 삽화와 사진 다양한 글씨체를 추가하였다. (6) 양극화된 갈등, 극단적 행동, 비수인 행동, 효과적이지 않은 행동과 같이 청소년과 가족을 치료하는 과정에서 흔히 나타나는 문제를 다루기 위해 중도의 길 걷기 스킬이라 불리는 5번째 모듈을 추가 하였다. 이 모듈은 (1) 극단적 사고와 행동을 줄이고, 상대방의 관점을 수용하는 태도를 증가시키기 위한 다이어렉틱스의 기본 원리와 청소년-가족 간의 다이어렉티컬 딜레마를 가르치며, (2) 수인하기 스킬을 교육하고, (3) 자신과 다른 사람의 행동 변화를 일으키는 행동 수정 및 학습의 원리와 전략을 교육하게 된다. 우리는 이렇게 수정을 함으로써 리네한 박사의 DBT 스킬을 청소년에게 효과적으로 전달할 수 있다고 믿는다.

이 매뉴얼에 추가된 스킬들

이 매뉴얼에는 리네한 박사의 DBT 전체 스킬 세트(Linehan, 1993a)와 2007년 발간된 책(Miller et al., 2007)에 소개된 중도의 길 걷기 스킬 모듈과 함께 여러 가지 스킬들이 추가로 포함되어 있다. "위기생존 스킬: 극단적 감정을 조절하기 위한 TIPP 스킬"(고통감내 스킬 자료 11), "숙련감을 쌓고 문제에 미리 대비하기"(감정조절 스킬 자료 15), "사실을 확인하고 문제해결하기"(감정조절 스킬 자료 19), "지혜로운 마음의 가치와 우선 순위"(감정조절 스킬 자료 13)는 리네한 박사의 최신 개정판 스킬 매뉴얼(Linehan, 2015)을 기반으로 하고 있다. "문제에 미리 대비하기"를 제외한 위의 스킬들은 아직까지 청소년을 대상으로 한 연구에서 실험적으로 적용된 적이 없다.

이 매뉴얼에만 있는 "가족과 함께하는 즐거운 활동 리스트"(감정조절 스킬 자료 11)는 DBT를 찾는 많은 가족들이 갖고 있는 긍정적 상호작용의 부족함을 다루기 위하여, 단기간에 긍정적인 경험을 증가시키는 감정조절 스킬을 확장한 것이다. 또한 식사 문제(감정조절 보충 자료 16a. "균형 잡힌 식사와 감정조절")와 수면 문제(감정조절 보충 자료 16b. "휴식을 가장 잘 취하는 방법: 숙면을 위한 12가지 방법")에 대해 보다 상세한 정보가 필요한 내담자를 위하여 두 개의 보충자료를 감정조절 PLEASE 스킬에 추가하였다. 우리는 중도의 길 걷기 스킬에 공식적으로 자기 수인하기(중도의 길 걷기 스킬 10. "자기-수인하기")를 추가하여 수인하기 스킬을 확장했다. 이것은 DBT의 2차적인 치료 목표로써 많은 청소년에게 부족한 스킬이다. 마지막으로 대인관계 효율성 스킬 모듈에서는 선택적으로 활용할 수 있는 THINK 스킬을 추가했다. 청소년들과 가족이 서로 나쁜 의도를 가지고 있다고 짐작하는 경향이 있기 때문에, 상대방의 관점을 수용할 필요가 있으므로 Crick과 Dodge(1994)의 사회정보처리 모델을 기반으로 한 새로운 스킬을 개발하였다. 그러나 THINK 스킬은 표준화된 DBT의 일부분은 아니며 임상연구가 진행된 적은 없다.

『Dialectical Behavior Therapy with Suicidal Adolescents』(Miller et al., 2007)에 상세하게 기술한 대로, 청소년을 위한 스킬은 통합 DBT 치료(Comprehensive DBT treatment) 패키지의 일부분으로 개발되었으며, 이 스킬 매뉴얼은 2007년에 출간된 책의 동반서이다. 많은 치료자와 연구자들은 DBT 스킬이 자살위기를 겪지 않는 청소년에게도 적용될 수 있다는 것을 발견하였다(Groves, Backer, van den Bosch, & Miller, 2012, 검토 중). 따라서 치료자들은 이 매뉴얼을 감정조절장애와 행동조절장애를 보이는 청소년에 대한 진단 및 치료에도 사용할 수 있을 것이다.

이 청소년 스킬 자료는 여러 연구 장면에서 사용되었으며, 세계 전역에서 많은 임상 기관이 우리 자료의 일부분을 사용하였다. 이 매뉴얼에 소개되어 있는 DBT 스킬 강의 노트와 그룹관리 전략은 청소년을 치료하는 DBT 스킬훈련자들에게 많은 도움이 될 것이다. 우리는 DBT에 충실한 이 매뉴얼에 있는 자료를 기반으로 연구와 임상적 적용을 확장시키고, 단편적으로 청소년용 자료를 계속해서 다시 개발하는 번거로움을 줄여, 표준화하고 반복 실행 검증을 통과한 유효한 자료를 만들어 나가기를 바란다.

이 책에서는 가족 참여자, 부모, 보호자라는 용어를 상호 호환해서 사용하고 있다. 청소년 내담자들은 다양한 배경과 환경에 놓여 있을 수 있다. 어떤 청소년은 부모 혹은 양부모와 살고 있고 어떤 청소년은 조부모나 친척, 혹은 위탁 가정이나 보호시설에서 살고 있다. 따라서 경우에 따라서 부모나 친인척이 아닌 보호자가 치료에 참여할 수도 있다. 우리는 청소년과 가족을 위해 개발된 이 상세한 스킬훈련 매뉴얼이 감정조절장애와 행동조절장애로 고통받는 청소년들의 삶을 나아지게 하려고 노력하는 치료자와 연구자들에게 도움이 되기를 바란다.

공동 저자

Jill H. Rathus · Alec L. Miller

차례

제1부 다이어렉티컬 행동치료 스킬훈련 구조와 전략

제2부 스킬훈련 모듈

제3부 스킬훈련 자료

다이어렉티컬 행동치료 스킬훈련
구조와 전략

제 1 장
들어가기: 다이어렉티컬 행동치료와 스킬훈련[1]

청소년을 위한 DBT 다이어렉티컬 행동치료(DBT Skills Manual for Adolescents)는 자신의 감정과 행동을 조절하기 어려운 청소년을 치료하는 정신건강 전문가를 위한 지침서이다. 감정 및 행동조절 문제는 청소년들이 안정적 자아감이나 또래 및 가족과의 만족스럽고 안정적인 감정을 형성하는데 어려움을 겪게 만든다. 뿐만 아니라 감정조절장애 또는 감정을 다시 조절하려고 노력하는 과정에서 충동적 행동이나 회피 행동과 같은 어려움이 발생된다. 이 책에 있는 다섯 가지 DBT 스킬(Skills)[2] 세트는 청소년이 가지고 있는 감정조절장애와 연관된 주요 문제를 직접적으로 다루기 위해 개발되었다. 마인드풀니스 스킬(Mindfulness Skills)은 괴로움을 낮추고 즐거움을 증진시키면서, 스스로에 대한 자각 능력과 집중력 조절을 향상시킬 수 있게 돕는다. 고통감내 스킬(Distress Tolerance Skills)은 충동성을 줄이고 현실을 있는 그대로 수용하게 하는 방법이다. 감정조절 스킬(Emotion Regulation Skills)은 긍정적 감정 상태를 증가시키고, 부정적 감정을 줄이도록 도와준다. 대인관계 효율성 스킬(Interpersonal Effectiveness Skills)은 청소년이 또래 및 가족과의 관계를 잘 유지하고, 더 나아지게 하며, 자기존중감을 형성하도록 한다. 중도의 길 걷기 스킬(Walking the Middle Path Skills)은 수용하기, 행동수정의 기본 원리, 다이어렉티컬하게 생각하고 행동하기를 가르쳐주어 가족 간의 갈등을 줄이는 방법을 교육한다.

이 책은 3개의 부분으로 구성되어 있다. 제1부(1~4장)는 다이어렉티컬 행동치료(Dialectical Behavior Therapy)와 DBT 스킬훈련 유형을 이해하고, 프로그램을 구축하고 운용하기 위한 정보를 담고 있다. 이 단원에서는 특히 스킬훈련 프로그램의 구조와 DBT 다가족 그룹과 기타 스킬훈련 모드를 운용하고 관리하는 방법, 그리고 DBT 스킬훈련을 실행하는 방법에 대해 설명하고 있다. 제2부(5~10장)는 각각의 DBT 스킬을 교육하고 내담자를 지도하기 위한 강의 노트, 주요 포인트, 예시와 전략을 담고 있다. 제3부는 청소년과 가족에게 나누어 줄 오리엔테이션, 마인드풀니스, 고통감내, 중도의 길 걷기,

---

[1] 이 장의 일부는 Miller, Rathus와 Linehan(2007)과 Linehan, Cochran과 Kehrer(2001)에서 발췌하여 수정하였으며, 저작권사 Guilford Press의 승인을 받았음.

[2] 역자 주 : DBT에서 스킬(Skills)은 문제행동을 대체하는 효과적인 대처행동을 의미하며 기술 혹은 심리사회적 기술이라고 번역되어 사용되었다. 본서에서는 기술이라는 말이 실제 임상현장에서 내담자들이 어색하게 여기고 혼돈을 유발하여 스킬이라는 용어를 사용하였다.

감정조절, 대인관계 효율성 모듈 스킬훈련 자료가 포함되어 있다.

청소년 DBT 스킬훈련의 대상

DBT를 필요로 하는 청소년들은 일반적 증상 혹은 상대적으로 가벼운 증상에서부터 입원 또는 주거 프로그램과 같은 시설을 필요로 하는 심각한 감정 및 행동조절장애에 이르기까지 다양하다. DBT 스킬은 위에 언급된 모든 청소년들에게 도움을 줄 수 있으며, 1, 2, 3차 예방 모델을 적용하여 설명하면 다음과 같다. 1차 예방 프로그램은 현재 위험 그룹에 있지 않거나, 정신건강 서비스를 받고 있지 않은 일반 청소년들이 미래에 겪을 수 있는 문제를 피하는 것을 목표로 한다. DBT 스킬은 정상 범위의 침울한 감정이나 가끔 발생하는 대인관계 문제, 위험 행동을 실험하는 단계에 있는 중학생이나 고등학생 또는 초기 대학생 청년 층에게도 광범위하게 적용될 수 있다. 정상 범주에 있는 청소년들도 어느 정도의 감정조절장애를 보이기 때문에, DBT 스킬훈련을 하는 것만으로도 도움이 된다. 2차적 예방 프로그램에서는 가벼운 증상 그룹 또는 초기 정신건강 문제를 보이는 위험 그룹이 중증의 정신장애로 이어지지 않도록 하는 것을 목표로 한다(예: 학교 문제, 주의집중 문제, 우울 혹은 불안감, 가족 갈등). 이러한 청소년에게 학교와 임상 장면에서 DBT스킬을 가르칠 수 있다.

3차적 예방은 심한 정서행동장애 청소년을 대상으로, 그들의 기능성을 향상시키면서 동시에 장애를 적극적으로 치료하는 것을 목표로 한다. 치료자는 이들에게 외래 진료, 입원 치료, 주거 프로그램, 소년원과 같은 장면에서 통합 DBT 치료(comprehensive DBT treatment) 프로그램의 일부인 DBT 스킬을 교육한다. 리네한 박사(1993a, 1993b)는 경계선 성격장애로 진단된 고위험 내담자를 위한 통합 DBT 치료 프로그램을 개발하였다. 심각한 감정조절장애를 겪고 있는 청소년을 위한 통합 DBT는 복합적인 치료 모듈이 포함된 리네한 박사의 초기 모델을 따르고 있다. 통합 DBT 치료를 받고 있는 청소년들은 2-4가지 정도의 DSM-5 장애를 가지고 있거나, 진단 규준에 완전히 부합하지는 않지만 다양한 삶의 문제를 가지고 있는 경우가 많다. 이렇게 심각한 감정조절장애를 겪는 청소년이 개인 치료, DBT 스킬과 전화 코칭, 치료자 자문팀이 포함된 통합적인 DBT 프로그램을 받지 않고, 스킬훈련에 참여하는 것만으로는 충분한 도움을 받을 수 없다. 예를 들어 DBT 개인치료는 집중적으로 내담자 자신의 충동과 행동, 그리고 일기 카드에 적힌 스킬을 스스로 모니터링하고, 문제행동이 나타나면 사용할 수 있는 적절한 스킬을 연습하게 한다. 개인 DBT 치료자는 청소년과 함께 일기 카드를 검토하면서 행동체인분석 및 문제해결방법 분석을 실행한다. 이러한 과정을 통해 청소년이 자신의 일련의 행동 중 어느 지점에서 스킬을 적용할 것인지 파악하게 한다. 또한 치료자들은 청소년이 문제 행동 충동을 막기 위해 개인 DBT 치료자에게 연락하여 전화 코칭을 받도록 격려한다. 자살행동 위험이 있는 심각한 감정조절장애를 겪는 청소년은 스킬훈련자[3] 이외에도 치료 전반을 감독하고, 필요할 때 다가갈 수 있으며, 자살위험 행동을 평가하고 관리하는 개인치료자가 필요하다. 이 때 치료자는 리네한 박사가 개발한 자살위험 평가와 관리 프로토콜(Linehan Risk Assessment and Management Protocol(LRAMP); Linehan, Comtois, & Ward-Ciesielski, 2012)과 같이 경험과학적으로 검증된 자살위기 관리 프로토콜 훈련을 받은 사람이 바람직하다.

청소년 감정조절장애에 대한 DBT 이론

DBT는 자살행동, 비자살적 자해, 고위험성 행동, 섭식장애, 약물 문제, 알코올 문제 혹은 기타 해로운 행동을 포함한 복합적이고 다발적으로 심각한 문제를 보이는 청소년 치료에 적용할 수 있다. 또한 가벼운 음주나 비자살적인 경증 자해행동, 분노조절장애, 학교 무단 결석, 감정-목표-가치관에 대한 자각능력 손상, 잦은 관계 단절 등 상대적으로 덜 심각한 문제를 겪는 청소년도 치료할 수 있다. DBT는 이러한 문제가 감정조절장애의 결과 또는 감정조절장애를 극복하려는 시도의 결과로 발생한다고 본다. 다시 말하면 감정조절장애가 대인관계, 행동, 인지, 자기조절장애로 이어진다는 것이다.

DBT 관점에서 자살을 포함한 수많은 청소년의 문제행동은 (1) 대인관계, 자기조절, 고통감내 능력의 결핍, (2) 청소년의 자발적 스킬 사용을 방해하는 개인적 또는 환경적 요인, 이 두 가지 주요 요인에 의해 영향을 받는다. 이러한 개인적 요인과 환경적 요인들은 새로운 스킬과 능력의 개발을 방해하고, 부적절하며 역기능적이고 감정조절에 반대되는 행동을 강화하기도 한다. 통합 DBT 프로그램에서는 위의 요인을 다음의 내용을 통해 직접적으로 다룬다.

(1) 청소년에게 자기조절능력을 증진시키기 위한 구체적인 스킬(감정조절 스킬과 마인드풀니스 스킬), 대인관계 효율성 스킬, 고통감내 스킬, 사고와 행동의 균형("중도의 길 걷기")을 교육함으로써 청소년과 가족의 능력을 증진시킨다(표 1.1).

(2) 환경을 구조화함으로써 스킬을 적절히 사용하도록 동기부여를 하고 강화하며 개인화시킨다.

---

[3] 역자 주: DBT 스킬훈련그룹은 대체로 두 명의 치료 전문가로 구성되어 있으며 주-리더(leader)와 공동-리더(co-leader)로 역할을 분리하여 그룹을 이끌어 간다. 이 매뉴얼에서는 두 사람을 일컬을 때에는 영문으로 훈련자(trainers), 스킬훈련자(skill trainers) 혹은 리더(leader)로 혼용하여 쓰고 있으며 번역 시에는 주로 스킬훈련자와 리더라는 용어를 혼용하고 있음을 밝힌다.

표 1.1_ 조절장애의 특성과 연관된 DBT 스킬 모듈

조절장애의 특성들	DBT 스킬 모듈
감정조절장애 감정적 유약성, 감정적 반응성, 감정적 불안정성, 분노 폭발, 우울, 분노, 수치심, 불안, 죄책감 같은 지속적인 부정적 감정 상태, 감정조절의 어려움과 긍정적 감정 상태 부족	감정조절 스킬
대인관계 조절장애 불안정한 관계, 대인관계 갈등, 만성적 가족 문제, 사회적 소외, 버림 받지 않기 위한 노력, 관계에서 원하는 것과 필요한 것을 얻지 못하고 자기 존중감을 유지하지 못함.	대인관계 효율성 스킬
행동조절장애 무단결석과 같은 충동적 행동, 수업 중에 갑자기 부적절한 말하기, 돈 낭비, 위험한 성적 행동, 온라인상에서의 위험 행동, 폭식과 구토, 약물이나 알코올 남용, 공격적 행동, 자살 및 비자살적 자기 상해 행동	고통감내 스킬
인지조절장애와 가족 갈등 다이어렉티컬하지 않은 사고와 행동(예: 극단적이거나 양분된 행동 혹은 흑백논리), 상대방의 관점을 이해하지 못하거나 갈등을 해소하지 못함, 자신과 타인에게 비수인적인 태도, 자신과 타인의 행동에 효과적으로 영향을 주지 못함(예: 원하는 변화를 얻어 내는 것의 어려움).	중도의 길 걷기 스킬
자기조절장애 자신의 감정, 생각, 행동 충동에 대한 자각 능력 부족, 낮은 주의 집중 조절 능력, 고통스러운 감정을 낮출 수 없고 동시에 즐거움을 느끼기 어려움, 자기 정체성 혼란, 공허함, 해리적 상태	핵심 마인드풀니스 스킬

* 이 표는 Miller, Rathus, and Linehan(2007, Table 2. 1p. 36)에서 발췌하여 수정하였으며, 저작권사 Guilford Press의 승인을 받았음.

(3) 청소년이 새로운 DBT 스킬을 많이 사용할 수 있도록 동기를 부여하고 과거의 역기능적 행동을 줄이는 동시에 문제행동 패턴을 지속시키고 숙련된 반응을 못하게 하는 사고, 감정, 행동과 맥락적 요인을 파악한다.

(4) 치료 회기에서 배운 새로운 DBT 스킬을 실제 상황에서 필요할 때 일반화하는 방법을 알려준다.

(5) 복합적 문제를 겪는 청소년을 돕는 치료자를 지원한다.

리네한 박사는(1993a) 위의 기능을 수행하기 위해 치료 장면에 따라 다양한 치료 모드를 개발했다. 광범위한 감정조절장애를 다루기 위한 통합 DBT에는 개인치료, 스킬훈련그룹, 회기 간 전화 코칭, 치료자 자문팀, 이 4가지 요소가 포함되어 있다. 통합 청소년 외래 DBT는 모드를 약간 수정하여 청소년과 부모들이 다가족 스킬그룹에 참여하게 하고, 청소년 및 부모를 위한 전화 코칭을 제공하며, 필요한 경우 가족치료와 부모교육 회기를 제공한다(Miller, Rathus, & Linehan, 2007). 표 1.2 참고할 것.

또 다른 DBT의 핵심 요소는 감정조절장애의 생물사회이론이다. 전반적으로 다이어렉티컬한 관점은 치료적 관계에서 상호 교류적인 면을 강조하며, 치료 단계를 구조화하고, 각 단계에서 행동치료 목표의 우선순위 위계를 설정한다. 이러한 행동 목표를 달성하기 위해서는 수용과 변화 전략, 의사소통 전략, 구조화 전략 그리고 다이어렉티컬 전략이 필요하다. 다음 장에서는 이러한 요소들을 설명하고 교육할 스킬 모듈을 간략하게 리뷰하고 청소년을 위한 DBT를 중심으로 DBT에 대한 현존 문헌들을 요약하며 마무리하게 될 것이다.

다이어렉티컬 행동치료의 생물사회이론

DBT(Linehan, 1993a)는 감정조절 문제가 있는 사람들의 문제행동은 생물학적 요인과 환경적 요인의 결합에서 나온다고 이론화하였다. 이 요인들은 구체적으로 감정조절의 생물학적 유약성과 비수인적 사회환경(감정조절 방법을 가르치기에 부적합한 환경, 역기능적인 학습 상황)이며, 이를 생물사회이론이라고 부른다.

표 1.2_ 복합적 문제를 보이는 청소년을 위한 통합 외래 DBT 프로그램의 유형

- 다가족 스킬훈련그룹
- 개인 DBT 치료
- 청소년과 가족을 위한 전화코칭
- 가족 회기(필요한 경우)
- 부모교육 회기(필요한 경우)
- 치료자 자문팀 회의
- 기타 부수적 치료
  - 약물 치료
  - 치료형/거주형 학교

생물학적 유약성

리네한 박사는(1993a) 생물학적 요인이 감정조절장애에 대한 초기 유약성 발현에 주요 역할을 한다는 것을 이론화하였다. 감정적 유약성이란, 감정적 자극에 대한 높은 반응성(예: 강렬한 감정 반응), 그리고 자신의 감정 기초선으로 돌아오는 기간이 긴 것을 말한다. 감정적으로 유약한 사람은 자신의 감정적 반응을 조절하는 것을 어려워하는 것뿐만 아니라, 긍정적 혹은 부정적인 감정들을 강렬하게 느끼는 유약성을 보이기도 한다. 그러나 이러한 초기 생물학적 유약성을 보이는 내담자들이 모두 광범위한 감정조절장애로 발전하는 것은 아니다. 이론에 의하면 광범위한 감정조절장애는 감정적으로 유약한 사람이 광범위한 비수인적 환경에 노출되었을 때 발생한다.

비수인적 환경

비수인적 환경은 일반적이지 않은 개인의 고유한 경험(예: 열은 없지만 아프다고 느끼는 것)에 대해 보통 좋은 의도를 가진 다른 사람들이(대체로 가족 참여자, 선생님, 친구, 의료 전문가 등) 부적절하게 반응하거나, 인정하지 않으려는 경향성으로 정의한다. 비수인적 환경은 개인의 경험, 특히 정서적 경험을 특정 사건에 대해서 타당하지 않은 반응이라고 여기곤 한다. 개인의 경험이 처벌받기도 하고, 사소한 것으로 취급을 받거나, 무시 당하고, 묵살되기도 하며, 과민하거나 현실적으로 상황을 보는 능력이 없다고 비판 받기도 한다. 또는 동기가 부족하다거나, 긍정적 혹은 분별 있는 태도를 갖지 못한 것과 같이 사회적으로 용인되지 않는 성격 특성으로 치부 당하기도 한다. 때로 비수인적 태도는 자살과 연관된 내용을 말했을 때, 가족들이 애정어린 태도로 관심을 보이거나 자신들의 요구사항을 철회하는 것과 같은 방식으로 자신의 고통을 호소하는 행동을 강화하기도 한다. 이러한 점에서 비수인적 환경은 점점 격해지는 감정 상태를 간헐적으로 강화하게 된다. 비수인적 환경은 감정적 표현을 통제할 것을 강조하고, 문제해결이 어렵지 않을 것이라고 단순화시키며, 부정적 감정 상태를 보였을 때 참기 어려워하는 경향이 있다.

생물사회이론의 상호교류적 특성은 각 개인이 다양한 경로로 조절장애 패턴을 발달시킨다는 것을 뜻한다. 극단적인 감정적 유약성을 가지고 있는 사람은 정상적 수준의 비수인성을 보이는 가정에서도 감정조절장애 패턴으로 발전되기도 하고, 의도하지 않았지만 그 환경에서 비수인적 반응을 불러일으키기도 한다. 반대로 높은 비수인적 환경은 낮거나 중간 수준의 감정적 유약성을 가졌더라도 광범위한 감정조절장애로 이어지게 될 수도 있다. 예를 들어 불안한 어떤 청소년이 학교가는 것을 거부하다가, 결국 스스로 용기를 내어 늦게라도 학교에 가기로 하고 교실에 도착한 것을 예로 들어보자. 학생이 교실에 늦게 들어가자 선생님은 놀리듯 말하며 교장 선생님에게 가라고 말한다. 교장 선생님은 그 학생이 그간 결석한 문제에 대하여 질책하며 약물 사용이 주요 원인이라고 판단해 버린다. 이때 그 학생은 부끄러움을 느끼고 고개를 숙인 채 교실로 돌아간다. 또 아이들이 왕따를 시킬 수도 있다. 화가 잔뜩 난 상태로 교실에 돌아왔더니 선생님이 수업을 빠졌다고 방과 후에 남게 할 수도 있다. 이러한 일들이 반복된다면 독립적이고 광범위한 비수인적 환경을 만들어 내게 된다. 따라서 청소년이 살면서 겪을 수 있는 다양한 잠재적인 비수인적 원인을 알아차리고, 동시에 청소년의 생물학적 감정 유약성에 따르는 비수인적인 상호교류적 특성을 이해하여야 한다. 이러한 관점에서 우리는 청소년을 둘러싼 환경, 즉 보호자들이 더 많은 수인적인 반응을 하도록 하고 동시에 청소년의 감정조절능력을 증진시키는 것을 목표로 한다. 모든 DBT 스킬이 이 목표를 다루게 되지만 수인하기 스킬과 감정조절 스킬은 각각 비수인성과 감정적 유약성을 더 깊이 다룰 수 있게 한다.

감정조절장애와 비수인적 환경 간 상호교류적 패턴은 한 개인을 감정적으로 격앙된 상태를 인식하여 명명화하고, 감정을 조절하는 법을 배우며, 정서적 고통을 감내하는 방법을 배우지 못한 채로 성장하게 하며, 어떤 사건에 대한 해석을 유효하다고 생각하지 못하여 언제 자신의 감정반응을 신뢰할 수 있는지 모르게 만든다(Linehan, 1993a). 결국 자신의 내적 상태를 불신하고 어떻게 행동하고 생각하고 느끼는 지에 대하여 주변을 지속적으로 살피는 상태가 된다. 이렇게 타인에게 의존하는 성향은 자기 비수인적 경향으로 이어지고, 우울감을 느끼게 되며, 자신의 목표, 가치, 흥미, 감정 등에 대한 혼돈을 느끼는 상태로 발전한다. 감정조절장애는 자아의 안정감과 감정조절 능력이 필요한 대인관계를 안정적으로 발전시키고 유지하는 것을 어렵게 한다. 더욱이 비수인적 환경은 청소년들이 부정적 감정을 나타낼 때 이를 강화하고, 부정적 감정 표출을 처벌하거나 무시하며, 감정 억압과 극단적 행동 표출 사이를 오고 가는 극단적 감정표현 스타일을 만들게 된다. 실제로 시험을 보지 않거나 약물을 사용하는 것, 가출, 자해와 같은 행동은 기분을 조절하는 효과가 있다. 즉, 청소년의 입장에서는 이러한 행동을 하는 것이 자신의 정서적 고통을 무시해왔던 비수인적 부모나 보호자들로부터 도움을 이끌어낼 수 있는 아주 효과적인 방법이 된다.

다이어렉티컬 세계관과 기본 가정

다이어렉티컬 세계관은 현실을 지속적이고 역동적이며 포괄적인 것으로 인식한다. 이러한 관점에서 현실은 전체이면서 동시에 양극성을 포함한다(예: 원자는 대립하는 양전하와 음전하로 나누어져 있다). 다이어렉티컬한 진리는 양극단의 입장(정 "thesis" 과 반 "antithesis")을 가진 요소들의 결합(합 "synthesis")을 통해 드러난다. 각각의 시스템 안의 '정'과 '반'의 긴장은(긍정과 부정, 선과 악, 자녀와 부모, 내담자와 치료자, 사람과 환경 등) 이후 이어지는 '통합'을 통해 변화를 만들어 간다. 통합 과정을 거쳐 변화한 후에는 새로운 상태가 만들어지지만, 그 상태 역시 양립하는 힘으로 구성되어 있다. 따라서 변화는 지속적인 것이며, 양립하는 진리가 서로를 상쇄시키지 않는다.

치료적 대화와 치료적 관계라는 측면에서 '다이어렉틱스'란 자신의 생각과 행동, 치료적 관계에 내재한 양극적 관점을 활용하고, 동시에 설득을 통하여 변화를 추구하는 것을 말한다. 이렇게 상충된 입장에 있는 치료적 양극성을 통해 내담자와 치료자는 과거의 의미 체계 속에서 새로운 의미를 발견하고 본질 속으로 더 사려 깊고 가깝게 다가갈 수 있게 된다. 다이어렉티컬한 관점과 그 정신은 하나의 전제를 최종적인 진리나 명백한 사실로 받아들이지 않는다. 내담자와 치료자가 해야하는 질문은 "우리가 이해하지 못한 부분은 무엇인가?"이다. 이와 같은 질문은 내담자의 환경이 가진 맥락과 그 맥락 안에서 상호교류적으로 발생하는 장애 행동을 통합적으로 고려할 수 있게 한다.

다이어렉티컬한 치료적 관점은 변화와 수용, 안정성과 유연성, 도전하게 하면서도 잘 성장시키기, 결핍된 부분에 초점을 맞추면서도 능력에 집중시키는 것과 같이 끊임없이 대립하는 두 개의 입장을 결합시키는 것이다. 즉, 양극단의 입장을 드러냄으로써 치료 상황과 내담자 개인의 삶에서 '합(syntheses)'으로 가는 조건을 제공하는 것이다. 수용을 강조함으로써 변화를, 변화를 강조함으로써 수용을 촉진시킬 수 있다는 것이다.

DBT는 내담자가 겪고 있는 문제의 심각성과 복잡성에 따라 치료를 단계별로 구분하고 있다. 표 1.3에는 각 치료 단계에 해당되는 우선순위와 목표를 소개하고 있다.

통합 DBT 치료 프로그램에서는 몇 주 동안은 사전 치료 목표에 따르게 된다. 이 기간 동안 내담자의 상태를 평가하고, DBT 오리엔테이션을 하고, 청소년 스스로 치료와 치료 목표에 서약하게 한다. 첫 번째 단계에 있는 내담자는 심각하고 광범위한 조절장애를 겪고 있으며, 자해적이거나 자살적 행동을 하는 고위험군에 해당된다. 따라서 1단계의 주요 목표는 내담자가 스스로 안전을 확보하고 행동통제를 할 수 있는 기초 능력을 습득하게 돕는다. 이는 통합 "표준 DBT" 프로그램과 대부분의 치료 연구 결과에 포함되어 있다.

1단계에서 스킬훈련은 개인치료와 구분하며 각 모드마다 치료 우선 순위가 다르다(표 1.3). 내담자가 작성한 일기 카드(그림1.1)와 함께 DBT 1단계의 개인 심리치료는 생명손상 행동 감소, 치료방해 행동 감소, 삶의 질 방해 행동 감소, 행동 스킬 증진 같은 주요 치료 목표에 초점을 맞추어 구조화되어 있다. 청소년은 구체적이고 개인화된 치료 목표를 가지고 치료에 임하게 된다. 1단계에서 개인 DBT 치료자의 주요 치료 목표는 행동 스킬을 증진시키는 것이지만, 이것은 가장 낮은 순위에 해당된다. 그 이유는 위기 상황을 다루고, 치료 상황에서 내담자의 상태를 유지하고, 삶의 질을 떨어뜨리는 심각한 행동을 감소시키는 것이 더 중요하고 개인 심리치료 상황에서 DBT 스킬을 습득하게 하는 것은 거의 불가능하기 때문이다. 지속적인 위험행동 문제를 다루면서 스킬을 증진시키려는 것은 폭풍우가 치는 상황에서 집을 지으려는 것과 같다. 내담자들은 스킬이 없는 상태에서 위기를 극복할 수 없으며, 또한 위기에 대처하고 있는 동안은 스킬을 학습할 수도 없다. 따라서 행동 스킬 습득이라는 치료 목표를 직접적으로 달성하기 위해서는 분리된 치료 요소가 필요하며, 이 요소를 그룹 치료 형태로 구성하였다. 따라서 청소년 DBT에서는 다가족 스킬 그룹 형태를 유지할 것을 권한다.

DBT의 두 번째 단계는 과거의 트라우마와 큰 슬픔을 주었던 사건에 대한 감정적 처리에 대해 다루고, 첫 번째 단계의 주안점인 스킬 습득이나, 많이 구조화된 개인 회기에서는 벗어나게 된다. 하지만 두 번째 단계 이후에도 습득한 스킬을 사용하도록 격려하고 이를 더욱 강화하도록 한다. 세 번째 단계는 일상에서 경험하는 행복과 불행 혹은 문제 상황들을 다룬다. 네 번째 단계에서는 스스로 의미를 형성하고 초월적이며 기쁨을 느끼는 상태를 달성하는 것을 목표로 한다. 리네한 박사는(Linehan, 1993a) 각 치료 단계와 그에 해당하는 목표를 상세하게 기술하였다.

표 1.3_ 표준화된 DBT 단계 및 주요 치료 목표

사전 치료 단계: 치료에 대한 오리엔테이션과 서약 및 치료 목표에 대한 동의

목표: 1. 청소년에게 DBT에 대해 설명하고 오리엔테이션 제공

2. 청소년 가족에게 DBT에 대해 설명과 오리엔테이션 제공

3. 청소년이 치료에 서약하게 함

4. 청소년 가족이 치료에 서약하게 함

5. 치료자가 치료에 서약하게 함

1단계: 기본 능력을 증진시키고, 안전을 확보하여, 행동조절장애 감소시키기

개인 DBT의 주요 목표:

1. 생명손상 행동 감소

2. 치료방해 행동 감소

3. 삶의 질 방해 행동 감소

4. 행동 스킬 증진

DBT 스킬 훈련의 주요 목표:

1. 치료를 파괴할 수 있는 행동 감소

2. DBT 스킬 습득과 강화, 그리고 일반화 증진

A. 핵심 마인드풀니스 스킬(Core mindfulness skills)

B. 대인관계 효율성 스킬(Interpersonal effectiveness)

C. 감정조절 스킬(Emotion regulation)

D. 고통감내 스킬(Distress tolerance)

E. 중도의 길 걷기 스킬(Walking the middle path)

3. 치료방해 행동 감소

2단계: 번뇌에서 벗어난 정서적 경험 증진과 트라우마로 인한 스트레스 감소

개인 DBT의 주요 목표:

1. 감정적 고통이나 트라우마로 인한 스트레스로 인한 회피 감소

3단계: 자기 존중감을 증진시키고 개인의 목표를 달성하며 정상적인 삶의 문제를 다루기

개인 DBT의 주요 목표:

1. 자기 존중감 증진

2. 개인 목표 달성

4단계: 자아 실현과 기쁨, 의미, 연결성 확보

개인 DBT의 주요 목표:

1. 불완전성 해소

2. 자유와 기쁨 되찾기

* 이 표는 Linehan(1993a, Table 6.1, p. 167)에서 발췌하여 수정하였으며, 저작권사 Guilford Press의 승인을 받았음.

그림 1.1_ 청소년 일기 카드

다이어렉티컬 행동치료
청소년 일기 카드

이름: _____ 일기 중에 작성했나요? 예/아니오 얼마나 자주 이 카드를 작성했나요? 매일___ 주2-3회___ 한번___ 시작일: ___/___/___

날짜	자해적		자살적			음주			약물			처방약			기타				감정							노트/DBT 숙제
	충동	행동	생각	행동		충동	음주량/종류	충동	충동	사용량/종류	충동	처방대로 복용했는가?			수면을 뺐었고? 결박했나요?	위험한 성적 행동을 했느가?	잔여낸 시간	잠든 시간	분노	행복	공포	슬픔	수치심	고통	수면*	/___/___
___/___/	0-5	예/아니오	0-5	예/아니오		0-5		0-5	0-5		0-5	예/아니오			예/아니오	예/아니오	예: 아침6시	예: 오후 10시	0-5	0-5	0-5	0-5	0-5	0-5	0-5	

*사용한 스킬
0=스킬을 생각하지도 않고 사용하지도 않음
1=스킬을 생각했지만 사용하고 싶지 않았음
2=스킬을 생각했지만 사용하고 싶지 않았으며, 실제로 사용하지 않았음
3=스킬을 사용하려고 시도했고 사용할 수 있었음
4=스킬을 사용하려고 시도했고 사용했지만 별도 도움이 되지 않았음
5=스킬을 사용하려고 시도했고 사용했으며 실제로 도움이 되었음
6=스킬 사용을 시도하지 않고 직접 사용했지만 도움이 되지 않았음
7=스킬 사용을 시도하지 않고 직접 사용했고 직접 사용하고 도움이 되었음

위 감정과 충동의 측정:
0=전혀 느끼지 않음 1=아주 약간 느꼈음 2=약간 느꼈음 3=조금 강하게 느꼈음
4=매우 강하게 느꼈음 5=심하게 느꼈음
자료를 그만 두려는 충동: ___ 고통 지수: ___
치료를 그만 두려는 충동: ___

지시문: 각자의 스킬을 실제로 작성한 요일에 동그라미 하세요.

		월	화	수	목	금	토	일
마음챙김	1. 지혜로운 마음	월	화	수	목	금	토	일
	2. 관찰하기(마음 속에 일어나는 것 관찰하기)	월	화	수	목	금	토	일
	3. 기술하기(경험을 말로 표현하기)	월	화	수	목	금	토	일
	4. 참여하기 (경험에 들어가기)	월	화	수	목	금	토	일
	5. 판단하지 않기(무판단적 마음 갖기)	월	화	수	목	금	토	일
	6. 현재에 집중하기(한 가지 마음 갖기)	월	화	수	목	금	토	일
	7. 효과적인 것에 집중하기	월	화	수	목	금	토	일
고통감내	8. ACCEPTS(주의분산하기)	월	화	수	목	금	토	일
	9. 자기위안하기(여섯 가지 감각)	월	화	수	목	금	토	일
	10. IMPROVE (순간을 살리는 기술)	월	화	수	목	금	토	일
	11. 장점과 단점 비교하기	월	화	수	목	금	토	일
	12. TIPP 스킬	월	화	수	목	금	토	일
	13. 철저한 수용	월	화	수	목	금	토	일
	14. 정서 강화	월	화	수	목	금	토	일
	15. 자기-수인하기	월	화	수	목	금	토	일
	16. 다른 사람 수인하기	월	화	수	목	금	토	일
	17. 다이어렉티컬하게 생각하기(흑백논리 사고 버리기)	월	화	수	목	금	토	일
	18. 다이어렉티컬하게 행동하기(중도의 길 걷기)	월	화	수	목	금	토	일
정서조절	19. 감정을 자각하고 이름 지어주기	월	화	수	목	금	토	일
	20. 즐거운 활동	월	화	수	목	금	토	일
	21. 가치와 우선순위	월	화	수	목	금	토	일
	22. 장기적 목표를 쌓아가기	월	화	수	목	금	토	일
	23. 숙련감 쌓기	월	화	수	목	금	토	일
	24. 문제에 미리 대비하기(Coping Ahead)	월	화	수	목	금	토	일
	25. PLEASE 스킬	월	화	수	목	금	토	일
	26. 현재 감정에 대한 정반대 행동하기	월	화	수	목	금	토	일
	27. 사실 확인하기	월	화	수	목	금	토	일
	28. 문제해결하기	월	화	수	목	금	토	일
대인관계 효율성	29. DEAR MAN 스킬(원하는 것 얻기)	월	화	수	목	금	토	일
	30. GIVE 스킬(관계 중진시키기)	월	화	수	목	금	토	일
	31. FAST 스킬 (효과적이고 느끼고 자기 존중감 유지하기)	월	화	수	목	금	토	일
	32. 작성하는 생각이 들 때 지어리딩 하는 건을 만들기	월	화	수	목	금	토	일
	33. THINK 스킬	월	화	수	목	금	토	일

다이어렉티컬 행동치료 스킬훈련 구조와 전략

12

1단계 2차적 치료 목표: 다이어렉티컬 딜레마

광범위한 감정조절장애를 겪는 사람은 감정을 지나치게 조절하려고 하거나, 반대로 조절하지 못하기 때문에 극단적인 행동을 오가는 것을 학습하게 된다. DBT의 관점에서는 내담자가 보이는 이러한 패턴을 다이어렉티컬 딜레마라고 부른다. 내담자는 자신의 감정을 조절하기 위해 양극단의 접근 방법을 사용하곤 하는데 그 두 가지 모두 효과적이지 않을 때가 많다. 1단계의 세 가지 주요 치료 목표는 생명위협 행동, 치료방해 행동, 삶의 질 방해 행동을 줄이는 것인데 이러한 행동은 바로 다이어렉티컬 양극성에서 발현된다. 이러한 행동은 내담자의 생명과 DBT 치료, 내담자의 삶의 질을 모두 위험하게 만들기 때문에 즉시 다루어야 한다. 그러나 이 패턴은 역기능적 행동을 유지하게 만들고, 스킬 습득 과정을 방해하기도 한다. 따라서 장기적인 변화를 위해서는 이 패턴 자체를 치료 목표로 둘 필요도 있다.

표준 DBT의 다이어렉티컬 딜레마는 다음과 같다.

- 감정적 유약성 vs 자기 비수인화
- 적극적 수동성 vs 드러나 보이는 자신감
- 끊임없는 위기 vs 억제된 경험

감정적 유약성이란 DBT를 시작하는 사람들이 주로 가지고 있는 것으로, 높은 감정적 흥분을 경험하는 상태를 일컫는다. 자기 비수인화란 자신의 감정, 인지, 문제해결 방식을 묵살하는 것을 말한다. 드러나 보이는 자신감이란 만성적인 감정조절장애를 겪고 있는 내담자들이 실제 자신이 할 수 있는 것보다 더 통제 능력이 있거나 자신감 있는 것처럼 보이는 것을 말한다. 적극적 수동성이란 자신의 문제해결을 위해 타인의 도움을 적극적으로 이끌어내면서도, 자신은 매우 수동적이고 무기력한 상태에 있는 것을 말한다. 끊임없는 위기는 "이번 주의 위기" 신드롬이라 불리며, 매주마다 지속되는 정서적 고통으로부터 즉각적이고 충동적으로 회피하는 것을 말한다. 억제된 경험이란 과거의 실패나 외상 또는 고통스러운 정서적 상태를 불러 일으키는 모든 단서(cue)를 비자발적이고, 자동적으로 회피하는 것을 말한다. 이것은 감정적 고통을 정상적으로 처리하지않거나, 감당하기 어려운 감정을 차단하는 것을 포함한다.

우리는 추가적으로 청소년과 가족 간의 상호작용에 특화된 다음 세 가지 다이어렉티컬 딜레마 개념을 발전시켰다(Rathus & Miller, 2000).

- 과도한 관용 vs 권위주의적 통제
- 병리적 행동의 정상화 vs 정상적 행동의 병리화
- 자율성 강요 vs 의존성 조성

중도의 길 걷기 스킬 모듈은 청소년 특유의 딜레마를 직접적으로 다루게 된다. 부모와 치료자, 청소년은 지나치게 관대하거나 엄격한 태도, 심각한 문제를 가볍게 여기거나 정상적이거나 전형적인 청소년 행동을 과도하게 증상으로 여기는 행동, 너무 이른 나이에 독립성을 강요하거나 의존성을 조성하기 등의 딜레마에 놓이는 때가 있다.

이러한 양극적 딜레마는 두 개의 2차적 치료 목표가 생긴다. 하나는 부적응 행동을 줄여가는 것이고, 다른 하나는 더욱 적응적인 반응을 증진시키는 것이다. 표 1.4는 표준 DBT에서 다이어렉티컬 딜레마와 연관된 2차적 치료 목표의 목록이며, 표 1.5는 청소년 그룹과 가족을 위해 개발된 목록이다. 다이어렉티컬 딜레마에 대해서는 제4장과 8장의 스킬훈련 부분에서 더 자세히 다루게 될 것이다.

DBT 치료 전략

DBT에서는 위에서 언급한 특정 치료 목표를 다루기 위해 다섯 가지 치료 전략을 사용한다. (1) 다이어렉티컬 전략 (2) 수인화 전략 (3) 문제해결 전략 (4) 스타일리스틱(의사소통) 전략 (5) 케이스 관리 및 구조화 전략이다. 수인화와 문제해결 전략은 다이어렉티컬 전략과 함께 DBT의 주요 전략이다. 수인화 전략은 수용을 집중적으로 다루고 있다. 문제해결 전략은 변화에 집중하며, 전통적인 행동치료 전략도 이 전략에 포함된다. 다이어렉티컬 전략은 치료자가 어떻게 상호작용을 구조화하고 숙련된 스킬 행동을 정하는가에 대한 전략이다. 앞에 논의한대로 다이어렉티컬한 치료적 입장은 현재 상태를 그대로 수용하기와 변화하도록 유도하기를 끊임없이 통합시키는 것이다. 중요한 것은 이러한 전략이 단지 개인 DBT 치료에서만 적용되는 것이 아니라 그룹 치료자가 스킬훈련을 할 때도 사용하게 된다는 점이다. 변화 중심의 문제해결 전략은 정적 강화 및 부적 강화, 행동조형, 소거와 처벌 등 전통적인 행동주의 원리를 기반으로 하는 스킬이다. 이러한 행동 전략은 DBT의 '수인하기'와 같은 수용 중심 전략에도 녹아 있다. 제3장에서는 변화 중심의 문제해결 전략의 유형으로 오리엔테이션과 서약 전략을 자세히 다룰 것이다. 4장에서는 기타 핵심 전략과 이 전략을 스킬 훈련에 적용하는 것에 대하여 논의할 것이다.

표1.4_ 표준 DBT의 다이어렉티컬 딜레마와 2차적 치료 목표

딜레마	치료 목표
감정적 유약성 vs 자기 비수인화	감정조절 능력 증진, 감정적 반응성 감소
적극적 수동성 vs 드러나 보이는 자신감	적극적 문제행동 능력 증진, 적극적 수동성 감소
끊임없는 위기 vs 억제된 경험	현실적 의사 결정 및 판단능력 증진, 위기를 만드는 행동 감소

* 이 표는 Miller, Rathus, and Linehan(2007, Table 5.1, p. 97)에서 발췌하여 수정하였으며, 저작권사 Guilford Press의 승인을 받았음.

표1.5_ 청소년 다이어렉티컬 딜레마와 2차적 치료 목표

딜레마	치료 목표
과도한 관용 vs 권위주의적 통제	권위있는 훈육의 증진, 과도한 관용 감소, 청소년 자기결정권 증진, 권위주의적 통제 감소
병리적 행동의 정상화 vs 정상적 행동의 병리화	정상 범주 행동의 자각 증진, 정상적 행동의 병리화 감소, 병리적 행동의 파악 증진, 병리적 행동의 정상화 감소
독립성 강화 vs 의존성 조성	개별적인 자아감 형성 증진, 과도한 의존성 감소, 타인에게 효과적인 의존성 증진, 과도한 독립성 감소

* 이 표는 Miller, Rathus, and Linehan(2007, Table 5.2, p. 98)에서 발췌하여 수정하였으며, 저작권사 Guilford Press의 승인을 받았음.

청소년과 가족을 위한 다가족 DBT 스킬훈련그룹

청소년을 위한 DBT 스킬훈련은 가능하면 다가족 그룹 형식으로 진행하는 것이 좋다. 다가족 그룹에서 부모는 자녀와 함께 동일한 DBT 내용을 배울 수 있고, 부모와 자녀 간 상호작용과 친밀도를 높이게 된다. 여러 가족이 참여함으로써 교육을 위해 정한 주제가 유지되어, 한 가정만의 문제를 다루느라 한 주를 허비하는 것을 방지할 수 있다. 그룹 치료 회기에서 여러 가족이 참여하면 지지 네트워크를 구축하고, 강력한 대처기제 모델과 서로 간에 동기 및 희망을 주게 되며, 다양한 상황에서 스킬을 적용하는 것을 배우는 효과가 있다. 즉, 참여자[4]는 숙제 점검 시간에 열 가지 이상의 스킬 적용의 예를 접할 수 있어, DBT 스킬을 더 완벽하고 유연하게 이해하여 사용할 수 있게 된다. 뿐만 아니라 다가족 그룹에서는 가족들끼리 서로 피드백을 주고, DBT 스킬을 연습할 수 있다. 예를 들어 한 청소년은 다른 청소년 부모와 함께 스킬을 연습할 수도 있고, 또 어떤 부모는 다른 청소년 참여자에게 온화하게 조언을 할 수도 있다. 이러한 상호작용을 통해 내담자의 감정은 조절된 상태를 유지하게 되고, 새로운 학습이 일어나게 된다(이때 목표는 자신의 가족들 간에 직접적인 상호작용을 할 수 있는 방향, 즉 일반화를 증진시키는 것이다). 추가적으로 개별 참여자는 새로운 참여자에게 DBT 개념을 설명할 수 있는 기회를 갖게 되면서 숙련감을 느끼게 되기도 한다. 청소년과 부모는 다른 사람들이 비슷한 어려움을 겪었다는 것을 들을 때 수인받는 것을 느끼는데, 특히 혼자 오랜 기간 동안 외로운 시절을 보낸 경우 더 그렇다. 마지막으로 DBT 프로그램에서 졸업하게

---

[4] 역자 주: 이 매뉴얼에서 저자는 스킬훈련그룹에 참여하는 사람을 칭할 때 그룹 구성원(group members), 구성원(members), 참여자(participants), 내담자(clients)를 혼용하여 사용하고 있으나 본 역서에서는 그룹참여자, 참여자 또는 내담자라는 명칭을 주로 사용하고 있다.

되는 행사에서는(제2장 참고) 청소년과 가족들이 서로에게 건설적인 피드백과 격려를 해주고, 졸업하는 가족뿐만 아니라 남아있는 참여자들에게도 좋은 영향을 주게 된다. 반복적으로 지지적인 말을 듣게 되면 개인적으로 또한 그룹 전체에 자신이 성취한 것에 대해 희망을 갖게 되고, 능력이 있다고 느끼며, 효율적이고, 기능적이며, 목표 지향적인 새로운 자기개념을 구체화할 수 있다. 대부분 졸업한 그룹원들은 같이 참여했던 가족과의 관계가 극적으로 증진되었다고 보고한다. 이렇게 공개적으로 자신과 가족이 성취한 것을 알려주면, 다른 참여자는 DBT 스킬훈련 그룹에 인내심을 가지고 참여하면 어떻게 삶이 증진될 수 있는지를 배울 수 있게 된다. 또한, 고통과 도전을 감내하는 가족에게 수인하는 느낌을 전달하고 동시에, 그들이 희망을 가지고 더 열심히 치료에 임할 수 있게 한다.

DBT 스킬

DBT 스킬은 마인드풀니스, 감정조절, 대인관계 효율성, 고통감내, 중도의 길 걷기 등 다섯 개의 모듈로 구성되어 있다. 다섯 번째 모듈은 청소년과 가족을 위해 개발되었으며(Miller et al., 2007), 이것은 성인을 위한 DBT 스킬훈련에서는 교육하지 않는 것이다. 모든 스킬 모듈을 한 차례 완결하려면 약 6개월(24주) 정도 걸리는데, 이것은 표준 DBT와 같은 시간 구조이다. 그러나 청소년 스킬 프로그램은 다섯 개의 스킬 모듈을 담고 있기 때문에 네 개의 스킬 모듈을 포함하는 표준 DBT 스킬에 비해 모듈에 할당되는 시간은 약간 적다.

표 1.6은 청소년 DBT 프로그램에서 교육하는 스킬 목록이다. 아래와 같이 많은 DBT 스킬이 머리 글자나 연상 기호로 표기가 되어 있다. 예를 들어 DEAR MAN은 대인관계 효율성 스킬 중 하나로 상대방에게 효과적으로 요구하거나, 거절하기 위한 단계를 잘 따르기 위해서 영문 머리 글자를 따서 만들어졌다. 고통감내 스킬 중 하나인 '순간을 살리는 스킬'은 영어로 "IMPROVE the moment"이고, 여기에서 IMPROVE는 고통을 보다 쉽게 감내할 수 있는 7가지 방법의 첫 머리글자를 사용하여 만들어졌다. 그룹리더는 참여자들이 DBT의 모든 전략을 배우고 그것을 실제로 적용하였을 때 도움이 된다는 것을 스스로 증명할 수 있게 스킬을 사용하도록 격려한다.

표1.6_ DBT 모듈에 따른 스킬 개요

핵심 마인드풀니스 스킬
　"지혜로운 마음" (마음의 상태)
　"What 스킬" (관찰하기, 기술하기, 참여하기)
　"How 스킬" (판단하지 않기, 집중하는 마음 상태 유지하기, 효과적인 것에 집중하기)

고통감내 스킬

위기생존 스킬

지혜로운 마음으로 수용하기(Wise Mind ACCEPTS) 스킬을 사용하여 주의분산하기

(Activities 활동, Contributing 기여, Comparisons 비교, Emotions 정반대 감정,
Pushing away 밀어내기, Thoughts 생각, Sensations 감각)

여섯 가지 감각 기관을 사용하여 자기위안하기(시각, 청각, 후각, 미각, 촉각, 운동각)

순간을 살리기 IMPROVE the Moment

(Imagery 상상하기, Meaning 의미 만들기, Prayer 기도하기, Relaxing 이완하기,
One thing in the moment 한 번에 한 가지 하기, Vacation 휴가가기, Encouragement격려하기)

장점과 단점 생각하기

TIPP 스킬(Temperature 차가운 물로 얼굴의 온도를 낮추기, Intense exercise 격렬한 운동,
Paced breathing 천천히 호흡하기, Progressive relaxation 점진적 이완법)

현실 수용 스킬

살짝 미소 짓기

철저한 수용

마음 돌려잡기

기꺼이 하기

중도의 길 걷기 스킬

다이어렉티스

다이어렉티컬 행동과 사고

다이어렉티컬 딜레마

수인하기

다른 사람 수인하기

자기-수인하기

행동 수정

정적 강화

부적 강화

행동조형

소거

처벌

감정조절 스킬

감정을 이해하기

감정 관찰하기와 기술하기

감정, 어떤 좋은 점이 있을까?

감정적 유약성 줄이기

  ABC 스킬

    (Accumulate positives 긍정적 경험 쌓기−장단기, Build mastery 숙련감 쌓기, Cope ahead 문제에 미리 대비하기)

  PLEASE 스킬

    (treat PhysicaL illness 신체 질환 치료하기, balanced Eating 균형 잡힌 식사, avoid mood−Altering drugs 기분을 인위적으로 바꾸는 약물하지 않기, balanced Sleep 균형 잡힌 수면, get Exercise적절한 운동하기)

원하지 않은 감정 변화시키기

  사실 확인하기

  문제해결하기

  현재 감정과 정반대 행동하기

정서적 괴로움 줄이기

  파도타기 스킬: 현재 감정의 마인드풀니스

대인관계 효율성 스킬

  목표와 우선순위

  GIVE 스킬: 관계를 유지하고 갈등을 줄이기 위한 스킬

    (be Gentle 친절하게, act Interested 호의적으로 행동하면서, Validate 수인적 태도로, use an Easy manner 가벼운 마음으로)

  DEAR MAN 스킬: 원하는 것을 얻거나, 거절하기 위한 스킬

    (Describe 기술하기, Express 표현하기, Assert 주장하기, Reinforce 보상하기, be Mindful 마인드풀하게, Appear confident 대담한 태도로, Negotiate 협상 가능성을 열어 두기)

  FAST 스킬: 자존감을 유지하기 위한 스킬

    (be Fair 공정하기, no Apologies 사과하지 않기, Stick to your values 가치관지키기, be Truthful 진솔하게)

  걱정하는 생각을 이겨내기 위해 지혜로운 마음에 따른 자기 진술 만들기

  상대방에게 거절하거나 요청할 때 고려해야하는 요인

  보충자료: THINK 스킬: 갈등과 부정적 감정을 줄이기 위한 스킬

      (Think from the other's perspective 상대방의 관점에서 생각해보기, Have empathy 공감하기, other Interpretations 다른 해석 찾아보기, Notice the other 상대방에 대해 알아차리기, be Kind 친절하게)

---

* 이 표는 From Miller, Rathus, and Linehan(2007, Table 4.2, p. 74)에서 발췌하여 수정하였으며, 저작권사 Guilford Press의 승인을 받았음.

가족 참여자를 위한 전화 자문

다가족 스킬에서 DBT 스킬을 알려주는 전화 코칭은 청소년뿐만 아니라 다른 가족 참여자에게도 매우 효과적이다. 그러나 문제가 되는 딜레마는 청소년은 코칭을 받기 위해 개인치료자에게 전화할 수 있지만, 스킬훈련에만 참여하는 부모는 전화할 수 있는 개인치료자가 없다는 점이다. 자녀의 치료자에게 전화를 하면 사생활 보호 문제와 신뢰 문제가 발생하게 된다. 따라서 우리는 부모가 DBT스킬훈련그룹 치료자에게 전화하도록 하거나 또는 부모교육 치료자에게 연락하도록 한다(부모교육 회기에 대해 다음 장 참고). 전화 코칭은 DBT 스킬을 일반화하기 위한 것에만 한정되어야 하며, 관계 회복 또는 좋은 소식을 전달하기 위한 목적으로 활용하지 않는다. 만일 DBT 스킬훈련그룹리더 중 한 명이 자녀의 주치료자라면 그 부모는 다른 그룹리더에게만 전화하도록 한다. 만일 주치료자가 동시에 유일한 스킬훈련자이고 부모를 위한 다른 치료자가 없을 때, 부모가 직접 자녀의 주치료자에게 전화를 하면 청소년과의 신뢰 문제가 생길 수 있다. 이러한 경우에는 부모와 청소년이 반드시 치료자와 부모 간 전화 자문에서 논의할 내용에 대하여 명확한 가이드라인을 설정하도록 해야 한다. 또 부모와 치료자는 정기적으로 통화한 내용을 청소년에게 공개하고, DBT 스킬 코칭은 스킬훈련그룹이나 가족 치료회기에서만 진행하는 것으로 제한한다. 부모가 청소년의 주치료자가 아닌 치료자와 통화를 했을 때라도, 자녀에게 통화 내용에 대해 말해 주면 청소년 입장에서 치료팀 전체가 자신을 속인다는 느낌을 갖지 않게 만드는 효과가 있다.

부모교육 회기

수년 간 많은 부모들이 우리에게 양육 스킬을 배우고 적용하는데 도움이 필요하다고 호소하였고, 이런 이유로 우리는 중도의 길 걷기 스킬 모듈을 개발하였다. 부모들은 다이어렉틱스나 수용하기 부분뿐만 아니라 강화, 행동조형, 소거/무시 또는 유관성과 같은 행동수정 부분에서 도움을 필요로 한다. 많은 부모는 자신의 양육법이 불규칙하고 즉흥적이며, 감정조절장애를 겪고 있는 청소년에게 극단적으로 대한다고 느끼고, 양육 스킬을 적용하려 할 때 자신이 심한 감정조절장애를 겪는다고 말한다. 따라서 우리는 청소년의 주치료자가 아닌 치료팀의 다른 치료자가 부모를 위한 선택적인 추가 회기를 제공하는 것에 대해 생각하게 되었다. 이 때 치료자는 청소년의 부모에게 필요로 하는 마인드풀니스 스킬이나 고통감내 스킬과 같은 DBT 스킬들을 가르쳐주며, 일관되고 효과적인 양육 전략을 시행할 수 있도록 돕게 된다. 이러한 형태의 회기는 필요에 따라서 부모들이 자녀를 대하면서 문제가 발생했을 때 시행하게 된다. 부모교육 회기는 단기간 지속되며 대부분의 부모들은 6~12회기만으로도 상당한 도움을 받는다고 느낀다. 상황에 따라 회기가 늘어날 수도 있다. 부모교육 치료자는 전화로 스킬 코칭을 하는 역할을 맡게 된다. 부모 중 한 사람 혹은 두 사람 모두에게 적용하거나, 스킬 그룹에서 '중도의 길 걷기'를 기반으로 한 양육 스킬을 제공하는 것 역시 가능하다. 만약 부모교육 회기를 진행하기 어렵다면 청소년의 주치료자가 아닌 스킬훈련자가 전화 코칭을 제공할 수도 있다. 청소년 DBT에서 부모교육 회기의 부가적 타당도에 대해서는 추가적인 연구가 필요하다.

자살행동 관리에 관하여

감정조절장애와 함께 복합적인 문제를 안고 있는 내담자를 대할 때, 치료자는 자살행동을 평가하고 치료하는 부분에 대해 잘 알고 있어야만 한다. 처음에는 자살관념이나 자살행동이 없던 내담자라도 환경이 바뀌면 자살위기가 높아질 수 있다. 따라서 개인치료 회기 없이 스킬훈련만 진행하는 경우에는 스킬훈련자가 초기 면접 시 자살 위험요인을 평가하고, 치료기간 동안 위험 징후와 요인을 파악하여 자살행동이 나타났을 때 곧바로 개인치료로 이어지도록 의뢰하여 즉각적으로 자살위기를 다룰 수 있어야 한다. 자살위기에 대한 개입을 이 스킬 매뉴얼에서 모두 다루기는 어렵기 때문에 리네한 박사의 초기 저작(1993a)과 최근에 통합 출판한 LRAMP(Linehan et al., 2012)를 숙지하고, 자살행동을 다루는 방법을 학습하기 위해 DBT Intensive training과정에 참여하는 것이 좋다.

　　DBT 스킬훈련을 제공하는 치료자는 방대한 참고자료를 읽고, DBT Intensive training에 참가하여 자살위기 내담자를 다루기 위한 주요 치료계획 단계에 익숙해져야 한다(Linehan, 1999). 이 단계에는 (1) 장기적이고 임박한 자살 위험요인을 인식하고 평가하기 (2) 자살행동의 상세한 개념 습득하기 (3) 진행 중인 자살행동 모니터링하기 (4) 상세한 행동 체인분석과 자살행동의 해결방법 분석하기 등이 포함된다. 해결방법 분석은 자살행동의 촉진 요인을 막는 방법을 찾고, 위기 반응을 숙련된 반응으로 대체하며, 고통을 감내하는 것을 포함한다. 또한 치료자가 개발한 전략을 청소년이 잘 따르도록 서약하도록 권고하고, 이를 실행하도록 만들어야 한다. 자살행동을 치료하기 위한 리네한 박사의 일반적인 가이드라인은 아래와 같다. 자살위기가 아주 높을 때 치료자는 좀 더 능동적이어야 하고(Linehan, 1993a, 1999), 유연하며, 보수적이면서도, 수용적으로 반응해야 하며, 자살에 대해 사실 중심으로 말해야 한다. 또한 개별적인 위험요인에 대하여 자각하고 자살행동이 특정 문제에 대한 비효과적인 반응이며 해결책이라는 것을 분명히 한다. 청소년의 경우에는 부모나 보호자와 필요할 때마다 자주 연락을 취하고, 개인 및 가족치료 회기 약속을 잡도록 해야한다. 리네한 박사는 자살위기를 보이는 내담자와 더욱 긴밀한 치료적 관계를 유지하고, 자살위기를 관리하기 위하여 치료자는 자신의 동료들과 같이 논의할 것을 권한다.

성인을 대상으로 한 DBT 연구

다수의 무작위 대조 실험(RCT)에서 DBT 프로그램이 경계선 성격장애 및 연관된 문제를 다루는 일반적인 치료에 대비하여 포괄적으로 우수하다는 결과를 얻었다(Linehan, Armstrong, Suarez, Allmon, & Heard, 1991; Linehan, Heard, & Armstrong, 1993; Linehan, et al., 2006; Koons et al., 2001; van den Bosch, Koeter, Stijnen, Verheul, & van den Brink, 2005; Verheul et al., 2003). 또한 DBT 치료를 받은 내담자는 치료에 협조적으로 순응할 확률이 높아지며, 정신과 입원 기간이 줄어들고 자살시도와 비자살적 자해시도, 자살관념의 빈도 수와 심각도가 줄어든다는 것이 밝혀졌다(Bohus, Haaf, & Simms, 2004; Linehan et al., 1991, 2006; Lynch, Morse, Mendelson, & Robins, 2003; Koons et al., 2001; van den Bosch et al., 2005; Verheul et al., 2003). 다음 3 가지 논문 Scheel (2000), Robins and Chapman (2004)과 Lynch, Trost, Salsman, & Linehan(2007)은 이러한 연구에 대한 리뷰 논문이다.

　　DBT에 관한 연구는 외래그룹(e.g., Linehan et al., 1991, 1993, 2006; van den Bosch et al., 2005; Verheul et al., 2003), 입원그룹(Barley et al., 1993; Bohus et al., 2000, 2004; Linehan et al., 1999; Koons et al., 2001; Simpson et al., 1998), 수감자 그룹(Berzins & Trestman. 2004; Bradley & Follingstad, 2003; Evershed et al., 2003) 등 다양한 장면에 있는 성인을 대상으로 시행되었다. 또한, DBT는 성인을 대상으로 약물문제를 동반한 경계선 성격장애 치료(Linehan et al., 1999, 2002; van den Bosch et al., 2005), 섭식장애를 동반한 경계선 성격장애(Palmer, 2003), 섭식장애에 대한 독립적 치료(Safer, Telch, & Agras, 2001; Safer, Telch, & Chen, 2009; Telch, Agras, & Linehan, 2000), 발모벽 재발방지를 증진시키는 치료방법(Keuthen et al., 2010), 복합적인 성격장애를 보이면서 우울장애를 가진 외래에서 치료를 받는 노인들에게도 적용이 되었다(Lynch, 2000; Lynch et al., 2003).

청소년을 위한 DBT 연구

최근에 출간된 리뷰 논문에서 Groves, Backer, van den Bosch와 Miller(2012)는 1997년에서 2008년까지 출간된 12개의 청소년 DBT 효과에 대한 연구 결과를 요약하였다. 2008년 이후에는 추가로 두 개의 청소년 DBT 연구가 출간되었다. 그러나 이 연구 모두 무작위 대조 실험(RCT) 결과는 아니었다. 최근에는 3 개의 RCT 연구가 끝났으며, 상당한 규모의 RCT 연구가 진행 중이다.

　　Cooney와 동료들(2012)은 뉴질랜드에서 작은 무작위 대조 타당성 연구를 수행했다. 연구자는

3개월 간 적어도 한 번의 자살시도를 했거나 자해행동이 있던 청소년(N=29)을 DBT 그룹(N=14)과 일반치료 그룹(N=15)에 할당하여 6개월간 연구를 진행하였다. 이 연구에서 주 1회의 DBT 개인치료와 주 1회의 다가족 스킬훈련, 필요시 가족치료 회기, 청소년과 부모를 대상으로 한 전화 코칭이 제공되었으며, 치료자 자문팀이 구성되어 있었다. 연구자들은 리네한(1993a)의 스킬훈련 자료와 우리가 개발한 청소년 DBT 자료(예: 중도의 길 걷기 스킬)를 혼합하여 사용하였다. 이 연구에서 DBT 회기는 전문 평가자에 의해 DBT에 잘 따르는지 코드화되었다. Cooney는 DBT가 뉴질랜드에서 적용 가능하며, 청소년과 가족들이 잘 반응하는 것을 발견하였다.

Lars Mehlum과 동료들(2012, 2014)은 노르웨이의 오슬로에서 큰 규모의 무작위 대조 실험을 실행하였는데, 9개의 경계선 성격장애 진단 기준 가운데 3개의 증상을 보이는 자살적 혹은 자해적 청소년을 대상으로 16주 동안 외래 DBT 프로그램과 강화된 일반치료 프로그램(Enhanced Usual Care, EUC)을 비교하였다. EUC는 자살위기 평가 프로토콜 훈련과 함께 제공되며, DBT가 제외된 프로그램이다. 추가로 블라인드 연구 평가자는 청소년이 평가 기간 동안 자살위기를 호소하면 EUC 치료자에게 즉시 알려주었다. 노르웨이 연구팀은 우리의 청소년 DBT 스킬 프로그램을 노르웨이어로 번역하였다. 원래의 연구(Rathus & Miller, 2002)와 유사하게 그들의 DBT는 주 1회 개인치료, 주 1회 다가족 스킬훈련그룹, 청소년을 위한 전화 코칭, 필요할 경우 가족치료 회기, 주 1회 치료 자문팀 회의로 구성되었다.

연구 샘플은 지역사회 아동 청소년 정신과 외래 클리닉에서 치료받고 있는 내담자 중 최근에 자해행동을 했거나, 반복적으로 자해행동을 보이면서 경계선 성격장애 특성을 보이는 77명의 청소년으로 구성되었다. 두 개의 조건에서 치료 유지율은 모두 양호하였으며 응급실 이용률은 낮았다. 그러나 DBT는 자해행동과 자살관념, 우울증 그리고 경계선 성격장애 증상을 낮추는데 EUC에 비해 훨씬 우수하였다. EUC 치료를 받은 내담자들의 효과크기는 작았던 반면, DBT 치료를 받은 내담자의 치료 효과크기는 컸다. DBT 회기는 전문 평가자에 의해 DBT에 잘 따르는지 코드화되었다. Mehlum과 동료는 이 청소년과 가족을 대상으로 1년, 2년, 10년 뒤 후속 연구를 진행할 예정이다.

Goldstein과 동료들(2012)은 양극성장애 진단을 받은 자살적 청소년을 대상으로 작은 RCT연구를 진행하여 DBT 그룹(n=14)과 일반치료 그룹(n=6)을 비교하였다. Goldstein과 동료들은 우리의 청소년 스킬 매뉴얼을 사용하였고, 양극성장애에 대한 심리교육적 추가 자료들을 사용하였다. 이 연구에서 한 주는 DBT 개인치료 회기를, 그 다음 주는 가족치료 회기를 진행하는 방식으로 12개월 동안 진행하였다. DBT 치료를 받은 그룹은 자살관념과 감정조절장애 부분이 현저히 낮아졌고, 우울도 현저히 줄어든 것으로 나타났다. DBT 그룹의 경우 초기 상태가 심각했기 때문에 연구에서 뚜렷한 효과를 기대하기 어려웠지만, 증상이 현저하게 감소한 것은 괄목할 만한 일이다.

Linehan, McCauley, Asarnow와 Berk는 현재 여러 기관에서 적어도 3가지 이상 경계선 성격장애 특성을 보이고, 최근에 자살행동을 하거나 반복적으로 자살행동을 보이는 청소년을 대상으로 통합 DBT와 지지적 치료를 비교하는 큰 RCT연구를 진행중이다(Collaborative Adolescent Research on Emotions and Suicide[CARES]). DBT 치료 개입은 6개월 동안 청소년과 부모를 대상으로 다가족 그룹과 전화 자문으로 이루어졌다. 연구자들은 리네한의 스킬훈련 자료와 함께 '중도의 길 걷기 스킬'을 함께 사용하였다(Miller et al., 2007).

이 RCT연구 이외에 청소년을 대상으로 한 3 개의 유사 실험 연구가 진행되고 있으며, 이 연구에서도 자살충동과 복합적 문제를 안고 있는 청소년들의 다양한 문제행동이 줄어들고 있는 것으로 나타났다(Fleischhaker et al., 2011; Katz, Cox, Gunasekara, & Miller, 2004; Rathus & Miller, 2002). 이 연구는 Fleischhaker와 동료들(2011)에 의해 수행된 1년 뒤 후속 연구 결과에서도 좋은 결과가 나와 그 효과가 입증되었다.

다양한 문제와 장애를 지닌 청소년을 대상으로 한 수많은 공개 DBT 연구실험이 있었다. 그 연구는 다음과 같다. (1) 자살적, 비자살적 자해행동을 보이는 다중문제 및 복합진단을 받은 청소년(Fleischhaker, Munz, Böhme, Sixt, & Schulz, 2006; James, Taylor, Winmill, & Alfoadari, 2008; Sunseri, 2004; Woodberry & Popenoe, 2008) (2) 양극성장애 진단을 받은 청소년(Goldstein, Axelson, Birmaher, & Brent, 2007) (3) 수감시설에서 외현화 증상 진단을 받은 청소년(Trupin, Stewart, Beach, & Boesky, 2002)과 외래 시설에서 외현화 증상 진단을 받은 청소년(Nelson-Gray et al., 2006) (4) 과식증, 폭식, 거식증을 포함한 섭식장애 진단을 받은 청소년(Safer, Lock, & Couturier, 2007; Salbach, Klinkowski, Pfeiffer, Lehmkuhl, & Korte, 2007; Salbach-Andrae, Bohnekamp, Pfeiffer, Lehmkuhl, & Miller, 2008).

또 다른 공개 실험에서는 전통적인 외래, 단기 입원 혹은 수감 시설 이외의 거주 치료시설에 있는 청소녀(Sunseri, 2004), 장기 입원치료를 받는 청소년(McDonell et al., 2010), 학교 장면에서 아동과 청소년(Mason, Catucci, Lusk, & Johnson, 2009; Perepletchikova et al., 2010; Sally, Jackson, Carney, Kevelson, & Miller, 2002), 신장 질환, 당뇨, 겸상적혈구병을 앓거나 비만과 같은 만성적 의료질환으로 인하여 치료에 비협조적인 아동 병원의 청소년(Hanshim, Vadnais, & Miller, 2013) 등의 다양한 치료 장면 장면에서 DBT를 수행하였다.

이 모든 연구의 공통분모는 감정조절 능력 문제로 인하여 충동적 혹은 회피적 행동 문제를 보인다는 점이다. 문제가 되는 충동적, 회피적 행동은 감정조절장애의 결과이거나 감정을 재조절하려는 노력의 결과이다. 이전에 기술한 바 대로(Miller et al., 2007) DBT는 감정조절장애와 행동조절장애를 겪고 있는 청소년에게 진단명이나 행동 문제의 종류에 관계없이 적용할 수 있는 적절한 치료법이다.

지금까지 시행된 실험 및 유사 실험 연구결과를 보면, DBT는 자살행동과 우울증, 경계선 성격 장애 증상을 낮출 뿐만 아니라, 강력한 치료 타당성과 수용성(예: 고통감내를 잘 하는)을 보이며, 상당히 높은 치료 유지율을 보인다(Cooney et al., 2012; Goldstein et al., 2007, 2012; Groves et al., 2012;

Mehlum et al., 2014; Rathus & Miller, 2002). 리네한과 동료들의 CARES 연구 결과가 복합 문제를 안고 있는 자살위기 청소년을 대상으로 한 DBT의 경험과학적 기반을 발전시켜 나갈 것으로 기대한다.

　　다음 장에서는 어떻게 스킬 훈련이 구조화되어 있는지, 전반적인 치료 과정과 회기의 구조, 스킬 훈련그룹의 수립 방법에 대하여 설명할 것이다.

제 2 장
DBT 스킬훈련의 구조

이 장에서는 다가족 스킬훈련그룹 구성체계를 중심으로 청소년을 위한 DBT 스킬훈련 프로그램의 구조, 즉 치료 기간이나 그룹 회기의 구성 요소, 각 회기의 구성체계 등과 같은 주제를 다루게 된다. 이 장의 마지막 부분에서는 다양한 장면에서 적용되는 변형된 청소년 DBT 프로그램에 대해 논의할 것이다.

스킬훈련 치료 과정: 치료 모듈 순환

대인관계 효율성 스킬, 감정조절 스킬, 고통감내 스킬, 중도의 길 걷기 스킬은 각각 4주에 걸쳐 교육하게 된다. 새로운 그룹참여자에 대한 오리엔테이션과 마인드풀니스 스킬은 2주에 걸쳐 교육하고, 이는 4개의 모듈을 시작하기 전에 항상 반복하게 된다.

따라서 그룹 운영 스케줄은 표 2.1과 같이 오리엔테이션과 마인드풀니스 스킬(1주차), 마인드풀니스 스킬(2주차), 고통감내 스킬(4주간), 반복해서 이어지는 오리엔테이션과 마인드풀니스 스킬(2주간)과 중도의 길 걷기 스킬(4주간), 2주간의 오리엔테이션과 마인드풀니스 스킬은 감정조절 스킬(4주간)과 대인관계 효율성 스킬(4주간) 모듈 앞에 반복해서 실행한다.

또 다른 유형은 오리엔테이션과 마인드풀니스 스킬을 한 주 동안 진행하고 다른 모듈을 5주간 실행하는 것이다. 어떻게 진행을 하더라도 모든 모듈을 완결하는 것에는 24주(6개월)가 소요된다. 새로 그룹에 들어오는 참여자들이 수시로 있기 때문에, 24주간의 순환이 반복되면 모든 참여자가 전체 스킬을 다 교육받게 된다. 우리가 제 5장에서 10장까지 이전의 구성체계 대로 스킬 강의 노트를 제공하였지만(오리엔테이션과 마인드풀니스 스킬 2주, 다른 스킬 4주), 치료자는 상황에 맞게 마인드풀니스 스킬을 제외하고 각각의 모듈에 5주를 할당하는 1+5 주 구성체계로 변환하여 진행할 수 있다. 또한 자료 중 하나를 빼거나, 그룹 회기마다 교육할 스킬이나 자료 분량을 줄여서 천천히 진행할 수도 있다.

중요한 것은 모든 가족이 새로운 모듈을 시작하기 전에 오리엔테이션 자료와 마인드풀니스 스킬을 반복한다는 점이다. 오리엔테이션은 DBT에 대한 설명 즉, DBT의 생물사회이론과 스킬훈련의 이론,

DBT 치료의 과정, 그룹 가이드라인 등이 포함된다. 기존 그룹의 참여자에게는 문제가 되는 영역을 다시 점검하고 치료 과정과 그룹 규칙을 검토하면서 치료적으로 어느 정도 진전이 되었는지 여부를 파악할 수 있는 중요한 기회가 된다. 뿐만 아니라 우리는 선배 그룹참여자가 새로운 참여자에게 DBT 과정을 설명하고 규칙의 중요성을 설명할 수 있도록 요청하기도 한다. 폐쇄형 그룹의 경우, 치료자는 오리엔테이션 자료를 반복해서 설명하지 않아도 되고, 설명하더라도 자주 할 필요는 없다. 중요한 것은 수시로 참여하는 새로운 가족을 위한 오리엔테이션 회기를 따로 진행하고 그룹 세션에서는 간략하게 오리엔테이션의 포인트를 복습할 수도 있다는 점이다. 성인을 대상으로 한 외래 표준 DBT 프로그램에서 내담자는 6개월 순환으로 2번 반복하여, 전체 1년 동안 스킬훈련을 하게 된다. 하지만 청소년 그룹에서는 다양한 가능성이 존재한다는 점을 잊지 않아야 한다. 외래 프로그램에서는 표준화된 모델을 따라 일반적으로 1년의 치료 기간을 가지지만, 어떤 경우에는 치료자가 내담자에게 추가적으로 스킬훈련을 받도록 제안할 수 있다. 이는 청소년과 가족 문제의 현재 심각도에 달려 있으며 어느 정도 치료 진전이 있었는지에 따라 달라질 수 있다. 안전과 행동 통제를 주 목표로 하고 있는 1단계를 성공적으로 달성한 내담자의 경우(Miller et al., 2007 참고), 스킬훈련 순환을 1회 마친 후에 원하는 경우 DBT 치료를 졸업할 수 있다. 자해나 기타 충동적 혹은 위험 행동이 계속 있을 때에는 스킬 모듈의 일부나 전체를 반복할 수 있도록 강하게 권하는 것이 좋다. 또 다른 방법으로는 내담자가 1회 스킬훈련 순환을 마친 이후 졸업을 하고, 졸업자를 위한 스킬 그룹에서 지속적으로 치료과정에 참여하는 것이 있다("청소년 졸업 그룹 모델" 참고).

표2.1_ 다가족 스킬 그룹을 위한 치료 일정 샘플

2주간 : 오리엔테이션과 마인드풀니스 스킬 모듈
4주간 : 고통감내 스킬 모듈
2주간 : 오리엔테이션과 마인드풀니스 스킬 모듈
4주간 : 중도의 길 걷기 스킬 모듈
2주간 : 오리엔테이션과 마인드풀니스 스킬 모듈
4주간 : 감정조절 스킬 모듈
2주간 : 오리엔테이션과 마인드풀니스 스킬 모듈
4주간 : 대인관계 효율성 스킬 모듈
24주 동안 모든 모듈을 한 차례 순환하게 된다.

교육하는 스킬의 폭과 깊이

정해진 시간 동안 얼마나 많은 스킬을 다룰 것인지 결정하는 것은 폭과 깊이의 문제라고 볼 수 있다.

적은 분량의 스킬을 깊이 있게 교육하게 되면 그 스킬에 대한 전문성이 올라가며, 많은 스킬을 짧은 기간에 교육하면 여러 스킬에 노출이 되기는 하지만 연습을 통해 숙련감을 쌓는 시간은 줄어들게 된다. 반면에 내담자가 통합 DBT를 받는 경우 주치료자가 전화 자문, 가족치료 세션에서 문제를 해결하는 과정을 통해 스킬을 더욱 강화시킬 수 있도록 가능한 많은 스킬에 노출되도록 하는 것이 좋다. 내담자가 다양한 종류의 스킬을 접하는 것이 중요한데, 그 이유는 모든 DBT 스킬이 내담자 모두에게 통용되는 것은 아닐 뿐 아니라, 내담자들이 자신에게 유용한 몇 가지 스킬만을 사용하는 경향이 있기 때문이다. 우리는 어떤 스킬의 교육 여부를 결정하는 것에 대해 과학적 근거를 가지고 있지 않다. 궁극적으로 스킬훈련자는 자신의 내담자의 학습 스타일을 주의 깊게 관찰하여, 압도감 때문에 학습이 제대로 이루어지지 않는 상황을 예방하기 위해 내담자의 상태를 고려하여 속도를 조절해야 한다.

우리는 각각의 스킬마다 참여자들에게 적절한 교육적 설명과 연습 기회를 제공하여, 스킬훈련의 깊이에 주의를 기울인다. 연습은 그룹 회기 안에서 실시하고, 숙제를 통해서도 하게 된다. 스킬 그룹은 두 시간 동안 진행되는데, 전반부에서는 50분간 마인드풀니스 연습과 숙제 점검을 하고, 후반부에서는 50분간 새로운 스킬을 교육한다. 필요하다면 정해진 시간 동안 더 많은 스킬을 교육할 수도 있다. 예를 들어 '문제에 미리 대비하기' 스킬은 그룹 회기 1회 전체 시간을 사용하여 교육할 수 있고, 한 회기 안에서 몇 가지 스킬과 함께 교육할 수도 있다. 스킬훈련자가 '문제에 미리 대비하기' 스킬을 간략하게 교육한 후, 내담자가 자신의 문제행동과 어려움이 예상되는 상황을 검토하며 개인치료자와 함께 문제해결분석을 수행하면서 그 일부로써 해당 스킬을 연습하게 할 수도 있다. 또한 특정 스킬 내용에 더 많은 시간을 할애하도록 구조를 변경할 수도 있다. 예를 들어 그룹에 참여하는 가족 수가 적고 참여자가 오리엔테이션 자료에 모두 익숙하다면, 오리엔테이션과 마인드풀니스를 간략하게 1주 안에 마친 후 이어지는 모듈을 5주 동안 교육할 수도 있다.

스킬훈련 기간에 관한 사항

Linehan, Armstrong, Suarez, Allmon과 Heard(1991)의 성인을 대상으로 한 연구는 1년의 치료 기간을 기반으로 진행하였고 어떤 치료자들은 많은 청소년들의 치료 유지율이 낮은 경향을 보이기 때문에 치료 완결율을 높이고 치료서약을 쉽게 하도록 하기 위해서 치료 기간을 단축시키고 싶어한다(예: Trautman, Stewart, & Morishima, 1993). 또한 특정 청소년 내담자의 행동 패턴은 감정조절장애를 겪는 성인 내담자만큼 심하지 않을 때도 있다. 이전에 출간된 연구 데이터와 프로그램 상에서는 단기 치료를 기반으로 한 것이 있지만(예: 12주 동안의 스킬훈련 초기 유사 실험 연구, Rathus & Miller, 2002; 16주 동안 진행된 DBT 스킬훈련, Miller et al., 2007), 우리는 스킬훈련 프로그램을 24주로 늘려서 진행하고 있다. 이렇게 더 긴 기간이 필요한 이유는 '중도의 길 걷기' 스킬 모듈이 추가되었고, 단기 구성 체제의 경우 많은 스킬들이 제외될 뿐 아니라 DBT 스킬 자료를 교육할 때 충분한 시간을 할애하지 못하는 문제가 있는 것으로 나타났기 때문이다. 우리는 표준 DBT 스킬(Linehan, 1993b)을 약간 줄여서 6개월의 커리큘럼 안에 '중도의 길 걷기' 스킬을 포함시켰다. 연구를 통해 다양한 치료기간을 적용했었고 또 가능성이 있어 보이지만(Goldstein et al., 2012; Mehlum et al., 2014; Rathus & Miller, 2002), 청소년을 위한 최적의 치료 기간은 경험과학적 질문의 문제이며, 치료장면과 각각의 일정에 따른 스킬훈련 회기의 기간, 목표로 설정한 문제의 심각성, 그리고 그룹참여자의 학습 능력에 달려 있다.

스킬 그룹 준비하기

그룹의 규모

DBT 스킬 그룹은 그룹의 크기와 관계없이 두 명의 스킬훈련자가 진행하는 것이 바람직하다. 작은 그룹(2-3 가족, 총 4~9인의 참여자와 스킬훈련자)에서는 참여자들에게 개별적으로 관심을 줄 수 있고 각 내담자의 반응과 갈등을 잘 인지할 수 있다. 또한 연습이나 역할극을 할 때 더 많은 시간을 할애하고, 충분한 피드백을 줄 수 있으며, 참여자들이 친밀감과 편안함을 느낄 수 있다. 물론 내담자 수가 적은 치료기관에서는 실용적일 수 있다. 그러나 이렇게 작은 그룹 크기는 어떤 참여자에게는 지나치게 가깝고 편안하게 느낄 수 있고, 한두 명이 결석하게 되면 그룹 프로그램의 느낌이 줄어들 수도 있다. 이렇게 작은 그룹 환경에서는 개인적 문제를 다루게 될 가능성이 높아져, 스킬 습득과 연습에 집중하는 것을 방해하기도 한다.

큰 그룹(6-8 가족, 총 12~24명의 참여자)은 비용과 자원 면에서 효율적이며, 사회적 상황을 불안하게 여기는 참여자에게 그룹 안에서 익명성을 제공할 수 있다(물론 큰 그룹이더라도 어떤 내담자들은 사회적 불안을 경험할 수는 있다). 또한 가족을 위한 사회적 지지망을 제공할 수 있고, 결석한 가족이 있더라도 원활히 진행할 수 있다. 그러나 큰 그룹의 경우 각 참여자의 숙제를 검토하거나 특정 스킬의 실제 상황 연습 시간이 짧아질 수밖에 없기 때문에 스킬 습득과 강화할 기회가 줄어들 수 있다. 또한 많은 참여자로 인해 치료에 방해가 되는 분산 행동이 나타날 가능성이 높고, 내담자가 일으키는 문제를 다루기가 어려울 수도 있다. 경험상 숙제 검토를 할 때, 부모를 포함하여 각 그룹의 참여자에게 3~5분 정도 할당하여 계획을 세우는 것이 좋다. 한 회기 숙제 검토에 45분 정도를 사용할 경우, 9-15명 정도가 최적이다(모든 가족이 두 명의 부모가 참여한 경우, 3~5 가족 또는 6 가족까지). 큰 그룹의 경우에는 숙제 검토를 위해 그룹을 2개로 나누는 것이 좋다. 무작위로 그룹을 나누어 스킬훈련자 한 명이 다른 방에서 숙제 검토를 진행한 이후 나머지 회기에 같이 참여할 수 있도록 한다. 이렇게 하면 스킬훈련자는 각 참여자에게 충분한 피드백을 줄 수 있다.

개방형 그룹과 폐쇄형 그룹

수시로 참여 가능한 개방형 그룹과 폐쇄형 그룹은 모두 각각의 장점과 단점이 있지만, 가능하다면 개방형 그룹을 권한다. 개방형 그룹에서는 오리엔테이션과 마인드풀니스 스킬 모듈을 시작할 때 새로운 가족이 처음 참여할 수 있으며, 5가지 스킬 모듈 중 언제든지 참여해도 문제가 없다. 이는 6개월이 끝나는 지점에 모든 참여자들이 DBT 전체 스킬을 배우게 되기 때문이다. 새로운 참여자가 그룹에 들어왔을 때는 기능성이 높은 그룹문화(학습을 할 때 지지적인 분위기)가 이미 정립되어 있을 가능성이 높고 경험이 많은 참여자들이 스킬훈련자와 함께 전체 그룹의 분위기를 이끌기도 한다.

개방형 그룹을 권하는 두 번째 이유는 청소년들이 환경 변화에 적응하는 것을 연습할 필요가 있기 때문이다. 경계선 성격장애 증상을 보이며 감정조절장애가 있는 청소년은 성인과 마찬가지로 변화하는 상황에 적응하는 것을 무척 어려워한다. 따라서 개방형 그룹은 치료적 상황에서 통제되어 있으면서도 지속적으로 변화에 노출할 기회를 제공하므로 도움이 될 수 있다.

그룹을 개방형으로 유지하면 좋은 세 번째 이유는 그룹 내에서 선배 우대 시스템을 구축할 수 있기 때문이다. 새로운 참여자가 오리엔테이션과 마인드풀니스 스킬 모듈에 처음 들어오면, 선배 참여자가 DBT 그룹 초기 적응을 도와주는 문화를 형성할 수 있다. 새로운 참여자들은 선배들의 대처방법을 모델링하고, DBT 스킬이 어떻게 도움이 되었는지에 대한 조언을 들으며, DBT 치료에 잘 적응하도록 도움을 받는다. 또한 선배 참여자는 새로운 참여자에게 건설적인 피드백을 주고 숙련된 행동의 모델 역할을 하게 된다. 마지막으로 새로운 참여자는 DBT에 헌신적으로 참여한 많은 사람들이 증상이 나아지고 최종적으로 졸업하게 된다는 즉, 좋은 결과를 얻을 수 있다는 희망을 갖게 한다. 마지막 부분은 아주 강조되어야 하는데, 다른 가족이 성공적으로 스킬 그룹을 마치고 치료적으로 많은 것을 얻었다고 보고하면, 강력한 동기를 부여함과 동시에 이 과정을 처음 시작하여 압도되어 있는 가족들에게 희망을 주기 때문이다.

폐쇄형 그룹의 경우 참여자는 모든 DBT 모듈이 끝날 때까지 처음부터 끝까지 함께 하며 새로운 참여자는 들어올 수 없다. 폐쇄형 그룹의 가장 큰 장점은 참여자가 서로 잘 알게 되고 신뢰 관계를 쌓을 수 있으며 마음을 열고 참여할 수 있다. 부정적인 점은 내담자들이 서로 지나치게 편해지면 행동 스킬훈련에 집중하기 어렵고, 그룹이 점점 개인의 감정 처리를 다루는 문제로 표류할 수도 있다는 점이다. 따라서 스킬훈련자는 초점을 잃지 않고 잘 유지하도록 노력해야 한다.

동질적 그룹과 이질적 그룹 구성

청소년을 위한 DBT 스킬훈련그룹을 구조화할 때에는 내담자 그룹을 어떻게 정할 것인지 결정해야 한다. 연령, 성별, 진단 혹은 문화와 같은 요인들이 그룹 구성 기준에 포함되거나 배제되어야 할 주요 변수이다.

연령

청소년은 일반적으로 만 12~19세로 정의되지만(Berk, 2000), 그보다 연령이 높을 수도 있다. 그러나 이 연령 범위에 있다고 해서 모두가 동질적인 그룹이라고 볼 수는 없다. 만 11~14세는 사춘기 초반에 들어서는 기간으로 볼 수 있고 데이트, 담배, 음주, 약물 등을 최초로 실험적으로 경험해보는 시기이며 대부분 초등학교 고학년에서 중학생인 경우가 많다. 중후반의 청소년은 만 14~18세에 해당되며 고등학교를 다니는 경우가 많고, 외부의 요구나 압박 혹은 책임 문제에 직면하게 된다. 가장 나이가 많은 청소년은 대체로 만 18~21세 혹은 25세까지 포함된다. 예를 들어 Arnett(1999)는 만 18~25세에 해당되는 기간을 "초기 성인기" 혹은 "과도 성인기"라고 정의했다.

　우리 프로그램에서는 만 13~18세에 해당되는 내담자가 많았다(예외적으로 우리 프로그램에서 나이가 조금 어리거나 많은 청소년을 포함시킨 경우가 있었다. 어떤 프로그램에서는 만 18세 이상의 초기 성인 그룹을 만들어 독립된 지지 그룹과 부모를 위한 스킬훈련을 제공하기도 한다). 나이가 든 내담자의 경우에는 어린 내담자들에게 형이나 언니와 같은 역할을 맡아 코칭이나 조언, 지혜를 나누어 주기도 한다. 이것은 어린 참여자에게 영감을 불어넣어주고, 나이가 많은 참여자에게는 동기와 자부심을 느끼게 해준다. 이러한 접근에서 한 가지 위험 요소는 나이가 많은 그룹의 참여자가 어린 참여자에게 성적으로 문란한 행동이나 약물 사용과 같은 새로운 위험 행동을 보여줄 수도 있다는 점이다. 따라서 우리는 그룹 치료 상황에서 자신의 치료목표 행동을 상세하게 공개하지 않고, 외부에서 친구 관계를 형성하지 않도록 하고 있다(제 5장 오리엔테이션과 그룹 규칙 참고). 혼합 연령 그룹의 또 다른 위험은 그 나이 또래를 벗어나는 청소년이 있는 경우이다. 만 14~15세가 그룹의 주류인 경우에 만 19세 청소년은 소외감을 느낄 수 있다. 스킬훈련자는 이를 예방하기 위하여 나이가 많은 청소년에게 그룹 내 특별한 역할을 맡겨서 격려하기도 한다. 또 다른 방법은 그 청소년을 다른 그룹으로 옮기거나, 개별적으로 스킬훈련을 실행할 수 있다.

　청소년 그룹을 형성할 때, 특정 연령에 따라 제한하는 것의 장점은 생활에 관련된 동질적인 문제점들을 가지고 있기 때문에, 그룹 내에서 서로 연결된 느낌을 받을 수 있다. 그러나 이러한 그룹 상황을 만들기 위해서는 충분한 내담자 수가 확보될 때 즉, 특정 연령대를 벗어나는 청소년이 그룹에 포함되지 않아도 되거나 특정 연령층에 맞는 다양한 그룹이 있을 때 가능하다. 어떤 곳에서는 동시에 다양한 그룹이 운영되어, 두 개 이상의 연령 그룹으로 나누어 실행할 수도 있다(예: 만 12~15세, 16~19세). 병원 같은 곳에서는 연령에 따라 기관 전체에 통용되는 기준을 적용하여 만 17세 이하의 경우에는 아동 청소년 프로그램에, 만 18세 이상은 자동적으로 성인 외래나 낮병원, 입원 치료 프로그램에 등록하게 된다. 많은 기관에서 20대 초반에 해당되는 초기 성인 그룹을 운영하는데, 그 이유는 대학교에 다니는 연령층의 내담자들이 일반적으로 부딪히는 발달 문제 예를 들어 독립적으로 생활하기, 직업 구하기, 연인과의 관계 등에서 어려움이 많기 때문이다. 청소년 내담자가 많지 않은 기관에서는 만 16세 이상의 청소년이 성인 프로그램에 참여하는 경우도 있다.

성별

성별은 또 하나의 중요한 변수이다. DBT 프로그램에서 남녀 청소년 모두 치료할 계획이라면 성별에 따라 그룹을 구분할지 여부를 결정해야 한다. 입원 병동이나 거주형 치료시설에서는 성별을 분리하여 서로 다른 곳에 거주시키기도 하고, 남녀 중 하나의 성별만 수용하기도 한다. 하지만 많은 기관에서는 남녀 청소년 모두를 입소시키고 있다. 연령과 연관된 문제와 비슷하게 하나의 성별에만 제한하여 스킬 그룹을 만들게 되면, 그룹 안에 비슷한 문제를 가지고 있는 아이들이 모여 쉽게 자기 공개를 하고 편안하게 느끼게 된다. 뿐만 아니라 그룹 내 이성이 없기 때문에 성적 호기심 문제나 사회적 공포감 문제에 따르는 주의분산이나 방해 문제를 줄일 수 있다. 물론 성적 호기심 측면에서 레즈비언이나 게이, 양성애, 성전환(LGBT) 청소년 관련 이슈는 그룹 형태와 관계없이 생길 수 있다.

우리는 여러 가지 이유로 남녀가 혼합된 그룹으로 구성하였다. 첫째로 남자 청소년의 의뢰율이 낮아서 발생하는 문제, 즉 인원이 적어서 그룹을 구성하지 못하는 문제를 해결할 수 있다. 우리 기관에서는 DBT 의뢰 건수의 15~20%정도만이 남자 청소년이다. 이것은 5~6 명의 내담자와 그 가족 가운데 단 1명의 청소년이 남자라는 것을 의미한다. 이는 흔히 발견되는 문제인데 경계선 성격장애 진단이나 자살시도, 비자살적 자해행동은 여성에게서 더 높은 비율로 나타나기 때문이다. 둘째로 혼성 그룹은 이성과 적절하게 관계를 맺는 능력을 발달시키고, 이성 참여자가 남자친구나 여자친구 역할을 맡아 역할극 실행이 가능하며, 다른 성별의 입장에서 바라보게 되어 통찰력을 얻을 수 있다는 장점이 있다. 이렇게 함으로써 스킬의 일반화를 촉진하게 된다. 셋째로 혼성 그룹은 성 정체성이나 성 지향성에 관한 고려를 할 필요없이 LGBT 그룹을 포함시킬 수 있다. 혼성 그룹에서는 그 그룹에 남자 청소년이 없다 하더라도, 남자와 여자 모두 참여할 가능성이 있다고 오리엔테이션을 해주는 것이 중요하다.

진단

감정조절장애를 겪고 있는 사람은 복합적인 문제와 공병을 보이기 때문에 동질적인 집단을 형성하는 것이 쉽지 않다. 최근에 DBT를 통해 다양한 그룹의 여러 행동문제가 성공적으로 치료되었다는 과학적 증거(Miller & Rathus, 2000 참고)가 더 많이 발표되고 있기 때문에 복합 진단을 받은 참여자 그룹도 DBT의 도움을 받을 수 있다. 이 진단 그룹에는 기분장애, 약물남용 장애, 파괴적 행동장애, 섭식장애, 불안장애 등이 포함된다. 청소년들 가운데 복합적인 진단을 가지고 있는 경우가 많고 주요 치료 목표 행동으로는 약물이나, 알코올 남용, 폭식이나 구토, 등교 거부, 가족 내 갈등, 자살적 또는 비자살적 자해행동 등이 있다. 여러 진단을 가진 청소년을 DBT 그룹에 참여시킬 수 있지만, 다른 진단 그룹을 하나의 그룹으로 통합하거나 다양한 진단 규준에 부합하는 참여자들을 그룹에 포함시킬 때에 주의해야 할 사항이 있다. 첫째, 특정 진단의 경우 일반 DBT 치료에 적합하더라도, 진단에 맞게 조정된 DBT 프로그램이 더 효과적일 수 있다. 예를 들어 주요 진단이 섭식장애 또는 약물남용 장애인 경우가 그렇다. 둘째, 특정 진단그룹은 그룹 상황에서 치료를 진행하는 것이 최선이 아닐 수도 있다. 최근 연구에 의하면 반사회적이거나 품행장애를 가지고 있는 청소년의 경우에는, 그룹 치료상황에서 오히려 반사회적 행동을 훈련시키거나 모델링하기도 하고 또래 청소년이 이 행동을 수인하는 문제가 발생할 수 있다(Dishion, McCord, & Poulin, 1999). 셋째, 초기 규준이 지나치게 느슨하다면, 개인별 심각성과 치료 목표가 너무나 상이하여 그룹 스킬훈련의 목표를 상실하게 될 수도 있다. DBT 치료의 기반인 생물사회이론이 더 이상 적용되지 않아 그룹이 와해될 수 있다. 따라서 반드시 명확하고 통합된 틀을 가지고 그룹에 참여하는 기준을 정해야 한다.

일반적인 배제 기준은 정신증 증상, 심한 학습장애, 심한 인지장애 등이다.

민족과 문화

그 동안의 경험에 의하면 프로그램의 민족과 문화적 요소는 치료 기관과 지역의 특징에 따라 결정된다. 예를 들어 어떤 프로그램에는 소수 민족이면서 낮은 사회경제적 지위에 해당하는 도심지에 거주하는 그룹이 있으며(대체로 라틴계, 흑인계, 카리비안계), 교외 지역에서 실행되는 프로그램의 경우에는 대체로 백인계이며 중산층 이상의 사회경제적 지위에 있는 청소년 가족들인 경우가 많다. 이렇게 그룹은 지역에 따라 문화적 특성이 구분된다. 그러나 한 치료 장면에서 문화적 특성이 너무나 이질적이어서 그룹참여자들을 다른 그룹으로 옮기는 것을 고려해야 할 때도 있다. 하나의 중요한 요인은 가족이 사용하는 언어 문제이다. 예를 들어 어떤 기관에서는 영어를 전혀 하지 못하거나, 스페인어를 사용하는 가족 참여자를 위해서 스페인어 DBT 그룹을 만들 수 있다. 또 하나의 요인은 그룹의 결속 요인이다. 예를 들어 최근에 이민 온 이민자 그룹이나 의료적 주진단이 같은 경우에 동일한 그룹에 참여하는 것을 고려할 수 있다. 문화에 대한 정의는 매우 다양하다(Rathus & Feindler, 2004의 문화에 대한 논의 참고). 다양한 문화 그룹은 잠재적으로 그룹참여자의 경험을 간접적으로 증진시킬 수 있다. 따라서 문화적인 요인에 따라 그룹참여자를 구분하는 것에 우선 순위를 두지는 않는다.

다가족 스킬훈련그룹의 신축적 참여 정책

다가족 그룹에서 때로는 부모나 다른 가족이 참여하지 않는 청소년이나 청소년 자녀가 없이 부모님만 참여하는 경우도 있다. 청소년이 부모와 멀리 떨어져 살거나, 부모와 소원할 때, 지나친 갈등 관계로 부모님의 참여가 치료 자체를 방해하거나 파괴할 가능성이 있을 때 간혹 부모님을 배제한 채로 청소년을 참여시킬 때가 있다. 이러한 경우 그룹 내에 있는 가족이 혼자 있는 청소년을 그룹 시간에는 '입양'하듯이 진행하는 경우가 있었고, 청소년은 이를 잘 수용하고 따랐다. 그러나 혼자 있는 청소년이 자신의 부모에 대해 논의하는 것을 민감하게 받아들이거나, 부모와 함께 온 다른 참여자를 질투하는 것, 또는 배제되었다는 느낌이 들 때 문제가 되곤 한다. 그러나 만일 청소년이 그룹에 혼자 참여해야 해서 스킬훈련을 받지 못하게 된다면, 적극적으로 청소년이 그룹에 참여할 수 있는 방법을 강구하도록 한다.

흔치 않지만 다가족 그룹에 자녀없이 부모만 참여하는 경우가 있다. 청소년이 떨어져 있는 경우(거주형 치료 프로그램이나 대학에서 DBT 치료를 받고 있을 때 등), 또는 청소년이 그룹을 졸업했거나 졸업자 그룹에 있지만 부모들이 추가 스킬훈련을 받아야 한다고 느낄 때 부모만 스킬훈련그룹에 참여시키기도 한다. 그러나 이때 주의할 것은 부모와 청소년 간에 비율 균형이 깨지지 않도록 해야 한다는 점이다. 그룹의 모든 청소년의 부모가 모두 참여하고 있는 상황에서, 또 다른 부모가 그룹에 들어오게 되면 청소년 수는 3~4명이 되지만 8~10명의 성인이 참여하여 불균형이 발생하고, 청소년들의 참여를 저해하게 된다. 이상적으로 스킬훈련자는 부모가 자신의 자녀가 없는 상태에서 스킬훈련을 받고자 한다면 DBT 부모교육 그룹으로 의뢰하는 것이 바람직하다.

치료 회기 준비하기

일반적으로 DBT 스킬훈련자들은 해당 기관 내 공간들 가운데 충분히 큰 공간을 스킬훈련 장소로 활용한다. 만일 준비가 가능하다면, 다음의 요인들을 통해 스킬훈련을 촉진할 수 있다. 첫째로 그룹 스킬훈련실에 큰 회의용 테이블을 참여자들의 가운데 두고, 테이블에 둘러 앉는 형태가 좋다. 이는 참여자가 그룹 훈련자를 바라보면서 DBT 자료와 워크시트에 필기하기 용이한 형태이다. 둘째로 참여자는 정면의 칠판을 잘 볼 수 있는 테이블에 앉는다. 테이블이 없다면 칠판을 정면으로 하여 원형이나 타원형 혹은 U자 형태로 의자를 배치해서 그룹의 상호작용과 피드백을 촉진시키도록 한다. 셋째로 스킬훈련자들은 서로 마주보고 앉아 치료자들간에 의사소통과 눈맞춤을 증진시키고, 참여자에게 더욱 가까이 다가갈 수 있도록 한다. 이 위치는 치료방해 행동(제3장에서 상세하게 다룸)을 줄임과 동시에 참여자를 잘 관찰할 수 있고, 주의를 집중시키게 할 수 있다. 넷째로 그룹 회기 공간이 충분히 크다면 스킬훈련자와 그룹참여자가 움직일 수 있다는 장점이 있다. 스킬훈련자는 참여자들의 주의를 끌기 위하여 일어서거나 움직이면서 교육하는 것이 좋다. 때때로 참여자들은 소그룹으로 나뉘어 역할극 연습을 할 수도 있으므로 충분히 큰 공간이 필요하다.

기타 필요한 자료 및 물품

스킬훈련자는 마인드풀니스 수업의 시작과 끝에 울릴 작은 벨을 준비한다(명상 훈련에 쓰는 싱잉보울 등). 스킬훈련자는 참여자들에게 자료와 워크시트를 정리하여 지참할 수 있는 바인더를 제공할 수 있고, 3공 펀치도 준비하는 것이 좋다. 자료들을 다양한 방식으로 나누어 줄 수 있는데 각 회기마다 다루는 내용들과 숙제 자료만을 매주 제공할 수도 있고, 각 모듈을 시작할 때 해당 모듈에 관한 자료 전체를 제공할 수도 있다. 또한 치료 초기에 DBT 자료 전체를 줄 수도 있다. 참여자들이 자신의 자료집을 가져오지 않는 것에 대비하여 대여해줄 수 있는 자료집과 추가 숙제 기록지, 필기도구 등을 비치한다.

다양한 최신 기술을 사용하면 청소년에게 흥미를 일으킬 수 있고, 효과적으로 스킬 교육을 할 수 있다. 스마트 보드나 프로젝션 스크린을 사용하면 음악이나 영화, 유튜브 동영상이나 기타 자료들과 같은 미디어 자료를 DBT 스킬 교육을 할 때 사용할 수 있다. 예를 들어 마인드풀니스 연습, 마음의 상태를 설명할 때, 주의분산이나 자기위안 스킬을 연습할 때, 자극에 대한 감정을 파악하고 명명화할 때, 감정충동에 반하는 정반대 행동을 설명할 때, 어려운 대인관계 상황을 보여주며 이를 다루는 숙련된 혹은 숙련되지 않은 방식들을 보여줄 때, 중도의 길 걷기가 가족 내 딜레마를 어떻게 해결하는지 보여줄 때 유용하게 활용할 수 있다. 예를 들어 스킬훈련자는 비틀즈의 노래를 선택하여 자기위안을 가르치고, 모던 패밀리와 같은 코믹한 영상자료를 활용하여 다른 감정을 통한 주의분산을 교육하며, TV 쇼 글리의 클립 영상을 사용하여 FAST 스킬을 이용한 자기존중감 증진 스킬을 보여줄 수도 있다. 또한 컴퓨터를 사용한 게임이나 퀴즈를 만들어 그룹참여자의 DBT 지식을 테스트하는 것을 개발할 수도 있다. 정보통신 기술을 활용하는 것은 무한한 가능성을 가지고 있으며 다양한 구성으로 DBT 자료를 신선하게 그리고 주의를 끌 수 있도록 유지하면서 교육할 수 있다.

회기의 구조

청소년과 가족을 위한 스킬훈련그룹 회기는 2시간 정도로 이루어져 있으며, 중간에 10분의 휴식을 두고 있다. 이것은 표준 DBT 스킬훈련 회기(Linehan et al., 1993)에서 실행하는 2시간 30분 보다는 짧은 시간이다. 청소년은 성인보다 집중하는 시간이 상대적으로 짧고, 2시간의 회기가 부모의 직장 일정과 아이들의 숙제와 연관된 요구를 맞추는데 더 나을 것으로 판단하였다. 회기의 후반부는 새로운 스킬을 교육하고 연습하는 것에 할당하도록 한다. 스킬훈련이 하나의 가족을 대상으로 한 1대1 수업 형태로 진행되는 경우, 60분에서 90분 정도로 짧게 진행하도록 한다.

숙제 검토나 논의 그리고 새로운 스킬을 연습하는 것은 한 가족을 대상으로 했을 때는 이보다 더 적은 시간이 들 것이다. 그러나 스킬훈련자는 일반 그룹에서 시행하는 것과 같은 DBT 자료를 교육하도록 한다. 수용 시설의 경우에는 참여자들이 제한된 일정에서만 DBT를 시행할 수 있기 때문에 (예: 입원 병동, 학교, 거주형 기관, 소년원 등) 스킬훈련은 한 주에 2번의 짧은 회기로 나누어 이틀에 걸쳐 시행하도록 한다. 한 회기는 새로운 스킬을 교육하는 것, 또 다른 회기는 숙제를 검토하고 연습하는 회기로 진행한다.

표 2.2는 두 가지 형태의 스킬 회기 구성체계의 목록이다. 오리엔테이션 관련 내용을 다루는 회기는 전반부에 다루고, 후반부에는 휴식 이후에 마인드풀니스 스킬을 교육한다. 그 이외의 회기는 전반부에 숙제를 검토하고, 후반부에는 새로운 DBT 스킬을 교육한다. 제5장에서는 어떻게 오리엔테이션 모듈을 실행할지 상세하게 기록하였으며, 제3장에서는 일반적인 DBT 회기의 구성체계의 개요를 설명하고 있다.

표2.2_ 다가족 스킬 그룹 회기 구성체계

오리엔테이션 회기와 마인드풀니스 스킬훈련 시작(2시간)

50~55분

  그룹참여자와 스킬훈련자 모두 소개하기

  비밀보장이 제한되는 상황 및 문제 검토

  참여자들에게 DBT 프로그램이 필요한 이론적 배경 설명

  그룹 치료 목표 설명

  DBT 생물사회이론과 가정에 대한 오리엔테이션

  그룹의 가이드라인과 구성체계 설명하기

  모든 참여자가 동의서에 서명하도록 요청하기

  휴식: 10분 간식 시간

50~60분

  마인드풀니스 스킬에 대한 교육자료 설명

  숙제 내주기

  회기 마무리-긴장 풀기

그밖의 모든 스킬 회기(2시간)

50~55분

  마인드풀니스 스킬 연습

  공지사항 및 회기 내용에 대한 개요 설명

  숙제 검토하기

  휴식시간: 10분 간식시간

50~60분

  새로운 스킬 교육 자료 설명

  숙제 내주기

  회기마무리-긴장 풀기

마지막 스킬 회기: 작별 인사 의식과 졸업식

공개형 그룹에서 각 스킬 모듈의 마지막 주에는 DBT 스킬훈련 전체를 마친 참여자가 있다. 폐쇄형 그룹에서는 모든 참여자가 서약한 스킬훈련 기간 마지막에 DBT 모듈을 마치게 된다. 모든 DBT 스킬 교육을 한 차례 마칠 때, 이를 기념하기 위한 작별 인사 의식이나 졸업식을 하는 것이 좋다. 이렇게

하는 것은 스킬훈련을 마친 사람들을 보상하고 동시에 남은 참여자에게는 동기 부여와 대리 강화의 효과를 주게 된다.

우리의 외래 개방형 그룹에서는 스킬훈련을 마친 사람들을 위해서 30분에서 60분에 이르는 작별인사 의식을 하고 있다. 이 특별한 날에는 스킬훈련자는 2 시간의 그룹 회기 구성에서 스킬훈련 시간을 30분 일찍 끝내서 이 행사에 시간을 할애한다. 졸업식을 하게 될 때는 일반적인 그룹의 시간보다 약 30분 정도 길어지기 때문에 한 주 전에 예고한다. 작별 인사 의식은 그룹리더와 스킬훈련자나 다른 가족 참여자가 과일이나 빵과 같은 간식거리를 가져오는 것으로 시작하기도 한다. 그리고 그룹리더나 다른 참여자들은 졸업하는 참여자들의 성취에 대한 건설적이고 격려하는 피드백을 하고, 졸업하면서 발생할 수 있는 문제점에 대해 조언해 주도록 한다. 이렇게 한 차례 돌아가면서 말한 다음, 졸업하는 참여자는 모든 참여자들에게 감사의 인사를 전하도록 한다. 이러한 작별 인사를 통해 청소년과 그 가족 그리고 치료자들과 감정을 나눌 수 있고, 건설적인 피드백을 제공할 수 있는 기회를 가지게 된다. 대개 진지한 분위기로 진행이 되며, 서로에게 사려 깊고 감동적인 말을 전하기도 한다. 이때, 부모 역시 프로그램을 졸업하면서 똑같은 작별 인사와 성취에 대한 노력을 인정해주는 것이 중요하다. 이 의식은 졸업식과 함께 끝나며, 졸업하는 내담자와 그 가족은 성공적으로 DBT 프로그램을 마친 것에 대한 졸업장을 받게 된다. 청소년 졸업자에게 DBT 스킬을 랩 뮤직 형태로 만들어 자기위안을 위한 키트와 함께 동봉하여 Wise Movement CD를 선물하거나 내담자가 흥미로워하는 것이나 스킬을 사용한 행동과 연관된 일기장, 공책, 음악과 같은 작은 선물을 준비하는 것도 좋다.

스킬훈련그룹 졸업 이후 치료 옵션

통합 DBT 프로그램에서는 스킬훈련 졸업생에게 치료 다음 단계로 이어나갈 기회를 제공하는 경우가 많다. 이것은 DBT 치료 과정을 통해 성취한 것을 유지 및 증진시킬 수 있게 돕는다. 예를 들어 표준 DBT 프로그램에서는 노출 치료를 기반으로 한 2단계 트라우마 중심의 치료를 진행하기도 한다. 표준 DBT 프로그램과 변형된 DBT 프로그램은 "졸업 그룹"이라는 명칭으로 치료를 연속적으로 이어간다. 내담자에게 적절한 다음 프로그램을 정할 때는 졸업생과 주치료자가 함께 논의해야 한다. 추가 치료의 중요성은 우울증 청소년을 대상으로 한 연구 결과에서도 나타난다. 후속 치료는 단기 치료의 지속적인 치료효과를 유지하고 증진시키는 것으로 나타났다(Birmaher et al., 2000; Brent, Baugher, Bridge, Chen, & Chiappetta, 1999). 따라서 복합 문제를 안고 있으면서 자살성향을 보이는 청소년을 치료할 경우, 이렇게 2차적 그룹치료를 활용하는 것을 권장한다. 정서장애를 겪고 있는 청소년을 치료하기 위하여 후속 단계를 밟는 것은 임상적으로 합리적일 뿐 아니라, 최종적으로 치료 종결하기 위해서 점차 치료 횟수를 줄여가는데 유용하다.

필요한 경우 내담자의 외상을 치료하기 위한 노출 치료를 시행하면서 선택적으로 졸업 그룹을 제안하는 것도 좋다. 이 그룹은 수많은 구성체계를 가질 수 있는데, 이 그룹을 시행하는 치료자는 스킬의 유지, 일반화, 강화를 목표로 하고, 참여자들은 문제해결과 또래의 지지를 얻을 수 있는 기회가 된다. 이 그룹은 각 회기마다 계획된 교육 자료로 구조화된 틀 안에서 시행되거나, 감정처리 중심의 지지적 치료 형식을 취할 수 있다. 이 경우에는 필요할 때마다 DBT 스킬을 적용할 수 있도록 하면서 그룹 자체의 흐름을 따라가게 할 수도 있다.

청소년 졸업 그룹의 모델

우리의 졸업 그룹 모델은 그룹리더의 역할을 점차 줄이고 또래 코칭과 문제해결 스킬의 사용을 늘리면서, 1단계에 있는 스킬훈련그룹을 조금씩 줄여가도록 할 것이다. 선택 사항인 졸업 스킬 그룹에서 주 목표는 (1) 이전 스킬훈련그룹에서 거둔 성과를 강화하면서 스킬 유지를 촉진시키고, (2) 내담자가 스킬을 계속 연습하고 일반화하도록 돕고, (3) 삶의 질을 방해하는 행동을 감소시키면서, 삶의 질을 높이는 행동을 증진시키는 것이다.

그룹 치료는 또래 관계가 사회성 스킬과 정체성 형성 발달을 촉진시키기 때문에 이 연령의 그룹에서 매우 강력한 치료적 도구가 된다(Brown, 1990). 게다가 1단계 치료에서 2단계 졸업 그룹으로 이동하는 것은 그룹참여자 부모의 참여가 없는 상태에서 책임 의식을 가지게 되고, 그룹에서도 적극적으로 스킬을 가르치거나 자문하는 역할을 맡기도 하며, 또래와 함께 문제해결 스킬을 연습할 수 있게 된다. 이러한 변화는 부모로부터의 분리, 개별화, 자기 만족 증진, 또래 집단의 중요성을 향한 청소년의 발달 궤적을 반영한다. 또한 과거에 대한 감정적 처리에 초점을 맞춘 표준 DBT의 2단계 개인 치료와 함께 졸업 그룹에 참여할 수 있다. 졸업 그룹 모델에 관한 깊이 있는 논의는 Miller와 동료들의 2007년 논문을 참고할 수 있다.

다가족 그룹 모델의 대안

다가족 그룹과 함께 스킬훈련을 시행하는 것이 좋은 점도 많지만, 특정한 상황이나 장면에 따라서 더 효과적인 구성체계가 있을 수도 있다. 이후부터는 청소년에게 한정된 스킬훈련 그룹, 부모님으로만 구성된

훈련그룹, 개별 가족 스킬훈련에 대해 논의할 것이다.

청소년 스킬그룹

어떤 DBT 프로그램에서는 그 기관의 제한적인 상황과 치료팀의 선택에 따라 스킬훈련에 가족을 포함시키지 않는 경우도 있다. 입원이나 낮병원, 거주형 기관, 또는 보호수감시설의 경우에는 가족의 참여가 현실적이지 않다. 이런 경우에는 가족 참여자에게 스킬에 대한 방향을 알려주는 가족치료 회기나 워크샵 등을 제공하는 것이 좋은 방법이다. 부모가 스킬훈련에서 달성하고자 하는 자녀의 목표를 지지하고, 청소년 자녀가 스킬을 적용하여 숙련된 행동을 하는 것을 인정하고 강화시켜준다면, 어떤 형태라고 하더라도 부모에게 오리엔테이션 및 정보를 충분히 제공하는 것이 좋다.

어떤 팀의 경우에는 스킬훈련 그룹에 부모를 포함시키지 않는 것을 선호하는데 그 이유는 청소년이 부모가 없을 때 더 많이 참여하고 자신을 공개하기 때문이다. 또한 청소년들은 부모가 없을 때 화를 더 적게 내고, 감정조절장애 행동을 덜 보이며, 자극도 덜 받는 경향이 있다. 그러나 이러한 구조에서는 청소년과 성인 간의 불균형이 있기 때문에 치료방해 행동이 증가될 가능성이 있다(물론 부모가 청소년만큼 치료방해 행동을 하기도 한다). 또한 청소년들이 다른 부모와 자신의 부모로부터 피드백을 듣거나 함께 스킬을 연습하는 기회가 적어진다. 부모가 DBT 스킬을 배울 기회가 적어지고, 자신의 자녀의 관점을 이해하거나 다른 가족의 도움을 얻을 기회도 줄어들게 된다. 따라서 이 구조에서는 효과적으로 스킬 일반화가 이루어지지 않을 위험성이 있다.

치료자가 주의해야 할 것은 초반에는 청소년이 부모가 참여하는 것에 저항적이지만, 곧 익숙해지고 부모와 같이 참여하는 것을 더욱 편하게 생각하게 된다는 점이다. 가족이 함께 참여함으로써 의사소통이 놀라울 정도로 증가하고, 더 많은 시간을 같이 보내며, 가족들끼리 DBT 스킬을 더 많이 사용하게 된다.

가족 참여자 그룹

청소년으로 구성된 스킬훈련을 진행하는 기관의 경우에 부모만을 위한 독립된 그룹을 운영하기도 한다. 부모는 청소년 그룹과 같은 커리큘럼으로 스킬 그룹을 형성하게 된다(Ritschel, Cheavens, & Nelson, 2012 참고). 또 다른 프로그램의 경우 동일한 내용은 아니지만 중복된 자료를 부모 그룹에 제공하기도 한다. 예를 들어 생물사회이론이나 부모교육, 심리교육, 대인관계 효율성 스킬, 중도의 길 걷기 스킬 등 지지적인 부분에 더 강조점을 주기도 하고, 기타 다른 자료들이 포함되기도 한다. 우리가 운용해왔던 그룹 프로그램에 더불어, 가족만 참여하는 좋은 프로그램이 있다. 첫째로는 National

Education Alliance for Borderline Personality Disorder(NEA-BPD)가 지원하는 Family Connection Program (cf. Hoffman & Steiner Grossman, 2008)으로, 이 프로그램은 가족 참여자들이 이끄는 그룹으로 경계선 성격장애로 고통받고 있는 가족을 위하여 DBT 스킬을 교육한다. 둘째로는 경계선 성격장애를 위한 Treatment and Research Advancements(TARA)에서는 경계선 성격자의 가족 참여자와 보호자들을 대상으로 하는 심리교육 그룹이 있다(Porr, 2010).

독립적인 부모 스킬훈련그룹을 만든 주된 이유는 DBT를 받는 청소년이 입원 중이거나 거주형 시설이나 기타 시설에 있어서 접근이 어렵기 때문이다. 뿐만 아니라 특정 청소년 가족에 특화된 DBT 스킬 교육이 중요하다고 판단되는 경우, 부모를 참여시키게 되면 청소년이 자기 공개를 억제하는 경우(부모가 지나치게 자유롭게 말할 때), 또는 심하게 역기능적인 상호작용을 하거나, 학대적인 가족의 경우, 치료 파괴적인 영향을 끼칠 수 있기 때문에 부모 스킬 훈련 그룹이 필요하다.

개별 가족 스킬훈련

내담자 수가 적거나 다른 요인때문에 스킬훈련그룹을 시작하기 어려울 때나 약속된 시간에 오지 못할 경우에 치료자는 한 가족을 대상으로 스킬훈련을 할 수 있다(Goldstein et al., 2007 참고). 한 가족만을 위한 스킬훈련은 매주 정기적으로 진행한다는 전제 하에 가능하며, 이 때 주요 목표는 스킬훈련만으로 한정되어야 한다. 만일 개인치료자가 통합 DBT에서 스킬훈련자를 겸한다면, 스킬을 가르쳐주는 세션은 그 주에 독립된 회기로 이루어지는 것이 바람직하다. 치료 기관에 오는 것이 문제라면 2개의 세션을 연속하여 진행하되, 첫 번째 회기는 스킬 중심으로 휴식 이후 두 번째 회기에서는 개인의 행동분석과 문제해결에 초점을 맞추도록 한다. 치료 모드에 대해서 명확한 경계를 두어 각각의 중요 치료기능에 대해 혼돈하지 않고 집중할 수 있도록 한다. 청소년과 가족은 각 회기의 구성체계와 특성에 대해 미리 잘 알고 있어야 하며, 스킬훈련자는 스킬훈련 회기 동안 개인치료 목표를 다루는 등의 초점을 잃지 않도록 주의해야 한다. 스킬훈련이 개인치료나 다른 가족치료와 여러 가지 측면에서 매우 다르다는 것을 명심하도록 한다(청소년 DBT에서의 가족 회기에 관한 Miller et al., 2007 참고). 그렇지 않으면 가족에게 위기가 닥칠 때 스킬훈련의 방향을 잃어버리고 말 것이다. 이 치료 모드는 가족 스킬훈련자가 청소년 개인치료자나 가족치료자가 아닐 때 더욱 독립적으로, 용이하게 운영될 수 있다. 개별 가족을 위한 스킬훈련은 그 가족에 필요한 스킬을 중점적으로 다루거나 가족의 필요에 맞춰 속도를 조절할 수 있는 유연함을 가질 수 있다. 그러나 그룹 구성체계에서 가능한 동료애나 모델링 효과를 얻을 수 없고, 치료자와 가족이 스킬훈련 시간에 스킬 습득 이외의 것을 다루는 문제에 쉽게 빠질 수 있다.

외래 치료기관에서는 가족이 참여하는 주 1회의 스킬훈련그룹을 형성하는 것이 용이할 것이다. 그러나 DBT는 정신과 입원병동, 거주형 시설, 낮병원 혹은 부분 입원병동, 수감 시설, 위탁 양육시설, 기타 의료 입원 및 외래 클리닉 시설 등 다양한 곳에서 변형하여 시행할 수 있다(Hashim et al., 2013; Mason et al., 2009; Miller et al., 2007). 스킬훈련의 방법과 모드, 분량에 대해서는 치료시설 별로 다양하게 바꿀 수 있다. 각 시설마다 치료에 가족이 참여하는 정도의 범위가 차이가 있을 수 있고, 제공하는 스킬훈련 부분도 차이가 있을 수 있다. 그러나 우리는 가능한 치료에 가족이 참여하는 것이 가장 효과적이라고 믿고 있다.

입원 시설

급성 및 장기 입원 시설에서 DBT 스킬을 교육하는 것에 초점을 맞춘 연구가 있다(Katz et al., 2004; McDonell et al.,2010). 입원 치료의 주목표는 외래 치료와는 달리 입원을 하게 만든 생명 위협적이며 치명적인 행동을 다루는 DBT 1단계를 달성하는 것에 집중한다. 일반적으로 입원 병동의 DBT 치료자는 삶의 질을 방해하는 행동을 주요 치료 목표로 하지 않고, 퇴원 후 만나게 될 외래 치료자에게 맡기게 된다. 입원 병동에 있는 청소년에게는 필요한 DBT 스킬을 배워서 병원에서 퇴원 후 자신의 생활로 돌아가고, "정신질환자"라는 낙인이 찍힐 가능성을 줄이는 것이 필요하다.

급성 입원병동에서 실행한 연구에서 연구자들은 2주 동안 마인드풀니스 스킬과 고통감내 및 감정조절 스킬을 선택하여 시행하였다(Katz et al., 2004). 격일로 45분간 스킬훈련 그룹에서 새로운 스킬을 교육하였다. 숙제는 격일로 45분간 숙제 검토 그룹을 통해 진행되었다. Katz와 동료들(2004)은 다른 입원 치료 프로그램처럼 치료 과정에 가족 참여자들의 능력을 증진시키고, 스킬 일반화를 증진시키기 위해 가족을 참여시켰다. 입원 시설의 DBT 치료자는 가족이 참여할 때 다음을 교육해야 한다. (1) 생물사회이론을 배우기 오리엔테이션 및 서약하기 실행 (2) 치료목표 행동에 대한 이해와 연관된 스킬 모듈 이해를 돕기 (3) 의사소통과 관계를 맺는 행동을 증진시키기 위해 다이어렉틱스와 수인하기 스킬을 교육하기 (4) 청소년의 생명 위협적이며 치명적 행동의 주요 연결고리가 되는 가족과의 역기능적 행동 파악 (5) 퇴원 이후 재발을 막기 위해 부모가 해결책을 찾고 문제해결에 직접 참여하도록 독려하기. 이러한 형태는 단기 입원이 병원 프로그램의 모델이 될 수 있다.

거주 시설 및 수감 시설

거주 및 수감 시설은 입원과 외래 시설이 혼합된 형태로 볼 수 있다. 이 시설은 일반적으로 장기적으로 수용 가능하고 제한을 덜 받는 시설이다(Sunseri, 2004; Trupin et al., 2002). 이 시설에서는 청소년이 새로운 DBT 스킬을 습득하고 일반화할 수 있는 충분한 시간과 기회를 제공할 수 있다. 스킬훈련의 빈도와 기간은 각각 다르지만 중요한 것은 비자살적 자해행동(NSSI)을 그룹에서 논의하지 않는 것인데, 거주 및 수감시설에서는 여러 부주의함 때문에 이러한 행동이 예기치 않게 발생할 수 있다(Springer, Lohr, Buchtel, & Silk, 1996). 정기적이지 않더라도 가족이 그룹에 참여하는 것이 좋은데, 특히 청소년이 퇴소 이후 집으로 돌아갈 계획이라면 더욱 그렇다. 그러나 가족이 거주형 시설이나 수감시설에 거리 때문에 면대면으로 자주 만나는 것이 불가능할 수도 있다. 이러한 문제에 대한 해결책은 다음과 같다. (1) 청소년이 입소하였을 때 가족에게 치료 전 오리엔테이션과 서약을 위한 회기를 진행하는 것이다. (2) 하프데이 스킬훈련 워크샵을 통해 가족에게 생물사회이론과 수용하기 스킬을 교육한다. (3) 가족이 서로 시설 스태프에게 지지 받고, 수인받을 수 있는 시간을 갖도록 한다. (4) 가족에게 또 다른 DBT 스킬을 교육한다. 어떤 시설에서는 가족과 청소년, 치료자가 전화 회의를 하거나 화상 채팅이나 기타 비디오 시설을 이용하여 서로 연락하고 스킬을 연습하며 일반화시키기도 한다.

학교

미국에서는 많은 교육감과 교장, 특수교육 담당자들이 고민한 결과, 조기에 정신질환이 발병한 청소년을 해당 교육구에서 관리하는 것이 더 경제적이라는 것을 알게 되었고 이를 의무화하고 있다. 많은 교육구에서는 청소년 DBT를 실행가능한 해결책으로 보고 있는데, 그 이유는 다양한 정서행동 문제를 목표로 유연하고 통합적인 치료를 제공하고, 스킬훈련 커리큘럼을 사용하며(교실과 유사한 학습을 촉진), 위기 관리에 초점이 맞추고 있기 때문이다. DBT를 학교 시설에 적용하는 것은 독특한 장점과 단점이 있다(Mason et al., 2009; Mazza, Dexter-Mazza, Murphy, Miller, & Rathus, 출판 중; Perepletchikova et al., 2011). 장점은 '고정된' 청중이 있다는 점인데, 학생은 수업 시간이나 점심 시간에 DBT 치료에 참여하도록 함으로써 외래 표준 DBT 프로그램에서 나타날 수 있는 치료방해 행동의 빈도를 줄일 수 있다. 또 하나의 이점은 DBT 스킬을 정식 교육 커리큘럼(건강 교육 커리큘럼)의 일부로 가르침으로써, 1차 및 2차 예방적 개입의 기회를 줄 수 있다. Mazza와 그의 동료는(출판 중) 중, 고등학교 선생님을 위한 수업 시간에 맞는 DBT 프로그램을 개발하고 있다.

학교 시설에서 DBT를 시행하는 것의 가장 큰 문제는 대부분의 학교 프로그램이 스킬훈련그룹을 시행할 때 42분 정도의 수업 시간을 할당할 수 밖에 없다는 점이다. 따라서 학교 스킬훈련자는 표준 외래의 2시간 구성체제를 반 이상 줄여야만 한다. 이것은 숙제 검토 시간과 행동 시연 시간, 그리고 새로운 DBT 스킬을 교육하는 시간이 줄어들기 때문에, 전체 DBT 그룹 기간이 한 학년 내내 지속될 수 밖에 없다. 학교 프로그램을 시작할 때 중요한 것은 숙제 리뷰 시간을 빼거나 줄여서 DBT 스킬을 교육하는 것에만 집중하면 안 된다는 것이다. 그렇지 하지 않으면 학생들이 DBT 스킬을 연습하지 않고, 새로운 스킬의 효과적인 적용에 대해서 이해하지 못하게 된다.

학교 DBT 프로그램에서 가족들을 참여시키는 것 또한 쉽지 않다. 치료 시설에서 언급한 바 대로 어떤 학교는 한 학년 동안에 걸쳐 1~2시간의 워크샵을 가족에게 제공하기도 한다. 이때 (1) DBT 오리엔테이션 (2) 생물사회이론 (3) 수인하기 (4) 다이어렉틱스 (5) 학습 이론 (6) 고통감내 스킬을 리뷰하게 된다. 또한 학교 DBT 치료자는 가족 회기를 통해 대인관계 효율성 스킬, 수인하기 스킬, 문제해결 스킬 및 기타 스킬들에 초점을 맞추고, 실제 상황(in vivo) 스킬 연습을 하도록 도울 수 있다.

의료 시설

최근에 Hashim과 동료들(2013)은 만성적 의료 문제가 있는 환자들 가운데 치료에 순응하지 않는 사람들을 대상으로 청소년 DBT 그룹을 진행하고 있다. DBT는 스킬 중심으로 개발되었고, 치료방해 행동과 서약 전략을 강조하고 있기 때문에 새로운 친사회적 행동을 이끌어낼 수 있는 유용한 치료적 접근으로 알려져 있다. 몬테피오레 아동 병원에서는 높은 사망 가능성과 심한 병적 상태에 있는 비만 청소년을 대상으로 한 수정된 DBT 스킬훈련을 시행하고 있다. 또한 선별된 개인 6회기 프로토콜(Targeted individual six-session protocol)을 개발하여 신장 질환 진단을 받은 고위험 청소년 중 의료적 처치에 순응하지 않아 신장 이식 수술을 받지 못하는 청소년을 돕고 있다. 이 개입의 초기 공개 실험 결과는 매우 희망적이다(Hashim et al., 2013). 당뇨나 겸상적혈구빈혈증을 가진 치료에 협조적이지 않은 청소년을 위한 변형된 DBT 역시 현재 계획 단계에 있다.

결론

이 장에서는 전체 훈련 과정, 그룹의 요소, 회기의 구조, 다가족 그룹 모델의 대안을 포함한 스킬훈련그룹 구조의 개요를 서술하였다. 그룹 프로그램이 만들어지면 스킬훈련자는 그룹을 운영하는데 집중하여야 한다. 다음 장에서는 다가족 스킬 그룹을 효과적으로 운영하는 것에 초점을 맞추어 설명하게 될 것이다.

제 3 장
스킬훈련 그룹 회기 관리

2장에서는 스킬훈련 구조에 대해서 상세하게 설명하였다. 이 장에서는 스킬훈련자가 이 구조에서 스킬훈련 내용을 어떻게 효과적으로 전달할 것인가에 대하여 설명할 것이다. 우선 청소년과 그 가족을 위한 DBT 스킬 초기 오리엔테이션과 서약 과정을 다루고, 스킬훈련의 주요 목표에 대하여 설명하고, 행동 스킬의 학습을 증진시키기 위해 회기 구성체계를 어떻게 활용할 것인지에 대해 초점을 맞추어 설명할 것이다.

먼저 치료자가 청소년과 그 가족에게 오리엔테이션 시간을 통해 진행할 방향을 잡아주고, 치료에 대한 서약을 하게 만드는 평가 및 초기 면접 과정에 대해 설명할 것이다. 그리고 치료 목표를 다루는 일반적인 그룹 회기의 관리를 어떻게 할지에 대해 논의할 것이다.

초기 면접과 평가

청소년의 부모나 가족이 "DBT 초기 면접"을 예약을 하려는 전화가 오면 자녀가 DBT에 적절한지 알아보기 위한 자문 회기를 예약할 수는 있지만, DBT가 최종적인 치료 소견이 될 것이라는 보장을 할 수는 없다고 말한다. 여러분의 기관에 새로 의뢰가 왔을 때 '확실한 DBT 케이스'라고 절대 가정해서는 안 된다. 치료자는 윤리적인 정신건강 전문가로서 현재 표출된 문제와 구체적인 행동 문제를 파악하고 진단하기 위해 종합적인 진단평가를 초기에 시행해야 한다. 반드시 이 평가 과정을 거쳐 DBT 등을 포함한 적절한 치료적 소견을 결정해야 한다. 이 과정은 청소년 개인뿐만 아니라, 부모 면접을 통해 가족력과 청소년에 대한 여러 사항을 수집하는 시간이다. 초기 자문 회기에서 가족 참여자를 포함시키는 것은 여러 이유에서 매우 중요하다. 첫째로 가족 참여자는 청소년의 자기 보고를 뒷받침하는 정보를 제공하며, 둘째로 청소년이 한 보고 가운데 빠진 부분을 설명할 수 있고, 문제행동이 시작된 구체적인 시기를 알려줄 수 있다. 또한 평가 과정에서 청소년의 학교 성적 등의 중요 정보를 얻을 수 있고, 첫 번째 방문에서 스스로 공개하지 않을 가능성이 높은 법적 문제에 관한 정보를 얻을 수도 있다. 셋째로 가족이 참여하면 청소년뿐만 아니라 가족과의 라포(rapport)도 형성할 수 있다.

우리는 첫 번째 자문 회기에 청소년과 부모를 함께 오게 하여 현재 표출된 문제에 대해 각자 몇 분간 말할 수 있는 기회를 준다. 그 이후 자녀를 대기실에서 잠시 기다리게 하면서 자기 보고형 질문지를 작성하도록 안내한다. 그 사이에 치료자는 주보호자와 청소년의 발달력과 가족력, 현재 염려되는 부분에 대해 이야기를 나눈다. 치료자는 주보호자와 면담을 통해 추후에 청소년이 드러내기를 꺼려하는 정보를 얻을 수 있다(Miller et al., 2007에서 초기 면접과정에 대한 구체적 설명 참고). 또한 치료자는 이때 청소년으로 인해서 다양한 정서적, 실질적 스트레스를 겪고 있는 보호자를 수인할 수 있다.

청소년을 만날 때에는 청소년의 경계선 성격장애를 포함한 다양한 장애를 공식적으로 평가하기 위하여 Kiddie Schedule for Affective Disorders and Schizophrenia(K-SADS; Kaufman et al., 1997)와 Structured Interview for DSM Personality Disorders [SID-P]와 같은 성격 검사 등을 활용하여 반구조화된 진단 면접을 실행하는 것을 추천한다. 공식적으로 구조화 된 인터뷰를 할 시간이 없다면 경계선 성격장애 증상을 검사할 수 있는 Life Problems Inventory 같은 간략한 자기 보고형 평가 도구를 사용할 수도 있다(Rathus, Wagner, & Miller, 2013). 그리고 초기 진단을 위하여 철저한 임상 인터뷰를 진행하도록 한다. 이 단계를 통해 청소년 경계선 성격장애와 연관된 다섯 가지 주요 문제를 평가할 수 있다. (1) 자기 자신에 대한 혼돈 (2) 충동성 (3) 감정조절장애 (4) 대인관계문제 (5) 청소년-가족 딜레마. 이 5 가지 문제 영역은 광범위한 감정조절장애 및 행동조절장애의 주요 증상의 원인이기도 하다. DBT에서는 이 5 가지 문제 영역에 해당하는 DBT 스킬 모듈이 있으며, 이것을 통해 각각의 문제를 다루게 된다.

DBT 치료 여부 결정을 위한 가이드라인

DBT 치료 여부를 결정하기 위하여 우리는 다음과 같은 가이드라인을 만들었다. 만일 청소년이 임상적 치료장면에서 5가지 문제 영역을 보였다면 치료 소견은 명확하게 DBT가 되어야 할 것이다. 실제 우리의 임상 경험에 의하면 청소년과 그 가족들이 적어도 5개의 DBT 문제 영역 가운데 3가지의 문제가 있다고 보고를 하거나, 자살시도를 한 적이 있을 때, 또는 반복적인 비자살적 자해행동(NSSI)을 보일 경우에는 통합 DBT 치료를 추천한다.

3가지 문제 영역 이하의 증상을 보고하였을 때도 DBT 스킬이 도움이 된다. 예를 들어 청소년이 '대인관계 문제'를 주요 어려움으로 파악하였다면, 우리는 DBT 스킬 모듈 중에 대인관계 효율성 스킬과 마인드풀니스 스킬을 추천할 것이다. 만일 청소년이 현재의 경험과 목표에 대한 자각이 부족하지만 다른 기능성에 특별한 문제가 없이 자신에 대한 혼돈감만을 느낀다고 보고 한다면 마인드풀니스 스킬을 추천할 수 있다. 청소년이 '감정조절장애'를 보고하고 유의미한 우울, 분노, 수치심, 불안을 경험하고 있다면 전체 DBT 스킬에 대한 교육뿐 아니라, 경험과학적 근거가 있는 인지행동치료(CBT) 프로토콜을 접목하여 활용할 수 있다. 또한 상태의 심각성에 따라서는 약물치료를 추천하기도 한다. 만일 청소년이 1단계 증상(생명 손상 행동) 또는 2단계 증상(치료방해 행동)을 시도하지 않는다는 전제 하에 DBT 치료자는 적절한 치료 프로토콜을 사용함으로써 3단계 목표(삶의 질 방해 행동)를 다룰 수도 있다(예: Hope, Heimberg, Juster와 Turk[2000]의 Managing Social Anxiety Client Workbook 또는 Morin[1993]의 수면 위생 프로토콜).

오리엔테이션과 서약하기

평가를 한 후, 오리엔테이션과 서약을 하는 DBT 사전 치료를 시작한다. 다가족 DBT 스킬훈련에 참여하는 것이 적합하다면 통합 DBT 프로그램을 하게 될지, 간소화된 통합 치료를 하게 될지 결정하고 청소년과 가족이 함께 하는 통합 DBT 프로그램의 경우, 개인치료자는 치료 전반에 관한 초기 오리엔테이션과 치료의 여러 가지 모드 및 기능에 대하여 설명해 주도록 한다.

치료자는 일대일 상황에서 청소년에게 오리엔테이션을 할 때, 그들이 보이고 있는 문제들을 DBT의 다섯 가지 문제 영역인 자기 자신에 대한 혼돈, 충동성, 감정조절장애, 대인관계 문제, 청소년-가족 딜레마 등을 연결시켜 설명한다. 청소년이 이러한 방식으로 구분하여 자신의 문제를 자각하면, DBT 치료자는 각 문제영역과 이와 연관된 스킬모듈과 연결시켜 설명한다(예: 정서적 불안정성을 감소시키기 위한 감정조절 스킬). 전체 스킬모듈은 DBT에서 다루는 문제 모두를 치료하는 데 도움이 된다는 것을 강조한다. 예를 들어 감정을 조절하고 충동을 줄이게 되면 대인관계가 증진된다는 것은 의심할 여지가 없다. 치료자는 청소년의 장기 목표가 무엇인지 이끌어 내고 이것을 1단계 주요 치료목표와 연결시키도록 한다(이 과정에 대한 상세한 논의는 Miller et al., 2007 참고할 것).

치료 그룹을 시작하기 전에 청소년과 가족이 스킬훈련 참여에 서약하도록 한다. 청소년의 경우 자발적으로 오지 않고 대부분 다른 전문가들의 의뢰나 부모에 이끌려 왔기 때문에 스스로 치료에 서약하게 하는 것은 어렵다. 리네한(1993a)은 서약을 확실히 하기 위해 사전치료 회기에서 실행하는 DBT 서약 전략을 만들었고, 추후 회기에서 이를 갱신하고 강화하도록 하고 있다.

서약 전략

DBT는 내담자들이 치료에 따르도록 하는 서약과 재서약을 위한 몇 가지 전략들을 명시하고 있다. 치료자는 다음의 사항들을 유연하고 창의적으로 시행하도록 한다. (1) 서약하는 것의 장점과 단점을 평가하면서 서약 이끌어내기 (2) 악역 맡기 (3) 단계적 요청, 역단계적 요청 사용하기 (4) 현재 서약과 이전 서약 연결시키기 (5) 선택의 자유를 강조하면서도, 대안이 없다는 점 상기시키기 (6) 치어리딩 하기(cheerleading) (7) 행동조형 하기(Linehan, 1993a 와 Miller et al., 2007, 참고)

장점과 단점 평가하기

이 전략은 치료자가 내담자로부터 치료를 진행할 때와 치료를 하지 않고 살아갈 때 어떤 장점과 단점이 있는지를 생각해보게 하는 것이다. 내담자가 가진 의구심을 바탕으로 치료를 하지 않고 살아가는 것에 대해 생각해 보도록 유도한다. 이러한 상황은 내담자가 혼자 살고 있거나, 자신의 의심을 해소할 수 있는 사람들이 주변에 없을 때 발생한다. 치료자는 치료를 진행하지 않을 때의 단기적인 장점들과 치료를 받을 때의 장기적인 장점들을 비교하며 강조하는 것이 좋다. 내담자가 자신의 의구심과 치료의 필요성에 대해 설명할수록 치료에 대한 의지가 더 생긴다.

악역 맡기

치료자는 내담자가 스스로 치료에 참여할 수 있게 하는 자신만의 논거를 만들기 위하여, 치료 서약에 반하는 반대 입장을 취할 수도 있다. 이것은 청소년이 치료를 시작할 때, 치료에 대해 부분적으로만 동의하고 있을 때 사용하도록 한다. 이 전략은 청소년이 피상적 상태에서 서약하는 것을 예방하고, 서약을 강화하는데 도움을 준다.

단계적 요청과 역단계적 요청

치료자는 단계적 요청 기법을 사용하여 초기에 쉬운 요청을 하고 뒤이어 어려운 요청을 함으로써 치료에 대한 순응을 이끌어낼 수 있다. 또한 역단계적 요청 기법을 통해 아주 어려운 것을 요청하고나서 점점 쉬운 것을 요청함으로써 무언가를 덜 빼앗기는 것 같은 기대감을 줄 수 있다.

현재 서약과 이전 서약 연결시키기

이 전략은 이전 서약의 강도가 약화되었을 때 사용할 수 있다. 청소년과 부모 간에 한 이전 서약을 떠올리게 함으로써, 그들이 현재 그 서약을 잘 지키고 있는지 상기시키도록 한다.

선택의 자유와 대안의 부재 강조하기

청소년들은 자기 의지에 따라 선택할 때, 그리고 목표 달성을 위한 다른 대안이 없을 때 치료에 더 순응적이고 서약에 동의하는 경향이 있다. 따라서 치료자는 청소년 본인에게 선택권이 있다는 느낌을 갖게 하면서도, 효과적인 대안이 없다는 것을 강조하도록 한다.

치어리딩(Cheerleading)

치어리딩은 청소년에게 희망을 주며 치료에 잘 참여하도록 격려하는 전략이다. 치어리딩은 악역 맡기 기법이 별로 효과가 없을 때 꼭 필요한 전략이기도 하다.

행동조형(Shaping)

행동조형은 내담자가 치료 참여를 거부하거나 치료에 기꺼이 참여하지 않을 때, 서약에 아주 약하게 동의하는 모습을 보이더라도 이를 강화하는 것을 말한다. 스킬훈련자는 추후 행동조형을 통해 더 강한 서약을 이끌어낼 계획을 갖고 초기에는 부분적인 서약에 만족해야 할 때도 있다.

사전치료 회기의 전반적인 목표는 청소년이 스킬 그룹에 들어가기 전에 가능한 많은 서약을 이끌어내고 이를 강화하는 것이다. 청소년이 서약을 충분히 하지 않은 채로 치료를 시작하면 치료방해 행동이나 치료파괴 행동을 할 가능성이 높아진다. 이 과정을 급히 서두르거나 앞으로 잘 될 것이라는 막연한 희망을 갖는 것으로는 치료 성공을 장담하기 어렵다. 청소년은 스킬 그룹을 시작하기 전에 사전치료 회기나 서약 단계에서 몇 주를 보내게 될 수도 있다는 것을 잊지 않도록 한다.

청소년이 충분히 오리엔테이션이 된 상태이고 서약을 했다면, 치료자는 청소년에게 DBT 스킬이 삶과 어떤 연관성이 있는지 설명하고, 부모와 보호자가 새로운 스킬을 습득할 수 있도록 초청한다. 만일 청소년이 오리엔테이션 자료 2. "스킬훈련의 목표"를 보면서 5가지 문제영역 및 스킬 모듈에 대해 이해한 내용을 설명하지 못하면, 치료자가 이를 도와주어야 한다. 치료자는 이 기회를 통하여 보호자가 자기 자신의 문제영역을 평가해보도록 할 수 있다. 예를 들어 부모가 특정 대인관계 효율성 스킬을 배우고 청소년과 함께 시행하면 어떤 이점이 있는지에 대하여 말하게 할 수도 있다. 또는 부모가 자신의 감정조절 영역의 문제를 말하거나, 자신의 여러 영역에 해당하는 문제를 말할 수도 있다. 이러한 인정의 과정을 통해 청소년이 자신의 문제를 정상적으로 인식하도록 돕고, 부모의 스킬그룹 참여 서약을 촉진할 수 있다. 다음 단락에서는 스킬훈련에 참여하는 보호자의 서약에 대해 다룰 것이다.

보호자 서약 전략

치료자는 초기 평가 후반부에 가족 참여자들에게 오리엔테이션을 하고 서약을 이끌어내도록 한다. 보호자의 목표를 치료와 연결시키고, 치료방해 요소를 제거하는 문제해결책을 제시하는 방식으로 동기를 유발하도록 한다. 다시 말해, 위에 기술한 구체적인 DBT 서약 전략을 보호자에게도 적용하도록 한다. 그러나 보호자들의 경우 스킬훈련그룹에 참여하고자 하기 때문에 특별히 오리엔테이션이나 서약을 필요로 하지 않을 때가 많다. 간혹 보호자들 가운데 주저하거나 꺼려하는 경우가 있는데 그 이유는 그룹 시간에 다른 아이를 돌봐야 하거나, 일시적으로 부모의 업무 스케줄을 조정하는 문제 때문이기도 하다. 어떤 가족은 아동보호기관과 관련된 문제가 있어서 그룹 회기에서 공개한 정보들이 자신들에게 부정적으로 영향을 미칠까 걱정하기도 하고, 어떤 가족은 청소년만의 문제라고 생각하여 치료 과정에 부모나 가족이 참여하는 것에 대해 충분히 이해하지 못하기도 한다. 어떤 부모는 참여자를 외부에서 만날 것을 걱정하거나, 비밀을 지키지 않을 것을 걱정하기도 한다. 치료자는 이 모든 걱정을 심각하게 인식해야 하고, 가족이 그룹에 참여하기 전에 이점을 충분히 고려해야 한다.

보호자가 치료에 긍정적인 태도를 가지고 참여해야만 좋은 치료 결과가 나올 수 있다는 것을 이해시키는 일은 매우 중요하다(Halaby, 2004). 치료 참여도를 증진시키기 위해 자녀에 대한 부모의 경험을 수인하고, 치료에 대한 염려를 수인하는 시간을 갖는 것 역시 필수적이다. 보호자는 불안이나 분노, 좌절감, 절망, 수치심, 죄책감과 같은 강렬한 감정을 가지고 있는 상태일 때가 많다. 보호자가 겪고 있는 어려움을 고려할 때 이러한 감정이 충분히 이해된다는 메시지를 전달하면, 부모는 치료자가 자신을 잘 이해하고 자녀 문제의 탓을 자신에게 돌린다는 느낌을 받지 않게 된다. 이렇게 함으로서 보호자는 더 열린 마음으로 치료에 기꺼이 참여할 수 있게 된다. 이렇게 부모의 동기와 서약을 촉진시키는 시간을 갖게 되면 부모가 치료 규칙에 잘 따르고 서약과 치료 전체 과정을 잘 따르게 된다(Nock & Kazdin, 2005).

스킬훈련을 위한 적절한 가족 참여자 파악하기

사전 치료 회기와 서약 단계에서 중요한 것 중 하나는 가족 참여자 중에 누가 청소년과 함께 그룹에 참여할지를 결정하는 것이다. 우리는 적어도 한 명의 부모가 참여하기를 추천하고, 만약 부모와 함께 살고 서로 참여가 가능하다면 부모 모두 참여하는 것을 권한다. 양부모, 친부모, 보호자 역할을 하는 조부모 혹은 나이가 많은 형이나 누나, 위탁 부모 역시 참여할 수 있다(일반적으로 우리는 청소년 한 명당 두 명의 보호자까지만 참여하도록 제한하고 있다). 스킬 그룹에 적합한 가족 참여자가 누구인지 판단하는 기준은 적어도 청소년과 일정 시간을 함께 보내며, 청소년에게 안정적으로 영향력을 행사할 수 있는 사람으로 정하도록 한다. 중요한 것은 보호자 역시 청소년과 같은 동일한 출석 정책에 따르고 매주 스킬훈련 회기에 참여할 수 있어야 한다(제 5장 "스킬훈련 그룹 가이드라인" 참조). 어떤 부모들은 자신들의 업무 일정 때문에 부모가 주 단위로 교차로 참여해도 되는지 문의하는 경우가 있다. 우리는 3가지 이유로 이러한 불규칙적인 그룹 참여를 권하지 않는다. 첫째, 이 방식은 치료에 대한 서약모델을 따르지 않는 것이다. 둘째, 충분한 DBT 스킬을 학습하지 못하게 되어 스킬 습득을 제대로 하지 못한다. 셋째, 참여자들은 그룹에 참여하면서 서로 의존하게 되는데 불규칙적으로 그룹에 참여하면 다른 참여자들에게 부정적 영향을 준다.

부모갈등

부모가 관계 문제로 인해 정서적 고통을 겪고 있거나, 이혼이나 별거 상태일 때에는 또다른 잠재적인 문제가 생긴다. 이런 경우 그 가족이 참여하기 전에 면밀한 스크리닝과 오리엔테이션, 문제해결을 통해 문제 가능성이 있는 상호작용이 그 가족과 다른 참여자의 치료를 방해하거나 파괴하지 않도록 해야 한다. 고려해야 하는 사항들은 다음과 같다. 부모 두 사람 모두 스킬훈련그룹에 참여하는 것이 임상적으로 적절한지, 또는 두 사람이 같은 치료 공간에 있는 것에 서로 적대적인지 파악하고 만일 그렇다면 둘 중에 한 사람의 보호자만 청소년과 함께 그룹에 참여하도록 결정해야 한다. 우리는 청소년과 가장 갈등이 심한 보호자가 참여하는 것을 권한다. 이러한 선택이 의아하게 여겨지지만 이렇게 하면 관계를 현격하게 증진시킬 수 있고, 청소년의 비수인적 환경을 줄이게 된다. 이러한 변화는 또한 가족 내의 갈등 문제도 해소할 수 있다.

다른 해결 방법으로는 부모 중 한 사람에게 따로 스킬을 교육하거나, 한 차례의 DBT 모듈이 끝나고 다음 세트가 시작될 때 다른 부모를 참여시키는 방법이 있다(예: 한 부모가 6개월 동안 자녀와 함께 하고, 다음 6개월은 다른 부모가 자녀와 함께 함).

다가족 스킬그룹 오리엔테이션 하기

모든 가족들이 스킬훈련에 참여할 것을 서약했다면 스킬훈련자가 할 첫 번째 업무는 참여자에게 각 DBT 모듈의 목표와 구성체계, 치료 과정과 가이드라인에 대해 구체적인 오리엔테이션을 제공하고 치료 기저에 있는 생물사회이론을 교육하는 것이다(제1장 참조). 스킬훈련이 한 가족 혹은 다가족 구성체계로 시행하는 지 여부에 관계없이, 스킬훈련자는 첫 번째 스킬훈련 회기 끝부분에 각 참여자가 치료에 서약하도록 해야한다. 이 서약에는 (1) 24주간의 스킬훈련 교육 과정을 끝까지 마칠 것 (2) 정시에 회기에 참여할 것 (3) 매 주 숙제를 할 것 (4) 다른 참여자를 존중하고 비밀 유지와 같은 그룹의 가이드라인과 규칙을 지킬 것 등이 포함된다. 이 내용은 참여자와 스킬훈련자가 서명한 스킬훈련 서약서에 설명되어 있다(제5장 참조). 스킬훈련자는 오리엔테이션 전략의 하나로 각 수업의 도입부에 참여자들에게 배울 내용을 소개하도록 한다. 스킬훈련자는 배우게 될 스킬의 목적을 설명하고, 청소년과 보호자의 삶의 문제, 가치, 목표와 스킬이 어떻게 연결이 되어있는지 그리고 스킬을 사용하고 연습함으로써 무엇을 기대할 수 있는지 설명한다. 또한 스킬 적용에 관한 잘못된 정보나 비현실적인 기대를 다룸으로써 추후에 발생할 부정적 감정을 줄일 수 있다. 예를 들어 고통감내 스킬 가운데 하나인 "ACCEPTS 스킬로 주의분산하기"를 교육할 때, "이 위기 생존 전략 스킬은 여러분의 기분을 좋게 해주려는 목표가 아니라, 어려운 상황을 더 이상 나빠지게 않도록 하는 것이 목표입니다. 다시 말하면, 이 스킬은 '지혈대' 같은 것입니다. 여러분을 살리게 만들지만 여러분의 기분을 나아지게 하지는 않을 수도 있습니다"와 같이 초반에 명확히 말하도록 한다.

두 번째 오리엔테이션 전략은 새로운 스킬연습에 대한 치료자의 기대를 행동조형 하는 것이다. 예를 들어 고통감내 위기생존 스킬을 가르칠 때 스킬훈련자는 청소년에게 다음과 같이 말하도록 한다.

"이 스킬 중 특정 부분은 특정한 상황에서 특정 사람에게 도움을 줄 수 있어요. 한 가지 스킬이 도움이 되지 않는다면, 다른 스킬을 사용해야 합니다. 어떤 스킬이 5분 동안만 도움이 된다면, 정서적 고통을 낮추기 위해 다른 스킬을 적용해야 한다는 의미예요. 따라서 주의분산 스킬이나 자기위안 스킬 같이 여러 가지를 사용해서 '위기생존 구급상자'를 만드는 것이 좋아요. 필요할 때마다 즉시 스킬들을 꺼내서 사용하도록 해봅시다."

감정조절장애를 겪는 청소년이 그룹 안팎에서 새로운 스킬을 사용하는 것을 돕기 위해, 단계적인 설명을 통하여 어떻게 해야하는지 구체적으로 검토하는 것이 중요하다.

각 회기의 끝 부분에서 스킬훈련자는 참여자가 주어진 숙제를 잘 하겠다는 서약을 이끌어내도록 한다. 가능하다면 모두 자신이 어떠한 스킬을 연습할 것인지 정확하게 보고하도록 한다. 예를 들어 마인드풀니스 "What 스킬"을 배운 이후에는 청소년과 부모에게 "저는 이번 주에 '참여하기'와 '판단하지 않기 스킬'을 연습할 것을 서약합니다."와 같이 말하도록 한다. 또는 "저는 이번 주에 PLEASE 스킬을 연습하고 수면과 식사 습관을 증진시키는 것에 집중할 것을 서약합니다."와 같이 말하게 한다.

청소년과 보호자가 숙제를 완결하고 발표하며 재서약을 유도하는 것, 그룹에 참여하는 것, 그룹에 주의 집중하도록 하는 것은 치료 기간 동안 스킬훈련자가 계속 다루어야 할 목표이다. 스킬훈련자는 이 서약 전략을 회기 중 그룹 전체에게, 회기 전후 각 개인에게, 휴식 시간 동안에도 적용할 수 있다. 서약 관련 문제가 지속될 경우 이것은 치료방해 행동에 해당되므로 그룹리더는 주치료자에게 이 문제를 개인치료 회기(또는 가족 회기)에서 그 문제를 다루도록 요청한다.

스킬훈련의 주요 치료 목표

스킬훈련 치료 목표는 개인 DBT 치료 목표와는 다르다. 스킬훈련 치료의 우선순위는 다음과 같다. (1) 치료파괴 행동 감소 (2) 행동 스킬 증진 (3) 치료방해 행동 감소.

치료파괴 행동 감소

DBT 스킬훈련은 내담자의 능력을 향상시키는 것이 주요 기능이다. 내담자가 치료파괴 행동을 시작하면 스킬 습득이 되지 않으며, 치료가 위태로워지거나 중단된다. 이러한 치료파괴 행동은 내담자 본인뿐만 아니라 다른 참여자의 치료도 파괴하는 위협적 요인이므로 발생하는 즉시 주요 치료 목표로 설정하여 중단시켜야 한다. 리더가 한 명일 때보다는, 두 명일 때 이 문제를 더 쉽게 다룰 수 있다. 치료파괴 행동에는 큰 소리로 다른 가족 참여자와 논쟁하기, 의자를 넘어트리기, 물건을 던지거나 파손하기, 자해 및 자해 위협 행동, 다른 참여자를 상해하거나 위협하는 행동, 그룹리더나 참여자에게 소리지르거나 욕설하기, 위협적인 몸짓, 치료 프로그램이 시간 낭비라고 지속적으로 폄하하는 행동(특히 부모), 다른 참여자에게 비수인적 행동을 하여 이 행동을 코칭하고 방향 수정을 하려고 할 때 반응하지 않는 것, 다른 참여자의 강렬한 감정 반응이나 외상 재경험 반응을 유발하는 행동(예: 최근에 손목을 그은 것을 보여주는 행동), 쉬는 시간 동안 다른 참여자과 함께 약물 사용하기, 그룹 회기 동안 전화 받는 행동, 반복적으로 방을 드나드는 행동, 교육을 중단하게 만드는 행동이나 다른 참여자의 안전에 위협이 되는 행동 등이 포함된다.

이러한 행동이 나타나면 스킬훈련자는 그룹을 잠시 멈추고 그 행동을 통제 또는 중단하거나, 그룹에서 문제행동을 직접적으로 지시하면서 다루어야 한다. 치료파괴 행동의 내용에 따라서 어떤 경우에는 치료자가 내담자를 밖으로 불러내 잘못된 행동을 개별적으로 다룰 수도 있다. 청소년이 이런 행동을 한다면, 스킬훈련자는 주치료자에게 청소년이 그룹에 돌아올 수 있을 만큼 조절 가능한 상태가 되도록 개별 스킬 코칭을 제안한다. 부모의 경우 개인치료자가 없을 때에는 그룹의 공동리더가 코칭하도록 한다.

만일 다른 참여자에게 직접적으로 치료파괴 행동을 했다면, 그룹에 돌아오기 전에 "회복(리페어, repair)" 스킬을 사용하게 한다. 리페어의 방법으로는 문제행동을 다시 하지 않도록 재서약을 하고, 또다시 치료파괴적 감정을 느낀다면 어떤 스킬을 사용해서 해결할 것인지 내용을 담은 사과문을 쓰는 것 등이 있을 수 있다. 그룹리더는 그 사람이 회기를 시작할 때 리페어하도록 허락한다. 그리고 표준 마인드풀니스 훈련을 바로 진행하도록 한다. 즉 피해를 입은 참여자가 "나는 네가 그런 말을 해서 마음이 상했지만, 사과 하는 행동은 받아들일 거야." 정도 외의 추가적인 언급은 하지 않도록 한다. 회기에서 그룹리더가 다른 내담자와 개별적으로 피해 수습을 하는 절차가 필요할 때도 있다. 드문 경우이지만 내담자가 그 행동에 대한 수정 요구에 반응하지 않을 때가 있는데, 그런 경우에는 그 스킬 그룹에 다시 돌아오는 것을 허락하지 않고 스킬 그룹은 별개로 진행해야 한다.

그룹참여자 간의 문제와 그룹 회기 이외의 곳에서의 만남 문제

그룹참여자들이 외부에서 만나면, 효과적이지 않은 방식으로 관계가 형성될 수 있기 때문에 잠재적으로 치료파괴적일 수 있다. 이 문제는 그룹 가이드라인에서 다루게 된다(제 5장 "스킬훈련그룹 가이드라인" 참고). 가이드라인에는 참여자 간의 데이트, 개인적 관계 형성을 제한하고 있고, 고위험 행동이나 목표 행동에 대한 논의 등을 허락하지 않는다고 명시하고 있다. DBT 모듈을 시작할 때마다 가족에게 오리엔테이션을 하는데, 이 때 외부 관계에 대해 제한을 두는 문제와 더불어 이러한 관계로 인해 발생할 수 있는 피해를 알려주고 있다. 우리는 참여자들이 외부에서 직접 만나거나 온라인 상에서 만났을 때 자살위기가 높아지고, 그룹 참여를 거부하기 시작하며, 높은 수준의 불안과 주의분산 행동을 보이고, 약물 남용과 같은 행동이 증가되는 것을 발견해왔다. 이러한 이유로 외부 관계 형성을 단호하게 제한하고 있다. 페이스북에서 악의 없이 친해지려고 하는 행동이나 소셜 미디어를 통하여 연결을 시도하는 것조차 어떤 참여자에게는 심하게 자극이 되고, 그것은 마치 서로에 대해 매우 고통스러운 블로그 글을 읽었을 때만큼 힘든 일이 될 수 있다. 이 그룹 가이드라인을 위반하였을 때에는 개인치료에서 행동분석을 하고, 문제를 해결하도록 해야 한다. 리더는 청소년이 경고를 무시하고 외부에서 접촉을 계속 한다면, 더 이상 프로그램을 지속할 수 없다는 것을 알려야 한다.

중요한 것은 참여자가 가이드라인을 잘 따르면서 위기 상황을 만들지 않는 외부 접촉을 정기적으로 하면 사회적으로 지지적인 경험을 할 수 있다는 점이다. 부모들의 경우 이처럼 높은 사회적 지지를 경험하게 하면서도 위험도가 매우 낮은 관계를 형성하는 것을 많이 발견할 수 있었다. 가이드라인을 잘 지키고 절제하도록 하는 것은 외부 접촉을 성공적으로 관리하는 핵심 요소라고 볼 수 있다.

행동 스킬 증진 시키기

치료파괴 행동이 나타나지 않으면, 내담자의 능력은 행동 스킬훈련 즉, 마인드풀니스, 고통감내, 대인관계 효율성, 감정조절, 그리고 새로운 스킬 모듈인 중도의 길 걷기 스킬을 통해 증진시키도록 한다. 스킬훈련은 5장에서 10장에 기술된 내용을 따라 진행하되, 아주 작은 방해요인이나 주의분산 요인조차 허용해서는 안된다. 스킬훈련자는 강의, 자료, 질문하기, 코칭을 통한 역할극, 행동 수정을 위한 피드백을 활용하여 내담자에게 스킬을 교육하도록 한다. 스킬훈련자는 DBT 모듈과 다루어야 할 주제의 일정을 잘 지켜서 순서대로 스킬을 교육하고, 참여자들이 스킬을 잘 습득하도록 하기 위해서 교육 초점과 속도를 적절히 유지해야 한다. 교육 초점과 속도를 유지하는 것은 작은 방해 요인들을 처리하는 것보다 우선순위에 두도록 한다.

내담자의 능력을 증진시키기 위하여 스킬훈련자는 다음 3가지의 치료 세부 목표를 다루어야 한다. 스킬 습득, 스킬 강화, 스킬 일반화와 유지.

스킬 습득

스킬훈련자는 강의나 역할극 또는 기타 체험적 방식을 사용해서 새로운 스킬 습득을 시키게 된다. 청소년의 개인치료자는 개인 회기와 전화 자문을 통해 새로운 스킬을 습득할 수 있도록 촉진하고 그룹에서 아직 배우지 않은 스킬(고통감내 스킬이나 위기생존 스킬인 경우가 많음)을 강의 방식으로 교육하도록 한다(제7장).

스킬 강화

스킬 강화는 알고 있는 스킬을 견고하고 완벽하게 만드는 것을 말한다. 이것은 스킬의 숙련감을 높이는 반복 연습이나 수정적인 피드백을 통해 가능하며, 그룹 내에서 행동을 시연하거나 회기 중 숙제 검토 및 피드백하기, 스킬 사용과 연관된 전화 자문, 개인치료나 가족 또는 부모 회기에서 스킬을 통합시키는 것과 같은 방법을 사용할 수 있다.

스킬 일반화와 유지

스킬 일반화란 내담자의 실제 삶과 연관된 상황과 맥락에 스킬을 적용하는 것을 말한다. 스킬 유지란 스킬에 대한 지식과 적용이 꾸준하게 잘 유지 되도록 하고, 습득된 스킬 지식이 시간이 지나면서 희미해지는 것을 방지하는 것을 말한다. 치료자는 스킬훈련 숙제를 내주고 검토하는 것(실제 상황에 스킬 적용하는 것 포함), 스킬훈련에 가족 참여자를 포함시키는 것, 때로 스킬 모듈을 두 번 반복하도록 추천하여 스킬 일반화와 유지를 증강시킨다. 통합 DBT를 하는 경우에는 개인 회기와 전화 자문 시간에 행동 분석과 해결책 분석을 통하여 스킬을 강화해 나가거나 수인적이고 지지적인 가족 문화를 만들기 위하여 가족 회기나 부모 회기를 제공함으로써 스킬을 일반화시키거나 유지시켜 나갈 수 있다.

치료방해 행동 감소

치료방해 행동 감소는 스킬훈련에서 세 번째 우선순위에 있는 목표이다. 여러 명의 청소년과 가족이 한 치료실에 있게 되면 치료방해 행동이 많이 나타난다. 낄낄대거나 귓속말하기, 쑥덕거리기, 눈을 굴리거나 치료자의 말을 중단시키기, 핸드폰으로 문자 보내기, 멍하게 있기, 자리 이탈하기, 낙서하기, 참여하지 않기, 숙제 하지 않기, 지각하기 등과 같은 행동이 나타날 때마다 문제행동을 다루기 시작하면 스킬을 교육하고 연습하는 시간은 줄어들 수 밖에 없다. 그룹리더는 다양한 방식으로 이러한 문제를 다룰 수 있는데, 대부분 그룹에서 일어나는 모든 상호작용을 이끄는 행동적 원리에 깨어있는 자세를 취하고, 필요하다면 행동 강화, 소거, 처벌 방식을 사용하도록 한다.

첫째로 그룹리더는 오리엔테이션 회기에서 그룹 규칙을 알려준다(제5장 참고). 규칙에는 그룹 회기 동안 핸드폰을 다른 곳에 두고, 참여자들은 존중하지 않거나 비열한 말 등을 하지 않는 것 등을 포함한다. 이렇게 함으로써 리더는 친사회적이며 서로를 존중하는 그룹 문화를 증진시키고, 또한 참여자 스스로 서로 감시할 수 있도록 하여 문제를 미연에 방지할 수 있다. 또한 리더는 초반에 타인에 대한 예절을 지키는 것을 강화할 필요가 있다. 적절한 목소리 톤(빈정대는 말투를 피하기, 또렷한 톤으로 말하기 등)과 정시에 오는 것, 음식물을 담은 접시나 컵을 치우는 것과 같은 자기관리 스킬 등이 여기에 해당한다. 이러한 스킬은 그룹을 잘 관리하는데 도움을 줄 뿐만 아니라 삶에 도움이 되는 생활 습관이기도 하다. 다이어렉티컬 사고방식을 가르치고 모델링하게 하는 것은 리더가 치료방해 행동을 감소시키거나 예방하기 위한 좋은 방법이기도 하다. 리더는 "이것 아니면 저것"의 입장 보다는 "두 가지 다, 모두"와 같이 대안적 관점을 갖도록 함으로써, 갈등을 촉발하는 감정이나 부정적인 감정을 바꾸는데 도움을 줄 수 있다. 참여자들이 가족이나 자기 자신에게 판단적인 말을 하면, 리더들은 즉시 그것을 중단시키고 무판단적인 형태의 말로 바꾸어 말하도록 요청한다. 이러한 과정을 지속하면 극단적인 생각을 줄일 수 있게 된다.

둘째로 그룹리더는 치료방해 행동을 소거 스케줄에 둘 수도 있다. 다시 말하면 리더는 특정 행동이 상대적으로 덜 해롭거나, 그 행동을 그룹 내에서 다루는 것이 스킬훈련에 더 큰 지장을 주게 된다면 그 행동을 무시할 수도 있다. 예를 들어 낙서하거나 멍하게 있는 행동, 가끔 서로 대화하는 행동, 서성대기, 일어나거나 방을 나가기, 치료자 비판하기, 부모나 다른 청소년에게 눈 굴리기 등과 같은 행동이 그것이다. 치료자는 그룹 회기 시간에 주의분산되는 것을 막기 위하여 이러한 행동은 종종 '전략적으로 무시'할 것이라고 미리 설명하도록 한다. 그렇지 않으면 부모는 특정 행동을 무시하는 방식의 전략을 사용한다고 생각하기보다는 스킬훈련자가 그룹을 통제할 수 없고, 순진해서 무슨 일이 일어나는지 모른다고 생각하게 된다. 대체로 이러한 행동은 강화시키지 않으면 자연스럽게 사라지게 된다.

셋째로 어떤 치료방해 행동은 강화 스케줄을 통해 점진적으로 행동조형을 하면서 다룰 수 있다. 이렇게 하기 위해서는 스킬훈련자가 참여자 개개인의 행동조형 순위에 대해 숙지하고 적응적인 행동이 나타났을 때 즉시 강화해야 한다. 치료자는 한 참여자가 눈을 내리뜨고 조용히 앉아있을 때 이것을 무시할 수도 있고, 또, 다른 참여자가 같은 행동을 할 때에는 이 행동을 강화할 수도 있다. 이 행동은 책상에 머리를 대고 누워있거나 의자를 빙글빙글 돌리는 행동보다는 더 진전된 행동일 수 있기 때문이다. 내담자가 그룹에서 말하지 않는다면 치료자는 아주 작은 몸짓이라도 하도록 요청하고 이것을 강화할 수 있다. 뒤 쪽에 앉지 말고 테이블에 와서 앉도록 하고, 다음주에는 내담자가 자료를 큰소리로 읽도록 참여를 강화하도록 한다. 그룹리더는 참여자를 강화하는 방법으로 칭찬을 하거나, 사탕을 준비하거나, 마인드풀니스 연습을 이끌어 갈 기회를 주거나, 공책에 붙일 멋진 스티커를 준비하거나, 미소를 짓거나, 고개를 끄덕이며 인정하는 반응을 할 수 있다. 스킬훈련자는 각 참여자에게 효과적인 강화물이 무엇인지 잘 알고 있어야 한다. 경계선 성격장애 진단을 받은 청소년은 칭찬을 불쾌하게 느껴서 정적 강화로써 역할을 하지 못하는 경우도 있다. 왜냐하면 칭찬은 보호자의 더 높은 기대와 연관이 있으며 동시에 이를 충족시키지 못할 경우 버림받을 수 있다는 생각과 연결이 될 수도 있기 때문이다. 따라서 스킬훈련자는 마인드풀한 상태를 유지하면서 칭찬에 대해 각 참여자가 어떻게 반응하고 칭찬이 혐오감을 불러일으키는지 관찰하고, 칭찬이 강화의 역할을 한다면 사려 깊게 사용하도록 해야한다. 중요한 것은 내담자에게 지나치게 과한 칭찬을 하는 것은 적절하지 않으며, 곧바로 간헐적 강화 계획으로 이어지게 해야한다.

캐런 프라이어가 자신의 책 『Don't Shoot the Dog!』(2002)에서 경고한 대로 처벌은 새로운 행동을 가르칠 수 없다. 따라서 스킬훈련자는 정적 강화나 소거가 효과적이지 않거나 적절하지 않을 때에만 처벌을 사용하여야 한다. 예를 들어 몇 주 동안 부모가 긍정적인 문제해결 노력과 격려에도 불구하고 2주 연이어 숙제를 가져오지 않았을 때는, 치료자의 실망하는 표정과 숙제를 방해하는 행동이 무엇인지 체인분석을 실시하는 등 약한 수위의 혐오 자극을 사용할 수 있다. 또 다른 경우에 청소년이 숙제를 마치지 않았을 때 스킬훈련자는 청소년에게 그 자리에서 바로 숙제를 완결하도록 지시할 수도 있다. 이렇게 한 이후에 스킬훈련자는 "이제 숙제를 잘 이해하고 있는 것 같으니, 이 양식을 같은 숙제를 다시 줄 거예요. 이번에는 오늘 저녁에 주는 숙제와 이전 숙제를 모두 해오면 좋겠어요." 두 개의 숙제를 해야 한다는 것은 청소년의 실망한 표정에서 나타나듯, 분명히 혐오적인 결과이다. 또다른 예로 오랫동안 그룹에 참여한 청소년은 그룹 회기 동안 다른 아이들과 이야기하는 빈도 수가 올라갈 수도 있다. 스킬훈련자는 그 청소년에게 휴식시간에 다가가서 "네가 그룹 시간에 하는 행동들 때문에 선생님이 너무 힘들어. 다른 아이들과 자꾸 잡담을 해서 강의에 집중을 할 수가 없어. 내가 해야할 일을 잘 못하게 되는 것 같아 너무 괴로워"라고 약한 수위의 혐오 자극을 주게 되면 청소년의 관심을 끌어 그 행동을 중단시킬 수 있다. 이러한 방식은 스킬훈련자가 청소년과 강한 유대감을 형성했을 때 더 효과적이다.

네 번째로 그룹리더는 DBT 자료의 강도와 실행 수위 높이기, 주의가 산만한 참여자에게 자료의 다음 부분을 읽게 하여 관심을 다시 돌리거나 역할극에 참여하게 하기, 방 안을 돌아다니게 하기(그룹리더가 하는 방식), 그리고 집중을 못하는 참여자의 어깨에 조용히 손을 얹기와 같은 방법으로 치료방해 행동을 눈에 띄지 않게 다룰 수 있다. 그룹리더는 참여자가 그룹 규칙을 잘 지키지 않는 경우에는 다시 잡아주어야 한다. 그 행동이 지속된다면 그룹리더들은 휴식 시간 동안 개별적으로 만나서 문제를 이야기하거나, 다른 사람에게 원하는 것을 요구하는 대인관계 효율성 스킬 중 하나인 DEAR MAN 스킬로 요청할 수도 있다(제10장 참고). 지속적인 문제행동이 있을 때 공동리더가 그룹 중간에 내담자를 밖으로 나오게 해서 이야기할 수도 있다. 만일 내담자가 통합 DBT를 받고 있다면 개인치료자에게 이러한 문제를 다뤄줄 것을 촉구하고 지속적인 문제행동의 경우에는 이 문제를 다루기 위한 전략적인 접근을 개발하기 위하여 치료 자문팀에 문의하도록 한다. 이러한 접근 방식에는 일반적으로 개인치료 상황에서 행동 분석을 통해 치료방해 행동 문제를 다루는 것이 해당된다(개인치료에서의 행동 분석 시행 방법은 Miller et al., 2007 참고할 것).

스킬훈련그룹에서 리더가 명심해야 할 것은 치료는 공식적인 회기가 시작되기 15분 전에 시작되며, 휴식 기간도 치료에 포함이 되고 회기가 끝난 15분 후까지 이어진다는 것이다. 이 때, 감정조절 문제를 보이거나 잘 참여하지 않는 내담자의 상태를 살피고 또한 부모님의 서약적 태도를 증진시킬 수 있고, 내담자들이 그룹 회기 동안 하지 못한 질문에 답해주거나 잘 모르는 자료를 설명해줄 수 있는 시간을 가질 수 있다. 또한 휴식 시간에 잠시 가벼운 대화를 통해 감정조절을 하게 해서 새로운 스킬 습득을 준비하게 할 수 있다. 이 시간 동안 내담자가 치료자에게 접근이 가능하면 내담자의 유대감이 증진되어 문제를 직접 다루고 예방할 수 있게 된다.

결석

참여자가 회기 당일에 내담자나 가족이 결석할 것이라고 말한다면 이유를 파악하는 것이 중요하다. 일반적으로 당일 취소는 충동적이거나 기분에 따라 결정하는 경향이 있다. 이때 전화 자문이나 응원으로 내담자의 동기를 촉진시킬 수도 있고, 그들의 마음을 변화시켜 참여하게 만들 수도 있다. 만일 참여자가 연락도 없이 나타나지 않는다면 공동리더가 잠시 나가서 가족에게 전화하는 것도 방법이다. 전화 자문은 내담자가 늦더라도 그룹 회기에 오게 할 수 있다. 그러나 그룹에 결석하는 것은 개인치료 회기에서 주로 다루어야 하는 치료방해 행동이다.

보호자의 치료방해 행동

보호자의 경우에 초기에는 동기부여가 많이 되어 있더라도 점차 치료에 헌신하는 마음이 약해질 때가 있다. 이러한 조짐이 나타나는 지표는 지각을 하거나 몇 주 동안 결석하는 것, 숙제를 해오지 않거나 그룹에서 이탈하고 참여하지 않는 모습을 모이는 것이 대표적이며, 이를 관리하는 몇 가지 효과적인 전략이 있다. 첫째로 스킬훈련자는 유관관리전략을 사용할 수 있다. 예를 들어 정적 강화나 숙제를 잘 해오지 않는 것에 대한 가벼운 행동분석 또는 내담자가 그룹에 몇 회나 참여하지 않았는지 매우 염려하는 톤으로 이야기를 꺼내는 것과 같은 약한 혐오 자극을 줄 수 있다. 둘째로 스킬훈련자는 이러한 문제를 보이는 부모를 그룹 회기 전이나 이후에 만나서 어떻게 지내고 있는지, 지난 몇 주간에 비해서 덜 참여하는 것 같아 걱정이 된다는 관찰한 내용을 나누면서 안부를 물을 수 있다. 세 번째 방법으로는 청소년에게 요청하여 부모님에게 DEAR MAN 대인관계 효율성 스킬을 사용하여 정시에 오도록 요청하는 방식의 자극을 줄 수도 있다. 위와 같은 간략한 개입이 실패한 경우에는 가족과 추가 회기를(예: 부모만 참여하는 회기) 잡아서 이 문제의 근원을 파악하고 해결책을 찾는 것이 바람직하다.

부모가 다시 그룹에 잘 참여하기 시작하면 간헐적으로 그룹에서 관찰된 것을 나누거나, 자신의 숙제를 가져오고 이를 나누는 행동, 마인드풀니스 연습을 이끄는 것에 자원하고 다른 부모와 청소년에게 도움이 되는 피드백을 제공하는 것 같은 친사회적인 행동을 강화해주는 것도 도움이 된다. 스킬훈련자가 보호자에게 청소년과 마찬가지로 그룹 회기 전과 후, 그리고 회기 안에서 많은 관심을 보여주는 것은 이점이 많다. 보호자의 삶과 경력, 취미 생활, 생활에서의 도전 등에 관심을 가져주는 것은 중요한 애착 전략이 되며, 부모가 스스로를 자녀 때문에 어쩔 수 없이 따라 오는 것으로 여기지 않게 되기 때문이다. 스킬 그룹에 참여하는 모든 사람들은 나이를 불문하고 중요한 참여자로 인식하게 해야 한다. 모든 참여자는 정시에 그룹에 와야 하고, 자료집과 숙제를 준비해야 하며, 온전히 참여해야 한다. 스킬훈련자는 정적 강화와 행동조형을 사용하여 바람직한 행동을 증진시켜야 하기 때문에, 문제행동이 나타났을 때 소거나 처벌 등을 적용할 준비가 되어 있어야 한다.

주요 목표를 달성하기 위한 그룹 회기 관리

대부분의 스킬훈련 회기는 간략한 공지사항을 전달한 이후 마인드풀니스 연습으로 시작하게 된다. 그리고 중간 휴식 시간이 되기 전까지 숙제 검토와 스킬 연습에 대한 복습을 실시한다. 휴식 시간 이후 회기는 새로운 스킬을 교육하는 것에 집중하게 된다. 이 체계는 어떤 시설에서 하든지 또는 새로운 스킬 교육이 곧바로 이어지든지, 아니면 다른 날에 이루어지든지 여부와 관계없이 유지해야 한다.

마인드풀니스 연습과 공지사항

스킬훈련은 3~5분 정도의 마인드풀니스 연습으로 시작하고, 마인드풀니스를 하는 동안 관찰한 내용이나 질문, 논의를 하는데 몇 분 정도를 할애하도록 한다. 청소년들의 경우 1~2분 정도의 간단한 마인드풀니스 연습으로 시작하고 점진적으로 시간을 늘려가는 것이 좋다. 마인드풀니스 연습 이후에는 공지사항을 전달하며 결석이나 지각한 참여자에 관한 사항을 전달한다(예: "지수와 부모님이 지금 오는 중이라고 해요. 석민이와 아버님이 오늘은 참여할 수 없지만 다음주에는 참여할 것이라고 합니다"). 결석 사유에 대해서는 가족이 직접 말하기 전까지는 설명할 필요는 없다(예: "다음 주에 저희 삼촌 생신이셔서 참여할 수 없습니다"). 결석의 경우 한 주 전에 참여자가 미리 전달하는 것이 좋다고 알린다. 또한 그룹리더는 오늘 다룰 스킬에 대해 말하고, 다음 주에 배울 스킬과 새로운 DBT 모듈의 시작이나 새로운 가족이 그룹에 참여하게 되는 것과 같은 사항을 전달하도록 한다. 추가적으로 리더들은 휴일로 인한 그룹 회기 시간의 변동과 같은 특별한 공지사항도 이때 이야기한다.

지난 주 숙제 리뷰하기

그룹리더는 마인드풀니스 연습과 공지 시간을 가진 후에 전반부 회기는 숙제 리뷰에 할애하도록 한다. 숙제는 스킬을 강화하고 일반화하는데 중요한 요소이므로 새로운 스킬을 습득하는 것만큼 중요하다. 숙제 리뷰는 내담자가 스킬을 정확하게 배웠는지 확인하고 행동적 피드백을 제공하며, 내담자가 스킬을 반복하여 연습함으로써 숙련감을 쌓고(예: 치료자의 피드백을 받은 이후 DEAR MAN 스킬의 "협상하기"를 다시 연습하기), 내담자가 추가적으로 이해하여야 하는 개념을 다시 리뷰하고, 내담자가 연습하는데 노력을 더 기울이도록 강화하는 기회를 주게 된다. 모든 참여자의 숙제를 리뷰하는 것은 스킬을 적용할 때 겪는 어려움을 극복하고 외부에서의 스킬 연습을 강화하는데 매우 중요하다. 참여자가 많은 그룹이라면 숙제를 리뷰 할 때 할 때 두 개의 작은 그룹으로 나누고 스킬훈련자들이 한 그룹씩 맡아서 이끌어 가도록 한다. 참여자는 새로운 스킬을 배우는 후반부 회기부터는 한 그룹으로 다시 모이도록 한다.

필요하다고 판단되거나 시간적 여유가 있다면, 5분 정도 전 주에 배웠던 스킬을 리뷰할 수 있다. 숙제 리뷰는 리더가 처음에 먼저 하고 싶은 사람부터 시작하여 원을 그리며 진행하도록 한다. 숙제 리뷰를 할 때 지원자를 기다리기보다는 그룹 중에 한 사람을 정해서 그 사람부터 시작하도록 하는 것이 긴 침묵이나 회피 반응을 줄일 수 있다.

숙제 리뷰 시간에 전체 그룹이 적극적으로 참여하게 하기

숙제 리뷰 시간은 각 사람마다 3~5분 정도 시간을 할애하도록 한다. 리뷰 시간은 리더가 참여자의 스킬 이해도를 평가하고 피드백을 충분히 제공할 수 있을 만큼 완벽하게 진행하면서도 빠트리는 사람이 없도록 빠르게 진행해야 한다. 참여자들이 자신의 숙제를 워크시트에 적어올 수 있도록 행동조형을 하여 그룹에 오기 전에 충분히 생각할 수 있도록 돕고, 숙제를 리뷰하는 동안에는 자신의 발표에 집중하게 해야 한다. 참여자가 숙제를 발표할 때 치료자는 해당 스킬을 더 강화하기 위하여 수정 사항을 담아 피드백을 제공하도록 한다. 그룹리더나 숙제 리뷰를 하는 당사자는 다른 참여자에게 짧지만 건설적인 피드백을 하도록 하여 서로 적극적으로 참여하도록 독려한다. 이렇게 하면 다른 사람의 피드백을 통해 배우게 되고 자신의 차례가 올 때까지 공상에 잠기는 것을 줄일 수 있다. 예를 들어 정훈이는 "저는 이번 주에 DEAR MAN 스킬을 한 번도 사용한 적이 없어요."라고 말하고 이후 토의에서 자신이 학교 선생님에게 DEAR MAN 스킬을 사용했는데 선생님이 자신의 요청을 들어주지 않았다고 말한다면 그룹리더는 다음과 같이 이끌어갈 수 있다. "잠깐만! DEAR MAN 스킬을 사용한 적이 없다고 말하지 않았니? 그런데 이야기를 잘 들어보니 사용한 것 같아. 자, 모두 생각해봅시다. 정훈이가 선생님께 어떤 스킬을 사용했을까요?" 이러한 접근은 참여자가 논의 과정에 참여할 수 있도록 하고, 동시에 정훈이가 자신이 원하는 결과를 얻지 못했기 때문에 자신의 스킬 사용을 무가치한 것으로 치부하는, 일반적으로 많이 나타나는 실수를 범한 것을 발견하게 하고 이 스킬을 강화해 나갈 수 있게 한다.

또한 그룹리더는 어떤 참여자가 자신이 수행한 연습 과제에 대하여 피드백을 하면서 다른 참여자들도 같은 연습을 하도록 제안하여, 전체 숙제 리뷰를 하는 동안 모두 해당 연습 과정에 참여하도록 유도할 수 있다. 예를 들어 리더는 "진영아, 선생님에게 무언가 충동적으로 말하기 전에 고통감내 스킬을 떠올리고 사용한 것, 정말 잘했어. 바로 이것이 지난 주에 우리가 배운 것을 떠올리게 하는 대목이야."라고 말할 수 있다. 리더는 다른 참여자에게 숙제 발표를 듣는 동안 자신이 배운 점을 노트에 적고 자신과 연관 있는 내용을 적도록 요청한다. 마지막으로 리더는 숙제를 빠르게 검토하여 숙제를 발표하는 동안 긴 침묵이나 과도하거나 장황한 설명을 피하고 집중할 수 있도록 돕는다.

숙제 리뷰 시에 나타나는 문제들

숙제 리뷰 시간에 몇 가지 문제가 나타날 수 있다. 여기에는 숙제를 하지 않거나 두렵고 회피하고 싶어서 숙제를 보고하지 않는 행동, 숙제를 보고하는 스타일 문제 등이 포함된다.

만약 내담자가 숙제를 해오지 않았다면 리더는 방해하는 요인이 무엇인지를 파악하고, 무슨 일이 있었는지를 이해하기 위해 간단히 질문하면서 평가하도록 한다. 실제로 내담자가 "숙제를 하지 않았어요."라고 말하지만 실제로는 어떠한 형태로든 어느 정도까지는 숙제를 한 경우를 발견하게 된다. 원하는 결과를 만들어내는데 실패했거나, 완벽하게 하지 못한 것에 대한 수치심(위에 언급한 정훈이의 예처럼)으로 인해서 숙제를 하지 않았다고 말하기도 한다. 내담자 중에는 숙제 리뷰 시간에 자신의 숙제는 '패스'해버리고 싶어하는데, 그 이유는 숙제를 해오지 않았거나, 수치심이나 불안 때문에 숙제를 발표하는 것을 주저하기 때문이다. 스킬훈련자는 이때 대충 짐작하고 넘어가기 보다는 그 이유를 정확하게 파악하고 평가하는 것이 매우 중요하다. 만약에 숙제의 일부분이나 대부분이 실제로 완결되었다면 내담자가 그 부분에 대하여 보고하도록 유도하는 것은 매우 중요하고, 리더는 참여자가 노력한 점 혹은 효과적으로 연습한 스킬을 강화할 수 있다(또는 참여자로부터 강화를 이끌어낼 수도 있다). 또는 리더는 다음 숙제를 완결할 수 있도록 돕는 해결책을 신속하게 만들어줄 수 있다. 해결책으로는 숙제를 충분히 이해하지 못했을 때 숙제에 대해 더 명확하게 설명을 해주고, 내담자가 너무 불안해 한다면 다른 사람이 숙제를 읽도록 하거나 한 주 동안 숙제를 할 수 있도록 문제해결을 도와주고, 숙제를 집에 두고 왔다면 숙제 노트를 두는 곳을 정해서 기억할 수 있도록 하는 방법 등이 있다. 무슨 일이 있었는지 짧게 평가한 다음, 리더는 각 참여자가 지난 주에 배웠던 스킬 활용에 대하여 물어보는 시간을 갖는다. 즉, 내담자들이 스킬을 시도했거나 또는 스킬을 사용할 수 있었던 상황에 관해 이야기하도록 한다. 중요한 포인트는 숙제를 하지 않았다고 보고하는 내담자를 그대로 건너뛰지 않고, 리더가 진지하게 숙제의 중요성을 일깨워 주는 것이다. 만일 내담자가 숙제를 해오지 않는 패턴이 지속된다면 치료 자문팀에서 이 문제를 다루고, 개인치료자는 이를 치료방해 행동으로 간주하고 논의하도록 한다.

숙제를 발표하는 스타일이 문제가 되는 경우도 있다. 어떤 내담자는 초점에서 벗어나게 이야기하거나 장황하게 설명하는 경우도 있다. 이러한 문제의 스타일을 관리하기 위하여 숙제를 리뷰할 때, 각 사람 당 3~5분 동안 발표하게 될 것이라고 설명하여 방향을 잡아준다. 또한 사람들이 자신의 숙제에 대한 배경 이야기를 말하지 않고, 스킬을 사용한 부분에 집중해서 이야기 할 수 있도록 하거나 자신의 숙제를 읽게 하여 숙제에 집중할 수 있도록 돕는다. 만일 참여자가 즉흥적으로 말하는 것처럼 보인다면, 자신의 워크시트에 적어 놓은 것을 다시 볼 수 있도록 주의를 돌린다. 리더는 이때 발표를 잠시 중지시키고, 숙제에 다시 집중할 수 있도록 한다. 만일 참여자가 숙제를 발표할 때 시간을 초과하는 상황이 생기면, 리더가 참여자 중에서 가장 간결하게 발표하는 사람을 먼저 하게 하고, 그 사람의 발표가 요점에 맞게 잘 했다고 피드백 함으로써 다른 사람들이 모델링하도록 한다. 마지막으로 리더는 행동조형 모델을 사용하여 말이 많은 내담자가 간결하게 말할 수 있도록 작은 단계를 따르는 것을 강화하고, 말을 많이 하지 않는 내담자의 경우에는 자신의 경험을 조금이라도 나누는 것을 강화해 나가도록 한다.

휴식 시간

회기의 전반부 50~55분 정도를 보낸 이후에는 5~10분의 휴식을 시간을 갖도록 한다. 이 휴식 시간은 여러 가지 이유로 매우 중요하다. 첫째, 휴식 시간은 참여자들이 화장실을 다녀오고, 짧은 전화 통화 등을 할 수 있다. 둘째, 비공식적인 대화를 할 수 있고, 이를 통해 참여자와 스킬훈련자 간의 관계를 강화할 수 있다. 어떤 경우에는 부모가 어떻게 자녀의 행동을 극복해왔는지 적어 놓은 노트를 비교해볼 수도 있다. 청소년은 이때 학교에서 있었던 활동이나 또래집단 간의 문제, 주말의 계획에 대해 말하곤 한다. 또한 스킬훈련자들이 늦게 온 사람이나, 감정조절이 잘 되지 않는 내담자들의 행동에 대해 피드백을 할 수 있는 기회이기도 하다. 마지막으로, 휴식 시간은 내담자들이 그룹에 더 잘 참여할 수 있도록 돕는다. 특히 청소년은 휴식 시간 동안 과자나 음료를 즐기는 여유 시간을 갖게 된다.

각 시설(setting)에 따라서 다른 방식으로 휴식 시간을 구조화할 수 있다. 예를 들어 어떤 프로그램에서는 부모와 청소년을 분리하여 각 한 명의 스킬훈련자가 휴식시간 동안 따로 다과 시간을 갖기도 한다. 어떤 시설에서는 치료자가 건물 밖으로 나가거나 감독하기 힘든 곳에 가지 못하게 한다. 청소년이 혼자 있을 때나 보호자 없이 청소년들만 함께 있을 때, 고위험 행동이 발생할 수 있기 때문이다. 따라서 어떤 프로그램에서는 정해진 구역을 떠나지 않는 규칙을 적용하거나, 또 다른 휴식시간 규칙을 만들기도 한다.

새로운 스킬 교육하기

휴식시간이 끝나면 그룹원들에게 새로운 스킬을 소개하게 된다. 스킬훈련자는 스킬을 소개할 때 이야기나 질문, 또는 이론 등을 설명해 주면서 그룹 구성원들이 적극적으로 참여하게 하고, 스킬이 어떻게 도움이 되는지 생각할 수 있도록 한다. 리더는 스킬이 참여자의 문제행동과 연결될 수 있다는 점을 설명하고, 목표를 달성하기 위해 스킬을 어떻게 사용하는지 알려준다. 그리고 나서 리더는 강의 자료를 사용하여 스킬에 대해 정의하고 설명한 후, 곧바로 모델링이나 역할극, 스킬을 연습할 수 있는 다양한 방법으로 이끌도록 한다. 그 다음 리더는 내담자로부터 새로운 행동을 '이끌어 내는데' 집중해야 한다. 6장에서 10장에는 이러한 방식으로 스킬들이 소개되어 있다. 또한 중요한 것은 스킬 사용에 대해 논의를 할 때 자기관리 전략을 잘 엮어서 포함시켜야 하는데, 스킬을 리뷰할 필요성이

나 스킬을 연습하는 것, 새로운 상황에 스킬을 시도하는 것 등이 잘 짜여 있어야 한다.

리더는 스킬훈련그룹이 시작되기 전에 준비를 잘 해야한다. 어떤 자료를 다루게 될 지, 어떤 워크시트를 숙제로 줄 것인지에 대해 정해야 하고, 각각의 스킬을 교육하는 시간을 대략적으로 예측하여 미리 할당해야 한다. 이러한 계획이 없으면 회기 자료들이 주제를 벗어나기 쉽고, 계획된 자료를 잘 다룰 수 없으며, 내담자는 필수적인 스킬들을 배우지 못할 수도 있다. 어떤 경우에는 참여자가 특정한 주제에 대해 보다 깊은 논의를 하고 싶어 해서, 계획한 대로 진행이 되지 않을 수도 있다. 만일 리더가 이러한 논의가 스킬 습득에 도움이 된다고 판단할 때는 추가적으로 시간을 들여 다룰 수도 있다. 하지만 이후에는 반드시 사전에 계획했던 내용을 빠뜨리지 않고 교육해야 한다.

리더는 아래의 이유 때문에 다양한 예제나 대안적 교육 방법 등과 같은 부가적인 연습 자료들을 준비해야 한다.

- 설명과 연습을 위하여 추가 시간이 들 수도 있다.
- 참여자들이 잘 이해하지 못해서 추가 설명, 예시, 연습이 필요할 수도 있다.
- 같은 그룹에서 스킬 모듈을 두 번째로 반복할 때, 참여를 독려하기 위하여 다양한 방식으로 같은 개념을 가르칠 필요가 있다.
- 새로운 예제와 연습 과제를 사용함으로써 '신선한' 느낌이 줄어드는 것을 막고 리더가 소진되는 것을 막을 수 있다.

스킬훈련 모듈을 설명하는 단원에는 스킬을 설명하는 다양한 예시와 교육을 위한 연습하기가 들어있다. 리더가 한 회기 또는 전체 모듈을 진행하면서 모든 내용을 다룰 시간적 여유가 없기 때문에, 부가적인 교육 자료들은 필요할 때나 리더의 판단에 따라 선택적으로 사용할 수 있다.

스킬훈련자는 스킬을 교육할 때 내담자의 부적응 패턴에 유의하면서 그 문제들을 간접적으로 다루어 나가는 것이 좋다. 예를 들어 어떤 가족이 분노 폭발로 인한 심각한 갈등을 경험하고 있다는 것을 스킬훈련자가 알고 있다면, 그들의 특정한 상황을 직접적으로 언급하며 분노 폭발 문제를 다루기보다 정반대 행동하기(감정조절 자료 20)나 장점과 단점 비교하기 스킬(고통감내 자료 9)의 예를 사용하여 이를 간접적으로 다룰 수 있다. 이와 비슷하게, 스킬훈련자가 판단할 때 어떤 참여자가 거절하는 것을 힘들어 한다면 효과적으로 거절하기 시나리오를 활용하여 대인관계 효율성의 DEAR MAN 스킬(기술하기, 표현하기, 주장하기, 보상하기, 마인드풀하게, 대담한 태도로, 협상 가능성 열어 두기)을 사용하는 역할극을 할 수도 있다.

새로운 행동 이끌어내기

새로운 스킬을 소개한 후에 그룹 전체 또는 작은 그룹으로 나누어 역할극과 같은 연습을 시킬 수 있다. 리더는 돌아다니면서 내담자들이 연습하는 것을 잘 듣고, 필요한 코칭과 피드백을 제공하도록 한다. 소그룹으로 진행할 때는 그룹을 반으로 나누어 한 명의 스킬훈련자가 한 그룹을 맡아 더 개별화된 연습을 진행한다. 소그룹은 내담자 역할 두 명과 코치 역할 한 명, 두 명의 부모와 청소년 한 명, 또는 친구 역할의 세 사람 등과 같이 다양한 형태로 구성할 수 있다. 다만 이렇게 작은 그룹으로 연습하기에 앞서, 전략적으로 이를 미리 계획하고 참여자들을 미리 그룹에 배정하도록 한다. 서로 다툼이 있을 수 있는 사람들은 감정조절 문제로 인해 학습 효과가 감소될 수 있기 때문에, 같은 그룹에 들어가지 않도록 한다. 소그룹으로 나누면 서로 결속력이 증대되어 부끄러워하는 행동을 감소시키고, 새로 들어온 참여자가 더 편안한 느낌을 갖게 한다.

새로운 치료자나 행동치료적 경험이 부족한 치료자들이 쉽게 범하는 실수로는 스킬에 대해 너무 많이 설명하거나, 교육 자료를 '단순히' 읽어버리는 것이다. 이렇게 하면 내담자가 스킬을 '사용'하거나 '시연'하지 못하게 된다. 내담자의 경우 스킬에 대하여 완벽하게 설명할 수 있다 하더라도, 그것을 실제 상황에 적용할 수 없는 경우가 많다. 스킬훈련자는 내담자가 스스로 스킬을 적용하는 것이 관찰될 때까지는(예: 역할극, 마인드풀니스 연습 등 다른 연습 과정에서), 내담자가 스킬을 적용할 수 있는 능력이 있는지 여부를 평가하거나 결정해서는 안된다. 스킬훈련자는 코칭, 역할극, 또는 구체적 피드백을 통해 내담자에게 스킬을 교육하도록 한다. 피드백을 한 후에는 그 참여자가 스킬을 다시 시도하게 하고, 숙련도가 높아질 때까지 연습 시키도록 한다. 다시 연습하는 기회를 주는 것은 스킬을 올바르게 이해하고 적용하는데 필수적이다. 이러한 형태의 연습하기와 피드백과 함께 시연하기, 숙련감을 높이기 위해 연습을 반복하는 것은 매우 중요하다.

코칭과 피드백

스킬훈련자는 내담자가 스킬을 적용하도록 코칭해야 한다. 코칭은 새로운 스킬을 시연하거나 숙제를 리뷰할 때 유용하다. 코칭을 통해 내담자의 행동이 효과적인 스킬 행동과 어떻게 다른지 설명해주고, 어떻게 구체적으로 스킬을 증진시킬 수 있는지 교육할 수 있다.

중요한 것은 행동 용어를 사용하여 구체적으로 코칭해야 한다는 것이다. 만일 내담자가 대인관계 효율성의 DEAR MAN 스킬 역할극을 한다면, 리더는 "참 잘한 것 같아요, 그렇지 않나요?"라고 말하는 대신 아래와 같이 말하도록 한다.

"사기가 떨어지는 느낌을 기술하고 표현한 것, 원하는 것을 직접적으로 요청하고, 상대방이 요구사항을 들어주면 일을 하면서 더욱 동기부여가 될 것이라고 보상하기를 한 것도 정말 잘

했어요! 마인드풀한 마음 상태를 유지하면서 목소리와 눈맞춤도 아주 잘했고, 대담한 태도를 함께 보였어요. 하지만 협상하는 태도가 빠졌네요. 요청을 할 때 어떻게 협상할지 다시 생각해 보겠어요? 자, 다시 한 번 연습해보도록 하죠. 시작이 아주 좋습니다. 전반적으로 잘했습니다!"

내담자들의 경우 스킬을 완벽하게 사용하지 못했다는 수치감이나 비판을 받는다고 느낄 수 있기 때문에 부정적인 피드백을 해야할 때 위와 같이 응원과 격려 등의 긍정적인 피드백과 함께 전달하는 것이 도움이 될 수 있다.

내담자가 두려움이나 수치감을 쉽게 느끼더라도 스킬훈련자는 수정 사항을 담은 피드백을 끊임없이 제공하도록 한다. 그렇지 않으면 회피 반응이 강화되고 새로운 학습이 일어나지 않게 된다. 수정 사항을 담은 피드백에 대해서는 반복적인 노출을 하는 것이 최선이다(다른 사람에게 한 수정적 피드백을 모델링하는 것도 포함). 그렇게 함으로써 도피하려는 충동을 감소할 수 있다. 스킬훈련자는 내담자가 참여하게 하고, 스킬을 시연하게 하며, 숙제를 발표하게 함으로써, 지속적으로 목표치에 가깝게 스킬을 습득하도록 행동조형 패러다임을 적용하도록 한다.

행동적 구체성(Behavioral specificity)이란 내담자의 동기를 짐작하여 피드백을 하는 것이 아니라, 내담자의 실제 성과에 대한 피드백을 제공하는 것을 말한다. 만일 내담자가 DEAR MAN 스킬을 연습할 때 대담한 태도가 보이지 않는다면 다음과 같이 말할 수 있다. "다시 한번 해 보겠어요? 몸짓이나 목소리 톤을 바꿔서 대담하게 보이도록 노력해봅시다." 절대 "지금 창피해서 그렇게 하는 것 맞죠?"와 같은 말을 해서는 안된다.

참여자를 일정 기간 동안 만나게 되면 스킬훈련자는 그들의 스킬 활용 패턴을 파악하여 어떻게 연습을 하게 할 것인지 계획하는 것이 용이해진다. 예를 들어 어떤 내담자는 일터에서는 스킬을 잘 사용하지만, 가족에게는 잘 사용하지 못한다. GIVE 스킬(친절하게, 호의적으로 행동하면서, 수인적 태도로, 가벼운 마음으로)을 사용할 때 어떤 사람은 친절한 행동은 잘 하지만 수인하기는 잘 하지 못한다. 리더는 이러한 패턴을 지적함으로써 스킬의 숙련감을 끌어올리는 연습을 하도록 독려한다.

리더는 내담자가 다른 참여자에게 긍정적인 행동을 하면 이를 강화해야 한다. 만일 내담자가 자연스럽게 다른 참여자(자신의 가족 또는 다른 가족 모두 해당)를 칭찬해주고 격려하며 수인하면, 그 노력에 관심을 가지고 강화해 주어야 하며 이는 지지적인 그룹 문화를 만들고 유지시킬 수 있게 한다.

마지막으로 참여자가 의욕이 떨어져서 스킬을 지나치게 어렵게 느낀다면 계속해서 연습해야 하는 점을 강조해야 한다. 연습은 그룹 회기 시간뿐만 아니라 그룹 밖에서도 해야하며, 때로는 개인치료자의 도움을 받아야 할 때도 있다. 숙제 연습은 시연하기와 일반화시키기를 하도록 하여 지속적으로 학습하게 만든다.

숙제 내주기

새로운 스킬에 대한 교육을 마친 이후에 리더는 숙제를 내주어, 새로운 스킬이 강화되고 일반화 될 수 있도록 한다. 숙제 내주기는 6장에서 10장까지 각 스킬 별로 정리되어 있다. 스킬훈련자는 구체적인 숙제 내용에 대하여 명확하게 설명하고, 보드에 숙제 내용을 써주도록 한다. 각 회기별로 한 개나 두 개 정도의 숙제 워크시트를 정하고 해당 워크시트를 리뷰하며, 그 숙제에 관한 질문을 받도록 한다. 참여자 중 한 사람에게 숙제가 무엇인지 요약해서 설명하게 하면, 숙제가 명료하게 전달되는데 도움이 된다. 숙제를 주의 깊게 설명하는데 충분한 시간을 보내면 내담자들은 숙제를 잘 해올 것이다.

종반부 그룹 관리: 회기 마무리—긴장 풀기

그룹 회기는 약 3~5분 정도의 감정 처리-관찰하기를 통한 긴장 풀기(processing-observing wind down)로 마무리 한다. 긴장 풀기 시간은 추가적인 마인드풀니스 연습과 고통감내 스킬을 연습시키고 서약하는 마음을 고취시키는 기능을 한다. 또한 내담자가 그룹을 떠나기 전에 감정적으로 충분히 조절이 된 상태로 집에 돌아가도록 하는데 도움이 된다.

　　스킬훈련자는 마인드풀니스 벨을 울리고 부모를 포함한 모든 그룹참여자에게 순서와 상관없이 오늘 그룹에서 관찰한 것을 무판단적으로 기술하게 한다. 참여자들은 서로 기술한 내용에 반응하지 않도록 하고, 스킬훈련자도 함께 참여하여 오늘 그룹에 참여하지 않은 사람에 대한 염려와 같은 내용을 나누도록 한다. 초반에 내담자들은 이와 같은 구성체계에서 스킬을 사용하는 것을 상당히 어렵게 느끼지만, 점차 자신과 다른 사람을 무판단적으로 관찰하고 즐거움을 나누는 경험하게 된다. 이 회기 마무리-긴장 풀기 시간은 그룹 전체가 서로를 배려하며 차분한 상태로 마무리를 할 수 있게 함으로써 마인드풀니스 연습을 강화하는 효과적인 과정이다.

　　스킬훈련자는 추론이 아닌 무판단적인 관찰과 기술을 하는 방식으로 마지막에 관찰한 내용을 피드백 하도록 한다. 예를 들어 리더는 "관찰한 내용은 저에게는 조금 판단적으로 들리는 것 같아요. 다시 한 번 판단하지 않는 마음으로 관찰하고 기술해 볼까요?" 또는 "서진이가 오늘 밤 행복해 보이는 것 같다고 말했지만, 우리가 다른 사람의 기분 상태를 관찰할 수는 없다는 것을 잊지않아야 해요. 무엇을 관찰하였는지 더 구체적으로 말해볼 수 있을까요? (예: 환한 미소를 짓는 것, 활짝 웃는 것, 에너지가 많아 보이는 것 등)"라고 말할 수 있다. 리더는 그 후 내담자가 덜 판단적인 말을 하고, 더욱 구체적인 표현을 하도록 강화하고, 필요하다면 무판단적인 관찰을 모델링하게 하여 주요 마인드풀니스 스킬인 관찰하기 스킬을 증진시킬 수 있다. 관찰하기는 "오늘은 이곳에 올 기분이 아니었지만, 참여하면서 기분이 나아진 것을 알아차렸고, '오늘 여기 온 것은 참 잘한 일이야'라는 생각을 관찰했습니다." 라는 말부터 "저는 지금 가영이가 관계 문제를 이야기하면서, 매우 열심히 노력하는구나'라는 생각을 관찰했어요." 또는 "저는 은수의 가족이 곧 졸업한다는 소식을 들었을 때, 행복하면서도 동시에 슬픈 감정이 드는 것을 알아차렸어요." 또는 "제 딸에게 말을 할 때, 수인하기 스킬을 충분히 사용하지 않은 것을 관찰했어요." 등이 해당된다.

어떤 DBT 프로그램에서는 이완하기나 상상하기, 명상, 호흡과 같은 연습을 내담자들이 직접 이끌게 하여 그룹을 끝내기도 한다. 또는 스킬 그룹이 진행되는 동안에 새로운 스킬을 연습하겠다는 서약을 하도록 "즐거운 활동에 적극적으로 참여하겠다" 혹은 "숙련감을 쌓기 위해 목표를 달성하겠다"라는 말을 하도록 격려하기도 한다. 이렇게 서약하기 위해 "나는 우리 반 친구들이 내가 동성애자라는 사실을 받아들이지 못할 수도 있다는 것을 철저하게 수용하는 연습을 하겠습니다", "다음 회기에 오기 전에 대학교 지원서 한 개를 완성하여 제출하겠습니다" 또는 "친구가 자신의 자해행동에 대해 반복해서 말해서 요즘 많이 속상한데, 그 친구에게 DEAR MAN 스킬을 사용할 것을 서약하겠습니다"와 같이 말할 수 있다. 다양한 형태의 마무리 연습을 통해 감정적으로 강렬한 마음 상태에 있는 참여자들이 차분하고 효과적인 마음 상태 즉, 조절된 마음 상태로 회기를 끝낼 수 있도록 한다.

제 4 장
DBT 스킬훈련 실행 전략
DBT 전략들 간의 균형과 다이어렉티컬 긴장 조절하기

청소년과 가족의 참여를 이끌기 위한 DBT 전략 간 균형 잡기

그룹리더는 감정조절장애를 겪는 청소년(가족 참여자가 참여하거나 참여하지 않는 경우 모두)에게 DBT 스킬을 효과적으로 교육하기 위해서 모두가 잘 참여할 수 있도록 이끌어야 한다. 효과적이며 약간은 재미있는 교육 방식으로 접근하지 않는다. 아무도 듣지 않고 참여자 스스로 스킬을 공부하는 상황에 처하게 된다. 21세기에 사는 청소년과 함께 그룹을 운영하기 위해서는 그들이 지속적인 자극에 익숙해져 있다는 것을 고려해야 한다. 청소년(가족) 스킬 그룹은 대체로 저녁 시간이나 그 이후에 진행된다. 학교와 직장에서 집으로 돌아와 청소년과 가족이 함께 보내는 그 시간에 그룹에 참여하기 위해 오는 것이다. 수많은 다가족 스킬 그룹참여자는 학교나 직장에서 긴 일과를 마친 이후에 오기 때문에 스킬훈련자는 참여자의 관심도를 유지하기 위하여 매우 열심히 노력해야 한다.

참여자들이 반복적인 학습을 통해 모든 DBT 치료 전략을 유연하고, 균형 있게 적용할 수 있을 때, 스킬 교육의 효과가 나타난다. 재미있는 스킬훈련자는 유머러스함과 진지한 순간의 균형을 맞추어야 하고, 말을 많이 하는 스킬훈련자는 조용한 순간과의 균형을 맞출 필요가 있다. 즉, 다이어렉티컬한 자세를 유지해야 학습적으로 더 좋은 효과를 낼 수 있다는 것이다. 효과적인 스킬훈련자는 '온전히 참여하기(마인드풀니스 스킬)'를 해야 한다. 이것은 그 순간에 온전히 스스로를 던지는, 열정적이고 집중하여 자의식을 가지지 않은 상태를 말한다. 이를 달성하기 위해서는 많은 연습이 필요하다.

우리는 그룹참여자가 최소한 인지적인 단계에서 참여할 것을 기대하지만, 가능하다면 감정적 단계에서도 참여하기를 기대한다. 스킬훈련자가 DBT 스킬에 자신의 정서적 경험을 녹여낼수록 DBT 자료에 생명을 불어넣을 수 있고, 무미건조한 강의로 느껴지는 것을 피할 수 있다. 스킬훈련자가 생활 속에서 정기적으로 DBT 스킬을 사용할 때 흡입력 있는 개인적인 예시를 가장 잘 나눌 수 있으며, 직접 체험한 사람의 입장에서 스킬이 어떻게 유리한지 잘 전달할 수 있다.

DBT 스킬훈련자는 스킬훈련을 시행할 때 모든 DBT 치료 전략을 사용하도록 한다. 치료의 핵심은 수인하기(수용)와 문제해결(변화)을 중점으로 수용과 변화 전략의 균형을 이루는 것이다. DBT 스타일 전략과 케이스 관리 전략에서는 일부는 수용적인 면을, 일부는 변화의 측면을 반영한다. 다이어렉티컬 전략은 치료 과정에 스며들게 하여, 스킬훈련자와 내담자 혹은 가족들이 양극단으로 치우칠 때 많은 도움이 된다.

수인하기와 문제해결 전략의 균형

수인 전략

리네한 박사는 "수인하기의 정수는 다음과 같다. 치료자는 내담자의 반응이 그들의 현재 삶의 맥락과 상황에서 충분히 이해가 된다는 느낌을 전하는 것이다. 치료자는 내담자를 적극적으로 수용하고 이러한 수용을 내담자에게 전달해야 한다"(1993a, p. 222-223)라고 말했다. DBT 수인하기에는 여섯 단계가 있으며, 스킬훈련자는 스킬훈련을 시행할 때 여섯 단계 모두를 사용해야 한다.

　　1단계: 편향되지 않은 경청과 관찰, 관심을 가지고 경청하고 주의를 기울이기
　　2단계: 반추하기. 상대방의 언어를 다시 말함으로써 상대방을 이해한다는 것을 보여주기
　　3단계: 말로 직접 표현하지 못하는 상대방의 얼굴 표정이나 몸짓, 생각과 감정을 또렷하게 말함으로써 마음을 읽어 주기
　　4단계: 상대방의 과거 학습된 경험을 토대로 그 사람의 경험이 이해된다는 것을 인정하기
　　5단계: 상대방의 행동이 그 사람의 현재 맥락에서 이해된다는 것을 전달하기
　　6단계: 철저한 진솔함, 상대방이 공평하며 직접적이고 솔직한 피드백을 다룰 수 있는 능력을 가지고 있다는 관점을 가지고 말하기

예를 들어 청소년이 우느라 순간적으로 말을 하지 못하게 되었을 때 스킬훈련자는 3단계 수인하기(예: 마음 읽기)를 사용하여 다음과 같이 말할 수 있다. "지금 슬퍼서 말을 하기 어려운 것 같구나." 스킬훈련자가 할 수 있는 5단계 수인의 예는 다음과 같다. "수정아, 내가 너의 입장이라도 너무 주의분산이 많이 되어서 집중하기 어려울 것 같아." 스킬훈련자가 6단계 수인하기인 '철저한 진솔함'을 적용하는 것이 매우 중요한 경우도 있다. 치료자가 일부러 부드럽게 말하는 형태나 훈계하는 듯한 말투보다 솔직한 감정과 반응을 있는 그대로 전달할 때 내담자가 수인적으로 느끼기도 한다. 예를 들어 청소년과 부모 그룹에서 아무도 숙제를 해오지 않았다면 치료자는 철저하게 진술한 태도로 다음과 같이 말할 수 있다. "이 스킬은 여러분의 삶을 정상화하는데 꼭 필요한 것입니다. 그리고 DBT 숙제를 완결하기로 모두 서약했지만 아무도 숙제를 하지 않아서 아쉽네요." 그 다음주에 그룹참여자가 숙제를 다 해왔다면 스킬훈련자는 철저한 진솔함을 적용하

여 "오늘은 여러분이 저를 너무 즐겁게 만들어 줬어요!"라고 말할 수도 있다. 또 15세 청소년 참여자가 DBT 스킬 그룹을 졸업하면서, 처음에는 스킬훈련 그룹에 참여하기 어려워했었지만 끝까지 함께 참여해 준 자신의 아버지에게 감사함을 표하고 아버지와의 관계가 증진되어 자신의 삶이 얼마나 나아졌는지 말할 때, 스킬훈련자가 함께 눈물을 흘리는 것 역시 좋은 예이다. 스킬훈련자가 자신의 생활 속에서 직면한 문제에 DBT 스킬을 적용한 것을 적절하게 공개하는 것도 철저한 진솔함의 좋은 예이다. 장점과 단점 비교하기를 적용하여 의사결정의 딜레마 경험을 나누거나, 압도되는 느낌이 있을 때 마인드풀니스 스킬을 적용한 것, 사랑하는 사람을 잃었을 때 이를 극복하기 위하여 철저한 수용을 적용한 것, 친구나 친척에게 DEAR MAN 스킬을 적용한 것 등 스킬훈련자는 그룹에서 철저한 진솔함을 보여줄 수 있다. 이 자체가 수인적이며 동시에 모델링과 대처 방식을 알려주는 좋은 예이다.

철저하게 진솔한 태도로 스킬을 적용한 사례를 설명하면서 자기 공개를 할 때 균형 잡힌 정서적 톤을 유지하는 것이 중요하다. 그룹리더는 지나치게 감정적으로 거리감이 있는 모습뿐 아니라, 지나치게 감정적으로 유약한 상태가 되는 것 역시 피해야만 한다. 다시 말하면 그룹이 스킬훈련자를 돌봐주어야 한다고 느끼게 해서는 안 된다. 자기 공개는 감정적 내용을 상세하게 담고 있는 것이 좋으며, 마지막에는 어떻게 극복했는지에 대한 설명을 하도록 한다. 그룹리더는 삶의 문제를 다루기 위해 스킬을 사용하는 대체 모델의 기능을 해야 하며, 항상 올바른 선택을 하고 완벽하게 행동한다는 형태의 숙련자라거나, 그룹참여자의 어려움을 다루기에 적절하지 않고 오히려 도움이 필요한 사람이라는 인상을 주어서는 안 된다.

문제해결 전략

스킬훈련자는 청소년과 부모가 새로운 행동 스킬을 습득하고 강화하는 것을 도와줄 필요가 있다. 이 목표를 달성하기 위하여 참여자가 새로운 스킬을 학습하고 연습할 때 저해되는 문제를 해결해 줄 수도 있다. 이 문제해결 전략은 청소년과 부모 모두로부터 새로운 행동을 이끌어낼 수 있다. 주의력 결핍 과잉행동장애(ADHD)가 있는 14세 소녀가 그룹에서 종이를 잘게 찢고, 의자를 빙글빙글 돌리는 행동을 시작하자, 스킬훈련자는 다음과 같이 말했다.

"이렇게 밤 늦게까지 오랫동안 자리에 앉아 있는 것이 쉽지 않을 것 같아. 그런데 앞으로 남은 30분 동안 내가 너와 다른 참여자들에게 아주 중요한 감정조절 스킬을 알려주려고 해. 그래서 내가 말할 때, 마인드풀니스 스킬을 사용하여 집중할 수 있겠니? 몸과 마음이 흐트러지려고 하면 그것을 자각하고 주의를 차분히 집중해 보도록 하자. 할 수 있겠니?"

스킬훈련자는 내담자에게 새로운 행동을 하도록 만드는 언급을 하기 전에 마음을 진정시키고 수인적으로 접근하는 것이 좋다.

스킬훈련자의 주역할은 청소년과 가족이 교육적 강의나 모델링, 역할극 또는 체험적 연습 등을 통하여 새로운 행동 스킬을 습득하고 강화하는 것이다. 스킬훈련자는 참여자가 그룹에 잘 참여하지 않고 숙제를 해오지 않았을 때, 참여와 순응 행동을 증진시키기 위하여 여러 가지 전략을 사용하도록 한다. 필요하다면 3장에서 논의한 치료방해 행동을 관리하는 방법을 참고하도록 한다.

순환적 의사소통 전략과 직설적 의사소통 전략의 균형 맞추기

순환적 의사소통 전략(Reciprocal communication)은 내담자에게 즉각적으로 반응하여 내담자의 바람과 의도를 진지하게 다루는 것을 말한다. 이 의사소통 방식은 친절하고 따뜻하며 주의를 끌 수 있는 것이어야 한다. 이 전략은 수인적이며 수용 중심일 때가 많다. 직설적 의사소통(Irreverent communication)은 잠시 내담자의 균형을 잃게 하여, 그들의 관심을 끌어내고 대안적인 관점을 제시하며 감정 반응을 전환시키는데 사용하게 된다. 이것은 변화 중심의 전략으로 내담자가 움직이려고 하지 않거나 치료자와 내담자 모두 갇혀버린 상태에 놓이게 될 때 유용한 전략이다. 이것 또한 내담자에 대한 반응이기는 하지만, 내담자가 기대하는 반응이 아닌 경우가 대부분이다(Linehan, 1993a).

스킬훈련자는 여러 가지 순환적 의사소통 전략을 사용하게 된다. 예를 들면 "왜! 성빈아, 들어보니 힘든 한 주를 보낸 것 같구나. 그런데도 오늘 밤 그룹에 참여하고 최선을 다해서 너무 다행이야." 때로는 스킬훈련자가 '자기 참여 및 자기 공개'의 순환적 의사소통 전략을 사용하여 내담자에게 "네가 A라는 행동을 하면, 나는 B라고 느끼게 돼."라고 말할 수 있다. 예를 들어 똑똑하고 재미있는 청소년이 재미있는 말을 하면서 선생님과 또래를 자극한다면 스킬훈련자는 그 청소년에게 다음과 같이 말할 수 있다. "지수야. 내가 사실 너의 팬이긴 한데 내가 진지한 포인트를 가르치고 있을 때 다른 참여자들에게 이상한 표정을 짓거나 농담을 하면 나는 비수인적으로 느껴져. 너의 훌륭한 유머감각을 더 마인드풀하고 선택적으로 사용했으면 좋겠어. 그러면 나는 더 재미있게 받아들일 수 있을 것 같아."

그룹 상황에서 스킬훈련자는 다른 형태의 직설적 의사소통을 사용할 수 있다. 그 목표는 내담자의 주의를 끌어서 그들의 감정적 반응을 바꾸고 그들이 다른 관점을 볼 수 있도록 돕는 것이다. 예를 들어 한 청소년에게 자신이 원하는 것을 명확하고 직접적으로 말하는 것에 대한 역할극을 하도록 요청했다. 그 때, 그 청소년은 머리를 흔들면서 다음과 같이 말했다. "절대 못하겠어요. 저는 자기주장적이지 않아서 다른 사람이 대신하면 좋겠어요." 그 때 치료자는 다음과 같이 반응할 수 있다. "거짓말하지 않으면 좋겠는데! 방금 네가 역할극을 원하지 않는다고 말한 것 자체가 자기주장적 스킬이잖니!" 때로 직설적 의사소통은 청소년의 비아냥거리는 질문에 색다른 방식으로 대응할 수 있는 형태로 보여줄 수 있다. 예를 들어 스킬훈련자는 그룹에서 지나치게 방해되는 말을 서로 주고받고 있다면, 잠시 그들의 주의를 끌기 위하여 침묵하는 시간을 가질 수 있다. 그들이 말하는 것을 중단하면 곧바로 치료자는 아무 말 없이 내용을 이어서 진행하도록 한다.

또 다른 형태의 직설적 의사소통은 스킬훈련자가 자신이 예전에 실수했던 것을 인정하는 것이다. 우리 치료진 중 한 사람은 자신의 건강 문제를 말하면서 처음에는 받아들이기 어려웠지만 얼마 간의 힘든 시간을 겪은 후, 결국 철저한 수용을 통해 받아들일 수 있게 되었다고 공개했다. 이때 모든 참여자는 매우 진지하게 들었는데, 이는 대부분의 치료자들이 자신의 이야기를 공개하지 않기 때문일 것이다. 또 다른 직설적 의사소통 방식은 '천사조차 두려워서 접근하지 못하는 곳에 과감히 들어가기' 전략이다. 스킬훈련자는 때때로 성, 약물, 자해행동과 같이 감정적으로 자극이 될 수 있는 주제들을 직접적이고 직설적으로 말할 수 있다. 예를 들어 스킬훈련자는 청소년과 보호자에게 중도의 길 걷기 스킬을 교육하면서 실험적으로 약물을 하거나 성적 행동을 하는 것을 '전형적인 청소년 행동'이라고 말할 수 있다. 이러한 방식으로 그 주제를 말하면, 지나치게 강의 위주로 흘러가는 참여도가 낮은 토론 형태에서 벗어나 감정적인 반응을 불러일으킬 수 있다.

케이스 관리 전략: 내담자 자문 전략과 균형 잡힌 환경적 개입

내담자에 대한 자문 전략의 핵심은 다음 격언에서 찾을 수 있다. "누군가에게 물고기를 주면 저녁에 먹어버리고 말겠지만, 낚시하는 법을 알려준다면 그는 평생 먹고 살 수 있다." 청소년과 치료를 진행할 때, 정신건강 전문가들은 청소년의 스킬 습득 과정에 손상을 끼치는 환경적 개입에만 과도하게 집중하기도 한다. 내담자에 대한 자문 전략은 내담자가 자신의 환경과 어떻게 상호작용 할 것인지 가르친다. DBT 스킬훈련자는 변화 중심의 접근을 선호하는 경향이 있지만, 필요에 따라서 다이어렉틱스의 수용적 측면을 강조하여 청소년을 대신해 치료자가 직접 가족과 학교 또는 다른 전문가에게 환경적으로 개입 할 수도 있다. 일반적으로 환경적 개입 전략은 내담자에게 상당한 손상이 발생할 가능성이 있을 때나 능력이 부족할 때, 환경 문제가 심각할 때 또는 타이밍이 매우 중요할 때 사용하게 된다.

DBT 스킬훈련자는 청소년과 보호자가 그룹에서 피드백이나 코칭이 필요할 때 내담자를 위한 자문 전략을 사용한다. 예를 들어 한 청소년이 학교에서 선생님과의 문제로 인해 더 이상 희망이 없고 좌절감만 느껴진다 말한 적이 있다. 청소년의 부모는 그 문제를 직접 해결하겠다고 했지만, 스킬훈련자는 다음과 같이 말하며 내담자 자문 전략을 적용하였다.

"제 생각에는 연우가 지난 주에 배웠던 DEAR MAN 스킬을 사용하여 선생님께 직접 이야기하는 것이 훨씬 도움이 될 것 같습니다. 선생님을 만나서 불만 사항을 전달하고, 자신이 질문을 할 때 다른 학생들 앞에서 지나치게 비판적이지 않았으면 좋겠다고 부탁할 수 있습니다. 연우야! 어렵겠지만 우리가 몇 번 역할극을 통해서 연습하면, 다른 사람이 대신해주지 않아도 네가 원하는 것을 스스로 얻을 수 있게 될 거야!"

또 다른 예는 한 청소년이 지나치게 거친 언어를 사용하는 선생님에 대한 불만을 표출한 경우이다. 갈등을 해결하려고 시도했지만 오히려 선생님에게 심한 비난을 받았다. 주어진 정보를 다음의 내용을 알 수 있다. (1) 청소년은 이미 스킬 적용을 시도했다. (2) 환경적 요인이 지나치게 강하고 심각하다. (3) 청소년이 홀로 스킬을 적용하는 것만으로는 감정적으로 위험하기 때문에 환경 개입 전략을 적용하는 것이 중요하다. 따라서 스킬훈련자는 부모에게 선생님과 처음 만났을 때 DEAR MAN 스킬을 사용하도록 코치했고, 상황이 즉시 나아지지 않는다면 교장선생님을 만나도록 제안했다.

다이어렉티컬 전략 사용하기

DBT 스킬훈련자는 스킬 그룹 회기 동안 다이어렉티컬하게 생각하고 행동하고 느끼는 것을 모델로서 보여주는 동시에 교육하게 된다. 극단적인 행동이나 완고함은 감정적으로 격앙되게 만들고, 청소년과 보호자 간의 양극화가 심해질 수 있으며, 이 후 반드시 통합된 상태를 달성해야만 한다는 점을 일깨워 준다. 치료자는 내담자가 '이것 아니면 저것'의 상태에서 '두 가지 모두 다'의 상태로 이동할 수 있도록 도와주도록 한다. 중요한 열쇠는 두 번째 대안을 주장할 때, 첫 번째 생각이나 양극화된 생각을 비수인하지 않는 것이다. 예를 들어 17세 소녀가 자신의 의견에 반대하는 부모의 강한 의견을 조정하는 방법에 대하여 물어보았다. "저는 엄마한테 지금 고등학교 적응을 못하고 있고, 대학에 가기에는 아직 준비가 되지 않았다고 생각해서, 군대에 입대하고 싶다고 말했어요. 그런데 엄마는 내가 너무 몸집이 작고, 다치거나 죽을 수도 있기 때문에 입대할 생각은 하지도 말라고 했어요… 제가 봐도 그 생각은 버리고, 엄마 말씀을 들어야 할 것 같아요." 치료자는 다음과 같은 질문과 함께 응답을 하였다. "'두 가지 모두 다'를 사용해서 다이어렉티컬하게 그 상황을 바라보면, 너 자신을 비수인하지 않게 될 것 같은데, 어때? 너 스스로에게 '내가 군에 입대하려는 것에는 여러 가지 이유가 있어. 부모님은 안전에 대한 염려를 하고 계셔. 두 가지의 관점은 모두 중요하니, 두 가지 모두 신중하게 고려하는 게 좋겠어'라고 말할 수도 있을 것 같아."

DBT는 여러 가지 다이어렉티컬 전략을 포함한다. 여기에 몇 가지 예를 기술하였다(자세한 논의는 Linehan, 1993a 참고). '악역 맡기'에서 치료자는 일부러 원하는 목표에 반대 입장에 서서 청소년이 그에 반대되는 논쟁을 하게 함으로써, 청소년 자신이 원하는 목표 달성을 위해 논쟁하게 만들 수 있다. '레몬에서 레모네이드 만들기'는 부정적인 것에서 긍정적인 것을 찾아내고 의미를 추출하는 것을 말한다. 예를 들어 사회적 상황에서 불안한 청소년이 그룹에서 불안때문에 자신의 숙제를 다른 사람과 나누기 어렵다고 말했다. 이 때 스킬훈련자는 다음과 같이 말했다. "네가 불안을 극복하기 위해 코칭을 받으면서 DBT 스킬 그룹에 있다는 것이 얼마나 다행스러운 일이니. 바로 이 곳이 네가 있어야 할 곳이야!"

또 다른 다이어렉티컬 전략은 "움직임, 속도, 흐름"이라 불리는 전략이다. DBT 스킬훈련자는 종종 개인치료자와 같이 내담자가 하나의 이슈에 빠져버리거나 양극화되는 상황에 놓이게 된다. 스킬훈련자는 그룹의 운영 속도를 빠르게 조절함으로써 한 내담자에게만 주의 집중을 하지않도록 유의하여야 한다. 한 부모가 "DBT의 다섯 가지 문제 영역 중에 나의 과거와 현재에 적용되는 것이 없어요"라고 말할 때 스킬훈련자는 매우 회의적이면서도 장난스러운 태도로 빠르게 물어볼 수 있다. "정말 아무 것도 적용할 수가 없다는 말씀인가요?" 부모는 "없어요"라고 말했다. 스킬훈련자는 "알겠습니다"라고 말하며 약하게 부정적인 반응을 하면서도 따뜻한 태도를 유지하고 빠르게 다음 참여자로 넘어가서 물어본다. "다섯 가지 문제 영역 중에 자신과 어떤 것이 연관이 되어있는 것 같나요?" 그룹 리더가 한 사람의 청소년이나 질문에 대답하고 싶지 않거나, 비협조적인 청소년이나 부모에게 지나치게 발목을 붙잡히는 것은 효과적이지 않다. 따라서 한두 가지의 전략이 잘 적용되지 않는다면, 다음 사람으로 빠르게 넘어가도록 한다. 그러나 기억할 것은 그 사람이 다시 참여하거나 더 기꺼이 참여하는 자세를 보이는 즉시 정적 강화를 하도록 한다.

DBT를 배우는 많은 부모는 이 치료가 청소년과 가족의 삶의 질을 다시 회복할 것이라는 희망과 열정을 가지고 스킬 그룹에 참여한다. 비록 스킬훈련자가 희망과 자신감을 불어넣어 줄 필요가 있더라도 균형 잡힌 용어와 톤, 온건한 열정을 표현하는 것이 중요하다. 많은 청소년이 그룹에 올 때는 어른들(부모, 치료자)이 좋아하는 것을 보면 아마 자신에게는 좋지 않을 것이라는 생각을 가지고 참여한다.

참여자의 주의분산을 막기 위하여 스킬훈련자는 테이블이나 방 앞에 서 있거나 돌아다니는 것을 편안하게 생각하도록 한다. 두 시간 동안 앉아만 있고 전혀 움직이지 않는다면 교육의 생동감을 떨어뜨릴 수 있다. 일어서서 진행을 하면 스킬훈련자는 방 전체를 더 또렷하게 볼 수 있고 큰 테이블에 앉아 있는 각각의 참여자와 직접적인 눈맞춤을 쉽게 할 수 있다.

요약하면 새로운 스킬훈련자는 DBT 스킬의 내용과 치료전략을 숙달될 정도로 학습하여 훈련자의 교육 스타일이 DBT를 담아내고, 참여자가 학습 과정에 사로잡힐 수 있게 하여 실제 상황에서 스킬을 모델링할 수 있게 한다. 효과적인 스킬훈련자는 명확하고 효과적인 방식으로 가르칠 뿐 아니라, 스킬에 생명력을 불어넣을 수 있는 다양한 예를 사용하여 교육한다. 또한 직설적이거나 순환적인 의사소통 전략, 다이어렉티컬 전략, 수인 및 문제해결 전략을 사용하여 교육 스타일을 다양화하는 배우 같은 선생님처럼 보인다. 새로운 스태프는 DBT의 내용과 스타일에 숙달될 때까지 가능한 경험이 많은 스킬훈련자가 그룹을 진행하는 것을 관찰하고, DBT 그룹에서 공동리더로서 참여하면서 관찰과 감독자의 피드백을 통하여 배울 기회를 갖는 것이 좋다.

다이어렉티컬 딜레마 관리하기

스킬훈련 과정에서 그룹이 잘 운영되는 것을 방해하는 여러 가지 행동 패턴이 나올 수 있다. 3가지 종류의 패턴은 Linehan(1993a)에서 밝힌 대로 다이어렉티컬 딜레마의 원형들이며 이것에 대해서는 제 1장에서 기술하였다.

- 감정적 유약성 vs 자기 수인화
- 적극적 수동성 vs 드러나 보이는 자신감
- 끊임없는 위기 vs 억제된 감정 경험

이러한 행동 패턴이 관찰될 때 파악해야 하는 중요한 딜레마는 이 행동이 일반적인 청소년기 행동인지 아니면 임상적인 문제 행동인지 파악하는 것이다. 예를 들어 아래에 기술한 대로 이와 같은 행동 패턴은 감정 격정, 의존성과 독립성 문제, 대인관계나 다른 문제에 관한 급박함과 강렬함에 대한 청소년들이 겪는 전형적인 갈등이기도 하다. 판별을 위한 가이드라인은 다음과 같다. 이 행동 패턴이 기능성에 현격하게 영향을 주고, 지속적으로 다른 목표 행동과 연관이 있거나, 반복적으로 그룹에 참여하는 것을 방해할 때 개인치료자나 스킬훈련자가 이 문제를 목표로 설정하여 다룰 필요가 있다. 우리는 이 스킬훈련에 관한 문제를 아래에서 다루고 있으며, Miller(2007)의 저서에서도 논의한 바 있다.

또 다른 패턴은 중도의 길 걷기 스킬에서 다루는 청소년과 그 가족에게만 적용되는 다이어렉티컬 딜레마이다. 이는 정상적인 청소년 행동을 병리화하는 것, 과도한 관용과 권위주의적인 통제, 의존성을 키우는 것과 독립성을 강요하는 것에 관한 것이다. 각각의 행동 패턴은 일련의 2차적 치료 목표와 연관되어 있다. DBT 스킬훈련의 주요 치료 목표와 달리 2차적 목표는 다른 중요한 치료 목표(새로운 스킬의 학습, 치료방해 행동, 변화를 위한 내담자의 개인적 목표)들과 연관되었을 때 치료자와 함께 다루게 된다.

이러한 행동 패턴은 그룹 상호작용에서 극단적인 불균형 상태로 이어질 수 있다. 내담자들은 양극단 혹은 한 쪽 극단 사이에서 격변적 반응을 보이게 된다. 가족 참여자 역시 서로 양극화 될 수 있다(초기 다이어렉티컬 딜레마와 이와 연관된 치료 목표가 어떻게 청소년에게 적용 되는지에 관한 상세한 논의는

Rathus & Miller, 2000 또는 Miller et al., 2007 참고할 것). 이러한 행동을 관리하기 위해서 참여자의 개인적인 행동 패턴을 잘 관찰하고, 교육하는 동안에 그것을 명심해야 한다. 누가 특정한 스킬을 역할극으로 표현하게 할 것인가, 특정 스킬 시연을 위해 어떤 지원자를 선택할 것인가 뿐만 아니라 숙제 리뷰 시간에 어떠한 피드백을 줄 것인가까지도 개인적 패턴을 고려하여 선택할 수 있다. 리더는 참여자가 그 순간에 스킬을 바로 적용할 수 있도록 자연스럽게 코칭하여 실제 상황에서 곧바로 스킬을 적용하게 할 수도 있다. 이 부분에서는 공동리더의 역할이 매우 중요한데 한 훈련자는 적극적으로 교육 부분을 담당하고, 또 다른 훈련자는 참여자의 행동에 집중하도록 한다.

다음의 자료는 스킬훈련 회기를 진행할 때 나타날 수 있는 특정한 다이어렉티컬 딜레마와 여러 가지 다이어렉티컬 긴장을 어떻게 관리하는지에 대해 설명하고 있다.

감정적 유약성과 자기 비수인화 문제 다루기

감정적 유약성이란 DBT를 시작하는 사람들이 많이 경험하는 것으로, 심하게 감정적으로 흥분한 상태가 되는 것을 말한다. 이러한 내담자는 매우 민감하고 즉각적으로 반응하는 경향이 있으며 그룹 치료 상황에서도 강렬한 감정을 경험하곤 한다. 스킬훈련 시간에 감정적 흥분 상태를 조절하는 능력이 없기 때문에 조절장애행동(예: 울기, 소리지르기, 나가버리기)으로 이어지거나, 주의 집중과 학습을 방해하는 손상된 인지 프로세싱을 하는 경향이 있다. 이 문제를 다룰 때는 치료 자문팀을 통하여 청소년의 개인치료자와 함께 미리 준비하고 조정하는 것이 효과적이다. 치료자는 개인치료 회기에서 감정조절장애 에피소드들을 극복하기 위하여 내담자가 스킬을 연습할 수 있도록 계획하고 도와줄 수 있다(예: 현재 감정과 정반대 행동하기, 마인드풀니스 스킬 적용, 주의분산과 같은 고통감내 스킬 사용하기). 스킬훈련자는 그룹 시작 전이나 휴식 시간에 이러한 대처 계획을 참여자에게 다시 상기시키도록 한다. 감정적 고통 반응은 그룹에서 무시할 수도 있지만, 그룹의 공동리더가 치료 공간 밖이나 휴식 시간에 그 문제를 다룸으로써 그룹리더가 행동 스킬을 증진시키는 주요 목표를 다루는 데 주의를 집중하도록 한다.

자기 비수인화란 자신의 감정, 인지, 문제해결에 대한 접근 방식을 스스로 무시하는 것을 말한다. 예를 들어 숙제를 발표할 때 청소년이 "나는 이렇게 느끼면 안돼" 또는 어떤 질문에 대한 답 중간에 자신의 질문을 취소하면서 "바보 같은 이야기이니까, 신경 쓰지 마세요"와 같은 말을 할 수 있다. 리더는 내담자가 이러한 행동을 할 때, 무판단적으로 관찰하고 자신의 감정을 기술하며 그 진술을 자기 수인적으로 바꾸어 자기 비수인화의 정반대 행동을 하도록 한다.

적극적 수동성과 드러나 보이는 자신감 문제 다루기

적극적 수동성(Active Passivity)이란 타인에게 내담자 자신의 문제를 능동적으로 해결하도록 만들고 자신은 문제해결에 수동적인 태도를 보이는 것이다. 이러한 성향의 사람들은 다른 사람의 도움을 이끌어내는데 익숙하지 않고, 사람들이 좋아하기 어렵거나 효과적이지 않은 방식을 사용하는 추가적인 문제를 가진다. 스킬훈련 상황에서 청소년들은 숙제를 하거나 적극적으로 문제해결을 하는 것에 고집스러운 자세를 보이며, 이와 관련된 수많은 생활 상의 문제점들을 드러내기도 한다. 스킬훈련자는 적극적 수동성을 보이는 내담자에게 다음과 같이 질문할 수 있다. "그렇다면, 지금 어떤 스킬을 사용할 수 있을까요?" 이때 일반적인 응답은 "잘 모르겠어요. 뭐라고 해야 하죠?" 등이다. 청소년은 부모에게 과도하게 의지하면서 다음과 같이 반복적으로 물어보기도 한다. "지금 몇 페이지를 하는 건가요?" 또는 청소년이 부모를 시켜서 스킬훈련자에게 물어보기도 한다. 스킬훈련자는 치어리딩이나 회유함으로써 능동적으로 문제를 해결하는 행동을 조형하여 비슷한 문제를 다룰 수 있다. "뭐라고 말해야 해요?"에 대해 리더는 다음과 같이 응답할 수 있다. "나 좀 봐봐. 너는 충분히 할 수 있어! 어디서부터 시작할 수 있을까? 어떤 스킬을 사용하면 좋을지 말해 볼래?" 스킬훈련자는 내담자가 간단한 응답을 한 이후에 다음과 같이 말하면서 강화시킬 수 있다. "잘했어! 네가 좋은 해결책을 가지고 있을 거라고 생각했어!" 스킬훈련자는 부모나 다른 그룹참여자가 내담자가 해야할 일을 대신하지 않도록 차분하게 중단시킬 수도 있다. 치료 자문 팀에서 스킬훈련자는 개인치료자에게 문제해결 스킬을 증진시키기 위한 행동이나 해결방법 분석을 하는 것이 도움이 될 수도 있다.

　　드러나 보이는 자신감(Apparent Competerce)이란 만성적으로 감정조절장애가 있는 내담자의 경우에 실제보다 더 자신감 있고, 여유 있고, 유능하고, 도움이 필요하지 않은 것처럼 보이는 경향을 말한다. 이것은 두 가지 상황에서 나타날 수 있다. 첫째로는 내담자의 행동이 감정에 의존적이라는 점이다. 즉, 내담자는 감정이 잘 조절된 상태일 경우 그룹에서 자신 있게 수행할 수 있지만, 감정이 조절되지 않을 때는 스킬을 성공적으로 사용할 수 없다는 것이다. 감정 의존적 행동이 나타나면 스킬훈련자는 내담자가 시연하기를 사용하거나, 하나의 대처 계획이 실패하였을 때 백업 플랜을 개발하는 "문제에 미리 대비하기" 스킬을 사용하도록 독려할 수 있다. 스킬훈련자는 내담자가 도전적인 상황을 만났을 때 주치료자에게 연락하여 코칭받을 수 있다는 것을 상기시킬 수도 있다. 두 번째로 드러나 보이는 자신감은 내담자의 얼굴 표정이나 몸짓이 감정적 고통의 수준을 정확히 반영하고 있지 않을 때에 나타날 수 있다. 내담자는 제1장에 있는 생물사회이론에 상세하게 설명한 대로 감정 표현을 억누르는 문제가 있을 수도 있다. 이 때 그룹리더는 이러한 내담자가 자신의 감정 상태에 대하여 더 잘 표현하도록 도와야한다. 예를 들어 스킬훈련자는 내담자가 자신의 감정과 생각, 그룹에서의 행동 충동을 감정조절 스킬 모듈에 있는 "감정 모델"(제 9장 참고) 스킬을 사용하여 감정을 마인드풀하게 관찰하고 기술할 수 있도록 코칭하고 행동조형하는 것이 좋다.

끊임없는 위기 상황과 억제된 경험 문제 다루기

끊임없는 위기 상황(Unrelenting crises)이란 고통을 피하기 위하여 위험하거나 충동적인 행동을 반복적으로 시행하는 것을 말한다. 이러한 이번 주의 위기 신드롬은 고통스러운 감정과 혐오스러운 결과를 증폭시킬 뿐 아니라 그룹에서 충동적으로 행동해 버리게 될 수 있다. 이 위기는 과도하게 혼란스럽거나 비수인적인 삶의 경험에 의하여 만들어지며, 스스로 만들어내는 것은 아니다. 그 기원이 어떻든 이러한 패턴은 무수히 많은 문제행동을 만들어 낸다. 예를 들어 개인적인 위기에 대해 그룹참여자 앞에서 억제하지 못하고 말해버리거나, 자의식이 강하고 자기에게만 초점이 맞춰져 있는 것처럼 보이는 행동을 하기도 하고, 다른 그룹참여자과 함께 위험 행동을 하거나, 가족과 심한 갈등이 있는 상황에서 그룹에 참여하거나, 충동적으로 그룹에 빠지는 행동 등이 포함된다. 이러한 패턴에 대응하여 그룹리더는 다음을 강조하여 스킬을 교육할 수 있다. (1) 마인드풀니스 스킬(그 순간에 즉흥적으로 행동하기보다 감정과 충동을 관찰하는 연습하기) (2) 극단적 감정 반응을 변화시키기 위한 감정조절 스킬 (3) 감정적 고통에 의한 충동적인 반응을 피하기 위하여 고통감내 스킬 적용하기. 추가적으로는 왜곡된 판단을 다루거나 행동에 따르는 결과에 대해 깊이 있게 생각하는 행동을 증가시키고 부적응 행동 패턴에 대해 통찰력을 가지도록 하여 문제해결 능력을 증진시키는 전략을 개인치료 회기에서 다루는 것이 바람직하다.

억제된 경험(Inhibited experiencing)이란 감정적 고통을 광범위하게 회피하는 것을 말한다. 과거의 실패 경험이나 트라우마를 자극하는 것들에 부딪혔을 때, 억제된 경험을 하는 사람들은 정상적인 감정 반응을 차단하여 강렬한 슬픔이나 수치심, 비탄이나 분노와 같은 감정을 습관화하여 처리하지 못하게 된다. 이러한 패턴은 무감각이나 차단된 태도 또는 그룹에서 감정이나 감정적 고통에 대한 인식을 하지 못하는 형태로 나타난다. 또한 이렇게 무뎌진 감정을 상쇄시키기 위하여 주기적으로 약물 남용이나 또다른 고위험 행동을 하기도 한다.

타인의 감정적 반응 억제

우리는 내담자가 억제된 경험(특히 주보호자에게)이 있는 경우에 다른 그룹참여자에게도 비수인적인 태도를 보인다는 것을 관찰하였다. 그러한 참여자는 다음과 같이 말할 수 있다. "저는 제 [딸, 아들, 파트너]가 이 상황에서 왜 언짢아 하는지 이해할 수 없어요. 꼭 수학 문제를 푸는 것 같아요. 그냥 할 일을 하면서 잘 버티는 수 밖에 없어요. 사는 게 왜 꼭 드라마 같아야 하는 건지 도저히 이해할 수가 없네요." 때로는 부모님들이 이러한 비수인적 반응을 하는데, 그들은 '합리적 마음 상태'를 가진 채로 지내왔기 때문일 수도 있고, 아마도 부모 자신이 가졌던 비수인적 환경을 모델링하여 자녀에게 같은 비수인적 행동을 하는 것 일수도 있으며, 덜 감정적인 기질을 가지고 있기 때문일 수 있다.

　이러한 억제된 경험의 행동 양식을 보이는 내담자에게는 현재 감정에 대한 마인드풀니스 스킬을 적용하여 그 감정을 바꾸려고 시도하기보다는 감정 자각에 집중하게 하는 것이 도움이 된다. 감정의 '철저한 수용'과 같은 고통감내 스킬인 "여섯 가지 감각 기관을 사용하여 자기위안하기"나 "'지혜로운 마음으로 수용하기' 스킬로 주의분산하기"를 통하여 감정으로 인한 정서적 고통을 완화시키고 감내할 수 있게 도울 수도 있다. 차단과 같은 회피만이 정서적 고통으로 부터 벗어나는 유일한 방법이 아닌 것이다. 스킬훈련자는 자문팀 회의에서 주치료자에게 노출 치료적 접근을 제안할 수도 있다. 내담자가 다른 내담자에게 비수인적 반응을 보일 때 스킬훈련자는 여러 가지 마음의 상태와 생물사회이론을 상기시키고, 그들이 다른 사람의 감정에 의문을 갖거나 판단하게 될 때 어떤 일이 벌어지는지에 대하여 알아차리도록 독려한다. 상대방의 감정의 강렬함이 증가하기 때문에 감정을 낮추는 것이 목표라면 결국 그 전략은 역효과를 낳게 된다.

　다음에 논의할 청소년과 가족에 특화된 다이어렉티컬 딜레마는 중도의 길 걷기 모듈(제10장 참고)에서 명확하게 표적으로 삼아 다루고 있다. 그럼에도 불구하고 이러한 행동 패턴은 다른 스킬을 교육할 때도 나타날 수 있으므로, 스킬훈련자는 이 문제를 다룰 필요가 있다. 이러한 패턴은 또한 숙제 리뷰를 할 때 나타나기도 하고 역할극이나 스킬을 시연하기 위하여 예시를 이끌어낼 때도 나타날 수 있다. 아래는 이러한 딜레마와 이에 대한 목표에 관한 내용이다.

병리적 행동의 정상화와 정상 범주에 속하는 청소년 행동의 병리화

스킬훈련 상황에서의 주요 딜레마 중 하나는 청소년의 발달 과정에 비추어 볼때, 무엇이 정상이고, 무엇이 임상적으로 다루어야 하는 징후인지 판단하는 것이다. 많은 부모들 역시 이것에 대해 알고 싶어 한다. 이러한 질문은 특정 주제(예: 청소년의 이성 친구와 함께 친구의 집에서 잠을 자도 되는가?) 등을 두고 대인관계 효율성 스킬을 역할극을 통해 연습할 때나, 파티 중에 약물을 사용하는 것에 대한 장점과 단점(고통감내 스킬)을 비교할 때 나타나기도 한다. 이러한 딜레마는 또한 부모님이 자녀의 위험 행동(예: 성적 문란, 약물 사용, 도둑질)을 최소화하기 위해 숙제 리뷰 시간에 논의하는 것을 치료자가 발견했을 때도 나타난다. 이 문제에 대한 일반적인 가이드라인은 "청소년에게 흔히 발견되는 문제와 심각한 문제의 차이(중도의 길 걷기 자료 6)"에 상세하게 언급되어 있다. 그러나 이 문제는 여러 가지 이유로 스킬훈련에서 탐색하기에는 너무나 복잡하다. 첫째로 청소년들 마다 행동

양식이 다르므로 어떤 행동이 전형적인지에 대한 정보가 많지 않다. 예를 들어 17세에게 정상적인 행동이 14세에게는 정상적이지 않을 수 있다. 새벽 2시까지 콘서트 장에 있는 것이 비슷한 예이다. 청소년이 문신을 하거나 보디 피어싱을 하는 것, 특정 웹사이트에 시간을 많이 보내는 것은 점차 일상적인 것으로 볼 수 있지만, 과연 정상적이거나 효과적이라고 말할 수 있을까?

둘째로 우리는 가족의 문화와 종교, 하위 문화도 고려해야 한다. 예를 들어 같은 연령대의 또래들에게 자주 일어나는 일이더라도 보수적인 가정의 경우에는 담배를 피우거나 성적 행동을 시작하는 것은 용납할 수 없다고 생각하기도 한다. 헬리콥터 부모나 호랑이 엄마라고 불리는 하위 문화를 가지고 있는 가족의 경우에는 일반 청소년에게는 정상이라고 볼 수 있는 독립적인 의사 결정, 사생활에 대한 보호, 평균 수준의 학점 받기, 친구와 시간을 보내기와 같은 것을 허락하지 않기도 한다. 반대로 유럽의 경우에는 부모가 청소년의 행동을 광범위하게 수용하고 단속을 하지 않는 경우도 많다. 예를 들어 저녁 식사 때 가족과 함께 술을 마시거나, 이성 친구와 시간을 보내는 것, 보호자 없이 어린 아이들이 돌아다니는 것들이 더 정상적일 수 있다.

마지막으로 개별 청소년의 과거력과 유약함, 그리고 위험요인도 고려해야 한다. 예를 들어 파티에 참석하는 것이 어떤 청소년에게는 기분이 좋아지고 사회적 기능성이 높아지는 징후일 수도 있지만, 다른 청소년에게는 문제가 있는 친구들과 다시 연결되는 시작점이 될 수도 있다. 스킬훈련자는 이러한 문제들이 제기되었을 때 그룹에서 간략하게 설명하고 가족 회기에서 주치료자와 보다 깊이 논의하도록 권한다. 우리는 부모들의 이러한 어려움을 돕기 위해 따로 분리하여 부모 회기를 제공한다(청소년의 주치료자가 아닌 다른 치료자가 이상적이다).

과도한 허용과 권위주의적인 통제

과도한 허용이나 통제적인 양육 패턴은 스킬 그룹에서 부모님이 양육 방식의 예를 발표할 때 나타나기도 하는데, 과도하게 허용적인 양육 행동으로는 청소년의 약물 사용을 허용하거나, 술에 취해서 집에 들어와도 처벌이 없는 것 등이 있고, 권위주의적 양육 행동으로는 성적이 좋지 않게 나왔을 때 인터넷과 휴대폰을 한달 동안 사용하지 못하게 하는 것 등이 있다. 스킬훈련자는 이러한 극단적 행동을 여러 가지 방법으로 다룰 수 있다. 첫째로 중도의 길 걷기 모듈에서 직접적으로 다룰 수 있다. 스킬훈련자는 그룹에서 "다이어렉티컬 딜레마"(중도의 길 걷기 자료 4)를 언급하며 간단히 개입을 할 수 있으며, 부모에게 덜 극단적인 중도적 반응을 생각해 보도록 요청한다.

둘째로 스킬훈련자는 '이것 또는 저것'의 양극단이 가지고 있는 잠재적 위험성에 대한 간단한 강의를 하도록 한다. 과도한 허용적 태도에 대해서 "과도하게 허용하는 반응을 하면 자녀는 이런 행동을 계속해도 된다고 생각하게 됩니다. 그렇게 되면 청소년 자신의 목표를 달성하는 것이 점점 어려워지고 또다른 문제가 야기될 수 있습니다"라고 말할 수 있다. 지나치게 권위주의적인 통제를 하는 부모에게는 "부모님의 이러한 행동은 민규의 사기를 떨어트리고, 더 열심히 하려는 노력을 하고 싶지 않게 만들 수 있습니다"라고 말하는 것도 좋다.

셋째로 스킬훈련자는 부모들에게 극단적인 두 가지의 양육 방식을 사용했을 때 각각 어떤 결과가 있었는지 간략하게 물어보면서 이러한 접근 방식으로는 부모가 원하는 목표를 달성하기 어렵다는 점을 강조할 수 있다. 예를 들어 숙제 리뷰 시간에 스킬훈련자는 "그런 방식이 잘 통했나요? 다른 분들은 어떻게 생각하나요? 예전에 그렇게 강한 반응을 했을 때 자녀의 문제행동을 중단시키는데 효과적이었나요?" 등의 질문을 할 수 있다. 다가족 그룹에서는 장황하게 논의될 수도 있기 때문에 보호자와 청소년이 개인, 가족 혹은 부모 회기에서 해당 문제를 다룰 것을 독려한다. 또한 청소년이 마음대로 하거나 과도하게 자신에게 엄격한 기준을 정해 놓는 경우도 있다(예: 아침에 알람 시계를 맞춰 놓지 않아 반복적으로 통학 버스를 놓치는 것, 모든 과제를 완벽하게 끝내기 위하여 사회적 활동을 정기적으로 제한하는 것). 이러한 행동 역시 그룹에서 같은 방식으로 다루고 주치료자와 함께 다룰 수 있도록 해야한다.

의존성 조성과 독립성 강요

의존성 조성과 독립성 강요는 두 가지의 방법으로 그룹에서 나타난다. 첫째는 가족 참여자가 숙제나 역할극, 질문 또는 코멘트하는 것을 논의할 때이다. 예를 들어 한 부모는 "저는 매 주 시내까지 운전해서 아이를 학교에 데려다줘요. 왜냐하면 아이가 두려워하기 때문이에요(의존성 조성). 그러다가 결국 제가 '이제는 너 혼자 다녀!'라고 말해버리고, 아이를 기차역에 내려주었어요(독립성 강요)"라고 말했다. 둘째로 그룹리더가 이 패턴을 직접적으로 목격할 수도 있다. 예를 들어 한 부모는 14세 자녀가 노트북 안의 자료를 찾도록 자주 도와주고, 일어나서 대신 티슈를 가져다 주기도 하며, 스낵을 가져다 주기도 한다(의존성 조성). 스킬훈련자는 부모에게 청소년이 그룹 안팎에서 독립적인 행동을 할 충분한 기회를 주어야 한다고 코칭했다. 또한 부모가 점차적으로 자녀에게 도움을 주는 것을 줄여 가면서 청소년이 스스로 충분히 잘 할 수 있도록 하는 양육 행동을 독려했다. 예를 들어 스킬훈련자는 보호자에게 자신의 딸에게 기차 스케줄을 다시 검토해주고 처음에는 도시의 기차역까지 같이 가줄 것을 제안하였다.

스킬훈련 중 발생하는 다이어렉티컬 긴장 관리하기

스킬훈련그룹을 이끌어갈 때 위에 언급한 성인 및 청소년 가족의 다이어렉티컬 딜레마 외에도 추가적으로 나타나는 또 다른 다이어렉티컬 긴장이 있다.

지나치게 과묵한 사람과 지나치게 수다스러운 사람

어떤 그룹의 참여자는 거의 말을 하지 않거나 참여하지 않는 반면, 다른 참여자는 에너지 레벨이 높고 말이 많아서 토의 과정 전체에 지배적인 영향을 주는 경우가 있다. 말수가 적은 참여자에게는 행동조형이 좋은 전략일 때가 많다. 참여를 요구하고, 참여시키기 위해서 작은 단계로 나누어 보상을 강화하면 증진시킬 수 있다. 예를 들어 "미라야! 오늘은 이 책상에서 우리와 같이 해볼래?" 또는 "첫 번째 문장을 읽어줄 수 있니? 아주 잘했어. 고마워!" 등이 있다. 질문이나 예시, 숙제 리뷰를 할 때 너무 많은 시간을 사용하는 사람의 경우는 그룹리더가 균형을 유지하면서 다른 지원자를 시켜서 조절할 수 있다. 또한 "윤서야, 네가 잘 할 수 있다는 것을 알지만 다른 사람이 말할 수 있는 기회를 주면 좋겠어. 자, 그럼 다른 사람이 발표해 볼까?"라고 말할 수도 있다. 제3장에서는 숙제 리뷰를 할 때 과도하게 말을 많이 하는 사람을 제한하는 방법에 대하여 상세히 기술하고 있다.

지나치게 활발한 사람과 지나치게 차분한 사람

활기차고 적극적으로 참여하면서도 주의를 집중하는 것과 같이 참여자들의 완벽한 균형을 유지하는 것은 쉬운 일이 아니다. 소란스럽거나 조절하기 어려운 그룹의 경우 그룹리더가 이를 통제하려고 시도할 때가 종종 있다(예: 화내기, 가족 간의 갈등을 공개하기, 충동적으로 소리를 지르거나 동문서답하기). 반대로 우울감이나 사회적 불안, 피곤함, 지루함으로 인해 과묵한 사람들에게 활기를 불어넣어 생동감있게 만들려는 노력을 할 때도 있다. 중간 정도의 활력이 학습에는 최적이라고 볼 수 있다. 우리는 리더가 참여자의 감정과 행동을 끌어올리거나 차분하게 하는 등의 조절할 수 있는 몇 가지 전략을 제안한다.

과도하게 에너지가 높은 그룹을 차분하게 하는 활동은 마인드풀니스 연습(예: 호흡 관찰하기, 몸의 감각 관찰하기), 천천히 숨쉬기, 근육 이완 연습 또는 실제 상황에서의 자기위안 스킬 연습이 있다. 이러한 전략은 그룹에서 순간을 살리는 IMPROVE 스킬, TIPP 스킬, 자기위안 스킬과 같이 적절한 스킬 내용을 교육하면서 적용시킬 수 있다. 참여자들은 감정조절 스킬 모듈에서 장기 목표를 단계별로 나누어 기록하기 등과 같은 스킬을 기반으로 한 활동을 하면서, 차분하고 조용하게 개별적으로 기록하도록 한다.

위축되어 있고 내면화 증상을 가진 참여자가 많은 그룹의 경우, 리더는 활력을 불어넣는 여러 가지 활동을 실행할 수 있다. 예를 들어 이야기하기(예: 생생하게 감정을 넣어서 스킬을 소개하기, 또는 재미있는 이야기로 만들어 소개하기), 두 개의 소그룹으로 나누어 연습하기(예: 즉각적으로 할 수 있는 즐거운 활동이 무엇인지, 숙련감을 쌓는 최선의 방법이 무엇인지, 목표를 작은 단계로 나누는 방법 등을 다른 참여자에게 인터뷰하기), 역할극(대인관계 효율성 스킬 부분), 공동리더 역할극(공동리더가 대인관계 효율성 스킬이 필요한 상황을 역할극으로 보여주어, 전체 그룹에 활력과 웃음을 주고 박수를 받는 것), 참여하기를 강조하는 마인드풀니스 연습(예: 노래하기, 좋아하는 팀 응원하기, 호키 포키하기, 사운드볼 게임하기, 스냅 크래클 팝 게임하기) 또는 게임하기(예: DBT 모듈 내용을 주제로 퀴즈 게임하기) 등이 있다. 리더는 DBT 내용이 신속하게 전달될 수 있도록 해야하며, 숙제 점검에서 다른 참여자를 참여하게 하되, 시간이 지체되게 해서는 안된다.

다음에 이어지는 스킬 모듈 부분에 나오는 어떤 활동은 차분해지고 위로가 되기도 하는 반면, 어떤 것은 높은 수련의 수준의 에너지를 불러 일으키는 활동이기도 하다. 리더는 그룹 내의 전체적인 활력 수준을 잘 점검하여 그 순간에 필요한 그룹참여자를 차분하게 하거나 활력을 불어넣을 수 있는 교육, 참여를 독려하는 접근 방법을 택할 수 있어야 한다. 그룹 에너지와 참여 수준이 적절할 때 리더는 조용하거나 생동감 있는 교육 전략이나 연습을 다양하게 사용할 수 있으며 DBT의 스타일 전략의 속도나 움직임 흐름에 맞추어 자신의 목소리의 톤과 볼륨을 조정하면서 진행하도록 한다.

가족 내 문제 회피와 과도하게 문제에 집중하기

어떤 내담자는 역할극 상황이나 숙제의 예를 들 때, 가족 내 갈등이나 '개인적'인 이야기를 지속적으로 회피하기도 한다. 이런 성향의 참여자는 학교 혹은 직장에 연관된 예시 혹은 "합리적 마음 상태"와 연관된 내용 만을 언급하기도 한다. 또 어떤 사람들은 가족 내 갈등에 지나치게 집중하여 그룹을 가족치료 회기로 바꾸어 놓는 경우도 있다. 가족 참여자의 감정은 격앙될 수 밖에 없고, 다른 참여자들은 불편해서 몸을 이리저리 움직이며, 어떤 사람들은 자극을 받아 방에서 나가거나, 화난 상태로 앉아 있는 경우가 있을 수 있다. 이때 교육은 불가능하다.

이러한 극단적인 문제를 다루기 위해 스킬훈련자는 가족 참여자에게 바로 그 순간이나 쉬는 시간 혹은 회기를 마친 후에 친절하게 피드백을 하는 것이 좋다. 스킬훈련자는 또한 가족들이 자신의 상황을 예로 들때, 단호하게 중단시키거나 방향을 전환시켜서 지나치게 개인화되고 격렬해지는 것을 막아야 한다. 극단적인 문제가 지속적으로 나타나는 경향이 있다면 이 문제를 치료 자문팀에서 논의하거나 가족 회기에서 다룰 수 있으며, 또한 적절하다면 개인치료 회기에서 다룰 수 있다.

그룹참여자과 스킬 리더 연합의 불균형 다루기

그룹참여자 사이의 긴장이 형성되어 참여자 간의 연합이 생기면 그룹에 불균형이 생길 수 있다. 한 사람과 나머지 참여자 간의 대립이 생길 수도 있고, 그룹리더와 청소년 간의 대립이나 청소년과 부모 간의 대립, 두세 명의 청소년과(작은 파벌이더라도) 다른 참여자의 갈등, 특정한 청소년이나 부모와 스킬 리더 간의 연합이 생길 수 있다.

한 사람과 나머지 사람의 대립

이 패턴은 한 사람의 그룹참여자 즉, 부모나 청소년이 화가 나있고 비관적이며 위축되어 있을 때나 지나치게 내성적이어서 그룹의 다른 참여자들과 연결되어 있지 않을 때 나타난다. 또한 부모 두 명 가운데 치료에 호의적인 한 사람과 '마지못해 끌려온' 나머지 한 사람이 같이 참여할 때 나타날 수도 있다. 마지못해 참여하는 부모는 냉소적이고 회기가 지날수록 더 적대적이 될 수도 있다. 부부 갈등이 촉발되어 그 중 한 사람이 불편하거나 화가 나고 위축되어 참여를 하지 않을 수도 있다. 청소년의 경우, 이러한 상황에서 그룹에 참여하는 것이 내키지 않아 이전에 참여에 대한 서약을 했음에도 불구하고 참여 동기가 낮아지기도 한다. 가족 내 긴장이 심할 때는 청소년과 부모가 같은 치료 공간에 있기 어렵다. 사회적 불안, 분노, 수치심은 다른 참여자들을 신뢰하거나 연결되는 느낌을 갖기 어렵게 만든다.

그룹리더는 이러한 문제를 그룹에서 벗어나 청소년이나 부모에게 동정적으로 이야기하여 그 문제를 이해하고 해결하려는 노력을 할 수 있다. 여기에는 내담자의 그룹 경험을 증진시키기 위하여 코칭을 하고 치어리딩을 하는 것을 포함할 수 있다. 예를 들어 역할극에서 따뜻하고 수인적이며 접근하기 쉬운 참여자를 짝지어 주거나, 즐거운 역할극이나 연습 상황에 참여하도록 요청함으로써 행동 활성화시키는 등의 방법이 있다. 리더는 청소년과 부모에게 가벼운 농담을 하거나 라포를 형성하려 많은 노력을 할 수도 있다. 스킬훈련자는 이 문제를 자문팀에서 논의하고 주치료자에게 알려, 문제행동에 대한 상세한 행동분석을 할 수 있도록 한다. 이 점은 특히 청소년에게 중요하다. 스킬훈련자는 부모에게 더 시간을 투자하고 다가가려는 노력이 필요하다. 만약 참여자가 참여하려고 하지 않고, 행동이 변화되지 않으며, 그룹 내에서 반항적인 행동을 보인다면, 이것은 참여자와 다른 사람들에게 치료파괴적인 행동이므로 그룹 스킬훈련을 지속하기 전에 사전 치료나 개인 스킬훈련을 받게 할 필요가 있다(마인드풀니스 스킬이나 고통감내 스킬, 감정조절 스킬, 예를 들어 문제에 미리 대비하기와 문제해결 스킬, GIVE 스킬과 같은 대인관계 효율성 스킬들을 그룹에서 배우고 효과적인 참여를 증진시키는 스킬을 선택하여 가르치고, 평가 및 서약 전략을 활용할 것).

그룹리더와 청소년

때로 청소년은 서로 뭉쳐서 그룹의 구조나 그룹리더에 대한 반항적 태도를 보일 수 있다. 어떤 청소년 그룹에서는 그룹의 핵심 일원들이 중간 휴식 이후에 외부 주차장에서 담배를 피우면서 돌아올 생각을 하지 않았다. 어떤 경우에 청소년들은 서로 쳐다보며 웃기, 쪽지를 주고 받기, 농담을 주고 받기, 마인드풀니스 시간에 집중하지 않기와 같은 방해 행동을 조장하기도 한다. 여러 전략이 도움될 수 있는데, 가볍지만 단호하게 그 문제에 대해 DEAR MAN 형태로 요구하거나 회기 전과 후에 그 참여자에게 일대일로 지시하는 것, 그룹 규칙이나 구조를 바꾸어 재발을 방지하는 것을 할 수 있다. 청소년들이 주차장에서 어울리는 문제에 대응하여 휴식 시간에 건물 외부로 나가지 못하게 하였다. 이렇게 함으로써 위험 행동이나 안전과 연관된 잠재적인 문제를 예방하고 동시에 늦게 들어오는 문제를 빠르게 소거할 수 있었다. 유관성 관리(Contingency management) 역시 효과적일 수 있다. 예를 들어 "모든 사람이 휴식을 끝내고 시간 안에 돌아오면 정반대 행동하기 스킬에 관한 재미있는 영화 클립을 함께 보겠습니다"와 같은 말을 할 수도 있다. 어떤 문제행동이든 그에 저항할 수 있는 스킬을 사용하게 하는 것은 항상 유용하다. 예를 들어 마인드풀니스 연습이나 숙제 리뷰를 할 때 주의가 산만하거나, 참여하지 않으려고 공모를 하는 청소년은 집중할 수 있도록 도와주는 스킬을 한 가지 고르도록 하여 연습시킬 수 있다. 마인드풀니스 스킬의 "What, How" 스킬을 연습하고 참여하게 할 수 있으며 "한 번에 한 가지 하기"나 "기꺼이하기"와 같은 고통감내 스킬을 선택하여 실행하게 할 수도 있다. 만일 문제가 지속된다면 자문팀과 함께 논의하도록 한다. 개인치료자 또한 치료방해 행동에 대한 행동분석을 통하여 내담자가 자신의 촉발 요인과 그 기능을 이해할 수 있도록 도울 수 있다.

청소년과 부모

청소년 참여자들은 때로 스킬훈련자들을 자신들의 문제를 모두 이해해주는 사람이나 너그러운 사람으로 생각하고, 부모에 대항하여 스킬훈련자와 연합을 형성하려고 시도할 수도 있다. 부모님께 짜증을 내거나, 부모를 문제의 원인으로 생각하거나, 그들을 존중하지 않고, 부모님의 말씀을 듣지 않아도 되는 것으로 생각한다. 우리는 청소년의 신체 언어나 얼굴 표정 또는 공공연한 언급에서 이러한 태도를 발견할 수 있다. 오리엔테이션 회기에서 교육하는 그룹의 규정이나 가이드라인은 이 문제를 막기 위하여 만들어진 것이다. 예를 들어 부모 역시 "할 수 있는 최선을 다하고 있다" 또는 "그룹 참여자 모두는 서로를 존중하지 않는 행동이나 상처줄 수 있는 행동은 하지 않는다" 등이 있다. 이러한 규정이나 가이드라인이 마인드풀니스 모듈을 시작하기 전에 다시 상기시켜주고, 참여자들에게 이러한 규정이나 가이드라인이 필요한 이유에 대하여 물어보며, 이를 따르는 것이 얼마나 효과적인지 알려준다. 또한 그룹을 나누어서 다른 청소년의 부모와 함께 스킬 연습을 할 수 있도록 하여, 청소년들이 서로에게 집중하는 문제를 바꾸어 나가도록 한다.

두 명 혹은 세 명씩 짝지어 모여 있는 청소년과 다른 그룹참여자의 문제

이 문제는 비슷한 발달 단계에 놓인 청소년들 간에 친밀한 관계를 형성할 때 나타나는 정상적인 반응이라고 말할 수 있다. 그러나 연합에 끼지 못한 청소년은 혼자 남겨졌다는 느낌이 들어 민감해지고 그 그룹에 있는 아이들이 자신에 대해 말하거나 판단할까봐 염려할 수도 있다. 이러한 민감성은 대체로 왕따가 되거나 친구들로부터 외톨이가 되었던 과거의 실제 경험에서 나오기도 한다. 뿐만 아니라 이 소규모 또래 그룹은 서로 쪽지를 돌리거나 자기들끼리 농담을 하는 행동, 그룹 시간에 속삭이거나 휴식 시간에 무리 지어 이동하는 행동 등을 보일 수 있다. 이러한 행동은 다른 참여자들이 환영받지 못하는 듯한 또는 안전하지 않은 듯한 느낌을 받게 할 수 있으며, 그룹리더는 이 문제를 완화시키기 위해서 적극적으로 노력해야 한다. 오리엔테이션 회기에서는 참여자들이 스킬 그룹 이외에 개인적인 관계를 형성 할 수 없으며, 관계를 지나치게 독점적으로 형성하지 않도록 하고 모든 사람과 좋은 관계를 형성해야 한다는 점을 상기시켜 주도록 한다. 리더는 전략적으로 연합에 속한 참여자들을 작은 그룹으로 나누어 연습하게 하거나 좌석을 따로 배치하여 연합된 참여자 간의 상호작용을 막을 수도 있다. 또는 리더들이 관찰한 문제 행동을 개별적으로 만나서 기술하고, 그러한 행동이 다른 사람들을 불편하게 하고, 학습을 방해하는 것임을 알려주면서 다른 사람들을 참여시키려는 노력을 더 하도록 요청한다.

특정 부모나 청소년이 연합체를 구성할 때 발생하는 문제

때로는 치료자가 특정 청소년 또는 부모(몇몇의 부모 그룹)에게 더 많이 공감하고, 다른 가족 참여자보다 더 가까워지기도 한다. 즉, 치료자가 특정 가족이나 특정 사람에게만 반복적으로 수인하거나 지지하고 그 가족 내의 다른 참여자에게는 기회를 많이 주지 않거나 덜 관용적인 태도를 보일 수 있다. 자문 회의에서 어떤 치료자는 한 쪽에는 공감적인 반응을 보이면서도 다른 쪽에는 공감적인 반응을 보이지 않고, 심하게는 판단적인 반응을 보이기도 한다. 이렇게 균형이 깨지는 상황이 나타나면 치료팀의 자문회의에서 다른 치료자들이 다음과 같은 다이어렉티컬한 질문을 던지도록 한다. "우리가 무엇을 놓치고 있는 것일까?" 자문팀은 이때 해당 치료자가 판단하고 있는 부모나 청소년에 대한 동정심을 불러일으켜서 치료자를 돕도록 한다. 생물사회이론을 다시 떠올려 기억하게 도와주고, 문제행동이 당사자와 환경의 상호작용의 결과의 일부로 볼 수 있게 도와주도록 한다.

보호자가 겪는 문제 관리하기

보호자의 비수인적 행동

대부분의 부모는 자녀를 진심으로 사랑한다. 그러나 사랑이 많은 부모도 불안해지거나 무력해지거나 희망이 없다고 느끼거나 분노, 우울, 혼돈, 공격을 받는 상황에서는 자신의 자녀에게 비수인적 행동을 하기 쉽다. 생물사회이론은 이러한 비수인적인 순환 체계가 어떻게 만들어지는지에 대해 DBT 치료자와 보호자, 청소년이 더 잘 이해하도록 돕는다. 보호자들의 경우 DBT 스킬 그룹에 참여하게 될 즈음에 자녀의 심리치료나 기타 정신건강 체계 전반에 대해 '지쳐 있을' 때가 많다. 스스로 효과적이지 않다고 느낄 때가 많고, 자녀의 정신건강 전문가에게 실망하곤 한다. 어떤 보호자는 자신이 비수인적인 환경에서 성장하여 다른 형태의 의사소통 방식을 알지 못한다고 말하기도 하고 비수인성이 자녀를 '버릇없지 않은' 또는 '능력 있는' 아이로 키울 수 있어서 어느 정도 효과적이라고 느끼기도 한다.

스킬 그룹에서 보호자가 언어적 혹은 비언어적 행동으로 자신의 자녀를 비수인하는 경우가 있다. 이러한 행동에는 자녀에 대해 비판적으로 말하거나, 자녀가 어떤 일에 대해 발표한 것을 별 것 아닌 일로 치부하는 것, 또는 특정한 문제에 대해 지나치게 단순화해서 해결책을 제시하는 것이 포함된다. 보호자에 의한 비수인적인 비언어적 행동은 눈을 굴리는 것, 자녀에게 등을 돌리는 것, 잘 쳐다보지 않는 것, 말을 하거나 행동을 할 때 한숨을 크게 쉬는 것 등이 포함된다.

스킬훈련자는 비수인성의 순환을 두 가지의 방법을 통해 중단시킬 수 있다. 스킬훈련자는 청소년과 다른 사람들(스킬훈련자나 또래 아이들 또는 다른 보호자)들 간의 비수인적 태도에 대해 마인드풀한 자세를 취할 필요가 있다. 이 문제를 다루지 않으면 스킬훈련자는 비수인적 행동을 용인하고 묵시적으로 강화하는 것처럼 보이게 된다. 그렇다면 사람들이 수치심을 느끼거나 판단받는 느낌을 갖지 않게 하면서 스킬 훈련자가 이 비인수적인 행동을 그룹 안에서 효과적으로 다룰 수 있는 방법은 무엇일까?

스킬훈련자는 보호자의 비수인적 행동을 목표로 정하여 여러 가지 방법으로 접근 할 수 있다. 첫 번째로 비수인적으로 느껴지는 보호자의 행동을 무판단적으로 관찰하고 기술하여, 보호자로 하여금 비수인적 언어나 행동을 사용하지 않고 의미했던 바를 다시 전달하도록 요청할 수 있다. 만일 보호자가 방어적으로 "아니오, 저는 비수인적이지 않았어요"와 같이 말한다면 훈련자는 "저는 그 말씀을 받아들일 수 있지만, 다른 분들은 그렇지 않을 수 있습니다"와 같이 말 하도록 한다. 만일 그룹이 서로 잘 알고 오랫 동안 같이 훈련에 참여했다면 다른 참여자에게 "저만 비수인적으로 느꼈나요? 아니면 다른 분들도 저처럼 들으셨나요?"와 같은 말로 다른 사람들의 의견을 들을 수도 있다.

리더는 또한 비수인적인 반응을 유머러스하게 지적할 수도 있다. "DBT를 배우기 전에 평생 동안 비수인적인 반응을 했던 사람으로서 말씀드리는데, 저 멀리서 비수인적인 냄새가 나는 것 같아요. (알고 있는 듯한 미소와 함께) 왜 비수인적인지 설명을 해 볼게요."

리더는 분명하게 비수인적인 행동의 당사자에게 "궁금해서 그런데, 그 행동이 비수인적으로 느껴지지 않았나요?" 만일 아니라고 말하면 스킬훈련자는 "저보다 강한 분이시네요. 저는 비수인적이라고 느꼈거든요"라고 말할 수 있다.

스킬훈련자는 마인드풀니스 벨을 울리기도 한다. 참여자들은 마인드풀니스 연습을 할 때 치는 벨소리가 '판단'할 때(의도적이지 않고, 고의성 없는 판단 포함), 또는 그룹에서 나타난 자신과 타인에 대한 비수인적 행동을 보일 때 울릴 수 있다는 것을 가르쳐준다.

이렇게 개입을 하면서 스킬훈련자는 DBT 의사소통 전략과 다이어렉티컬 전략을 동시에 적용하는 것이 중요하다. 때로는 매우 진지하게, 때로는 비수인의 정도에 따라서 친절하며 유머러스하게, 어떤 경우에는 두 가지를 동시에 사용하도록 한다. 스킬훈련자는 항상 어떤 것을 가르치더라도 참여자들의 비수인적인 반응에 대응하고 전체적인 흐름이나 속도, 움직임 등을 고려하여 빠르게 수업으로 다시 돌아가도록 한다.

만일 개입 이후에도 비수인적 행동이 지속된다면 스킬훈련자는 개별적으로 그룹 전후 혹은 휴식 시간에 만나 이야기하도록 한다. 때로는 보호자에게 비수인적 행동의 결과를 상기시키는 것만으로도 보호자가 그 문제에 더욱 마인드풀하게 주의를 기울이게 할 수 있다. 가족 회기를 진행할 수도 있지만, 부모가 비수인적 행동을 줄이고 수인적인 반응을 할 수 있는 합리적인 마음 상태가 아닐 때는 오히려 역효과를 일으킬 수 있다. 따라서 이러할 경우에는 수인하기 스킬을 리뷰하고 연습할 수 있도록 보호자 회기(청소년이 없는 상태에서)를 별도로 권하도록 한다.

만일 지속적인 비수인적 행동 문제와 또 다른 이슈들을 다루기 위해 가족 회기를 제안했다면, 초기 1, 2회의 가족 회기 동안 수인하기 스킬(그 내용을 그룹에서 배웠더라도)을 교육한다. 가족회기에서 처음에는 감정적으로 자극이 될 수 있는 가족 내 문제를 다루기 전에 중립적 주제(예: 날씨나 좋아하는 음식, 싫어하는 음식들)에 대하여 수인하기 스킬을 사용하도록 독려한다. 보호자는 문제가 된 주제를 즉각적으로 다루고 해결하기를 원하는 경향이 있지만, 치료자는 모두가 수인하기 스킬을 잘 배워서 적용할 수 있게 되면 그 문제를 다룰 수 있게 될 것이라고 확인시켜 주도록 한다. 이것은 유관성 관리 전략에 해당된다.

보호자의 불안 관리하기

스킬 그룹에서 불안감을 통제하기 어려워하는 보호자의 경우에는 과도하게 개인 정보를 공개하거나 반대로 지나치게 공개하지 않는 형태로 나타난다. 이 모든 것들은 불안을 관리하는 능력이 부족한 것과 연관되어 있고, 또한 그 불안관리 능력이 부족한 결과이기도 하다. 스킬훈련자는 과도하게 자기 공개를 하는 사람에게는 "아주 좋은 말씀이에요. 그렇지만 이제 다른 사람에게도 이야기할 수 있는 기회를 주어야 할 것 같네요."와 같이 말하면서 행동적으로 조형(shaping)해 나가도록 한다. 지나치게 자기 공개를 하지 않는 사람들의 경우에는 그룹에서 더 편안하게 느낄 수 있도록 돕기 위하여 직장에서 일어난 예와 같은 것을 말하도록 회유하고 행동조형을 통해 자기 공개를 할 수 있게 돕는다.

많은 부모들은 자녀의 행동을 효과적으로 바꾸지 못한다는 점을 불안해 하기도 하며, 어떤 부모는 이러한 불안 때문에 스스로 감정조절장애 증상을 겪기도 한다. 또 다른 보호자는 자녀의 행동에 대해 걱정하면서도, 자녀가 감정조절 문제를 보이고 집중하지 못하거나 그룹에서 나갈까봐 이 문제를 꺼내기를 두려워하기도 한다. 후자의 경우에는 필요하다면 유관성 관리 전략과 함께 대인관계 효율성 스킬을 사용하도록 하는 것이 도움 된다. 예를 들어 그룹에서 위협적인 말을 하며 감정조절 문제를 보이는 청소년에게 부모가 효과적이지 않은 방식으로 안심시키려고 한다면, 스킬훈련자는 부드러우면서도 단호하게 다음과 같이 말하도록 한다.

"영민아, 감정을 조절하기 힘들어 보이는데, 나는 네가 이곳에서 함께 DBT 스킬을 배우면 좋겠어. 그렇지만 마음이 상했을 때는 스킬을 배우는 게 쉽지 않을 거야. 그러니 선택할 수 있는 기회를 주도록 할게. 만일 마인드풀니스 스킬이나 고통감내 스킬을 사용해서 몇 분 동안에 그 감정을 통제할 수 있다면, 이 자리에서 같이 스킬을 배워도 괜찮을 것 같아. 하지만 지금 당장 그룹에 참여할 수 없다고 느껴지거나 잠깐 숨 돌릴 수 있는 공간이 필요하다면, 5분 정도 대기실에 갔다가 돌아왔으면 좋겠어. 어떤 것이 좋겠니?"

보호자의 분노 관리하기

보호자의 분노는 대체로 2차적 감정이다. 스킬훈련자는 반드시 '가벼운 마음으로(Easy manner)'

스킬을 사용하여, 보호자가 분노를 표출한 적이 있는지 물어보거나 숙제의 예로 발표하도록 하여 감정이 1차 감정인지 2차 감정인지 물어보도록 한다. 스킬훈련자는 많은 보호자가 사실은 자녀의 안위에 대해 매우 불안하고 슬프지만, 그것을 적절하게 표현할 수 없어서 분노로 표현한다고 설명하도록 한다. 스킬훈련자는 보호자의 분노가 1차 감정이 아닌 것처럼 보일 때는 분노 이전의 1차 감정을 파악하고 이 감정을 더 효과적으로 전달할 수 있게 독려한다.

"자녀에 대한 걱정이나 자녀에게 상처를 받은 것을 표현하기 보다는 분노를 표현하는 것이 더 쉬운 경우가 있어요. 그래서 우리 청소년 자녀가 경험하는 것은 분노인 경우가 많지요. 언어적 혹은 비언어적인 방식을 통해 공격적인 분노를 표출하는 대신 나의 슬픔이나 상처, 두려움, 죄책감, 당혹감 같은 감정을 표현하는 것이 더 효과적(마인드풀니스 스킬 중 "How 스킬"의 효과적인 것에 집중하기를 기억할 것)인 경우가 있어요. 문제는 이렇게 하는 것이 우리를 더 유약하게 만든다고 생각하는 점입니다. 상처 받았다는 것을 표현했을 때, 그 감정을 수인받지 못하는 경우에는 더 큰 상처를 받게 되지요. 따라서 감정을 피하기 위해서 분노 감정을 표출하고,. 그렇게 함으로써 상처를 덜 받는 느낌이 들게 됩니다. 이제 여러분의 주감정을 관찰하고 기술하는 것을 해볼거에요. 준비가 되었다면 다른 사람에게 그 감정을 표현해보고 무슨 일이 일어나는지 관찰해보세요. 그렇게하면 확실히 여러분이 더 차분해지고, 화가 덜 느껴질 것입니다."

분노가 주감정인지 혹은 2차적 감정인지에 관계없이, 분노는 대체로 효과적이지 않게 표출된다. 스킬훈련 상황에서 분노를 다루기 위하여 참여자에게 "파도타기 스킬: 현재 감정의 마인드풀니스"(감정조절 자료 18), "감정 상태를 변화시키기 위한 정반대 행동하기"(감정조절 자료 20), "긍정적 관계를 만들고 유지하는 방법-GIVE 스킬"(대인관계 효율성 자료 3)과 같은 스킬을 적용하도록 독려한다.

보호자의 감정조절 문제와 정신건강 문제

보호자의 비수인성은 주로 수인하기와 연관된 스킬 부족이지만 때로는 보호자의 또 다른 정서적 갈등이나 다른 스킬 부족이 원인일 수도 있다. 그룹에서 심한 감정조절장애나 정신건강과 연관된 문제를 보이는 보호자는 자신의 DBT 학습뿐만 아니라 청소년 자녀와 그룹 전체에 부정적인 영향을 끼칠 수 있다. 치료파괴 행동은 제 3장에서 기술한 바 대로 즉시 다루어야 한다. 스킬훈련자는 다음과 같은 상황에서 상대적으로 위험하거나 심하지 않은 보호자의 감정조절 문제를 선택적으로 다룰 수 있다.

(1) DBT 교육을 방해할 때(예: 스킬훈련자를 방해하는 행동)

(2) 다른 참여자가 DBT 내용에 집중하는 것을 계속 방해할 때(예: 다른 참여자나 자신의 가족을 빤히 처다보는 행동)

(3) 보호자가 현재 교육하는 스킬과 연관된 문제행동을 보일 때(예: '판단하지 않기'를 교육하고 있는데 부모가 판단적 언급을 할 때, 혹은 "감정 상태를 변화시키기 위한 정반대 행동하기(감정조절 자료 20)"를 교육하는데, 매우 슬프고 위축되어 있으며 참여하지 않으려는 보호자가 있을 때.)

(4) 보호자의 행동이 청소년의 행동체인에 역기능적으로 연결되어 있을 때(예: 보호자가 최악의 상황을 가정하여 청소년에게 공포감을 일으키고, 그것이 자해행동으로 이어질 때). 이때 그룹회기가 가족 회기처럼 되지 않도록 효과적으로 이 문제를 다루어 섬세하게 균형을 잡아야 하며, 그렇게 하기 어렵다면 가족 회기에서 이 문제를 다루도록 해야 한다.

심한 감정조절 문제가 있는 보호자 관리하기

보호자 중에는 치료 초반에 자신이 임상적으로 진단을 받았으며 여러 가지 문제점이 있다는 점을 인지하고 있는 경우가 있다. 이러한 경우에는 보호자가 청소년 자녀와 함께 스킬훈련에 참여하고, 보호자 자신도 가능하다면 DBT 프로그램 내에서 치료자의 도움을 받는 것을 추천한다. 이 때 두 개의 프로그램에 동시에 참여하게 되어 발생하는 비용이나 시간과 관련된 문제를 숙지해야 하며, 필요하다면 프로그램을 동시에 진행하기 보다는 이어서 진행하는 것도 고려하도록 한다.

어떤 경우에는 보호자가 경계선 성격장애 위험을 보이거나 심한 감정조절장애를 겪고 있지만 자신의 정신건강 문제를 인정하지 않는 경우도 있으며, 진단을 받지 않은 경우도 있다. DBT 스킬훈련자가 보호자를 진단할 필요는 없지만, 보호자의 다섯 가지의 문제 영역에 대하여 충분한 지식을 가지고 그룹 치료 기간에 문제를 효과적으로 다루는 것이 좋다. 보호자가 자신의 증상에 대하여 인식하도록 하는 것은 임상적인 접근이 필요하기도 하며, 때로는 스스로 깨닫게 하여 보호자가 개인치료를 통하여 도움을 받게 하는 것이 좋다. DBT 그룹리더가 보호자와 라포가 형성되고 과거력 정보를 수집한 경우라고 하더라도(보호자에게 주치료자가 있다면), 개인치료자와 직접 논의하도록 권해야 한다. 그렇게 해야만 무판단적이고 행동적인 기술을 중심으로, 또 동정적인 마음과 희망을 줄 수 있는 상태를 유지한 상태에서 보호자의 문제를 논의할 수 있다. DBT 스킬훈련자는 보호자가 자신의 주요 문제 영역과 경계선 성격장애 진단에 대해 적극적으로 인식하는지 여부에 관계없이, 경계선 성격장애 청소년을 치료하기 위한 것과 같은 전략을 사용하도록 한다. 경계선 성격장애를 가지고 있는 보호자는 감정적으로 더 민감하며, 반응적이고 다른 보호자보다 원래 감정상태로 돌아오는 데 많은 시간이 걸린다. 그들은 비수인적인 감정을 겪기 쉬우며 다른 사람에게 비수인적인 행동을 하기 쉽고, 그룹에서 자신을 조절하거나 효과적인 스킬을 사용하고 습득하는 능력이 떨어지는 경우가 많다. 결과적으로 이들은 스킬 그룹 안팎에서 더 많은 코칭을 필요로 한다.

보호자의 우울증 관리하기

보호자의 우울은 보호자들이 겪는 다른 유형의 정서적 어려움보다는 방해가 많이 되지는 않는다. 그러나 우울은 그룹 안팎에서 특정한 영향을 주는데, Garber와 그 동료의 연구에서는(2009) 우울증 치료를 받지 않은 보호자는 우울증을 겪는 청소년의 CBT 치료를 방해하는 것으로 나타났다. 당연하지만 Garber는 청소년의 CBT 그룹에서 보호자가 많이 우울한 경우, 청소년 역시 우울에서 벗어나기 어렵다는 것을 발견했다. 우리의 경험에서도 보호자가 그룹 안팎에서 우울한 경우에 복합적인 문제를 가진 청소년의 치료적 진전을 이루기 어려웠다. 또한 보호자의 우울은 그룹에도 부정적 영향을 주는데, 부모는 다음과 같은 행동을 보이기도 한다. (1) 스킬훈련그룹에 오지 않는 행동 (2) 그룹에서 말을 하지 않고 참여하지 않는 행동 (3) 흥미를 가지지 않고 참여에 관심 없어 하는 행동 (4) 주어진 숙제를 하지 못하는 행동

　　스킬훈련자는 청소년에게 하듯이 우울한 보호자를 달래면서 수인하기, 문제해결, 스타일리스틱 전략 등 다이어렉티컬 치료 전략들을 활용하여 참여를 유도할 수 있다. 때로는 숙제를 해오지 않은 보호자와 짧은 시간 동안 문제해결을 함으로써 참여에 활력을 줄 수도 있다. 어떤 경우는 부모가 보이는 낮은 에너지의 수준을 수인하고, 스킬 그룹에서 가능한 많은 것을 얻어가도록 현재 감정에 반하는 "감정 상태를 변화시키기 위한 정반대 행동하기(감정조절 자료 20)"를 사용하도록 코치한다. 만일 이러한 회기 내 개입이 효과적이지 않은 경우, 부모를 그룹 밖에서 만나서 보호자의 우울이 치료되지 않을 때 자신과 청소년에게 어떠한 영향이 미치는가에 대해 논의할 필요도 있다. 이런 상태에 이르면 스킬훈련자는 보호자가 치료를 받도록 의뢰를 하여야 한다.

청소년 참여자의 DBT 규칙 위반과 부모의 책임

때때로 청소년은 DBT 스킬 그룹의 가족 참여자의 사정으로 회기에 결석하는 경우가 있다. 이러한 상황은 청소년이 부모의 교통편에 의존하거나 부모가 그룹 회기 시간 동안 병원 약속 등 스케줄을

정하는 어려움이 있을 때 발생한다. 비록 청소년의 입장에서는 부모가 치료에 대한 서약을 제대로 하지 않아 생기는 문제이지만, 회기에 결석했을 때의 정책을 일관되게 적용하는 것이 중요하다. 부모가 청소년이 스킬 그룹에 참여하는 것을 막거나 방해하는 것이 분명하다면, 훈련자는 청소년에게 다음의 스킬을 사용하도록 코칭한다. (1) 부모가 치료에 참여할 수 있도록 대인관계 효율성 스킬을 사용하여 요청하기 (2) 다른 해결책을 찾기 위해서 문제해결 전략 사용하기 (예: 다른 교통편 찾아보기 등) 예를 들어 청소년의 어머니가 불규칙한 업무 시간 때문에 문제가 되어 참여가 어렵게 되었을 때, 근처에 사는 다른 가족들의 도움을 얻어 청소년 혼자 그룹에 참여하도록 할 수 있다.

결론

DBT 스킬 훈련을 할 때 효과적인 단일 교육 방법은 없다. 효과적인 스킬훈련자가 되기 위해서는 스킬 교육 방식을 예측하기 어렵게 다양한 방법을 사용하는 것이 중요하다. 성공적인 스킬훈련자는 그룹의 움직임과 속도, 흐름을 고려하고 DBT 스킬 내용과 참여자와의 관계, 참여자들 간의 관계에 관심을 기울이면서, 다이어렉티컬 전략이나 직설적 전략 혹은 수인 전략 등 많은 전략을 사용한다. 궁극적으로 스킬훈련자가 참여자들의 주의 집중도, 속도, 그리고 내용에 초점을 맞추면서 그 순간에 온전히 참여해야 다이어렉티컬 긴장의 균형을 맞출 수 있으며, 또한 가장 성공적인 결과를 얻을 수 있다. 그룹을 시작할 때 가르칠 스킬 내용을 잘 숙지하고, 어떠한 강의 포인트를 전달할 것인지, 어떤 스킬을 연습할 것인지, 어떤 숙제를 줄 것인지에 대해 준비를 잘 하고 조직화하는 것이 큰 도움이 된다.

이어지는 제 2부에서는 각 DBT 스킬을 어떻게 가르칠 것인지를 기술하고, 이와 연관된 이야기와 예시, 연습하기, 숙제들이 제시될 것이다.

제2부

스킬훈련 모듈

제 5 장
다가족 스킬훈련그룹 오리엔테이션

회기 개요

회기 전반부(First Half of session)

- ▶ 그룹참여자과 스킬훈련자 소개
- ▶ 청소년을 위한 DBT란 무엇인가?
- ▶ 다섯 가지 DBT 문제 영역
- ▶ DBT의 다섯 가지 스킬 세트
- ▶ DBT 스킬훈련그룹 구성체계
- ▶ DBT의 생물사회이론
- ▶ DBT 치료의 기본 가정
- ▶ 스킬훈련그룹 가이드라인
- ▶ DBT 서약

DBT 자료와 기타 교육용 자료

- ▶ 오리엔테이션 자료 1. 다이어렉티컬 행동치료(DBT)란 무엇인가?
- ▶ 오리엔테이션 자료 2. 스킬훈련의 목표
- ▶ 오리엔테이션 자료 3. DBT 스킬훈련그룹 구성체계
- ▶ 오리엔테이션 자료 4. 생물사회이론
- ▶ 오리엔테이션 자료 5. DBT 기본 가정
- ▶ 오리엔테이션 자료 6. 청소년 스킬훈련그룹 가이드라인
- ▶ 오리엔테이션 자료 7. DBT 서약하기
- ▶ 화이트보드나 기타 필기를 위한 큰 보드

강의 노트

사람은 진리를 향해 가는 여정에서 두 가지 실수를 한다. 끝까지 가지 않는 것과 시작하지 않는 것.

— 싯다르타 고타마 왕자(불교 창시자), 563–483 B.C.E

이 모듈에 대하여

스킬훈련자는 회기 전반부(45~75분 정도)에 DBT 스킬훈련에 관한 오리엔테이션을 하고, 후반부에서는 마인드풀니스 스킬을 소개하도록 한다(제6장 참고). 오리엔테이션과 마인드풀니스 스킬 모듈은 다른 세 개의 DBT 모듈을 시작하기 전에 항상 반복하게 되어 있다. DBT를 처음 시작하는 가족은 오리엔테이션 모듈이 시작할 때 참여하게 된다. 그러나 신규로 참여하는 가족이 없더라도 이 오리엔테이션은 반복해서 실행하도록 한다. 오리엔테이션 시간은 각 시설마다 회기의 전체 길이, 또 그룹에 처음 참여하는 가족들의 수에 따라 달라질 수 있다. 5장에서 10장에 있는 강의 노트의 대부분은 스킬훈련자가 그룹참여자에게 가르치고 설명하는 스크립트들이다.[1] 스킬훈련자가 알고 있어야 하는 진행 관련 내용은 고딕체로 표기하거나 "리더 유의사항"으로 따로 분리하여 설명하였다.

이 장은 스킬훈련자가 오리엔테이션 모듈을 교육할 때 발생할 수 있는 문제점과 이 문제를 다루는 방법에 대해 논의하고 조언하는 것으로 마무리하게 된다.

Ⅰ. 그룹참여자와 스킬훈련자 소개하기

스킬훈련자가 자신을 먼저 소개하고 보호자를 포함한 참여자 모두 이 방식을 모델링하여 자신을 소개하도록 한다. 스킬훈련자에 따라 간단히 이름과 누구와 같이 왔는지 묻는 경우가 있고(예: "제 이름은 김민호이고 어머니와 함께 왔어요"), 상세하게 묻는 스킬훈련자의 경우는 참여자의 관심 분야나 취미, 좋아하는 스포츠 팀에 대해 묻기도 한다.

연습하기 (선택 사항)

리더는 스킬훈련그룹을 처음 시작할 때 어색한 분위기를 깨기 위해 재미있는 연습을 시키기도 한다. 이런 종류의 연습에는 예를 들어 첫 번째 사람이 자신의 이름을 말하고, 두 번째 사람은

---

[1] 역자 주: 본 역서에서는 한국어의 존칭 문화를 고려하여 스킬훈련자가 그룹참여자들에게 말하는 스크립트 부분은 높임말 사용하였으며 저자가 리더들에게 전하는 말이나 이론적인 부분은 일반 논문에 사용하는 문어체를 사용하였다.

첫 번째 사람의 이름을 말한 뒤 자신의 이름을 말하게 하고, 세 번째 사람은 앞의 두 사람의 이름을 말하고 자신의 이름을 말하게 한다.

또는 그룹참여자들을 두 명씩 짝을 지어(가족참여자를 분리할 것) 2분 정도 자신의 이름, 학년, 흥미 있는 것 등의 정보를 교환한 후 각자 자신의 짝을 대신 소개해 주도록 한다. 주의할 것은 심한 사회적 불안을 가지고 있는 청소년의 경우 자신을 소개하는 것을 매우 어렵게 생각하기도 한다. 이러한 청소년이 있다면 스킬훈련자는 첫 번째 회기에는 청소년이 스스로 참여할 수 있는 정도만 하도록 하고 긍정적 피드백을 주어, 점차 많이 참여하도록 행동을 조형하도록 한다. 또는 스킬훈련자가 첫 번째 날에는 이름만 간단히 물어보거나, 자기 소개를 하기보다는 짝으로 정해진 사람을 소개하도록 하여 수행 불안을 최소화하는 방법을 선택할 수도 있다. 청소년의 경우에는 자신보다 다른 사람을 소개하게 하는 것이 자의식을 덜 갖게 만든다. 그룹리더는 어색한 분위기를 깨는 연습이 필요한지, 연습을 하기에 적절한 시점인지에 대하여 잘 판단하여 사용하도록 한다.

Ⅱ. 청소년을 위한 DBT란 무엇인가?

오리엔테이션 자료 1. "다이어렉티컬 행동치료(DBT)란 무엇인가?"를 펴게 하고 청소년과 가족에게 DBT라는 전문적 프로그램이 무엇인지에 대해 오리엔테이션을 한다. 참여자들이 DBT 프로그램에 들어올 수 있도록 선택된 이유와 DBT가 정확히 무엇인지 이해하는 것은 매우 중요하다. 그룹리더는 아래와 같이 설명하도록 한다.

- DBT는 감정조절과 행동조절에 심한 어려움을 겪고 있는 성인들을 위해 최초로 개발된 효과적인 치료기법입니다. DBT는 심리학자인 마샤 리네한 박사가 1980년대에 개발하였으며 (Linehan, 1993a, 1993b; Linehan et al., 1991), 1990년대 부터 감정조절과 행동조절에 문제를 겪는 청소년과 그 가족에게 적용되기 시작했습니다(Miller, Rathus, Linehan, Wetzler, & Leigh, 1997; Miller et al., 2007).
- DBT 스킬은 청소년과 가족에게 아래의 내용을 교육하게 됩니다.
  - 감정과 행동을 조절하기
  - 문제 행동을 줄이고, 스킬을 사용한 숙련된 행동(skillful behavior) 증진 시키기
  - 감정에 따라 즉각적으로 행동하지 않고, 감정의 다양한 차이와 범위 등을 경험하게 하기

- □ 가족 관계, 학교 관계, 또래 관계 증진시키기
- ▪ DBT의 중요 목표는 사람들이 스스로 가치 있는 삶을 만들 수 있도록 돕는 것입니다.

A. 다이어렉티컬이란 무슨 뜻인가요?

- ▪ 다이어렉티컬이란 두 개의 대립되는 생각이 동시에 진리일 수 있고, 대립되는 두개의 생각을 같이 고려하였을 때 새로운 진리를 만들 수 있으며 어떤 상황을 바라볼 때 새로운 시각을 만들 수 있다는 것을 뜻합니다.
- ▪ 어떤 상황에 대해 생각하는 방법은 항상 한 가지 이상이 있습니다.

1. "이것/아니면 저것"에서 "둘 다-그리고"로 바꾸기

우리가 관계를 증진시키고 갈등을 감소시키기 위해서는 '이것 아니면 저것', 흑백논리, 다이어렉티컬한 하지 않은 사고방식에서 '둘 다-그리고'라는 다이어렉티컬한 사고 방식으로 바꿔 나가야 합니다. 예를 들어 "너는 아무 것도 하려고 하지 않아. 너는 더 노력해야 해" 라고 말하는 대신 "너는 지금 이 순간에 최선을 다하려고 하고 있어. 그리고 나는 네가 잘되는 방향으로 갈 수 있기를 바라" 라고 말하는 연습을 해 보세요.

"내가 맞고, 너는 틀렸어"라고 말하는 대신에 "나는 지금 내 관점이 옳다고 느끼지만, 너 역시 너의 관점이 옳다고 느끼고 있는 것 같아. 우리 서로의 관점의 중간 지점을 찾아보자"라고 말할 수 있습니다.

다이어렉티컬한 생각을 우리 스스로에게 적용하면 매우 유용합니다. "나는 어떤 때에는 리더이고, 어떤 때에는 따르는 사람이다", "나는 어떤 영역에서는 어려움을 겪고 있다. 그리고 나는 어떤 영역에서는 잘 하고 있다"

💬 **토의사항** | 참여자들이 다이어렉티컬한 생각의 예를 발표하도록 한다. 다이어렉티컬하게 생각하는 것이 격렬한 감정을 낮추는데 어떤 도움이 되는지, 이런 경험을 한 사람이 있는지 물어본다.

Ⅲ. 다섯 가지 DBT 문제 영역

오리엔테이션 자료 2. "스킬 훈련의 목표"를 펴게 할 것.

리더 유의사항: 오리엔테이션 과정을 한 가족 이상이 받은 상태라면 그 가족에게 오리엔테이션 자료 2에 있는 다섯 가지 문제 영역을 설명해보도록 한다. 새로 형성된 그룹이거나 기존 그룹참여자들이 DBT 문제 영역에 대하여 간략하고 명료하게 설명하지 못하면 어떻게 이 문제 영역이 그들과 연관이 있는지에 대하여 논의하도록 한다.

왜 여러분은 이 그룹에 참여하게 되었을까요? 그 이유는 앞으로 언급할 문제(예: 감소시켜야 할 문제) 가운데 적어도 하나 이상을 겪고 있기 때문입니다. DBT는 이러한 일련의 문제들을 치료하기 위해 개발되었습니다.

A. 자각하기와 집중력 감소, 자신에 대한 혼돈감

▪ **매 순간 나의 감정과 생각 그리고 충동을 자각하기 어려움.** 이 문제는 폭언을 하거나 감정적 철수(shut down)를 하기 전에, 나를 화나게 만든 것이 무엇인지 잘 알지 못하는 것을 말합니다. 감정의 파도가 덮쳐올 때, 얼마나 빨리 그리고 강렬하게 다가오는지 파악하지 못하기도 합니다. 혹시 그 감정에 따라 충동적으로 행동해 버리거나 그 충동을 자각하기 전에 먼저 행동해 버린 적이 있었나요?

▪ **현재 이 순간에 온전히 참여하고 집중한 상태로 있는 것이 어려움.** 내일 무슨 일이 일어날지 걱정하고 있는 것을 발견한 적 있나요? 아니면 과거의 일에 대하여 슬퍼하거나 후회하는 감정에 빠진 적이 있나요? 이렇게 현재에 주의집중하지 못하고, 과거와 미래에 주의를 빼앗기면 바로 현재 이 순간에 느낄 수 있는 삶의 즐거움이나 행복, 긍정적인 감정과 경험을 가질 수 있는 기회를 잃어버리게 됩니다.

▪ **자신의 목표가 무엇인지 모를 때.** 혹시 내가 무엇이 되고 싶은지, 무엇을 원하는지, 무슨 가치를 가지고 사는지 확신을 할 수 없다고 느끼신 적이 있나요? 가족들과의 관계를 증진시키고 싶은가요? 고등학교나 대학교를 졸업하고 싶나요? 정직함, 존중, 충성심과 같은 스스로 세워놓은 가치에 따라 행동하고 있나요?

여러분들이 이런 문제를 겪고 있다면, 자각 능력과 주의집중력의 감소, 자신에 대한 혼돈감을 겪고 있는 것입니다. 예를 들어 강렬한 감정이 솟구쳐 올라올 때, 5초 사이에 시속 0km 에서 100km 의 속도로 순식간에 올라가게 된다면 감정을 바라보고 조절하기는 어렵습니다. 목표는 감정이 시속 100km로 가기 전에 10km 지점에서 자각하고 30km에서도 자각하도록 돕는 것입니다. 이렇게 함으로써 적기에 적절한 행동을 할 수 있습니다.

B. 감정조절장애

▪ **통제하기 어려운 빠르고 강렬한 감정의 격변:** 예를 들어 괜찮다가도 갑자기 15분 간 불안에 휩싸이고 다음 5분 간 수치심에 휩싸이고 1시간 동안 분노를 느끼는 것 같은 경험을 할 수 있습니다.

그리고 / 또는

▪ **지속적인 부정적 감정 상태:** 예를 들어 지속적으로 우울하고, 지속적으로 불안하며, 지속적으로 화가 난 상태일 수 있습니다.

감정조절장애는 DBT 프로그램의 대표적인 문제 영역입니다. 나머지의 문제 영역은 이 감정을 통제하는 것 혹은 감정의존적 반응(목표나 효과적인 것에 따라 행동하는 것이 아니라 감정에 따라 행동하는 것)을 통제하는 것을 어려워하기 때문에 나타납니다.

C. 충동성

▪ **충분히 생각하지 않고 행동하기.** 감정적 경험을 회피하거나 도피하기. 무슨 결과가 나올 것인지에 대해서 생각하지 않고 충동적으로 행동한 적이 있나요?

충동적 행동에는 다양한 범주의 행동들이 포함됩니다. 예: 수업 시간이나 저녁 식사 자리에서 무심결에 욕설을 내뱉는 것, 언어적/신체적 분노 폭발, 충동적인 쇼핑, 폭식, sexting, 음주, 약물 사용, 무모한 운전이나 자해, 자살행동 등. 결과에 대해 생각하기 전에 행동을 먼저 하는 경향이 있다면 충동적 행동을 하고 있을 가능성이 높습니다. 강렬한 감정이 활성화되어 버리면 충동적으로 행동할 가능성이 높습니다.

D. 대인관계 문제

▪ **안정적으로 관계를 유지하기 어려움.** 이 문제는 사람들과의 관계에서 마음이 급격히 바뀌는 것을 말합니다. 예를 들어 오늘은 어떤 사람을 사랑하는 감정이 들다가도 내일 갑작스럽게 분노가

치밀어 오르고, 배신감이 들고, 관계를 끝내고 싶다는 생각이 들고, 수많은 관계 갈등을 겪고 있다고 느끼곤 합니다.

- **타인에게서 원하는 것을 얻는 것이 어려움.** 효과적으로 "아니오" 라고 하는 것이 어렵습니다. 다른 사람에게 여러분이 원하는 것을 효과적으로 능수능란하게 전달하지 못합니다. 예를 들어 부모님에게 정해진 귀가 시간을 지나 늦게 집에 와도 되는지를 물어보는 것이나 친구의 마음에 상처를 주지 않고 생일파티에 가지 못한다고 거절하는 것 등을 어려워합니다.

- **자기 존중감을 유지하기 어려움.** 자기 존중감은 자신의 가치를 자각하고 그것을 지키는 것입니다. 또래 친구들이 강요하더라도 자신의 가치에 반하는 행동을 하지 않는 것으로, 예를 들어 약물이나 성적 행동, 커닝하기, 친구나 부모님께 거짓말하기 등의 강요를 효과적으로 거절하는 것을 말합니다.

- **외로움.** 감정과 행동을 잘 통제하지 못하면 사회적 관계에 영향을 주게 되고 결국 혼자 남아 외로워집니다.

E. 청소년과 가족 간의 문제

- **극단적 사고.** '이것 아니면 저것', '흑 아니면 백'과 같은 양자택일식 사고는 내 관점만이 '반드시 옳은 것'이라고 생각하게 하고, 다른 사람의 관점도 타당할 수 있다는 생각을 못하게 만듭니다(예: 다이어렉티컬하지 않은 생각).

- **극단적 감정과 행동.** 감정적 상태에 휩싸여 있을 때 의사 결정을 하면 극단적 행동으로 이어질 가능성이 높습니다. 예를 들면 자녀에게 "앞으로 6개월 동안 외출 금지야"라고 말하거나 스스로에게 "너는 완전 바보, 멍청이야"와 같이 욕하는 행동(예: 다이어렉티컬하지 않은 행동)을 하게 됩니다.

- **다른 사람의 반응을 이해하기 어려움.** 다른 사람을 수인하기 어렵습니다.

- 현재 상황에서 내 감정과 생각, 행동을 이해할 수 있다는 것을 **나 자신에게 전하기 어려움**(예: 자신을 수인하기 어려움).

- **타인에게 보상하기 어려움.** 사랑하는 사람이 내가 원하는 것을 할 때에도 칭찬하기가 어렵습니다(예: 긍정적 강화를 하기 어려움).

- **효과적인 처벌적 결과물을 사용하기 어려움.** 예를 들어 청소년 자녀가 원치 않은 행동을 했을 때 시간제한적이고 적절한 처벌적 결과물을 사용하지 못하고 행동을 변화시키기 위하여 과도한 처벌을 사용하게 됩니다.

💬 **토의사항 ㅣ** 참여자들에게 3분 동안 마인드풀하게 오리엔테이션 자료 2. "스킬훈련의 목표"에 있는 다섯 가지 문제 영역을 보며 자신에게 해당되는 것이 있는지 적어보게 할 것(가족 내 구성원을 말하는 것이 아님). 그리고 참여자에게 자신과 관련있는 다섯 가지 문제에 대해 간략하게 말하게 할 것. 가장 오래 그룹에 참여했던 청소년에게 어떻게 자신의 문제 영역이 현재와 과거에 영향을 주고 있었는지를 발표하게 한다. DBT 그룹에 오랫동안 참여한 청소년이 없다면, 자신이 적은 것을 발표하려는 자원자를 시키도록 한다. 그리고 가장 경험이 많은 성인 참여자에게 이 다섯 가지 문제 영역이 자신의 현재 또는 가까운 과거에, 또 청소년기에 어떤 영향을 주었는지 발표하게 한다.

> **리더 유의사항:** 위 토의 사항은 비공식적으로 자기 평가를 할 수 있도록 할 뿐 아니라 새로 온 참여자가 DBT 치료를 시작하게 된 일반적인 문제 영역에 대하여 오리엔테이션을 받을 수 있는 기회가 된다. 이렇게 DBT 문제 영역과 목표를 약 5~6주마다 오리엔테이션 기간에 반복하게 된다. 오리엔테이션을 반복할 때마다 참여자는 자신과 가족의 문제 영역이 어떻게 진척되고 있는지를 가늠할 수 있다. 스킬훈련자는 이 진척 사항을 평가하고 증진이 되었으면, 참여자가 이를 인식하도록 독려하고 아직 부진한 영역에서는 더 많은 변화의 노력이 필요하다는 것을 인지하도록 돕는다. 진전된 부분에 대해서 반드시 칭찬하도록 하고 더 노력해야 하는 영역에 대해서는 피드백을 하도록 한다.

Ⅳ. 다섯 가지 DBT 스킬 세트

DBT는 다섯 가지 문제 영역에 대한 치료를 돕고 더욱 숙련된 행동으로 바꾸기 위한 구체적인 스킬들을 알려줍니다. 자신에 대한 집중력 문제나 혼돈감, 자각 능력의 감소 문제에 대응하기 위하여 여러분들은 마인드풀니스 스킬을 배우게 될 것입니다. 감정조절 문제를 위해서는 감정조절 스킬을, 충동성에 대응하기 위해서는 고통감내 스킬을, 대인관계 문제에 대응하기 위해서는 대인관계 효율성 스킬을, 청소년과 가족이 겪는 문제에 대응하기 위해서는 중도의 길 걷기 스킬을 배우게 됩니다. 각각의 스킬 모듈은 그 모듈에 해당하는 발견된 문제만을 다루는 것이 아니라 다른 영역의 문제도 같이 감소시킬 수 있습니다. 예를 들어 감정조절 스킬이 없는 사람이라면 대인관계 효율성 스킬을 사용하기 어렵고 결국 부드러운 사회적 관계를 만들기 어려울 것입니다.

> **리더 유의사항:** 이 지점에서 스킬훈련자는 이러한 문제 행동을 감소시킬 수 있는 스킬 도구가 있다는 것을 명확히 알려주고, 이 목표를 달성하기 위한 DBT 스킬 즉, 새로운 적응행동이 있다는 것을 알려줌으로써 희망을 주도록 한다.

V. DBT 스킬훈련그룹의 구성체계

오리엔테이션 자료 3. "DBT 스킬훈련그룹 구성체계"를 펴게 할 것.

A. 스킬 모듈의 전반적인 과정과 순서

24주 동안(또는 정해진 기간 동안) 진행되는 프로그램에서는 다섯 가지의 스킬 모듈을 배우게 됩니다. 자료에서 보는 것과 같이 새로운 참여자는 오리엔테이션(전반부 회기) 모듈을 시작할 때 그룹에 들어 오게 되고, 후반부 회기에는 마인드풀니스 스킬을 배우게 되며 이어서 약 4~5주 동안 하나의 스킬 모듈을 배우게 됩니다(전체 6주 동안). 그리고 나서 다시 오리엔테이션과 마인드풀니스 스킬을 배우고 다음 고통감내, 중도의 길 걷기, 감정조절, 대인관계 효율성 모듈에 있는 스킬을 배우게 됩니다.

1. 마인드풀니스 스킬을 반복해서 배우는 이유는 무엇인가?

왜 반복해서 마인드풀니스 스킬을 배워야 할까요? 그 답은 간단합니다. 마인드풀니스 스킬은 치료에 핵심이 되는 부분이기 때문입니다. 마인드풀니스 스킬 없이는 여러분이 분노를 느끼는지, 슬픔을 느끼는지 알아차리지 못합니다. 따라서 감정적 상태에서 그대로 경험할지, 아니면 그 감정을 바꾸려고 무언가를 할지에 대해 충분한 정보를 가진 상태에서 의사결정을 할 수 없습니다. 예를 들어 마인드풀니스 스킬 없이는 지금 겪고 있는 충동적 상태를 극복하기 위해서 고통감내 스킬을 사용해야 한다는 것을 자각하지 못합니다. 마인드풀니스 스킬이 없이는 특정한 대인관계 상황에서 여러분의 목표가 무엇인지 자각하지 못하고 원하는 것을 얻지 못하는 결과를 낳게 됩니다.

B. 회기의 구성체계

각 회기는 2시간 동안 진행하게 됩니다. 첫 번째 시간에는 숙제를 리뷰하고(지난 주에 연습한 것), 10분 정도 휴식을 가지게 됩니다. 두 번째 시간에는 새로운 DBT 스킬을 배우게 됩니다.

1. DBT 스킬 자료 가져오기

매 주, 여러분에게 배포된 DBT 자료와 워크시트를 가져오세요. 워크시트에 있는 DBT 연습하기를 직접 완수하도록 합니다.

2. 정시에 시작하기

DBT 그룹은 정시에 시작하여 정시에 끝나게 됩니다. 정시에 시작할 수 있도록 여러분께서는 그룹 치료실에 몇 분 일찍 오셔서 자리를 잡고 시작할 준비를 해주시면 감사하겠습니다. 오늘 저녁에 있는 오리엔테이션 시간을 제외하고, 매주 회기 시작 전에 흥미로운 마인드풀니스 연습을 하게 되는데 늦으면 이 연습에 참여하지 못합니다. 마인드풀니스 연습에는 마인드풀하게 사탕 한 조각을 먹거나 마인드풀하게 음악을 듣는 것 등이 있습니다. 우리는 자원자가 있으면 마인드풀니스 훈련을 이끌어 가게 합니다. 여기 있는 모든 분들이 마인드풀니스 연습을 같이 할 수 있는 기회를 가지게 될 것입니다. 이것에 대해서는 앞으로 더 상세하게 설명하도록 하겠습니다.

C. DBT의 생물사회이론

오리엔테이션 자료 4. "생물사회이론"을 펴게 하고, 다섯 가지 DBT 문제 영역을 다룰 것.

여기에 있는 청소년 그룹이 모두 비슷한 유형의 문제가 있는 이유가 무엇일까요? 그 답은 생물사회이론에서 찾을 수 있습니다. 제가 지금 설명하려고 하는 이 이론을 이해하면 여러분은 어떻게 청소년에게 이러한 문제가 발생하게 되는지, 어떻게 문제가 유지되는지, 어떻게 청소년이 '갇혀 버리게' 되는지 이해할 수 있습니다. 이 이론에 대한 설명을 들으면서 여러분에게 어떻게 적용이 되는지 생각해보십시오.

D. 개요: '생물학적' 및 '사회적'이라는 개념의 정의

'생물학적'이라는 개념에 대해 설명해 줄 수 있는 사람이 있나요?[참여자가 자신의 생각을 나눌 수 있도록 기회를 줄 것] '생물학적'이란 생물학적 구성 즉, 여러분이 감정이나 행동충동을 경험하고 통제하기 위해 뇌가 연결되어 있는 구성을 말합니다.

'사회적'이란 무엇일까요?[참여자가 자신의 생각을 나눌 수 있도록 기회를 줄 것] 사회적이란 여러분의 사회적 환경을 의미합니다. 이 사회적 환경에는 가족 참여자, 친구, 선생님, 코치, 치료자, 이웃 등을 포함합니다.

때때로 어떤 사람들은 여러분이 대체 어떻게 그런 생각을 하게 되었는지 이해할 수 없다는 반응을 보일 때가 있습니다. 이런 상황에 놓이게 되면 여러분은 그 사회적 환경을 비수인적으로 경험하게 됩니다. DBT의 생물사회이론에서는 여러분의 어려움이 생물학적 구성과 반복적인 비수인적 환경의 상호 교류(영향)에서 시작된다고 말합니다.

1. 감정에 대한 생물학적 유약성

감정에 대한 생물학적 유약성에 대해서는 점점 더 많은 연구가 진행되고 있습니다. 그 결과를 보면 강렬한 감정을 가진 사람들은 다른 또래 그룹이나 형제와는 다른 생물학적 구조를 가지고 있습니다. 뇌 스캔 영상 연구에 의하면 감정조절장애나 행동조절장애가 있는 사람의 경우, 감정과 연관된 뇌 특정 부분이 일반인과 다른 것으로 나타납니다. 이렇게 뇌 구조가 다른 것은 분명히 긍정적인 면이 있고, 이것에 대해서는 잠시 후에 다시 논의하겠습니다. 우선 제가 여러분에게 몇 가지 사항에 대해 질문하겠습니다.

- **높은 감정적 민감성.** 감정적으로 민감하신가요? 여러분의 주위 사람보다 더 쉽게 자극이 되는 것 같습니까? 감정을 아주 빠르게 느끼나요? 예를 들어 어떤 사람은 나무의 꽃가루에 민감해서 봄이 시작되면 눈물이 나고 재채기를 하지만, 다른 사람들은 영향을 받지 않습니다. 신체적인 민감성을 가지고 있는 것입니다. 팔에 3도 화상을 입어 병실 창문을 열어 두고 누워있는 것을 상상해보세요. 문이 열리면 공기가 창문을 통하여 문으로 나가게 됩니다. 환자 옆 간병인은 공기의 흐름을 자각하지 못하지만, 그 공기의 바람은 화상을 입은 팔을 스쳐가게 되고 환자는 고통에 몸을 움츠리게 됩니다. 이것이 우리가 말하는 민감성입니다. 여러분 중에는 이렇게 감정에 민감한 사람이 있을 겁니다.

🗨 **토의사항** | 위의 질문 사항에 대한 동의 여부를 간략하게 묻기.

- **높은 감정적 반응성.** 감정적인 반응성이 높은가요? 여러분 가운데에는 감정적 민감성이 높을 뿐만 아니라 반응성도 높은 경우도 있습니다. 감정적 경험이 강렬한가요? 매우 깊은 우울감과 슬픔을 느끼고 있지는 않나요? 어떤 일에 약간 짜증나는 것이 아니라 분노하고 상처를 주는 말이나 행동을 하고 있지는 않나요? 또한 여러분은 불안할 때 뱃속에 나비가 있는 것 같은 느낌 정도가 아니라 공황장애적 불안을 느끼고 그 상황에서 벗어나려고 하지는 않나요? 제가 감정이라는 연속선 상에서 가장 높은 부분에 이르는 감정을 설명해 보도록 하겠습니다.

> **리더 유의사항:** 화이트보드에 수직선을 그리고 아래는 0, 위는 100을 적는다. 화와 같은 감정을 언급하며 약간 짜증나는 정도를 맨 아래에 표기하고 화를 중간, 격분을 맨 위에 적도록 한다 (이렇게 하면 그림 5.1과 같이 y축을 구성하게 된다.)

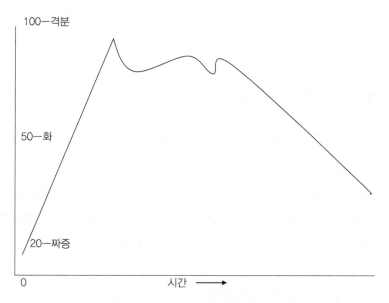

그림 5.1_ 높은 감정적 반응성. 기초선으로 돌아오는 속도가 느림

🗨 **토의사항** | 위의 내용이 자신의 경험과 같은지 간소하게 이야기하도록 독려한다.

- **감정 상태가 기초선(baseline)으로 돌아오는 속도가 느림.** 흥분된 감정 상태가 기초선으

로 되돌아 오는 시간이 오래 걸리나요? 감정적으로 민감하거나, 반응적일 뿐만 아니라 감정조절이 되지 않으면 자신의 감정기초선로 돌아오는데 시간이 오래 걸리는 경우가 있습니다. 이것이 무슨 뜻일까요? 일반적으로 다른 사람들은 분노나 수치감, 슬픔 또는 두려움(방금 그린 그림의 윗부분을 지적하면서)과 같은 감정을 느끼면 5~10분 안에 자신의 기초선로 내려가는 반면, 여러분은 기초선로 되돌아오는데 오랜 시간이 걸린다는 것입니다. 매우 감정적 상태일때는 몇 시간이나 하루가 지나야 0에 가까운 기초선에 근접하게 된다는 것입니다.

> **리더 유의사항:** 그림 5.1과 같이 x축 (시간)을 그리고 강렬한 감정이 급격히 상승하는 것을 표현하는 선을 그린 후 시간이 지나면서 강도가 천천히 줄어드는 선을 그리도록 한다.

▪ **감정이 기초선로 돌아오는데 많은 시간이 걸리는 이유.** 벽난로의 불을 생각해보세요. 벽난로의 불이 잘 타고 있을 때, 나무를 넣으면 더 강하게 오랫동안 불이 타오를 것입니다. 강렬한 감정적 기준점과 높은 민감성과 반응성을 보이는 사람의 감정은 아주 작은 것에도 민감하게 반응하여 계속해서 감정이 재활성화 되기 때문에 기초선로 돌아오기가 어려운 것입니다. 마치 뜨거운 불에 새 장작을 넣는 것과 같습니다.

💬 **토의 사항 |** 위 경험에 동감하는 사람이 있는지 물어볼 것.

▪ **강렬한 감정이 가져다 주는 강점.** 어떤 것을 감정적으로 강렬하게 느끼는 것은 여러분이 중요하다고 생각하는 것에 동기 부여를 하거나, 사회적 관계를 맺는 것, 혹은 관심 분야나 창의적인 부분에 있어서 열정적일 수 있게 합니다. 감정적으로 열정적이고 강렬한 사람들은 영향력 있는 리더가 되기도 합니다. 그들은 스포츠 경기를 할 때 자신과 다른 사람을 움직이게 할 수도 있고, 통합된 목표를 위해 동료에게 동기 부여를 할 수도 있습니다. 우리는 여러분이 이러한 강점을 경험하고 의사소통을 하기 원하지만, 그 방식은 감정이 여러분을 통제하게 하는 것이 아니라 여러분이 그 감정을 통제하는 방식이기를 바랍니다. 강렬하고 힘찬 감정은 이를 효과적으로 조절하지 못하면 문제가 되어 버립니다.

2. 효과적인 감정조절 능력의 부재

감정조절 스킬이 없다면 문제 행동을 하게 될 가능성이 높습니다. 단기적으로는 술이나 약물, 학교를 빠지거나, 자해를 하는 행동 등으로 여러분이 경험하고 있는 분노, 수치감, 두려움과 같은 강렬한 감정을 낮추려 합니다. 하지만 장기적으로 이러한 강렬한 감정은 문제를 해결하기보다는 문제를 더 야기시키고, 도움이 되지 않습니다. 다행히 DBT에는 감정을 효과적으로 조절할 수 있는 중요한 스킬들이 있다는 것입니다.

E. 비수인적 환경 (invalidating environment)

지금까지 우리는 사람들이 (1) 감정에 대한 생물학적 유약성이 높을 경우, (2) 감정을 효과적으로 조절할 수 없고, (3) 비수인적인 사회적 환경에 놓여있을 때 발생하는 문제점들에 대해 이야기 했습니다. 이 부분에 대하여 더 자세히 논의하도록 하겠습니다.

오리엔테이션 자료 4. "생물사회이론"을 찾아 펴게 할 것.

- **수인(受因, validation) 과 비수인(非受因, invalidation)에 대해 정의하기.** 수인하기란 무엇일까요? [참여자가 의견을 말하도록 할 것] 수인하기란 확증하고, 확인하며, 인정해주고, 이해한다는 생각과 느낌을 전달하는 것을 말합니다. 비수인이란 반대로 인정하지 않고, 깎아내리며, 합법적이지 않다고 느끼게 하고, 다른 사람이 생각하고 느끼고 행동하는 것이 이해가 되지 않는다는 생각이나 느낌을 전달하는 것을 말합니다.

비수인적인 사회적 환경은 부모, 형제, 조부모, 이모, 삼촌, 사촌을 포함하는 가족뿐 아니라 선생님, 또래 친구들, 코치, 치료자 또한 여러분 스스로를 다 포함할 수 있고 이외에도 더 많을 수도 있습니다.

비수인이란 상대방이 여러분의 느낌, 생각, 행동을 이해하지 못하여, 부정확하고 과도하게 반응하는 의사소통을 의미합니다. 비수인적 환경은 감정적 표현 행위를 처벌하거나 때로는 강화하기도 하며 사람들이 자신의 감정을 억누르거나 증폭시키도록 하고 때로는 그 사람이 혼돈감을 느끼게 하여 자신의 감정 경험을 신뢰하지 못하게 하기도 합니다(자기 비수인하기).

- **모든 사람들이 때로는 비수인적 행동을 합니다.** 때로는 스킬훈련자를 포함한 우리 모두가 비수인적 말을 합니다. [스킬훈련자가 자신의 개인적 예를 들 것. "저는 지난 주에 적어도

한 번은 제 배우자와 아이들, 동료, 공동리더에게 비수인적 언급을 했습니다."] 우리는 절대로 비수인적인 언급을 하면 안된다고 말하지 않습니다. 물론 그렇게 하면 좋지만 현실적이지는 않다는 것이지요. 우리가 말하는 것은 항상 모든 것에 비수인적이지 말라는 것입니다. 여러분이 무엇을 말하고, 어떻게 말하는지 집중해보세요. 여러분이 특별한 말이나 행동을 하지 않아도 다른 사람의 경험을 이해하고 있거나 적어도 이해하기를 원한다는 의사를 전달할 필요가 있지 않습니까? 여러분이 수인하기 스킬을 배우고 연습을 많이 할수록 의도하지 않아도 다른 사람을 비수인하고 있다는 것을 발견하게 되고, 시간이 지날수록 더 많이 수인하게 될 것입니다.

리더 유의사항: 이 지점에서는 그룹에게 일부러 비수인적인 말을 하도록 할 것. 예를 들어 리더는 다음과 같이 말하도록 한다.

"제가 오늘 여러 가지를 가르쳐 드렸습니다. 여러분이 치료받으러 온 이유가 있으니, 이 자료를 빠르고 쉽게 습득할 수 있을 것입니다. 저희는 여러분이 100퍼센트 집중할 것을 기대하고 있어요. 여러분이 하루 종일 특별히 과중한 일을 하지 않았을 것이고, 별로 한 일도 없었을 것입니다. 여기 말고는 다른 곳에 갈 곳도 없을테니까요!"

💬 **토의 사항 |** "이런 말을 들었을 때 어떻게 느끼나요? 제가 여러분의 현재 경험을 정확하게 이해하고 있다고 생각을 하나요?"라고 물어 볼 것.

"저 사람은 자기가 무슨 말을 하는지 전혀 알지 못하는 것 같아. 말이 안되는 이야기야. 생물 사회이론은 어려운데…. 나는 오늘 하루 종일 너무 피곤했어. 나는 할 일이 굉장히 많은데…. 집에서 쉬거나 친구들하고 같이 있고 싶다."와 같은 생각이 들었다면 여러분이 비수인적 일 때 상대방이 어떻게 느끼게 될 지 알 수 있을 것입니다.

리더 유의사항: 많은 사람들은 자신이 비수인적 경험을 하였을 때 감정이 증폭되고 수인적 경험을 했을 때는 더 편안해진 느낌을 받게 된다.

반면에 제가 다음과 같이 말했다면 어떨까요? "오늘 첫 번째 그룹에서 새로운 스킬을 너무나 많이 배워 집중하기가 매우 어려울 것입니다. 저녁 늦은 시간에 실내는 덥고 많은 분들이 저녁 식사도 못하고 해야할 일이 많은 데도 이곳에 와서 힘들 것 같네요. 그렇죠?"

💬 **토의 사항 |** "'저 사람이 하는 말이 맞아, 그렇게 말해주니까 참 고맙네'라고 생각을 하지 않았나요? 만일 그렇다면 수인적 반응이 어떻게 느껴지는지 경험한 것입니다. 비수인적으로 느꼈을 때 어떻게 다른 감정을 느끼게 되나요? 비수인적 경험과 수인적 경험이 어떻게 다른가요?"라고 물어볼 것.

F. 세 가지 유형의 비수인

비수인에는 세 가지의 일반적 유형이 있습니다.

1. 비수인 반응 유형 1: 나의 생각, 감정, 행동이 무차별적으로 거부당할 때.

예

한 청소년이 충분히 공부를 했는데도 시험에서 떨어져서 매우 슬프고 낙담했습니다. 부모는 "그건 네 잘못이야. 네가 더 공부를 했더라면 시험에 통과했을 거야"라고 반응하거나 "걱정 하지마. 그것은 큰 문제가 아니야. 단지 시험일 뿐이야."라고 말할 수 있습니다.

💬 **토의 사항 |** "왜 이러한 반응이 비수인적인 것이라고 볼 수 있을까요?" 라고 질문할 것

a. 문제의 본질

위 두 반응의 문제점은 그 청소년이 시험을 못 본 것에 대해 어떻게 느끼는지 무시하고 있는 것입니다. 첫 번째 반응은 실패의 잘못에 대해 어떻게든 비판을 하면서 아이가 기분 나쁜 감정을 표출할 권리가 없다는 메시지를 담고 있습니다. 두 번째 반응의 경우에는 청소년이 시험에 대해 느끼는 방식을 인정하지 않으면서 그렇게 느끼면 안된다는 말을 하고 있습니다.

b. 비수인의 결과

위 두 가지 방식으로 비수인적 반응을 하면 결과적으로 그 청소년은 자신의 감정을 신뢰하지 못하게 되고 (1)"내가 느끼고 생각하고 행동하는 것은 부적절하고 부정확해"라고 생각하며 스스로 비수인하기 시작하고, (2)주변 환경을 살피며 '올바른 방식'으로 느끼는 것을 찾게 됩니다. 다시 말하면 청소년은 비수인적 환경을 내재화하고 스스로 자신의 최악의 적이 되어버립니다.

우리 스스로 다음과 같이 반복적으로 말하면 우울해집니다. "나는 이렇게 느껴서는 안돼. 나는 이렇게 생각하면 안돼" 우리가 생각하고 느끼는 것을 누가 결정할 수 있나요? 자신에게 "~해야만 해"라고 하는 것은 자기-비수인적이고 우울감을 증가시킬 수 있습니다.

c. 수인하기를 방해하는 요인

많은 사람들은 다른 사람의 감정을 수인하는 것을 어려워합니다. 그 이유는

- 감정을 수인하면 그 사람의 문제 행동까지도 수인하게 될까 두려워합니다.
- 감정을 수인하면 상대방이 더 화를 낼까봐 두려워합니다.

💬 **토의 사항** | "위의 사례를 보면 시험을 잘 못봐서 마음이 언짢은 딸에게 부모가 어떠한 말을 하는 것이 좋을까요?" 가능한 여러 가지 수인적인 말에 대하여 논의하도록 한다. 예를 들어 "네가 시험 성적이 좋지 않아서 슬프고 걱정이 많이 되는구나." 그리고 그룹의 다른 청소년에게 물어볼 것. "이렇게 말했을 때 더 상처를 받거나 화가 나나요? 그랬다면 왜 그런지, 왜 그렇지 않은지 설명해보세요." 대부분 이렇게 말했을 때 이해 받고 있다고 느끼고 화가 나지는 않는다고 대답할 것이다.

2. 비수인 반응 유형 2: 낮은 수위의 감정 표현이 처벌되거나 무시되고, 감정적으로 상승이 되었을 때 더 많은 관심을 얻게 될 때(간헐적 강화).

시험에 실패하여 슬퍼하고 낙담하는 청소년 예를 다시 들어보겠습니다. 이 예에서 부모가 소리치면서 "넌 너무 과도하게 반응하고 있어! 도대체 그게 뭐가 중요하니?!"라고 했을 때 청소년은 울기 시작하고 다시는 학교에 가지 않겠다고 협박하게 됩니다. 부모는 그제야 누그러지면서 말합니다. "그래 네 기분이 나아지게 밖에서 맛있는 저녁을 먹자. 다음에 공부할 때는 내가 도와줄게."

💬 **토의 사항** | "위의 예가 왜 비수인적이라고 볼 수 있을까요?"라고 질문할 것.

a. 문제의 본질

위의 반응에는 두 가지 문제가 있습니다. 부모님이 소리치고 분노하면 청소년은 자신의 감정을 묵살하고 있다고 느끼고 이것은 처벌적입니다. 이러한 반응을 하면 청소년의 감정 상태는 상승하게 됩니다. 이런 유형의 비수인 반응의 결과는 아이들이 처벌을 면하기 위해서 자신의 감정을 억누르고, 억누르는 것이 잘 되지 않을 때 극단적인 감정 상태가 되어 버립니다. 게다가 부모가 아이가 강렬한 감정을 보인 이후에 도와주겠다는 말과 저녁을 사주겠

다는 말을 하게 되면 자녀의 강렬한 감정 반응을 보상하는 것이 됩니다. 이렇게 하면 자녀는 점점 더 극단적인 감정 반응을 많이 하게 될 것입니다. 가끔씩 주는 보상(간헐적 강화)은 그 행동을 더 반복하게 하며 중단하기가 더 어렵습니다.

3. 비수인 반응 유형 3: 문제를 해결하거나 목표를 달성하는 것이 쉽다고 지나치게 단순화할 때

이러한 유형의 비수인 반응의 대표적인 것으로는 부모가 자녀에게 "다음 번에는 조금 더 공부를 하도록 해. 그럼 잘 할 수 있을 거야" 와 같이 말하는 것입니다. 낸시 레이건이 한 말을 예로 들어보겠습니다. 레이건 여사가 미국의 영부인일 때, 약물 남용을 줄이기 위해 매우 특별한 의제를 선택하였습니다. 이 문제에 대한 그 분의 접근은 많은 박수 갈채를 받았습니다. 그것은 바로 약물에 대해서 "'아니오'라고 말하세요" 였습니다.

💬 **토의 사항 |** "위의 두 가지 예가 왜 비수인적인 것으로 여겨질까요?" 질문할 것

a. 문제의 본질

20년 동안 헤로인에 중독되어 있는 사람에게 "'아니오'라고 말하세요."라는 것을 해결책으로 준다고 상상해 보세요. 가능할까요? 이것이 비수인의 전형적인 형태입니다. 어려움을 겪고 있는 사람에게 부모나 친구 혹은 치료자로서 "그냥 x, y, z를 해."라고 할 때, 그 사람은 화만 나고 아무런 반응도 하지 않게 될 것이고, 여러분은 비수인적 반응을 한 것에 죄책감을 갖게 될 것입니다. 왜 그럴까요?

b. 예

[리더는 자신의 이야기를 공유하도록 한다.] 생각해보면 저 역시 비수인적 반응을 한 적이 있는 것 같습니다. 오랜 기간 치료를 받은 후 고등학교로 돌아가게 되어 불안해 하는 청소년에게 이렇게 말했죠. "학교에 가면 불안해 하지 말고 '다른 친구들도 이런 경험을 한 적이 있어.'라고 말해. 힘들면 상담 선생님께 가렴. 가서 선생님께 다시 복학하는 것이 불안하다고 말하고…" 저의 의도는 분명히 좋은 것이었고 도와주려는 것이었습니다. 그렇지만 저는 그 청소년 학생에게 이것이 얼마나 어려운지 과소평가 했지요. 저는 그 아이가 지금까지 스킬을 잘 배웠고 그 정도면 충분하다고 생각했어요. 제 생각에 할 수 있을 것 같다고 해서 그 아이가 실제로 할 수 있다는 것을 의미하는 것은 아니었습니다. 다시 말하면 제가 피아노를 치면서 노래를 부를 줄 안다고 해서 다른 사람도 그렇게 할 수 있는 것은 아니라는 것이죠.

c. 유형 3 비수인 반응의 결과

문제해결이나 목표 달성을 단순화해버리면 그 결과는 비현실적인 목표와 기대를 형성해버리게 됩니다. "약물의 유혹을 받을 때 '아니오'라고 말하면 나는 모든 약물 문제에서 벗어날 수 있을 거야."라고 생각하는 것은 비현실적입니다.

- **부적합함 때문에 발생하는 비수인적 반응.** 어떤 경우에는 아이의 기질과 가족 환경이 맞지 않는 즉, 부적합한 경우가 있습니다. 예를 들어 다섯 살인 승희는 ADHD가 있어서 자신의 기질과 생물학적 요인들로 인해 계속 뛰어다니고 통통 튀며 공을 던지고 노래를 크게 부르며 끊임없이 에너지를 발산합니다. 반면 어머니의 기질은 승희와 정반대로 에너지 수준이 낮고 조용한 것을 원하는 성향이고 불안해지기도 합니다. 또 아이가 공을 가지고 노는 것에 전혀 관심이 없습니다. 이런 상황을 보십시오. 승희가 공을 튀기면서 뛰어다니고 그와 비슷한 기질이 있는 사람들과 적절한 행동을 하며 놀고 있을 때 엄마가 이렇게 말합니다. "승희야, 제발 공 좀 그만 튀기고, 그만 뛰어다녀!" 승희는 스스로에게 이렇게 생각합니다. "엄마 바로 이게 저예요. 저는 돌아다니면서 공을 튀기는 것을 좋아해요. 가능하면 엄마도 여기 분위기에 맞춰 쾌활해졌으면 좋겠어요." 여기에서 보는 바와 같이 엄마는 승희의 경험을 이해하거나 인정하지 않으며, 비수인하고 있습니다. 승희 역시 엄마가 왜 그런 반응을 하는지 생각하지 않고 있습니다. 승희가 뛰어다니며 놀고 있을 때, 엄마는 그 행동을 중단시키려고만 할 것 입니다. 엄마가 그만두게 하면 할수록 승희는 더 화가 나게 될 것입니다. 또 승희가 더 화가 날수록, 엄마도 더 화가 나게 되는 악순환을 겪게 될 것입니다.

리더 유의사항: 그림 5.2를 그린다. 엄마의 아주 작은 비수인적 반응이 어떻게 승희의 감정적 반응을 강화하여 생물학적 소인에 영향을 주었는지 그려 보도록 한다. 그리고 이 비수인적 반응이 엄마의 비수인적 행동을 증가시키는 순환 과정을 그리도록 한다. 시간이 지나면서 이러한 부정적인 생물학적 요인과 환경적 요인의 상호교류가 감정조절장애, 행동조절장애, 자기조절장애, 대인관계 조절장애를 증가시킬 수 있다는 것을 설명하도록 한다. 승희나 엄마가 서로의 반응을 증폭시키려는 의도는 없지만 부지불식 간에 이런 비수인적 반응이 원하지 않는 결과를 초래하게 된다는 점을 설명하도록 한다.

- **청소년도 타인에게 비수인적인 반응을 할 수 있다.** 청소년들 역시 자신의 사회적 환경 속에서 비수인적 반응을 할 수 있고, 그 반대도 마찬가지라는 것을 아는 것은 중요합니다. 승희와 엄마가 서로에게 비수인적인 반응을 하려는 의도는 없지만, 그들은

분명 다른 사람의 경험을 수인하려는 능력은 부족합니다(스킬 부족). 그리고 시간이 지나면서 더 비수인적인 반응을 하게 됩니다. 승희조차도 어머니의 요구에 주의를 기울이지 않고 어머니의 민감성에 반응하지 않아서 어머니를 비수인할 수 있습니다.

💬 **토의 사항** | "이러한 경우를 본 적이 있나요?" 질문할 것.

- **감정조절장애와 비수인적 반응의 상호교류성.** 어떤 사람이 빈번하게 강렬한 감정 반응을 보이면 주변에 있는 사람들은 수인적 상태를 유지하기 위해서(실제 스킬을 갖추고 있다고 가정하고) 더 많은 노력을 해야만 합니다. 어떤 사람이 강렬한 부정적 감정을 보이면, 상대방은 그에 대한 방어로 공격적 행동을 하거나 회피 행동 또는 그 사람의 감정 반응을 낮출 수 있는 반응을 하게 됩니다. 주변 사람들이 이러한 방어적 행동들을 하면 감정조절장애가 있는 사람은 주변 환경을 비수인적으로 경험할 수 있습니다.

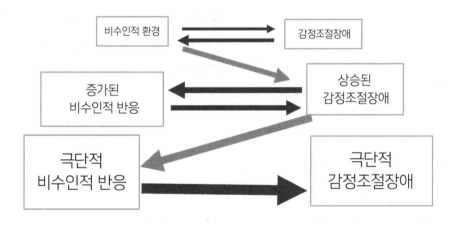

그림 5.2_ 감정조절장애는 비수인적 환경과 생물학적 유약성이 상호교류하면서 증폭한다.

- **성인들도(부모나 보호자) 성장 과정에서 비수인적인 경험을 한다.** 지금까지 저희가 치료해 온 가족(부모, 보호자)들의 경우 성장 과정에서 비수인적 경험을 많이 한 것으로 나타났습니다. 따라서 부모나 보호자가 특별한 스킬을 배우지 않았다면 자녀에게 효과적으로 수인적 반응을 하기 어렵습니다. 왜냐하면 수인적인 반응을 학습할 수 있는 모델이 없었을 것이기 때문입니다. 이분들은 자신의 부모님에게 "그냥 받아들여", "그냥 무시해버려", "불평 그만하고 남자답게 행동해"라는 말을 많이 들었다

고 말합니다. 아마도 당시에는 이렇게 말하는 것이 자녀를 양육하는 방식의 전부라고 생각했을 것입니다. 우리는 오늘부터 악순환 체계를 바꿔나가도록 할 것입니다.

💬 **토의 사항** | 보호자가 자신이 겪은 수인적 혹은 비수인적 경험을 발표할 수 있도록 한다.

> **리더 유의사항**: 어떤 부모의 경우에는 자신이 비수인적 경험을 한 적은 없고 강렬한 감정을 표출하는 자녀를 수인하기 어렵다고 말하는 경우가 있다. 또는 방어적으로 "글쎄요. 저는 멀쩡한데요."라고 반응하며 그러한 스타일이 자신한테 맞는다고 말할 수 있다. 강조할 점은 한 아이에게 적용되는 방식이 다른 아이에게는 적용이 되지 않을 수 있다는 점이다. 이러한 부모에게는 "그럼, 지금 하고 계신 방식으로 자녀를 대할 때 원하는 대로 되었나요?" 라고 물으면 아마도 "별로 잘 되지 않았습니다."라고 말할 것이다. 이 때 부모에게 이제 다른 방식의 접근이 필요하다고 말한다.

- **감정조절 스킬과 수인하기 스킬을 배우면 문제 행동을 낮출 수 있다.** 이 곳에서 감정조절에 어려움을 겪고 계신 분들은 앞으로 감정을 잘 다룰 수 있는 많은 스킬들을 배우게 될 것입니다. 그리고 자신과 타인을 비수인하는 경향이 있는 분들께서는 자신과 여러분이 사랑하는 사람을 더 잘 수인할 수 있는 수인하기 스킬을 배우게 될 것입니다. 이 목표를 달성한다면 자존감과 감정조절 능력이 증진되어 사회적 관계가 원만해 지기 시작할 것입니다.

VI. DBT 치료의 기본 가정

참여자에게 오리엔테이션 자료 5. "DBT 기본 가정"을 펴게 할 것.

'가정'이란 무엇일까요? 바로 입증되지 않은 신념을 말합니다. 저희는 여기에 모여 있는 청소년과 보호자 그리고 스킬훈련자 모두가 다음에 소개할 DBT 치료의 여덟 가지 가정을 받아들이는 것이 중요하다고 생각합니다. 이 가정을 '받아들이면' 치료 과정을 촉진시킬 수 있습니다. 왜 그럴까요? 그 이유는 나와 타인에 대한 판단적 태도가 줄어들게 되고 다이어렉티컬하게 행동하게 되기 때문입니다.

> **리더 유의사항**: 1에서 3까지의 기본 가정은 치료 과정에서 수용과 변화의 주요 다이어렉틱스에 관한 것이다. 이 핵심 다이어렉틱스는 청소년과 부모의 서로 다른 관점을 모두 수인하여 통합하도록 한다.

1. **그룹에 참여한 모든 사람은 최선을 다하고 있다.** 리더는 청소년 자녀의 문제 행동으로 힘들어 하는 부모에게 자녀가 최선을 다하고 있는지에 대하여 말해보도록 한다. 부모가 말하지 못할 것을 가정하여 스킬훈련자는 다음 질문을 준비하도록 한다.

> "여러분의 자녀가 어린 아이였을 때 '내가 크면 반드시 DBT 치료를 받아야지'라고 생각했 을까요? 다시 말해서 만일 자녀가 자신의 감정과 행동을 어떻게 조절하는지 안다면, 치료를 받 지 않고 잘 지내고 있을 것입니다. 그렇지 않나요? (만일 "네"라고 한다면) 여러분의 자녀는 지 금 이 순간에 정말 최선을 다하고 있는 것입니다. 부모로서도 정말 힘든 시기에 자녀를 양육하 기 위해서 최선을 다하고 있습니다. 그리고 저 역시 오늘 밤 이 많은 스킬을 가르치기 위해서 지 금 최선을 하고 있습니다."

💬 **토의 사항 |** 기본 가정에 대해 간략하게 논의할 것.

2. **그룹에 참여하고 있는 모든 사람은 나아지기를 원한다.** 이곳에 오신 모든 청소년과 부모들은 나아지기를 원하기 때문에 이 자리에 있다고 가정합니다.

💬 **토의 사항 |** 간략하게 이 기본가정에 대하여 논의할 것.

리더 유의사항: 이 지점에서 자녀가 잘 참여하려고 하지 않는다고 생각하는 부모가 "제 생각에 제 아이, 지은이는 나아질 것 같지 않아요."라고 말한다면, 그룹리더는 지은이가 급히 저녁을 먹고 차 를 타고 2시간 동안 DBT를 배우고 집에 돌아가 또 늦게까지 숙제를 해야하는 것이 쉬울지 물어보며 첫 번째 기본 가정을 다시 언급하도록 한다. 지은이가 지금 이 자리에 있다는 것을 상기시키며 이 방 에 있는 모든 사람들이 나아지기를 원한다고 말한다.

---

3. **모든 사람들은 더 잘하고, 열심히 하고, 스스로를 변화시키기 위해 더 많은 동기부여를 해야 한다.** 세 번째 가정은 앞에서 설명한 두 개의 가정과 대치되는 것처럼 보입니다. 하지만 여러분 이 최선을 다하고 나아지기를 원한다고 해서, 나아지기 위한 노력과 동기 부여를 할 각오가 되 어있다는 것을 뜻하지는 않습니다. 부족하지만 과거에 배웠던 것들을 사용하여 지금 이 순간에 최선을 다하고 있는 것입니다. 이제 새로운 스킬을 배워 더 잘할 수 있고, 더 노력할 수 있으며 변화를 위하여 더 많은 동기 부여를 할 수 있습니다. 이 세 가지 가정이 동시에 모두 진리일 수 있을까요? [질문을 하고 그에 대해 답을 하게 할 것.] 이것이 수용과 변화의 균형이라는 DBT의 핵심 다이어렉틱스입니다. (1)수용—우리 모두는 이 순간에 최선을 다하고 있고 나아지기를 원 합니다. (2)변화—우리 모두는 우리의 목표를 달성하고 더 잘 살기 위해 나아질 필요가 있고 노

력할 필요가 있으며 스스로 동기 유발을 할 필요가 있습니다.

리더 유의사항: 부모가 참여를 거부하는 경우, 아이는 부모가 최선을 다하고 있지 않거나 참여하려는 노력조차도 하지 않고, 나아지려는 것을 원하지 않는다고 생각할 수 있다. 부모(보호자)가 아이의 치료에 참여하는 것을 원하지 않는다면 어떻게 해야하는가? 참여하지 못하는 사람들조차 현재 자신의 상황과 능력 범위에서 최선을 다하고 있을 것이라는 입장을 견지하는 것이 유용하다. 스킬훈련자는 우리가 이러한 관점을 갖는 것이 어렵다는 것과 때로는 사랑하는 부모나 자녀가 그들의 입장에서 '최선'을 다하더라도 우리를 만족시키지 못할 때 그것이 고통스러울 수 있다는 점을 수인할 수도 있다. 청소년에게는 이것이 감정조절의 상호교류 모델에 내재하는 첫 번째 수인하기 경험이 된다. 다시 말하면 '게으르거나 감정적인' 청소년만의 문제가 아니라 부모 또한 나아져야 하고 노력해야 하며, 변화를 위하여 스스로 동기 유발을 해야한다는 것을 보여준다.

4. 지금 겪고 있는 문제를 자기 자신이 유발시키지 않았더라도, 스스로 그 문제를 해결해야만 한다.

💬 **토의 사항** | 청소년에게 이 가정을 읽고 어떤 생각이 들었는지 표현하게 할 것. 청소년 중에는 이 가정에 대해 "그건 공평하지 않아요"라고 말할 것이다. 그때 리더는 다음과 같이 응답하도록 한다.

"나도 인생이 때로는 공정하지 않다고 생각해. 그렇지만 예를 하나 들어볼게. 회사 출근 길에 정장을 입고 노트북을 들고 호수 공원 옆 길을 걷고 있는데, 자전거 하나가 빠르게 지나가면서 나와 부딪혔어. 불행히도 호수에 빠져버렸지. 노트북을 들고 정장 차림을 하고서 더러운 호수에서 내가 수영을 하고 싶을까? 그렇지 않겠지? 지금 내가 물 속에 있는 것이 내 잘못일까? 그렇지만 어떻게 하겠니. 내가 좋아서 물에 들어가지 않았다고 해서, 수영을 하지 않는다면 어떻게 될까?"

리더 유의사항: 청소년들은 18세 미만으로 성인만큼 자신의 문제를 스스로 해결할 수 없다는 사실을 인지하도록 한다. 예를 들어 미납된 병원비 문제나 가족이 좋지 않은 집으로 이사를 가는 것, 교통 수단이 열악한 것 모두 청소년의 능력으로는 해결할 수 없는 문제이다. 부모나 다른 권위적 위치에 있는 사람만이(선생님, 상담자, 보호자 등) 이러한 상황을 해결할 수 있는 유일한 사람일 것이다. 그룹리더들은 이러한 경우를 잘 인식하면서 사람들이 자신의 문제를 스스로 해결해야 한다는 생각을 전달함으로써 새로운 스킬을 습득하고, 능동적으로 문제해결을 하는 접근을 하도록 독려한다.

5. 그룹참여자는 삶을 살아가는 것 자체가 너무나 고통스럽다. 이 자리에 있는 분들이 지금까지

살면서 겪은 일 그리고 지금 겪고 있는 일들을 생각하면 얼마나 고통스러울지 상상하기 어렵습니다. 일반인들 역시 삶을 살아가는 것은 힘든 일입니다. 그러나 감정조절 문제와 함께 행동 문제, 대인관계와 자기조절 문제, 청소년과 가족 간의 문제를 동시에 겪을 때 감당하기 매우 어렵다는 것을 잘 알고 있습니다.

💬 **토의 사항** | 청소년과 부모들이 이 가정에 대한 생각을 서로 나누고 간략하게 수인하도록 할 것.

> **리더 유의사항:** 이 기본 가정은 청소년 내담자와 가족 참여자의 경험을 수인하고자 하는 것이다. 이 가정을 잘 생각하게 하면 부모는 자녀가 보이는 완고함이나 조작하는 행동, 복수나 게으른 행동에 집중하기 보다는 고통스러운 감정과 연결지어 문제 행동을 바라 볼 수 있게 될 것이다. 마찬가지로 청소년은 부모의 문제 행동을 그들의 부정적인 성향이 아닌 고통스러운 감정에서 나온 것으로 인식할 수 있게 된다.

6. 그룹참여자는 자신의 삶과 연관된 모든 상황에서 새로운 행동 양식을 배우고 연습해야만 한다. 매주 여기에 와서 스킬을 배우며 웃고 서로 지지하는 활동을 하는 것은 좋습니다. 그러나 모두가 이곳을 떠나서도 배운 행동 스킬을 기꺼이 연습하려는 노력을 해야만 합니다. 즉 스킬을 필요로 하는 모든 상황에서(예: 부모, 형제, 자매와 같이 살고 있는 집, 동료와 함께 있는 직장, 선생님이나 또래로 인해 정서적 고통을 겪고 있는 학교) 적극적으로 연습을 하도록 하십시오.

여기에 계신 분들 중에는 '기분-의존적'인 행동을 하는 분들이 많이 있습니다. 다시 말하면 기분에 따라 행동한다는 것입니다. 화가 나면 화난 행동을 하고, 슬픈 감정이 들면 슬픈 행동을 합니다. 여러분이 스킬이 필요한 때와 장소에 맞게 스킬을 연습해야만 감정과 행동을 다른 방식으로 조절할 수 있는 법을 배우게 됩니다.

이 모든 스킬을 순식간에 바로 실행할 수는 없을 것입니다. 청소년은 주치료자나 스킬훈련자를 운동 코치나 부모처럼 생각하여, 적절한 상황에서 적절한 스킬을 사용할 수 있도록 도움을 받도록 하십시오.

💬 **토의 사항** | 요리, 농구, 수학, 외국어, 운전 등 참여자가 스스로 잘한다고 느끼는 것을 발표하도록 한다. 그리고 "이것을 잘하는 '스킬'은 모두 연습이 필요합니다. 이 세상 누구도 배우고 연습하지 않고 태어나자마자 차를 운전하거나 갈비찜을 요리할 수는 없습니다."라고 말할 것.

💬 **토의 사항** | 그룹참여자들에게 연습하기의 중요성을 이해하고 있는지 물어보도록 한다. 그리고 중요

한 순간마다 이 스킬을 연습하겠다는 서약을 하도록 한다.

7. 절대적인 진리는 없다. 이곳에 계신 분들 중에 강렬한 감정에 휩싸여 내가 반드시 '옳다'고 느끼고, 나만 진리를 알고 다른 사람은 완전히 '틀렸다'고 느끼는 분이 있나요? 나는 옳고 그 사람은 틀렸다는 방식으로 생각할 때, 그랜드 캐니언 계곡 양 끝에 서 있는 것처럼 심하게 양분화되고, 화해하는 것이 얼마나 어려운지 자각한 적이 있나요?

우리는 부모와 청소년 모두 일리 있는 관점을 가지고 있으며, 두 개의 입장이 모두 진리일 수 있다는 것을 믿습니다. 부모님이 어떤 상황에서 최종 결정을 해야 할 때가 있지만, 그렇다고 해서 청소년의 생각이 완전히 틀렸다거나 말이 되지 않는다는 것은 아닙니다. 수인하기를 하고, 가능하다면 중도의 길로 가려는 노력을 하십시오. 이 부분에 대해서는 다이어렉티컬하게 생각하고 행동하기를 배울 때 추가로 설명하게 될 것입니다. 우리는 양극단에 있는 정반대의 관점 사이에서 통합을 찾아내야 합니다.

> **리더 유의사항:** 이 기본 가정을 그룹에서 세 번째 리뷰할 때의 일이다. 권위적인 아버지가 그룹에 처음 참여한 이후로 딸에게 자신이 "절대적 진리"를 갖는 자세를 취했던 점을 주의 깊게 살펴보았다고 한다. 그는 절대적인 진리는 없다는 가정을 갖고 있을 때 딸과의 갈등을 줄일 수 있었다고 한다.

8. DBT에서 청소년과 가족참여자는 실패할 수 없다. 정신건강 관련 분야에서는 내담자와 가족의 상태가 나아지지 않으면 "그 사람들은 동기가 없고 노력을 안해" 라며 그들에게 탓을 돌리는 경향이 있습니다. 이러한 경향은 다른 의료적 전문분야에서는 일어나지 않습니다. 여러분의 친구가 뇌종양이 있어서 약물치료를 받고 있는데, 종양이 줄어들지 않는다고 가정해보세요. 종양학자나 암 전문 의사가 환자에게 와서 "당신이 치료 이후에 충분히 노력하지 않아서 종양이 줄어들지 않고 있어요"라고 말하는 것을 상상할 수 있나요? 의사는 아마도 치료가 잘 진행되지 않았고 우리는 다른 것을 시도해야 할 것 같다고 말할 것입니다. 마찬가지로 DBT에서도 여러분이나 가족이 이 치료를 마친 다음, 나아지지 않는다면 우리는 이 치료와 치료자가 여러분에게 맞지 않는다고 말할 것입니다. 여러분이 노력하지 않았다고 말하며 책임을 돌리지 않을 것입니다. 책임을 돌리는 것은 효과적이지 않습니다. 오히려 다른 치료를 고려하는 것이 바람직합니다.

DBT 스킬훈련그룹의 구성은 일반 수업과 유사하지만 시험을 보거나 성적을 매기지는 않습니다. 우리는 여러분이 여기에 와서 최선을 다해 연습하기를 기대할 뿐입니다.

오리엔테이션 자료 6. "청소년 스킬훈련그룹 가이드라인"을 펴게 할 것. 참여자가 돌아가며 하나의 가이드라인을 소리 내어 읽게 하고 이 가이드라인에 동의하기 어렵거나 이를 따르는 데 문제가 있지는 않은지 등에 대해 이야기를 하도록 것.

1. **회기 중에 알게 된 정보(내담자의 이름을 포함하여)는 비밀로 해야 합니다.** 이 그룹에 있는 분들 모두 이 가이드라인의 중요성을 반드시 이해해야 합니다. 만약 여기에서 만난 분들을 백화점 등에서 만났을 때 "이 분은 제가 DBT 치료그룹에서 만난 친구예요!"와 같이 말해서는 안됩니다. 또한 청소년은 그룹 이외의 곳에서 다른 사람의 신상 정보를 공개해서는 안됩니다. 예를 들어 "나는 송파구에 사는 지현이란 좋은 친구를 DBT 그룹에서 만났어"라고 말해서도 안됩니다. 개인치료 시간에 적절한 스킬 내용을 논의할 때를 제외하고는 그룹에서 일어난 일에 대해서 논의하지 않는다는 서약을 하게 하고 이를 확인하기 위하여 손을 들게 한다. 중요한 점은 참여자 모두 이곳이 개인정보가 보호되는 안전한 곳이고 사람들이 서로의 신뢰를 깨면 심각한 문제가 발생한다는 것을 알게 하는 것이다.

리더 유의사항: 비밀유지조항을 다루는 것이 어려울 때도 있다. 매 주, 치료 자문 회의에서 그룹리더는 내담자에 대하여 그룹에서 밝혀진 것보다도 혹은 부모보다 더 많은 정보를 알고 있을 가능성이 있다. 그룹리더가 특정 청소년의 주치료자일 경우에 이 문제는 더 복잡해질 수 있다. 그룹리더는 다른 곳에서 얻은 정보를 누설하지 않아야 하는데, 이유는 청소년 내담자가 불편하게 느낄 수 있고(예: 그룹에서 정보를 나눌 준비가 되지 않았을 경우), 후에 주치료자에게 개인적으로 비밀스러운 사안들에 대해 말하지 않을 수 있기 때문이다.

---

2. **참여자는 약물이나 술에 취한 상태로 회기에 참여할 수 없다.**

3. **24주 프로그램 중에(또는 20주 프로그램에서 4번 이상 결석한 경우) 5회 이상 참여하지 않으면(결석) 더 이상 치료에 참여할 수 없다.** 중단 이후에는 하나의 DBT 치료 모듈이 끝난 다음 다시 참여할 수 있습니다. [그룹리더는 시설이나 그룹의 규칙에 따라서 결석 관련 정책을 변형할 수 있다. 이 규칙은 통합 DBT의 정책을 기반으로 한 것이다.] 참여자가 습득해야만 하는 스킬의 25%를 배우지 못했다면 치료에 필요한 적정량을 채우지 못한 것입니다. 염증이 생겨서 항생제

를 처방 받았다고 상상해보세요. 약을 매일 정시에 정량을 복용하지 않고 일주일 동안 하루 건너 한 번씩 항생제를 복용하게 되면 무슨 일이 발생할까요? 그 항생제는 병이 낫는데 도움을 주지 못할 것입니다. 물론 휴가나 가족의 졸업식 등과 같은 일로 빠질 때가 있습니다. 그래서 우리는 특별한 경우에는 결석을 허용하고 있습니다. 그러나 그룹에서 여섯 번째 빠질 때에는 '탈퇴'로 처리됩니다. [통합 DBT에서는 24주 프로그램에서 그룹 혹은 개인치료에서 여섯 번째 결석을 할 때 탈퇴로 결정된다.] 따라서 스케줄을 주의 깊게 보고 미리 계획을 세워서 회기를 빠지지 않도록 하세요. 만일 청소년 또는 부모가 탈퇴하게 되면 한 번의 DBT 스킬 모듈이 모두 끝날 때까지 기다리고나서 다시 지원할 수 있습니다. 이 규칙은 부모에게도 적용된다는 점을 주의하십시오!

4. **15분 이상 늦으면 그룹에 참여할 수 없고 결석으로 처리된다.** 버스가 늦게 오거나 공사 때문에 차가 밀려서 또는 중요한 회의 때문에 늦게 올 수도 있습니다. 그래서 지각하게 되었다고 이곳에 오지 않고 집으로 돌아가지 않도록 15분의 유예 기간을 두었습니다. 그러나 너무 늦을 경우, 결석으로 처리하는데 그 이유는 마인드풀니스 연습과 숙제 리뷰 그리고 새로 배울 스킬 내용을 빠트리게 되기 때문입니다. 치료에서 정한 정량을 습득해야만 합니다.

5. **참여자는 회기 밖에서 다른 참여자들과 위험행동에 대해서 이야기해서는 안되며, 다른 참여자들이 문제 행동을 하도록 유도해서도 안된다.** 또래와 위험행동에 대해 이야기를 나누는 것은 상대방의 위험행동을 유발시킬 수 있고, 만일 그 사람이 스킬을 잘 알지 못한다면 위험행동을 해버리게 됩니다. 따라서 이러한 내용은 반드시 치료자에게만 이야기 해야 합니다.

6. **참여자는 위기 상황일 때 다른 참여자와 접촉해서는 안되고, 그 대신 스킬훈련자에게 연락을 해야만 한다.** 내담자가 다른 그룹원에게 전화하여 "나 지금 자해를 할거야. 아니면 가출해 버릴거야"와 같은 말을 해서는 안됩니다. 다른 참여자가 불안해하거나 무기력하게 느낄 수 있는 일을 해서는 안됩니다. 위기 상황에서는 치료자가 알려준 스킬을 사용하려고 노력하고 그룹에 있는 사람보다는 치료자에게 직접 전화를 걸도록 해야합니다.

7. **참여자는 스킬훈련 기간 동안 다른 참여자와 특별한 개인적 관계(그룹 형성, 데이트 관계)를 만들지 않는다.** 이 규칙은 다음 두 가지의 이유 때문에 중요합니다. (a)만일 관계가 안정적이지 않거나 깨지게 되면 두 사람 모두 그룹에 참여하는 것을 불편하게 느낄 수 있습니다. 비슷한 이유로 내담자가 자신의 남자친구나 여자 친구를 가족참여자로 데리고 오는것을 허락하지 않습

니다. (b)또한 그룹에서 개인적 관계를 형성하게 되면 다른 참여자들이 불편하게 느끼고 소외감을 느낄 수 있습니다. 따라서 그룹 회기가 끝난 후 간식을 먹을 때에도 모든 참여자를 초대해야 합니다. 물론 초청을 거절하는 것은 참여자의 자유입니다.

8. 내담자는 다른 그룹참여자나 리더를 존중하지 않거나 심술궂은 행동을 하지 않는다. 스킬훈련그룹은 참여자 모두 안전하고 편안하게 느끼고 서로 나누고 배우며 지지하는 분위기이어야 합니다. 만일 한 참여자가 짓궂게 행동하거나 존중하지 않는 태도를 보이면 다른 참여자들은 자신이 원하는 도움을 이곳에서 얻지 못하게 됩니다.

💬 **토의 사항** | 그룹에 영향을 끼칠 수 있는 존중하지 않는 행동의 예를 소개한다. (예: 눈 굴리기, 낄낄거리기, 냉소적인 농담하기, 놀리기, 문자 보내기) 이러한 행동을 하면 다른 참여자들이 어떻게 느끼고 행동하게 될지 물어보고 참여자들 중 일부는 다음 시간에 다시 오지 않고 싶을 것이라고 말한다. 참여자들이 이 문제를 논의하도록 하여 이 규칙의 중요성을 알도록 한다.

9. [통합 DBT 프로그램에 있는 청소년에게 해당] 모든 청소년은 반드시 개인 DBT 치료 회기에 참여해야 한다. 통합 DBT 프로그램에서는 내담자가 개인심리치료와 스킬훈련을 동시에 하도록 구성되어 있습니다. 적어도 DBT 치료의 1단계에서는 개인심리치료와 스킬훈련이 모두 동시에 진행되어야 합니다. 개인심리치료만 진행하기 위해서는 스킬훈련그룹을 성공적으로 졸업하여야 합니다.

Ⅷ. DBT 서약하기

참여자에게 오리엔테이션 자료 7. "DBT 서약하기"를 펴게 할 것

　지금까지 DBT의 규칙, 기본 가정, 생물사회이론, 치료 목표에 대하여 오리엔테이션을 하였습니다. 모든 참여자는 DBT 프로그램을 충실히 따르겠다는 약정서에 스킬훈련자와 함께 서명하여야 합니다.

리더 유의사항: 스킬훈련자는 참여자가 스킬훈련그룹과 DBT 가이드라인, 출석 정책, 숙제에 대한 약정서에 서명하도록 한다. 숙제를 해오지 않으면 강력한 행동분석을 하게 되어 (1)행동의 유관성에 대하여 명확하게 알게 하고, (2)동기를 유발하게 될 것이라고 알려주는 것도 유용하다. 실제로 이 방법이 잘 적용되면 다음번에는 간결하게 다음과 같이 질문할 수 있다. "숙제를 하는데 방해가 되는 요인이 무엇인가요? 다음에는 어떻게 해야 숙제를 마칠 수 있을까요?"

IX. 오리엔테이션을 진행할 때 어려운 점

A. 반복

어떤 가족참여자는 "저는 지난 번에 오리엔테이션에 참여했는데 다음 주에도 꼭 와야 하나요?"라고 말할 때가 있다. 그때 리더는 명확하게 "그렇습니다"라고 답하도록 한다. 그 이유는 오리엔테이션 자체가 치료적이기 때문이다.

- 오리엔테이션은 참여자가 이 프로그램에 참여하게 된 문제 영역을 검토하면서 그 문제 영역에 대한 진전 상태와 현재 목표에 대하여 다시 점검할 수 있도록 한다.
- DBT의 기본 가정을 리뷰하며 이 기본 가정에 대한 질문이 있는지 또는 그 가정들을 '받아들이는지'에 대하여 생각해볼 수 있는 기회를 준다.
- 모든 사람에게 DBT 가이드라인을 다시 상기시켜, 치료방해행동을 줄일 수 있다.
- 가족참여자들이 생물사회이론을 다시 듣는 것은 늘 도움이 된다. 이 이론은 동정심과 이해심 그리고 희망을 줄 수 있는 내용을 담고 있다.
- 오리엔테이션 회기 후반부에는 마인드풀니스를 깊이 있게 배우고 연습할 수 있다.

B. 과도한 양의 자료

스킬훈련자는 위의 강의 노트에서 보듯이 다루어야 하는 자료가 너무 많다고 느낄 수 있다. 또한 어떤 내담자는 회기 후반부에 있는 마인드풀니스 자료를 받고 압도되기도 한다. 이 때 해결 방법은 오리엔테이션 자료를 제공하고, 우리가 다룰 내용의 깊이나 자료의 종류에 따라 다르게 교육을 하는 것이다. 새로운 가족이 있을 때에는 문제 영역과 생물사회이론, 그룹 가이드라인 전제를 가르치는 것이 중요하다. 만일 대부분의 참여자가 오랫동안 스킬훈련에 참여하고 있다면 DBT 문제영역이나 규칙, 기본가정은 간략하게 리뷰하고 넘어가도록 한다. 또는 "다이어렉티컬 행동치료(DBT)란 무엇인가?", "DBT 서약하기", "생물사회이론"에 해당되는 자료를 생략할 수도 있다. 이 내용들은 두 번째, 세 번째, 네 번째 오리엔테이션에서 또 교육을 하기 때문에 모든 가족이 적어도 한 번은 그 내용을 듣게 된다.

또 다른 해결책은 각 가족이 그룹에 오기 전에 개별적으로 오리엔테이션을 받게 하는 것이다. 이렇게 하면 오리엔테이션 자료는 간략하게 리뷰하고 넘어갈 수 있고 너무 많은 내용으로 인해 압도되는 느낌을 줄일 수 있다.

제 6 장
마인드풀니스 스킬

회기 개요

회기 1

▶ DBT 스킬훈련에 대한 오리엔테이션 (제5장 참고)

▶ 마인드풀니스 하기

▶ 숙제 리뷰하기

▶ 쉬는 시간

▶ 마인드풀니스 스킬과 이론적 배경에 대한 오리엔테이션

▶ 세 가지 마음 상태

▶ 숙제 내주기

▶ 회기 마무리—긴장 풀기

DBT 자료 및 기타 자료

▶ 마인드풀니스 자료 1. 마인드풀니스: 마음 중심 잡기

▶ 마인드풀니스 자료 2. 마인드풀니스: 왜 중요할까?

▶ 마인드풀니스 자료 3. 마인드풀니스: 세 가지 마음 상태

▶ 마인드풀니스 자료 4. 연습하기: 세 가지 마음 상태 관찰하기 `워크시트`

▶ 화이트보드나 기타 필기를 위한 큰 보드

▶ 마인드풀니스 벨

회기 2

▶ 마인드풀니스 하기

▶ 숙제 리뷰하기

▶ 쉬는 시간

▶ 지혜로운 마음으로 가는 단계

▶ 마인드풀니스 "What" 스킬

▶ 마인드풀니스 "How" 스킬

▶ 마인드풀니스 연습하는 법

▶ 숙제 내주기

▶ 회기 마무리–긴장 풀기

▶ 청소년을 위한 마인드풀니스 훈련

DBT 자료 및 기타 자료

▶ 마인드풀니스 자료 5. 마인드풀니스 "What" 스킬

▶ 마인드풀니스 자료 6. 마인드풀니스 "How" 스킬

▶ 마인드풀니스 자료 7. 쉬운 마인드풀니스

▶ 마인드풀니스 자료 8. 연습하기: 마인드풀니스 "What" 과 "How" 스킬 `워크시트`

▶ 화이트보드나 기타 필기를 위한 보드와 마커

▶ 마인드풀니스 벨

강의 노트

매 순간은 새로운 시작이다.

― T. S. Eliot

모든 것에는 경이로움이 있다. 심지어 어둠이나 침묵도 그렇다.

나는 내가 어떤 상태에 있더라도 그 안에 배울

내용이 있다는 것을 안다.

― Helen Keller

이 모듈에 대하여

마인드풀니스 스킬은 현재 경험에 대한 무판단적인 자각과 주의집중을 위한 통제 능력을 증진시키는 스킬이다. 내담자는 어떻게 현재 이 순간에 온전히 참여할 것인가를 배움으로써 자신의 고통을 줄이고, 즐거운 마음을 유지하는 능력을 증진시킬 수 있다. 마인드풀니스 스킬은 전체 DBT 스킬 세트의 핵심이며, 내담자는 마인드풀니스 스킬을 다른 DBT 스킬에도 적용해야 하기 때문에 이 모듈은 다른 DBT 스킬 모듈을 시작하기 전에 항상 반복한다. 내담자는 자신의 감정적 상태와 충동을 자각하게 되어 충동적으로 반응하기보다, 학습한 스킬 반응을 마인드풀하게 선택하는 능력을 발달시키게 된다.

이 모듈은 두 개의 회기에서 다루게 된다. 회기 1의 자료는 오리엔테이션 회기의 후반부에서 가르치고(제6장 참고), 회기 1의 끝 부분에 지정된 마인드풀니스 숙제는 회기 2의 전반부에서 리뷰하도록 한다. 회기 2의 새로운 자료는 쉬는 시간 이후 후반부에서 가르치도록 한다. 만일 오리엔테이션에 시간을 많이 할애하지 않아도 된다면(새로운 모듈을 시작하는 시점에서 신규 참여자가 없을 경우), 마인드풀니스 자료를 두 시간 동안 다룰 수 있고, 다음에 이어지는 스킬 모듈에 더 많은 시간을 사용할 수 있다. 오리엔테이션 회기를 제외한 모든 회기는 마인드풀니스 스킬훈련부터 시작하도록 한다. 이 장의 강의 노트에는 회기 2에서 시작할 수 있는 마인드풀니스 스킬훈련을 제공하고 있지만, 스킬훈련자는 이 장의 마지막 부분에 있는 청소년을 위한 마인드풀니스 훈련 목록을 참고하여 선택해도 된다. 해당 DBT 자료와 화이트보드 혹은 기타 필기 도구를 준비한다. 또한 마인드풀니스 벨 (또는 작은 종)을 준비하여, 마인드풀니스를 시작할 때 벨을 세 번 울리고 끝날 때는 한 번 울리도록 한다.

회기 1

마인드풀니스 하기
····
숙제 리뷰하기
····
쉬는 시간
····

I. 마인드풀니스 스킬과 이론적 배경에 대한 오리엔테이션

참여자에게 마인드풀니스 자료 1. "마인드풀니스: 마음 중심 잡기"를 펴게 할 것.

혹시 내가 마음을 통제하기보다 마음이 나를 통제한다고 느낄 때가 있나요? 주의집중력이나 마음의 카메라 렌즈를 통제하기 어렵다고 느낀 적이 있나요? [손으로 카메라 모양을 만들어서 사람들에게 보여주고, 이미지에 천천히 초점을 맞추지 말고 혼란스럽게 손을 마구 움직일 것]

여러분이 한 번에 한 가지에만 집중하려고 할 때 다른 것들이 마음에 침입하는 것을 자각한 적 있나요? 다른 사람과 이야기를 하면서 동시에 문자를 보내고 있는 것을 발견한 적 있나요? 숙제를 하려고 할 때 그날 학교에서 있었던 일에 대한 생각 때문에 주의가 산만해진 적이 있나요? 어떤 사람의 이야기를 듣고 있으면서 동시에 마음이 다른 곳으로 흐트러지는 것을 경험한 적 있나요? 제가 지금 이 스킬을 가르치고 있을 때에도 끝나고 어디로 밥을 먹으러 갈지, 오늘 밤에 무슨 숙제를 끝내야 하는지, 또는 이 방이 너무 더워서 주의분산되는 느낌을 받고 있지는 않나요? 수업 시간에 무의식 중에 어떤 말을 뱉어버리거나 누군가에게 소리 지른 일이 있었나요? 다시 말하면 자각하지 못한 상황에서, 자동적으로 어떤 행동을 해버린 경우가 있지 않나요? 무엇을 하는지 자각하지 못하고 말하거나 행동하고 있는 것을 발견한 적이 있나요?

이러한 일들이 일어나고 있다면 우리는 눈을 감은 채로 살고 있는 상태입니다.

마인드풀한 상태에 있다는 것은 눈을 크게 뜨고 있다는 것을 뜻합니다. 미래에 대한 생각에 끌려가지 않고, 지금 이 순간 충동을 포함하여 오감을 통해 경험하며 자각하고 있는 상태를 마인드풀한 마음의 상태라고 말합니다. 마인드풀한 마음의 상태는 마음 중심을 잡고 통제할 수 있는 상태를 말하며, 마음이 우리 모든 것을 통제하는 상태가 아닙니다.

A. 마인드풀니스(Mindfulness)란 무엇인가?

참여자에게 마인드풀니스 자료 1. "마인드풀니스: 마음 중심 잡기"의 첫 번째 줄을 읽게 할 것.

1. 온전한 자각

마인드풀니스는 여러분의 현재 이 순간을(예: 생각, 감정, 신체적 감각) 판단하지 않고, 바꾸려고 하지 않고, 있는 그대로 자각하는 것을 말합니다. 마인드풀니스는 온전하게 열려 있는 마음 상태를 갖는 것입니다.

👥 연습하기: 열려 있는 마음 연습하기

참여자에게 2분 동안 열려있는 마음 상태에 대한 연습을 진행할 것이라고 이야기한다. 창문이 없다면 방 안을 조금 어둡게하고 참여자에게 눈을 감도록 지시한다. 마인드풀니스 벨을 세 번 울리고 외부에서 느껴지는 것과 내부에서 느껴지는 감각들 즉, 냄새, 소리, 맛, 신체 감각에 주의집중하도록 한다. 내담자가 자신이 관찰한 것을 기술해 보도록 한다.

2. 주의집중력 통제하기

마인드풀니스는 한 번에 한 가지에만 주의집중하는 것을 말합니다. 그것은 우리 마음을 한 순간에 한 가지에만 주의집중하도록 훈련하고 '멀티태스킹'을 하지 않도록 훈련하는 것입니다. 이것이 주의력 통제입니다. 여러분의 마음이 점프하듯 여러 곳에 흩어져서 집중하지 못할 때 무슨 일이 벌어지나요? 이러한 경험을 한 적이 있는지 생각해 보십시오.

👥 연습하기: 집중하고 있는 마음 상태 연습하기

참여자에게 2분 동안 집중하고 있는 마음 상태를 연습할 것이라고 말한다. 스킬훈련자는 참여자에게 바닥에 닿아 있는 두 발에 느껴지는 경험에 집중하거나 의자에 닿은 엉덩이의 느낌이나, 손바닥을 관찰하도록 한다. 또는 방에 있는 물체를 관찰하게 하거나(예: 사진, 램프 등), 캬라멜이나 건포도 같은 것을 먹으면서 어떤 경험을 하는지 관찰하게 할 수도 있다. 마인드풀니스 벨이 세 번 울리면 선택한 마인드풀니스 활동에 무판단적으로 집중하게 한다. 참여자의 마음이 다른 것에 주의분산될 때는 그것을 자각하고 차분히 마음을 모아 선택한 활동으로 다시 주의집중하도록 지시한다.

💬 **토의 사항 |** 참여자에게 위의 연습을 할 때 어떤 경험을 했는지 물어본다. 참여자는 "이건 나에게 맞지 않는 것 같아요." "저는 주의집중을 2초 밖에 못하는 것 같아요." 등과 같은 말을 하는 경우가 많다. 이 때 수인적 태도로 다음과 같이 설명한다. "훈련되지 않은 마음은 강아지가 집과 정원을 정신없이 누비며 온갖 소리와 냄새에 주의분산이 되고 가만히 앉아있지 못하는 것과 같습니다. 마인드풀니스 연습은 훈련받지 않은 강아지에게 복종 훈련을 시키는 것과 같습니다. 이 강아지(우리의 마음)에게 '앉아'와 '주의집중해'를 연습시키는 것입니다. 우리는 가만히 앉아 오랜 시간 집중하는 방법을 배우기 위하여 많은 연습을 해야하고, 인내심을 가져야합니다. 만일 어떤 사람이 마라톤을 하거나 새로운 음악을 연주하고, 새로운 스포츠를 배우는 훈련을 할 때, 스스로 잘한다고 느끼게 될 때까지 많은 연습이 필요합니다. 마인드풀니스 스킬 연습도 마찬가지 입니다. 여러분의 마음이 흐트러지더라도 스스로를 판단하지 않도록 노력하십시오. 중요한 것은 마음이 흐트러졌을 때 그것을 자각하고 차분히 집중된 원래의 마음으로 계속해서 돌아오는 것입니다."

B. 마인드풀니스: 왜 중요할까?

참여자에게 마인드풀니스 자료 2. "마인드풀니스: 왜 중요할까?"를 펴게 할 것.

💬 **토의 사항** | 참여자에게 주의집중을 하지 않은 상태로 자신과 주변을 자각하지 않고 오랜 시간이 지나면 자신의 삶에 어떤 일이 일어나는지 예를 들어 설명하게 한다. 그리고 나서 참여자에게 주의집중을 잘하고 자각하고 있었던 때에는 정서적으로, 행동적으로, 인지적으로, 대인관계적으로 어땠는지 물어보도록 한다. 온전하게 자각하며 주의를 집중하는 것이 왜 유용한 스킬이며, 왜 잘 배워야 하는지 질문한다.

(1) **마인드풀(mindful)한 마음 상태는 우리에게 더 많은 선택권을 주고, 행동을 통제하는 능력을 증진시킵니다.** 여러분의 마음이 감정적이거나 충동적이라면 온전히 깨어 있는 상태를 유지하는 것은 매우 중요합니다. 왜냐하면 이런 마음의 상태에서는 추후에 후회할 일을 하지 않고 지연시킬 수 있기 때문입니다. 충동적으로 반응하지 않고 어떻게 행동할지를 선택할 수 있는 마음의 상태가 된다면 실수를 덜하게 됩니다.

리더 유의사항: x축과 y축을 그린 다음 아래에서 오른쪽 끝까지 올라가는 사선을 그리고 다음과 같이 설명한다.

"감정과 충동이 즉각 0에서 100까지 올라가도록 두지 말고 감정과 충동이 약 0에서 10정도 되는 지점에서 자각하도록 노력하는 것입니다. [사선의 오른쪽 하단을 가리키면서] 감정과 충동을 일찍 자각하게 되면 그 감정과 충동에 대한 반응 여부를 선택할 수 있고 대안적 스킬을 사용할 수 있게 됩니다(예: 고통감내 스킬, 감정조절 스킬, 마인드풀하게 충동을 서핑하기)."

---

(2) **마인드풀한 마음 상태는 괴로움을 줄이고 즐거움을 상승시킵니다.** 마인드풀니스 스킬을 사용하는 것의 가장 큰 이점은 기쁨과 즐거움을 경험하는 능력이 증진되고 동시에 주변 사람들의 괴로움을 줄일 수 있게 된다는 점입니다. 생각해 보세요. 오늘의 수업을 통해 현재에 온전히 집중할 수 있는 방법을 배운다면, 오늘 여기에 오기 전에 있었던 문제에 대한 슬픈 느낌을 덜 느낄 수 있고 대학 입학시험이나 취업 면접, 발표 등에 대해 걱정하는 것도 줄일 수 있습니다.

바로 이 순간, 있는 그대로, 진심으로 참여할 수 있다면 자의식을 가지지 않고 크게 웃을 수 있고, 농구 경기를 할 때 다른 사람이 여러분을 바라보고 있다는 걱정 없이 경기에 임할 수 있으며, 사랑하는 사람과 마음이 통하는 강렬한 대화를 할 수도 있습니다. 또한 천천히 음식을 먹으며 음식의 맛과 향, 질감을 진정으로 자각할 수도 있고, 야외에서 장미의 향을 느낄 수도 있습니다. 오늘 할 일들을 생각하느라 알아차리지 못했던 많은 것을 자각하게 되어 다시 즐거움과 기쁨을 경험하게 될 것입니다. 즉, 바로 지금 이 순간에 눈을 활짝 열고 살아있는 삶을 살 수 있습니다.

💬 **토의 사항** | 참여자에게 최근에 온전히 마음을 집중하여 참여할 때 괴로움을 덜 느끼고, 깊은 즐거움을 느낀 적이 있었는지 생각해보도록 한다. 몇 명의 참여자에게 간략하게 자신의 경험을 발표하도록 한다.

(3) **마인드풀한 마음 상태는 중요한 의사 결정을 할 때 도움을 줍니다.** 우리가 인생의 중요한 결정을 앞두고 있을 때, 마인드풀한 의사 결정을 하는 것이 중요합니다. 화가 나서 결과를 생각하지 않고 빠르게 문자나 메일을 보낸 적이 있나요? 바로 그것이 마인드풀하지 않은 반응입니다. 불안 때문에 누군가 중요한 사람에게 말하는 것을 피하거나, 특정 상황을 피해서 불안이 가중된 적 있나요? 바로 이것이 마인드풀하지 않은 전형적인 예이며, 의사 결정이 감정에 의해 좌지우지된 것이라고 볼 수 있습니다.

(4) **마인드풀한 마음 상태는 주의집중을 돕고 효과적이고 생산적인 결정을 하도록 합니다.** 우리는 주의집중을 할 때 더 효과적으로 배울 수 있고, 사회적 관계에 더 능동적으로 참여할 수 있으며, 음악 연주 또는 스포츠 경기를 더욱 잘 할 수 있습니다. 목표에 주의집중을 한 상태를 유지할 때 목표에 잘 도달할 수 있습니다(예: 시험 공부를 하여 시험에 통과하는 것, 일을 끝마치는 것, 중요한 대화를 할 때 옆길로 새지 않는 것). 주의를 집중하고 지속적으로 초점을 맞추게 되면 독서를 하거나 학습을 할 때 또 다른 업무를 수행할 때 효율성이 높아질 수 있습니다.

(5) **마인드풀한 마음 상태는 자신과 타인에게 동정심을 느끼게 합니다.** 무판단적인 마음을 유지하면서 깨어 있는 상태를 연습하면 여러분에게 가장 잔혹한 비판조차도 관찰할 수 있는 사실로 바꾸어 기술할 수 있게 됩니다. 이러한 과정을 통해 우리 자신과 타인의 경험을 동정 어린 마음으로 수용할 수 있게 됩니다. 예를 들어 나 자신을 "바보, 멍청이야"라고 부르기보다 사실만을 기초로 "나는 아파서 일주일 동안 공부를 못했기 때문에 이번 수학 시험 성적이 잘 나오지

않았어. 이제 아프지 않고 건강하니까 방과 후에 외부 도움을 받아 다시 공부를 제대로 할 수 있게 될 거야."라고 말할 수 있습니다. 두 개의 예를 듣고나서 대비되는 감정 반응을 자각해 보세요.

(6) 마인드풀한 마음 상태는 고통과 긴장, 스트레스를 완화시킬 수 있습니다. 마인드풀한 마음은 우리의 건강을 증진시킬 수 있습니다. Jon Kabat-Zinn(1990)은 마인드풀니스가 스트레스를 완화한다는 연구 결과를 발표하였고 이에 대해 상세하게 기술하였습니다. 마인드풀니스 연습을 하면 실제로 우리의 신체적 고통과 스트레스, 긴장, 건선과 같은 의료적 문제 또한 증진시킬 수 있습니다. 우리의 마음이 몸과 건강에 직접적으로 영향을 준다는 것은 정말 놀라운 일입니다!

C. 마인드풀니스 스킬은 연습에 연습, 또 연습이 필요하다.

마인드풀니스 스킬의 이점을 잘 활용하려면 우리는 마인드풀니스 근육을 발달시킬 필요가 있습니다. 짧은 기간 동안 이 스킬을 습득하는 것은 어렵습니다. 우리 일상의 여러 가지 스킬들처럼 마인드풀니스 스킬도 연습하고 연습하고, 또 연습해야 능숙하게 활용할 수 있습니다. 이제 막 시작한 마라톤 주자가 내일 바로 40km를 뛸 수는 없습니다. 즉각적으로 주의집중을 하지 못하고 자각하지 못하는 것에 대해 실망하지 마세요. 그렇게 되기 위해서는 많은 시간과 연습이 필요합니다. 우리는 조금씩 마인드풀니스 연습과 훈련을 해나가면서 마인드풀니스 근육과 체력을 발달시켜갈 것입니다.

Ⅱ. 세 가지 마음 상태

참여자에게 마인드풀니스 자료 3. "마인드풀니스: 세 가지 마음 상태"를 펴게 할 것

마인드풀니스 스킬을 잘 이해하기 위해서는 세 가지 마음 상태를 이해하는 것이 도움이 됩니다. 우리의 마음은 때로 합리적 마음, 감정적 마음, 지혜로운 마음 상태에 있게 됩니다.

> **리더 유의사항:** 마인드풀니스 자료 3에 있는 벤다이어그램을 화이트보드에 그리고, 한 쪽에는 합리적 마음, 다른 쪽에는 감정적 마음이라고 쓰고, 원이 겹치는 중간 부분에는 지혜로운 마음이라고 쓴다.
>
> "합리적 마음은 감정이 없는 상태에서 어떤 것을 생각하고 행동하는 마음의 상태를 말합니다. 합리적 마음은 논리적이고 계획적이며 합리적이고, '오직 사실'만을 생각하는 것입니다 (이것을 '계산기 마음'이라고도 말합니다). 감정적 마음은 느껴지는 것이 진실이라고 여기는 마음 상태입니다. 이 마음 상태는 행동하고 생각할 때 계획을 세우지 않으며 논리적 판단이나 결과에 대한 생각을 하지 않고 전적으로 감정에 의존하는 마음 상태입니다. 지혜로운 마음 상태는 진실이 무엇인지 아는 마음 상태입니다. 지혜로운 마음 상태는 논리적인 정보와 감정적 정보를 모두 사용하여 알고 생각하고 행동하는 직관을 포함하는 마음 상태입니다. 이제 이 세 가지 마음 상태가 어떤 것인지 알아보도록 하겠습니다."

A. 감정적 마음(Emotional Mind)

감정적 마음이란 무엇일까요? 감정적 마음이란 감정이 우리의 마음을 삼켜버린 상태를 말합니다. 감정적인 마음 상태가 우리 마음을 통제해버리면 행동의 결과에 대해 합리적으로 생각하기 어렵습니다.

> **리더 유의사항:** 감정적 마음 상태의 핵심을 잘 설명할 수 있는 개인적 예를 소개하도록 한다. 그 감정을 파악하여 이름을 붙여주고 감정과 연관된 생각, 신체적 감각, 충동과 행동을 명명하도록 한다.
>
> "제가 오늘 여기 오기 위해 운전을 하는데, 어떤 사람이 끼어들어서 갑자기 브레이크를 밟아야 했습니다. 그 차와 충돌할 뻔했고 뒤에 오던 차 역시 제 차와 부딪힐 뻔해서, 너무 무섭고 겁이 나타났습니다. 순간 몸이 긴장되고 경직되었어요. 약간의 과호흡 증상과 엄청난 각성 상태[분투-도피(fight-flight)반응]가 되었죠. 마음 속으로 '나쁜 X. 죽을 뻔 했잖아. 운전하면서 무슨 생각을 하고 다니는 거야?'라고 말하고, 그 차를 뒤쫓아 가려고 엑셀을 밟고 운전자가 누구인지 확인하려고 했습니다. 그리고는 그 차 옆을 지나가면서 욕을 하고 싶었어요.
>
> 바로 이것이 감정적 마음 상태입니다. 감정이 내 몸과 마음, 행동충동을 완전히 통제하는 상태입니다. 다행스럽게도 저는 그때 지혜로운 마음 상태를 자각할 수 있었고 속도를 줄였습니다. 저는 그 사람에게 욕을 하지 않았고, 그 행동이 분노로 이어져 사고가 나거나 다른 예기치 않은 결과를 막을 수 있었습니다."

💬 **토의 사항 |** 참여자에게 자신이 경험했던 감정적 마음 상태에 대해 설명해 보도록 유도한다. 어떤 감정이 느껴졌는지 그 감정에 이름을 붙이게 하고 어떤 행동충동이 느껴졌는지, 실제로 어떤 행동을 했는지 설명하게 한다.

리더 유의사항: 내담자가 감정과 연관된 경험을 이야기 할 때(부정적 혹은 긍정적), 화이트보드에 그린 감정적 마음 상태 아래 그 감정과 잠재적으로 연관된 충동과 행동을 적도록 한다.

예를 들어:

> 분노 → 문을 쾅 닫음, 사람들에게 소리지름, 자해행동
>
> 슬픔 → 울음, 침대에 누워 있음, 약물을 하거나 술을 마심
>
> 죄책감 → 숨기, 과도한 사과
>
> 공포 → 수업 결석
>
> 걱정 → 과도한 고민, 과식
>
> 수치심 → 사람을 피하고, 활동하는 것을 회피함, 거짓말하기, 자살에 대한 생각
>
> 매우 행복하거나 흥분됨 → 생각하지 않고 말하기, 충동적 행동, 과소비
>
> 사랑 → 충동적으로 위험한 성적 행동을 함, 수업을 빠지고 연인과 데이트 한 것에 대해 부모님에게 거짓말을 함

▪ **감정적 마음이 항상 문제가 되는 것은 아니지만, 때로는 큰 문제가 됩니다.** 슬픈 일을 겪었을 때 잘 우는 것도 때로 효과적일 수 있습니다. 친한 친구 결혼식에서 감정에 충만하여 춤을 추거나, 콘서트에 가서 목청이 터지도록 노래를 부르는 것 또는 좋아하는 스포츠팀이 결승전에서 이겼을 때 뛰면서 소리치는 것과 같이 우리에게 큰 기쁨을 준 사건은 오래도록 기억에 남습니다. 그러나 감정적 마음 상태가 되면 큰 문제가 발생하기도 합니다. 슬플 때 침대에 누워서 일어나지 않거나, 직장이나 학교에 가지 않기도 합니다. 때로 흥분이 되었을 때에는 긍정적 감정도 충동적인 문제 행동으로 이어질 수 있습니다.

B. 합리적 마음(Reasonable Mind)

감정적 마음 상태의 정반대쪽에는 합리적 마음 상태가 있습니다. 누가 감정적 마음에 대해 배운 것을 돌이켜 보면서 합리적 마음을 정의해 볼까요? [참여자에게 자신의 의견을 말하도록 할 것] 합리적 마음이란, 우리의 감정은 고려하지 않고 감정이 없는 상태에서 무언가를 생각하고 행동하는 마음의 상태를 말합니다. 문제를 해결하거나, 논리적으로 생각하거나, 계획을 하거나 결과에 대해 생각할 때 우리는 합리적 마음 상태가 됩니다.

💬 **토의 사항** | 합리적 마음 상태의 몇 가지 예를 나누고 합리적 마음과 연관된 생각, 신체 감각, 행동 충동, 행동을 논의한다. 예를 들어 간단한 산수를 풀 때, 은행 잔고를 확인하며 가계부를 쓸 때 (수학에 공포를 가지고 있거나 은행에 잔고가 하나도 없는 것이 아니라면), 슈퍼마켓에 가기 전에 빵, 달걀, 주스와 같은 쇼핑 목록 만들기, 문서 작업을 하면서 컴퓨터의 편집 기능을 사용하는 등 일상 생활을 할 때 우리는 효과적인 의사 결정을 위해 합리적 마음 상태이어야 한다.

💬 **토의 사항** | "합리적인 마음 상태만으로 의사 결정을 하거나 행동하는 것의 단점은 무엇일까요? 직업을 결정하는 것은 어떤가요? 만일 어떤 사람이 수학을 잘 한다면, 가족들은 회계사가 되라고 말할 수 있겠죠. 하지만 그 사람은 실제로는 미술과 글쓰기를 좋아하고 미래에 언론 관련 직업이나 그래픽 아트와 연관된 직업을 마음 속에 그리고 있다고 생각해 보세요. 확실한 직업을 갖기 위해 합리적 마음만으로 의사 결정을 해야 할까요?"

"새 집을 사는 것을 생각해 봅시다. 방이나 화장실의 갯수, 집 가격, 학군 등을 고려한 상태에서 합리적 마음으로만 결정을 해야 할까요?"

"누구와 데이트를 할지는 어떻게 결정할까요? 합리적 마음 상태에 따라 그 사람의 지능이나 재능(음악, 운동 등), 신체 특징(키, 머리 색깔 등)을 고려하여 의사 결정을 할까요?"

"대학을 결정한다고 생각해 보세요. 그 학교의 위치와 크기, 학생과 교사의 비율, 원하는 강의 개설 여부 등을 고려하여 합리적인 마음에 따라 의사 결정을 해야만 할까요?"

"합리적인 마음만을 따라서 행동하면 어떻게 될까요? 주변에 아는 사람 중에 합리적인 마음만 따라 행동하는 사람이 있나요? 그 사람과 있을 때 어떤가요?"

리더 유의사항: 참여자에게 부모나 교사 혹은 이성 친구와 같이 자신이 알고 있는 사람들 가운데 매우 논리적이지만 자신의 감정적 경험을 이해하지 못해서 비수인적으로 느낀 적이 있는지 물어본다.

▪ **중요한 결정을 할 때 우리는 감정과 이성 모두 필요합니다.** 직업이나 대학, 연인을 사귀려고 하거나 집을 살 때에는 합리적 마음과 감정적 마음 모두 필요합니다. 모든 변수를 고려하여 합리적으로 생각해야 할 때도 있지만, 감정 역시 중요한 역할을 합니다. 대학을 미리 방문하거나 집을 사거나 연인을 새로 만날 때와 같은 상황에서 최종 결정을 하기 전에 감정을 자각하고 그것을 반영해야 합니다. 그렇지 않으면 결국 비참해지고 말겠지요! 집에서 가깝고 등록금이 싸다는 이유로 대학을 선택할 수는 있지만, 우리의 감정적 반응을 무시한다면 불만족한 상태로 대학을 다니게 될 것입니다.

반대로 너무 감정에만 의존하여 새로 교제를 시작한 연인과 성격이나 취향이 맞지 않는데도 데이트를 해서는 안될 것입니다. 합리적으로 가장 큰 집을 골랐지만 알고 보니 학군이 좋지 않고 너무 비싼 집을 선택하게 될 수도 있고, 대학을 선택할 때 그 학교의 좋은 점, 예를 들어 좋은 운동 시설, 놀이 문화나 대학가가 있는지 여부를 기준으로 선정하였는데 원하는 전공 분야가 없거나 수준이 맞지 않을 수도 있습니다.

C. 지혜로운 마음(Wise Mind)

인생에서 중요한 결정을 할 때에는 지혜로운 마음 상태에서 하는 것이 중요합니다. 지혜로운 마음은 감정적 마음과 합리적 마음이 통합된(혹은 혼합된) 상태입니다. 지혜로운 마음은 '진실이 무엇인지 아는 것'을 말합니다. 감정과 합리성을 단순히 합치는 것이 아니라, 두 개의 마음 상태를 통해 최적의 의사 결정을 하고 어떻게 행동할 것인지 선택하는 고양된 마음의 상태를 말합니다. 중요한 것은 우리 안에 지혜가 있으며, 이 지혜에 다다를 수 있는 방법을 배우는 것입니다. '직감'이나 '예감' 혹은 '직관적 감각'을 느낄 때가 있나요? 만일 이러한 감정이 사실을 기반으로 한 정보에 기초하고 있다면 그것은 감정적 마음이 아니라 지혜로운 마음일 가능성이 높습니다. 예를 들어 여러분이 어떤 사람과 지속적인 감정의 갈등(사랑, 분노, 좌절, 실망, 상처)을 느껴 두 사람의 가치와 관심도에 극명한 차이가 있다는 것을 논리적으로 깨닫게 되었다고 생각해보십시오. 지금은 서로 관계를 유지하고 있지만 감정적 마음과 합리적 마음이 합쳐져서 이제 헤어져야 할 시점이라는 것을 알아차린 여러분의 직감이 바로 지혜로운 마음입니다. 지혜로운 마음 상태는 힘든 감정이 생기지 않거나 쉽다는 것을 의미하지는 않습니다. 단지 그것이 여러분의 감정과 가치관, 그리고 장기적인 목표에 맞는 올바른 결정이라는 것을 알고 있을 뿐입니다.

또한 지혜로운 마음은 어떤 행동을 할 때 최적의 방법을 선택할 수 있도록 합니다. 지혜로운 마음은 우리가 충동적으로 행동하지 않도록 하고, 정서적으로 고통스럽고, 감정조절이 안되거나 강렬한 충동이 느껴지더라도 스킬을 적용하게 합니다. 예를 들어 내일 치료자와 고통스러운 주제에 대하여 이야기를 하게 될 것을 알고 있다면 회기를 피하고 싶은 충동이 생길 수 있습니다. 이 때 지혜로운 마음은 치료자와의 약속을 지키고 장기적인 관점으로 나의 삶의 문제를 효과적으로 극복하기 위해 치료자와 논의를 하라고 말할 것입니다.

🗨 **토의 사항** | 참여자들에게 자신이 경험한 지혜로운 마음의 상태에 대해 이야기하도록 할 것.

리더 유의사항: 필요하다면 아래와 같이 감정적 마음과 합리적 마음에서 나온 정보를 통합하여 지혜로운 마음에 따른 결정을 한 사례를 소개한다.

"여기 계신 분 중에 애완 동물을 사랑하는 분들이 계신가요? 만일 여러분이 집에 두 마리의 강아지가 있는데 방과후나 일을 마치고 집에 돌아오면서 근처 동물 보호소에 갔다고 생각해 보세요. 보호소에 들어가자마자 세 마리의 골든 리트리버 강아지가 점프하면서 뛰어 다니고, 꼬리를 흔드는 것을 보고 귀엽다고 느낍니다. 감정적 마음은 '그 강아지들이 너무 귀여워. 그 작은 보호소 우리에 있으면 너무 답답할 거야. 강아지들을 내가 구해서 보살피고 사랑해줘야 해. 오늘 그 아이들을 입양해야지'라고 말합니다.

합리적 마음은 '나는 이미 두 마리의 강아지가 있어'라고 말할 것입니다. 강아지를 돌보는 것은 생각보다 비용이 많이 듭니다. 강아지들에게 주사도 맞혀야 하고, 음식도 주어야 하고, 방과후나 일이 끝나고 운동도 해야하기 때문에 강아지와 놀아줄 수 있는 시간이 부족합니다. 그래서 누군가에게 돈을 지불하고 강아지를 산책시켜야 할지 모릅니다. 세 마리 강아지를 더 입양하는 것은 경제적으로 감당할 수가 없고, 집이 너무 좁아서 큰 개와 같이 있을 수 없습니다. 집에 강아지 세 마리를 더 데려와서 지금 있는 두 마리의 강아지가 방치되는 느낌을 받게 해서도 안되겠지요.

지혜로운 마음은 합리적 마음이 고려한 사항을 통합하여 입양을 하는 대신 지인들에게 연락을 해서 그 강아지들을 입양하도록 권할 수 있습니다. 강아지들의 사진을 찍어서 친구나 가족에게 메일을 보내 강아지들이 얼마나 귀여운지 알려줄 수 있습니다. 또한 아직 강아지가 없는 친구에게 입양하는 것을 권할 수도 있지요. 그 친구에게 강아지를 훈련시키기 위한 도구들을 빌려주거나, 무료로 강아지 훈련 자문을 해줄 수도 있고요. 이렇게 함으로써 여러분은 감정적인 마음과 합리적인 마음을 모두 존중하게 됩니다. 지혜로운 마음에 따른 의사 결정은 우리의 장기적 목표와 가치를 인정하기 때문에 공부와 운동을 계속 하면서 지금 키우는 강아지도 잘 돌보고, 동시에 귀여운 강아지에게 새 집을 찾아주는 노력을 할 수 있게 합니다.

다음에는 마인드풀니스의 'What' 스킬과 'How' 스킬을 배우게 됩니다. 이 스킬을 통해 우리가 어떻게 지혜로운 마음 상태에 이르게 되는지 배우게 됩니다."

Ⅲ. 숙제 내주기

마인드풀니스 자료 4. "연습하기: 세 가지 마음 상태 관찰하기"에 있는 숙제를 내주도록 한다. 참여자에게 다음 한 주간 감정적 마음, 합리적 마음, 지혜로운 마음 이 세 가지 마음 상태를 각각 잘 관찰하도록 한다. 연습을 하면서 일어나는 감정(감정이 일어난다면), 생각, 행동을 적도록 한다. 참여자에게 (1) 이 연습을 기꺼이 할 것인지, (2) 질문이 있는지 물어본다. 이 숙제 자료는 마인드풀니스 모듈을 할 때마다 계속 활용할 것이라고 알려주도록 한다.

리더 유의사항: 일반적으로 회기는 여기에서 마무리하게 된다(3장 참고).

회기 2

마인드풀니스 하기

리더 유의사항: 오리엔테이션 회기를 제외하고 스컬그룹은 항상 마인드풀니스로 시작하도록 한다. 리더는 마인드풀니스를 시작하기 전에, 참여자들이 마인드풀니스를 자신의 삶과 장기적 목표에 접목시키도록 다음과 같이 설명한다.

"제 아이가 중학교에 다니는데 최근에 같은 반 학부모 모임이 있어서 업무를 마치고 토의 내용을 듣기 위해 모임에 참석했습니다. 학부모들이 회의를 시작하자마자 갑자기 저에게 학교 관련 문제에 대해 어떤 의견이 있는지 물어보았습니다. 그 사안에 대해 아는 것이 없는데도 사람들이 제가 좋은 답을 내놓기를 기다리는 것을 보고는 공황상태에 빠졌습니다. 순간적으로 저는 감정적 마음 상태에 놓이게 되어서 '큰일났네. 아무 준비도 안되었는데!'라는 생각이 들면서 회의실에서 뛰쳐나가고 싶은 충동을 느꼈고 몸에서는 땀이 나고 심장이 뛰기 시작했습니다. 불안한 반응을 자각하고 곧바로 나 자신에게 무판단적으로 말하였습니다. '마음을 안정시키고, 숨을 들이쉬고 나서 어느 정도 사려 깊은 응답을 하도록 하자.' 사실 학교와 관련된 문제에 대해서는 합리적 마음 상태에서 응답할 수 있는 내용이 제 머리 속에 있었습니다. 필요한 것은 감정적 반응을 낮추고 합리적 사실에만 접근할 수 있도록 하는 것이었죠. 사람들이 저를 쳐다보는 것에 집중하기보다는 제 마음의 카메라를 안으로 향하게 하여 합리적 마음에 따른 사실을 파악하였고 사람들에게 적절하게 설명할 수 있었어요.

저는 집중력을 유지하기 위해서 마인드풀니스 스킬을 적용하여 그 상황에 필요한 것을 할 수 있었습니다. 자, 이제 마인드풀니스의 관찰하기와 기술하기 스킬을 배워보도록 하겠습니다. 가장 먼저 해야 할 일은 감정적 마음에서 빠져나와 지혜로운 마음 상태로 가는 일입니다. 바닥에 두 발을 붙이고 편안히 앉아 허리를 바로 세우고 손은 무릎에 두십시오. 벨이 울리면 지금 이 순간 느껴지는 감정을 관찰해보세요. 떠오르는 생각, 신체 감각반응, 행동충동과 같은 것에 주의를 집중하도록 합니다. 마음이 흐트러지면 판단하지 말고 그것을 자각하고 차분히 지금 하고 있는 마인드풀니스 활동으로 돌아오도록 하세요."

3–5분 정도 마인드풀니스 연습을 하고 참여자들이 자신이 관찰한 것을 각자 3–5분 정도 발표하게 한다. 리더는 참여자가 자신의 반응을 판단하거나 해석하지 않도록 행동조형을 하면서 참여자가 관찰한 경험에만 집중하도록 돕는다. 예를 들어 "이건 바보 같은 짓이야"라고 말하는 대신 "나는 지금 '이건 바보 같은 짓이야'라는 생각이 떠올랐다는 것을 자각했어"와 같이 말한다.

경우에 따라서는 경험이 많은 선배 참여자가 마인드풀니스 시간을 이끌게 기회를 줄 수도 있다. 새로운 참여자들이 쉽게 연습할 수 있는 마인드풀니스는 다음과 같은 것들이 있다. 신체적 감각 자각하기(예: 두 발을 바닥에 붙이기, 의자에 허리 대기, 손을 테이블 위에 놓기), 소리 자각하기(예: 호흡, 자동차 소리, 냉난방 기구에서 나는 소리, 빗소리), 숨을 들이쉬고 내쉬는 것에 집중하기, 하나의 물체에 마음을 집중하고 무판단적으로 상세하게 관찰하고 기술하기(예: 동전, 방에 있는 그림, 손 등).

숙제 리뷰하기
· · · ·
쉬는 시간
· · · ·

Ⅰ. 지혜로운 마음으로 가기 위한 단계

마인드풀니스 스킬은 감정적 마음과 합리적 마음을 통합하고 지혜로운 마음 상태로 다가가게 하는 방법입니다. 마인드풀니스가 무엇인지 설명하는 "What" 스킬 세 가지와 마인드풀니스를 어떻게 하는지 설명하는 "How" 스킬 세 가지를 배우게 됩니다. 지혜로운 마음 상태에 이르기 위하여 마인드풀니스 스킬은 우리가 무엇을 어떻게 해야하는지 알려줍니다.

Ⅱ. 마인드풀니스 "What" 스킬

참여자에게 마인드풀니스 자료 5. "마인드풀니스: 'What' 스킬"을 펴게 할 것.

마인드풀니스의 "What" 스킬은 관찰하기, 기술하기, 참여하기 세 개의 스킬로 구성되어 있습니다.

A. 관찰하기(Observe)란 무엇인가?

- **말로 설명하지 않고 관찰하는 것을 말합니다.** 지금 이 순간, 경험하는 것을 있는 그대로 자각하세요. 언어 이전의 단계로 천천히 내려놓고, 있는 그대로 자각하기만 하세요. 경험한 것을 빨리 기술해 버리거나 반응하려고 하지 않도록 합니다. 우리는 항상 경험한 것을 빠르게 말로 설명하고, 빨리 해석하려고 하기 때문에 이렇게 관찰하는 것은 결코 쉽지 않습니다.

- **우리 바깥을 관찰하기: 사진이나 지나가는 사람, 물체, 자연을 바라보세요.** 시각, 후각, 미각, 촉각, 청각 이 다섯 가지의 감각을 사용하여 우리 바깥에 있는 것들을 관찰해 보세요.

- **우리 안을 관찰하기.** 생각과 감정이 마음 속에서 오고가는 것을 마치 컨베이어 벨트가 지나가듯이, 또는 하늘에서 구름이 지나가는 것처럼 관찰해보세요. 마음 깊은 곳에서 감정의 파도가 만들어지는 것을 자각해 보세요. 손바닥에 땀이 차기 시작하는 것, 가슴이 답답해지는 것 등을 자각해 보세요. 마음에 지나가는 생각들을 자각해 보세요.

- **테플론 마인드(Teflon mind) 갖기.** 느껴지는 모든 경험과 생각이 마음 속에 왔다가 그대로 지나갈 수 있도록 해보십시오. 테플론 코팅을 한 프라이팬에는 음식물이 잘 붙지 않듯이 경험하는 것도 그렇게 그저 지나가게 해보세요.

- **생각과 감정을 밀쳐내려고 하지 마세요.** 생각이나 감정이 고통스럽더라도 그대로 놓아두세요. 머리가 팝콘 기계라고 가정한 후, 생각이나 감정적 반응이 팝콘처럼 튀어 나가는 것을 마음속으로 떠올려 봅니다. 여기저기 통제할 수 없이 팝콘처럼 하나씩 튀어 나가는 것을 자각해 보세요. 또는 마음이 담요라고 생각하고 그 담요에 떨어지는 나뭇잎이나 나뭇가지 또는 빗물을 그대로 펼쳐서 받아들여 보세요.

💬 **토의 사항** | 참여자에게 다음과 같이 말할 것. "우리 안에 떠오르는 생각과 감정이 불편하게 느껴지면 내면 세계보다는 외부 세계에 초점을 맞출 때가 많습니다. 관찰하기 스킬은 우리 안에서 일어나고 있는 것을 자각할 수 있도록 특별하게 주의집중을 하면서 우리의 안과 밖을 관찰하는 스킬입니다."

관찰하기는 수족관에 있는 물고기를 바라보는 것과 같습니다. 물고기들이 우리 앞을 지나가면 물고기들의 특성, 색, 모양, 크기 등을 자각할 수 있고 물고기들이 수영하는 궤적을 알아차릴 수도 있습니다. 순간 순간 새로운 경험을 하게 될 때마다, 그 경험에 집중하되 그 경험을 만들어내거나 통제하지는 않도록 합니다.

👥 연습하기: 관찰하기

참여자들에게 마인드풀니스를 준비를 하게 한 후 벨을 세 번 울린다. 마음 속에 떠오르는 생각을 관찰하고 새로운 생각이 떠오를 때마다 그 생각을 세어보게 한다(예: 새로운 생각이 떠오를 때마다 종이에 사선 [/] 표시를 할 것).

또 다른 연습 방법으로는 생각을 관찰하기와 생각하기의 차이에 대해서 설명하고, 참여자에게 특정 단어를 불러주고 마음에 떠오르는 생각을 관찰하게 한다. 그룹리더는 물, 탁자, 공기, 아이스크림, 자동차, 녹색, 아침 같은 단어들을 천천히 불러준다. 각 단어를 불러줄 때 마음 속에 떠오르는 다른 단어나 생각 또는 이미지들을 호기심을 갖고 알아차리게 한다. 이렇게 마음에 자연스럽게 떠오르는 생각을 알아차리는 것이 관찰하기이다.

"What"스킬과 "How"스킬을 가르칠 때마다 이 스킬을 연습할 수 있는 새로운 방법들을 소개하여 참여자들이 다른 방법으로 학습할 수 있도록 한다. 이 장의 끝 부분에는 마인드풀니스 "What" 스킬과 "How" 스킬을 연습하기 위한 예들이 있다.

B. 기술하기(Describe)란 무엇인가?

- **기술하기란 말을 사용하여 관찰하는 것을 말합니다.** 관찰한 것을 말로 설명해 보십시오. "나는 슬프다", "얼굴이 화끈거린다", "심장이 빠르게 뛰는 것이 느껴진다", "이것을 할 수 없다는 생각이 떠오른다", "역사 시험에 대해 수많은 걱정을 하고 있다는 것을 알아차렸다"와 같이 관찰한 것에 이름을 부여해 보세요.
- **반드시 관찰한 것만 기술하도록 하십시오.** 있는 그대로의 사실만 기술하고 해석은 하지 않도록 합니다. "그 사람은 태도에 문제가 있어" 대신에 관찰된 사실 즉 "눈을 굴리고, 큰 소리로 말하고 있어"와 같이 기술해 보세요. [위에 소개한 "관찰하기" 예시를 참고하여, 관찰한 것을 "기술하기" 스킬을 사용하여 말로 설명할 수 있도록 할 것.]

💬 **토의 사항** | 그룹리더는 사실에만 집중하고 해석하지 않으면서 말로 기술하는 것이 얼마나 어려운지 수인한 이후, 참여자에게 이 스킬의 중요성에 대해 생각해 보게 한다. "이 스킬이 감정적 마음에서 벗어나는 데 어떤 도움을 줄 수 있을까요?"

👥 연습하기

공동리더는 앞에 나가서 팔짱을 끼고 이마에 주름을 지게 하고 입 주변을 아래로 내리고 째려보며 서 있는다. 참여자에게 공동리더를 잘 관찰하고 경험을 기술하도록 한다. "이 선생님을 볼 때 무엇을 관찰하였나요?" 참여자는 다음과 같은 반응을 할 것이다. "화난 표정이에요. 짜증이 난 표정이에요. 무언가에 대해 고민하고 있는 것 같아요." 리더는 참여자에게 해석하지 않고 보이는 것을 있는 그대로 기술하도록 한다. 올바른 반응은 다음과 같다. "주름진 이마가 보이고 입가는 아래로 처져 있으며 팔짱을 낀 상태이고 눈은 한쪽으로 쏠려 있습니다." 기술하기 스킬을 적용하는 것이 얼마나 어려운지 설명하고, 왜 이것이 중요한지 알려준다. 잘못된 해석이나 잘못된 귀인을 하게 되면(예: 그 사람은 화가 났어) 감정적 상태를 유발하거나 더 악화시킬 수 있고, 이렇게 되면 지혜로운 마음 상태에 이르기 어렵게 된다.

🧑‍🤝‍🧑 연습하기

또 다른 연습 방법으로는 사람들에게 강렬한 감정을 유발시키는 연예인이나 정치인의 사진을 무작위로 돌려보게 하고 종이에 그 사람을 기술하게 한 후 판단하는 말이나 해석하는 말을 하면 기술하기 스킬을 사용하여 바꿔 보도록 한다.

C. 참여하기(Participate)란 무엇인가?

▪ **지금 주어진 이 순간에 스스로를 맡기십시오.** 내일 무슨 일이 있을지 걱정하지 말고, '어제' 있었던 화나는 일에, 주의집중을 맞추지 말고, 지금 주어진 이 순간에 철저하게 몰입하여 주의를 빼앗기지 않은 채로 스스로를 온전히 던져보세요(예: 춤추기, 공 놀이하기, 식사하기, 청소하기, 시험보기, 친구와 생동감 넘치는 대화하기, 잠시 슬픔을 느끼기). 이렇게 하면 삶의 경험을 풍성하게 하고 기쁨과 즐거움을 느낄 수 있는 능력이 증가됩니다. 부정적인 감정도 회피하지 않게 하며, 삶이 방관자적 입장으로 공허하고 단절되어 있거나 외롭고 지루하며 우울한 감정 상태에 빠지지 않게 합니다. [많은 청소년들은 강렬한 감정을 회피하는 경향이 있음.]

이 감정들을 제대로 처리하지 않고 온전히 경험하지 않게 되면, 그 감정을 통해 얻은 정보를 지혜로운 의사 결정을 할 때 적용할 수 없게 됩니다. 예를 들어 수업 중에 선생님이 여러분에게 당혹스러운 말을 할 때, 충동적으로 떠오르는 생각은 공격적으로 반박하거나 교실에서 뛰쳐나가는 것과 같은 반응일 것입니다. 하지만 불편한 감정이 느껴지는 상황에서도 그대로 앉아서 감정이 가져다 주는 불편함과 이 감정을 견딜 수 있다는 것을 자각할 수도 있습니다. 적대적으로 반박하거나 교실을 뛰쳐나가는 것이 더 큰 수치감과 당황스러운 마음을 유발할 수 있다는 것을 자각할 수 있습니다. 이후 수업 시간에 나가지 않고 조용히 앉아 있는 것을 선택하고 마음의 평정을 찾은 다음, 수업이 끝나고 선생님에게 차분히 말할 수 있습니다.

"참여하기" 스킬의 두 번째 사용 방법은 현재 정서적 고통을 일으키는 상황에서 주의분산하는 대처 방법에 온전히 참여하는 것입니다. 예를 들어 친구와의 갈등이 생겨서 매우 슬플 때, 울거나 체육 시간 도중에 그 생각에 빠져버리는 것은 효과적이지 않습니다. 오히려 운동 경기에 온전히 몰입하여 운동을 하고 집으로 돌아가서 실컷 우는 것이 좋을 수 있습니다.

💬 **토의 사항 |** 참여자에게 최근에 온전히 참여하거나 몰입한 적이 있는지 생각해 보게 한다. 모든 참여자가 적어도 한 가지의 예를 발표할 수 있도록 하고, 온전히 몰입했을 때와 반만 참여하거나 멀티태스킹을 했을 때를 비교해서 어떤 경험을 했는지 물어보도록 한다.

▪ **자의식을 갖지 않고 온전히 경험하십시오.** 우리는 자의식을 가질 때, 스스로를 평가하게 되고 더 이상 '현재'에 집중하지 못합니다. 경험 밖에서 우리를 바라보게 된다는 것입니다. 참여하기는 나와 타인을 평가하는 마음을 지나가게 하고, 우리가 이 순간에 느끼는 것을 있는 그대로 경험하고 참여하며 그 곳에 있는 것을 말합니다. 예를 들어 친구와 같이 음악을 연주할 때 내 연주가 어떻게 들리는지, 사람들이 내 목소리나 키보드 연주를 어떻게 생각할지 걱정하지 말고 그저 어울려 음악을 온전히 느끼도록 하세요.

▪ **참여하는 삶 살기.** 참여하는 삶이란 자의식 없이 신나게 웃고, 실컷 울 수 있는 삶을 말합니다. 참여하는 삶은 원예를 하거나 주의분산 없이 친구와 수다를 떠는 것, 달리기를 하거나 춤을 추는 것에 온전히 집중하는 것, 노래를 부르거나 다른 사람 혹은 혼자 악기를 연주하는 것 등을 포함합니다. 밴드 연주를 해 본 사람이라면 같이 연주했을 때 시너지 효과가 만들어지면서 함께 교류하는 기분을 느끼게 됩니다. 우리가 무엇을 하던 간에 이렇게 '교류하는 순간'을 경험하게 하는 것이 온전히 참여하기입니다.

👥 연습하기

이 장의 마지막 부분에는 마인드풀니스 연습을 위한 리스트가 있다. 이 중 "사운드 볼 게임"이나 "스냅, 크래클, 팝 게임"을 선택하여 하도록 한다. 게임을 마친 후, 참여자들이 관찰한 것을 발표하게 한다. 많은 사람들이 처음에는 이 마인드풀니스 게임을 할 때 자의식이 있어, 온전히 참여하지 못한다. 자의식을 갖지 않고 '더 온전히' 상황에 몰입하여 이 마인드풀니스 게임에 참여하게 한다. 이 후 참여자들에게 두 번 연습을 할 때 어떤 차이가 있었는지 물어본다.

▪ **부정적인 감정도 온전히 경험하면 지혜로운 마음으로 인해, 충동적 행동을 막고 무엇을 할 것인가에 대한 올바른 의사 결정을 할 수 있습니다.** 정서적 고통이 있을 때, 마음 속에 어떤 감정이 있는지 아는 것은 매우 중요합니다. 그렇게 함으로써 지혜로운 마음을 따라서 어떤 행동을 할지 선택할 수 있습니다. 그 감정을 자각하지 않고 충동적인 행동을 해버리면 상황은 더 악화됩니다. 예를 들어 매우 불안하다는 것을 깨닫지 못하고 그 감정에서 벗어나려고 술을 마시

기 시작한다면, 불안을 다룰 수 있는 더 효과적인 방법을 찾고 선택할 기회를 갖지 못하게 됩니다.

▪ **참여하기 스킬을 적용하면서 "How" 스킬을 적용하십시오.** [아래 내용은 참여자가 마인드풀니스 스킬 모듈을 적어도 한 번 이상 배웠거나, "How" 스킬에 대하여 알고 있거나, "How" 스킬 소개를 할 때 교육한다.]

마인드풀니스 "How" 스킬을 사용하면 우리는 더 온전히, 오랜 시간 마인드풀하게 참여할 수 있습니다. 우리 마음이 판단적일 때에는 참여하기보다는 평가하기를 하게 됩니다. 우리가 멀티태스킹을 하고 있을 때, 우리는 한 번에 한 가지씩만 하지 못하고, 온전히 참여하지 못하게 됩니다. 장기적 목표에 어떤 영향을 주는 지를 고려하지 않고 감정이 우리의 행동을 다스리게 된다면, 스킬을 사용하여 온전하게 참여할 수 없을 것입니다. 예를 들어 친구가 나를 무시해서 그 사람을 저주했다면, 그 순간에 여러분은 감정적 격정에 온전히 참여한 것입니다. 그러나 그것이 장기적으로는 효과적이거나 도움이 되지 않을 것입니다. 그 때 지혜로운 마음 상태에 머무르기를 선택했다면, 효과적인 것에 온전히 참여하여 분노를 표출하는 대신에 실망스러운 감정이나 상처받았다는 것을 친구에게 표현할 수 있습니다.

다음에 소개할 "How" 스킬을 통해 우리는 어떻게 무판단적인 마음의 상태가 될 수 있는지, 어떻게 한 번에 한 가지에만 주의를 기울일 수 있는지, 그리고 어떻게 효과적으로 실행할 수 있는지를 배우게 될 것입니다.

III. 마인드풀니스 "HOW" 스킬

참여자에게 마인드풀니스 자료 6. "마인드풀니스 'How' 스킬"을 펴게 할 것

"How" 스킬은 관찰하기, 기술하기, 참여하기를 하는 방법을 알려줍니다. "How" 스킬에는 판단하지 않기, 집중한 마음 상태 유지하기, 효과적인 것에 집중하기 이렇게 세 가지 스킬이 있습니다.

A. 판단하지 않기(Don't Judge)

알아차리기만 하고, 자각한 것이 좋은 것인지 나쁜 것인지에 대해 평가하지 마십시오. 감각 기관을 통해 관찰된 사실에만 집중하도록 합니다.

- **판단하지 말고, 해로운 것인지 도움이 되는 것인지 인식하기만 하십시오.** 예를 들어 "너는 멍청이야"라고 말하는 대신에 "우리가 대화를 할 때 네가 나가버리면 화가 나"라는 말을 해 보십시오.

- **"판단하기"는 무엇이 해로운 것이고 무엇이 도움이 되는 것인지를 빠르게 인식할 수 있게 합니다.** 무언가 빨리 판단하는 것은 이 세상을 살아갈 때 도움이 됩니다. 예를 들어 아침 식사를 위해서 그릇에 시리얼을 담고 우유를 넣으려고 뚜껑을 열었는데 상한 냄새가 난다고 생각해 보세요. 우유 안을 보니 멍울이 떠다니고 있었고 가족들에게 이런 말을 할 것입니다. "이 우유 상했어." 그렇습니다. 사람들이 그 우유를 마시지 못하게 하기 위해서는 즉시 판단을 내려야 합니다. 오전 7시 30분에 모두가 바쁜 상황에서 우유에서 어떤 냄새가 나며, 우유의 색은 무엇이고, 멍울지는 과정은 어떤 것인가와 같은 논문을 쓸 필요는 없습니다. 우리 사회는 판단하는 것을 좋아합니다. 오디션 프로그램의 심사위원들이 "당신이 최고예요"라고 말하거나 잡지에서는 최악, 최고의 드레서라는 말을 자주 볼 수 있습니다. 이렇게 하는 것이 어떤 상황에서는 유용할 수 있지만, 해가 될 수도 있습니다.

🗨 **토의 사항** | "언제 우리가 다른 사람이나 나 스스로를 판단할 때 문제가 될까요? 이 질문을 감정적 마음 상태와 연관 짓거나 감정적 마음에서 빠져나오지 못할 때 스스로에게 해보세요."라고 말한다. "넌 실패자야!", "나는 바보야!"라는 식으로 판단하면 감정적 마음 상태를 증폭시켜 수업 시간에 불쑥 말하거나 소리를 지르거나 폭력적인 언행을 할 수 있다는 것을 자각할 수 있도록 한다.

- **판단하고 있다는 것을 더 자각해 보십시오.** 판단하고 있다는 것을 더 많이 관찰하고 자각하면 지혜로운 마음에 더 접근할 수 있고, 지혜로운 마음에 따른 결정을 하게 되면서 괴로움을 줄일 수 있습니다.

👥 연습 1

참여자 한 사람에게 감정적으로 자극이 될 수 있는 소식을 판단적으로 기술하도록 요청한다. 이 때 역할을 맡은 참여자는 상세한 정보를 다른 참여자에게 주어서 판단하게 만들고 감정적으로 자극을 받도록 한다.

다음에는 같은 소식을 판단하는 용어를 사용하지 않고 사실에만 의거하여 기술하도록 한다. 판단하지 않고 기술하는 것이 얼마나 어려운지, 그리고 무판단적으로 기술하는 것이 사람들의 감정적 반응을 어떻게 줄이는지 관찰한 것을 논의한다.

👥 연습 2(선택 사항)

진보 정당을 지지하는 사람에게 보수 정당 소속으로 정치적으로 문제가 있는 사람에 대해 느끼는 감정을 종이에 적도록 한다. 보수 정당 지지자에게도 같은 것을 적도록 한다. 참여자는 자신이 지지하는 정당을 밝힐 필요는 없다. 발표를 듣는 참여자들은 판단하지 않고 듣는 연습을 하도록 한다. 또는 라이벌 관계에 있는 스포츠팀을 사례로 활용할 수도 있다.

👥 연습 3(선택 사항)

참여자에게 자신이 좋아하는 인물(유명한지 여부에 관계없이)을 무판단적으로 기술하게 한다. 그 사람에 대해 관찰한 사실만을 적도록 한다. 참여자에게 '혐오'스럽게 느끼거나 증오하는 역사적 인물이나 최근 뉴스에 등장한 사람을 판단하지 않고 기술하게 한다. 주의 사항: 이 연습을 할 때 감정 조절 문제가 발생하지 않을 정도의 사람을 선택하게 해야 한다! 무판단적으로 생각하고 쓰고 말하는 것이 얼마나 어려운지 스스로 관찰한 것을 발표하게 한다. 참여자들에게 언제 무판단적으로 자신의 생각을 표출했는지 자각하게 하고 그것이 자신의 감정 상태에 어떻게 영향을 끼쳤는지를 자각하게 한다.

- **판단하고 있다는 것을 알아차리고 대체하십시오.** 판단을 하지 않고 일상 생활을 할 수는 없습니다. 우리 목표는 판단하고 있는 것을 바로 알아차리고, 감정을 잘 통제하면서 마인드풀니스 기술하기 스킬을 사용하여 판단하는 것을 대체하는 것입니다. 수족관 이야기로 돌아가 보도록 하겠습니다. 수족관에 있는 물고기를 바라보면서 "저 물고기는 너무 바보같아!"라고 말하는 사람은 거의 없을 겁니다. "저 물고기는 황금빛에 희미하게 빛나는 비늘을 가졌네. 파랗고 주황색을 띤 물고기가 노란 물고기 옆을 지나가는구나. 작은 물고기가 바닥을 따라서 수영하네"와 같이 말할 것입니다. 판단하기를 사실 중심으로 한 기술로 다시 고쳐 말해 보세요.
- **판단하고 있는 자신을 판단하지 마십시오.** 사람들은 모두 판단적입니다. 우리가 얼마나 판단적인지 깨닫게 되면 우리 스스로를 또 다시 판단하게 됩니다. '1차 판단'뿐 아니라 '1차 판단에 대한 판단'도 마인드풀니스하게 관찰하고 그것을 그냥 지나가게 하십시오.

👥 연습하기

10년 전에 유행했던 패션이나 머리 스타일 또는 연예계, 정치계에서 논란이 되었던 사람의 사진이나 비디오를 보여준다. 참여자에게 판단하지 않고 기술하기를 하도록 한다.

👥 연습하기

참여자들에게 최근에 스스로에게 한 판단적인 생각들을 판단한 것을 가감없이 적도록 한다. 자신에 대한 판단이 어떠한 영향을 미치는 지 기술하게 한다(예: "나는 가치가 없는 사람이야", "나는 못생겼어").

1. 판단하는 것을 어떻게 지나가게 할 수 있을까?

1차 및 2차 판단을 지나가게 하기 위해서는 다음을 연습해야 한다.

(1) 판단하기를 무판단적으로 관찰할 것.

(2) 관찰된 사실만 기술할 것. 예를 들어 "나는 바보야"라고 말하는 대신, "나는 24개의 수학 문제 중 6개 틀렸어. 선생님은 나에게 75점을 주셨어. 나는 열심히 공부했지만 성적이 잘 안나와서 화가 나고 당혹스러운 감정이 느껴졌어. 내가 그 생각할 때 이를 세게 물고 머리를 흔드는 것을 자각했어. 이번주에 수학 숙제를 피하고 싶은 마음이 들 것을 자각했어"라고 기술한다.

(3) 지금부터 이 연습을 계속할 것.

B. 집중하는 마음 상태 유지하기(Stay Focused) : 한 가지 마음 갖기(One-Mindfully)

제가 업무를 마치고 집에 들어가면서 우편물을 가져올 때가 있습니다. 집에 들어가자마자 우편물을 뜯어보기 시작합니다. 우편물을 보면서 음성 메시지를 듣거나 스피커 폰으로 전화를 합니다. TV 뉴스가 켜져 있으면 뉴스를 보기도 합니다. 어떤 때에는 냉장고에서 사과를 꺼내 한 입 베어 물면서 음성 메시지를 들을 때도 있고, 메일을 읽거나 TV를 보기도 합니다. 제 남편과 아이들이 지나가면서 인사를 해도 마음을 집중하지 못하고 너무 많은 정보를 처리하다가 결국 인사도 제대로 받아주지 못합니다. 당시 제 마음은 아무런 생각이 없는 상태였을 겁니다.

▪ **한 번에 한 가지 일만 하십시오.** 우리가 생각하고 느끼고 행동하는 것을 잘 자각하기 위해서는 한 순간에 한 가지의 일만 해야 합니다. 우리의 마음은 때때로 지저분한 방과 같습니다. 우리 마음은 어수선하고 여러 가지 것들이 쌓여 혼란스러워서 그 안에서 우리가 원하는 것을 찾기 어렵습니다. 우리가 한 순간에 한 가지만 하고 집중하는 마음을 가질 때, 혼란스럽게 하는 것들을 치우고 체계화합니다. 우리가 필요한 것을 잘 찾아서 가져올 수 있게 됩니다.

- **멀티태스킹을 하지 마십시오.** (1) 최근 연구에 의하면 멀티태스킹은 효과적이지 않습니다. (2) 멀티태스킹은 정보의 과부하를 일으키고, 잠재적으로 스트레스를 가중시키며 우리의 생각과 감정, 충동에 대한 자각을 흐리게 만듭니다[Parker-Pope, 2010 참조].
- **천천히 하십시오.** 마인드풀한 상태가 되기 위해서는 한 번에 한 가지만 할 수 있도록 천천히 하는 것이 매우 중요합니다. 두 가지를 동시에 하면 시간을 허비하기 쉽습니다. 최근에 다른 사람과 이야기를 하면서 동시에 친구에게 문자를 보낸 적이 있는지 생각해보십시오. 문자를 보내는데 시간이 걸리고 대화는 지속적으로 중단되어 다시 시작해야 했을 겁니다. 또한 대화를 하고 있는 사람에게 "잠깐 뭐라고 했지? 네 말을 잘 듣지 못했어. 다른 사람에게 문자를 보내고 있었거든"이라고 말하게 되면 무슨 일이 벌어질까요?

리더 유의사항: 한 가지 마음 갖기의 어려운 점에 대해 토의한다. 청소년들은 자신이 멀티태스킹의 왕이라고 말할 것이다. 아래 토의 사항에는 멀티태스킹의 위험성과 한번에 한 가지 일을 하는 것의 좋은 점을 소개하고 있다.

토의 사항 | "문자를 하면서 운전하는 사람의 차에 탄 적이 있는 사람은 손을 들어보세요. 운전하면서 누군가와 전화로 혹은 차량의 스피커 폰을 통하여 심각한 논의를 하는 사람을 본 적이 있나요?"라고 묻는다. 많은 청소년들은 아마 그렇다고 말하거나 자기 스스로 그렇게 하고 있고, 그것이 문제가 되지 않으며 잘 하고 있다고 말할 것이다.

그러면 "만일 여러분이 수술을 받고 있다면 어떨까요? 여기 있는 사람 중에 수술 중에 의사가 한 손으로는 문자를 하면서 수술을 하는 것을 괜찮다고 느끼는 사람이 있나요? 의사가 여러분의 대동맥 수술을 하는데 스피커 폰으로 누군가와 이야기 한다면 어떨까요? 그렇게 한다면 어떤 생각이 드나요?"라고 질문한다. 대부분 아마 "절대 안돼요"라고 말할 것이다. 중요한 활동을 할 때, 한 가지 마음 상태를 유지하면 어떤 결과가 나올지 질문한다.

1. 한 가지에 집중하는 마음 상태를 유지하려면 어떻게 해야 할까?

참여자들에게 다음 사항을 리뷰하고 토의하게 할 것.

    (1) 한 번에 한 가지만 하십시오. (예: 관찰하기, 기술하기, 참여하기)

    (2) 주의분산이 되는 것을 지나가게 합니다.

    (3) 여러분의 마음을 집중하고(멀티태스킹의 반대) 주의가 흐트러질 때마다 다시 집중하도록 하십시오.

(4) 집중하는 마음 상태를 유지하여 과거나 미래 그리고 현재의 주의분산 요소들에 방해 받지 않도록 합니다.

💬 **토의 사항** | "학교나 직장에서 과거에 화가 났던 사건이나 미래에 대한 걱정 또는 주의분산이 심한 상태에 있는 자신을 발견한 적이 있나요? 여러분이 현재에 집중하지 않고 있다면, 현재에 살고 있지 않은 것입니다. 지금 이 순간에 살고 있지 않다면 현재 느낄 수 있는 기쁨을 느낄 수 없고 실제로는 과거나 미래에 살고 있는 것이며, 비참한 느낌만 들 뿐입니다."라고 말한다.

그리고 나서 다음과 같이 말한다. "이것은 결코 과거의 일에 대해 애통해 하지 않거나 미래를 준비하지 말라는 것이 아닙니다. 과거와 미래에 대해 너무 많은 시간을 보내고, 현재에 충분한 시간을 할애하지 않음으로써 지금 할 수 있는 황금 같은 기회를 놓치고 있다는 것입니다. 친구와 대화를 할 때에는 그 대화에만 집중하고, 문자를 보내거나 다른 전자기기 혹은 화면을 보지 않도록 하십시오. 피자나 초콜릿 한 조각을 먹을 때 그 맛에만 집중해보세요. 산책을 할 때, 앞으로 무엇을 해야할 지에 대해 초점을 맞추지 말고 피어나는 꽃, 화초, 나무가 피어나는 것을 바라보십시오. 앞으로 무엇을 할 것인가에 주의집중을 하지 않도록 하십시오. 한 번에 한 가지만 하는 연습을 계속 하십시오."

👥 연습하기

참여자들에게 2~3분 동안 한 번에 한 가지만 하는 연습을 하게 한다. 방 안을 걷게 하고 걸을 때 느껴지는 감각을 자각하기, 동전이나 유리 장식, 사진, 만화경 등을 쳐다보기, 숨 관찰하기, 잡지 읽기, 다른 사람과 대화하기 등을 연습한다. 어떤 활동을 하든, 주의분산을 하지 않고 마음에만 집중하고, 다른 것에 주의가 흐트러지면 다시 주의를 집중하도록 안내한다. 그리고 관찰한 것을 발표하도록 한다.

👥 연습하기(그룹에 활력을 불어넣는)

간단한 덧셈, 뺄셈 문제를 주고 종이에 100부터 7을 거꾸로 빼도록 시킨다. 참여자들이 이 산수를 계속하게 하면서 그룹 전체에는 생일 축하 노래나 '리리리 자로 끝나는 말은' 노래를 부르게 한다. 참여자들은 수학 문제나 노래에만 집중하도록 한다. 참여자들에게 한 번에 두 가지를 동시에 할 때와 한 번에 한 가지 마음을 갖고 집중하여 할 때 어떤 차이가 있는지 자각하게 한다. 집중에 어떤 차이가 있는지 자각하고 집중할 때 무엇이 자각되었는지, 어떤 감정을 느꼈는지 질문하도록 한다.

C. 효과적인 것에 집중하기(Do What Works)

효과적인 것에 집중하십시오. 감정이 여러분의 행동을 통제하게 놔두지 않도록 합니다. 감정과 행동 사이의 연결선을 단절하십시오.

- **감정에 따라 행동하면 좋지 않은 결과가 나옵니다.** 여기 있는 분들은 감정에 따라 행동하는 경향이 있을 것입니다. 모두 그렇지요? 선생님에게 화가 나서 숙제를 안해버리거나 친구의 생일 파티에 부모님이 가지 못하게 했던 일들을 기억해보십시오. 이 때 문을 쾅 닫으면서 부모님에게 소리를 지르지 않았나요? 사회적 상황이 두렵고 걱정되어서 피하려는 마음을 먹었던 적이 있나요? 이렇게 하면 효과적인 것에 집중하는 것이 아닙니다. 감정적 마음이 여러분의 마음을 지배하는 것입니다. 효과적인 것에 집중하는 것은 다음과 같습니다.
- **목표를 달성하기 위해 규칙을 따르는 것입니다.** 여러분이 속해 있는 사회와 문화에서 정한 규칙을 자각하고 따르도록 합니다(가정, 학교, 팀의 규칙).
- **능수능란하게 스킬을 적용합니다.** 감정적 마음이 시키는 대로 행동하지 않고 스킬을 사용하도록 하십시오.
- **지혜로운 마음이 말하는 장기적인 목표를 달성하기 위하여 필요한 것을 하십시오.** 이것은 바로 명확하게 드러나지 않습니다. 예를 들어 고등학생인 지하는 선생님께서 "지하야, 또 숙제를 제출하지 않았구나"라고 말하여, 친구들 앞에서 창피를 당해서 화가 났습니다. 지하가 예전에는 숙제를 제때 내지 못했지만 이번 과제는 분명히 제때 제출했습니다. 지하는 화가 났고 그 순간에 문제를 바로 잡아야 한다는 충동을 느꼈습니다. 단기 목표는 화를 가라앉히고 선생님께서 자신이 실수했다는 것을 인정하게 만드는 것이었습니다. 그러나 장기적인 목표는 이런 충동적 행동으로 달성되지 않습니다. 선생님들은 학생들 앞에서 자신이 틀렸다는 말을 듣고 싶어하지 않기 때문입니다. 따라서 지하는 정서적인 고통을 참으면서 효과적인 것을 하기로 하였고, 수업이 끝난 후 DBT 대인관계 효율성 스킬(GIVE 스킬과 DEAR MAN 스킬)을 적용하여 선생님이 오해한 부분을 명확하게 알려 드렸습니다.
- **부정적 감정 지나가게 하기(복수심, 불필요한 분노).** 이것은 오히려 상처를 줄 수 있고 문제를 악화시킬 수 있습니다(위에 언급한 지하의 사례 참고할 것).
- **"꼭 그렇게 해야만 해"(should)를 지나가게 하십시오.** 유연한 상태를 유지하는 것이 효과적일 때가 있습니다. 여기에 있는 분들은 자신이 말하고자 하는 요점을 증명하고 우리가 어떻게 느끼는지 상대방이 알게 하여, 혼돈이 없도록 바로잡는 것이 중요하다고 느낄 것입니다. 그러나 자신에게 물어보세요. 상대방이 여러분에게 "너는 이렇게 해야만 해", "너는 이렇게 하면 안돼."라고 말하면 어떻게 느낄까요? 아마 나쁜 감정을 느낄 것입니다. "꼭 그렇게 해야 하니?"라고 나와 다른 사람에게 말하지 않도록 하세요. 대신 "이렇게 하

면 도움이 돼", "나는 이렇게 하는 것이 더 좋아."와 같이 말해보세요. 이런 방식으로 말하면 나의 논점을 증명해내야 한다는 압박을 줄일 수 있고 정서적 고통을 줄이며 또한 지혜로운 마음에 다가갈 수 있게 됩니다.

Ⅳ. 마인드풀니스를 연습하는 방법

참여자에게 마인드풀니스 자료 7. "쉬운 마인드풀니스"를 펴게 할 것

> **리더 유의사항:** 참여자에게 마인드풀니스 자료 7을 단계별로 연습하게 하고, 다음과 같이 말한다.
>
> "이 자료에는 마인드풀니스를 쉽게 연습하는 방법이 나와있습니다. 그룹을 시작할 때 이것을 모델로 마인드풀니스 연습을 해보세요. 여기에 소개한 대로 일상에서 마인드풀니스를 연습하여 익숙해지도록 하세요."
>
> 이 장의 끝에는 청소년과 가족들이 도움이 많이 되었다고 보고한 다양한 마인드풀니스 훈련들이 소개되어 있다.

Ⅴ. 숙제 내주기

마인드풀니스 자료 8. "연습 자료: 마인드풀니스 'What'과 'How'스킬"을 숙제로 내줄 것. 참여자에게 다음주에 한 가지 마음으로 "What" 스킬과 "How" 스킬을 연습하도록 서약하게 할 것. 자료 8에 연습한 스킬을 체크하며 간략하게 무슨 스킬을 언제, 어디에서, 연습했는지 기술하고, 그것이 참여자들의 생각과 감정, 행동에 어떤 영향을 주었는지 기술하게 할 것.

A. 청소년을 위한 마인드풀니스[1]

아래에 소개하고 있는 마인드풀니스는 청소년들이 좋아하는 마인드풀니스이다. 이 연습의 일부는 표준 DBT에서 차용했으며, 나머지는 청소년을 위하여 개발한 것이다. 치료자는 다양한 마인드풀니스

---

[1] Miller, Rathus, and Linehan(2007, pp, 275~284)에서 발췌하여 수정하였으며, 저작권사 Guilford Press의 승인을 받았음.

스킬을 사용하는 것이 좋다. 청소년을 위한 마인드풀니스는 마인드풀니스의 모든 요소를 연습하도록 구성되어 있으며, 마인드풀니스의 어떤 요소를 가르칠 것인가에 대한 지침을 따로 설명하였다.

1. 마인드풀니스 연습을 위한 일반적인 지침

그룹리더는 참여자들에게 마인드풀니스를 소개하며 이 연습이 치료 목표와 연결되어 있다는 점을 알려주도록 한다(예: "우리가 경험하고 있는 것을 더 온전히 자각할 수 있도록 돕기", "판단하는 것을 줄임으로써 감정적 마음 상태를 최소화하기"). 또는 마인드풀니스의 효용성에 대해서 설명한다.

- 가족을 포함한 모든 그룹참여자가 이 훈련에 참여해야 한다.
- 마인드풀니스 연습을 할 때 눈을 감거나 주의분산을 막기 위하여 바로 앞에 있는 어떤 물체에 집중하도록 지시한다.
- 핸드폰이나 잠재적으로 주의분산을 일으키는 것들은 모두 끄고, 펜이나 노트와 같이 참여자가 손에 잡고 있는 것은 모두 내려놓도록 지시한다.
- 대부분의 연습은 2~5분 정도 할 수 있는 분량이다. 참여자들이 마인드풀니스 연습을 통해 경험이 많이 쌓인다면 더 길게 진행할 수도 있다.
- 참여자들에게 자신의 생각이나 주의가 흐트러지면 무판단적으로 주의분산된 상태를 자각하고 마인드풀니스 연습에 다시 주의집중을 하도록 지시한다.
- 리더는 참여자들이 관찰한 것을 몇 분 동안 발표하게 한다.
- 리더는 마지막으로 마인드풀니스의 목적을 말하고 마무리 한다(판단하지 않고 참여하기, 감정 관찰하기, 지혜로운 마음 상태로 가기 위해 먼저 감정을 관찰하고 기술하기, 우리가 하는 경험을 자각하는데 시간을 할애하여 상황에 대한 더 많은 정보를 수집함).

👥 연습 1: 무엇이 달라졌을까?

두 명의 참여자가 짝을 이루어서 서로를 마인드풀하게 관찰하게 한다. 그리고 등을 돌려 세 가지 물건을 바꾸고(안경, 시계, 머리 모양 등), 다시 마주보고 앉게 한다. 서로 달라진 것을 자각할 수 있을까?

응용: 이것은 누구의 동전일까요? 참여자들이 그릇에 담겨있는 동전을 집어 잠시 가지고 있다가 다시 그릇에 두도록 한다. 그리고 나서 각각 하나의 동전을 집고 그것을 공부하듯이 바라본다(한 번에 한 가지만 하면서 집중하는 마음 상태를 갖는다). 그리고 나서 그릇에 다시 동전을 내려 놓는다. 마지막으로 참여자들이 자신이 처음 집었던 동전을 찾게 한다. 이어서 참여자들이 자신의 동전을 첫 번째에 바로 찾아낼 수 있었는지를 질문하고, 못찾았다면 이유가 무엇인지 토의한다.

마인드풀니스 스킬: 한 가지 마음으로 관찰하기.

👥 연습 2: 사운드 볼(Sound Ball)

한 사람이 특정 소리를 내고 그것을 다른 사람에게 '던져' 준다. 그 소리를 받은 사람은 처음 소리를 따라서 반복하고, 새로운 소리를 만들어 다른 참여자에게 '던져' 준다. 같은 방식으로 새로운 소리를 서로에게 '던져' 준다.

　　응용: 단어 공 놀이(Word Ball). 위와 같은 방식으로 하되, 소리 대신 단어를 사용한다.

　　마인드풀니스 스킬: 한 가지 마음으로 관찰하고, 참여하기.

👥 연습 3: 스냅, 크래클, 팝(Snap, Crackle, and Pop)

가슴 앞으로 팔을 들어 바로 왼쪽이나 오른쪽 사람을 가리키며 "스냅"이라고 말한다. 지목받은 사람은 머리 위로 팔을 들어 올리면서 "크래클"이라고 말하면서 바로 왼쪽 혹은 오른쪽에 있는 사람을 가리킨다. 두 번째로 지목된 사람은 "팝"이라고 말하면서 아무나 가리킨다. 세 번째로 지목된 사람은 다시 "스냅"이라고 말하며 게임을 이어간다. 약간 빠른 속도로 진행하면서 잘못 말하거나 잘못된 제스처를 취한 사람은 이 게임에서 탈락된다. 탈락된 사람들은 방해자가 되어 원 밖에서 게임에 참여하는 사람들을 방해한다(신체적 접촉 없이 언어로만 방해할 것). 스냅, 크래클, 팝 게임은 모여 있는 원에 두 사람만 남을 때까지 계속 한다.

　　마인드풀니스 스킬: 한 가지 마음으로 관찰하고, 참여하기

👥 연습 4: 음악 관찰하기

리더는 청소년들이 좋아하지 않는 음악을 틀고, 참여자들에게 조용히 음악을 들으면서 온전히 음악에 심취한 경험을 무판단적으로 관찰하고 기술하게 한다(그들의 생각, 감정, 신체적 변화, 충동). 이것의 변형으로는 두세 개의 서로 다른 음악을(서로 다른 스타일, 템포 등) 듣게 하고 참여자들이 음악의 변화나 내면의 반응을 관찰하게 한다.

　　마인드풀니스 스킬: 판단하지 않고 참여하고, 관찰하고, 기술하기.

👥 연습 5: 달걀 세우기

2분 동안 달걀을 테이블 위에 세우도록 한다.

　　마인드풀니스 스킬: 한 가지 마음과 무판단적으로, 효과적인 것에 집중하며 관찰하기

👥 연습 6: 손 운동하기

타원형이나 직사각형 테이블 주변에 서있는다. 각자 왼손을 테이블 위에 놓도록 한다. 그리고 오른

편에 있는 사람의 왼손 밑에 자신의 오른손을 두도록 한다. 어떤 한 사람이 테이블에서 자신의 오른손을 떼고 재빠르게 오른쪽 사람의 왼손 위에 두도록 한다. 오른쪽에 있는 사람은 자신의 오른손을 재빠르게 들어올렸다가 다시 그 자리에 둔다. 어떤 사람이 테이블을 두 번 칠 때까지 원을 그리며 오른쪽으로 차례로 진행한다. 한 사람이 테이블을 두 번 치면 진행 방향을 왼쪽으로 바꾸고, 또 다른 사람이 테이블을 두 번 치면 다시 방향을 바꾸면서 지속한다. 손을 너무 빨리 떼거나 너무 늦게 뗀 사람은 손 하나를 사용하지 못하고 남아 있는 손만 테이블 위에 올려 둔다(남아있는 손은 게임에 맞게 해야할 행동을 한다). 이 연습을 두 세개의 손만 남을 때까지 계속 한다.

마인드풀니스 스킬: 한 가지 마음과 무판단적으로 관찰하기

👥 연습 7: 마인드풀하게 키세스 초콜릿 껍질 벗기기

키세스 초콜릿을 앞에 놓고 편안한 자세로 앉는다. 리더는 다음과 같이 말한다.

"제가 마인드풀니스 벨을 세 번 울리면 여러분 앞에 있는 키세스 초콜릿의 외부를 관찰하고 기술하세요. 그 껍질에 있는 알루미늄 호일과 붙어있는 종이 표식 사이에 어떠한 질감의 차이가 있는지 느껴 보세요. 그 초콜릿의 껍질을 벗기면서 알루미늄 호일의 모양과 질감이 어떻게 변하는지, 또 그 초콜릿과 붙어있는 종이 표식과 비교하면서 관찰해보십시오. 초콜릿이 여러분의 손에서 어떻게 변하는지 느껴보세요. 여러분의 마음이 이 연습에서 벗어나면 판단하지 않고 주의 분산된 것을 확인하고 여러분의 주의를 다시 초콜릿으로 돌아오게 하세요."

마인드풀니스 스킬: 한 가지 마음으로 관찰하고, 기술하기.

👥 연습 8: 마인드풀니스 땅콩 버터와 젤리 샌드위치

리더는 다음과 같이 말한다.

"지루한 것이나 참여하기 싫은 것, 필요하지만 즐겁지 않은 단조로운 활동을 하게 되면 우리의 마음은 여기 저기 떠돌게 됩니다. 우리의 머리는 지금 하고 있는 것에 집중하기보다 원하는 것을 하고 싶다는 생각에 가득 차게 되고 지금 하고 있는 것을 어떻게 참아낼까, 또 지금 하고 있는 것이 얼마나 바보스럽고 공정하지 않은가라는 생각으로 가득 차게 되지요. 바로 이 순간 무판단적으로 우리의 마음과 감정, 감각을 자각하기보다는 부정적 생각이나 감정과 판단으로 흐려지게 됩니다. 지혜로운 마음을 사용함으로써 자의식이나 미래에 대한 걱정을 하지 않고 이 순간에 온전히 참여해보세요."

"여러분이 소풍을 가려고 땅콩 버터와 젤리 샌드위치를 만든다고 생각해 보세요. 테이블에 필요한 재료가 있다고 생각하고, 샌드위치를 만드는 시늉을 해보세요. 두 개의 식빵을 꺼내고 빵칼을 집는 것 등 하나라도 단계를 빠트리면 안됩니다. 샌드위치를 만들면서 그 샌

드위치를 만드는 각각의 행동에 온전히 집중하면서 땅콩 버터가 얼마나 부드러운지 생각하고 젤리의 농도가 얼마나 다른지, 빵이 부서지지 않도록 얼마나 조심스럽게 다뤄야 하는지에 집중해 보세요. 샌드위치를 완성한 다음에는 그것을 옆에 두고 다음 샌드위치를 만듭니다. 여러분의 목표는 샌드위치를 만드는 행동에 집중하는 것입니다. 마음이 흐트러지기 시작하면 다시 주의 집중하여 온전히 참여하도록 하십시오."

마인드풀니스 스킬: 한 가지 마음으로, 무판단적으로 관찰하며, 기술하고, 참여하기

👥 연습 9: 한 가지 활동 반복하기

리더는 다음과 같이 말한다.

"벨이 울리면 테이블 위에 두 손을 올려 놓습니다. 아주 천천히 몇 cm만 움직여서 연필을 잡아 보세요. 그 연필을 몇 cm만 들어올리고 다시 내려놓으세요. 다시 손을 원래 있었던 자리에 놓습니다. 일정 시간 동안 이 활동을 반복하면서, 반복할 때마다 새롭게 경험해보세요. 마치 이 활동을 한번도 해본 적이 없는 것처럼 새롭게 경험하는 겁니다. 여러분의 주의가 그 활동의 다른 부분들로 옮겨가는 것을 그대로 두세요. 손을 관찰하거나 근육이 수축하는 것을 느껴봅니다. 촉감이나 다른 질감이나 압력 등을 자각해보세요. 주의분산되는 요인이나 판단하는 것이 생기면 지나가게 하세요. 이 활동은 일상의 간단한 활동을 마인드풀하게 하도록 도와줍니다."

마인드풀니스 스킬: 한 가지 마음과 무판단적으로 관찰하고, 기술하기

👥 연습 10: 향에 집중하기

리더는 향초를 가지고 와서 참여자에게 다음과 같이 지시한다.

"초를 고르고 벨이 울리면 편하고 이완된 자세로 의자에 앉도록 하세요. 눈을 감고 그 초에서 나는 향에 집중합니다. 주의분산되는 것이나 판단이 생기면 지나가게 하세요. 그 향으로 인해 무엇을 느끼는지, 또 어떤 이미지를 떠올리는지 자각해보세요." 그리고 리더와 참여자는 관찰한 것, 감정, 생각, 감각 등에 대하여 논의하도록 한다. "그 향이 어떤 느낌을 갖게 했나요? 여러분의 마음에 어떤 이미지가 떠올랐나요? 그 향이 무엇을 생각나게 했나요?"

마인드풀니스 스킬: 한 가지 마음으로 무판단적으로 관찰하기

👥 연습 11: 마인드풀하게 건포도 먹기

리더는 건포도를 나눠준다. 참여자에게 건포도를 들고 모양과 질감, 향을 관찰하게 한다. 그리고 입

에 건포도를 넣고 천천히 자각하면서 맛을 보게 한다. 이때 맛과 감각 그리고 먹을 때의 소리까지 알아차리는 것이 중요하다. 사탕 등으로 같은 연습을 할 수도 있다(카라멜, 과일, 사탕 등)

마인드풀니스 스킬: 한 가지 마음으로 무판단적으로 관찰하고, 기술하기.

연습 12: 좋아하는 사탕 바꾸기 연습

리더는 한 박스에 다양한 초콜릿이나 사탕을 가지고 와서 참여자들이 자신이 가장 좋아하는 사탕을 선택하여 자신의 앞에 두게 한다. 리더는 참여자에게 현재에 몰입하고 무판단적으로 경험해야 한다고 상기시킨다. 이 연습을 시작하기 전에 참여자는 자신이 선택한 사탕을 자신의 왼쪽 사람에게 전달하고 서로의 반응을 관찰한다. 새로 받은 사탕을 입에 넣고 눈을 감은 채로 향, 질감, 맛을 오감을 모두 활용해 관찰하도록 한다. 리더는 참여자에게 집중하는 마음이 흐트러지면 지금 하고 있는 활동에 다시 주의를 돌리도록 상기시킨다. 몇 분이 지난 후에 눈을 뜨게 하고 어떠한 경험을 했는지 물어본다.

마인드풀니스 스킬: 철저한 수용, 한 가지 마음으로 무판단적으로 관찰하고, 기술하기

연습 13: 얼음 훈련

참여자 손에 얼음을 올려, 녹게 내버려 두고 그 경험을 관찰하고 기술하게 한다.

마인드풀니스 스킬: 한 가지 마음으로 무판단적으로 관찰하고, 기술하기

연습 14: 질감 훈련

참여자에게 가방에 있는 여러 질감을 가진 물체를 느끼게 한 후, 그것을 관찰하고 기술하게 한다.

마인드풀니스 스킬: 한 가지 마음으로 관찰하고 기술하기

연습 15: 드럼 치기

참여자들에게 자신이 원하는 리듬으로 테이블을 치게 한다. 한 사람이 시작하면 옆 사람이 추가하고, 같은 방식으로 모두 자신의 리듬을 유지하면서 테이블을 치게 한다.

마인드풀니스 스킬: 한 가지 마음으로 참여하기

연습 16: 선을 따라 걷기

리더는 바닥에 테이프로 선을 만든다. 참여자는 돌아가면서 그 선을 걷도록 한다. 걷는 활동에 온전히 집중하며, 한 발 앞에 또 한 발을 두면서 걷도록 한다. 참여자들이 선을 따라 걸으면서 관찰한 것

을 발표하게 한다(예: 균형 감각 상실).

　　응용: 한 발로 균형 잡기. 참여자들을 의자 뒤에 서게 한다. 한 손을 의자 위에 두어 균형을 잡게 하고, 한 발을 떼게 한 후 동시에 균형을 잡게 한다. 그리고 나서 손을 의자에서 떼고 온전히 집중하면서 한 발로만 균형을 잡게 한다.

　　마인드풀니스 스킬: 한 가지 마음으로 무판단적으로 관찰하고, 기술하기. 또한 이 연습은 감정적 마음과 합리적 마음의 '균형', 그리고 생각과 행동의 '균형'을 유지하는 것과 연관된 경험적 비유로 활용될 수 있다.

👥 연습 17: 지혜로운 마음 역할극

리더는 한 번에 하나씩 세 가지 마음 상태에 대한 역할극 시나리오를 만들어(예: 통금 시간과 관련된 논쟁) 시연한다. 다른 참여자들은 역할극에 나온 것이 어떠한 마음의 상태인지 추측하고, 왜 그러한 답을 하게 됐는지 논의한다(목소리의 톤, 신체 언어, 단어 선택 등). 마지막으로 리더는 같은 방식으로 두 명의 지원자를 선발하여 이 마음의 상태 역할극을 하게한다.

　　마인드풀니스 스킬: 마음의 상태를 관찰하고 기술하기: 합리적 마음, 감정적 마음, 지혜로운 마음

👥 연습 18: 리리리 자로 끝나는 말은

참여자를 2–3개의 그룹으로 나누어 "리리리 자로 끝나는 말은" 노래를 첫 번째 그룹부터 돌아가면서 부르도록 한다. 리더는 각 그룹에게 시작하는 지점을 알려주는 손짓을 한다. 참여자에게 이 노래를 하면서 떠오른 판단하는 생각이나 자의식의 경험을 기술하게 한다. 리더는 무판단적인 참여의 개념에 대해 논의하고 참여자에게 다시 노래를 부를 때에는 그 경험에 온전히 자신을 던져 과장된 손짓과 큰 목소리로 하게 한다. 리더와 참여자는 첫 번째와 두 번째 활동의 차이를 논의한다.

　　마인드풀니스 스킬: 판단하지 않고 참여하기

👥 연습 19: 마인드풀하게 경청하기

리더는 참여자를 2명으로 짝지어 자신에게 중요한 주제에 관해 토의하도록 한다. 듣는 사람은 마인드풀하지 않은 상태로 주의가 분산되거나 지루해하는 행동을 하도록 한다. 그리고 나서 말하는 사람은 상대방이 마인드풀하지 않은 상태에서 대화할 때 어떤 경험을 했는지 물어본다. 그 후 다시, 듣는 사람에게 마인드풀한 자세로 모든 주의를 집중하게 한다. 리더와 말한 사람은 어떤 차이를 경험했는지 이야기하도록 한다.

　　응용: 마인드풀한 경청과 말하기. 위와 같은 방식으로 하되, 이번에는 말하는 사람 역시 주의

분산 행동을 한다. 그리고 나서 말하는 사람과 듣는 사람 모두 마인드풀한 상호작용을 하도록 한다. 그리고나서 주의분산된 상태와 마인드풀한 상태에서 상대방과 어떤 상호작용을 했는지 토의한다.

마인드풀니스 스킬: 한 가지 마음으로 관찰하기, 대인관계 효율성 및 1단계 수인하기(3장 참고)

연습 20: 얼굴에 무엇이 있나?

리더는 다음과 같이 말한다.

"여러분의 얼굴을 마인드풀한 상태로 유지합니다. 이마부터 턱까지 얼굴의 다양한 부분을 자각하도록 합니다. 그 부분이 이완되거나 긴장되어 있나요? 또 다른 감각이 느껴지지는 않습니까? 지금의 얼굴 표정은 어떤가요? 여러분의 표현과 경험을 바꾸지 않고 그대로 알아차려 보도록 합니다." 그리고 치료자와 참여자는 관찰한 것을 논의한다.

응용: 신체 감각. 리더는 참여자에게 신체에서 느껴지는 감각과 긴장, 위치와 같은 것을 마인드풀하게 경험하게 한다. 신체 감각에 주의를 집중하는 것은 감정을 파악하는 학습을 할 때 매우 중요하다. 그것에 대한 논의를 이어가도록 한다.

마인드풀니스 스킬: 한 가지 마음으로 관찰하고 기술하기

연습 21: 호흡에 집중하기

리더는 다음과 같이 말한다.

"편안한 자세로 호흡하면서 숨을 들이쉬고 내쉬는 경험을 자각해보세요. 여러분의 코와 입을 통해 들어오는 숨결을 느끼면서 어떤 것이 느껴지는지에 대해 주의를 집중하고 여러분의 폐가 어떻게 풍선처럼 부푸는지 알아차립니다. 그리고 숨을 내쉴 때 어떤 느낌이 드는지 자각해보세요."

마인드풀니스 스킬: 한 가지 마음으로 관찰하고, 기술하기

연습 22: 감정 관찰하기

리더는 다음과 같이 말한다.

"여러분이 경험하는 감정을 자각하고 이 감정이 있다는 것을 어떻게 알게 되었는지 자각해보십시오. 이 감정에 어떤 이름이 적당할지 생각합니다. 생각과 신체적 감각 반응이 감정과 관련하여 어떠한 정보를 주나요? 어디에서 그 감각이 느껴지는지 기술해 보세요."

마인드풀니스 스킬: 관찰하기와 기술하기

👥 연습 23: 나는 무엇을 경험하고 있나?

리더는 다음과 같이 말한다.

"마음을 바로 이 순간 경험하는 것에 집중해 봅니다. 생각과 감정, 몸의 감각 반응, 충동 등을 마인드풀하게 경험하십시오. 여러분의 경험을 판단하지 말고, 밀어내거나 끌어안으려 하지 마십시오. 경험이 하늘의 구름처럼 오고 가도록 그대로 둡니다"

마인드풀니스 스킬: 한 가지 마음으로, 무판단적으로 관찰하고 기술하기

👥 연습 24: 충동 자각하기

리더는 다음과 같이 말한다.

"의자에 바로 앉습니다. 이 훈련을 하면서 여러분의 충동 즉, 움직이거나 자세를 바꾸거나 가려운 곳을 긁는 것 같은 행동을 하고 싶은 충동을 알아차리세요. 그 충동에 반응하지 말고 그대로 자각하도록 합니다."

리더와 참여자는 그 경험에 대하여 논의하도록 한다. "충동을 느끼는 상태에서, 행동으로 옮기지 않을 수 있나요?"라고 물어본다.

마인드풀니스 스킬: 한 가지 마음으로 관찰하고 기술하기. 고통감내 스킬(불편하더라도 충동에 따라 행동하지 않음)

👥 연습 25: 생각 관찰하기

리더는 다음과 같이 말한다.

"여러분의 생각이 오고 갈 때 뉴스 화면 아래의 문구나 광고판에 글자가 돌아가는 것 같이, 여러분의 생각이 들어오고 나가는 것을 자각합니다. 그것을 생각하거나, 그 안에 머물거나, 밀쳐내거나, 바꾸려 하지 않고, 생각을 진정으로 알아차려 보세요. 그 생각에 딱 붙어버리거나, 믿어버리거나, 반응하려고 하지 마세요. 그것이 무엇인지 알아차립니다. 즉, '그것은 그저…하는 생각'이라고 자각해 봅니다."

마인드풀니스 스킬: 한 가지 마음으로, 무판단적으로 관찰하기

👥 연습 26: 비누 방울 불기

리더는 참여자에게 비누 방울이 담긴 컵을 준다. 그리고 막대기로 불어서 비누 방울을 만들게 하고, 비누 방울에만 온전히 주의집중을 하게 한다. 비누 방울의 모양, 질감, 색 등과 같은 것을 자각하게 한다. 다른 생각으로 주의가 분산되면 하고 있는 활동으로 천천히 다시 돌아오게 한다.

마인드풀니스 스킬: 한 가지 마음으로, 무판단적으로 관찰하기

👥 연습 27: 최근에 한 경험을 상상하기

리더는 다음과 같이 말한다.

"남자친구나 여자친구 또는 가족 때문에 화났던 일을 생각해보세요. 그 일이 지금 다시 일어나고 있다고 생각하고 여러분의 생각, 감정, 충동, 신체적 감각 등을 잠시 자각해 봅니다. 그 경험을 관찰하고 여러분의 생각을 판단하지 않은 채로 온전히 경험하고, 이름을 붙여주세요 (예: "눈물이 고이네", "어깨에 긴장이 느껴진다", "생각이 점점 빨라지고 있어"). 여러분의 목표는 이와 같은 상황에서도 지혜로운 마음으로 다가갈 수 있도록 연습하는 것입니다."

응용: 효과적인 것을 하기. 위와 같이 하되 2분 정도 그 경험을 관찰한 이후에 리더는 다음과 같이 말한다. "이 상황에서 한 가지 목표를 생각해 봅니다. '효과적인 것을 하기'위해 해야 할 말과 행동이 무엇인지 떠올려보세요. 즉, 효과적인 것에만 집중하도록 합니다"

마인드풀니스 스킬: 지혜로운 마음, 무판단적이고 효과적으로 관찰하고 기술하기

주의 사항: 감정조절이 어려운 상황을 선택하지 않도록 지시할 것!

👥 연습 28: 한 글자 바꾸기

편안히 앉도록 한 후, 벨이 세 번 울리면 세 개의 알파벳 단어를 말하게 한다(어렵게 하기 위해 네 개의 알파벳 단어를 선택하게 할 수 있음). 그리고 다음 사람은 처음 리더가 말한 그 단어에서 하나의 알파벳을 바꾸어 새로운 단어를 만들고 큰 소리로 말한다. 그 다음 사람은 같은 방식으로 그 단어의 알파벳 하나를 바꾸어 새 단어를 만든다(예: dog, dig, pig).

마인드풀니스 스킬: 한 가지 마음으로 집중하기

👥 연습 29: 마지막 글자와 처음 글자

참여자들이 둥글게 앉게 한다. 첫 번째 사람이 한 단어를 말하는 것으로 시작하고 오른쪽으로 돌아가며 끝말잇기를 한다(예: 버스, 스테이크, 크리스마스, 스노우). 주의가 산만해지면 지나가게 하고, 단어를 빨리 생각해 내지 못해 스스로를 판단했다면, 이를 알아차리게 한다. 그리고나서 관찰한 내용에 대해 서로 나누도록 한다.

마인드풀니스 스킬: 한 가지 마음으로, 무판단적으로 주의집중하기

🐾 연습 30: 걷기 명상

리더는 다음과 같이 말한다.

"걷기 명상을 하려면 다섯 걸음에서 열 걸음 정도 걸을 수 있는 충분한 공간이 필요합니다. 방해받지 않는 공간을 선택하여 그 공간의 맨 끝에서 출발하도록 합니다. 주의를 집중하는 자세로 잠시 서 있습니다. 손은 편안한 자세로 두고, 숨을 들이쉬면서 한쪽 발을 들고 앞으로 내딛습니다. 숨을 내쉬면서 그 발을 내려놓고 땅에 닿게 합니다. 이 과정을 다른 발로 반복합니다. 천천히 반대 쪽으로 걸어 가고, 천천히 뒤를 돌아 다시 걸어오기 전에 잠시 서 있도록 하세요. 그리고 이 과정을 반복합니다. 눈을 떠 균형을 잘 유지하고 특정한 사물을 바라보지 않는 상태에서 자연스럽게 걸어봅니다. 여러분의 모든 주의를 걷는 것에만 집중해 보세요. 몸에 긴장이 쌓이는지 관찰합니다. 팔과 다리에서 느껴지는 감각에 주의를 집중해 봅니다. 바닥에 발을 두고 느껴지는 촉감의 미세한 변화를 자각하고 다시 발을 드세요. 그렇게 함으로써 발이 여러분의 우주가 되는 것과 같은 경험을 해봅니다. 여러분의 마음이 흐트러지면 주의가 분산되었다는 것을 알아차리고 걷기에 다시 주의를 집중합니다. 이 모든 것을 할 때 발을 바라보지 않도록 하세요. 여러분의 발과 다리를 머리 속으로 상상하면서 걷지 않도록 합니다."

마인드풀니스 스킬: 한 가지 마음으로 관찰하기

제 7 장
고통감내 스킬

회기 개요

회기 1

▶ 마인드풀니스 하기

▶ 숙제 리뷰하기

▶ 쉬는 시간

▶ 고통감내 스킬과 이론적 배경에 대한 오리엔테이션

▶ 위기생존 스킬

▶ 숙제 내주기

▶ 회기 마무리–긴장 풀기

DBT 자료 및 기타 자료

▶ 고통감내 자료 1. 고통스러운 감정과 충동을 감내해야 하는 이유는?

▶ 고통감내 자료 2. 위기생존 스킬 개요

▶ 고통감내 자료 3. 위기생존 스킬: 지혜로운 마음으로 수용하기 (Wise Mind ACCEPTS) 스킬로 주의분산하기

▶ 고통감내 자료 4. 연습하기: 지혜로운 마음으로 수용하기 (Wise Mind ACCEPTS) 스킬로 주의분산하기 `워크시트`

▶ 마인드풀니스 벨

▶ 화이트보드나 기타 필기를 위한 큰 보드와 마커

▶ 주의분산 활동 도구 (예: 게임, 퍼즐, 잡지, 음악)

회기 2

▶ 마인드풀니스 하기

▶ 숙제 리뷰하기

- ▶ 쉬는 시간
- ▶ 여섯 가지 감각 기관을 사용하여 자기위안하기
- ▶ 순간을 살리는 스킬(IMPROVE)
- ▶ 숙제 내주기
- ▶ 회기 마무리–긴장 풀기

DBT 자료 및 기타 자료

- ▶ 자기위안하기 활동을 위한 도구 (예: 허브티, 음악, 향초)
- ▶ 고통감내 자료 5. 위기생존 스킬: 여섯 가지 감각 기관을 사용하여 자기위안하기(self–soothe)
- ▶ 고통감내 자료 6. 연습하기: 자기위안 스킬 **워크시트**
- ▶ 고통감내 자료 7. 위기생존 스킬: 순간을 살리는 스킬(IMPROVE)
- ▶ 고통감내 자료 8. 연습하기: 순간을 살리는 스킬(IMPROVE) **워크시트**
- ▶ 마인드풀니스 벨
- ▶ 화이트보드나 기타 필기를 위한 보드와 마커

회기 3

- ▶ 마인드풀니스 하기
- ▶ 숙제 리뷰하기
- ▶ 쉬는 시간
- ▶ 장점과 단점
- ▶ TIPP 스킬
- ▶ 숙제 내주기
- ▶ 회기 마무리–긴장 풀기

DBT 자료 및 기타 교육자료

- ▶ 고통감내 자료 9. 위기생존 스킬: 장점과 단점 비교하기
- ▶ 고통감내 자료 10. 연습하기: 장점과 단점 비교하기 **워크시트**
- ▶ 고통감내 자료 11. 위기생존 스킬: 극단적 감정을 조절하기 위한 TIPP스킬
- ▶ 고통감내 자료 12. 연습하기: TIPP 스킬 **워크시트**
- ▶ 마인드풀니스 벨
- ▶ 화이트보드나 기타 필기를 위한 보드와 마커

▶ 차가운 찜질팩, 눈 찜질 마스크, 얼음 조각을 담은 지퍼백, 종이타올 (TIPP 스킬 중 "차가운 물로 얼굴의 온도를 낮추기")

▶ 초침이 보이는 큰 시계 (천천히 호흡하기)

회기 4

▶ 마인드풀니스 하기: 살짝 미소짓기

▶ 숙제 리뷰하기

▶ 쉬는 시간

▶ 현실을 수용하는 방법

▶ 숙제 내주기

▶ 회기 마무리—긴장 풀기

DBT 자료 및 기타 교육 자료

▶ 고통감내 자료 13. 위기생존 전략 구급상자 만들기

▶ 고통감내 자료 14. 현실 수용하기: 우리가 선택할 수 있는 것들

▶ 고통감내 자료 15. 현실 수용하기: 마음 돌려 잡기(Turning the Mind)

▶ 고통감내 자료 16. 기꺼이 하기

▶ 고통감내 자료 17. 현실을 수용하는 방법

▶ 고통감내 자료 18. 연습하기: 현실 수용하기 워크시트

▶ 마인드풀니스 벨

▶ 화이트보드나 기타 필기를 위한 보드와 마커

강의 노트

고통으로부터 벗어나는 것보다 더 바랄 것은 없다. 하지만 버팀목을 빼앗기는 것보다 두려운 것 또한 없다.
– James A. Baldwin

우리가 가진 능력을 뛰어넘어, 진짜 우리가 누구인지 보여주는 것… 그것은 우리의 선택이다.
– Albus Dumbledore (해리포터 비밀의 방, J. K. Rowling)

이 모듈에 대하여

고통감내 스킬은 내담자가 문제를 바로 해결할 수 없을 때, 견디기 어려운 상황과 감정적 고통을 감내하도록 돕는 스킬이다. 고통감내 스킬 모듈은 두 가지 유형로 구성되어 있다. 회기 1에서 회기 3까지는 첫 번째 유형인 위기생존 스킬이다. 여기에서는 주의분산, 자기위안, 순간을 살리는 스킬, 충동적 행동과 효과적 행동에 대한 장단점 비교하기, 극도의 긴장을 빠르게 줄이기 위한 몸의 화학적 반응 바꾸기 등을 통해 고통스러운 경험을 변화시키는 것을 목표로 한다. 이 전략들은 내담자가 충동적 행동을 하여, 상황을 악화시키지 않고 위기에서 생존해낼 수 있도록 돕는다. 고통을 유발하는 핵심 문제를 해결하는 방안을 제시하거나 기분을 좋게 만드는 것이 아니라, 단기적인 해결 방안을 제시한다는 점이 중요하다. 즉, 약물, 폭식, 자해 등과 같은 문제 행동을 하지 않고, 스킬을 사용하면서 고통을 잘 견뎌내도록 돕는 것이다.

주의분산과 자기위안 스킬을 교육할 때, 스킬훈련자는 매 회기마다 다양한 주의분산과 자기위안 활동을 위한 재료를 준비해야 한다. 주의분산 재료에는 단어 퍼즐, 스도쿠, 컬러 마커와 종이, 잡지 등이 있다. 재미 있는 짧막한 유투브 영상을 보여주는 것도 가능하다. 자기위안을 위한 재료에는 로션, 허브티, 향초, 작은 동물 인형, 음악, 석양이나 해변 사진, 감촉이 좋은 스카프, 초콜릿 등이 있다. TIPP 스킬을 교육할 때 스킬훈련자는 차가운 찜질팩이나 얼음물을 넣은 지퍼백을 준비한다. 다양한 고통감내 스킬을 스킬훈련 회기에서 연습하게 하고, 내담자들이 자기만의 위기생존 구급상자를 만들고, 고통감내 스킬을 사용해 보도록 숙제를 내준다. 또한 휴대할 수 있는 미니 고통감내 구급상자를 준비해서 학교, 직장, 캠프 또는 이동 시에 사용할 수 있도록 권한다.

다음으로는 고통감내 스킬의 두 번째 세트인 "현실 수용하기 스킬"을 교육하게 된다. 이 스킬은 내담자가 상황을 피하거나 싸우는 방식으로 고통을 가중시키는 것에서 벗어나, 바꿀 수 없는 고통스러운 상황을 온전하게 수용하는 방법을 배울 수 있도록 돕는다. 철저한 수용과 현실을 있는 그대로 기꺼이 받아들이도록 함으로써 감정적 고통을 줄이고 집중적이고 효과적인 방식으로 전진할 수 있도록 한다. 강의 노트에 기술한 바와 같이, 회기 4를 시작할 때에는 마인드풀니스 연습으로 살짝 미소짓기를 하도록 한다.

회기 1

마인드풀니스 하기
· · · ·
숙제 리뷰하기
· · · ·
쉬는 시간
· · · ·

Ⅰ. 고통감내 스킬(Distress Tolerance Skills)과 이론적 배경에 대한 오리엔테이션

앞으로 몇 주 동안 고통감내 스킬을 배우게 될 것이라는 설명으로 회기를 시작한다.

"고통이 무슨 뜻일까요? 감내라는 것을 뭐라고 생각하나요?"라고 청소년들에게 묻는다. 리더는 감내란 원하지 않는 상황을 바꾸거나 없애버리는 것이 아니라, 감수하고 견디는 것이라는 점을 강조하면서 참여자들이 뜻을 말할 수 있도록 이끌어낸다. 리더는 다음과 같은 개인적인 예시를 나누도록 한다.

"크루즈를 타봤거나, TV에서 본 사람 있나요? 이제부터 제 모습을 떠올려보세요. 저는 뉴욕항을 떠나는 크루즈에 타고 있어요. 플로리다를 향해 남쪽 방향으로 대서양을 항해하고 있죠. 경치를 구경하려고 오후에 갑판에서 산책을 하고 있는데, 갑자기 바나나 껍질을 밟아서 배밖으로 떨어졌어요. 물에서 허우적대는 사이, 크루즈는 아주 빨리 지나가버렸어요. 저멀리 다른 보트가 보이는데, 내가 있는 쪽으로 오고있는 것 같아요. 하지만 어디를 봐도 바닷물 밖에 보이지 않아요. 여러분, 제가 어떤 감정을 느낄까요? 어떤 충동을 느끼고 있을까요? 이 순간 크루즈가 떠나가는 것을 보며, 여러분은 무엇을 하시겠어요?"

🗨 **토의 사항 |** 내담자가 자신의 생각을 말하도록 이끈다. 보통 크루즈로 수영을 해서 가겠다고 말하거나 미친듯이 소리지르며 구조 요청을 할 것이라는 이야기를 한다. 모두에게 두려움과 공포를 수인하고, 수영하거나 소리지르고 싶은 행동충동을 수인할 수 있도록 기회를 준다. 그리고 나서 지혜로운 마음을 고통감내 해결 방안으로 제안한다. 수영하지 않고, 소리를 지르지도 않으며, 다른 배가 도착할 때까지 '생존 수영'을 하는 것이다. 참여자들에게 다음과 같이 설명한다.

"충동적으로 행동하지 않기 위해서는 엄청난 마인드풀니스와 고통감내 스킬이 필요합니다. 만약 공황 상태에서 행동한다면, 결국 상황은 더 악화되고 물에 빠지고 말 것입니다. 이것이 고통감내 스킬에 대해서 잘 이해해야 하는 부분입니다. 기분을 좋게 만드는 것이 아니라는 것이죠. 대서양 바다에 떠있는 것이 결코 기분 좋은 일은 아닐 겁니다. 엄청나게 스트레스를 받고 있을 거에요! 하지만 상황을 더 나쁘게 만들 수 있는 충동적인 행동을 하지 않고, 그저 이 상황을 감내하고 있는 것입니다."

🗨 **토의 사항 |** 한 두명의 내담자에게 고통스런 상황에서 충동적으로 행동하여 상황을 악화시켰던 경험에 대해 이야기 하게 한다.

A. 고통스러운 감정과 충동을 감내해야 하는 이유는?

참여자에게 고통감내 자료 1. "고통스러운 감정과 충동을 감내해야 하는 이유는?"을 펴게 할 것

- 누구나 살아가면서 고통을 경험합니다. 삶은 고통 없이 얻어지지 않습니다(내담자들의 동의 여부를 묻기).
- 고통을 피하려고만 하면 더욱 큰 문제를 만나게 됩니다(내담자들의 동의 여부를 묻기).
- 고통을 피하려다보면 충동적으로 행동하게 되고, 자신에게 해를 끼치게 되거나 원하는 것을 얻기 어렵습니다(내담자들의 동의 여부를 묻기).

예를 들어 여러분이 너무 화가 나고 속상해서 술을 마셨다고 생각해봅시다. 부모님이 알게 되면, 바로 외출금지를 당하게 될 것입니다. 결국 화나게 하는 일들이 더 많이 생겨 버렸습니다. DBT 스킬훈련에서는 고통스러운 사건과 상황을 변화시키는 방법에 초점을 둡니다. 사람들과 다투지 않기 또는 우울한 상태에서 더 나아지기 같은 것입니다. 그렇지만 고통을 주는 상황은 즉시 변화시킬 수 없는 경우도 많이 있습니다. 그렇기 때문에 다음과 같이 생각해야 합니다.

- 고통을 잘 받아들이고 해결할 수 있는 방법을 배워야 합니다.
- 우리를 힘들게 하는 상황에서 문제를 악화시키는 예전의 행동으로 돌아가는 것 대신에 살아남고 더 잘 견뎌낼 수 있는 스킬을 배워야 합니다.

Ⅱ. 위기생존 스킬

참여자에게 고통감내 자료 2. "위기생존 스킬 개요"를 펴게 할 것

앞으로 몇 회기 동안 우리는 여러분과 위기생존전략을 공부할 것입니다. 이 스킬들은 여러분이 위기 상황을 잘 넘길 수 있도록 돕는 전략들입니다. 위기는 무엇을 뜻하죠? 너무 화나거나 스트레스

받는 일들이 생겼을 때, 이것이 단기적 상황이어서 당장 해결하고 싶지만 그럴 수 없는 상태를 말합니다. 이 위기생존 스킬은 여러분이 압도적인 감정이나 견딜 수 없는 상황에 대처할 수 있도록 도와줍니다. 이 스킬은 모든 문제를 해결하지는 못하더라도, 고통스러운 감정으로부터 살아남게 해주고, 충동적으로 행동하지 않도록 돕습니다.

A. 지혜로운 마음으로 수용하기 (Wise Mind ACCEPTS) 스킬로 주의분산하기

주의분산은 정서적 고통을 단기간에 극복하도록 돕는 효과적인 방법입니다.

B. 여섯 가지 감각 기관을 사용하여 자기위안하기(Self-Soothe with Six Senses)

스스로를 위안하는 것 역시 핵심적인 위기생존 스킬입니다. 사람들은 정서적 고통이 심하지 않을 때에는 자신을 잘 돌보고 편안하게 할 수 있지만, 고통이 심할 때에는 어려울 수 있습니다. 이 스킬을 연습하면 도움이 될 것입니다.

C. 순간을 살리기(IMPROVE the moment)

우리 스스로 내면을 관리하여 지금 처해있는 순간을 살리는 여러 방법이 있을 수 있습니다.

D. 장점과 단점 비교하기(Pros and Cons)

충동적으로 행동하기와 스킬을 적용하여 행동하는 것의(지혜로운 마음에서 나온 목표를 고려하며) 유리한 점과 불리한 점을 비교해봅니다. 이것이 네 번째 위기생존 스킬입니다. 이 스킬은 시간을 들여 생각을 해야 하기 때문에, 충동적으로 행동하기 전에 시간을 벌어줄 수 있습니다.

E. TIPP 스킬

TIPP 스킬은 우리 몸의 화학적 상태를 재빠르게 변화시킵니다. 이 스킬은 여러분이 정서적 고통이 심해서 또렷하게 생각할 수 없고 다른 스킬을 기억해낼 수 없을 때 유용한 스킬입니다.

1. 고통감내 스킬은 마인드풀니스 스킬을 필요로 합니다.

고통감내 스킬을 사용하기에 앞서 마인드풀니스 스킬을 먼저 사용해야 합니다. 그 이유는 여러분이 고통스러운 상태에 있다는 것과 스킬을 사용해야 한다는 것을 자각하지 못한다면, 위기생존 스킬을 사용할 수 없기 때문입니다.

💬 토의 사항 | "위기에서 생존하는 것이 왜 중요할까요? 일시적인 해결책으로도 도움이 되는 상황에는 어떤 것들이 있을까요?"라고 물어본다.

2. 해로운 "대처(Coping)" 전략들

요즘 사람들이 위기나 고통스러운 감정에 대처하는 방식에 대해서 이야기해봅시다. 스트레스 받고, 속상하고, 조절이 되지 않거나, 멍할 때, 많은 사람들이 다음과 같은 행동을 합니다.

폭식을 하거나 식사를 제한하기
술 마시기
약물 사용하기
흡연
학교 결석
자해 행동
영상물을 너무 많이 보는 행동 (예, TV, 컴퓨터, 스마트폰 등)
인터넷 상에서 위험한 행동
과도한 운동
지나친 카페인 섭취
분노 폭발
사회적 위축/고립
거짓말
과도한 업무
지연시키고 미루기
과소비
과도한 수면 또는 불면

정서적 고통이 심할 때 이러한 행동이나 비슷한 전략을 사용했던 적이 한 번이라도 있다면 손을 들어주세요(참여자 전원이 손을 들 것이다).

이런 "대처" 전략의 문제는 원래의 문제를 악화시키거나 새로운 문제점을 만들어 내는 경우가 많다는 것입니다. 즉, 여러분을 엉망으로 만들어 버리죠. 몇 가지 행동들은 절제된 상황에서 괜찮은 경우도 있지만, 무조건 해로운 행동들도 있습니다.

한 사람에게 효과적인 대처 전략이 다른 사람에게는 부적응 행동이 될 수도 있습니다. 심지어는 같은 사람에게도 언제, 어떻게(예: 충동적으로, 강박적으로), 어떤 목적을 가지고 행동하는지에 따라 특정 행동이 문제가 되기도 하고 그렇지 않기도 합니다. 예를 들어 페이스북을 하면 사람들과 즐거운 시간을 보낼 수 있고 긴장이 이완되며 주의분산이 될 수도 있습니다. 하지만 중독적으로 하게 되어 해야할 일을 피하거나 미루는 결과를 낳게 될 수도 있습니다. 운동을 하는 것은 고통감내 스킬[예: TIPP]이기도 하고 감정조절 스킬[PLEASE 스킬]이기도 하지만, 과도한 경우에는 부적응 행동이 될 수 있습니다.

이번 모듈에서는 부적응적인 대처 전략 사용을 줄일 수 있도록 고통을 감내하는 방법과 위기생존법을 배우게 될 것입니다.

III. 지혜로운 마음으로 수용하기 (Wise Mind ACCEPTS) 스킬로 주의분산하기

주의분산 행동은 고통스러운 감정을 유발하는 것들과 접촉을 감소시켜 그 순간에 고통을 줄일 수 있다.

🗣 연습하기

참여자들에게 지금 이 순간의 정서적 고통 수준을 0 (없음)에서 100 (최고)으로 측정하도록 지시한다. 그리고 주의분산을 할 수 있는 다양한 물건들을 테이블 위에 펼쳐둔다(예: 단어 찾기 퍼즐, 커피-테이블 책, 차가운 블록, 만화경, 마인드풀니스 카드, 크로스워드 퍼즐, 스도쿠, 색연필과 종이, 잡지). 각자에게 활동 한 가지를 선택하게 하고, 마인드풀하게 5분간 그 활동에 자신을 완전히 던져서 참여하도록 지시한다. 5분 후에, 각 참여자들에게 정서적 고통 수준을 다시 측정하게 한다. 그리고 나서 연습을 하면서 경험한 것이나 관찰한 내용을 이야기 하도록 한다. 정서적 고통 수준에 변화가 있었는가? 그 활동을 해서 모든 문제가 해결되었는가? 혹은 그 행동을 해서 모든 문제가 해결되야 하는 것이 맞는가?

리더 유의사항: 만약 그룹의 분위기가 처져있다면(예: 밋밋하고, 기운없고, 위축된 분위기), 주의분산을 시키기 위해 활발한 활동을 선택할 수 있다(예: 재미있는 영화 클립이나 유투브 비디오 등). 반대로 너무 에너지가 높은 상태라면(예: 흥분되고, 충동적이고, 탈억제된 분위기), 감정을 차분하게 하는 크로스워드 퍼즐, 읽기, 그리기와 같은 활동을 고려할 수 있다.

▪ **특정 스킬은 특정 사람들에게 특정 기간 동안 도움이 된다.** 주의분산 효과가 전혀 없을 때가 있을 수 있습니다. 그 때에는 여러분에게 효과적일 수 있는 다른 방법들을 찾아서 시도해야 합니다. 5-10분 동안 스킬을 적용해서 원하는 결과를 얻을 수 있는 활동들을 찾아서 미리 준비해두는 것도 좋은 방법입니다. 어떤 스킬들은 시간이 더 오래 걸릴 수도 있고, 어떤 스킬은 정서적 고통을 감소시키는데 꽤 오랜 시간이 걸릴 수도 있습니다.

연습했던 활동이 정서적 고통을 줄어들게 했다면, 그 활동이 효과적이었다는 것을 기록해 두는 것도 좋습니다. 그 활동은 아마 다른 사람들도 마음에 들어 할 것이고, 나중에 고통스러운 상황에서 적용할 수 있을 것입니다. 정서적 고통이 낮은 상황이라고 해도, 이 활동과 여러 가지 다른 활동을 연습해 두면 추후에 여러분이 힘들 때 스킬을 시도할 가능성이 높아집니다.

리더 유의사항: 가끔씩 그룹참여자들에게 위기생존 스킬의 목적을 상기시키도록 한다. 위기생존 스킬을 상기시키는 것이 내담자들을 불편하게 만들 수도 있지만 이 스킬의 포인트는 내담자들이 충동적으로 행동해서 상황을 더 악화시키지 않도록, 기분이 덜 나쁜 상태가 되도록 돕는다는 점이다. 참여자들에게 고통감내 자료 3. "위기생존 스킬: 지혜로운 마음으로 수용하기(Wise Mind ACCEPTS) 스킬로 주의분산하기"를 펴도록 한다. 각각의 내용을 다루고, 참여자들에게 도움이 되는 예를 이끌어 낸다. 활동하기(Activities)를 다룰 때에는 모든 참여자가 자신이 쉽게 주의분산을 할 수 있는 예를 발표하게 할 수도 있다. 참여자가 리스트에 나와있지 않은 예시를 말하면, 자료에 기록하도록 한다.

A. 활동하기(Activities): 무언가 하기

참여자들이 활동 목록을 읽게 하고 "여러분들은 어떤 활동을 했을 때 주의분산이 효과적으로 되었나요?"라고 묻는다. 자료 목록에 없는 활동을 말하면 추가하도록 한다. 참여자들이 각각 다른 환경에서 쉽게 접근할 수 있는 것들이어야 한다(예: 집, 학교, 직장). 썰매 타기나 스쿠버다이빙은 훌륭한 주의분산 활동이 될 수 있지만, 쉽게 접근하기 어려울 것이다.

B. 기여하기(Contributing): 누군가에게 좋은 일을 하기

참여자들이 자료를 읽게 한다. 나를 화나게 한 그 사람에게 좋은 일을 할 필요는 없다는 것을 이해하기 어려워하는 청소년들이 있을 수 있다. 집에서 어린 동생들 때문에 짜증이 난 아이의 예를 들어 설명한다.

> "동생을 때리거나 소리지르는 것 대신, 다른 사람들을 도와줌으로써 '기여하기'를 할 수 있습니다. 여러분을 화나게 하지 않은 다른 동생의 숙제를 도와줄 수도 있고, 부모님을 도와 식사 준비를 할 수도 있죠. 이처럼 타인에게 "좋은 행동"을 하는 것으로 여러분의 정서적 고통을 낮출 수 있습니다. 소아 환자를 위해서 인형을 수집하거나, 다음 사람을 위해 출입문을 잡아주거나 미소를 지어 보이는 것도 여기에 포함됩니다. 다른 사람의 기분을 좋게 만드는 것뿐 아니라, 여러분의 기분도 좋아집니다. 이런 경험을 했던 적이 있나요?"

한두 가지 예를 들어본다.

C. 비교하기(Comparisons): 나보다 더 큰 어려움에 처한 사람과 비교하기

이 스킬은 종종 오해하는 경우가 있어서 논쟁하는 상황이 될 때가 많다. 사람들은 이런 형태의 비교하기가 효과가 없을 것이라고 반응하는 경향이 있고, 비수인적으로 반응하기도 한다. 그룹리더는 이러한 반응 자체를 수인하고, 비교하기가 어떻게 도움이 되는지 다음과 같이 예시를 들어줄 수 있다.

> "제가 20대 초반이었을 때, 무릎이 안좋아져서 일하던 병원 계단을 오르내리는 것이 어려웠어요. 어느 날, 너무 무릎이 아파서 제 자신에게 불평을 쏟아냈죠. "왜 나야? 이건 너무 불공평해." 그리고 나서 위를 올려다보니 다른 사람의 도움 없이는 전혀 걸을 수 없어서 휠체어나 들것을 통해 이동하는 분들이 보였어요. 나도 아프고 힘들었지만, 최소한 걸을 수는 있었죠. 이런 접근 방식은 잠깐이었지만 정서적 고통을 줄이는데 도움이 되었어요"

비교하기 스킬의 또 다른 적용 방식은 지금보다 더 상황이 안좋았거나, 그렇게 느꼈던 때를 생각하는 것이다. "모든 사람에게 효과적인 스킬은 없습니다! 도움을 받지 못하면 더 이상 그 스킬을 사용할 필요가 없지요. 하지만 자신에게 잘 맞는 스킬을 찾으려고 노력해야 합니다!"

D. 정반대 감정 만들기(Emotions): 다른 감정 상태 만들기

참여자들이 자료를 읽게 하고, 현재 느끼는 감정과 다른 감정을 만들어 내는 활동 한 가지를 고르게 한다.

혹시 우울할 때 어둡고, 침울해지는 음악을 듣는 분이 있나요? [참여자들의 반응을 들어보고 나서 설명한다.] 만약 그렇다면 이 스킬을 사용하지 않고 있는 것입니다. 정반대 감정 만들기 스킬은 정서적 고통과는 반대되는 다른 감정을 불러일으키는 음악, 영화, TV, 친구, 웹사이트 같은 활동들을 선택하는 스킬입니다. 경쾌함, 우스움, 재미있음, 기운나게 함, 활발함, 흥분됨 또는 차분함을 주는 것들은 다른 감정적 상태를 불러일으키는 데 도움이 됩니다.

> **리더 유의사항:** 그룹에서 짧은 영화 클립을 보여주고 위의 포인트를 설명한다. 청소년들 가운데 슬플 때 슬픈 음악을 들으면 자신을 감정이 수인받고, 감정이 조절되지 않는 상태를 줄일 수 있을 것 같다고 말하는 경우도 있다. 물론 그렇게 하는 것이 정서적 고통을 줄이는 데에 효과가 있다고 하더라도, 자기위안이나 자기 수인화와 같은 스킬에 속하는 것이지, 현재 감정을 다르게 만들어 주의분산하는 스킬은 아니라고 설명한다. 스킬훈련자는 TV나 DVD로 웃긴 TV 프로그램을 시청하기, 짜증나거나 불안할 때 차분한 음악 듣기, 우울할 때 iPod으로 경쾌한 음악 듣기 등의 감정을 변화시키는 활동을 알려주도록 한다.

E. 밀어내기(Pushing Away): 마음 속에서 잠시 동안 고통스러운 상황을 밀어내기

참여자들이 자료를 읽고, 밀어내기의 예를 생각하게 한다. "이것은 DBT 치료에서 배우는 것과 반대되는 스킬 아닌가요?"라고 많은 참여자들이 묻는다. 그룹리더는 장기적으로는 힘든 감정과 상황을 피하거나 밀어내지 않아야 하지만, 위기의 순간에 계속해서 고통스러운 상황을 마주하는 것이 도움이 되지는 않을 것이라고 말한다. 다음의 예를 들어준다.

"아버지가 병원에 입원하신 적이 있어요. 그 당시에 극심한 고통으로 힘들어 하실 아버지를 떠올리면, 너무 슬프고 걱정되어서 제 내담자분들에게 집중할 수 없을 것 같았죠. 밀어내기는 일을 하는 동안에만 잠시 그 생각을 옆에 밀어두고 그 상황으로부터 떠나있는 것과 같습니다. 집에 돌아와서는 아버지에 대해 온전히 집중해서 느끼고 생각을 했어요."

선택적으로 다음의 예를 들 수 있다.

"어떤 학생이 학교에서 자신에게 시비를 거는 여학생에 대해서 이야기를 해준 적이 있어요. 그 학생은 자신을 자극하는 친구를 응시하는 대신(아마도 더 화나고, 집중할 수 없게 되었겠죠), 마치 '경주마 눈가리개'를 쓴 것처럼 앞에만 보며 그 아이 쪽으로는 고개도 돌리지 않았어요. 그래서 결국 지난 몇 주 동안 학교에서 싸움에 휘말려서 정학 등의 처벌을 받지 않고 수업을 잘 마칠 수 있었다고 해요."

고통스러운 감정, 생각, 이미지를 적은 쪽지를 작은 상자에 모아두고 이 상자를 밀어내는 연습을 할 수 있다. 쪽지는 나중에 꺼내서 읽어볼 수 있다.

F. 생각(Thoughts): 다른 생각으로 바꾸기

참여자들이 자료를 읽고, 다른 생각으로 바꾼 예를 생각하게 한다. "10을 세거나, 방에 붙은 포스터 색깔을 알아차리기 같은 건 별로 효과도 없고 이상해 보여요"라고 말하는 참여자들이 있을 수 있다. 리더는 두 가지의 중요한 점을 설명한다.

- **만약 효과가 없다면, 다른 것을 시도해본다.** 스킬은 사람과 시간에 따라 효과가 있기도 하고, 그렇지 않을 수도 있습니다. 만약 여러분이 정말 효과가 없다고 느끼면, 다른 것을 찾아보도록 하세요.
- **업무에 관한 것이라면, 마인드풀하게 집중해서 마쳐야 합니다.** 이 스킬은 마인드풀하게 실행해야 합니다. 마치 마음 속으로 노래 가사를 마인드풀하게 반복하기나 포스터에 있는 파란색을 볼 때도 미세한 명암의 차이를 자각하면서 보는 것과 같습니다. 고통스러운 상황에서 마음이 둥둥 떠다니듯 표류하면, 그것을 알아차리고 대안적 생각으로 부드럽게 주의를 옮겨오는 것이 중요합니다.

다음의 예를 들 수 있다.

"예전에 채혈을 하거나 링겔 주사를 맞아야 할 때 너무 힘들었어요. 그럴 때 천장이나 바닥의 타일을 세거나, 100에서 3씩 거꾸로 세면서 주의분산을 했었지요. 또 뉴욕타임즈를 복사해서 혈관에 아픈 느낌이 있을 때, 좋은 기사를 읽으면서 몰입했습니다. 끝날 때까지 계속해서 읽었어요. 이런 방식으로 내 마음과 생각을 채우면, 정서적 고통을 더 잘 감내할 수 있게 됩니다."

G. 감각(Sensations): 다른 감각에 집중하기

참여자들이 자료를 읽고, 다른 감각에 집중했던 예를 생각하게 한다. 기진맥진해질 때까지 윗몸 일으키기와 팔굽혀펴기를 하거나, 이불이나 베개를 꽉 껴안는다고 말하는 경우가 있다. 어떻게 자신을 해치지 않으면서 이 스킬을 사용하는지에 초점을 맞춰 설명해야 한다! 팔에 고무줄 걸고 당겼다가 놓기는 따끔한 감각을 이용하는 스킬이지만, 멍이 들거나 세포 손상이 생기지 않는 한 '자해행동'은 아니다. 행동조형이나 위험 감소의 측면에서 보면, 손목을 긋는 행동보다 고무줄을 튕기는 것이 상처나 세포 손상을 덜 가할 수 있다. 리더는 참여자들이 주의분산을 효과적으로 하기 위해서 반드시 따끔한 감각을 사용해야 하는 것은 아니라는 점을 언급한다. 온도를 느끼는 감각에 집중하는 것(예: 아이스 음료나 데이지 않을 정도의 뜨거운 물로 샤워하기), 소리에 집중하기(예: 방안에서 큰 소리로 음악 듣기), 미각에 집중하기(예: 신맛이 나는 피클이나 매콤한 살사) 등이 이 스킬에 포함된다는 것을 교육한다.

1. 퀴즈 내기

참여자들에게 DBT 자료를 뒤집어 두도록 하고, ACCEPTS가 어떤 단어들의 앞 글자인지 맞춰보게 한다. 예를 들어 "자, A가 어떤 스킬이죠? 두 개의 C 중에 첫 번째가 무엇인가요?" 등과 같이 퀴즈를 낼 수 있다. 모든 참여자가 한두 개의 스킬을 정확하게 기억해서 말할 수 있도록 해야 한다. 스킬 자료를 볼 수 없는 한밤 중이나, 학교에서 또는 바다 한 가운데에서(앞서 밝힌 예 참고)도 이 스킬을 사용해야 한다고 말하며, 스킬을 암기하도록 지시한다.

IV. 숙제 내주기

고통감내 자료 4. "연습하기: 지혜로운 마음으로 수용하기 (Wise Mind ACCEPTS) 스킬로 주의분산하기"를 숙제로 내준다. 한 주 동안 가벼운 정서적 고통을 느끼더라도 미리 정한 두 개의 주의분산 스킬을 사용하도록 서약하게 한다. 숙제 자료에 선택한 스킬을 적도록 지시한다.

V. 위기생존 스킬을 교육할 때 어려운 점

숙제를 내줄 때, 리더는 몇 가지 발생할 수 있는 어려운 점에 대해 생각해 두어야 한다. 이 문제는 "지혜로운 마음으로 수용하기 (Wise Mind ACCEPTS) 스킬"로 주의분산하는 것뿐 아니라, 다른 위기생존 스킬을 가르칠 때에도 발생한다. 참여자들 중에는 "고통감내 스킬은 저에게는 효과가 별로 없는 것 같아요" 또는 "매번 저를 따돌리는 애가 있는데, 음악을 들어도 소용없을 것 같아요" 등과 같이 말할 수 있다. 리더는 "효과가 있는 것을 찾아낼 때까지 충분히 다양한 스킬들을 실행해야 해요"라고 말하며 격려하도록 한다.

스킬훈련 중이나 다음주 숙제에 대해 이야기할 때, "고통감내 스킬을 하면 기분이 별로 안 좋아져요" 또는 "오래 지속되지 않는 것 같아요"와 같은 말을 하는 경우도 있다. 리더는 다음과 같이 반응하도록 한다. "이 스킬들은 문제를 해결하거나 여러분의 기분을 좋게 만들기 위한 것이 아닙니다. 상황이 악화되는 것을 방지하기 위한 스킬임을 기억해주세요. 만약 여러분이 스트레스 상황에서 위험하거나 해로운 행동을 하지 않으면, 그것 자체가 효과적인 것입니다" 충분한 시간 동안 지속되지 않는다는 의견에 대해서도, "심한 정서적 고통 상태가 충분히 낮아져서 여러분이 견뎌낼 수 있을 때까지 다양한 고통감내 스킬을 사용해야 합니다"라고 말한다.

회기 2

마인드풀니스 하기
· · · ·
숙제 리뷰하기
· · · ·
쉬는 시간
· · · ·

쉬는 시간 동안, 스킬훈련자는 테이블위에 자기위안 스킬에 사용할 수 있는 것들을 올려 둔다.

I. 여섯 가지 감각 기관을 사용하여 자기위안하기

A. 자기위안 스킬의 이론적 배경에 대한 오리엔테이션

자기위안하기는 위기 상황에서 자기 자신을 잘 돌보는 것입니다. 다섯 가지 감각 기관을 통해 여러분 스스로 위안할 수 있고, 운동각(예: 운동감각)을 활용할 수도 있습니다. 화가 났을 때 "자기위안"을 위한 무언가를 하는 것 자체에 대해서 어렵게 느끼는 사람들이 있습니다. 처음에는 자연스럽지 않다고 느껴지겠지만, 자기위안 스킬을 연습하다보면 아주 큰 효과를 경험하게 될 것입니다.

👥 연습하기

참여자들의 정서적 고통 수준을 측정(0-100)하게 하고, 테이블 위에 있는 물건들을 이용해서 자기위안을 해 보도록 지시한다(예: 차분한 음악 CD, 허브차, 갓 구운 초코칩 쿠키, 아로마 향이 나는 로션, 향초, 해변이나 석양과 같이 편안한 풍경이 담긴 큰 사진, 털이 많고 부드러운 동물 인형, 부드러운 스카프). 또한 참여자는 움직이거나 스트레칭을 통해서 자기위안을 연습할 수 있다. 약 5분간 온전히 참여할 수 있도록 격려하고, 어떤 경험을 했는지 관찰하고 정서적 고통을 재측정하도록 한다.

리더 유의사항: 어떤 참여자들은 특정 순간에 스스로를 진정시킬 수 있는 자기위안하기 활동을 선택하기 어려워하는 경우도 있다. 리더는 이러한 반응이 정상적이라는 것을 확인시켜주고, 개개인에게 가장 효과적인 자기위안 방법을 찾아내기 위해서 다양한 것들을 시도해보는 것이 중요하다고 말한다. 때로는 원하는 만큼 정서적 고통을 줄어들게 하기 위해서 다양한 감각을 활용하여 여러 가지 활동을 해야 하는 경우도 있다. 물론 종류에 따라 과도하게 했을 때는 부정적 감정을 만들어내거나 부적응 행동으로 연결되는 활동도 있다(예: 아이스크림을 많이 먹기, 과도한 운동, 커피를 많이 마시기).

주의분산 스킬과 자기위안 스킬에서는 스킬을 사용해도 기분이 좋아지지 않을 수 있다는 것을 잊지 않도록 상기시켜야 한다. 이 스킬은 기분이 더 안좋아지거나 부적응적인 대처 전략을 사용하지 않도록 예방하는 것으로 감정적인 지혈대로서 생각해야 한다는 점을 강조하도록 한다. 엄청난 고통과 통증이 있을 때 기분을 낮게 만들어주거나 근본적인 문제를 고쳐줄 수는 없지만, 생명을 살려주는 역할을 한다.

---

1. 고통감내 자료 5, "위기생존 스킬: 여섯 가지 감각 기관을 사용하여 자기위안하기" 리뷰

이 스킬을 잘 기억하는 방법으로는 여섯 가지 다른 감각 기관을 진정시키는 것을 생각해 보는 것이다. 시각, 청각, 후각, 미각, 촉각과 운동각(우리가 잘 생각해내지 못하는 감각)을 진정시켜 자기위안을 하도록 한다.

자료에 있는 여섯 가지 감각에 대해 논의하도록 한다. 모든 참여자들에게 지금 사용하고 있거나, 진정 효과가 있을 것이라고 생각하는 자기위안하기의 예를 말하도록 한다. 리더가 개인적으로 좋아하는 전략을 공유해서 그룹의 분위기를 부드럽게 하거나 하나의 모델로서 보여주는 것도 좋은 방법이다. 참여자들이 즉각적으로 접근할 수 있는 자기위안 활동에는 어떤 것이 있을 지에 대해 물어본다(예: 해변에 가는 것을 좋아하지만 공부하거나 일을 하고 있을 때는 스마트폰에 저장된 아름다운 해변 사진을 바라보는 것).

Ⅱ. 순간을 살리는 스킬(IMPROVE)

순간을 살리는 스킬(IMPROVE, 자료 7)의 좋은 점은 다른 주의분산이나 자기위안 스킬과 달리 별다른 소품이 필요하지 않다는 점입니다. 이 스킬에는 우리 자신이나 상황에 대해 생각하는 방법을 바꾸는 것이 포함되어 있습니다(예: 절망하는 마음을 격려하는 마음으로 바꾸기, 의미 만들기). 여러분의 몸이 특정 사건에 반응하는 방식을 변화시키는 것(예: 긴장을 이완시키기)과 도움이 되는 방식으로 우리 마음에 집중하는 것(예: 상상하기, 기도하기, 한 번에 한 가지 하기, 휴가 가기)이 포함되어 있습니다.

> **리더 유의사항**: 순간을 살리는 스킬을 소리내어 읽고, 사용한 적이 있거나 도움이 될 것으로 예상되는 스킬이 무엇인지 발표하게 한다.

A. 상상하기(Imagery)

상상하기는 편안하고, 이완이 되거나 자신감을 향상시키는 장면을 여러분 마음속에 시각화하는 것을 말합니다. 머리 속에 그림을 그려봄으로써 주의분산과 위안을 주며, 자신감과 용기를 증진시키고, 목표한 바를 이룰 수 있도록 동기부여를 하는 스킬입니다(예: 결승점을 통과하는 영광스러운 장면을 시각화하는 육상선수).

B. 의미 만들기(Meaning)

이 스킬은 항상 사용할 수 있는 것은 아니지만, 고통스러운 상황에서 의미나 목적을 찾는 것에 도움을 줄 수 있습니다. 모든 문제가 쉽게 해결될 수 있거나, 고통스러운 상황을 별 것 아닌 것으로 생각할 수는 없을 것입니다. 하지만 관계가 소원해진 친척들이 모여 건강이 악화된 집안의 어른을 보살펴야 하는 예를 생각해봅시다. 이런 경우에 친척들과 새로운 관계를 다시 형성하는 것에 집중하며 의미를 만들어 낼 수 있습니다. 역경을 겪었거나 감정적 고통을 경험한 청소년이나 젊은 성인이 자신의 통찰과 깨달음을 통해 타인을 돕기 위해서 정신건강 관련 직업을 택하기도 합니다. 그럼으로써 그들의 고통에서 의미를 찾게 되는 것입니다. 또한 성적이 안좋을 때 선생님께 도움을 요청하는 상황을 생각해봅시다. 낮은 점수를 받은 것이 선생님으로부터 한 시간 동안 좋은 가르침을 받는 것으로 연결될 수도 있습니다.

'레몬으로 레모네이드 만들기'라는 속담이 의미하듯, 때로는 우리가 적극적으로 의미를 만들어내야만 한다는 점이 중요합니다. 우리는 실수로부터 교훈을 얻을 수 있고, 상실이나 고통을 겪을 때 타인과 함께 연결되어 있는 것이 얼마나 가치 있는 것인지 깨달을 수 있으며, 고통을 친절한 행동으로 변화시키는 방법을 찾을 수 있습니다.

C. 기도하기(Prayer)

정서적 고통을 극복하기 위해서 기도를 해본 적이 있나요? 기도가 도움이 되었나요? 종교를 가지고 있지 않은 분들은 자신의 지혜로운 마음에 귀를 기울이거나 어떤 상황에 대해 명상하면서 높은 차원의 선명함을 얻으려고 할 수도 있습니다. 위기가 사라지게 해달라고 기도하기보다는 고통을 수용하고 이겨내게 해달라고 기도해 보십시오.

D. 이완하기(Relaxation)

이완하기의 목적은 여러분의 몸이 스트레스에 반응하는 방식을 변화시키는 것입니다. 사람들은 스트레스 상황에서 긴장을 하고 있으면 상황을 바꿀 수 있다고 믿고 몸 전체를 긴장시키고 있을 때가 많습니다. (이완된 자세를 취하며 참여자들에게 보여주면서) 신체를 통하여 상황을 받아들이면 마음으로도 상황을 좀 더 쉽게 받아들일 수 있습니다. 몸을 이완을 하기 위해서 어떤 것을 하고 계신가요? [예를 들어본다]

E. 한 번에 한 가지 하기(One Thing in the Moment)

이 스킬은 여러분이 지금 이 순간에 경험하고 있는 것에만 집중하는 것을 말합니다. 우리는 과거에 겪었던 괴로움과 미래에 겪게 될 고통, 그리고 현재 이 순간에 잠재적으로 긍정적인 경험을 할 수도 있지만 주의를 분산시켜, 겪어야 할 고통 이상으로 괴로움을 겪는 경우가 많습니다. 만약 과거, 미래 또는 현재의 부정적인 면들에 몰입되어 있다면, 지금 이 순간에 중립적이거나 심지어 즐거운 부분을 놓쳐버릴 수 있습니다. 예를 들어 여러분이 기차 여행을 하면서 예쁜 풍경을 마인드풀하게 알아차리는 것 대신에, 오전에 다퉜던 일을 떠올리거나 근처에서 시끄럽게 대화하는 사람들로 인해 짜증을 느낄 수도 있습니다.

F. 휴가 가기(Vacation)

일상의 스트레스로부터 벗어나 휴가를 가는 것은 꼭 필요합니다. 물론 캐리비안 섬으로 여행을 떠나야 한다는 의미가 아닙니다. 자기 자신을 위해서 단지 몇 분에서 몇 시간을 사용하는 것입니다. 어떤 상황이더라도 잠시 시간을 내어 자신을 돌보십시오. 다른 사람이 여러분을 돌보게 해서는 안됩니다. 커피 전문점에 가서 카페 라테 한잔을 마셔보세요. 한 시간 동안 즐겁게 독서를 할 수도 있습니다. 기간을 정해두고, 모든 전자기기를 꺼두는 것도 좋습니다. 산책이나 운동을 하는 것도 도움이 되겠지요. 네일 케어를 받으면서 손 마사지를 받을 때 주의를 집중해보는 것도 휴가에 포함될 수 있습니다.

휴가 가기 스킬을 사용한 예: 저의 할머니가 거동이 불편하셔서 요양시설로 모시는 것을 돕기 위해 플로리다로 갔습니다. 며칠 간 스트레스를 받았고 감정적 상태에 있었는데, 어느 순간 제가 처한 상황에서 저 스스로를 빼내보았습니다. 차를 몰고 근처 해변으로 가서 신발을 벗은 채로 맑은 하늘 아래서 바다 주변을 산책했어요. 30분쯤 뒤에 돌아왔을 때는 좀 더 차분해지고 기분 전환이 되었고, 어렵지만 해야 할 일들을 계속할 수 있었습니다.

G. 격려하기(Encouragement)

여러분 자신이 스스로에게 가장 비판적일 때가 있지 않나요? "난 제대로 할 줄 아는 게 하나도 없어", "이번 시험도 실패할 거야", "난 너무 뚱뚱해" 와 같은 말을 스스로에게 할 때도 있을 것입니다. 격려하기는 여러분이 아끼는 누군가에게 말하는 것처럼, 또는 여러분 자신에게 타인이 말하듯이 자기 자신에게 격려의 말을 해주는 것을 의미합니다. 어떤 이야기로 다른 사람들을 응원해주었나요? 여러분이 힘들 때 주변에서 어떻게 말하는 것이 힘이 되었나요?

리더 유의사항: 참여자들은 "너는 잘하는 것이 참 많아", "네가 열심히 하면, 시험에 통과할 수 있을거야", 또는 "넌 있는 그대로 아름다워"와 같은 말을 할 것이다. 그룹리더는 "이건 정말 어려워, 그리고 나는 널 믿어", "작은 단계로 나눠서 한 번에 하나씩 하면 이 일을 다 마칠 수 있어"와 같은 격려하는 말을 모델로 보여준다. 참여자로부터 몇 가지 예를 더 이끌어내고, 자신에게 격려하기를 사용하도록 치어리딩한다.

고통감내 자료 6. "연습하기: 자기위안 스킬"을 숙제로 내준다. 각각의 참여자에게 한 주 동안 가벼운 정서적 고통을 느끼더라도 미리 정한 두 가지의 자기위안 활동을 사용하도록 서약하게 한다. 가능하다면 선택한 활동을 미리 자료에 적어 두게 한다.

고통감내 자료 8. "연습하기: 순간을 살리는 스킬(IMPROVE)"를 숙제로 내준다. 참여자에게 한 주 동안 가벼운 정서적 고통을 느끼더라도 미리 정한 두 가지의 순간을 살리는 스킬을 사용하도록 서약하게 한다. 가능하다면 선택한 것을 미리 자료에 적어 두게 한다.

회기 3

마인드풀니스 하기
· · · ·
숙제 리뷰하기
· · · ·
쉬는 시간

Ⅰ. 장점과 단점 비교하기

A. 장점과 단점을 비교해야 하는 이유는?

장점과 단점 비교하기 스킬은 충동적으로 행동하고 현실을 거부하는 것보다 스킬을 적용하여 고통과 충동에 잘 대처하는 것이 더 좋은 결과를 가져온다는 것을 알게 해줍니다. 이 스킬은 기본적으로 우리가 하고 싶지 않은 일들, 예를 들어 알람을 꺼버리거나 침대에 더 머무르는 것 대신 예약한 시간에 병원가기, 학교나 회사에 가기 위해 아침에 일어나기와 같은 일들을 할 때 사용할 수 있습니다. 이 스킬은 기분-의존적인 행동을 변화시키는데 중심이 되는 스킬입니다.

B. 장점과 단점 비교하기

장점과 단점 비교하기 목록을 만들어 본 적이 있나요? 그 남자와 데이트를 해야 할지, 그 여자와 헤어져야 할지, 또는 댄스파티에 가야 할지에 대한 장점과 단점을 비교하는 목록 같은 것 말입니다. 자, 이제부터 조금 다르게 장점과 단점을 비교하는 방법과 정서적 고통에 잘 대처하는 방법을 배워보도록 하겠습니다.

👥 연습하기

화이트보드에 친구와 싸운 이후 폭음을 한 사건과 같이 자신을 망가뜨리는 부적응 행동의 예를 적는다. 참여자들을 지나치게 자극하지는 않는 선에서 적절한 예를 이끌어 내도록 한다. 보드에 두 개의 세로 칸을 만들고, 장점과 단점을 기록한다. 충동적인 행동의 장점을 참여자들로부터 이끌어내고, 그 다음 충동적 행동의 단점을 같은 방식으로 기록한다. 그리고 세로 칸의 가운데에 가로선을 그린다. 참여자들에게 충동적으로 행동하지 않을 때의 장점을 물어보고, 단점도 물어본다. 그림 7.1의 예를 참고할 것.

그림7.1_ 과도한 음주의 장점과 단점 비교하기(단기/장기)

	장점	단점
예전 방식: 충동적으로 행동하기 (과도한 음주)	■주의분산 (단기) ■고통이 사라짐 (단기) ■어질어질해짐/기분 좋아짐 (단기) ■사람들과 교류하기 등 무언가를 함 (단기) ■재밌음(단기) ■용감/강인하게 느껴짐(단기)	■더욱 심하게 고통을 느낌 ■몸이 아픔 (단기) ■더욱 죄책감/수치감을 느끼게 됨(단기/장기) ■다른 위험한 행동을 하게 될 수도 있음(단기/장기) ■두통과 함께 현실로 돌아옴(단기/장기) ■새로운 스킬을 사용할 기회를 놓침(단기/장기)
새로운 방식: 고통을 감내하기 (술을 마시지 않고 스킬 사용)	■자신이나 타인에게 상처주는 등의 실수할 가능성 감소 (단기/장기) ■문제해결을 더 잘할 수 있음(단기/장기) ■스킬을 사용하면, 숙련감과 효능감을 더 느낄 수 있음. 더욱 통제력을 가지게 되고, 자기 존중감을 증진시킬 수 있음(단기/장기) ■고통을 감내하는 습관을 기를 수 있고, 스킬을 잘 사용하면서 살아갈 수 있음 (장기)	■감정적 고통을 피할 수 없고, 스킬을 사용해도 단기간 내에 고통이 완화되지 않음 (단기/장기) ■더 많은 노력이 필요하고, 따라서 어려움 (단기)

문제 행동을 하는 것과 하지 않는 것의 장점과 단점 목록을 적어보면 추가적으로 많은 정보를 얻을 수 있습니다. 다음에 이어지는 포인트를 잘 살펴봅시다.

- **문제 행동이 어떤 결과를 가져다 줄지에 대해 생각한다.** 충동적인 행동의 장점과 그것을 하지 않는 것의 단점을 비교하면 우리에게 그 행동이 어떤 결과를 가져다 주는지 알게 해줍니다! 이는 같은 것을 성취하더라도 더 숙련된 방법으로 할 수 있기 때문입니다. 우리가 논쟁을 할 때 언성을 높여서 원하는 것을 얻을 수 있고(언성을 높이는 것의 장점), 언성을 높이지 않았을 때에는 나 자신이 약하게 느껴진다면(언성을 높이지 않는 것의 단점), 원하는 것을 얻으면서도 약하게 느끼지 않을 수 있는 좀 더 효과적인 방안에 대해서 생각할 수 있습니다. 예를 들어 대인관계 효율성 스킬 모듈 중 DEAR MAN(디어맨) 스킬을 사용해서 여러분이 원하는 것을 성취할 수도 있고, 또한 자신이 유능하고 강하다는 느낌을 가질 수 있을 것입니다.

- **그 행동으로 인해 곤란해질 수 있는 모든 것을 생각한다.** 어떤 행동을 하는 것의 단점과 하지 않는 것의 장점을 비교하면 그 행동에 뒤따르는 자연스러운 결과를 볼 수 있습니다. 즉, 그 행동에 계속해서 의존하면 곤란한 상황들이 발생하게 된다는 것입니다.

- **각각의 장점과 단점이 장기적/단기적/장-단기적으로 어떤 효과를 가져올지 생각한다.** 예를 들어 남자친구에게 욕설을 하면 단기적으로 화가 풀릴 수는 있지만, 장-단기적으로 관계에 부정적인 결과를 가져올 수 있습니다. 이제 다시 장점과 단점을 각각 살펴보도록 합시다. 이번에는 각각의 항목이 단기적 또는 장기적으로 장점과 단점에 해당하는 지를 볼 것입니다[리더는 다른 색깔 마커로 각각의 장점과 단점 옆에 '단기' 또는 '장기'를 적을 것. 그림 7.1 예시 참고]. 예를 들어 원하는 대로 하기 위해서 언성을 높이는 것의 장점은 단기적인 반면, 언성 높이기의 단점은 관계를 해칠 수 있어 장기적으로 부정적인 영향을 미치는 것입니다.

- **패턴을 파악한다.** 부적응 행동을 하는 것은 대개 장기적인 이익보다 단기적 이익을 가져다 주는 경우가 많고, 부적응 행동을 자제하는 것(예: DBT 스킬 사용하기)은 보다 더 장기적인 이익을 가져다 줍니다. 모든 장점과 단점에 단기 또는 장기를 표시하면, 패턴을 읽을 수 있습니다. 여러분의 삶에 특정 패턴이 보이나요? 충동적 행동의 장점과 충동적으로 행동하지 않는 것의 단점(예: 그 행동이 무슨 결과를 가져다 주는가)은 대부

분 단기적 이익과 연결됩니다. 하지만 충동적인 행동에 연루되지 않는 것의 장점과 그 행동을 하는 것의 단점은 몇 가지 단기적 장점도 있겠지만, 장기적으로 큰 이익을 가져오는 경향이 있습니다.

- **고통을 감내할 것을 선택하고 장점과 단점을 비교함으로써, 장기적 관점으로 삶을 설계한다.** 여러분이 만족스러운 삶을 설계하고자 한다면, 여러분을 망가뜨리는 나쁜 대처 전략을 중단하고, 효과적인 대처 전략으로 바꾸기 위해 노력해야만 합니다.

연습하기

참여자에게 5분 동안 최근에 힘들었던 일로 인해서 부적응적인 행동을 했거나, 충동을 느꼈던 것을 떠올리게 한다. 장점과 단점 비교하기 자료(고통감내 자료 9)의 상단에 예를 적도록 하고, 4개의 칸을 채우도록 한다. 또한 각각의 장점과 단점이 단기, 장기, 장-단기인지 기록하도록 한다. 주어진 시간에 따라 한두 명의 참가자에게 자신의 예를 보드에 적어서 나누도록 하고, 이에 대해서 그룹 전체 토의를 한다.

C. 장점과 단점 비교하기 스킬은 언제 사용하는 것이 좋을까?

일반적인 목표나 중독적 행동에 대해 장점과 단점 생각하기 워크시트를 미리 작성해 보도록(혼자 기록하거나 개인치료자와 함께) 합니다. 미리 적어 둔 워크시트는 여러분이 정서적 고통을 느끼는 순간에, 충동에 따라서 그 행동을 하는 것과 하지 않는 것의 장점과 단점을 다시 보게 할 수 있습니다. 이를 통해 장기적인 목표와 단기적으로 정서적 고통을 감내하는 것의 이점을 다시 떠올릴 수 있고 머리 속에서 빠르게 장점과 단점을 리뷰해서 해로운 행동에 의존하기 보다 충동을 효과적으로 잘 대처하는 것을 선택할 수 있습니다.

이렇게 기록해두면 목표 행동이 어떤 기능을 하는지 떠올릴 수 있고 효과적인 대체 행동(예: 이완되는 느낌을 갖기 위해 술을 마신다면, 음주하는 대신 순간을 살리는 스킬(IMPROVE) 가운데 이완하기로 대체)을 할 수 있도록 안내할 것입니다. 즉, 이 스킬은 여러분이 특정한 문제 행동을 할 위험에 놓였을 때 "문제에 미리 대비하기"의 일부분으로 활용될 수 있습니다.

A. 왜 TIPP 스킬을 사용해야할까?

극심하게 정서적으로 흥분된 상태에서는 대부분의 DBT 스킬을 사용하기 어렵습니다. 너무 화가 나서 무엇을 시도해도 안 될 것 같고, 생각을 똑바로 할 수 없거나, 배웠던 스킬이 전혀 생각나지 않았던 적이 있나요? [보통 대부분의 참여자들은 공감이 되어 고개를 끄덕일 것이다] 이런 상황에 놓이면, 여러분은 이미 감정적인 고통상태인 "적색 구역"에 들어간 것이고, 공황 반응을 보이기 시작할 것입니다. 스킬을 실행하기에는 너무나 강한 흥분 상태가 된 것인데, 우리는 이것을 "분투-도피(fight-or-flight)" 반응이라 부릅니다. 여러분의 남자친구나 여자친구가 다른 사람을 몰래 만난다는 것을 알았을 때나, 생일 날 친구가 여러분을 초대하지 않고 생일파티 사진을 온라인에 올리거나, 또는 반드시 통과해야 하는 시험에서 떨어졌을 때와 같은 경우에 이러한 반응이 나타날 수 있습니다. 어떠한 상황에서 여러분의 감정은 극도로 흥분되어 감정적 마음상태가 되면서 적색 구역에 들어가게 됩니다.

우리는 "너무 화가 나서 스킬을 사용할 수 없었어요"와 같은 말을 늘 듣습니다. 이제 여러분이 최고로 화가 났을 때(예: 75 이상, 100이 최고점일 때), 스킬을 적용할 수 있는 방법을 알려드리도록 하겠습니다. 여러분 중 대부분은 조금 짜증나는 감정에 대처하는 방법을 배우기 위해 치료를 받으러 온 것은 아닐 겁니다. TIPP 스킬은 여러분이 엄청나게 화났을 때나 감정이 전혀 조절되지 않을 때, 이미 배워서 알고 있는 다른 스킬들을 실행하거나 기억해내기 위해서 고안되었습니다. 위기 상황에 놓여 있거나, 압도되었을 때, 감정적 마음에 사로잡혀서 빠져나올 수 없을 때, 다른 위기생존 전략이나 스킬이 효과가 없을 때, TIPP 스킬을 사용하도록 합니다. 이 스킬을 사용하면 감정의 강도가 빠르게 낮아질 것입니다. 그렇지만 이 스킬은 장기적인 해결책이 아니라 효과가 보통 5-20분 정도 밖에 지속되지 않는다는 것을 잘 기억하도록 하세요! 이 스킬은 시간을 벌어주고, 다음에 적용할 스킬을 결정할 수 있을 만큼 진정되도록 도와줄 것입니다.

TIPP 스킬은 너무나 화가 났을 때, 신체 화학 반응을 빠르게 낮추는 방법입니다. 여러분 중에 정서적 고통을 완화시키기 위해서 부적응적인 행동에 의존했던 경험을 가진 분들이 있을 겁니다. 또는 초조함이나 불안을 진정시키기 위해서 신경정신과 약물(예: 필요시 복용하도록 처방받은 약물)을 복용하는 분도 있을 겁니다. 저희는 TIPP 스킬을 시도해서 여러분의 정서적 고통이 낮아진 상태에서 다른 좋은 스킬을 생각해내는 것을 적극 권합니다.

TIPP 스킬을 사용해야 하는 이유는 다음과 같습니다.

- TIPP 스킬은 흥분상태를 감소시킬 수 있도록 신체화학반응을 변화시킵니다.
- TIPP 스킬은 효과가 아주 빨라서 몇 초에서 몇 분 사이에 흥분상태를 진정시킵니다.
- TIPP 스킬은 고통스러운 감정을 감소시킬 때 역기능적인 행동(예: 음주, 약물, 과식, 자해)과 비슷한 효과를 보이지만, 장-단기적으로 부정적인 결과를 가져오지 않습니다.
- TIPP 스킬은 신경정신과 약물의 단점이나 잔존효과 문제가 없이 빠르게 반응하는 약물과 같은 효과를 보입니다.
- TIPP 스킬은 쉽게 사용할 수 있고, 생각을 하지 않고도 적용할 수 있습니다.
- 몇몇 TIPP 스킬(천천히 호흡하기, 점진적 이완의 일부)은 공공장소에서 사용해도 다른 사람이 알아챌 수 없습니다.

B. TIPP 스킬은 어떤 효과가 있을까?

분노, 불안, 두려움과 같은 감정을 느낄 때, 우리는 신체적 각성 수준을 낮추고 싶다고 느끼게 됩니다. TIPP 스킬은 흥분의 수준을 완화시키는 신체 반응을 촉발시킴으로써 효과를 발휘합니다.

1. 교감신경계

우리가 위협이나 스트레스를 받거나 화가 날 때 교감신경계(SNS)가 활성화되는데, 이것이 앞서 다뤘던 분투-도피 반응입니다. 교감신경계가 활성화되면, 심장박동, 혈압, 타액분비 증가와 동공 확대 및 소화기능 저하가 나타납니다. 우리 몸이 어떤 행동을 하도록 준비하게 하는 것입니다.

2. 부교감신경계

부교감신경계(PNS)는 우리 몸의 속도를 늦추어 쉬게 하는데, 이는 분투-도피 반응의 정반대 반응으로써 감정을 조절하는 역할을 합니다. 부교감신경이 활성화되면, 심작박동, 혈압 및 타액분비가 감소하고 동공이 수축되며 소화 기능이 증가합니다.

3. TIPP 스킬은 부교감신경을 활성화한다.

TIPP 스킬은 부교감신경을 활성화시켜서 5-20분 동안 우리의 감정이 빠르게 진정되도록 돕고, 다른 스킬을 생각할 수 있게 만들어줍니다. 감정의 강도가 빠르게 낮아지면, 충동적으로 행동할 가능성도 줄어들게 됩니다. 우리 몸의 생리학적 반응은 중요한 감정의 요소이며, 감정 시스템 일부의 변화는 전체 시스템에 영향을 미치게 됩니다.

예를 들어 여러분이 길을 건너려고 하는 순간, 차가 빠르게 달려오는 것을 알아차렸다고 생각해봅시다. 몸에서 어떤 일이 벌어질까요? [참여자들의 이야기를 들어볼 것] 분투-도피 반응 등을 만들어내는 교감신경계는 위와 같은 상황에서 안전을 위해 여러분이 빠르게 움직이도록 활성화될 것입니다. 자, 이번에는 어떤 사람이 여러분이 엄청나게 화날 만한 말을 했다는 내용의 문자를 여러분의 친구로부터 받았다고 생각해봅시다. 몸에서 어떤 일이 벌어지고, 어떤 충동이 생길까요?[참여자들의 이야기를 들어볼 것] 여러분은 깊이 상처받거나 화가 날 것이고, 그 사람에게 당장 전화해서 소리지르거나, 문자로 나쁜 말을 보내고 싶거나, 또는 더욱 문제가 될 만한 행동을 하고 싶을 수도 있습니다. 바로 이런 상태일 때 TIPP 스킬을 사용해서 분투-도피 반응을 진정시킬 수 있습니다.

리더 유의사항: 만약 참여자가 이런 상황에서는 그냥 '참기만 하면' 안된다고 저항을 할 수도 있다. 이때 리더는 감정조절을 위해서 TIPP 스킬을 사용하는 것은 화나게 한 상대방의 언행을 수동적으로 받아들여야 한다는 의미가 아니라는 점을 강조한다. TIPP 스킬은 우리에게 단순히 시간을 벌어주고, 마음을 좀 더 명료하게 만들어주며, 충동적 반응을 하는 대신 도움이 될 만한 대인관계 효율성 스킬이나, 다음 날 친구와 만나서 직접 이야기 할 수 있을 때까지 견디게 해줄 위기생존 스킬 등을 선택할 수 있도록 돕는 역할을 한다는 점을 알려준다.

참여자가 고통감내 자료11. "극단적 감정을 조절하기 위한 TIPP 스킬"을 보게 한다.

TIPP 스킬은 4 가지의 스킬 이름 앞 글자를 따서 외우기 쉽도록 만들어졌다.

- **T**(Temperature): 차가운 물로 얼굴의 온도를 낮추기
- **I**(Intense Exercise): 강렬한 운동하기
- **P**(Paced Breathing): 천천히 호흡하기
- **P**(Progressive muscle relaxation): 점진적 근육이완법

C. T(Temperature, 온도): 차가운 물로 얼굴의 온도를 낮추기

얼굴에 차가운 물을 묻히거나 온도를 낮추면 부교감신경이 활성화되고 빠르게 진정될 수 있습니다. 얼굴에 차가운 물을 묻히면 잠수반사(dive reflex)가 활성화됩니다. 포유류나 인간은 산소가 없는 매우 차가운 물에 들어가면 심장박동이 휴면상태 이하로 내려가는 경향이 있습니다. 이 효과는 부교감신경이 활성화되기 때문에 발생합니다.

주의 사항: 그룹참여자들의 잠수반사를 유발하기 위해서 차가운 물을 사용하면 심장박동이 급격히 떨어진다는 점에 주의하도록 하는 것이 중요하다. 심장병력이 있거나, 약물로 인해서 심장박동 수치가 정상보다 낮거나, 기타 의학적 문제가 있는 경우, 폭식이나 거식증상이 있는 사람은 주치의가 허용할 때만 이 절차를 사용할 수 있다. 차가운 것에 알레르기 반응이 있는 참여자는 주치의가 허용하지 않는 한 얼음물 연습하기에 참여하지 않도록 한다. 일반적으로 참여자들이 이 절차를 사용하기에 앞서 주치의나 의사에게 건강상태를 점검 받고 하는 것이 좋다. 청소년 역시 보호자의 허가가 반드시 필요하다!

이 스킬을 사용하기 위해 몸을 구부리고 숨을 참은 뒤, 차가운 물이 담긴 큰 그릇에 관자놀이 위까지 얼굴을 담그고 10-20초간 견디도록 합니다(호흡을 참기 어렵다면 바로 얼굴을 빼야 합니다). 그리고 나서 얼굴을 들어올리고, 호흡을 한 후 이 과정을 3번 반복합니다. 오랫 동안 담글수록, 그리고 차가울수록 효과는 좋습니다. 하지만 물을 너무 차갑게 해서는 안됩니다. 15도 아래의 온도는 얼굴에 통증을 유발할 수 있습니다.

TIPP 스킬은 다음의 여러 가지 방법으로 사용할 수 있습니다. 의자에 앉은 채로, 얼음팩이나 차갑게 만든 젤 타입의 아이마스크, 얼음물이 들어 있는 지퍼백, 또는 차가운 습포, 차가운 음료수 캔을 눈 바로 아래 광대뼈에 대어 보십시오. 얼음팩이나 다른 재료들이 너무 차갑다면, 천이나 종이타올로 감싼 뒤 얼굴을 적시도록 합니다. 얼굴을 물 속에 담그지 않은 상태로 효과를 높이기 위해서는 차가운 것이 닿아있을 때 호흡을 참는 것도 방법입니다. 어떤 경우에는 세면대에 몸을 구부리고 이마와 눈, 볼에 차가운 물을 뿌리는 것만으로도 충분한 효과를 볼 수도 있습니다.

차가운 물이나 얼음팩은 높은 감정적 흥분 상태, 공황 상태, 감정적으로 압도되어 스킬을 사용할 수 없는 상황, 집중해야 하는 업무 중 불안감이 방해가 될 때, 반추사고나 불안 때문에 수면 문제가 생겼을 때, 해리상태(치료나 스킬훈련 회기 중 포함)일 때, 강렬한 분노와 같이 격한 감정 상태일 때, 강렬한 감정에 의해 발생한 반추사고를 떨쳐낼 수 없을 때, 문제행동을 하고 싶은 강한 충동을 느낄 때와 같은 상황에서 도움이 될 수 있습니다.

1. 단기효과(Short-Lived Effects)

차가운 물의 물리적 효과는 실제로 매우 짧은 시간 유지되기 때문에, 주의를 기울이지 않으면 통제하기 어려운 감정 상태가 다시 찾아오기 쉽습니다. 감정적 촉발 요인이나 충동에 계속해서 집중하면, 감정적 격정이 다시 시작될 가능성이 높습니다. 따라서 일단 극단적인 흥분 상태가 진정되면, 자기위안하기나 주의분산하기 등과 같은 여러가지 다른 스킬들을 실행하는 것이 중요합니다. 만약 즉시 집중을 해야 하는 상황에서 위기가 시작되면, 먼저 강렬한 감정적 흥분 상태를 낮춘 후에 문제 해결에 집중하는 것이 좋습니다.

👥 연습하기

얼음이 담긴 지퍼백이나 차가운 아이마스크를 참여자 수만큼 준비한다. 시작에 앞서, 의료적인 문제는 없는지 참여자들에게 확인하는 것이 중요하다. 의학적으로 특이 사항이 없다면, 젖은 종이타올로 감싼 차가운 팩을 나눠주며, 다음과 같이 설명한다.

> "이제부터 얼음팩을 이용해서 스킬을 연습할 겁니다. 몇 분 동안 여러분이 싫어하거나 화가 나는 사람이나 대상을 떠올려보고, 이때 느껴지는 감정과 이 감정에 따라 행동하고 싶은 충동이 무엇인지 자각해보세요. 감정을 조절하기 어렵게 만드는 대상을 선택하지 않도록 주의하십시오! 1분 뒤에 제가 여러분 얼굴에 종이타올로 감싼 얼음팩을 대라고 말할 것입니다. 적어도 눈 아래 광대뼈 부분에 닿을 수 있도록 해보세요. 얼굴에 얼음팩을 대고 있는 동안, 여러분의 몸이나 감정에 어떠한 변화가 있는지 알아차려보도록 합니다. 30초 또는 가능하다면 좀 더, 얼굴에 얼음팩을 대보세요."

이 스킬을 연습하면서 몸의 감각, 감정이나 충동에 변화가 있었는지 관찰하게 한다. 또는 연습 전 후로 맥박을 재보게 할 수도 있다. 참여자들에게 이 연습은 필수가 아니며, 인내심 겨루기가 아니라는 점을 다시 한 번 명확하게 밝힌다.

D. I (Intense Aerobic Exercise): 강렬한 운동하기

DBT 감정조절 스킬 모듈에서는 감정은 행동을 하기 위해 우리 몸을 조직화한다는 점에 대해 배우게 될 것입니다. 예를 들어 분노는 공격하는 행동을, 두려움은 달아나는 행동을 하게 한다는 것이죠. 우리 몸이 행동을 준비하고 높은 각성상태를 유지할 때, 행동하지 않는 것이 어려워질 수 있습니다. 그래서 감정적인 상태에서는 충동적으로 행동하기보다 우리 몸을 다시 조정하기 위해 강렬한 운동을 하면, 감정의 강도가 낮아지고 행동에 대한 통제감을 다시 얻게 됩니다.

10-20분 정도 또는 감정에 빠른 효과를 가져올 수 있는 어느 정도의 시간 동안 유산소 운동을 하면, 부정적인 기분이 감소하고 긍정적인 기분이 증가할 것입니다. 달리기, 수영하기, 줄넘기하기나 강도 높은 근력 운동 등을 해볼 수 있습니다. 헬스장에 가거나 운동 기구를 준비하기 어렵다면, 그 자리에서 뛰거나 동네 한 바퀴 돌기 등을 할 수 있을 것입니다. 팔굽혀펴기와 윗몸일으키기, 양팔 벌려 뛰기, 힘차게 걷기, 또는 방 안에서 음악을 틀어 놓고 춤추기도 할 수 있습니

다. 강렬하게 움직이는 것이 핵심입니다.

리더 유의사항: 참여자들에게 이 스킬을 사용하면서 과도한 운동을 할 수 있다는 점을 경고하도록 한다. 안전하게 이 스킬을 연습할 수 있도록 해야 한다. 운동은 강렬하게 해야 하지만, 상대적으로 짧은 기간 즉, 몇 분 안에 마쳐야 하며(몇 시간 동안 운동을 하지는 않아야 함), 개인의 체력을 초과하지 않아야 한다. 의학적인 문제를 고려하며 차가운 온도에 노출하는 것처럼 운동의 강도와 시간 역시 잘 조절하여야 한다.

운동을 멈추면, 부교감신경계가 활성화되고 몸의 각성 상태는 보통 20분 안에 진정됩니다. 달리기 경주나 계단을 뛰어서 올라가기, 또는 버스를 잡으려고 뛰거나, 축구, 테니스 농구같은 경기를 한 뒤에 우리 몸이 차분해 지는 것을 경험한 적이 있나요? 어떤 느낌이 들었습니까? 이러한 느낌들이 바로 부교감신경계가 활성화된 결과입니다.

E. P(Paced Breathing): 천천히 호흡하기

천천히 호흡하기는 느리게 호흡하고 들이마실 때보다 내쉴 때 더 천천히 하는 것을 말합니다. 연구자들은 이렇게 호흡을 천천히 조절하면 부교감신경계가 활성화 되어 감정 격정이 빠르게 진정된다는 것을 알아냈습니다. 그 다음에 좀 더 명확하게 생각할 수 있게 됩니다. 얼음팩이나 강렬한 운동과 달리 호흡은 언제든지 할 수 있기 때문에 언제 어디에서나 적용할 수 있다는 장점이 있습니다.

천천히 호흡하게 되면 교감 및 부교감 활동에 영향을 주어 변화시킬 수 있습니다. 분당 5~6회의 호흡 사이클(한 번의 완전하게 들이쉬고 내쉬는 호흡 사이클은 10-12초 정도 소요) 정도로 천천히 호흡하면, 부교감신경계를 활성화시켜서 감정적 흥분 상태를 낮추게 됩니다.

🧑‍🤝‍🧑 연습하기

초침이 잘 보이는 큰 시계를 참여자들이 잘 볼 수 있게 두고 다음과 같이 지시한다.

"(1) 여러분, 배 위에 손을 올려두고 깊이 호흡하며 배가 올라왔다 내려가는 것을 자각해보세요. 이것이 가슴으로 하는 얕은 호흡이 아닌 우리가 연습하려고 하는 깊은 호흡입니다."

"(2) 1분 동안 완전한 호흡 사이클의 횟수를 세어보세요. 완전한 호흡 사이클은 들숨과 날숨 전체를 의미합니다. 1분간 연습해보세요. [청소년들은 평균적으로 분당 12~16번 정도의 완전한 호흡을 함]"

"(3) [1분 후에] 자, 이제부터 천천히 호흡하기를 연습하도록 하겠습니다. 여기에 놓아둔 시계나 각자의 손목 시계를 이용할 수도 있고, 또는 머리 속으로 호흡을 셀 수 있습니다. 들숨보다 날숨이 길어질 수 있도록 호흡을 천천히 해보세요. 4초간 들이마시고, 6~8초간 내쉬어 보도록 합니다. 10~12초 동안 들숨과 날숨을 한 번 하는 것도 좋습니다. 이 과정을 1분 동안 할 것입니다. 들이마시는 동안 심장박동이 약간 증가하고, 내쉬는 동안 약간 줄어듭니다. 따라서 부교감신경계를 활성화하고 진정효과를 높이려면 길게 내쉬는 것이 중요합니다."

"샌디에고 DBT 센터의 밀턴 브라운에 의해 개발된 웹사이트, http://www.dbtsandiego. com/current_clients.html을 방문해서, 들숨과 날숨을 잘 할 수 있는 호흡보조기를 사용해 보십시오. 또는 조절된 호흡을 위한 스마트폰 앱(예: 아이폰, 안드로이드폰의 breath app) 이나 유투브 영상을 이용할 수 있습니다"

내쉬는 숨을 길게 하는 것이 불편하다고 말하는 내담자들도 있는데, 이 때 리더는 연습을 좀 더 많이 해보라고 권하는 것이 좋다. 내담자가 계속 날숨을 길게 내쉬기 어렵다고 하면, 한 번의 호흡 사이클당 10초 동안 5초간 들이쉬고 5초간 내쉬는 방법과 같이, 호흡을 천천히 그리고 깊게 하는 연습만으로도 어느 정도의 이완 효과가 있다는 것을 알려준다(Brown, 2012). 이렇게 천천히 하는 호흡을 하면서 무엇을 관찰했는지 질문한다.

F. P(Progressive muscle relaxation): 점진적 근육이완법

점진적 근육이완법은 몸을 느리게 만들고 감정을 조절하는 또 다른 방법이다. 이 이완 기술은 점진적 근육이완법 전체 스크립트로 교육하거나, 시간이 여유롭지 않을 때는 반복하지 않고 일부 근육 그룹으로 시범을 보일 수도 있다. 최소한 15분 정도의 시간을 사용하고, 시간 여유가 있거나 집에서 연습할 때는 최대 30분까지 연장할 수 있다. 참여자들이 집에서 들으며 연습할 수 있도록 스킬 연습을 녹음하도록 한다. 반복해서 실행한 뒤에는, 간결하고 좀 더 빠르게(예: 5분 정도) 이완시키는 유도문을 줄여갈 수 있다. 이완 훈련을 시작한다는 신호만으로도 이완 상태로 이어지게 할 수 있기 때문이다. 참여자들은 결국에는 근육을 긴장시키지 않고도 스스로 이완된 상태로 이어지게 할 수 있게 된다. 집에서 연습할 때는 장소와 시간에 방해 받지 않고 연습하는 것이 중요하다. 점진적 근육이완법을 매일, 약 1개월 동안 연습하면 이 스킬의 최대 효과를 얻을 수 있다.

1. 점진적 근육이완법 스크립트

참여자들에게 머리부터 발끝까지, 모든 근육에 집중해서 체계적으로 몸을 이완시킬 것이라고 소개한다. 참여자들이 편안한 자세로 이 연습을 할 수 있게 한다(집에서는 편안한 의자에 앉거나 누워서 할 수 있다). 근육에 있는 감각을 자각하는 것 역시 우리 몸의 감각을 마인드풀하게 관찰하는 것에 포함된다. 시작하라고 말을 하면 참여자들은 눈을 감도록 한다.

"먼저 이마와 눈 부분을 자각합니다. 이마와 눈이 최대한 긴장할 수 있게 찡그려보세요. 눈썹도 함께 찡그리고, 이마에 주름을 만들고, 눈에 힘을 주어 감아봅니다. 근육에 긴장을 유지하세요[약10초간]. 이제 이완합니다. 근육에 있는 긴장을 모두 이완하려고 노력해보세요[약10초간]. 근육에서 느껴지는 긴장을 알아차리고, 긴장과 이완 상태 사이의 차이점을 알아차려봅니다.[그리고 나서 동일한 근육 그룹에 반복한다]"

"다음으로 볼과 코, 입과 턱 근육을 긴장시킵니다. 코를 찡그리고, 볼과 윗입술을 눈쪽으로 끌어올려 보세요. 최대한 긴장하여 10초간 유지합니다. 그리고나서 긴장을 풀고 10초간 근육을 완전히 이완합니다. 이 때 긴장되었을 때와 이완되었을 때의 근육감각에 어떤 차이가 있는 지 자각해보세요. [동일한 근육 그룹을 사용하여 반복한다]"

리더 유의사항: 이와 같은 방식 즉, 다음 단계로 이동하기 전에 동일한 근육 그룹을 사용하여 각 단계를 반복하도록 한다. 시간이 된다면, 각 단계 사이에 잠시 멈춰서 참여자들이 각 근육 그룹과 긴장된 자세 뒤에 오는 이완된 감각을 완전하게 경험할 수 있도록 하는 것도 좋다. 이어서 다른 근육그룹을 진행한다.

- 목과 어깨 (목을 긴장시키고 어깨를 높이 올리기)
- 등 (등을 구부리기, 어깨뼈를 모으기)
- 가슴 (깊은 호흡을 하고 유지하다가 힘이들 때 숨을 내쉬기)
- 팔 (주먹을 쥐고 어깨에 닿을 수 있게 팔을 위로 구부리기)
- 손 (주먹을 꽉쥐기)
- 배 (배에 힘주기)

- 엉덩이 (엉덩이에 힘을 주기)
- 다리와 허벅지 (종아리와 허벅지가 긴장될 수 있게 다리를 쭉 펴고 발을 가슴쪽으로 당기기)
- 발목과 발 (발가락을 둥글게해서 안쪽을 향하게 한 채로 다리를 쭉 펴기)
- 이제 참여자들이 모든 근육 그룹을 동시에 긴장시키도록 한다. 최대한 힘을 주어 긴장시키고 10초 동안 지속한다. 긴장을 풀고 모든 근육 그룹을 10초 동안 완전히 이완되게 한 다음, 긴장된 상태와 이완된 상태의 차이를 자각하게 한다. 몸 전체를 긴장시키고 이완시키는 과정을 반복한다.
- 마지막으로 "여러분 몸의 근육그룹에 긴장감이 남아 있지 않은지 살펴보도록 하세요. 긴장감이 느껴지면 이완하도록 하십시오. 이제 여러분의 몸이 이완된 상태에서 호흡을 천천히 들이마시고 내쉬는 것에 집중하도록 해보세요. 1분간 지속하겠습니다."

근육의 각성 상태가 낮아지고, 똑같이 유지되거나, 높아지는 과정을 모두 포함하여, 점진적 근육이완을 하면서 관찰한 것들을 참여자들이 공유할 수 있도록 한다. 그룹 회기에서 5-10분 정도 연습을 하면, 감정적인 흥분 상태가 감소하는 것을 알아차리는 경우가 많다.

주의 사항: 어떤 경우에는 자신들이 기대했던 이완 효과를 느끼지 못할 때, "긴장 이완에 의한 공황"을 경험하는 사람들도 있다. 이러한 원치 않는 반응을 예방하기 위해서는 참여자들이 근육 긴장과 이완을 통해서 이완이 되지 않을 수도 있다는 것을 미리 알려주고, 이 훈련에서 신체적 긴장에 대한 자각을 하는 것이 중요한 부분임을 상기시키고 훈련하는 동안 언제라도 중지할 수 있다는 것을 알려주어야 한다. 또한 자의식을 많이 느끼는 이들은 시범을 보이는 동안 관찰만 하도록 하거나 훈련하는 동안 벽을 바라보게 할 수도 있다.

2. 위기 상황에서 간단한 근육이완 연습하기

위기 상황에 놓이게 되거나 시간이 별로 없을 때에는 간단하게 배, 엉덩이, 가슴 등의 근육을 긴장하고 이완하는 것이 도움이 될 수 있습니다. 호흡과 함께 하는 근육이완법(paired muscle relaxation) 역시 간단한 이완법의 하나인데, 몸의 모든 근육을 긴장시키고 나서 긴장을 모두 풀고 마음 속으로 relax (릴~렉~스~)라는 단어를 떠올립니다. 전체 근육 이완과 함께 릴렉스라는 단어를 연합하여 연습하는 것입니다. 이 훈련의 목적은 최종적으로 릴렉스이라는 단어가 전체 근육 이완을 떠올리는 신호로 연결시키는 것입니다.

고통감내 자료 10. "연습하기: 장점과 단점 비교하기"를 숙제로 준다. 참여자들이 한 주 동안 조금이라도 정서적 고통을 느낄 때 장점과 단점 비교하기 워크시트에 있는 내용을 연습하고 기록하도록 지시한다.

고통감내 자료 12. "연습하기: TIPP 스킬"을 위와 동일하게 연습하고 기록하도록 숙제를 준다. 차가운 물로 얼굴의 온도를 내리기, 천천히 호흡하기와 점진적 근육이완법 등을 그룹에서 했다면, 집에서는 집중적으로 강렬한 유산소 운동하기를 연습하도록 권한다.

고통감내 자료 13. "위기생존 전략 구급상자 만들기"를 숙제로 내준다. 참여자들이 집에서 사용할 수 있는 자신만의 위기생존 구급상자를 만들도록 한다. 지혜로운 마음으로 수용하기(ACCEPTS), 여섯 가지 감각 기관을 사용하여 자기위안하기, 순간을 살리는 스킬(IMPROVE), 장점과 단점 비교하기, TIPP 스킬에서 선택한 5-10개 정도 항목들이 포함되어야 한다. 주의분산하는 게임, 좋아하는 부드러운 음악, 바디로션, 반려동물 사진, 영감을 주는 시, 털 있는 동물 인형, 운동 클래스 시간표, 사랑하는 사람에게 받은 편지, 허브티 등을 신발 박스나 단단한 가방 또는 바구니에 담아 보관하도록 한다.

의미 만들기나 스스로 격려하기와 같은 순간을 살리기(IMPROVE) 스킬을 사용하기 위해서, 자기 자신에게 격려하는 글을 카드에 적어 구급상자 안에 보관할 수도 있다. 또한 위험행동에 대한 장점과 단점을 담은 목록을 넣어두는 것도 좋다. 다음 주에는 위기생존 구급상자를 가져와서 그룹에서 "공유하고 발표"할 준비를 하도록 한다. 참여자들이 감정조절의 어려움을 겪게 될 때, 그 순간 바로 정서적 고통을 감내하기 위해 어떤 스킬을 사용해야 하는지 고민할 필요가 없도록, 즉시 구급상자를 꺼내 사용할 수 있게 만드는 것이 이 전략의 핵심 아이디어이다.

A. 집과 학교, 일터에서 적용할 수 있는 위기생존 구급상자 만들기(선택사항)

청소년들은 학교(부모들은 직장)에서 사용하기 위한 작고, 휴대 간편한 위기생존 구급상자를 만들어서 도움을 받은 경우가 많다. 이 스킬 모듈을 두 번째로 배우는 청소년이나, 학교 또는 직장에서 정서적 고통을 경험하는 참여자들에게는, 다양하게 사용할 수 있는 여러 색깔의 고무밴드나 낙서할 종이와 펜, 작은 플레이 도우, 스퀴즈 볼, 실리 퍼티(Silly Putty), 또는 주의분산을 위해 교실에 시각적 자극이 되는 물체들의 목록, 방과 후나 점심 시간에 찾아갈 수 있는 친구들과 선생님, 상담선생님의 이름 등과 같이 수업(업무) 상황에서 사용할 수 있는 고통감내 스킬을 담은 특별한 구급상자를 만들어보도록 권한다.

회기 4

마인드풀니스 하기: 살짝 미소짓기

> **리더 유의사항:** 이번 주에는 마인드풀니스 시간에 현실 수용하기의 개념을 소개하기 위해서 "살짝 미소짓기" 스킬을 교육하고 실행해보도록 한다.

감정이 여러분의 얼굴 표정과 자세에 영향을 주는 것처럼, 얼굴 표정과 자세 역시 여러분의 감정 상태에 영향을 줍니다. 여러분이 더욱 수용적으로 신체적 자세와 태도를 취할수록, 여러분의 뇌가 고통스러운 상황이라는 현실에 맞서 싸우기 보다 그것을 수용하도록 설득하는데 도움이 됩니다. 얼굴 근육은 뇌의 감정 중추와 소통하기 때문에, 얼굴 표정을 통해서 더욱 수용적인 신체적 자세를 취하는 것은 좋은 방법입니다. 만일 우리가 몸을 구부리고 찡그린 표정을 짓는 다면, 뇌에서는 이를 위험이나 고통으로 해석하게 됩니다. 반대로 허리를 바로 하고 앉아서 편안한 자세로 이완된 표정을 하면, 우리 뇌는 신체적으로 차분하고 감정적으로 만족스러운 상태라는 해석을 하고 소통을 하게 됩니다. 여러분은 변화시킬 수 없는 고통스러운 현실을 마주하게 될 때, 잠시라도 이 스킬을 적용해 보십시오.

오늘의 마인드풀니스 연습은 살짝 미소짓기 스킬입니다. 먼저 주의분산을 막기 위해서, 의자를 돌려 서로의 얼굴을 바라보지 않도록 하십시오. 앞으로 5초간 마음 속으로 현재 여러분의 정서적 고통 수준을 0-100으로 측정해 보세요. 이제 제가 이마부터 턱까지 얼굴 근육을 이완하도록 지시할 것입니다. 입 주변 근육에 특별히 주의를 기울여서, 입술 끝이 부드럽게 살짝 올라가도록 해보겠습니다. 아마도 다른 사람들은 알아차리지 못할 수도 있지만, 자기 자신은 느낄 수 있을 것입니다. 이것이 바로 살짝 미소짓기입니다. 앞으로 1분간 마인드풀하게 앉아서 살짝 미소짓기를 연습하겠습니다.

[1분 후] 자, 이제 정서적 고통 수준을 조용히 0-100으로 재측정합니다. 스킬 사용 전후에 차이가 있는지 살펴보세요.

> 💬 **토의사항 |** 참여자들이 관찰한 것을 서로 나누도록 한다. 살짝 미소짓기 스킬에 대해서 회의적인 태도를 갖고 질문을 하는 경우가 있다. 예를 들어 "그러니까 제가 화가 났을 때 그냥 행복한 표정을 지으라는 말인가요? 그건 우리 아빠가 항상 했던 말이네요. 너무 비수인적이에요!"라고 말하며 저항할 수 있다. 살짝 미소짓기 스킬이 그렇게 보일 수도 있다고 수인하되, 어떤 차이점이 있는지 짚어주는 것이 중요하다. 리더는 정서적 고통을 증가시키는 가짜로 함박 미소를 짓는 얼굴과 고통을 완화시키는 이완된 표정으로 살짝 미소짓는 얼굴을 비교하여 보여주며 차이점을 인식하도록 돕는다.

숙제 리뷰하기

리더 유의사항: 이번 숙제 리뷰하기에서는 숙제로 내준 스킬 연습하기 자료와 각자 만들어온 위기생존 구급상자를 '공유하고 발표'하게 한다(만약 장점과 단점 비교하기와 TIPP 스킬 숙제 자료를 따로 리뷰할 만한 여유가 없다면, 참여자들은 구급상자에 포함되었거나 포함될 수 있는 스킬을 함께 언급하게 할 수 있다). 참여자들은 좀 더 개인적인 부분을 사람들과 공유할 수 있고, 다른 사람들의 창의적인 아이디어를 통해 영감을 받을 수 있기 때문에 위기생존 구급상자를 리뷰하는 것을 재미있어 한다. 시간의 한계가 있기 때문에, 리더는 각자 5개 정도의 좋아하는 항목을 선택해서 발표하도록 하는 것이 좋다. 참여자들이 각각의 항목을 간단하게 기술하고, 어떤 스킬인지 또는 어떤 스킬을 대표하는지 발표하게 한다. 예를 들어 어떤 참여자는 라벤더 비누를 보여주며 후각을 이용한 자기위안 스킬이라고 설명하거나, 좋아하는 책을 꺼내며 지혜로운 마음으로 수용하기 스킬로 주의분산하기 중 활동하기라고 설명할 수 있다. 반려동물과 함께 놀기는 주의분산 활동과 동시에 자기위안 스킬이 되기 때문에, 한 가지 항목이 다양한 스킬로써 적용되기도 한다는 점을 강조한다.

쉬는 시간
· · · ·

Ⅰ. 현실 수용하기 스킬(Reality Acceptance Skills)

고통감내 자료 14. "현실 수용하기: 우리가 선택할 수 있는 것들"을 펴게 한다.

A. 철저한 수용(Radical Acceptance)

리더는 다음의 이야기와 같이 어려운 상황에서 철저하게 수용했던 개인적인 사례를 이야기하면서 시작하도록 한다.

"20년쯤 전에 있었던 일이네요. 오른쪽 무릎이 자몽 크기만큼 부어서 병원에 갔는데, MRI 촬영 결과 관절 사이의 연골과 인대가 손상되어서 무릎 수술과 재활 치료를 해야 한다는 거에요. 대학 친구가 그 수술을 했기 때문에 얼마나 힘들고 고통스러운지 알고 있었어요. 진단받은 것을 수용하기 시작했고, 수술 절차와 9개월정도 소요될 재활치료에 대해서 정신적으로 준비를 하려고 노력했어요.

몇 주가 지나고 수술을 하기 전이었는데, 왼쪽 무릎이 오른쪽만큼 부어올랐어요. 어떻게 이런 일이 생길 수 있는지 너무 걱정이 되어 병원을 다시 찾았죠. 의사선생님은 다시 진찰을 한 뒤, 추가 검사를 받게 하고 이렇게 말하더군요. '인대 손상이 아니라, 류마티스 관절염입니다. 뭐라고요? 네, 건선같은 피부질환을 앓는 사람의 1/3 정도는 관절염으로 발전하기도 합니다. 피부에서 발생한 건선 문제가 언제든지 어떤 부위의 관절이라도 염증을 악화시킬 수 있고요. 말도 안돼! 왜 나에게 이런 일이 생기죠? 어떻게 이럴 수 있냐고요…. 겨우 20대 밖에 안됐는데, 80살 노인처럼 걸어야 한다니요…. 이건 정말 말도 안돼요.

너무 화가 났어요. 그러더니 우울해 졌어요. 이 병은 수술할 수 있는 방법이 없다고 했고, 물리치료와 소염제 처방을 해주었어요. 제가 의사 선생님 말씀을 잘 따랐을까요? 아니오! 그 사실을 받아들일 수가 없었어요. 저는 의사 선생님도 피하고 치료도 받지 않으며, 몇 달간 비관하면서 지내게 되었어요. 정신적으로도 피폐해졌고 무릎 상태도 더 심각해졌죠. 그러다가 '잠깐만!' 이라는 생각이 들었어요. '류마티즘 관절염이라는 병을 갖고 있다고 해도 내 인생을 망쳐버릴 필요는 없잖아?' 또 '내가 만약 있는 그대로 내 상태를 바라보면서 철저하고 심도 있게, 그리고 기꺼이 받아들이려 노력해서 의사 선생님 말씀대로 치료를 잘 받았다면 어떻게 됐을까?'라는 생각이 들었어요.

그 다음 바로 약을 먹고, 물리치료를 받기 시작했어요. 어떻게 됐을까요? 증상이 조금씩 나아지기 시작했어요. 여기에서 중요한 것은 몸이 나아지자, 기분 상태도 똑같이 나아졌고, 삶의 질과 그것을 바라보는 자세 역시 달라졌다는 거에요. 때때로 피부 건선같은 만성적인 증상이 나타나지만, 현실을 있는 그대로 바라봄으로써, 신체적 불편감을 나아지게 하는 일들을 하기 시작했어요. 고통을 지속시켰던 현실과 싸우는 것을 멈추고, 현실을 받아들이기 시작했어요. 이렇게 우리가 즉각적으로 바꿀 수 없는 문제를 수용하면 괴로움을 줄여주고, 더욱 효과적으로 대처하게 만들어줍니다."

1. 추가적인 교육 포인트(선택사항)

다음 상황에 대해서 고려할 것: 여러분이 언니와 다투고 나서 걱정하고 있다고 생각해봅시다. 언니에게 나쁜 말을 해버렸어요. 어떻게 해야 할까요? 여기 5가지 가능한 반응이 있습니다.
[리더는 보드에 5가지의 가능한 반응을 적을 것.]

    1. 문제를 해결하기

    2. 문제에 대한 감정을 변화시키기

    3. 받아들이기

4. 비참한 상태를 유지하기

5. 더 악화시키기

💬 **토의사항** | 그룹참여자들에게 5가지 반응들에 대해 어떻게 생각하는지 질문할 것.

여러분이 고통의 원인을 바꿀 수 있다면(문제해결하기, 상황을 바꾸기), 모든 수단과 방법을 동원해서 바꾸도록 하세요! 아마 갈등을 해결할 수 있을 것입니다(하지만 언니가 여행을 떠나서 즉시 문제를 해결할 수 없다고 생각해봅시다).

만약 고통스러운 감정을 바꿀 수 있다면 (문제에 대한 감정을 변화시키기), 역시 방법을 가리지 말고 최선을 다해 변화시켜야 합니다! 예를 들어 생각을 조금 바꿔보면서, "걱정할 필요 없어. 언니는 곧 괜찮아질 거야!"라고 스스로에게 말할 수도 있습니다(하지만 지금 감정을 바꿀 방법을 찾지 못하거나 언니에게 너무 큰 상처를 줬기 때문에 소용이 없다면 어떻게 할까요?). 여러분은 순간을 살리는 스킬(IMPROVE) 가운데 상상하기 스킬을 사용해서 관계를 회복시키고 문제가 잘 해결되는 상상을 해볼 수도 있습니다. 또는 고통을 통해서 의미를 찾아볼 수도 있고, 몸을 이완시켜볼 수도 있습니다. 이렇게 해봐도 고통스러운 감정을 바꿀 수 없다면, 그 상황을 그대로 받아들이려고 시도해보세요.

현실을 받아들이는 것이 그저 대안적 방법이기 때문에 이야기하는 것일까요?

누군가는 소리지르고, 울고, 저주를 퍼붓고, 다른 가족들에게 언니가 여러분에게 잘못한 것에 대해 불평하면서 비참한 상태를 유지할 수도 있습니다. 계속 화난 채로, 걱정하고 또 다시 "이건 너무 불공평해! 언니는 항상 내 탓만 한다고!"라고 소리지르면서 말이죠. 그리고 여러분은 상황을 더 악화시킬 수도 있습니다[참여자들에게 상황이 어떻게 더 나빠질 수 있는지 질문한다. 물건을 망가뜨리기, 난폭운전, 약물 사용, 언니에게 문자로 더 나쁜 말 보내기, 다른 것에 집중할 수 없는 상태 등을 예로 든다].

자, 이제 다시 현실을 수용하기로 돌아가봅시다. 어떻게 현실을 수용할 수 있을까요? 언니에게 바로 사과의 이메일 보내기, 결과를 겸허히 수용하기, 다른 가족들과 언니와의 관계를 어떻게 회복할 수 있는지 이야기 나누기, 앞으로는 나쁜 말을 하지 않고 효과적으로 감정을 표현하기로 약속하기, 그리고 이를 완수하기 등이 가능한 방법일 것입니다. 상황을 받아들인다는 것은 여러분이 실제 발생한 상황을 해결하려고 하고, 그 상황이 여러분에게 요구하는 것이 무엇인지 파악하는 것을 의미합니다.

💬 **토의사항** | 받아들이기 어려운(즉시 바꾸기 어려운) 지금 겪고 있거나 장기적인 문제에 대해서 토의하도록 하는 것도 좋은 방법이다. 참여자들이 자신의 예나 다음에 열거된 예들 가운데 한 가지를 선

택하여, 수용하지 않는 것(악화시키는 것 포함)과 수용하는 것을 비교하며 토의하도록 한다. 짜증을 유발하는 작은 일에서부터 인생이 바뀌는 중차대한 상황까지, 수용하기 어려운 아래의 예들을 소개한다.

- 기차에서 조용히 독서를 하고 싶은데, 시끄럽게 떠드는 사람들이 있을 때
- 무릎 부상을 당한 육상 선수 또는 댄서
- 싫어하는 선생님의 수업을 들어야 할 때
- 친구들이 나를 빼고 같이 논다는 것을 알게 되어서 외로울 때
- 좋아하는 영화를 보려고 했는데, 고장나서 볼 수 없는 상황
- 친구들과 여행을 가거나, 비슷한 옷을 사고 싶지만 용돈이 부족할 때
- 친구가 멀리 이사가는 상황
- 사귀던 친구와 헤어졌을 때
- 부모님의 관계가 좋지 않거나, 이혼 등과 같은 가족의 문제, 또는 항상 나를 실망시키는 가족(친척)이 있을 때
- 다가오는 휴일에 보고 싶지 않은 친척을 만나야 할 때
- 스마트폰을 분실한 상황
- 여름방학 때 아르바이트 자리를 잃었을 때

B. 현실을 수용하는 것은 왜 중요할까?

여러분이 불편감이 드는 일을 회피하면, 그 일은 더욱 더 여러분을 괴롭히게 됩니다. 눈 앞에 있는 고통을 직면하고 수용하면 괴로움을 줄일 수 있습니다. 우리는 고통스러운 상황을 언제나 즉시 해결할 수는 없습니다. 바꿀 수 없는 고통스러운 감정을 당분간만이라도 감내하고 받아들여야만 하는 경우가 많습니다.

C. 철저한 수용이란?

때때로 좋지 않은 상황을 변화시키거나 더 낫게 만들 수 있는 방법이 없는 경우가 있습니다. 철저한 수용은 변화시킬 수 없는 것을 수용하는 스킬입니다. 수용은 여러분이 고통스러운 감정의 괴로움에서 벗어나 앞으로 나아가고 감정을 효과적으로 다루는 것을 도와줍니다.

🗨 **토의사항** | 참여자들에게 다음과 같이 말한다. "받아들이기 어려운 것을 받아들여야만 했던 경우가 있었던 적이 있나요? 몇 분간 그런 상황에 대해서 생각해봅시다. 아마도 가족이나 반려동

물의 죽음, 가족 중 누군가가 정신적 어려움이나 심각한 건강 문제가 생긴 경우, 본인의 학습 장애, 이사나 전학 등이 여기에 포함될 것입니다. 여러분이 이러한 상황을 수용할 수 있는지, 없는지에 대해 생각해보세요. 자 이제, 수용하기 전과 수용한 후의 차이점에 대해서 잠시 곰곰이 생각해봅시다. 사실을 부정한다고 해서 사실을 바꿀 수는 없습니다."

참여자들에게 자신의 예를 기꺼이 나눌 수 있는지 질문한다. 모두 어려워하면, 아래와 같은 예를 제시할 수 있다.

"어떤 아이의 부모님이 이혼을 하셨는데, 그 아버지는 이혼한 것에 대해 받아들이지 못하고 있었어요. 아버지는 다른 집으로 이사를 갔지만, 정기적으로 아이들이 방문함에도 불구하고 모든 가족이 함께 살지 않고 있기 때문에 '집'같이 느껴지지 않는다고 말했지요. 아직 이혼이라는 현실을 수용하지 못했기 때문에, 최소한의 가구만 갖추고, 그림도 걸지 않은 채 지내고 있었어요. 하지만 결국에 자신이 이혼했고, 그것이 현실이라는 것을 깨달았어요. 실제 자신에게 일어난 일이었지요. 그 아버지는 그림도 걸고 필요한 가구를 사기로 결정했어요. 더욱 집처럼 느껴지게 되었고, 아이들도 아버지의 집을 더 편안하게 느끼게 되었다고 해요. 그렇다고 이혼의 고통이 사라졌을까요? 물론 그렇지 않았지만, 그 아버지가 앞으로 전진하고 자신의 삶을 다시 살게 되는데 도움이 되었고, 황량한 환경에 살면서 만들어냈던 추가적으로 발생하는 괴로움이 줄어들었어요. 수용하지 않게 되면 자신을 곤경에 빠지게 하고 전진할 수 없게 하며 효과적이지 않게 만들 뿐입니다."

D. 마음 돌려잡기(Turning the Mind)

고통감내 자료 15. "현실 수용하기: 마음 돌려 잡기"를 펴게 할 것. 리더는 참여자들에게 자료를 읽게 하고, 다음과 같이 설명할 것. 수용은 선택입니다. 마음 돌려잡기는 상황을 수용하기로 마음 먹는 것이고, 때로는 이것을 계속해서 해야합니다. 수용은 한 번의 결정이 아니라 과정이며, 우리는 현실을 받아들이기를 거부하는 자신을 알아차리고 계속해서 현실 수용의 길로 들어서게 해야만 합니다. 우리가 수용하는 것을 방해할 수 있는 두 가지 요소는 바로 우리의 신념과 감정입니다.

1. 신념

예를 들어 여러분이 고통스러운 상황을 수용한다면, 그것은 약한 것이고 포기해버리는 것이며 현실을 용인하는 것, 또는 고통스러운 삶을 받아들이는 것이라는 믿음을 가지고 있다고 생각해봅시다.

2. 감정

여러분이 다음 감정을 느끼는 것을 생각해 보세요. 고통스러운 사건을 야기한 사람이나 단체에 강렬한 분노를 느낌, 상실로 인해서 견디기 어려운 슬픔을 느낌, 내가 한 행동에 대해 죄책감을 느낌, 나 자신의 어떤 부분에 대해서 수치감을 느낌, 세상의 부당함에 대해 격노함.

　　수용은 용인하는 것을 의미하는 것이 아니라는 것을 꼭 기억하십시오!

💬 **토의사항 |** "그러니까 제가 학대 당하는 상황[또는 친구들의 괴롭힘 등]을 '그냥 수용'해야 한다는 말인가요?"라고 묻는 참여자가 있다면, 리더는 다음과 같이 이야기할 수 있다.

　　"수용은 용인을 의미하는 것이 아니에요. 오히려 현실을 있는 그대로 바라보면 극복할 수 없는 고통(즉, 괴로움을), 극복할 수 있는 고통 즉, 감정을 적당한 방식으로 표현하거나, 사회적인 지지나 전문가의 도움을 찾는 것, 또는 악순환 상태에 빠져있는 대신 삶을 전진시켜 나가는 방식으로 전환시킬 수 있습니다."

E. 기꺼이 하기(Willingness)와 고집스러움(Willfulness)

고통감내 자료 16. "기꺼이 하기"를 펴게한다.

　　기꺼이 하기는 주어진 상황이 요구하는 대로 따라하는 것입니다. 효율적인 태도를 취하는 것입니다. 고집스러움은 기꺼이 하기의 반대이며, 현실을 직시하지 않고, 주어진 상황에 필요한 행동을 하지 않는 것입니다. 다음의 예를 함께 살펴봅시다.

　　"제 딸아이가 너무 피곤해서 시험 공부를 다 마치지 못하고, 다음날 아침 6시 15분에 일어나 공부를 마칠 계획을 하고 잠자리에 들었어요. 그런데 너무 피곤했는지 알람 소리에 일어나지를 못했지요. 늦게 일어나서는 저희에게 엄청나게 화를 내면서 '왜 날 안 깨운 거에요??!! 진짜 짜증나! 벌써 6시 45분이잖아!'라며 울기 시작하는 거에요. 이유도 없이 이방 저방 돌아다니면서, 반항을 하고, 시간을 다 써버리고 있었어요. 이것이 바로 고집스러움입니다. 기꺼이 하기는 어떤 모습일까요?

　　"그 때 딸아이에게 조언을 하려고 했지만 잘 되지 않았어요. 조금 차분해진 다음에 아이에게 그런 행동은 홧김에 너에게 불리한 짓을 한 행동이라고 이야기했어요. 짜증이 나더라도 짜증은 절제하여 표현하고, 3분 정도 간단한 샤워를 한 후, 공부를 조금이라도 하고 학교에 늦지 않는 것이 더 효과적인 행동이었을 것이라고 말해주었습니다. 이러한 행동이 기꺼이 하기의 좋은 예라고 할 수 있습니다. 아이는 여전히 계획한 만큼 공부를 하지는 못했지만 두 손 놓고 있는 것보다 무엇인가 준비를 할 수 있었습니다. 즉, 기꺼이 하기는 주어진 상황 안에서 필요한 행동을 하는 것입니다. 고집스러움을 기꺼이 함으로 바꾸도록 해보세요!"

토의사항 | 기꺼이 하기 자료를 보게 하고, 참여자들이 스스로 고집스러운 태도와 기꺼이 하는 태도를 알아차렸던 상황을 기술하게 한다. 그와 연관된 생각, 감정, 행동과 결과에 대해서도 기술하게 한다. 이때 그룹의 분위기를 고려해야 한다. 만약 활발한 분위기의 그룹이라면, 기꺼이 하기와 고집스러움에 대해서 각자 조용하게 글을 쓰는 연습과제를 줄 수 있다. 반대로 분위기가 가라앉아 있는 경우라면, 세 사람씩 소그룹으로 나누어 각자의 예시를 나누도록 하는 것이 좋다.

F. 현실을 수용하는 방법 연습하기

고통감내 자료 17. "현실을 수용하는 방법"을 펴고, 1–6번 항목을 읽게 한 후, 지금까지 배운 내용을 요약하게 할 것. 참여자의 질문에 답할 것.

Ⅱ. 숙제 내주기

고통감내 자료 18. "연습하기: 현실 수용하기"를 펴고, 참여자들이 한 주 동안 있었던 정서적 고통을 바꿀 수 없었던 일을 기술하게 한다. 참여자들에게 워크시트를 활용하여 그 상황을 적게 하고, 철저한 수용을 했는지 기술하게 한다.

제 8 장
중도의 길 걷기 스킬

회기 개요

회기 1

- ▶ 중도의 길 걷기 스킬훈련의 목표
- ▶ 다이어렉틱스
- ▶ 숙제 내주기
- ▶ 회기 마무리−긴장 풀기

배포 자료 및 기타 자료

- ▶ 중도의 길 걷기 자료 1. 다이어렉틱스(dialectics)란 무엇인가?
- ▶ 중도의 길 걷기 자료 2. 다이어렉틱스 적용을 위한 가이드
- ▶ 중도의 길 걷기 자료 3. '생각'이 하는 실수들
- ▶ 중도의 길 걷기 자료 4. 다이어렉티컬 딜레마(dialectical dilemmas)
- ▶ 중도의 길 걷기 자료 5. 다이어렉티컬 딜레마: 이 딜레마가 나에게 어떻게 적용될까?
- ▶ 중도의 길 걷기 자료 6. 청소년에게 흔히 발견되는 문제와 심각한 문제의 차이
- ▶ 중도의 길 걷기 자료 7. 연습하기: 다이어렉티컬하게 생각하고 행동하기 `워크시트`
- ▶ 마인드풀니스 벨
- ▶ 화이트보드나 기타 필기를 위한 큰 보드

회기 2

- ▶ 수인하기
- ▶ 숙제 내주기
- ▶ 회기 마무리−긴장 풀기

배포 자료 및 기타 자료

▶ 중도의 길 걷기 자료 8. 수인하기(Validation)

▶ 중도의 길 걷기 자료 9. 다른 사람 수인하기

▶ 중도의 길 걷기 자료 10. 자기-수인하기(Self-Validation)

▶ 중도의 길 걷기 자료 11. 연습하기: 나와 다른 사람 수인하기 　워크시트

▶ 마인드풀니스 벨

▶ 화이트보드나 기타 필기를 위한 큰 보드

회기 3

▶ 행동 변화: 긍정적 행동을 증진시키는 방법

▶ 숙제 내주기

▶ 회기 마무리-긴장 풀기

배포 자료 및 기타 자료

▶ 중도의 길 걷기 자료 12. 행동 변화(Behavior Change)

▶ 중도의 길 걷기 자료 13. 긍정적 행동 증진시키기

▶ 중도의 길 걷기 자료 14. 연습하기: 정적 강화(Positive Reinforcement)

▶ 마인드풀니스 벨

▶ 화이트보드나 기타 필기를 위한 큰 보드

회기 4

▶ 행동 변화: 부정적 행동을 줄이거나 중단시키는 방법

▶ 숙제 내주기

▶ 회기 마무리-긴장 풀기

배포 자료 및 기타 자료

▶ 중도의 길 걷기 자료 15. 부정적 행동을 줄이거나 중단시키는 방법

▶ 중도의 길 걷기 자료 16. 연습하기: 소거하기와 처벌하기(Extinction and Punishment)
　워크시트

▶ 마인드풀니스 벨

▶ 화이트보드나 기타 필기를 위한 큰 보드

강의 노트

모든 생명체는 서로 연결되어 있다. 우리는 같은 운명의 끈에 묶여,

피할 수 없는 상호의존적인 네트워크 속에 갇혀 있다.

– Martin Luther King, Jr.

파도는 스스로 존재할 수 없지만, 바다의 출렁이는 표면을 형성하는 것은 분명하다.

– Albert Schweitzer

듣기에는 매우 간단하고, 실제로 그렇기는 하다. 그러나 쉽지는 않다.

– Jon Kabat-Zinn

이 모듈에 대하여

중도의 길 걷기 스킬 모듈은 청소년과 가족을 위해 특별히 개발하였다(Miller, Rathus, & Linehan, 2007, Rathus & Miller, 2002). 이 스킬은 청소년 그룹에서 지속적으로 나타나는 양극화 문제와 감정조절장애를 겪는 청소년의 가족들이 경험하는 다이어렉티컬 하지 않은 사고와 행동패턴 문제, 수인하기 스킬, 자신과 타인에게 학습의 기본원리 적용과 연관된 주제를 다루게 된다. 이 학습 원리는 부모 교육 행동치료 프로 토콜과 겹치는 부분이 상당히 많다. 이 모듈은 양극단의 입장이 모두 진실일 수 있으며 어떤 상황을 바라 보거나 문제를 해결하는 방식이 하나만 있는 것은 아니라는 다이어렉티컬 관점을 강조한다. 즉, 내담자는 자신의 고통스럽고 힘든 생각, 감정, 상황을 바꾸려고 노력하면서, 동시에 자신과 타인, 그리고 그 상황을 있는 그대로 받아들이도록 한다.

  Baumrind(1991)는 권위있는(authoritative) 양육 방식이 자녀의 건강한 적응을 위해 가장 좋다고 주장 했다. 또한 양육에 있어서 '중도의 길'이 이를 보완한다고 설명하고 있다. 권위있는 양육 방식은 명확한 규 칙을 세우고 이를 끝까지 실천하는 엄한 훈육 방식과 함께, 합리적인 선 안에서 토의와 협상을 하는 유연 하고 민주적인 훈육 방식을 의미한다. 대부분의 경험과학적 근거가 있는 양육 방식 프로그램은 이를 따르 고 있다. 이 모듈은 정상적 발달 단계에 있는 청소년의 가족들도, 양육 과정에서 겪는 딜레마를 해결하는 데 도움을 준다.

  다이어렉티컬 딜레마를 교육할 때 위험한 점은 부모의 양육 딜레마를 다루기 위하여 부모에게 과도 하게 집중해, 아이들에게는 상대적으로 관심을 덜 갖게 되는 것이다. 청소년에게 항상 어떻게 생각하는지, 그 생각이 자신에게 어떤 영향을 주는지 물어보는 것을 기억해야 한다. 이 문제를 해결하기 위해서 가족 이 하나의 다이어렉티컬 딜레마를 기초로 한 장면을 연출한다. 청소년이 벽의 한 쪽 끝에 자신의 위치를 정하고, 보호자는 다른 쪽 벽면을 보고 서있게 한다. 벽의 한쪽 모서리는 딜레마의 한쪽 극단을, 다른 쪽 모서리는 반대 극단을 표현하게 한다. 그리고 각각 보호자들에게 극단에 있는 관점에서 벗어나, 자신과 청소년의 위치를 잡도록 요청한다. 이런 상황 시연에 대해 그룹에서 다양하게 토의할 수 있다.

  이 모듈은 수인하기 스킬에 집중되어 있으며, 이는 생물사회이론과도 연결되어 있다. 즉, 이 모듈은

비수인적인 가족 상황에서 수인적 반응을 증진시키는 것을 목표로 한다. 또한 이 모듈은 청소년에게 부모를 수인하도록 교육하는 것이 주요 목표이지만, 모든 참여자들의 일반적인 상황에서 의사소통을 증진시키고 대인관계 갈등을 줄이기 위한 스킬로써 교육하기도 한다. 이 모듈의 몇 가지 요점들은 리네한 박사(1997)와 Fruzzetti 박사(2006)의 연구에서 나온 것이다.

이 모듈에서는 다이어렉틱스와 수인하기, 행동 변화와 연관된 내용들을 다른 일반적인 스킬그룹에서 보더 더 많이 다루게 될 것이다(중도의 길 걷기 자료 10. 자기–수인하기를 주의 깊게 볼 것. 이 자료는 연구 과정에서 사용되지는 않았지만 수인하기 스킬을 어려워하는 청소년들에게 도움을 줄 수 있는 추가적인 자료이다). 이 개념에 대한 그룹리더의 이해도를 높이기 위해 여러 가지 예와 교육 시나리오가 제시되었으며, 참여자에게는 추가적인 연습을 위한 다양한 예를 제시하고 있다. 모든 DBT 스킬을 교육할 때, 간단한 요점만 강의하고 다양한 예제를 사용하며, 참여자가 자신의 사례를 발표하게 한다. 그룹에서 배우지 못한 자료들은 가족 회기나 부수적인 부모 교육 회기에서 다룰 수 있다.

회기 1

마인드풀니스 하기
· · · ·
숙제 리뷰하기
· · · ·
쉬는 시간
· · · ·

Ⅰ. 중도의 길 걷기 스킬(Walking the Middle Path Skills)과 이론적 배경에 대한 오리엔테이션

A. 중도의 길 걷기 모듈의 목표

중도의 길 걷기 모듈에서는 청소년–가족 간의 갈등 문제 즉, 가족 구성원들이 서로 눈도 마주치지않는 것, 양극화, 감정 증폭, 정서적으로 차단하는 문제 등을 살펴본다. 또한 수용과 변화의 중간을 걷게 하여 갈등을 해소하고 감정적 격정을 낮추는 방법을 교육한다. 이 모듈은 세 가지 부분으로 나누어져 있다.

- 다이어렉틱스: "중도의 길 걷기"를 통하여 수용과 변화의 균형 맞추기

- 수인하기: 수용하기 연습하기

- 행동 변화: 변화하기 연습하기

A. 내담자에게 다이어렉틱스 오리엔테이션 하기

여러분 스스로를 기술하는 용어를 생각해보십시오. 스스로를 외향적이라고 생각하나요? 아니면 수줍다고 생각하나요? 정리를 잘하는 혹은 못하는 사람이라고 생각하나요? 극단적인 용어를 사용하나요? 여러분이 두 가지 성향을 모두 가지고 있다고 볼 수는 없을까요? 중도의 길 걷기 스킬훈련에서는 양극단으로 대립하고 있는 것으로 보이더라도, 여러 관점들이 동시에 진실이 될 수 있다는 것을 생각하는 방법을 가르친다.

[그림 8.1에 보이는 것처럼 화이트보드에 깊은 협곡을 그리고 위에는 청소년을, 반대쪽 위에는 부모의 모습을 그린다. 스킬훈련자는 다음 질문을 한다.]

청소년과 부모를 양극단으로 갈라놓는 문제는 무엇일까요? 언제 여러분이 반대쪽에 서있는 것을 발견하게 되나요? 통금 시간은 어떤가요? 학교 성적, 컴퓨터 시간, 친구, 데이트, 피어싱, 흡연, 음주, 운전 등은 어떤가요? 교착 상태에 빠져서 중간의 길을 찾는 것이 어려울 때가 있지 않나요? 어떤 문제가 한 쪽에서 다른 쪽으로 오락가락하게 만드나요? 예를 들어 여러분이 자신과 자녀에게 지나치게 관대했다가 정반대로 지나치게 엄격해진 적이 있다고 느낀 적은 없나요?

우리는 다이어렉티컬 사고와 행동을 통해 극단적인 상황을 다룰 수 있습니다. 이 스킬은 대안적인 관점을 가지도록 돕고, 중도의 길을 걷는 방법을 알려줍니다.

감정적 마음 상태일때, 많은 사람들은 극단적인 흑백논리나 이것 아니면 저것이라는 사고방식에 따라 행동합니다. 예를 들어 청소년이 늘 통금 시간을 지나서 늦게 들어오면 부모는 "이번 학년 마칠때까지 아무 데도 못 나가."라고 말을 해버리게 됩니다. [다른 참여자에게 극단적 행동 반응의 예를 말하도록 유도한다.]

💬 **토의사항 |** 청소년 자녀는 통금 시간을 새벽 2시까지 연장하기를 원하고, 보호자는 최근 청소년의 행동을 고려하여 저녁 10시까지로 제한하는 것을 요구하여 딜레마에 빠진 상황을 생각할 것. 다이어렉티컬하게 말하면, 중도의 길을 가기 위해서 다른 편에 서있는 사람의 관점에도 진실이 있다는 것을 존중할 필요가 있다. 부모에게 다음을 물어보도록 한다. "밤 12시가 넘은 늦은 시간까지 밖에 있으려고 하는 청소년에게는 어떠한 진실이 숨어있을까요?" 청소년에게는 다음을 물을 것. "보호자의 입장에서 저녁 10시까지 집에 들어오기를 바라는 것에 어떤 진실이 숨어있을까요?"

리더 유의사항: 위에서 논의한 대로 보호자와 그 청소년은 서로 자신의 주장이 약화되는 것을 피하기 위하여 응답을 꺼려하는 경우가 많다. '진실을 존중'하여 수인할 사항에 대해서는 수인하는 것이 협상을 하는데 도움을 준다. 청소년의 "진실"은 친구들과 어울리는 것이 재미있고, 자신이 성숙하고 독립적이라고 느끼기 때문에 늦게까지 밖에 있고자 하는 것이다. 보호자의 입장에서 "진실"은 통금 시간이 늦어질수록 청소년에게 술, 약물, 성적인 문제가 더 많이 생길 수 있기 때문에 그런 문제에 연루되지 않고 안전하기를 원하는 것이다. 이렇게 올바른 것 즉, 스스로 "진실"이라고 하는 것을 표현하게 한 후에는, 이를 수인하고 양쪽의 입장을 존중하여 중간의 길을 찾아내는 것이 매우 유용하다. 그러면 저녁 10시에 들어오는 것과 새벽 2시에 들어오는 것의 중간을 딱 잘라서 12시에 들어오게 하는 것이 중도의 길 즉, 중간 지점에 해당되는 통금 시간이라고 볼 수 있을까? 꼭 그렇지만은 않다. 이 예시에서 청소년은 다음과 같이 말할 수 있을 것이다. "제가 밤늦게 어디에 있는지 걱정이 되신다면 제가 어디에 있고, 누구와 있는지 30분마다 연락을 할게요. 제가 그렇게 한다면 새벽 1시까지 밖에 있어도 될까요?" 또한 보호자는 다음과 같이 말할 수 있다. "친구들과 어울려 늦게까지 재미있게 시간을 보내고 싶다면, 네 친구들 사이에 있었던 최근의 사건들이 나를 불안하게 만든 것을 잘 인식하면 좋겠어. 30분마다 나에게 문자를 보내줘. 저녁 11시 정도로 통금 시간을 연장하고 네가 차차 잘 지내는 것이 확인되면 더 연장하도록 하자."

1. 다이어렉틱스란 무엇인가?

중도의 길 걷기 자료 1. "다이어렉틱스란 무엇인가?"를 펴게할 것.

특정 상황을 한 가지 방식으로만 보려고 하는 가족들은 갈등을 더 많이 겪는 경향이 있습니다. 자신의 관점에 함몰되어 있을 때, 어떻게 빠져나올 수 있을까요? 다이어렉티컬 관점은 우리가 이러한 상황에서 빠져나올 수 있도록 도와줍니다. 이는 현재의 관점을 고려하면서도 반대편의 관점을 수용함으로써 양쪽의 관점을 통합하여 변화를 이끌어 내게 됩니다.

예를 들어 어머니 한 분이 자신의 딸이 나이가 많은 남성과 교제하는 것을 염려하였습니다. 어머니는 딸아이가 그 남성의 아이를 임신할까봐 두려워하였습니다. 그래서 관계를 단절하기를 원했지만 이러한 극단적 행동은 오히려 딸을 소외시키고 정서적 고통을 증폭시켰습니다. 그래서 그 어머니는 딸의 정서적 고통을 막기 위하여 그에 관한 주제를 아예 피하기 시작했습니다. 정반대의 극단은 관계를 정리하라고 설득하는 것입니다. 그리고나서 이 양극단의 입장의 한쪽 편만 고려하는 대신 두 가지 입장을 고려하는 법을 배웠습니다. 즉, '중도의 길' 걷기를 통해 두 관점을 통합하였고, 자신의 딸에게 적절한 피임 방법에 대하여 차분히 알려주었습니다.

다이어렉틱스는 우리의 삶에 중요한 포인트를 가르쳐 줍니다. 예를 들어

(1) **상황을 바라보는 방식은 언제나 하나 이상의 방법이 있고, 문제를 해결하는 방법 역시 한 가지 이상이다.** 오리엔테이션 회기에서 논의한 바 대로 DBT 기본 가정 즉, 절대적인 진실이란 없다는 것이 바로 이 생각입니다. 진실이란 시간에 따라 진화하기 마련이죠.[청소년이 아이였을 때나 부모가 이혼하기 전 또는 부모가 초보였을 때 옳다고 생각하여 만든 규칙이나 입장이 이제는 더 이상 옳다고 생각하지 않는 것을 예를 사용한다.]

(2) **모든 사람은 독특한 개성이 있고, 독특한 성질이 있으며 각 개인은 자신만의 관점을 가질 수 있다.** 다이어렉틱스에 의하면 우리 모두는 서로 연결되어 있으며 서로 교류하며 영향을 주고 있습니다. 따라서 한 사람이 극단적 입장을 하면, 다른 사람을 정반대의 극단으로 몰아넣을 수 있습니다. 우리 모두가 연결되어 있기 때문에 다른 사람이 여러분에게 보여줬으면 하는 좋은 태도로 그들을 대해야 합니다. 기억할 것은 여러분의 감정 상태와 행동이 다른 사람에게 영향을 주고, 다른 사람 역시 여러분에게 영향을 주게 됩니다(이러한 영향을 자각하고 시도해볼 것). 여러분이 비판적이고 매서우며 비수인적인 방식으로 행동한다면 여러분 역시 같은 방식으로 대접받게 될 것입니다. 서로의 차이를 갈등의 원인으로 보기보다, 이것을 사람들의 태도와 행동의 차이라고 정상화시켜보세요. 어떤 사람들은 자신의 관점에서 조금이라도 벗어나면 틀린 것이라고 믿습니다. 예를 들면 한 부모는 자녀가 학교가 끝나면 곧바로 숙제를 끝내야 한다고 주장합니다. 그러나 그 자녀는 오랫동안 학교에 있다 왔으니 잠시 TV를 보며 쉬고 싶다고 합니다. 부모는 자녀가 저녁식사 이후에도 숙제를 시작하지 않아서, 숙제를 끝내느라 정해진 취침시간을 지키지 못할 것이라고 생각했습니다. 그래서 다음날 집중력이 떨어지고 피곤할 것이라고 걱정했습니다. 청소년은 자신이 정신적으로 피곤하여 숙제를 시작하기 전에 휴식이 필요하다는 관점을 가지고 있습니다.

(3) **변화란 하나의 상수일 뿐이다.** 여러분이 희망이 없고 아무것도 변하지 않는다고 느낀다면, 변화는 다이어렉티컬 관점에서 끊임없이 계속 일어난다는 것을 잊지 않도록 하세요. 하루 동안에 일어나는 모든 것들은 언제나 같지 않고, 한 순간은 그 전과 후에 전혀 같지 않습니다. 여러분이 돌보는 사람이 스스로 성장하고 변화하도록 기회를 주세요. 사람들이나 여러분의 관계에서 원하는 방식대로 되지 않을 때, 철저한 수용을 연습하는 것도 좋습니다.

(4) **어떤 것이 양극단에 있는 것 같더라도, 두 가지 모두 진실일 수 있다.** 양극단의 관점에서 진실을 찾아 지혜를 얻을 수 있습니다. 첫 번째 자료를 보면서[중도의 길 걷기 자료 1. "다이어렉틱스란 무엇인가?"], 어떤 관점이 서로 양극단에 있지만 동등하게 진실인 예를 살펴봅시다. "너는 정말 최선을 다하고 있어, <u>그리고</u> 이제 더 잘할 필요가 있어. 더 열심

히 하고 스스로를 변화시키기 위해 동기부여를 해보렴”; “너는 참 강하고, 동시에 다정해.”

(5) **갈등의 상황에서 양쪽 입장에 서있는 진실 존중하기.** 이것은 여러분의 가치를 포기하거나 ‘버리라’는 뜻이 아니며, 중간에서 대충 타협하라고 하는 것이 아닙니다. 진실을 존중한다는 것은 위의 통금 시간과 연관된 예에서 언급한대로, 언어적으로 또한 행동적으로 진실을 수인하는 것입니다. [리더는 청소년이 새벽 2시에 귀가하기를 원하고, 보호자는 저녁 10시에 귀가하기를 원하는 예를 다시 인용한다. 중도의 길은 12시에 들어오는 것을 말하는 것이 아니다. 첫 번째 자료에 있는 다이어렉틱스에 있는 모든 예를 리뷰한다.]

다이어렉틱스는 여러분이 중도의 길을 가도록 길을 열어줍니다.
- 일상에서 벌어지는 상황을 바라보는 시각을 확장시키기
- 교착 상태와 갈등으로부터 ‘떨어지기’
- 유연한, 다가가기 편한 태도 취하기
- 다른 사람을 탓하거나 가정하지 않기

B. 다이어렉티컬하게 생각하고 행동하는 방법

참여자들에게 중도의 길 걷기 자료 2. “다이어렉틱스 적용을 위한 가이드”를 펴게할 것

어떻게 다이어렉티컬하게 생각하고 행동할 수 있을까요?

(1) **‘양쪽 모두 다’ 생각으로 이동하기.** 이것 아니면 저것 혹은 양자택일이라는 사고에서 벗어나십시오. 다시 말하면 “이것도 진실이고, 저것 역시 진실이다”라고 마음 속으로, 또 말로 표현하면서 인지해 보십시오. 항상, 절대, “네가 날 이렇게 만들어”와 같은 극단적 용어를 사용하는 대신 기술하는 용어를 사용해 보세요. 예를 들어 “모든 사람이 나를 공정하지 않게 취급해”와 같이 말하는 대신 “사람들이 때로는 나를 공정하게 대하기도 하고 때로는 불공정하게 대하기도 해”라고 말해보세요.

(2) **특정 상황의 모든 측면과 모든 관점을 고려하는 연습을 할 것.** 스스로에게 무엇이 빠져 있는지(“지금 이 상황에서 무엇을 빠트렸지?”) 질문하며 진실의 모든 측면을 다각도로 탐색해보세요. 다른 사람의 관점에 대해 생각할 때는 관대하면서도 깊이 있게 바라보려고 노력합니다. 예: 엄마는 왜 내가 저녁 10시까지 집에 오라고 하는 걸까? 내 딸아이가 새벽 2시까지 밖에 있고 싶은 이유가 무엇일까?

(3) **절대적 진실은 없다는 것을 기억할 것.** 열린 자세로 대안을 받아들이세요.

(4) **“나는 … 라고 느껴”라고 말하고** “너는…이야”, “너는 이래야만 해”, “그것은 그냥 그렇

게 돼있어"와 같은 말을 사용하지 않도록 합니다. "너는 내 말을 듣지 않고, 나에게 항상 불공평하게 대해"라고 말하는 대신 "엄마가 밤 늦게까지 돌아다니지 말라고 말했으니까, 무조건 엄마가 말한대로 지켜야 한다고 해서 너무 화가 나"와 같이 말해보세요.

(5) **다른 관점도 유효할 수 있다는 것을 받아들일 것.** 그 관점에 동의하지 않아도 "내가 그 생각에 동의할 수 없지만, 네가 어떤 생각을 가지고 있는지 알겠어"라고 말해보세요.

(6) **추측하는 것이 무엇인지 체크할 것.** 다른 사람이 무슨 생각을 하고 있는지 추측하지 않도록 하세요. "그때 네가 말한 것은 무슨 말이었니?"라고 물어보세요.

(7) **다른 사람이 여러분이 가지고 있는 생각을 알 것이라고 기대하지 않도록 하십시오.** "제가 말하려고 하는 것은…"이라고 말해 보십시오.

연습하기

중도의 길 걷기 자료 2. "다이어렉틱스 적용을 위한 가이드" 하단 부분에 있는 연습 예시를 읽고 다이어렉티컬 관점을 반영하고 있는 '진술'에 동그라미 한다. 참여자가 응답한 것을 토의하면서 '둘 다 모두'라는 개념을 잘 이해하고 있는지 점검한다. 예를 들어 한 부모는 자신의 자녀에게 "네가 어떤 결정을 할 때, 내 생각보다 너의 생각에 더 집중하면 좋겠어. 그리고 네가 친구들과 도시로 이사가서 살 계획을 세우기 전에 나에게 꼭 물어봐야 해"와 같이 말하는 것을 예로 들고, 이렇게 '둘 다 모두' 형태의 말들이 이해가 되는지 또 어떤 변화를 이끌어 낼 수 있는지 토의한다.

참여자들이 '둘 다 모두'라는 형태의 다이어렉티컬 사고를 기반으로 한 추가적인 예를 찾아보도록 하는 것이 도움이 된다.

- "나는 지금의 상황을 받아들이려고 노력하고 있어. <u>그리고</u> 그렇게 변할 거야."
- "너는 지금 최선을 다하고 있어. <u>그리고</u> 더 나아질 필요가 있어."
- "선생님은 매우 엄격해. <u>그리고</u> 정말 좋아."
- "네 관점도 이해가 돼. <u>그리고</u> 내 관점도 이해가 돼."
- "네가 차분히 말하고 적절하게 행동해서 너무 기뻐. <u>그리고</u> 네가 아이패드로 동생을 때렸기 때문에 아직 아이패드를 줄 수 없어."
- "나는 운동을 아주 잘해. <u>그리고</u> 여성적이기도 해."
- "나는 합리적이야. <u>그리고</u> 감정적이기도 해."

1. 극단으로 치닫게 되는 방식

때때로 우리는 강렬한 감정 때문에 다른 사람에게 극단적으로 반응할 때가 있다. 어떤 부모가 이렇게 말하였다. "나에게 작은 일이 생기면 그냥 지나가고 특별히 반응하지 않았어요. 그것들이 쌓이면서 폭발하고 말았죠."

하나의 입장이 실패하게 되었을 때 극단적인 반대 입장으로 돌아설 수도 있다. 예: "매일 밤, 아이가 숙제를 다 마치게 하려고 했지만, 서로 소리만 지르는 상황이 되고 말았어요. 그래서 저는 아이를 혼자 내버려 두고, 그냥 포기해버렸죠."

때로는 우리가 하나의 극단적 입장을 취할 때, 다른 가족 구성원이 반대 입장을 취하기도 한다. 이러한 다이어렉티컬하지 않은 진술의 예는 다음과 같다.

- "이건 모두 부모님의 잘못이야[아이의 잘못이야/배우자의 잘못이야]!"

- "아이의 방이 지저분해도 그냥 두거나, 아니면 방에 있는 것을 다 버릴거야."

- "우리 집에서는 소리지르면서 서로 싸우거나, 아니면 갈등을 회피하고 모두 숨어버려요."

- 저는 "단 것을 엄청나게 많이 먹거나, 아니면 아무것도 먹지 않고 굶어버립니다."

💬 **토의사항** | 다양한 각도의 관점이 얼마나 유용한지 아래의 예를 사용하여 토의할 것. 극단적 관점은 문제가 많기 때문에 양극단의 감정을 인지하고 중도의 길을 찾는 것이 중요하다. 한 가지의 정답은 없다. 두 개의 관점이 유효하다는 것을 인지하는 것이 주요 포인트이다. "아래의 시나리오에서 중도의 길에 가까운 해결책은 무엇일까요?" 질문할 것.

- **시나리오 1.** 청소년 자녀가 금요일 밤에 친구들과 함께 집에서 놀아도 되는지 아빠에게 물어본다. 아빠는 "그 아이들이 모두 다 집에 오면 너무 시끄럽고 집이 더러워져서 안돼."라고 말하고, 자녀는 이렇게 말합니다. "아빠가 저녁에 공원에 나가서 아이들과 어울리지 말라고 하지 않았나요? 위험하니까요. 우리는 같이 놀고 싶은 거에요. 술집 같은 곳을 어슬렁거리려는 것도 아니고 길에서 문제를 일으키려고 하는 것도 아니에요. 그 친구들 부모님들도 안된다고 말한 상태에요."

어떤 쪽이 옳은 것일까요? 이 상황을 어떻게 해결할 수 있을까요? 아빠와 딸 모두 동시에 옳다고 할 수 있을까요? 그 두 사람이 무엇을 할 수 있을까요?

[그 자녀는 두 명의 친구만 오게 하고, 자신의 방에만 있고, 또 잘 치우는 것에 동의할 수도 있을 것이다. 아니면 아빠가 딸에게 돈을 주어 볼링을 치거나 영화를 보게 하여 집을 더럽히지 않으면서 길에서 시간을 보내지 않도록 할 수도 있을 것이다.]

- **시나리오 2.** 한 청소년이 아빠와 함께 보낸 시간이 적어서 아빠에게 더 많은 시간을 원하는 상황이다. 아빠가 운전 수업을 막 시작한 아들을 위해 중고차를 샀다. 아빠는 아들을 위해 하루 종일 세차를 했다. 이것을 통해서 사랑을 전달할 수 있다고 생각했고, 아들이 차를 보고 깜짝 놀라기를 기대했다. 아빠는 차를 선물하면서 세차하고 왁스를 바르고 손수 광을 낸 것을 설명하였는데, 아들은 상처받은 눈빛으로 "저랑 같이 하면 더 좋았을텐데요! 아버지와 아들이 함께 할 수 있는 최고의 활동이잖아요. 제가 아빠와 같이 시간을 보내고 싶다고 하지 않았나요? 제가 뭘 원하는지 전혀 모르시네요." 아빠는 혼란스럽고 화가 나서 자신이 아들을 얼마나 사랑하고 노력했

는지 알아주지 못하는 것을 이해하지 못했다.

어떤 표현이 맞는 것인가요? 아빠와 아들 모두 진실을 담고 있나요? 이 상황을 어떻게 다룰 수 있을까요?

[아빠는 아들의 상한 감정을 인지하고 서로 더 많은 시간을 같이 보낼 것을 약속할 수 있고, 아들은 자신의 상한 감정을 표현하고 동시에 자신이 선호하는 방식은 아니지만 아빠가 자신을 생각하는 것을 감사하게 인정할 수 있다.]

▪ 시나리오 3. 엄마는 영화가 끝나면 바로 전화를 하고 언제 집에 올 수 있는지 알려주는 것을 전제조건으로, 딸이 친구와 함께 9시에 시작하는 영화를 보고 통금 시간이 지나서 돌아올 수 있도록 허락했다. 딸은 영화가 끝나고 바로 전화를 했지만 엄마는 불안하고 화가 난 상태였다. 왜냐하면 그 영화는 3시간 15분짜리 영화였고 엄마와 딸 모두 그 영화가 늦게 끝나는 것을 알지 못했다. 엄마는 11시경에 전화가 올 것을 기대하였다. 딸은 엄마와 약속한대로 전화를 했는데, 엄마가 화를 내는 것에 분노하게 되었다. [딸은 자신이 약속한 것을 실행하였고 엄마는 정말로 화가 나고 두려움에 떨고 있는 상태였다.]

a. 생각 실수 (Thinking Mistakes)

우리가 과도하게 감정적이거나 양분된 생각을 하게 되는 이유 중에 하나는 우리가 상황을 잘못 해석하기 때문일 수 있습니다. 이것을 "생각 실수"라고 합니다. 두 가지 중에 하나만을 선택해야 한다는 생각, 성급한 결론 내리기, 명명하기, '해야만 한다.'라고 생각하기 등이 있습니다. 이것들은 극단적으로 생각하게 하여 감정적 마음에 이르게 만듭니다[중도의 길 걷기 자료 3. "'생각'이 하는 실수들"을 리뷰하고 참여자들에게 자신이 최근이나 과거에 경험한 생각 실수의 예를 나누도록 할 것.]

C. 청소년-가족 간 다이어렉티컬 딜레마

참여자들에게 중도의 길 걷기 자료 4. "다이어렉티컬 딜레마"를 펴게 할 것

앞서 언급한대로 우리는 특정한 형태로 생각하고 행동하는데 무언가 문제가 생기면 그 방식과 정반대로 방향을 전환하게 됩니다. 예를 들어 부모들이 자녀가 원하는 대로 늦게 귀가하거나 숙제를 빼먹는 것 또는 버릇없는 행동을 할 때 그대로 놔두다가 어느 날 갑자기 "이제 그만! 이제 할 만큼 했어! 앞으로 남은 학기 동안 밖에 나가거나 TV볼 생각하지 마!"라고 말하곤 합니다. 이러한 방식이 효과적이었나요? 이렇게 했을 때 청소년 자녀의 행동을 변화시키는데 효과적이었나요?

우리 경험과 연구 결과에 의하면 답은 "아니오"입니다. 여러분의 경험을 통해 아는 바와 같

이 청소년들은 이에 반응하지 않고, 결국 여러분은 이전의 방식으로 돌아가곤 합니다. 청소년 역시 자신의 감정과 행동을 조절하기 위하여 한 쪽 극단에서 다른 쪽 극단으로 전환하게 됩니다. 예를 들어 "내가 다른 친구들과 나가서 놀게 되면 너무 돈을 많이 쓰게 돼. 올해에는 더 이상 밖에 나가서 돌아다니지 않을거야!"와 같이 생각한 적이 있었나요?

부모와 청소년 자녀가 양극단의 입장에 빠져 움직이지 못하는 상황에 있을 때도 있습니다. 예를 들어 부모는 "일찍 들어와!"라고 말하고 청소년은 "오늘 늦게 들어올 거예요!"라고 말합니다. 중도의 길 걷기 모듈은 여러분 내면과 관계에서 목표를 달성하기 위해 중도의 길을 찾는 것입니다. 여러분이 한쪽의 극단에 서있다는 것을 발견하면 중도의 입장을 유지하기 어려울 것입니다. 설사 그렇게 한다고 해도 장기적으로 효과적이지 않을 것입니다.

이렇게 양극화된 입장에 놓이게 되었을 때 우리는 그것을 다이어렉티컬 딜레마라고 부르는데 그 이유는 어떻게 진행할 지 딜레마에 빠지고 옴짝달싹 못하는 상태가 되기 때문입니다. 이 딜레마는 한 개인의 내부에서도 발생하고 두 사람 사이에서도 발생할 수 있습니다. 가족 내에서 흔히 발생하는 세 가지 다이어렉티컬 딜레마가 있습니다.

(1) 지나치게 관대하거나 지나치게 엄격함
(2) 청소년의 문제 행동을 지나치게 가볍게 보거나 전형적인 청소년의 행동을 너무 심각하게 보는 것
(3) 청소년에게 독립성을 강요하는 것과 의존성을 키우는 것

리더 유의사항: 네 번째 자료에 나와있는 딜레마는 초기 버전보다 스킬훈련에 맞게 용어를 간소화 하였다(초기 버전: 과도하게 관용적인 태도와 권위주의적인 통제, 병리적 행동을 정상으로 보는 것과 정상적 행동을 병리적으로 보는 것, 독립성을 강요하는 것과 의존성을 키우는 것(Rathus & Miller, 2000)). 아래에 있는 딜레마를 설명하면서 중요한 것은 이러한 딜레마가 발생했을 때, 그것을 자각하고 딜레마를 통합할 수 있는 방식으로 가는 것임을 설명하도록 한다.

---

1. 지나치게 관대한 태도와 지나치게 엄격한 태도

지나치게 관대한 태도란 어떤 요구나 제한 사항, 결과에 대한 책임을 지는 부분에서 여러분과 여러분 자녀에게 과도하게 허용적 태도를 갖는 것을 말합니다. 이러한 태도에는 자녀가 어디에 있는지, 누구와 있는지, 자녀가 대부분의 시간에 무엇을 하고 있는지 거의 모니터링하지 않는 것을 말합니다. 또다른 극단으로 여러분과 자녀에게 지나치게 엄격한 것은 유연하지 않은 태도

로 너무나 많은 요구와 제한을 하고 너무 많은 모니터링을 하는 것입니다.

- 15세 소녀가 보디 피어싱을 하고 싶어 하고, 12시가 넘도록 집에 들어오지 않고, 친구와 비디오 채팅을 하고, 남자친구 집에서 잠을 자겠다고 한다. 부모는 아이가 18세가 되기 전까지는 남자친구를 사귀거나 보디 피어싱을 해서는 안되고, 10시까지는 취침을 해야한다고 주장한다.
- 공부를 잘 하는 완벽주의적 성향의 한 소년은 지난 몇 주간 여러 이유로 숙제를 하지 않았다. 그 소년은 나쁜 성적을 받게 되었고, 그로 인해서 외부 활동을 하거나 친구들과 어울려 놀지 못하고 숙제에만 전념하게 되었다.

💬 **토의사항** | 위의 두 예에서 보여주는 양극단의 예는 무엇일까요? [참여자 중에서는 위의 언급한 예에 대한 반응에 동의하기도 할 것이다. 만일 그렇다면 다음을 물어볼 것.] 장기적으로 위에 언급한 양극단의 입장을 유지하게 되었을 때 발생할 수 있는 잠재적인 결과는 무엇일까요?

지나치게 관대한 것과 지나치게 엄격한 행동의 다른 예를 소개할 것.

- '지나치게 관대한' 부모님의 예. 정해진 식사시간 부재, 학교에 관한 사항이나 일반적 행동에 대한 요구사항 부재, 집에 아이들 물건이 여기저기 쌓여 있음, 아이들에게 어떠한 책임도 없음, 아이들의 정해진 귀가 시간이 없고 부모는 아이들이 어디에 있는지 모름, 아이들에 대한 감독이 거의 없음.
- '지나치게 관대한' 청소년의 예. 취침 시간이 정해져 있지 않음, 새벽까지 문자를 주고받음, 먹고 싶을 때 아무거나 먹음, 용돈을 받자마자 바로 씀, 학교 숙제를 제출일에 임박해서 하거나 하지 않음. [지나치게 관대한 태도의 문제는 청소년을 무책임하게 만들고, 혼란스러운 삶을 살게 되어 감정적 유약성이 증가하고, 문제에 얽히게 되고, 스스로를 위험한 상태로 몰아갈 확률이 높아진다.]
- '지나치게 엄격한' 부모의 예. 영구적으로 TV, 휴대폰, 친구 만나는 것을 제한함(처벌의 과도한 사용), 청소년 자녀의 학교 성적, 스포츠, 기타 활동에 대해 완벽주의적인 기준을 가지고 있음, 개인의 사생활을 존중하지 않음, 자녀의 서랍이나 가방을 열어 조사하거나 아이들의 문자나 이메일을 몰래 점검함.
- '지나치게 엄격한' 청소년의 예. 공부를 과도하게 하고 학교와 연관된 과제를 하는 것과 잠이나 신체적 활동같은 자기를 돌보는 활동이나 즐거운 활동을 균형 있게 하지 못함, 과도한 다이어트 하기, 학교 성적, 스포츠 활동, 용모나 기타 활동에서 완벽주의적 기준을 가지고 있음. [과도하게 엄격한 태도의 문제는 규칙을 따르고 유지하는 것이 어려워, 청소년들의 사기를 떨어뜨리는 것이다. 과도하게 엄격한 접근 방법은 동기를 사라지게 하고, 우울하게 하며, 후회하

게 만든다. 또한 청소년들에게 제한된 행동을 하게 하여, 숨거나 또다른 극단적인 행동으로 전환되기 쉽다. 예를 들어 학교 숙제를 완벽하게 하기 위해 잠을 자지 않고 주말에 몰아서 자거나, 칼로리 섭취를 과도하게 줄이고 폭식을 하는 것과 같은 행동으로 이어질 수 있다.]

👥 연습하기: 이 딜레마가 나에게 어떻게 적용될까?

참여자에게 중도의 길 걷기 자료 5. "다이어렉티컬 딜레마: 이 딜레마가 나에게 어떻게 적용될까?" 를 펴게 할 것. 참여자들에게 자신들이 지나치게 관대하거나 지나치게 엄격한 딜레마의 연속선의 어느 지점에 있는지, 또 자신의 가족 구성원들은 어느 지점에 있는지를 설명하게 할 것. "자신은 그 연속선에서 어느 지점에 있는지 x로 표시하고, 가족 구성원이 있는 지점은 y로 표시하세요. 그룹에 또다른 가족 구성원이 있다면, z로 표시하도록 하십시오."

참여자들이 자신의 자료에 표시하게 한 다음, 자신의 가족 구성원들이 다이어렉티컬 딜레마의 연속선에 어디에 표기했는지 발표하게 한다. 방의 두 군데 코너는 양극단을 나타내고, 배포 자료 그림의 중간 받침점은 중도의 길을 의미한다. 가족 구성원들이 그룹치료실에 스스로 표시한 위치에 서고, 다른 가족 구성원은 자료에 표시된 대로 연장선에 서도록 한다.

> **리더 유의사항:** 가족 구성원이 "만일 아이가 우리가 서있는 위치에 동의하지 않으면 어떻게 해야 하나요?"라고 물을 때가 있다. 이렇게 관점의 차이가 문제가 된다면, 이 활동을 통해 관찰한 사항과 고려해야할 사항을 다음 가족치료 회기에서 논의하도록 한다. 만일 어머니와 아버지가 각각 양극단에 위치해 있다면, 그들이 효과적으로 부모 역할을 하기 위하여 중도의 길을 찾을 필요가 있다. 그룹 회기에서 각 가족이 자신의 딜레마에 대해 상세하게 논의하지 못하지만 양극단의 입장에 대하여 자각하게 하는 것은 중요하다.

- **지나치게 관대함과 지나치게 엄격함 사이의 중도의 길.** 다음과 같은 다이어렉티컬 통합이 도움을 줄 수 있다. 명료한 규칙을 정하고, 그것을 일관되게 지키도록 하며, 동시에 어떤 문제에 대해서는 기꺼이 협상한다. 이렇게 확고하면서도 유연한 스타일은 부모로 하여금 지나치게 염려하거나 무시하는 태도 사이의 균형을 잡게 하고, 청소년에게는 자신의 생활에 관한 의사 결정에서 양자택일의 결정보다 자신의 생각을 전달할 수 있다고 느끼게 한다. 청소년들은 목표를 달성하기 위하여 주의를 집중하면서 동시에 삶을 즐길 수 있는 유연성을 확보하여 스스로 중도의 길을 적용할 수 있게 된다.

이전에 예로 들었던 자신의 몸에 피어싱을 하고, 남자친구의 집에서 자고, 12시가 넘는 시간까지 친구들과 놀고 싶어하는 15세 소녀를 보자. 부모는 어떤 문제에 대해서는 협상 가능성을 열어놓으면서 어떤 것에 대해서는 굽히지 않을 수 있다. 예를 들어 남자친구의 집에서 자는 것은 허용할 수 없지만, 낮에 남자친구와 함께 시간을 보내는 것은 허용할 수 있다. 또한 밤 11시까지 자지 않아도 되는 특권을 주어 자녀가 숙제를 다 끝낸 이후에는 친구와 인터넷으로 채팅을 허락하고, 이러한 규칙을 주말 통금 규칙에 따르게 할 수도 있다. 그러나 이 부모의 경우에는 양쪽 귀에 한 개씩 피어싱을 하는 것 이외에는 협상을 하지 않았다.

- **지나치게 관대한 감독과 지나치게 엄격한 감독 사이의 중도의 길 찾기.** 독립성을 확보하고자 하는 청소년에게 훈육을 하는 것은 매우 어려운 일이다. 연구에 따르면 청소년에게 처벌은 큰 영향을 끼치지 못하는 것으로 나타났다. 몇 년 전 뉴욕타임스 기사에서 한 저자는 다음과 같이 말했다. "청년의 음주, 마약 사용, 조기 성관계에 관한 여러 연구에 의하면 좋은 행동을 예측할 수 있는 것은 처벌이 아니라 부모의 감독과 참여인 것으로 나타났다. 청소년들이 문제를 일으키지 않게 하는 가장 좋은 방법은 아이들이 어디에 있는지, 누구와 함께 있는지 알고 청소년과 정기적으로 함께 시간을 보내는 것이다."[Parker-Pope, 2010, p. H5].

청소년 자녀를 감독하고 학교 생활에 참여하며 자녀의 친구들과 알고 지내고 시간을 같이 보내려고 노력하도록 한다. 청소년의 개인적 물건들에 무조건 손을 대거나, 일기를 읽거나 이메일이나 문자를 확인하려고 하면 안된다. 청소년 역시 일정 수준의 사생활이 필요하고 그것은 나이에 맞는 정상적인 행동이다. 만일 부모로서 아이의 약물, 왕따, 위험한 행동이나 의사소통에 대한 문제가 있다면 근접 감독이 필수적이다(예: 아이가 가려고 하는 곳이나 활동에 대해서 모든 것을 알고, 자녀가 SNS에 올린 글이나 사진을 보는 것 등). 자녀의 행동과 기능성이 일정 기간 동안 증진되었을 때에는 아이의 사생활을 다시 보장해 주어야 한다.

🗨 **토의사항** | 각자 부모의 입장이 되어, 자녀가 특정 계획에 대해서 거짓말하는 것을 알게 되었다고 생각해보자. 자녀가 친구 집에서 공부할 계획이라고 말했지만 알고 보니 파티에 갈 계획을 세워 두었다면 아래의 방법 중에 어느 것이 중도의 길에 해당하는 것일까?

1. 아이는 아이니까 위반한 사항을 수용하고 자녀가 하고 싶은 대로 하게 한다.

2. 스파이 애플리케이션으로 자녀의 이메일과 웹사이트 문자 메시지를 모두 감독한다.

3. 자녀가 파티에 가는 것을 허락하지 않는다. 자녀를 신뢰할 수 없는 것에 대해 설명하고 거짓말에 대한 걱정과 더 많은 책임감을 느끼게 한다. 또 거짓말을 하게 되면 자유는 더 줄어든다는 것을 설명한다.

a. 토의를 위한 또다른 예

청소년과 부모가 자신의 예를 나눌 수 있도록 유도한다. 추가 예시가 필요하다면 아래의 예를 토의 주제로 사용하도록 한다. 리더는 하나의 예를 읽은 이후 참여자에게 다음과 같이 물어본다. "이러한 입장의 잠재적인 문제는 무엇일까요? 어떤 것이 중도의 길에 가까울까요?"

- **훈육 방식.** 16세 소녀는 너무 늦은 시간에 친구집에 가는 것을 부모님이 허락하지 않았는데도 가버렸다. 부모는 "아이를 어떻게 저지할 수 있을까요? 물리적으로 아이가 집을 떠나지 않게 할 수 없잖아요."라고 말했다. 이후 아빠는 딸과 마음과 마음이 통하는 대화를 하고 '이해'하게 되었고, 자녀가 집에 머물러 우울해하고 훌쩍거리며 있는 것이 자녀에게 나쁠 것이라고 생각했다. 그래서 자녀가 규칙을 어겼지만 그 결과에 대해서 책임지게 하지 않았다. 아빠는 아이를 집에서 나가지 못하게 하거나, 아이가 목숨처럼 여기는 핸드폰을 빼앗아 버리면 자살 반응을 보이게 될 것을 걱정하였다.

- **청소년 간의 문제.** 17세의 소년은 다음과 같이 말했다. "제가 너무 힘든 상태인데, 오늘 한 번만 여자친구와 제 방에서 자게 허락해주실 수 있나요?"

- **청소년의 내적 문제.** 청소년은 다음과 같이 생각한다. "지난 번에는 공부하지 않고도 과학시험을 통과할 줄 알았지만 실제로는 하지 못했어! 그래서 이번에는 주말 내내 쉬지 않고 공부를 할거야!"

2. 청소년의 문제 행동을 지나치게 가볍게 보거나 전형적인 청소년의 행동을 너무 심각하게 보는 것

문제 행동을 가볍게 여기는 것은 부적응 행동과 상해를 끼칠 수 있는 행동의 심각성을 축소하는 것이다. 전형적인 청소년 행동의 심각성을 간과하는 것은 발달적으로 정상 범위에 있는 행동에 과도한 반응을 보이는 것이다.

a. 문제 행동을 지나치게 가볍게 보는 것

예: 매우 친절한 보호자가 청소년이 성적이 떨어지고, 비행 청소년 친구들과 많은 시간을 보내고, 집에 있는 것을 점점 싫어하는 것을 오랜 기간 동안 무시하였다. 부모는 청소년 자녀가 의심이 가기는 했지만 자연스럽게 괜찮아질 것이라고 믿었다. 자녀가 학교에서 싸움을 하여 정학을 받고, 자살시도를 한 이후에는 정반대의 극단으로 돌아서서 자녀를 매의 눈으로 관찰하고 아주 작은 감정 변화나 사생활을 요청할 때에도 즉각적인 위험 신호로 해석했다.

예: 한 청소년은 자신이 하루에 8시간 동안 컴퓨터를 하고, 온라인에서 정기적으로 사람을 만나고, 사적인 정보를 주고받고, 부모에게 거짓말을 하고 파티에 가기 위해 몰래 빠져나가는 것을 대단하지 않게 생각하며 다음과 같이 말한다. "제 친구들은 다 이렇게 해요." 어느 날, 그 소녀는 처방약 5개를 한 번에 먹고 술에 취한 채, 집에 들어와 정신을 잃었다. 그녀는 치료자에게 다음과 같이 말했다. "별거 아니에요. 그냥 조금 피곤했을 뿐이에요."

💬 **토의사항** | "위의 언급한 예의 문제는 과연 무엇일까요?"를 물어볼 것.

b. 전형적인 청소년의 행동을 너무 심각하게 보는 것

예(양육 방식): 한 청소년이 매일 서너 명의 친구에게 문자를 보내고, 격주로 친구 집에서 자려고 하고, 매일 밤 자기 방에서 1~2시간 혼자 있고 싶어한다. 부모는 이러한 행동을 중단시키고자 다음과 같이 말한다. "너무 친구들에게만 관심을 보이는 것 같아. 가족들과 더 많은 시간을 보내야 해."

예(청소년의 마음 속에서 일어나는 일): 청소년은 자신의 치료자에게 다음과 같이 말한다. "저도 기말고사를 준비하기 위해 주말에 일찍 일어나서 공부해야 하는 것을 잘 알아요. 그렇지만 몇 시간 정도는 친구들과 만나고 싶고, 밖에 나가고 싶은데 그렇게 하기 위해서는 늦게 잘 수 밖에 없어요. 저에게는 충분한 동기가 없는 것 같고 아무래도 이게 문제인 것 같아요. 제가 의사가 되기에는 모자란 것 같아요."

💬 **토의사항** | "위의 언급한 예의 문제는 과연 무엇일까요?"라고 물어볼 것.

c. 청소년들의 전형적인 행동은 무엇이며 걱정이 되는 이유는 무엇일까?

중도의 길 걷기 자료 6. "청소년에게 흔히 발견되는 문제와 심각한 문제의 차이"를 펴게 할 것.

리더 유의사항: 중도의 길 걷기 자료 6은 정상적인 청소년 행동의 예와 함께, 경계해야 할 행동에 대한 예를 소개하고 있다. 치료자는 참여자에게 이 자료를 나누어 주어 논의할 수 있고, 가족, 부모 회기를 위해 남겨둘 수도 있다. 염려해야 하는 모든 행동을 여기에 적을 수는 없지만, 문화적 차이로 인해 무엇이 정상적이고 그렇지 않은지에 대해서는 다양한 기대 수준이 있다.

개별적으로 청소년의 유약성이 영향을 미치기도 한다. 예를 들어 어떤 청소년은 음악을 들으면서 숙제를 할 때 집중이 잘 되는 반면, 어떤 사람에게는 주의분산 요인이기도 하다. 부모가 어떤 행동이 선을 넘는 것인지에 대해 확신할 수 없을 때, 전문가나 객관성을 유지하고 있는 친구나 가족과 상의하는 것이 좋다.

당연히 모든 가족들은 의사 결정에 영향을 끼치는 자신들만의 고유한 가치관을 가지고 있다. 무엇이 정상적이고 무엇이 그렇지 않은지에 대하여 곁길로 새지 않도록 주의해야 한다. 이 자료는 어떤 행동이 정상적 행동이어서 걱정할 필요가 없는 것인지 또 어떠한 행동이 임상적으로 주의를 요하는 것인지에 대해, 가족들이 익숙해지도록 하는 가이드라인을 담고 있다. 어떤 행동이 전형적(청소년 간에 행해지고 있는 것들)이라고 해서 그것이 반드시 좋은 행동이라고 할 수는 없다는 점을 유의하도록 한다.

토의사항 | 중도의 길 걷기 자료 5. "다이어렉티컬 딜레마: 이 딜레마가 나에게 어떻게 적용될까?"를 사용할 때 출발점으로 참여자들로부터 청소년 행동의 예를 나누게 하고 어떤 행동이 전형적이고 또 어떤 것이 그렇지 않은지 토의한다. 예를 들어 한 청소년은 2분간 전화를 받고 있었다. 부모는 "그 사람이 누구니? 어떻게 너는 항상 전화 통화만 하니?"라고 물었다. 청소년은 짜증을 내며 방을 나갔다. 대화의 맥락과 톤에 따라 다를 수 있지만, 청소년은 개인적인 전화 내용에 대하여 설명하고 싶지 않을 수도 있다.

연습하기: 이 딜레마가 나에게 어떻게 적용될까?

모든 사람들에게 중도의 길 걷기 자료 5. "다이어렉티컬 딜레마: 이 딜레마가 나에게 어떻게 적용될까?"를 다시 보게 한다. 참여자들은 이제 자신이 이 행동패턴 중 어디에 속하는지 결정할 수 있을 것이다.

설명할 것:

"이 선 위에 지금 서있는 곳에 x 표시하고, 여러분의 가족이 서 있는 곳에 y 표시를 하세요. 이 방안에 또다른 가족이 있으면 z로 표시하세요."

한 가족씩 나와서 자신의 위치를 정하게 하고 다른 가족이 그 연장선상에서 자신의 위치를 표시하게 한다. 위에서 언급한 대로 방의 두 모서리를 양극단으로 생각하고 그 모서리 사이의 벽 중간을 자료에 있는 그림 중간에 있는 받침점으로 생각하게 한다.

- **문제 행동을 지나치게 가볍게 보는 것과 청소년기 행동을 지나치게 문제 삼는 것 사이의 중도의 길.** 다음에 설명할 다이어렉티컬 통합이 도움을 줄 수 있다. 중도의 길은 어떤 행동이 선을 넘어서 우려해야 할 행동인지 파악하고 그 행동을 다루며, 동시에 어떤 행동들이 전형적인 청소년 발달의 일부분인지 파악하게 한다.

예(양육 방식): 대학에서 좋은 성적을 받아왔던 학생이 갑자기 낮은 성적을 받고, 과제를 게을리 하기 시작한다. 그 엄마는 자녀에게 그렇게 성적이 떨어지면 상점에서 물건을 채우는 일만 하게 될 것이라고 말하였다. 청소년은 "아무 일도 아니에요. 나는 괜찮아요! 방에서 빨리 나가요! 나는 도움 같은 것은 필요 없어요!"라고 소리질렀다.

이 예에서 서로는 양극단에 놓여져 있다. 여기에서 중도의 길은 악화되고 있는 부모의 행동패턴을 파악하고 그것에 대해 진정성 있게 묻고 주도적으로 개입하는 것이다. 어머니가 아이의 성적을 비하하고 아이의 정상적인 짜증 반응이나 자신의 자율성을 요청하는 것에 과도한 반응을 하면 갈등을 증폭시키고 문제해결로부터 멀어지게 된다.

예(청소년의 마음속에서): 위에 언급한 예에 소개된 청소년은 약을 먹고 만취된 상태에서 정신을 잃었고, 자신의 치료자에게 이것은 별일이 아니라고 말하며 그 상황을 가볍게 넘기려고 했다. 그 청소년에게 중도의 길이란 치료자에게 다음과 같이 말하는 것일 수 있다. "저는 컴퓨터하는 시간이 좋고, 저를 이해하고 비슷한 경험을 했던 좋은 사람들을 인터넷에서 만날 수 있어요. 저는 파티에 가서 술 마시는 것을 좋아해요. 그러나 너무 극단으로 가서 통제할 수 없는 상황이 되었어요. 컴퓨터 사용, 약물, 음주를 통제할 수 있는 도움이 필요하다고 느껴요. 그렇지 않으면 뭔가 심각하게 나쁜 일이 일어날 것 같아요." 이러한 말은 정상적 반응을 인정하면서도 선을 넘어서 우려가 되는 상황을 자각할 수 있게 한다.

3. 독립심 키우기와 의존성 키우기

세 번째 다이어렉티컬 딜레마는 "독립심 키우기와 의존성 키우기"이다. 독립심 키우기는 너무 일찍 연결의 끈을 끊는 것을 말한다. 의존성 키우기는 독립성을 키우는 방향으로 가는 것을 제한하는 것을 말한다. 자녀들을 지나치게 가두어 두려는 부모를 "헬리콥터 부모"라고 말하기도 한다. 이러한 부모들은 자녀가 스스로 무엇을 하기 전에 그 근처에서 적극적으로 문제를 해결해주는 것을 말한다. 이러한 형태의 양육은 자녀가 보호자에게 과도하게 의존하는 성향을 키우게 된다.

예(양육 방식): 17세 딸을 둔 부모는 자녀가 잘못된 행동에 대한 처벌을 받아야 할 때 몇 년 동안 구해주거나 보호해주었다(학교, 친구, 방과 후 일과 관련된 문제). 그러나 자신의 딸이 임신을 하게 되자, 정반대로 돌아서서 그 아이를 키우게 하는 대신 즉시 집을 떠나 스스로 살 길을 찾으라고 요구한다.

예(청소년): 17세의 나이로 임신한 딸이 자신의 부모와 논쟁을 하고 짐을 싸서 떠나면서 소리 지른다. "알았어. 더 이상 엄마 아빠는 필요 없어. 내가 알아서 할 거니까 신경쓰지마!"

예(부모 간): 고등학생이 멀리 있는 대학에 진학하려고 한다. 부모 중 한 사람은 "안돼!"라고 말하며 너무 멀리 떨어져 있으면 집에 오기 힘들고, 문제가 생겼을 때 도움을 주기 어렵다고 말한다. 반면 다른 부모는 "가게 합시다! 이제 자신의 길을 스스로 헤쳐 나가야 하는 독립적인 젊은 여성이 되는 법을 배워야 할 때에요."라고 말한다. 어떤 부모가 옳은 것일까? 이 두 부모는 상대방 논지의 유효성을 고려하지 않고서는 양분된 의견을 좁히지 못할 것이다.

💬 **토의사항 |** "너무 빨리 떨어트리려 하는 것의 문제점은 무엇일까요?"를 질문할 것

a. 독립심 강요하기의 예

부모가 학교 문제, 아이의 사회적 문제가 있을 때 전혀 도와주지 않고, 아이에게 시간을 쓰거나

관심을 주거나, 의사소통을 하지 않고 "이제 너 혼자 살아야해. 이 집에서 나가는게 좋겠다." 아니면 "이제 너 혼자 스스로 해결해야 해."라고 말한다.

한 청소년은 난 이제 떠나서 내 모든 문제를 스스로 해결할 수 있다고 말한다.

이 두 개의 사례에서 청소년은 곤경에 처하게 될 가능성이 높고 문제해결을 지나치게 단순하게 인식하여 문제를 증폭시킨다.

💬 **토의사항** | "의존성을 키우는 것의 문제는 무엇일까요?"라고 물어 볼 것.

b. 의존성 키우기의 예

과도하게 통제한 채로 자녀의 모든 것을 대신해주거나, 모든 것을 같이 하고, 독립적인 방향으로 가려는 것을 막는 행동이 과도한 의존성을 키우게 된다. 이것과 연관된 예는 청소년 자녀가 옆에 없는데도 대신 방을 정리해주거나 선생님에게 전화하여 성적을 바꿔 달라고 요청하기, 자녀가 있는 친구 집 주변을 배회하거나, 자녀의 친구에게 전화하여 문제가 있는 상황을 해결해 주려고 하는 것 등을 포함한다.

청소년이 기초적인 일상의 책임이나 의사결정, 문제해결을 위해 반복적으로 부모에게 도움을 요청하거나 친구를 사귀는 대신 전적으로 부모가 같이 해주기를 원한다면(영화, 공연, 레저 활동 등) 이 청소년은 책임 의식이나 문제해결 스킬, 자기 충족감, 사회적 지지를 발달시키는 것을 배울 수 없다. 이 청소년은 고등학교나 대학교, 혹은 그 이상에서 요구되는 독립적 기능성을 확보하지 못하여 매우 힘든 생활을 하게 되고 부모 역시 결국 소진되고 말 것이다.

👥 연습하기: 이 딜레마가 나에게 어떻게 적용될까?

참여자에게 중도의 길 걷기 자료 5. "다이어렉티컬 딜레마: 이 딜레마가 나에게 어떻게 적용될까?" 를 다시 보게 하고 이 딜레마의 양극에서 자신이 어느 지점에 있는지 파악하게 한다.

"선을 긋고 여러분이 현재 있는 지점에 x 표시하세요. 가족이 현재 있는 지점은 y로 표시 하세요. 여기 있는 분 중에 양쪽 끝에 스스로가 서있는 것을 발견한 분이 있으면 그것 에 대해 말해주실 수 있나요?"

다시 한 번 한 가족을 정해서 한 사람이 자신의 입장을 방에 서서 표현하고, 다른 가족은 양극단 사이에 있는 벽을 따라 위치를 정하게 한다.

c. 독립심 강요하기와 의존성 키우기 사이의 중도의 길

이 다이어렉티컬 딜레마에서 중도의 길은 '놓아주면서도 꼭 잡고있는 것'입니다. 다음에 소개할 다이어렉티컬 통합이 도움이 될 것입니다. 자녀를 이끌고 지지하면서도 자신의 삶에 어떻게 책임을 질지에 대해 생각하는 방법을 배워봅시다. 타인에게 어느정도 적절하게 의존할 수 있도록 허용하고 동시에 스스로 자유와 독립성을 천천히 키울 수 있도록 해야 합니다.

여러분은 자녀를 감독하면서도 이끌고, 어려운 상황이 닥쳤을 때 조언을 하고 동시에 독립적인 생활로 나아가도록 독려해줄 수 있습니다. 청소년 자녀가 완전히 독립하고 싶어 할까요? 그렇지 않습니다. 세계 유수의 운동 선수도 코치와 트레이너가 있다는 것을 잊지 마세요! 독립성을 키우는 것의 중요한 부분 중 하나는 도움을 적절하게 요청하는 법을 배우는 것입니다.

예(양육 방식): 임신한 17세 소녀의 부모가 고려할 수 있는 중도의 길은 자녀가 어렸을 때 자신의 행동에 대해서 스스로 책임지게 하는 겁니다. 이제 그 아이는 임신하였고, 부모는 자녀를 대신하여 문제를 해결하거나 의사 결정을 하는 것을 점진적으로 그만두어야 하고 자녀 스스로 더 큰 책임을 지도록 독려해야 합니다. 동시에 부모는 중요한 문제에 대해 조언하고 감정적으로 지지하면서 독립성을 키울 수 있도록 도울 수 있습니다.

예(부모 간): 자녀가 미국 전역에 걸쳐 대학을 지원하게 하고 부모 스스로 스카이프, 문자, 트위터나 온라인 의사소통 방식에 익숙해져서, 정기적으로 의사소통을 할 준비를 하는 것입니다. 또다른 중도의 길은, 경제적으로 여유가 된다면 수천 킬로 넘게 떨어져 있는 대학에 가지 않고, 자동차로 몇 시간 거리에 있는 학교를 선택하여 집에서 떠나려는 욕망을 존중해주면서도 근거리에 있는 학교를 자유롭게 선택하게 합니다.

💬 **토의사항** | 참여자들이 이런 딜레마와 연관된 예가 있는지 이끌어내도록 할 것. 필요하다면 아래의 예를 사용할 것. 각 예를 소개한 다음 리더는 그룹에게 물어본다. "이런 상황에서 중도의 길은 무엇일까요?"

- **양육 방식.** 18세의 대학 신입생이 F 성적을 받았다. 어머니는 학교에 전화하여 아이가 가벼운 ADHD로 인해 C를 받았으니 이를 고쳐 달라고 요구하였다. 이러한 것이 합리적일까? 성적표에 F가 있다는 것이 장기적으로 자녀에게 해가 되는 것일까? 부모의 이러한 시도가 오히려 해가 되지 않을까? [참여자들이 이에 대하여 말하도록 한다. 부모의 이러한 행동은 자녀가 결과에 대한 책임을 지지 못하게 하고 부모가 나서서 자녀의 모든 문제를 해결해 주게 되기에 해로울 수 있다. 자녀가 더 열심히 공부를 해야한다는 동기도 상실하게 한다.] 여기에서 중도의 길은 무엇일까?

- **청소년-부모.** C와 F학점을 받은 청소년은 부모가 자신의 학업과 성적을 과도하게 관리하려 한다고 느끼며 "그냥 내버려 두세요! 내가 혼자 해결할 거에요!"라고 말한다. 부모는 "아이

가 곤경에 처하여 허우적대는데 어떻게 수동적으로 옆에 있기만 할 수 있나요?"라고 말한다. 여기에서 중도의 길은 자녀를 도와주되, 덜 참견하는 방식으로 돕는 것이다. 자녀에게 무엇을 어떻게 하라고 말하거나 모든 것을 해결해주려고 하기 보다는 자녀에게 어떻게 우리가 도와줄 수 있을지 물어보도록 한다. 자녀가 창피할 수 있으니, 직접 교사에게 달려가지 않고, 자녀가 스스로를 도울 수 있도록 자녀에게 공부법을 조언해주고 학교에서 추가로 도움을 받을 수 있도록 독려하고 때로는 과외를 받을 수 있도록 도와주고 자녀의 일정을 함께 확인한다.

- **양육 방식.** 18세 자녀가 도시에서 수업을 듣게 되어 기차를 타야만 한다. 그 자녀는 기차타는 것을 무서워해 어머니가 3개월 동안 동행하게 된다. 다시 말하면 단단히 잡고 있는 것이다. 마지막으로 엄마는 "할 만큼 했으니, 이제 너 혼자 할 수 있을거야." 라고 말하며 자녀가 스스로 독립할 수 있도록 밀어내는 말을 한다. 엄마가 갑작스럽게 지원을 끊는다면 자녀의 반응은 어떨까? 이때 엄마가 고려할 수 있는 중도의 길은 무엇일까?

  어머니가 고려할 수 있는 중도의 길은 아이가 어떻게 기차를 탈 수 있는지 정보를 알려주고, 웹사이트에 들어가서 어떻게 기차에 대한 정보를 얻을 지 이끌어주고 조언해주는 것이다. 그리고 나서 첫 번째 주에는 기차를 함께 타고, 두 번째 주에는 어머니가 같이 가되 옆 칸에 타고, 그 후에는 스스로 기차를 타고 가게 하고 어머니는 내리는 곳에서 기다리는 방식으로 점진적으로 독립성을 획득할 수 있도록 한다.

- **청소년의 마음 속.** 자신보다 어린 동생을 항상 보호해 온 청소년은 자신도 도움이 필요한데 스스로 강한 사람이라고 믿고 도움을 요청하지 않는다. 중도의 길은 "나는 다른 사람을 보호할 수 있고, 동시에 내가 필요로 할 때 도움을 요청할 수도 있어"라는 것을 자각하는 것이다.

토의사항 | 다음과 같이 질문한다. "청소년 자녀가 화난 채로 집에 와서 부모에게 오늘 선생님에게 불공평한 취급을 당했다고 불평을 늘어 놓고 있습니다. 아래의 반응 중 중도의 길은 어떤 것일까요?"

- 청소년에게 "이제 그만 어른이 되어야지."라고 말하며 인생은 공평하지 않은 것을 수용하라고 말한다(밀어내기).

- 즉시 그 선생님과 약속을 잡고 문제를 해결한다(꽉 쥐고 놓지 못함).

- 자녀에게 그 문제를 해결하기 위하여 선생님과 어떻게 능숙하게 의사소통을 할지에 대해 대화를 나눈다.

> **리더 유의사항:** 가족과 이야기를 하다 보면 다이어렉티컬 하지 않은 행동 패턴을 발견할 수 있다. 과도하게 응석을 받아주거나, 박탈하거나 빼앗는 것, 과도하게 침입적이거나 과도하게 거리를 두는 것 등. 내담자와 이러한 패턴에 대하여 논하여 각각의 입장에서 극단적인 부분을 지적하고 참여자가 통합적인 대안을 만들어 내도록 돕는다.

Ⅲ. 숙제 내주기

중도의 길 걷기 자료 7. "연습하기: 다이어렉티컬하게 생각하고 행동하기"를 활용하여 자신이 다이어렉티컬하지 않은 행동이나 생각을 한 사례 하나를 기록하게 한다(예: 다이어렉티컬 딜레마의 한 극단에 빠져 버림). 혹은 다이어렉티컬하게 생각하거나 행동한 사례를 적도록 숙제를 준다.

회기 2

마인드풀니스 하기
· · · ·
숙제 리뷰
· · · ·
쉬는 시간
· · · ·

Ⅰ. 수인하기 (Validation)

A. 수인하기 스킬과 이론적 배경에 대한 오리엔테이션

다이어렉티컬은 여러 개의 관점이 모두 진실일 수 있다는 것을 가르친다. 수인하기 스킬은 이 여러 개의 다른 관점들을 다루는 하나의 방법이라고 볼 수 있다. 우리가 어떤 사람이 상황을 보는 시각에 대해 동의하지 않더라도 그 사람을 수용하고 이해한다는 것을 보여 줄 수 있다. 즉 그 사람의 관점에서 바라보는 진실의 일면을 존중할 수 있다는 것이다. 수인하기(Validation)를 통해 우리는 어떤 사람과 상호작용을 할 때 우리의 감정의 강도를 높이지 않고 낮은 상태에 머물러 그 사람이 대화를 같이 지속할 수 있게 할 수 있다. 감정의 강도가 낮아지면 상대방은 더 정확하게 자신의 감정을 효과적으로 표현할 수 있게 되며 그 사람을 수인하기 더 쉬워지고 긍정적인 순환으로 이어질 수 있게 된다 (Fruzzetti, 2006과 비교할 것). 수인하기는 또한 관계를 증진시킨다.

리더 유의사항: 어떤 사람에게 비수인적인 느낌을 받거나 비수인적(Invalidating) 반응을 했던 개인적인 사례를 수인/비수인이라는 용어를 사용하지 않고 기술하고, 그 결과를 강조하여 설명한다. 또는 아래의 비수인적인 상황을 묘사하는 글을 소개한다.

"준석이는 수업시간에 주의 집중을 하려고 했는데 실수로 공책을 땅에 떨어뜨렸어요. 큰 소리가 났고 옆에 있는 친구들은 키득거리며 웃었지요. 선생님은 비웃으며 말했습니다. '준석이. 또 너구나. 수업 분위기를 해치고 관심 끌고 싶은 거니? 자꾸 그러니까, 선생님이 너무 지친다!' 준석이는 그 때 수업에 정말로 집중하려고 했었기 때문에, 마음에 상처를 입었고 또 창피하고 화가 났어요. 준석이는 집에 돌아와서 엄마에게 학교에서 있었던 이야기를 했지요. 그 때 엄마는 '넌 또 왜 이런 일을 계속 저지르고 다니는 거니? 그렇게 하면 대학에 못가. 열심히 해야만 해!'라고 말했습니다."

🗨 **토의사항 |** 참여자에게 엄마의 반응을 듣고 준석이가 어떻게 느꼈을지 물어본다. 선생님과 엄마의 반응이 준석이에게 왜 상처가 될까? 어떤 반응이 빠진 것일까?

B. 수인하기란 무엇인가?

참여자에게 중도의 길 걷기 자료 8. "수인하기"를 찾아보게 하고, 한 사람이 수인하기의 정의를 읽게 한다.

"수인하기란 특정한 상황에서 어떤 사람의 감정과 생각, 행동을 납득하고 이해했다는 생각이나 느낌을 전하는 것을 말한다." 수인함으로써 우리는 상대방의 감정을 무시하거나 우스꽝스럽고, 별로 중요하지 않으며, 과장된 것이라고 느끼지 않게 할 수 있다. 즉 상대방에게 그 사람의 감정과 경험이 충분히 이해가 된다는 말. 예를 들어 "물론 그렇긴 한데! 그것 말고 다른 방식으로 생각할 수 있을까?"와 같은 뜻을 전달하도록 한다.

비수인이란 특정 상황에서 상대방의 감정과 행동은 이해할 수 없는 조작적이고 바보 같은 것이며 우리가 시간을 내서 관심을 기울이거나 존중할 필요가 없다는 생각을 전달하는 것을 말한다.

C. 왜 수인하기를 해야 할까?

다음을 큰 소리로 읽게 한다.

수인하기는 관계를 증진시킵니다. 수인하기는 갈등과 강렬한 감정을 단계적으로 줄일 수 있습니다.

수인하기는 다음을 보여줄 수 있습니다.

- 우리는 듣고 있습니다.
- 우리는 이해합니다.
- 우리는 무판단적입니다.
- 우리는 관계를 중요하게 생각합니다.
- 우리는 심한 갈등을 일으키지 않고도 서로 의견이 다르다는 것을 말할 수 있습니다.
- 또한 수인하기는 상대방이 화나지 않은 차분한 상태에서 여러분이 말하고자 하는 것을 더 수용적으로 듣게 만들 수 있습니다.

💬 **토의사항 |** "비수인적인 느낌을 받을 때와 반대로 이해 받는 느낌을 받을 때를 생각해보십시오. 이 두 개의 느낌이 어떻게 다른가요? 그 느낌이 여러분의 행동에 어떤 영향을 미칠까요?"라고 묻는다.

👥 연습하기(비수인)

참여자들을 두 명씩 짝을 짓게 하고 이 연습을 시행하거나, 전체 그룹을 대상으로 이 연습을 하도록 한다. 참여자 한 사람에게 어떤 것에 대해 발표하게 하고 나머지 참여자는 주의집중을 하게 한다. 그룹리더가 신호를 주면 참여자들은 그 이야기에 전혀 관심 없다는 행동을 한다. 그리고 말한 사람에게 무슨 경험을 했는지 이야기하게 한다. 일반적으로는 경청하는 상황에 대해서는 일관되게 이야기 하는 반면, 무시하거나 비난하는 상황에 있을 때는 일관되지 않은 말을 하는 경우가 많다.

D. 무엇을 수인해야 할까?

참여자에게 자료에 있는 다음 내용을 큰 소리로 읽게 한다. "우리는 우리 자신과 상대방의 생각과 감정, 행동을 수인합니다." 그룹리더와 참여자는 자신의 예를 발표하거나 아래에 있는 준석이의 예를 사용한다.

토의사항 | 준석이의 공책이 바닥으로 떨어졌을 때, 선생님은 어떤 수인적인 말이나 행동을 할 수 있었을까? 여기에서 합리적 응답은 선생님이 그 공책을 떨어트리는 것을 무시하는 것일 수 있다. 다시 말하면, 떨어트리는 행동을 무시하는 것은 그것이 중요하지 않고 의도적인 행동이 아니라는 것을 암묵적으로 의미하기 때문이다.

엄마는 어떤 수인적 반응을 할 수 있을까? 참여자가 이에 대한 정답을 말하기 어려워하면 예를 소개한다. "준석아, 정말 오늘 화가 나고 짜증나는 일이 있었구나. 네가 정말 수업시간에 집중하려고 최선을 다했고, 올바른 행동을 하려고 했는데 말이야." 만일 청소년들이 이러한 말을 듣는 것이 너무 우스꽝스럽다고 말하면, 이런 상황에서 수인적으로 느낄 수 있는 말은 무엇인지 물어보도록 한다.

1. 수인하기란 동의하기를 말하는 것이 아닙니다.

수인하기와 동의하기는 같지 않다는 것을 명심하세요. 수인하기는 상대방이 하는 행동이나 말, 느낌을 반드시 좋아해야 하거나 동의해야 하는 것을 의미하는 것은 아닙니다. 수인하기는 상대방의 생각이나 행동, 감정이 어디에서 왔는지 이해하는 것입니다. 치료자는 청소년 내담자가 친구와 술을 마시고 취한 기분을 느끼고 싶다고 말할 때 다음과 같은 수인적 반응을 할 수 있습니다. "난 네가 그 친구와 같이 재미있게 술을 마시고 놀며 취한 기분을 즐기고 싶다는 것을 이해할 수 있어. 그렇지만 솔직히 네가 지금 술을 마시고 취한 상태로 있는 것은 좋은 것이 아니라고 생각해. 왜냐하면 네가 최근에 우울증을 앓았고, 술을 마시면 공부에 집중하기 어렵기 때문이야."

2. 수인할 가치가 있는 것만 수인하고, 타당하지 않은 것은 수인하지 않습니다.

우리는 상대방의 행동을 수인하지 않으면서도 그 사람의 감정은 수인할 수 있습니다. 예를 들어 아이가 공부를 전혀하지 않고서 시험 점수가 낮게 나온 것에 화를 내고 있을 때, 부모는 아이의 화나는 감정에 대해서는 수인하면서도 낮은 점수를 받게 한 주요 원인인 공부하지 않은 행동은 수인하지 않을 수 있다는 것입니다.

E. 어떻게 수인할 것인가?

중도의 길 걷기 자료 9. "다른 사람 수인하기"를 소개하도록 한다.

아래의 내용은 중요도에 따라 순서가 정해져 있거나 수인하기 종류에 따라서 정렬되어 있지 않다는 것을 알려준다. 이 자료는 참여자들이 다양한 형태의 수인하기에 익숙하게 하여, 특정 상황에서 수인하기를 할 수있도록 하는 것이다. "다른 사람 수인하기"의 첫번째 포인트를 읽는다.

(1) **적극적으로 경청합니다.** 눈을 맞추고 경청하는 자세를 유지합니다. 이 부분을 읽은 후, 그룹 리더는 잠시 아무 것도 하지 않고 침묵하도록 한다. 참여자들이 리더가 어떤 말을 하려고 하는지 기대하면서 바라볼 것이다. 이때 리더는 다음과 같이 말한다. "바로 이것이 수인하기의 첫 번째 단계입니다. 바로 여러분이 하고 있는 행동이지요. 지금 저를 쳐다보고 경청하고 있습니다." 눈을 마주치는 것에 대해서는 문화적 차이가 있다는 것을 고려하도록 한다. 특정 문화(히스페닉계 그룹이나 아시아계)에서는 눈을 마주치는 것이 예의에 어긋나거나 비수인적인 것으로 여겨질 수도 있다. 참여자에게 다음을 읽게 한다.

(2) **비수인적 행동을 하지 않으려면 마인드풀하게 우리의 언어적, 비언어적 반응에 유의하도록 합니다**(눈을 굴리는 행동, 치아를 훑는 행동, 나가 버리는 것, 한숨을 크게 쉬는 것, "그건 멍청한거야. 슬퍼하지 마.", "뭐라고 지껄이든 상관없어."). 참여자가 이 부분을 읽을 때 리더는 한숨을 쉬거나 눈을 굴리는 흉내를 내도록 한다. 그리고 참여자에게 어떤 경험을 했는지 물어본다. 그리고 다음과 같이 말한다. "중요한 점은 상대방을 수인할 때 언어적 혹은 비언어적으로 비수인적 반응을 보여서는 안된다는 것입니다."

(3) **그 순간에 상대방이 어떻게 느끼는지 관찰해보세요.** 상대방의 감정을 기술할 수 있는 단어를 찾아보세요. "지금 실망한 것 같아 보여"라고 말할 수 있다.

(4) **판단하지 않고 상대방의 감정을 느껴보세요.** 여기에서 목표는 우리가 상대방이 어떻게 느끼는지 이해한다는 의사를 전하는 것이다. 즉 우리는 상대방에게 "네가 화가 난 것은 이해할 수 있어.", "나는 네가 지금 힘든 시기를 겪고 있다는 것을 이해해."와 같이 말하도록 한다. 우리 자신을 수인하는 반응으로는 "나는 지금 슬퍼해도 괜찮아"와 같은 말을 할 수 있다.

(5) **인내심을 보여주세요!** 상대방의 어떤 행동이나 감정을 용인해줄 수는 없다고 해도, 그 사람(혹은 우리 자신)의 현재 상황과 과거력을 고려하며 상대방의 감정과 생각, 행동을 납득할 수 있을지 찾아본다. 예를 들어 한 청소년은 이전에 치료를 받은적이 있었지만 전혀 도움이 되지 않았기 때문에 DBT 치료도 받고 싶지 않다고 말했다. 이 청소년의 과거 경험에 대한 수인적 반응 중 하나는 "네가 과거에 있었던 치료경험을 비추어 보면 치료에 대해 희망이 없다고 느끼는 것이 충분히 이해 돼."라고 말할 수 있다. 또한 현재 상황에 대한 수인적 반응으로는 "네가 DBT에 잘 참여하겠다는 서약에 확신이 없다는 것을 충분히 이해해. 그래서 우리가 원하는 것은 단지 한 주에 한 번, 두 시간의 스킬그룹에 왔으면 한다는 거야. 물론 이것 쉽지 않은 일이어서 충분히 생각하고 결정해야겠지." [가능하다면 참여자들이 이와 연관된 예를 발표하도록 한다.]

이러한 형태의 수인하기가 DBT에서는 핵심적인 사항이다. 현재 상황을 고려한 수인하기란 상대방이 어떻게 자신이 처한 상황에서 합리적이고 정상적으로 반응하고 있는지를 찾는 것이다.

　예: 수민이는 스킬그룹에서는 수줍움을 타는 편이었다. 어머니와 함께 스킬훈련그룹에 참여하는데, 가끔 수민이가 말을 할 때 반대쪽에 앉아있는 소녀가 위협적이고 화난 얼굴 표정을 지었다. 집에 가면서 수민이는 엄마에게 다음과 같이 말했다. "제 앞에 앉아있던 아이가 저를 이상하게 째려보았어요. 다음에는 그 애 근처에는 가지도 않을거예요." 이 때 실제로 일어난 사건을 기반으로 하여 수민이를 수인하는 반응은 "그래. 엄마라도 그런 경험을 했으면 그 아이의 근처에 가고 싶지 않을 것 같아. 네가 말할 때 그 아이가 정말 이상하게 쳐다보더라." 그러나 수민이 엄마는 정직하게 말하는 것 같지만 비수인적 반응을 할 수도 있다. "네가 수줍움을 많이 타니까 새로 온 사람이 있으면 크게 말하는 것이 매우 어려울 거야." 이런 말은 현재 발생한 특정행동이 과거에 보여졌던 수민이의 성향이나 특성 때문에 발생한 것이라는 뜻을 담고 있기 때문에 비수인적으로 느끼게 만들 수 있다.

(6) 상대방을 언어적(혹은 비언어적으로) 진지하게 생각하고 있다는 반응을 보여주세요. 언어를 통해서만 수인하는 마음을 전달할 수 있는 것은 아니다. 누군가 울 때, 휴지 한 장을 주고 안아주는 것이 수인일 수 있다. 화재 현장에서 소방관이 창문에 매달려 "나는 지금 불에 타고 있어요! 구해주세요!"라고 소리지를 때 "정말 고통이 심하겠군요."라고 말한다고 상상해보세요. 수인적 반응은 즉시 사다리에 올라 그 사람을 구하는 것이다. "나는 지금 목이 말라요."라고 말한다면 물을 한 잔 주는 것이 수인하기이다. 친구나 가족이 "난 지금 정말 심각해."라고 말한다면 경청만으로도 충분한 수인이 될 수도 있다. 또한 "내가 어떻게 도와줄 수 있을까? 그 문제를 우리 같이 해결해 볼까? 아니면 너의 이야기를 들어주는 것이 도움이 되겠니?"라는 질문을 하는 것만으로도 수인하는 느낌을 전달할 수 있다.

1. 동의하지 않고 어떻게 수인할 수 있을까?

사람들은 동의하지 않고 수인하는 것에 대하여 혼돈하는 경우가 많다. 예를 들어 많은 부모들은 자녀가 집에 늦게 들어오는 것에 동의하지 않기 때문에 "안돼"라고 말하게 되는데, 이 때 자녀가 늦게 들어오고 싶다는 요청을 수인할 수 없다고 생각한다.

🗨 **토의사항 |** "자녀가 늦게 들어오고 싶다는 말에 동의하지 않으면서 집에 늦게 들어오고자 하는 아이의 소망을 수인하는 방법이 있을까요?" 참여자들이 좋은 예를 들지 못하면, 리더는 다음의 예를 들어준다. "'네가 늦게까지 친구들과 재미있게 놀고오고 싶은 것은 알겠지만, 정상적으로 학업을 할 수 있을 때까지는 통금시간을 연장할 수 없다는 것에 너도 동의 했었지?'라고 말할 수 있습니다. 청소년 역시 보호자에게 '제가 공부에 대한 약속을 지키지 못해서 늦게까지 밖에서 놀 수 없다는 것은 알겠어요. 그렇지만 조금 늦게까지 친구들과 같이 있지 못하게 하는 건, 정말 실망스럽

네요.'라고 말할 수 있습니다."

2. 이해할 수 없는 것을 어떻게 수인할 수 있을까?

참여자들 가운데는 상대방의 관점을 이해할 수 없는데 어떻게 수인할 수 있는지 묻기도 한다. 다시 말하면 상대방의 감정이나 행동이 전혀 이해할 수 없다는 것이다. 예를 들어 한 부모는 자녀의 부적응적 행동이나 극단적인 감정적 격정을 이해할 수 없다고 말한다. 리더는 이때 수인하기를 모델링 할 수 있는 좋은 기회로 삼아서 그 부모에게 다음과 같이 말할 수 있다. "이해하는 것이 정말 어렵죠. 정말 그래요." 리더는 또한 다음과 같이 말한다. "자녀는 자신의 부적응적인 행동 이외에 다른 방법을 찾을 수 없을 만큼 심한 고통이 있었을 겁니다. 그러한 행동이 그 당시에는 아마도 논리적인 행동이었을 거예요."

만일 부모가 자녀의 행동을 이해하지 못한다면 리더는 청소년의 감정적 경험을 수인해 보도록 요청한다. "부모님께서 자녀의 부적응적 행동이 해결책이라고 생각해서 하고 있다는 것을 이해할 수 없다면 자녀에게 우선 '네가 정말 심한 고통을 겪고 있구나' 라고 말하는 것부터 시작해보십시오." 부모는 자녀의 행동충동을 수인하는 것이 아니라 그 감정만 수인하게 된다. 이렇게 하면 청소년 자녀는 부모가 적어도 자신의 경험 중 일부분은 이해하고 있다고 느낄 수 있게 된다.

또 다른 전략으로는 "네가 말하는 것을 들어보면 너의 입장을 이해해달라는 것 같구나. 정말 나도 너를 이해하고 싶은데 그렇게 할 수가 없어. 계속 대화를 하도록 하자 그래서 내가 너를 이해할 수 있었으면 좋겠구나." 라고 말한다.

같은 방식으로 청소년 역시 부모의 감정과 의사결정 방식을 이해하지 못한다고 생각하기도 한다. 스킬그룹에 참여하는 청소년에게 온화한 톤으로 다음의 질문을 하도록 한다. "엄마, 제가 친구와 같이 클럽에 가는 것을 허락하지 않은 것을 정말 이해를 못하겠어요. 아직도 이해가 안되고요. 다시 한 번 그 이유에 대해서 설명해 주실 수 있나요?" 라고 말해보도록 한다.

이러한 형태의 수인적 의사소통은 무판단적인 방식으로 상대방의 감정이나 행동이 타당한 것인지를 평가하는 것이 아니라 각자의 이해의 부족이 문제라는 것을 전달 할 수 있다.

F. 우리 자신을 수인하기

중도의 길 걷기 자료 10. "자기–수인하기" 자료를 보게 할 것

감정조절장애를 겪고 있는 청소년들은 대부분 자신을 수인하지 않는다. 그들은 자기 자신이 한 경험에 대해서도 판단적 태도를 갖는다. "나는 그것에 대해서 슬퍼해서는 안돼.", "화내는 것은 정

말 멍청한 일이야." 또는 "겨우 이 문제를 어렵게 느끼는 건 말이 안돼." 등이 자기–비수인의 예이다. 이런 형태의 자기–비수인은 비수인적 환경에서 나온 반응을 모델링하면서 나오는 경우가 많다. 때로는 이 자기–비수인 반응은 우울한 렌즈로 세상을 바라보는 것에서 나오기도 한다.

자신을 수인하는 법을 배우는 것은 매우 중요하다. 자기–수인화는 무판단적 관찰과 기술, 우리 자신의 감정을 수인하는 것, 우리의 감정과 생각, 행동이 올바른 것이고 특정한 상황에서 이해가 된다는 것을 인정하는 것이다. 자기–수인화는 또한 타인에 대한 수인과 연관되어 있다. 부모는 청소년 자녀가 자신을 수인할 수 있도록 도와주어야 한다. 특히 자녀가 스스로 안심하기 위해, 부모로부터 안심이 되는 말을 끊임없이 듣고 싶어하는 경우에는 더욱 그렇다.

1. 왜 자신을 수인해야 할까?

우리 자신을 수인하게 되면 신체적, 감정적 흥분 반응을 줄일 수 있고(매우 차분해진다). 감정적 마음 상태로 가는 유약성을 줄일 수 있으며, 그렇게 함으로써 지혜로운 마음 상태에 이를 수 있다. 또한 정보를 잘 처리하여 효과적인 반응을 할 수 있는 능력을 증진시킨다.

준석이의 예로 다시 돌아가보자. 준석이는 선생님에게 의도적으로 주의분산을 시키려고 하고, 관심을 끌고자 한다라는 말을 들은 후에 매우 화가 났지만 스스로 자신은 주의 집중을 하고 잘 행동하려는 좋은 의도를 가지고 있었다는 것을 생각해낼 수 있다. 눈물이 솟구쳐 올라올 때 마음 속으로 이렇게 생각할 수 있다. "이건 심각한 일은 아니야. 왜 내가 이렇게 화가 나야 하지?"와 같은 형태의 비수인적 반응을 스스로에게 한다면 부정적 감정은 증폭되고 남은 수업시간 동안에는 주의집중을 할 수 없게 될 것이다.

🗨 **토의사항** | "준석이가 스스로를 수용하기 위해서는 어떤 말을 해야 할까요?" 필요하다면 리더는 다음과 같이 말한다. "준석이는 스스로에게 이렇게 말할 수 있을 겁니다. '분명히 내가 한 행동은 의도적인 것은 아니야. 나는 분명 주의집중하려고 했고 할 수 있는 한 최선을 다 했어. 그렇지만 선생님은 그걸 보지 않았고, 그래서 내가 화가나는 거야! 나는 계속 주의집중을 할 것이고 수업이 끝난 다음에 선생님께 말씀드릴 거야.'"

리더는 아래에 있는 자신과 타인을 수인하는 연습을 참여자가 하도록 지시한다.

👥 연습하기(자기 수인하기)

참여자에게 과거에 있었던 일 중에 자기 수인을 했던 예를 간략히 말하게 한다.

👥 연습하기(다른 사람 수인하기)

그룹리더는 모든 참여자에게 돌아가며 수인적인 말을 해주거나, 모든 참여자가 서로에게 수인적인 말을 하게 한다. 또는 부모(보호자)가 자신의 자녀를 수인하고, 자녀는 부모를 수인하며, 또래끼리 서로 수인할 수 있도록 한다. 아래에 기술한 수인적 진술들을 사용해 보도록 한다. 필요하다면 그룹 리더와 구성원은 다른 수인적 진술을 만들 수 있다. 리더는 큰 소리로 진술들을 읽거나 진술이 적힌 종이를 그릇에 담아, 하나씩 집어서 읽게 할 수 있다. 리더는 이 때 수인적 반응을 하려는 내담자의 시도를 잘 듣고, 필요하다면 행동조형을 하거나 코칭하여 수인하기 스킬을 '이끌어내도록' 한다 (3장 참고). 참여자의 반응에 피드백을 준 후에는 다시 한번 참여자가 시도하도록 기회를 준다. 그렇게 하지 않으면 참여자들은 수인하기 스킬을 이해했다고 생각하지만 실제로는 습득하지 못했을 수 있다. 이 수인하기는 DBT에서 가족들에게 가장 중요한 스킬이다.

청소년이 수인할 수 있는 부모(보호자)의 수인적 진술
- "친구 모임에서는 술을 마신다고 하는데, 모임이 끝나고 친구가 데려다 준다고 하니 너무 걱정이 되는구나."
- "아빠가 빨리 일을 끝내야 하는데, 너가 음악을 크게 틀어놓으니까 주의가 산만해져서 일하기가 어려워."
- "엄마는 이 부분이 너무 속상해!"
- "지금 엄마가 동생 숙제를 봐줘야 해서, 너를 데려다 줄 수가 없구나."

보호자가 수인할 수 있는 청소년의 진술
- "제가 친구 생일선물을 사려고 용돈을 다 써버려서 돈이 없어요[울기 시작함]"
- "오늘 친구와 싸워서 기분이 좋지 않아요."
- "제가 친구들 중에서 통금시간이 가장 빨라서 진짜 창피해요."
- "지금 방학이잖아요. 놀고 싶고, 지금 숙제를 할 기분이 아니에요."
- "수련회에서 만났던 친구가 너무 보고 싶어요(울음)."

또래 친구가 수인할 수 있는 청소년의 수인적 진술
- "오늘 공부할 것이 너무 많아. 공부하지 않으면 시험에 망칠것 같아서 오늘은 나가서 놀 수가 없어."
- "그 친구들을 같이 만났는데, 나한데 재수없게 굴던데."
- "부모님이 수련회에 못가게해서 정말 화가 나."
- "지난 주말에 내가 집에서 문제를 일으켜서 오늘 나갈 기분이 아니야."

누구에게나 할 수 있는 수인적 진술

- "도착하는데 시간이 너무 많이 걸리네요. 지금 차가 막혀서 빠져나오지 못하고 있어요."
- "개들 때문에 항상 깜짝 놀라서, 너무 싫어요."
- "커피를 키보드에 쏟아버렸어요."
- "친구가 오기로 했는데 집이 너무 지저분해서 스트레스가 쌓여요."

🧑‍🤝‍🧑 연습하기(다른 사람 수인하기)

참여자들에게 아래 시나리오를 주고 이 시나리오에 대한 수인적 반응과 비수인적 반응을 하게 한다. 혹은 그룹리더가 시나리오를 사용하여 어떻게 수인하기 스킬을 사용하는지 역할극으로 보여준다. 공동리더는 이 때 두 역할을 같이 하도록 한다.

시나리오: 한 학생이 과외활동으로 축구부에 들어갔다. 부모는 과외활동으로 축구부에 들어가면 많은 노력과 시간을 들것이라고 경고하였다. 그 아이는 2주가 지난 뒤 축구 연습 때문에 친구들과 놀지 못한다는 것을 알게 되었고, 불평하기 시작했다. "이건 정말 불공평해! 왜 내가 지금 축구 연습을 하러 가야하지? 연습한답시고 운동장을 몇 바퀴나 뛰게하고, 집에 늦게 들어오고. 지쳐서 숙제도 못하겠단 말이야!"

그룹에 질문하기: 이 시나리오에 대해 어떤 비수인적 반응을 하시겠어요?

예: "그러니까 엄마가 이렇게 될 거라고 말하지 않았니!", "네가 먼저 약속했으면 반드시 연습하러 가야 하는 거야!", "그래 좋아, 하기 싫으면 하지마. 그렇지만 더 이상 스포츠 팀에 들어간다는 말 하지마."

그룹에 질문하기: 이렇게 말하면 어떻게 될까요? 이 상황에서 어떤 수인적 반응을 할 수 있을까요? 수인적이면서도 동시에 다이어렉티컬 할 수는 없을까요? 예를 들어보겠습니다. "네 이야기를 들어보니 정말 힘들겠다. 압박도 많이 심하겠고. 그런데 네가 약속한 것이니까 잘 지키는 것이 좋을 것 같아."

리더가 비수인적인 태도로 역할극하기

청소년: 난 몰라요. 이제 하기 싫어요.

부모: 그래? 참 안됐네! 네가 원해서 축구부에 들어가기로 했고 축구 장비를 사기 위해 돈도 많이 쓰고, 예비선발 경기에도 여러 차례 데리고 갔는데 이게 뭐니?

청소년: 난 이제 그만 갈래요.

부모: 너무 심한 행동이라고 생각 안하니?

청소년: 짜증나!(방에서 뛰쳐나가 울기 시작함).

리더가 수인적 태도로 역할극하기

청소년: 너무 화나요. 목요일에 친구들끼리 놀러가기로 했는데 축구 연습 때문에 갈 수가 없어요. 제 친구들은 모두 거기에 간다고요.

부모: 정말? 어떡하니. 안타깝네.

청소년: 맞아요. 이제 축구 연습같은 것 하고 싶지도 않아요! 가면 맨날 운동장이나 뛰게 하고 늦게까지 연습해야 해서 숙제할 시간도 없고 집에 늦게 도착하면 너무 힘들어요! 제가 아무것도 할 수가 없어요.

부모: 정말 힘들어 보이는구나. 스트레스도 심한 상태인 것 같네.

청소년: 맞아요. 스트레스가 너무 심해요.

부모: 그래. 그럴 것 같아. 네가 축구부에서 잘 하고 싶어도 그 많은 연습과 수고를 해야하는데 그것이 결코 쉬운 것은 아니지…

청소년: (차분해지면서) 맞아요. 제 생각에는 그래도 가는게 맞는 것 같아요. 제가 축구부에서 중요한 포지션을 맡을 수 있다는게 자랑스럽기도 하고요. 지금 그냥 너무 힘들어요.

부모: 맞아. 굉장히 힘든 일이지. 이번이 지금까지 네가 한 약속들 중 가장 큰 약속인 것 같아.

청소년: 제 생각에는 같이 축구부에 있는 친구들 역시 같은 경험을 하고 있을 것 같아요. 축구부 멤버가 되는 것이 참 좋은 것 같네요.

부모: 어떤 팀에 있다는 것은 참 좋은 것이지. 잘 해결하고 헤쳐 나갈 수 있을 거야. 시간 관리를 잘해야 하고, 희생해야 하는 것도 있을 거야. 적응 기간이 필요하겠지만, 잘 할 수 있을 거야.

청소년: 네! 열심히 해볼게요. 고마워요. 엄마!(축구 연습에 갈 준비를 한다).

💬 **토의사항** | "달라진 점이 무엇인가요? 결과가 왜 다르게 나타났을까요? 청소년이 수인받지 못했을 때, 어떤 감정상태가 되었으며, 부모가 수인했을 때는 무슨 일이 일어났나요? 첫 번째 시나리오에서는 청소년의 감정과 극단적 입장이 증폭되었습니다. 두 번째 시나리오에서 청소년은 차분해졌고, 자신의 지혜로운 마음에 접근할 수 있었던 것으로 보입니다. 혹시라도 그 아이가 결국 축구부를 그만두기 원하더라도 첫 번째 시나리오와 같이 부모-청소년 갈등으로 인한 충동적 결정을 하지는 않게 될 것입니다."라고 설명한다.

G. 수인하기를 교육할 때 어려운 점

수인하기 스킬을 교육할 때에는 GIVE 스킬을 교육할 때와 유사한 문제가 발생한다(제10장 대인관계 효율성 참고). 참여자들이 역할극에서 수인하기 연습을 하고, 다음 스킬훈련 회기에 오기 전까지 수인하기 숙제를 보고할 때 발생할 수 있는 문제에 주의할 것. 수인하기를 잘못 사용하면 이를 지적하고 수정할 것.

- 부모는 다음과 같은 질문을 할 수 있다. "수인하기를 하면 내가 전달하려는 메시지가 약해지거나 문제를 피하거나 용서한 것으로 알면 어떻게 하나요?" 수인하기는 부모가 전달하려는 메세지를 약화시키거나 아이의 입장에 동의하는 것을 말하지 않는다. 위에 있는 축구부의 예에서 보듯이 부모가 자녀의 감정을 수인할 때 부모의 위치는 오히려 강화되고 자녀는 상황을 달리 볼 수 있는 기회를 갖게 된다. 또한 부모는 자녀가 축구팀을 그만두려는 것에 동의하지 않으면서 청소년의 감정적 반응을 이해하고 있다는 느낌을 전할 수 있다.

- 참여자가 종종 수인하기를 안심시키거나 칭찬하기, 듣기 좋은 말을 하는 것과 혼돈할 수 있다. 예를 들어 청소년이 "난 분명 시험을 망쳤어. 시험이 너무 어려웠어." 이에 대해 안심시키는 반응은 "그렇지 않을 거야. 그렇더라도 이 시험은 최종 성적의 10%만 영향을 미치는 거야"일 것이다. 칭찬하는 반응은 "너는 정말 잘했어. 항상 그렇게 해왔으니까. 너는 똑똑하잖아!"일 것이다. 안심시키기와 칭찬하기는 지지적이기도 하지만 실제로는 비수인적으로 느끼게 만들어 감정적으로 격앙된 대화로 이어질 수 있다. 반면에 수인적 반응은 "시험을 잘 못봤다고 생각하면 화가 나겠다"와 같은 반응이다.

- 사람들은 자신의 경험을 말하면서 다른 사람을 이해한다는 것을 보여주려고 할 때가 있다. 예를 들어 한 청소년이 "오늘 정말 최악이야. 내가 책임감 있는 행동을 하려고 옆에 있는 아이에게 숙제가 무엇인지 물어봤는데 선생님이 나에게 소리를 질렀어!" 그 이야기를 듣고 있던 친구는 다음과 같이 말했다. "나도 그랬어. 난 집에서 학원 숙제 잘 못했다고 엄마가 나한테 소리를 질렀어!" 두 번째에 말한 사람은 좋은 의도가 있지만 처음에 말한 사람의 감정을 인정하기보다는 자신에게 주의를 돌리는 결과를 초래하게 된다. 또 어떤 청소년이 "영어과목에서 C를 받아서 화가 나요."라고 말할 때 부모는 "네가 화가 난다고? 그럼 우리는 어떻겠니?"라고 응답하기도 한다. 이러한 반응은 청소년과의 의사소통을 차단하는 결과를 낳는

다. 좀 더 수인적인 반응은 "그래 정말 짜증나겠구나. 그래서 어떻게 되었니?"와 같은 것이 될 수 있다.

- 감정에 수인하기보다 논리적으로 생각하는 법을 가르치려고 한다. 청소년이 울면서 "제주도에 간 가족 여행이 너무 그리워서 슬퍼요!"라고 말할 때 부모가 "바보같은 소리하네! 거기에서 일주일 내내 있었는데 이렇게 마음 상해 하면 다음에 어떻게 데려가겠니!" 이러한 말은 감정을 격화시키고 의사소통하려는 노력이 처벌되어, 추후에 청소년이 다가가는 것을 제한하는 결과를 초래한다. 즉, 부모는 휴가 중에 있었던 긍정적인 경험에 대하여 자녀와 연결 고리를 찾을 기회를 갖지 못하게 되는 것이다. 이 때 수인적 반응은 "정말 제주도 여행 재미있었지! 재미있게 휴가를 보낸 이후 집에 다시 돌아오는 것은 쉽지 않지. 네가 그곳을 그리워하는 걸 이해해"와 같은 것이다.

- 말한 사람의 감정에 집중하기보다 의사소통에서 전달된 문제에만 집중한다. 한 엄마가 "내가 미경이를 차로 학원에 데려다 주고 가려다 보니 준석이를 오래 기다리게 했어요. 준석이가 화가 많이 났더라구요. 미안하고 죄책감도 들고 그래요."라고 말했을 때 아빠가 "그러니까 미리 문자라도 보냈어야지. 다음 번에는 미리 문자를 보내는 걸 잊지 마."라고 응답하는 것이 이러한 예이다.

Ⅲ. 숙제 내주기

중도의 길 걷기 자료 11. "연습하기: 나와 다른 사람 수인하기"를 숙제로 내준다.

자신과 다른 사람에게 적용할 수 있는 비수인적 진술 한 개와 수인적 진술 두 개를 만들어 보세요. 자신과 다른 사람을 효과적으로 수인하기 전에 비수인적 진술을 먼저 생각하고 적어야 합니다. 그렇게 해야 참여자들의 마음 속에 들어오는 어떠한 비수인적 진술도 자각하고 점검할 수 있습니다. 한 주 동안 하나의 상황에서 자신과 다른 사람에게 수인하기 스킬을 사용하여 수인적 진술을 만들고 기록하십시오.

회기 3

마인드풀니스 연습하기
. . . .
숙제 리뷰하기
. . . .
쉬는 시간
. . . .

I. 행동 변화(Behavior Change)

A. 행동 변화 스킬과 이론적 배경에 대한 오리엔테이션

여러분 중에 가족들 때문에 불만스러워서 과도하게 잔소리를 하거나, 똑같은 말을 반복하거나 비난하기, 또는 소리지르거나 과도하게 감정적으로 될 때가 있나요? 그렇게 하는 것이 도움이 되나요? 그렇게 하면 다른 사람이 여러분이 원하는 것을 하나요? 과도하게 감정적이거나 소리 지르기 혹은 가르치듯이 말하는 것은 새로운 행동을 가르치지 못하기 때문에 효과적이지 않습니다. 오히려 그렇게 하게 되면, 통제 불가능한 상태를 상대방이 모델링하게 되고, 흥분하게 만들고 갈등을 증폭시키게 됩니다. 이 회기에서는 여러분과 다른 사람의 행동을 변화시키는 효과적인 방법을 배우게 될 것입니다.

참여자 중 한 사람에게 중도의 길 걷기 자료 12. "행동 변화"에 있는 행동 변화 스킬의 정의를 읽게 한다. "행동 변화란 우리가 원하는 행동을 증가시키고 우리 자신과 다른 사람이 원하지 않는 행동은 줄이는 전략을 말합니다." 다 읽은 후에 리더는 차분하게 그 참여자에게 이 말을 다시 크게 읽어 모두가 들을 수 있도록 하라고 요청한다. 이 정의를 다시 읽고 나서, 리더는 읽은 사람에게 작은 사탕을 건네면서 "큰 목소리로 정말 잘 읽었어요."라고 말한다.

크게 읽은 사람이 사탕을 좋아한다는 가정 하에, 제가 한 이 행동은 크게 읽는 행동을 정적으로 강화(보상)한 것입니다. 이것이 다른 사람의 행동을 바꾸는 가장 효과적인 방법 중에 하나입니다.

B. 어떤 행동을 변화시키고 싶은가요?

💬 **토의사항** | 그룹참여자에게 자신이나 타인의 어떤 행동을 변화시키고 싶은지 물어본다. 두세 개의

간단한 예를 끌어내어 다른 사람에게서 어떠한 행동을 변화시키고 싶은지 말하도록 한다. 예를 들어 다른 사람에게 잔소리를 덜 하게 하는 것, 경청을 많이 하는 것, 자녀가 방을 깨끗이 치우는 것, 더 많은 특권을 주는 것, 숙제를 잘 하는 것 등. 자신에게는 운동을 하거나, 식사를 적게 하는 것, 소리 지르지 않는 것, 경청하는 것, 즐거운 활동을 하는 것(음악, 스포츠 등), 미루지 않는 것 등이 포함될 것이다.

변화시키고자 하는 행동은 반드시 구체적이고 측정가능한 것이어야 합니다. "나는 행복감을 증진하고 싶어" 대신에 즐거움을 일으키는 구체적인 활동이나 행사 혹은 상황을 생각하고, 농구를 더 많이 하기, 피아노 연습하기, 친구 만나기 등을 증가하도록 구체화 합니다.

행동 변화 스킬을 적용하면 여러분은

- 원하는 행동을 증가시킬 수 있는, 긍정적 강화 방법을 배우게 됩니다.
- 원하는 방향으로 변화시키기 위해 목표를 작은 단계를 나누어 강화하는 방법을 배우게 됩니다.
- 특정 행동을 무시하여 원하지 않는 행동을 줄이는 방법을 배우게 됩니다.
- 결과에 대한 책임을 지게함으로써 특정 행동을 줄이는 방법을 배우게 됩니다.

1. 긍정적인 양육 방식 전략

청소년 자녀에게 부모가 원하는 행동을 증진시키는 최고의 방법은 자녀들이 올바르게 행동하는 것을 자각하는 대로 긍정적인 피드백을 주는 것이다. 또한 청소년 자녀와 긍정적이고 즐겁고 여유로운 시간을 같이 보내고 그들의 말을 적극적으로 경청하는 것이다. 이러한 긍정적인 양육방식 전략은 청소년 자녀가 잘못된 행동을 했을 때 부정적 피드백을 주거나 처벌하는 것보다 훨씬 효과적이다. [감정조절 스킬 자료 17. "즐거운 활동 리스트"를 배운 사람에게는 이것을 상기시킬 것.]

토의사항 | "청소년과 부모님 여러분. 서로 긍정적인 시간을 더 많이 보내고 긍정적인 피드백을 듣고 싶으신가요? 대부분의 대화나 상호작용이 부정적인가요?" DBT 치료를 처음 시작할 당시에는 서로 간의 상호작용은 매우 부정적일 것이다. 앞으로 설명할 스킬이 도움을 줄 것이라고 설명한다.

C. 행동을 증진시키는 방법: 강화(Reinforcement)

중도의 길 걷기 자료 13. "긍정적 행동 증진시키기"를 보게 할 것.

어떤 행동을 증진시키는 효과적인 방법은 강화를 하는 것입니다. 강화물이란 특정 행동을 증가시키는 결과물입니다. 강화물은 좋아하는 것이나 가치 있는 것, 예를 들면 제가 전에 드렸던 사탕 같은 것이 될 수 있습니다. 강화물은 다른 사람(혹은 자신)에게 여러분이 원하는 것을 그 사람이 했다는 것을 말해줍니다.

- **즉각적 강화.** 강화에 있어 타이밍은 매우 중요합니다. 강화물은 원하는 행동을 하는 즉시 주어져야만 합니다. 너무 오래 기다리면 강화물은 그 행동과 연관성을 상실하게 됩니다. 다시 말하면 테니스를 할 때 백핸드를 증진시킨다고 생각해보세요. 올바른 자세를 한 직후에 "스윙이 정말 좋아요!"라는 말을 듣고 싶지, 30번의 스윙 후에 "14번째 스윙이 아주 좋았어요."라는 말을 듣고 싶지 않을 것입니다.
- **동기를 유발할 수 있어야 한다.** 강화물은 여러분이나 다른 사람이 무언가를 해서 얻어낼 수 있는 것이어야 합니다. 접시에 놓인 싱싱한 브로콜리가 모든 사람에게 동기를 유발하는 강화물이 될 수는 없습니다. 동기를 유발시키는 강화물의 예는 중요한 프로젝트가 끝난 후 특별한 레스토랑에서 저녁식사를 하거나 좋은 음악을 받는 것 같은 것을 포함합니다.
- **두 종류의 강화.** 두 종류의 강화가 있습니다. 두 가지 모두 행동을 증가시킬 수 있습니다. 정적 강화는 보상을 주는 것과 같이 보상적 결과물을 추가해주는 것입니다. 부적 강화는 무언가 즐겁지 않은 어떤 것을 제거하여 그 결과물로 안도감을 갖게 하는 것을 말합니다.

1. 정적 강화(Positive Reinforcement)

정적 강화는 보상을 추가하여 행동을 증진시키는 것을 말합니다. 예를 들면 강아지가 앉았을 때 비스킷을 주면, 강아지는 명령을 했을 때 앉는 자세를 더 많이 취하게 될 것입니다. 어린 아이가 정중하게 부탁하도록 "고마워요", "제발"이라는 말을 할 때, "잘했어"라고 말하면 아이는 그 행동을 더 많이 할 것입니다. 강화물은 행동에 동기를 유발하여 다른 사람의 행동을 증가시키기 위해 사용할 수 있습니다. 가족에게 어떠한 것이 동기를 유발시키는지 물어보세요.

a. 정적 강화하는 법

정적 강화는 (1)진솔하고, 간결하고 짧아야 합니다. (2)미루지 않고 즉각적이어야 합니다. (3)비판과 연합되어서는 안됩니다. 좋은 행동만을 강화해야 합니다. 다른 사람들이 해야만 하는 것을 할 때는 무시하다가 잘 못하고 있을 때만 관심을 기울일 때가 있습니다!

💬 **토의사항** | "각각 다른 것들이, 다른 시기에, 다른 사람에게 강화의 역할을 하게 됩니다. 얼마나 많은 사람들에게 커피가 강화물의 역할을 할까요? 이 방에서 커피를 좋아하는 사람에게는 매 시간 마시는 커피가 강화물의 충분한 역할을 하고 있지 않나요? 큰 잔으로 두 컵의 커피는 어떤 가요? 잠자기 전의 커피는 어떤가요?" 참여자들이 간략하게 논의하도록 한다. 모든 사람들이 커피를

좋아하는 것은 아니고 커피를 좋아하는 사람이더라도 특정한 시간을 다른 사람보다 선호한다는 것을 드러내도록 할 것. "여러분이 선택한 강화물이 강화하고자 하는 그 대상에게 동기를 유발해야 한다는 것을 잊지 마십시오."

b. 정적 강화물의 예

다른 사람을 강화하기 위해 여러분이 할 수 있는 몇 가지의 안을 제시하도록 하겠습니다. [Barkley, Edwards, & Robins, 1999] 아래 예들이 부모와 가족에 집중되어 있지만 실제로 누구에게나 적용되어 강화할 수 있습니다.

청소년을 위한 강화물
- 특권 (한 시간 동안 전자기기 사용, 스포츠 용품 사기, 차 타기, 친구와 놀기)
- 칭찬 ("네가 동생의 수학 시험 준비를 위한 공부를 도와주어서 너무 좋구나.", "피아노 연습에 열심히 노력하는 모습이 너무 자랑스러워.", "도와줘서 고마워!")
- 돈 (집안 일을 도와줄 때 용돈을 주거나 원하는 것을 살 수 있게 돈을 보태는 것)
- 시간을 함께 보내고 관심 갖기 (학교 프로젝트를 할 때 도움 주기, 아이가 원하는 게임을 같이 하기, 같이 재미있는 시간 보내기, 경청하기)

부모를 위한 강화물
- 칭찬하기 ("엄마가 흥분하지 않은 거 정말 잘했어요.")
- 인정하기 ("저를 데리러 와 주셔서 고마워요")
- 시간을 함께 보내고 관심 갖기
- 집안 일 도와 주기 (설거지 하기, 부엌 청소 돕기)
- 보살펴 주기

👥 연습하기

돌아가면서 참여자들이 자신에게 정적 강화가 되는 것 하나를 말하게 한다. 여기에는 칭찬하기 관심주기, 돈, 보살펴 주기, TV, 휴식, 새 옷, 화장하기, 악세서리, 스포츠 용품, 특정 음식, 커피, 목표 달성(좋은 성적, 깨끗한 방 등)을 포함할 수 있다.

c. 무엇을 강화할 것인가?
- 청소년 자녀의 행동을 강화하는 예. 분노를 표출할 때 소리지르거나 던지지 않고 차분히 표

현하기, 부모와 같이 시간 보내기, 정시에 특정한 곳에 가기, 문제가 더 커지기 전에 미리 부모님과 상의하기, 열심히 공부하기, 집안일 거들기, 부모님에게 어디에 가는지 문자 보내기, 통금 시간 지키기, 규칙 따르기.

- **부모의 행동을 강화하는 예.** 강화는 부모가 아이들에게만 적용하는 것이 아니라는 것을 유의할 것. 소리지르거나 물건을 던지지 않고 분노를 말로 표현하기, 자녀와 시간 보내기, 자녀의 문제해결 돕기, 자녀의 말 경청하고 수인하기, 자녀를 원하는 곳에 데려다 주고 데리고 오기, 정시에 마중나가서 데려오기, 필요한 것을 사주기, 자녀의 일상에 관여하기, 지나치게 스트레스 받지 않기, 더 많은 자유를 주고 신뢰하기.

d. 정적 강화를 주지 않을 때

강화는 증가되기를 원하는 행동만 강화해야 합니다. 때로는 정적 강화를 주지 않는 것이 중요합니다. 특히 부적응적인 행동이 증가되는 것을 강화해서는 안됩니다. 예를 들어 어떤 사람의 자해행동이 증가될 때에는 상해 정도나 위험도에 대해 관찰하고, 진지한 관심을 기울이는 것이 중요합니다. 날카로운 물체나 약물을 안전한 곳에 두고, 필요한 의료적 처치를 받도록 합니다. 그렇지만 이전과 달리 지나치게 따뜻한 반응이나 더 많은 시간을 함께 보내고 맛있는 디저트, 특별한 선물을 주는 행동을 해서는 안됩니다. 이러한 것은 자해행동을 증가시킬 수 있습니다.

💬 **토의사항 |** "여러분 스스로 증가시키고자 하는 행동의 정적 강화물은 무엇입니까? 그렇게 하기 위하여 무엇을 할 수 있을까요?" 이에 대한 답으로 참여자들이 강화물로 작고 현실적이고 안전하며 나이에 맞는 것을 고르도록 지도한다. 예를 들어 청소년이 자동차, 많은 돈, 음주, 늦게까지 친구와 어울리는 것을 선택하지 않도록 한다. 또한 돈을 떠나 부모님과 함께 시간 보내는 것같은 의미 있는 강화물을 찾아본다. 또한 포만의 개념을 설명해주면서 한두 번 정도 강화했던 것들을 너무 많이 주게 되면 강화물의 기능을 상실하고 오히려 더 혐오스러울 수 있다는 것을 알려준다. 예를 들어 많은 음식을 먹은 후에는 더 이상 음식이 강화물의 역할을 하지 않고, 보살핌도 너무 많이 받게 되면 보상의 역할을 하지 못한다. 오직 정량의 강화물이 주어졌을 때에만 강화물의 역할을 한다. 칭찬의 경우도 마찬가지다. 청소년에게 이와 연관된 예를 이끌어내도록 한다.

2. 부적 강화(Negative Reinforcement)

부적 강화란 행동을 증가시키지만 다른 방식으로 하는 것이다. 부적 강화를 기억하는 가장 좋은 방법은 안도감이라는 용어와 연관시키는 것이다. 부적 강화는 무언가 혐오스럽거나 불쾌함을 주는 것을 제거하여 행동을 증가시키는 것을 말한다.

- **부적 강화의 예.** 두통을 없애기 위해 아스피린을 먹는 것, 엄마가 잔소리하기 전에 방을 치우는 것, 부정적 감정을 감소시키기 위하여 자해 행동을 하는 것, 어린 자녀가 짜증내는 것을 막기 위해 무언가를 사주는 것. 이러한 행동 즉, 아스피린을 먹는 것이나 짜증내는 아이에게 무언가를 사주는 행동은 안도감을 주게 되어 특정 행동이 증가하게 된다.
- **유해한 부적 강화물.** 자해 행동 같은 유해한 대처 전략은 부정적인 강화를 하게 된다. 어떤 사람들은 감정적 혹은 신체적 고통에서 안도감을 느끼기 위해 위험한 행동을 하기도 한다. 이런 위험한 행동은 빨리 기분이 좋아지고 쉽게 사용할 수 있으며 이 행동 이외에 다른 방식을 모를 때 사용하게 된다. 이러한 것의 예는 흡연, 음주, SNS에 부적절한 사진을 올리거나 감정 상태를 알리는 것, 과도하게 돈을 쓰는 것, 학교를 빠지는 것, 자해 행동 등이 포함된다.

💬 **토의사항** | "고통에서 안도감(부적 강화)보다 더 효과적인 대처 전략은 없을까요?"라고 묻고, 참여자들이 대답하게 한다. 안도감을 얻을 수 있는 것에는 고통감내 스킬이나 마인드풀니스 연습, 즐거운 활동하기와 같은 감정조절 스킬이 있다.

💬 **토의사항** | 그룹리더는 불편하게 하는 것들이나 고통을 느끼는 예를 소개하고 허리가 아플 때 마사지를 받아서 나아지는 경험을 소개하도록 한다. 이렇게 해서 고통이 경감되면 추후에도 마사지를 더 많이 받을 확률이 높다. 그리고 리더는 참여자에게 부모님의 지나친 잔소리와 같이 지금 나아지거나 사라졌으면 하는 불편한 상황을 파악하게 한다. 어떤 새로운 행동이 이러한 불편감을 낮출 수 있을까? 청소년이 자신의 방을 스스로 치워서 부모님의 잔소리가 줄어든다면, 더 자주 방을 치우게 될 것이다. 그룹에서 한 두 개의 예를 끌어내도록 한다.

- **강화물은 도움이 되기도 하지만 해롭기도 하다.** 정적 강화나 부적 강화는 적응적이거나 부적응적인 방식으로 적용될 수 있다. 예를 들어 사람들은 새로운 음악을 다운로드 받는 것으로 스스로를 강화하거나, 술에 만취하는 것을 스스로 강화할 수도 있다.

3. 조형하기(Shaping)

원하는 대로 행동을 변화시키기 위해서는 시간과 노력이 들고 여러 단계가 필요하며(연구 보고서를 끝내는 것, 습관을 바꾸는 것), 때로는 이 과정의 맨 마지막에 정적 강화를 하는 것이 효과적이지 않을 수도 있다. 모든 것은 바로 이루어지지 않으며 큰 변화를 기대하는 것은 어렵다. 우리 자신과 다른 사람의 행동 변화에 있어서 즉각적인 성공을 기대한다면 우리는 실망하게 되고 잠재적인 실패로 빠져들 수밖에 없다. 그래서 이때 조형하기가 필요한 것이다.

조형하기란 큰 목표나 원하는 행동을 작은 단계로 나누어 강화하는 것을 말한다. 우리는 행동을 조형하기 위하여 보상 즉, 일반적으로 정적 강화물을 사용한다. 예를 들어 큰 프로젝트를 마치기 위하여 개요를 적고 서론을 마치는 것과 같이 작은 단계로 나누어 이를 달성하면 칭찬하는 방식을 사용할 수 있다. 이렇게 하는 것이 그 프로젝트를 완결할 때까지 보상을 주지 않는 것보다 낫다. 하나의 큰 목표를 달성하기 위해 작은 단계를 강화하게 되면 그 목표를 향해 계속 전진해 나갈 기회가 많아진다.

💬 **토의사항 |** "부모님 중에 자녀가 내일까지 내야하는 학교의 큰 프로젝트를 오늘 밤에 시작해서 불만스러웠던 적이 있나요? 청소년 중에는 이러한 상황으로 불편했던 적은 없었나요? 이 때 조형하기를 어떻게 사용할 수 있을까요?" 참여자들의 예를 사용하여 다음과 같이 적용하도록 한다. "제출일 일주일 전에 종이에 개요를 적도록 하고 다음에 TV를 보게 하는 것은 어떨까요?" 두 번째 단계는 서론을 마쳤을 때 스스로에게 작은 강화를 주는 것과 같은 형태로 진행한다

👥 연습하기(선택사항)

가족 단위로 그룹을 나누도록 한다. 각각의 가족 구성원에게 자신의 목표를 정하게 하고 그것을 작은 단위로 나누도록 한다. 예를 들어 청소년의 경우 학교 성적을 올리는 것, 부모의 경우 운동량을 늘리는 것 등이 있다. 참여자들에게 서로 심각해질 수 있는 주제 즉, 서로 논의하고 싶지 않은 주제는 피하도록 조언한다. 그 목표를 달성하기 위한 작은 단계를 파악하고, 작은 단계를 달성할 때마다 어떠한 강화를 할 지 브레인스토밍한다. 청소년 스스로 자신의 목표를 파악하고 부모에게 원하는 것을 말하게 하는 것도 유용하다. 예를 들어 "부모님이 저에게 '그것으로 충분하지 않아.'라고 말하는 대신 공부하려는 시도를 강화해주면 좋겠어요."라고 말한다. 이 연습은 부모님의 목표를 달성하게 하는 것에도 유용하다. 목표로 할 것은 행동을 변화시키기 위해서 작은 단계로 나누고 그 단계를 성취할 때마다 강화할 수 있다는 것을 알게 하는 것이다.

조형하기를 적용할 수 있는 것에는 일찍 자기, 운동하기, 공부나 업무 습관 증진시키기, 건강한 식습관 갖기, 사회적 관계 증진하기 등이 있다.

4. 자기 강화(Self-Reinforcement)

강화를 우리 자신에게 적용하는 것도 중요합니다. 프로젝트를 마치거나 목표를 향해 일하고 있을 때 스스로에게 보상하는 것을 잊지 마십시오. 스스로에게 쉬는 시간을 주거나 친구들과 시간을 보내기, 조깅하기, 간식, TV보기와 같은 것으로 자신을 강화할 수 있습니다.

II. 숙제 내주기

중도의 길 자료 14. "연습하기: 정적 강화"를 숙제로 줄 것.

(1) 가족의 행동에 대해서 긍정적인 것을 다음 그룹 회기에 적어오도록 하십시오. 이 연습은 여러분이 칭찬이나 관심을 기울여 강화할 수 있는 행동을 파악하는데 도움을 줍니다. 매일 서로에게 적어도 한 번의 긍정적인 것에 대해 말하십시오.

(2) 또한 여러분이 증가시키고 싶은 특정 행동과 다른 사람이 증가했으면 하는 행동을 파악하도록 하십시오. 그리고 여러분 자신과 다른 사람에게 사용할 수 있는 구체적인 강화물을 미리 제시해 보십시오.

회기 4

마인드풀니스 연습하기
· · · ·
숙제 검토하기
· · · ·
쉬는 시간
· · · ·

I. 부정적 행동을 줄이거나 중단시키는 방법

참여자들에게 중도의 길 자료 15. "부정적 행동을 줄이거나 중단시키는 방법"을 참조하게 할 것.

우리가 논의할 스킬은 자신과 다른 사람의 부정적 행동들을 줄이거나 중단시키는 것입니다. 이것들은 소거 혹은 처벌이라고 합니다.

A. 소거(Extinction)

우리는 어떤 사람들이 우리가 원하지 않는 것을 할 때 관심을 주는 경우가 있습니다. 예를 들어 아이들이 잘못된 행동을 하면 신문이나 전화기를 내려놓고 관심을 주게 됩니다. 이러한 부정적 관심을 주면 원하지 않더라도 문제행동이 증가하게 됩니다. 의도하지 않았지만 실제로 어떤 형태의 관심이든 강화물이 될 수 있습니다. 관심을 주지 않는 것보다 낫기 때문입니다.

우리는 주고자 하는 강화물을 주지 않음으로써 상대의 특정한 행동을 감소시킬 수 있습니다. 이 전략을 소거 전략이라고 말합니다. 잘못된 행동에 관심을 기울이게 되면 그 행동이 강화될 수 있습니다. 때문에 문제가 있는 행동에 관심을 기울이는 것을 중단하거나 무시하십시오. 그러나 소거 전략이 잘 시행되기 위해서는 두 개의 중요한 요소가 있어야 합니다.

1. 대체 행동을 강화하고 소거 발작(extinction burst)에 주의하도록 할 것.

첫째로 어떤 특정행동을 소거하기 위해서는 대체 행동을 염두에 두고, 그 대체 행동을 강화해야만 합니다.

둘째로 행동적인 소거 발작이 있을 수 있다는 것을 예상해야 합니다. 특정 행동의 강화를 중단하면 그 행동이 처음에는 증가되기 시작하는데 이것을 행동 발작이라고 부릅니다. 완전히 소거되기 전에 더 심해진다는 것입니다. 예를 들어 한 아이가 자신이 원하는 사탕을 얻기 위해서 슈퍼마켓에서 떼를 쓰기 시작한다면 부모는 그 행동을 중단하기 위하여 사탕을 사주고 맙니다. 이렇게 항복해버리는 것은 떼 쓰는 행동을 강화하고 다음에 슈퍼마켓에 갈 때에도 비슷한 행동이 반복될 가능성이 높습니다. 그러나 부모가 강화하는 것을 중단하여 사탕을 사주지 않게 되면 떼 쓰는 행동은 더 증폭될 것입니다(모든 사람들이 더 불행하게 느끼게 될 수 있음). 이것을 행동 발작이라고 부릅니다. 즉, 다음에 쇼핑을 할 때에도 비슷한 행동이 지속될 것입니다. 그러나 부모가 항복하지 않겠다는 선을 지키게 되면 떼 쓰는 행동은 소거되어 시간이 지나면 사라질 것입니다. 부모님은 아이에게 '떼를 쓰지 않고 쇼핑을 잘 마치면, 나가면서 장난감 차를 타게 해줄 거야!'라고 말합니다. 이것은 떼 쓰는 행동을 하지 않고 대체 행동을 강화하는 것으로, 소거하려는 행동이 사라지게 될 것입니다.

2. 간헐적 강화물에 유의할 것

부모가 세 번 동안 사탕을 사주지 않다가 네 번째 아이에게 사탕을 사줬다고 가정해보십시오. 이것을 간헐적 강화물이라고 부릅니다. 부모는 "이게 마지막이야."라고 생각할 수 있겠지만 부모는 더 큰 문제에 맞닥뜨리게 됩니다. 왜냐하면 간헐적으로 강화된 행동은 중단시키거나 바꾸기 가장 어렵기 때문입니다.

3. 소거 전략을 효과적으로 사용하기 위한 팁

강화물을 주지 않는 것은 분노나 무례함을 의미하는 것이 아닙니다. 중립적인 상태로 그 행동의 영향을 받지 않는 상태를 말합니다. 좀 더 바람직한 행동이 보일 때에는 그 행동을 즉시 따뜻하게 강화하도록 하십시오!

그 사람이 자신이 해야 하는 것을 했을 때에만 관심을 주도록 하십시오. 그 사람이 해야하는 것을 하지 않았을 때는 관심을 주지 마십시오. 이것은 어린 아이들의 경우 어떻게 타임아웃이 기능하는 지를 보여주는 것입니다. 아이에게 관심을 주거나 그 행동을 강화하는 것을 중단하십시오. 떼 쓰는 것을 무시하거나, 갈등이 확대되는 것, 무례함, 방해하는 행동, 반항하거나 낄낄거리며 웃는 행동을 무시하는 소거 전략을 사용하도록 하십시오.

- 행동 발작이 일어날 때 포기하지 말고 이를 잘 넘겨보도록 하십시오.
- 그 사람에게 여러분이 특정 행동에 대한 소거를 시작한다고 말하는 것을 주저하지 마십시오. 그렇게 하면 여러분의 행동이 처벌적이거나 임의에 의한 행동이라고 여기지 않을 것입니다. "네가 이렇게 말하면 더 이상 반응하지 않을 거야."
- 대체하는 적응적 행동을 꼭 강화하도록 하십시오. 대체 행동을 무시하거나 소거되지 않도록 조심하십시오!
- 도움이나 관심을 요청하는 작은 효율적인 요청을 무시해서는 안됩니다. 이러한 것을 무시하면 문제가 더 확대되고 효과적이지 않을 수 있습니다.

B. 처벌(Punishment)

처벌이란 부정적인 것을 추가하거나 긍정적인 것을 제거하여 특정 행동을 감소시키는 것을 말합니다.

주의 사항: 많은 부모들이 처벌을 과도하게 사용하거나 감정조절장애와 충동성이 높은 청소년 자녀에게 비효율적으로 사용한다. 처벌은 위험이 따르고 부정적 영향을 가져올 수 있다.
- 사람들이 처벌을 과도하게 사용할 수 있다.
- 그 행동을 중단시키기보다는 오히려 숨기게 할 수도 있다.
- 자녀의 사기를 꺾고 무망감이나 우울함, 분노를 증폭시킬 수 있다.
- 처벌은 새로운 행동을 가르치지 않는다.
- 처벌은 동기를 유발시키지 않는다.
- 처벌은 자기 처벌적 행동으로 이어지게 할 수 있다.

처벌이 필요하지 않도록 이미 예방하는 것이 낫다.

---

1. 처벌의 효과적인 사용

처벌을 효과적으로 사용하기 위하여 다음의 사항을 잘 알고 있어야 한다.

- 첫째로 바람직하지 않은 행동을 막기 위해서는 바람직한 행동을 강화하도록 할 것.
- 명확한 규칙과 기대가 무엇인지 의사소통을 할 것.
- 미리 어떠한 처벌이 있을 것인지 알려줄 것.
- 부정적 결과와 바람직한 강화물을 서로 짝지을 것.
- 문제 행동이 일어나면 계획된(중간 정도의) 결과를 반드시 관철시킬 것.
- 처벌의 결과가 즉각적으로 나오게 할 것.
- 자연스러운 결과가 나오면 그것을 그대로 허용할 것.

- **바람직하지 않은 행동을 막기 위하여 바람직한 행동을 강화하기.** 처벌의 필요성을 줄이기 위해 긍정적인 양육방식 전략 즉, 자녀와 함께 긍정적 시간을 같이 보내거나 자녀의 삶에 더 관여하고, 강화, 조형, 소거 전략을 사용하는 것을 증가시키도록 한다. 예를 들어 자녀가 오랫동안 잠을 자는 것을 처벌하기보다 일찍 일어났을 때 칭찬해주는 것이 더욱 효과적일 수 있다.

- **명확한 규칙과 기대하는 바에 대해 서로 의사소통을 할 것.** 명확한 규칙과 기대하는 바에 대해 뚜렷한 의사소통을 하여야 합니다. 이러한 명확함은 처벌의 필요성을 방지할 수 있다. 자녀가 스스로 특권이나 자유를 얻기 위하여 책임 있는 행동을 하기 때문이다. "아니오"라고 말할 수 있게 하는 것 또한 중요하다. 어떤 부모들은 부모의 권위를 내세워 "아니오"라고 말하게 하면 자녀가 자신들을 싫어할 것을 두려워하고 자녀들의 마음을 상하게 하는 것을 두려워한다. "아니오"라고 말하고 그 상태를 유지하게 되면 규칙을 명확하게 할 수 있고 문제 행동을 줄여 처벌할 필요가 없게 된다. 또한 자녀가 정서적 고통을 감내하는 법을 배우게 되기도 한다.

- **처벌을 바람직한 행동의 강화와 짝을 지어 줄 것.** 때로는 처벌이 필요하다. 이때, 대체 행동을 강화해주면 훨씬 더 효과적이다. 그러나 소거는 또 다른 행동을 강화하지 않아도 특정 행동을 줄일 수 있다.

💬 **토의사항** | 청소년과 부모에게 처벌하거나 소거할 필요가 있어 보이는 행동들의 예를 들게 할 것. 예를 들어 부모는 자녀가 거짓말을 하거나 통금 시간이 지나서 집에 들어오면 처벌을 할 필요가 있다고 느끼지만 숙제 하는 시간에 아이들끼리 다투거나 낄낄거리는 행동들은 무시할 수 있다.

- **미리 적용할 처벌을 준비하고 있어야 한다.** 감정적 마음상태에서 충동적으로 처벌하지 않고, 생각이 나지 않아 필요한 처벌을 주지 않는 것을 피하기 위해서 가능하다면 약한 정도에서 강한 정도에 이르는 처벌적 결과를 준비하고 있어야만 한다. 그래야만 자녀가 저지른 부정적 행동이 얼마나 심각한지를 결정할 수 있고 미리 정해 놓은 목록에 따라서 처벌을 선택할 수 있게 된다.

리더 유의사항: 많은 부모들은 자신의 청소년 자녀에게 어떠한 처벌적 결과를 주어야할지 생각이 나지 않는다고 말하곤 한다. 타임 아웃과 같이 어린 아이들에게만 적용될 수 있는 처벌은 청소년 자녀에게 적용하기에는 나이가 많다고 말한다. 아이들이 벌써 신체적으로 크고, 독립적이어서 집을 나가 버리는 것과 같은 행동을 했을 때 물리적으로 막기가 힘들다고도 말한다. 어떤 부모는 컴퓨터나 전화, 휴대폰을 사용 시간을 없애는 처벌적 결과를 시행하려고 할 때 자녀가 물리적으로 부모를 제치고 자기 물건을 가져가 버리는 행동이 증가 되기도 한다고 말한다. 따라서 여러 개의 처벌적 결과들을 준비해 두었다가 그 처벌을 위반하면 또 다른 더 큰 처벌이 따르게 될 것이라고 설명하는 것이 유용하다(이러한 것은 반드시 강화물과 균형을 이루도록 하는 것이 중요하다. 예를 들어 "네가 4일 동안 제 시간에 잠자리에 들면 5일째에는 30분 더 늦게 잘 수 있어."와 같은 말을 해주도록 한다.).

청소년에게 적용될 수 있는 처벌적 결과들은 다음과 같은 것이 있을 수 있다.[from Phelan, 1998]: 물질적인 것들을 치우기(예, 전화기, 자동차, 용돈 줄이기), 특정 활동을 하는 시간을 박탈하기(예, 인터넷 사용, 비디오 게임 사용 시간), 특권을 제거하기(쇼핑하기, 통금시간), 가족과 친구로부터 받는 관심을 박탈하기, 근신하게 하기(짧게 할 것, 반나절이나 이틀 정도, 최장 2주까지만 할 것) 또한 부모는 추가적인 집안일이나 교육적 활동과 같은 혐오스러운 활동을 추가할 수 있다.(규칙을 어기는 것이 해로운 이유에 대해서 한 페이지 반성문을 쓰게 할 것.)

- **처벌은 구체적이어야 하고 시간이 정해져 있어야하며 규칙을 어긴 행동에 대해서만 적용해야 한다.** 처벌은 구체적이고 중간 정도의 강도로, 시간 제한적이어야 하며 문제를 일으킨 행동에 맞는 처벌이어야 한다. 다시 말하면 처벌은 일으킨 범행의 정도와 부합하여야 한다. 이상적으로 처벌은 그 범행과 연관이 있어야만 한다. 예를 들어 자녀가 통금 시간을 1시간 지나서 집에 들어왔다면 처벌 결과는 다음에 통금 시간보다 1시간 일찍 들어오게 하는 것이다. 여름 내내 잔디를 깎는 처벌을 준다면 이것은 연관성도 없고 자신의 잘못보다 더 가혹한 벌을 받는다고 느끼게 된다. 처벌로 정한 것은 그대로 지키게 하여야 한다. 그렇게 하여 청소년 자녀에게 처벌이 단지 공허한 협박에 불과하다는 인식을 주어서는 안된다. 가능한 작은 문제가 일어났을 때, 이것에 대한 약한 수위의 처벌적 결과를 이행하게 하는 것이 큰 일이 터져서 그것을 이행하지 못하게 하는 것보다 낫다.

혐오적인 것을 추가하기보다 특권을 빼앗는 것이 나을 때가 있다. 많은 부모들은 소리를 지르거나, 욕을 하거나, 깎아 내리는 형태의 처벌을 한다("너는 자기 중심적이야!", "너는 게을러!"). 또는 비판하거나("너는 왜 이렇게 사려가 깊지 못하니?", "너는 뭐가 문제인 거야?") 탓하는("네 여동생에게 항상 이렇게 하는 건 너의 문제야!") 말로 자녀를 처벌하곤 한다. 이러한 말들은 관계에 상처를 주고 분노와 슬픔과 같은 부정적 감정을 증가시키며 새로운 행동의 동기를 유발시키거나 새로운 행동을 가르칠 수 없게 한다. 따라서 이러한 행동은 피해야만 한다. 부모는 스스로에게 이러한 처벌을 할 때 지혜로운 마음상태에서 하는지 물어보도록 한다.

- **즉각 처벌의 결과가 나오게 할 것.** 처벌의 결과가 지체되지 않아야 한다.

- **자연스럽게 처벌의 결과가 나오도록 할 것.** 바람직하지 않은 행동은 때로 자연스러운 처벌적 결과로 이어지게 될 때가 있다. 자녀가 공부를 충분히 하지 않아서 시험에 실패한 상황, 식사를 하지 않고 취업 면접에서 어지러움을 느끼는 상황, 늦잠을 자서 버스를 놓치고 학교에 걸어서 가야 되는 상황 등이 그 예이다. 이러한 일이 일어나면 자연스럽게 처벌의 결과가 나오게 두고 추가적인 처벌을 하지 않는 것이 가장 효과적이다. 자녀를 지나치게 꼭 붙들고 있으면(다이어렉티컬 딜레마의 한 극단) 자연스러운 처벌의 결과가 오는 것을 방해하고 자녀에게 지나치게 많은 처벌을 하게 되어 사기를 떨어뜨리게 된다.

Ⅱ. 숙제 내주기

중도의 길 걷기자료 16. "연습하기: 소거하기와 처벌하기" 숙제를 준다.

한 사람을 선택하고 그 사람의 짜증나게 하는 행동을 소거 계획에 넣어 무시하는 것을 연습해 보십시오. 그 결과는 어떻게 되었나요? 부모의 경우 자녀에게 사용할 처벌 결과를 미리 계획해 두고, 상황이 급박할 때 즉시 사용할 수 있도록 하는 것이 중요합니다.

제 9 장
감정조절 스킬

회기 개요

회기 1

▶ 마인드풀니스 연습하기

▶ 숙제 리뷰하기

▶ 쉬는 시간

▶ 감정조절 스킬과 이론적 배경 오리엔테이션하기

▶ 감정 모델 (A Model of Emotions)

▶ 숙제 내주기

▶ 회기 마무리-긴장 풀기

배포 자료 및 기타 자료

▶ 감정조절 자료 1. 내 감정을 책임지기: 왜 그래야 할까?

▶ 감정조절 자료 2. 감정조절 스킬훈련의 목표

▶ 감정조절 자료 3. 감정 용어 리스트

▶ 감정조절 자료 4. 감정, 어떤 좋은 점이 있을까?

▶ 감정조절 자료 5. 감정 모델

▶ 감정조절 자료 6. 감정 모델과 스킬

▶ 감정조절 자료 7. 연습하기: 감정 관찰하고 기술하기 `워크시트`

▶ 화이트보드나 기타 필기를 위한 큰 보드

▶ 마인드풀니스 벨

회기 2

▶ 마인드풀니스 연습하기

▶ 숙제 내주기

- ▶ 쉬는 시간
- ▶ ABC PLEASE 스킬 오리엔테이션하기
- ▶ 단기적 긍정 경험 쌓기
- ▶ 장기적 긍정 경험 쌓기
- ▶ 숙제 내주기
- ▶ 긍정적 경험 쌓기를 교육할 때 어려운 점
- ▶ 회기 마무리—긴장 풀기

배포 자료 및 기타 자료

- ▶ 감정조절 자료 8. ABC PLEASE 스킬 개요
- ▶ 감정조절 자료 9. 단기적 긍정 경험 쌓기
- ▶ 감정조절 자료 10. 즐거운 활동 리스트
- ▶ 감정조절 자료 11. 가족이 함께 하는 즐거운 활동 리스트
- ▶ 감정조절 자료 12. 장기적 긍정 경험 쌓기
- ▶ 감정조절 자료 13. 지혜로운 마음의 가치와 우선 순위
- ▶ 감정조절 자료 14. 연습하기: 긍정적 경험을 쌓기 위한 장단기 전략 워크시트
- ▶ 화이트보드나 기타 필기를 위한 큰 보드
- ▶ 마인드풀니스 벨

회기 3

- ▶ 마인드풀니스 연습하기
- ▶ 숙제 내주기
- ▶ 쉬는 시간
- ▶ 숙련감 쌓기
- ▶ 문제에 미리 대비하기
- ▶ PLEASE 스킬
- ▶ 숙제 내주기
- ▶ 회기 마무리—긴장 풀기

배포 자료 및 기타 자료

▶ 감정조절 자료 15. 숙련도를 쌓고, 문제에 미리 대비하기

▶ 감정조절 자료 16. PLEASE 스킬

▶ 감정조절 보충 자료 16a. 균형 잡힌 식사와 감정조절

▶ 감정조절 보충 자료 16b. 휴식을 가장 잘 취하는 방법: 숙면을 위한 12가지 방법

▶ 감정조절 자료 17. 연습하기: 숙련감을 쌓고, 문제에 미리 대비하기, PLEASE 스킬 **워크시트**

▶ 화이트보드나 기타 필기를 위한 큰 보드

▶ 마인드풀니스 벨

회기 4

▶ 마인드풀니스 연습하기

▶ 숙제 내주기

▶ 쉬는 시간

▶ 사실을 확인하고 문제해결하기

▶ 정반대 행동하기

▶ 숙제 내주기

▶ 회기 마무리–긴장 풀기

배포 자료 및 기타 자료

▶ 감정조절 자료 18. 파도타기 스킬: 현재 감정의 마인드풀니스

▶ 감정조절 자료 19. 사실을 확인하고 문제해결하기

▶ 감정조절 자료 20. 감정 상태를 변화시키기 위한 정반대 행동하기

▶ 감정조절 자료 21. 연습하기: 정반대 행동하기 **워크시트**

▶ 화이트보드나 기타 필기를 위한 큰 보드

▶ 마인드풀니스 벨

강의 노트

유머러스한 글을 쓸 기분이 전혀 아니다. 하지만, 그 기분이 느껴질 때까지 계속 써야한다.

– Jane Austen

우리는 파도를 멈출 수 없습니다. 그렇지만 그 위에서 서핑하는 법을 배울 수 있습니다.

– Jon Kabat-Zinn

이 모듈에 대하여

감정조절 스킬에 관한 이 모듈은 DBT의 생물사회이론에서 설명하고 있는 감정 조절에 대한 생물학적 유약성 문제를 다룬다. 이는 감정을 조절하는데 심각하고 만성적인 문제를 가지고 있는 사람은 태생적으로 높은 정서적 민감성과 반응성을 가지고 있으며, 원래의 감정 상태로 돌아오는데 시간이 오래 걸리고, 감정을 조절하는 능력이 부족하다는 이론이다. 광범위하게 비수인적 환경에서 성장하며 감정적 유약성이 나타나면, 시간이 지나면서 환경과 감정적 격렬함이 서로 상호작용하여 더 악화시키게 된다. 중용의 길 걷기 스킬과 대인관계 효율성 스킬 모듈에서는 수인하기와 강화하기, 그리고 다른 스킬들을 교육하면서 환경적 측면을 다루게 된다. 감정조절 스킬 모듈은 이론에서 확인된 바대로 주로 개인의 기질적 요인에 대한 문제들을 다룬다. 이 스킬은 참여자에게 감정적 유약성과 반응성을 최소화할 수 있는 방법과 극단적 감정 상태에서 빨리 회복될 수 있는 법을 가르친다. 감정조절 스킬에는 감정을 명명하고 이해하고, 감정적 마음 상태로 가는 유약성을 감소시키고 긍정적인 감정을 만들어, 부정적인 감정을 막거나 이미 시작된 부정적 감정의 강도를 낮추는 스킬 등이 있다. 이 스킬들은 우울증 치료를 위한 행동 활성화 치료(단기적 긍정 경험 쌓기, 숙련감 쌓기), 불안이나 다른 고통스러워서 피하고자 하는 감정에 대한 노출치료(정반대 행동하기)와 같은 기존의 경험과학적 근거가 있는 행동치료 기법에서 나온 것이다.

DBT 스킬 훈련을 처음 받는 사람들에게서 흔히 듣는 불평 중에 하나는 "너무 화가 나서 스킬을 사용할 수가 없어요."이다. 스킬훈련자는 참여자에게 이 치료는 약간 화가 나거나 기분이 상한 사람들을 위해 개발된 것이 아니라, 너무도 강렬하고 만성적인 정서적 고통을 겪고 있는 사람을 위해서 개발된 것이라는 것을 상기시킨다. 따라서 화가 난 상태라면 하나의 스킬이나 복합적인 스킬을 사용하는 것이 바람직하다. 부정적 행동을 하는 대신에 현재의 감정과 충동에 온전히 참여하여 마인드풀하게 경험하고, 아무 행동도 하지 않는 것을 먼저 잠시 동안만이라도 하게 하여야 한다. 그래야만 설령 그럴 기분이 들지 않더라도 어떤 활동이나 상황에 자신을 던져 정반대 행동하기 스킬을 선택할 수 있다. 문제를 악화시키는 기분-의존적 행동의 악순환을 끊기 위해 반복적으로 연습해야만 한다.

우리는 청소년과 그 가족에게 유용한 두 개의 보충자료를 추가하였다. 이 자료는 필요할 때 개인 치료 회기에서 다루거나, 시간이 된다면 그룹에서 리뷰하도록 한다. 이는 감정조절 보충 자료 16a. "균형 잡힌 식사와 감정조절", 16b. "휴식을 가장 잘 취하는 방법: 숙면을 위한 12가지 방법"이다. 이 자료들은 청소년의 식사 및 수면 관련 문제를 기초로 PLEASE 스킬을 보충하는 자료이다. 그러나 이 두 자료는 아직 연구된 것은 아니다.

회기 1

마인드풀니스 하기
· · · ·
숙제 리뷰하기
· · · ·
쉬는 시간
· · · ·

Ⅰ. 감정조절 스킬(Emotion Regulation Skills)

A. 감정조절 스킬과 이론적 배경에 대한 오리엔테이션

우리는 여러분이 배의 선장 또는 한 국가의 왕이나 여왕처럼 자신의 감정을 통제할 수 있기를 바랍니다. 오늘은 감정이 여러분을 통제하지 못하게 하는 방법을 배울 것입니다. 더 이상 감정에 의한 피해자가 되지 않도록 해보세요. 우울하거나 걱정이 많거나 화가 났을 때 이런 느낌이 들지는 않았나요?

DBT에 온 분이라면, 생물학적으로 감정적인 유약성을 타고났을 것입니다. 감정조절 스킬은 감정적으로 취약해진 느낌을 줄이고, 자신의 감정을 지휘할 수 있게 도와줍니다. 그리고 감정에 빠져버리지 않고 파도를 타는 것과 같은 경험을 하게 도와줄 것입니다.

B. 왜 내 감정의 주인이 되어야 할까?

참여자에게 감정조절 자료 1. "내 감정을 책임지기: 왜 그래야 할까?"를 보게 할 것.

내 감정의 주인이 되어야 하는 것은 다음의 이유 때문입니다.

(1) 감정장애를 겪고 있는 청소년은 분노나 좌절감, 우울감, 불안과 같은 강렬한 감정을 겪고 있습니다.[이 말에 동의하는지 참여자에게 물어볼 것]

(2) 강렬한 감정을 통제하기 어려울 때에는 충동적이거나 문제 행동을 하기 쉽습니다.[리더는 음주나 약물, 위험한 성관계, 위험한 온라인 행동, 분노 폭발, 학교 무단결석, 사람이나 책임 회피하기, 자살 행동, 섭식장애 등의 예를 들도록 한다.] 여기에 동의하시나요?

(3) 싸움, 약물, 폭식, 자해, 소리지르기, 대화 도중 떠나 버리기와 같은 문제 행동들은 실제로는 너무나 고통스러운 감정을 피하기 위한 행동적인 해결책일 때가 많습니다. 이 감정조절 스킬 모듈은 효과적인 해결방법을 가르쳐주게 될 것입니다.

II. 감정조절 스킬 훈련의 목표

참여자들에게 감정조절 자료 2. "감정조절 스킬훈련의 목표"를 참조하게 할 것.

A. 우리가 경험하고 있는 감정 이해하기

이제부터는 감정이 왜 중요한지 배우게 될 것입니다. 그리고 마인드풀니스의 관찰하기와 기술하기 스킬을 사용하여 어떻게 감정을 파악하는지 익히게 됩니다. 우리가 어떻게 느끼는지 알아야만 감정을 바꿀 수 있기 때문입니다.

그리고 여러분의 감정적 반응이 효과적인 것인가에 대해 평가하는 법을 배울 것입니다. 이는 감정이 우리를 위해서 효과적으로 사용되는지, 아니면 효과적이지 않은 방식으로 사용되는지 스스로 점검할 필요가 있다는 것입니다.

만일 감정이 우리를 위해서 잘 사용되고 있다면, 있는 그대로 감정을 경험하도록 합니다. 예를 들어 우리는 밤에 어두운 길을 걸을 때 불안감을 느낍니다. 이 감정은 우리로 하여금 더 경계하거나 조심하게 만들고 빠르게 걷거나 다른 길로 돌아가게 합니다. 또 다른 예로는 여러분이 이전에 좋아했던 선생님께 무례한 행동을 하여 수치감을 느꼈을 수 있습니다. 이 때 이 감정은 잘못된 행동을 사과하게 하고, 선생님께 다시는 그러한 행동을 하지 않겠다고 말할 수 있게 합니다. 그렇게 한 후에 우리는 그 감정을 지나가게 할 수 있습니다.

만일 이 감정이 우리에게 불리한 일을 한다면, 그 감정을 바꾸기 위해서 어떤 스킬을 사용할지 파악해야 합니다. 예를 들어 시험을 앞두고 집중이 도저히 안되고 공부도 잘 안되는 상황이라면, 걱정하는 감정을 느끼게 될 것입니다. 그 때 공부를 하지 않고 짜증을 내거나 동생들에게 소리를 지르거나, TV를 보고 있다고 생각해 보세요. 너무 화가 나고 상처를 받아서 벽을 치거나 부모님에게 나쁜 말을 할지도 모릅니다. 아니면 너무 슬프고 우울해서 학교에 가는 대신 하루 종일 침대에 누워있다면, 결국 학업에 문제가 발생하고 상황이 더 심각해질 수도 있습니다.

B. 감정적 유약성 줄이기

먼저 원하지 않는 감정을 어떻게 다룰 것인지 배워보도록 합시다. 만일 이런 감정이 시작되었다면, 강렬한 상태가 되지 않도록 하고, 또 오래 지속되지 않도록 하는 것이 중요합니다. 다시 말하면, 여러분들은 감정적 마음 상태에 빠지게 만드는 유약성을 줄이는 법을 익히게 될 것입니다. 이전과는 다르게 짜증이 덜 나면 좋겠지요?

여러분은 긍정적 감정을 증진시키는 방법을 배우게 될 것입니다. 방법을 아시는 분 있나요? 행복한 감정을 더 많이 느끼고, 일상 생활에 더욱 적극적으로 참여하며 잘 통제하려면 무엇을 해야할까요? 감정조절 스킬 모듈에서는 이런 다양한 스킬들을 익히게 될 것입니다. 기대하셔도 좋습니다!

C. 원하지 않는 감정의 빈도 줄이기

감정이 여러분에게 어떠한 영향을 끼치는지 이해하고, 감정 유약성을 줄이는 법을 배우며, 긍정적인 감정을 증진시키고, 고통스러운 감정이 일어났을 때 감소시키는 방법을 배우면 원하지 않는 감정의 빈도를 줄일 수 있습니다.

D. 정서적 괴로움 줄이기

원하지 않는 감정이 시작되었을 때 그것에 대한 괴로움을 중단시키거나 줄이는 방법을 배우게 될 것입니다. 수치감이나 불안, 죄책감, 분노, 우울감을 어떻게 낮출 수 있을까요? 먼저 여러분은 무판단적으로 고통스러운 감정을 관찰하고 기술하는 법을 배우고, 마인드풀니스 스킬을 사용하여 감정을 있는 그대로 받아들이며, 그것을 지나가게 하는 법을 배울 것입니다. 그리고 나서 정반대 행동하기 스킬 즉, 여러분이 현재 느끼는 감정에 반대되는 행동하기 스킬을 통하여 여러분의 감정상태를 바꾸게 될 것입니다. 이 스킬은 이 모듈의 마지막 부분에서 배우게 될 것입니다.

E. 감정 리스트

감정조절 자료 3. "감정 용어 리스트"를 보게 할 것.

👥 연습하기

참여자들에게 2분 동안 감정조절 자료 3에 있는 감정 용어 리스트를 보고 지난 주에 경험했던 감정에 표시하게 할 것. 그리고 "한 가지 이상의 감정을 느낀 분이 얼마나 되나요? [손을 들 때까지 기다린다.] 두 개에서 네 개의 감정을 느낀 분들은요? [다시 기다린다.] 다섯 개에서 여섯 개를 표시한 분은요? 여덟 개에서 열두 개를 표시한 분은요? 열두 개 이상 표시한 분은 몇분인가요?"[대부분의 사람들은 높은 수의 감정을 표기할 것이다. 참여자들의 감정상태에 대하여 관찰한 것을 물어본다.] 아래의 내용을 강조하여 설명한다.

- 감정은 자주 바뀝니다.
- 어느 누구도 하나의 감정만을 가지고 있지 않습니다.
- 한 가지 감정만 지속적으로 느끼는 사람은 없습니다.

💬 **토의사항 |** "사람들이 자신의 긍정적 감정에 관심을 기울일까요? 여러분에게 긍정적 감정이 있을 때 무슨 일이 일어나나요? 언제 걱정하는 생각이 드나요? 여러분은 언제 부정적인 것에 초점을 맞추게 되나요?"라고 물어볼 것.

- 감정을 자각하고 명명하는 것은 중요합니다. 감정에 명칭을 부여하는 것(예: 자각하고, 이름 붙이기)은 그 자체로 감정 조절을 돕습니다. 마인드풀한 마음상태를 유지하는 것만으로 감정을 바꿀 수 없다면, 다른 감정조절 스킬을 사용하여 바꾸는 법을 배워보도록 합시다.

III. 감정의 기능: 감정, 어떤 좋은 점이 있을까?

감정조절 자료 4. "감정, 어떤 좋은 점이 있을까?"를 보게 할 것.

A. 감정은 우리에게 정보를 준다.

감정은 우리에게 정보를 줍니다. 감정은 무슨 일이 일어나고 있는지(어두운 골목길에 혼자 서있을 때에 매우 불안함을 느낌)에 대해 신호를 보내줍니다. 때로 감정은 '직감'을 통해 의사소통하기도 합니다.

그러나 감정이 '사실'은 아닙니다. 우리가 이 감정을 마치 사실이나 진실로 여기면 문제가 될 수 있습니다. 예를 들어 "나는 그 사람을 사랑해. 그러니까 그 사람은 분명 나에게 좋은 사람이야" 또는 "내가 두려움을 느낀다는 것은 무언가 위험하다는 뜻이야" 하지만 두려움을 느낀다고 해서 위협적인 무엇인가가 있다는 증거가 될 수는 없습니다. 그 감정은 위험이 있을 수도, 혹은 없을 수도 있는 그저 신호일 뿐입니다. 우리가 어떤 결정을 하기 전에 그 상황에 대한 사실을 확인하는 것은 중요합니다. 우리는 감정적 마음에 따른 결정을 피하면서도 의사결정과정에 감정을 잘 포함시켜 지혜로운 마음에 따르는 결정을 하기를 원하기 때문입니다.

B. 감정은 의사소통을 돕고 다른 사람에게 영향을 준다.

얼굴 표정과 몸짓은 우리의 감정 상태에 대해 많은 것을 말해줍니다. 자각 여부에 관계없이 우리의 말, 얼굴 표정, 몸짓으로 표현된 감정은 이에 대한 상대방의 반응에 영향을 줍니다. 이 감정은 사람들에게 언제 가까이 가고, 언제 뒤로 물러서며, 언제 도망가고, 언제 도움을 요청할지 등에 대해 알게 합니다. 예를 들어 슬픈 표정을 하고 있으면 사람들은 다가와서 괜찮은지 물어보고 지지해줄 것입니다.

👥 연습하기

리더는 슬프고 침울한 표정으로 책상 위에 손을 모으고 얼굴을 손위에 둔 채 아무 말도 하지 않는다. 그리고 나서 "지금 제가 어떤 감정을 느끼는 것 같나요? 제 행동을 보고 무슨 말을 하고, 또 어떤 행동을 하고 싶은가요?"라고 묻는다.

💬 **토의사항** | 참여자들이 다른 사람의 감정적 표현에 어떻게 의사소통을 하며 영향을 주는지 토의할 것.

C. 감정은 우리의 행동에 동기를 부여하고 준비시킨다.

특정한 감정과 연결된 행동충동은 '강하게 프로그램화' 되어있습니다. 예를 들어 우리가 경적소리를 듣고[아주 큰 경적소리를 빵~~~~~~~~~!!!!낸다. 참여자는 놀라 자리에서 일어나려고 할 것이다. 이 때 그 점을 지적할 것] 어떻게 반응하는 지가 중요 포인트입니다. 친구와 함께 말하면서 번잡한 사거리 횡단보도를 건너고 있는데, 큰 경적 소리를 들으면 여러분은 친구에게 "서둘러서 빨리 가야 할 것 같은데?" 라고 말하지는 않을 것입니다. 오히려 앞뒤로 왔다 갔다 하면서 자동으로 프로그램된 반응을 하게 될 것입니다.

감정은 중요한 상황에서 빠르게 행동하게 하여 시간을 아낄 수 있게 합니다. 이런 상황에서는 깊게 생각할 필요가 없습니다. 예를 들어 한 청소년이 여섯 살짜리 여동생과 놀이터에서 놀고 있습니다. 언니가 고개를 들어보니 동생의 망토가 놀이 기구에 걸려서 동생이 매달려 있는 것을 보게 됩니다. 동생은 4m 정도의 높이에 매달려, 숨을 쉬기 힘들어하는 공황상태에 있습니다. 그때 언니는 "내가 무엇을 해야 하지?", "동생에게 괜찮은지 물어봐야 하나?", "친구에게 전화를 해야 하나?"라고 생각하지 않습니다. 아무런 생각을 하지 않은 채로 동생에게 빠르게 달려가 놀이 기구에서 떨어뜨려 놓고서, 동생이 편히 숨을 쉬는지 확인하고 망토를 벗겨줄 것입니다. 그리고 차분하게 앉아 있다가, 다시 망토를 입게 한 다음 동생은 미끄럼틀로 돌아가게 될 것입니다.

이제 여러분 감정에 대해 책임지기 위하여 새로운 스킬을 배울 준비가 되었습니까? 그렇다면 먼저 감정 모델에 대하여 배워 봅시다!

Ⅳ. 감정 모델(A Model of Emotions)

참여자에게 감정조절 자료 5. "감정 모델"을 보게 하기 전에, 리더 중 한 사람은 강렬하게 이목을 끄는 감정적인 이야기를 하고 공동리더는 보드에 감정 모델을 그린다(갑작스럽게 감정조절 자료 5를 보게 하면 참여자들이 압도될 수도 있다). 공동리더는 배포 자료에 나와있는 모든 요소들 사이의 한쪽으로 가는 화살표나 양쪽 화살표를 반드시 그려야 한다. 이야기를 하면서, 리더는 감정 모델에서 말하는 각 단계를 언급하며 해당하는 자신의 경험을 말한다. 또한 그 상황에서 했을 법한 생각과 감정, 행동충동, 실제로 한 말과 행동이 무엇일지 참여자들이 말하도록 유도한다. 앞서 나눈 감정을 유발하는 이야기에서 다음의 요소를 찾아본다.

- 촉발사건
- 촉발사건 이전에 감정적 반응을 강하게 하는 유약성 요인
- 촉발사건에 대한 생각
- 내면에서 일어나는 몸의 변화
- 행동충동
- 표정, 몸짓, 말과 행동
- 감정의 이름
- 잔존효과(2차적 감정 포함)

■ 두 번째 촉발사건

그리고 이 요소들을 따라 되돌아가본다. 예를 들어

"제 딸아이가 어렸을 때 옷가게에 갔는데, 아이가 상점 안에서 여기저기 혼자 돌아다녔어요. 저는 아이가 근처에 있을 거라고 생각해서 가까운 곳부터 살펴봤지요. 그런데 아이가 없는 거에요. 저는 아이의 이름을 부르기 시작했어요. 촉발사건은 '상점에서 딸아이를 곧바로 찾지 못한 것'이었어요."[공동리더는 화이트보드 왼쪽 중간의 상자에 '상점에서 딸을 잃어버림'이라고 적는다.]

"유의할 것은 경험하고 있는 사건은 생각이나 기억, 신체 감각과 같이 마음 속에서 일어나는 것이 있고, 딸을 찾지 못한 것이나 누군가의 말, 낮은 성적을 받은 것과 같이 환경에서 촉발되는 것이 있다는 점입니다. 또한 사건이 촉발시키는 체인반응의 핵심 부분은 바로 촉발사건에 주의 기울이기라는 점입니다. 예를 들어 어떤 사람이 기말고사에서 좋은 성적을 받지 못했는데 다음 기말고사에서는 더 열심히 공부하여 이를 만회했다면, 여러 가지 감정관련 요소와 그에 따른 부정적인 결과는 감소할 것입니다."

"유약성 요인은 감정적 반응의 강도에 영향을 줍니다. 여기에는 피곤함이나 배고픔이 포함될 수 있습니다."[공동리더는 화이트보드에 왼쪽 상단에 있는 상자에 '피곤함, 배고픔'이라고 적고 그 상자에서 촉발사건 상자로 이어지는 화살표를 그리도록 한다.]

"이름을 불렀을 때 아이가 대답이 없다면, 처음 떠오르는 생각이나 해석은 '아이를 잃어버렸구나!'일 것입니다. [공동리더는 딸을 잃어버렸음을 표기한 촉발사건 아래에 있는 상자에 '내 딸을 잃어버렸구나!' 라고 적는다.] 이러한 상황에서 또 어떤 해석이나 생각을 할 수 있을까요?"

리더는 참여자들에게 몇 가지 제안 사항을 듣고 공동리더는 촉발사건 아래에 있는 상자에 기록한다. 이 제안에는 "내 아이가 실종됐어!", "누가 내 아이를 데려갔어!", "나는 나쁜 부모야!" 등이 있을 것이다. 이제 공동리더는 촉발사건에서 시작하여 생각 상자에 이르는 점선 화살표를 그려서 촉발사건과 생각의 연결성을 보여주도록 한다. 이때 이 선은 점선으로 한다. 때로는 하나의 사건이 생각의 조정 없이 감정적 반응으로 이어지기 때문이다. 리더들은 이 점을 후에 언급하도록 한다.

"이 모든 요소들은 제 안에서 일어나는 것들입니다. 즉, 뇌의 변화나 얼굴, 몸의 변화, 감각으로 느끼거나 경험하는 것, 혹은 행동 충동 같은 것들입니다. 이것들은 내적 반응이라고 합니다. 아드레날린은 심장을 빨리 뛰게 하고 얼굴은 뜨거워지며 목에서는 멍울이 느껴지게 만듭니다. 아이의 이름을 큰 소리로 부르면서 상점 전체를 휘저으며 뛰어다니고, 경비원들을 흔들면서 딸아이를 본 적이 있냐고 소리치고 싶은 충동을 느끼게 될 것입니다!!!"

공동리더는 촉발사건 상자 오른쪽에 큰 상자를 그린다. 그 상자 위에는 '내면'이라고 적는다. 촉발사건 상자에서 내면 상자까지 실선 화살표를 그리고, 생각 상자에서 내면 상자까지 점선 화살표를 그리도록 한다. 이는 촉발사건이 내적 반응에 직접적으로 연결되어 있다는 것을 보여주고, 생각 역시 내적 반응으로 이어진다는 것을 보여준다. 그 상자 윗부분에 '몸의 변화/느껴지는 것'이라고 쓴다.

"몸의 변화에는 신경화학적 변화, 근육의 변화, 신경의 신호로부터 전해지는 감각, 혈류나 혈압, 심장, 얼굴과 몸에서 느껴지는 온도 등이 포함됩니다."

상자의 윗부분에 적는다: 아드레날린 분비, 얼굴이 뜨거워짐, 목에 멍울이 느껴짐.
그 상자에서 아래로 3분의 2 지점에 '행동충동'이라고 적는다. 이 행동충동 아래에는 돌아다니기, 소리지르기, 경비원을 흔들기라고 적고 다음을 물어본다.

"여러분이라면 어떻게 느꼈을까요? 중요한 점은 이것들은 다른 사람들은 알 수 없고, 오직 여러분이 내적으로 경험이라는 점입니다."

몇 가지 응답을 듣고 이를 적절한 위치에 적어 놓는다. 그 응답에는 심장이 빨리 뛰는 것, 근육이 긴장되는 것, 땀 흘리는 것 등이 있을 것이다. 행동충동 상자에는 다른 사람에게 도움을 요청하고자 하는 충동, 바깥으로 뛰어나가서 주차장을 확인하려는 충동 등이 있을 것이다.

"내적으로 일어나는 모든 것들을 포함하여 외현적인 것들도 동시에 일어나게 됩니다. 즉, 사람들이 나를 보고 있거나 영상을 찍고 있다면, 다른 사람들이 나를 관찰하고 기술할 수 있습니다. 이것에는 나의 얼굴 표정과 몸짓, 표현, 자세, 실제로 내가 말하고 행동한 것들이 포함됩니다."

공동리더는 내면이라고 적은 상자와 같은 크기와 모양으로 오른쪽 편에 또다른 큰 상자를 그린다. 그 상자 위에는 '외현'이라는 말을 적도록 한다. 그리고 그 상자 위에는 '얼굴과 몸(표정, 몸짓, 자세)'이라고 적는다. 그 상자에 아래로 3분의 1 지점에는 '행동(말, 행동)'을 적는다. 그리고 윗부분에는 얼굴과 몸에 해당되는 것들을 적는다.

"여러분은 주위를 둘러보는 저의 커진 눈, 주름진 이마, 힘을 잔뜩 준 턱과 주먹을 볼 수 있을 것입니다. 제가 실제 한 말과 행동은 상점 안에서 진열장 사이를 뛰어다니고, 아주 큰 소리로 아이의 이름을 반복해서 부르며, 여러 방향으로 머리를 돌리며 재빠르게 움직인 것입니다."

말한 내용과 행동을 기록한 아래 부분에, 공동리더는 '아이의 이름을 부르며 뛰어다님'이라고 적는다. 그리고 참여자들에게 이렇게 묻는다. "여러분들은 이 상황에서 어떤 얼굴 표정을 하고, 어떤 몸의 반응을 느끼게 될까요?" 참여자들의 말을 기록한다. 입을 크게 벌린다. 몸을 곧게 세운다 등이 포함될 것이다.

"관찰자로서 주의를 기울이지 않은 채로 본다면, 이 상황에서 어떠한 말과 행동을 하게 될까요?"

참여자들의 두세 가지 반응을 적절한 곳에 적도록 한다. 참여자들은 다른 사람에게 도움을 요청하기, 전화를 꺼내서 미친듯이 전화 걸기 등을 말할 것이다. 공동리더는 내면 상자에서 외현 상자로 이어지는 화살표를 그리고, 두 번째 화살표는 외현에서 내면으로 이어지게 그린다. 그리고 화살표의 방향을 반대로도 그려서 이 두 상자가 연결된 화살표는 양쪽 방향임을 알려주며 다음의 사항을 교육하도록 한다.

▪ **충동과 행동은 같은 것이 아닙니다.** 행동충동과 실제 행동이 같은 것은 아니라는 것을 자각하세요(리더는 두 개 상자의 아래 부분을 손으로 가리키며, 왼쪽 내면 상자에 있는 충동과 오른쪽 외현 상자에 있는 행동 간에 차이를 주지시킬 것). 우리는 소리지르거나 욕하기, 물건을 던지기, 도망가기와 같은 강렬한 행동충동을 만들어 낼 수 있는 감정을 가지고 있습니다. 충동을 느끼는 것은 문제가 되지 않습니다. 다만 그 충동에 따라 행동할 때 문제가 됩니다. 충동을 느끼는 것과 충동에 따라 행동하는 것 사이의 연결고리를 차단하는 것이 핵심입니다(화이트보드에 선을 그리고 행동충동과 행동 사이에 선을 그릴 것). 중요한 것은 마인드풀니스를 사용하여 충동을 관찰하고 그 충동에 따라 행동하지 않는 것입니다. 제가 소리지르며 뛰어다니기는 했지만 욕을 하지는 않았고 가게 정문 앞에 있는 경비원들에게 시비를 걸지 않았다는 것에 주목하세요!

▪ **감정의 요인들은 양방향으로 서로 영향으로 줍니다.** 양방향 화살표를 잘 살펴보세요. 우리의 내면의 감각과 충동(내면 상자를 가리키며)은 우리가 말하고 행동하는 것(외현 상자를 가리

키며)을 지배할 것이라고 생각하곤 합니다. 이것은 물론 사실일 때가 있고 중요하지만 우리의 얼굴표정이나 몸짓, 말과 행동 역시 내면의 신체적/화학적 반응, 경험, 충동에 영향을 주는 것만큼 명확히 드러나지는 않습니다! 예를 들어 여러분이 편안한 자세로 앉아서 차분하고 조용하게 말하고 있을 때에는 화를 내는 것이 쉽지 않습니다. 이 부분에 대해서는 정반대 행동하기 스킬에서 상세히 다루게 될 것입니다.

- **또한 생각이 우리의 감정과 행동에 영향을 미칠 뿐 아니라 우리의 감정과 행동도 생각에 영향을 줍니다.** 예를 들어 소리지르며 뛰어다니고 있을 때 우리 심장은 매우 빨리 뛸 것이고, "너무 끔찍해, 도저히 견딜 수 없어!"라고 생각할 수 있습니다.

- **때로는 외현적으로 관찰 가능한 행동이 먼저 시작되기도 합니다!** 예를 들어 차량이 우리에게 빠른 속도로 다가오면(사건) 우리는 그 자리에서 빨리 피하게 되고 안전하게 점프하여 피신한 다음에야 생각이나 내적 경험을 자각할 수 있게 됩니다. 그리고 나서 심장이 빨리 뛰는 걸 느끼고 "그 차가 나를 칠 뻔했어!"라고 생각할 수 있게 됩니다. 이 때 무슨 감정을 느끼게 될까요?

공동리더는 상자 중간에 '감정 이름'이라고 쓴 새로운 상자를 만들고 그 안에 참여자들의 반응을 적는다. 참여자들은 공포심, 공황 상태, 걱정, 후회, 죄책감과 같은 여러 감정들을 느낄 것이라고 말할 것이다. 감정들을 중간에 배치하여 모든 내면/외현 사건들이 감정을 구성한다는 것을 전달하도록 한다. 내면과 외현 상자를 둘러싸는 큰 상자를 그리면서 내면의 경험과 충동 그리고 외현적 행동들이 우리의 감정을 구성한다는 것을 알려준다.

"저는 잔뜩 긴장된 상태로, 심장은 빨리 뛰며, 소리치면서, 아이를 찾으며 뛰어다니고, 공황상태에 빠집니다. 이런 감정을 겪은 후에는 어떤 잔존효과를 경험하게 될까요?" 일련의 감정에 반응하여, 이차적 감정들이 일어날 수도 있을까요? 때로는 슬픔을 느끼는 것에 대한 수치심 또는 상처받은 느낌에 대한 분노와 같이 어떤 하나의 감정 반응은 다른 감정 반응을 일으키기도 합니다."

참여자들은 그 이후에도 공황상태가 지속되거나, 딸이 어디 있는지 몰랐다는 점과 여러 사람들에게 이런 모습을 보인 것에 대한 수치감, 숨차는 것, 땀이 나고 손이 떨리는 것과 같은 반응을 언급할 것이다. 공동리더는 화이트보드 중간 밑 부분에 '잔존효과'라고 적은 새로운 상자를 만들고 두 개나 세 개 정도의 참여자 반응을 적도록 한다. 유의할 것은 충동적이고 해로운 행동을 시작하는 것도 잔존효과 일 수 있다는 점이다. 공동리더는 내면과 외현 상자를 포함하는 큰 상자에서 새로운 상자로 이어지는 화살표를 그려, 내면과 외현 요인들과 함께 발생한 감정을 표현하며 이것이 잔존효과로 이어지게 된다는 점을 알려주도록 한다.

"결국 저는 상점 안 건너편에서 딸을 찾았습니다. 딸아이는 아무 생각 없이 티셔츠를 몸에 대보며 어떠냐고 물어보고 있었습니다. 이것이 다음의 촉발 사건이 됩니다."

공동리더는 '촉발사건 2'라고 적은 새로운 상자를 화이트보드 왼쪽 편 하단부 첫 번째 촉발사건과 생각 상자를 그리고, 그 안에 '티셔츠를 보고 있던 딸을 찾음'이라고 적는다. 잔존효과 상자 왼쪽으로 촉발사건 2로 향하는 화살표를 그려 감정적 경험과 잔존효과가 다음번 촉발사건을 일으키는 반응을 증폭시킬 수 있다고 표기한다. 또한 오른쪽에 내면 상자로 이어지는 화살표를 그려서 새로운 촉발사건(촉발사건 2)이 내면적 반응과 외현적 반응, 새로운 감정을 촉발시키는 것과 같은 반응으로 이어질 수 있다는 것을 표기하도록 한다. 생각 상자로 올라가는 점선 화살표를 그려서 두 번째 촉발사건이 감정에 영향을 줄 수 있는 또 다른 여러 가지 생각으로 이어질 수 있다는 것을 알린다.

"자, 이제 저는 '하느님, 제 딸을 무사히 찾게 해주셔서 감사합니다!!!'라고 생각하거나 또는 '어떻게 아이가 내 옆에서 떨어져서, 내가 소리지르는 것을 듣지 못할 수가 있을까?!'라는 생각을 하게 될 것입니다. 내면의 반응은 떨리고, 얼굴은 점점 차가워지며, 혈압이 내려가고, 근육이 풀리며, 눈물샘이 차기 시작하고, 딸을 안으며 혼내려는 충동을 갖게 될 것입니다. 외현적 행동은 머리를 좌우로 흔들며, 아이를 안고 '어떻게 혼자 여기까지 와있었니? 걱정했잖아!'라고 말합니다. 감정은 '어떻게 아이를 잃어버릴 수 있을까?'에 대한 분노와 실망감, 그리고 행복감이 합쳐진 안도감일 것입니다."

교육 포인트:

- **잔존효과.** 우리가 어떤 감정으로 흥분하게 되면 또다른 새로운 감정을 촉발시키기 쉽습니다. 우리는 촉발사건에 좀 더 민감해지고 추가적인 강렬한 반응을 갖게 됩니다. 이러한 감정에는 이전 감정에 의하여 촉발된 이차적 감정, 예를 들어 상처받은 느낌이나 공포스러운 느낌 이후에 드는 분노나 수치감 같은 것들이 포함될 수 있습니다. 이러한 추가적인 촉발사건에 대한 민감성은 강렬한 감정이나 충동적 행동이 지속되고 자생력을 갖게되는 이유를 설명해줍니다. 두 번째 사건에 대한 나의 반응은 첫 번째 사건으로 벌써 흥분된 상태이기 때문에 좀 더 강렬할 것입니다. 감정 기초선(5장에 있는 생물사회이론 참조)으로 돌아오는데 오래 걸리고 감정

적으로 민감하며 반응성이 높은 사람들에게는 매일의 일상적 사건들이 이렇게 느껴집니다. 왜냐하면 이미 유약성 요소들을 가지고 있고, 이전에 촉발된 사건으로 인해 높은 흥분 상태의 감정을 느끼고 있기 때문입니다.

- **감정은 매우 복잡하다.** 감정은 많은 요소들을 포함합니다! 누군가가 우리에게 "자, 이제 그만 해. 그게 뭐가 중요하니?"라고 말할 때, 그들은 우리가 이 모든 것들 즉, 생각, 신체반응, 충동, 얼굴표정과 몸의 자세, 실제 말과 행동(리더는 말하면서 화이트보드를 가득 채우고 있는 감정 모델의 요소 모두를 가리킨다)을 겪고 있다는 것을 알지 못합니다. 우리는 전등 스위치처럼 우리의 감정을 단순히 꺼버릴 수가 없습니다.

사례를 활용하여 위의 연습을 마친 후에 참여자들에게 감정조절 자료 5를 보게 하면 훨씬 쉽게 이해할 수 있다. 시간 여유가 있다면 참여자들이 말하는 예를 선택하여 이 모델에 따라 각 구성 요인을 간략하게 적어보도록 한다.

- 걸음마를 막 배우고 있는 쌍둥이 아이들이 서로 다른 방향으로 가고 있다.
- 정장을 입고 파티에 갔는데 새로 산 전화기를 실수로 수영장에 떨어뜨리게 된다.
- 손꼽아 기다리고 있었던 약속을 친구가 마지막에 취소해버린다.
- 아이들이 나에 대하여 험담하는 것을 알게 된다.
- 아이들의 축구 게임을 보고 있는데 두 명의 선수가 축구장 끝에서 서로 부딪힌다. 사이드 라인 에 있던 부모들이 나에게 빨리 오라고 손짓한다. 도착해서 아들의 팔이 부러진 것을 확인한다.
- 지하철이 터널 속에 서버렸고 전화는 불통이다. 친구는 30분 뒤에 시작하는 콘서트 티켓을 가 지고 공연장 앞에서 기다리고 있다.
- 학교 버스를 타려고 뛰다가 가방을 떨어뜨려 그 안에 있는 모든 소지품이 길바닥에 떨어졌다. 버스를 기다리고 있는데 길 중간에 꿇어 앉아 떨어진 소지품을 모두 주워담고 있고, 버스 안에 있는 사람들이 보며 웅성거린다.
- 부모님께서 친구와 함께 콘서트에 가거나, 파티에 가서 노는 것을 허락하지 않는다.

A. 개입 지점

이 감정 모델에 있는 많은 요소들은 우리의 감정적 경험과 행동을 변화시킬 수 있는 주요 개입 지점을 알려줍니다. 이 모델은 마치 전기 회로와 같습니다. 회로의 어떤 부분을 단절시키면, 감정과 강도를 변화시킬 수 있습니다. 즉, 이 회로를 감정조절 스킬과 다른 DBT 스킬을 사용하여 차단시킬 수 있습니다.

감정조절 자료 6. "감정모델과 스킬"을 참고하게 할 것. 이 자료는 청소년과 부모들이 감정조절 장애의 여러 요인들을 관리하는 데 도움이 될, 다양한 DBT스킬들을 사용할 수 있는 개입 지점들을 보강하는 것이다.

감정조절 자료 6은 여러분의 감정적 민감성과 반응성, 그리고 감정 기초선으로 돌아오기 어려운 문제를 조절할 수 있는 스킬들입니다. 우리는 ABC PLEASE 스킬을 사용하여 유약성 요소들을 다룰 수 있습니다. 문제해결 스킬을 사용하여 촉발사건을 줄일 수 있고, 사실을 확인함으로써 생각과 감정을 변화시킬 수 있습니다. 또한 내면의 반응과 충동을 자각하지만 그것을 행동으로 옮기지는 않을 수도 있고(현재 감정에 대한 마인드풀니스 하기), 고통감내 스킬에 있는 위기 생존 전략을 적용하여(7장) 충동을 행동으로 옮기는 것을 막을 수도 있습니다. 또 정반대 행동하기 전략을 사용하여 감정, 그리고 그와 연관된 행동을 줄이거나 바꿀 수도 있습니다. 감정의 이름을 정확하게 파악하기 위하여 감정을 기술하는 감정조절 자료 3에 있는 "감정 용어 리스트"를 사용해보세요. 우리는 촉발사건에 대한 반응성을 줄이기 위해 고통감내 스킬을 사용할 수도 있습니다(예: 주의를 다른 것에 분산시키는 스킬 등). 이 감정조절 자료에는 없지만 대인관계 효율성 스킬(10장), 중도의 길 걷기 스킬(8장)을 통해 갈등이나 극단적 행동을 줄이고 촉발사건을 미리 예방할 수도 있습니다.

V. 숙제 내주기

감정조절 자료 7. "연습하기: 감정 관찰하고 기술하기"를 숙제로 줄 것. 참여자들이 한 주 동안 일어나는 실제 경험을 예로 들어 자료에 있는 감정모델을 적도록 지시한다. 참여자들에게 모델에 있는 사건, 생각, 감각, 충동, 행동, 잔존효과 등 모든 요소들을 기입하도록 지시한다.

회기 2

마인드풀니스 하기
· · · ·
숙제 리뷰하기
· · · ·
쉬는 시간
· · · ·

리더 유의사항: 화이트보드에 저울을 그린다. 저울의 한 쪽은 다른 쪽보다 더 낮게 그린다. 낮은 쪽에는 부정적인 것, 높은 쪽에는 긍정적인 것이라고 적는다. 이 그림과 앞으로 이어질 내용을 통해 우리의 삶에서 얼마나 "긍정적인 것"이 적고 "부정적인 것"이 많은지를 나타내고 강조하도록 한다.

Ⅰ. ABC PLEASE 스킬과 이론적 배경에 대한 오리엔테이션

우리의 삶을 저울로 잰다면 여기에 그린 것과 같은 저울의 모습이 될 것이라고 생각합니다. 부정적인 것이 더 많고 긍정적인 것이 적겠지요. 이번에는 긍정적인 경험과 숙련도를 더 많이 쌓아서 저울의 긍정적인 쪽을 더 적극적으로 증가시키는 방법에 대해 배워봅시다. 동시에 감정적 마음으로 가게 하는 유약성을 감소시켜, 저울의 부정적인 쪽을 더 줄여 나가게 될 것입니다. 우리는 스킬을 기억하기 쉽도록 ABC PLEASE 스킬이라고 명명하였습니다. [감정조절 자료 8. "ABC PLEASE 스킬 개요"를 보게 할 것]

💬 **토의사항** | 참여자들에게 우울증이나 경제적 문제, 학습 문제, 친구관계 문제, 수면 문제와 같은 일상적인 삶의 부정적인 요소들에 대한 예를 이끌어 낸다. 그리고 참여자에게 형제나 배우자와의 긍정적인 관계, 직업에서의 만족, 축구 경기, 정기적인 운동, 피아노 레슨 받기, 좋아하는 TV프로그램 보기와 같이 각자 삶에서 긍정적인 것들을 적어보도록 한다. 긍정적인 것보다 부정적인 것의 수가 더 많다는 것을 지적하면서, 참여자들에게 더 긍정적인 쪽으로 무게를 두기 원하는지 묻는다. 긍정적인 것과 부정적인 것이 균형을 이룰 수 있지만, 원한다면 좀 더 많은 긍정적인 경험을 하기 원할 것이라고 말한다. 긍정적인 경험을 증가시키는 것은 의미 있고 보람 있는 삶을 만들 뿐 아니라, 부정적인 상황이나 사건의 충격을 완화시킬 수 있다.

살아가면서 긍정적인 경험을 더 많이 하려면 어떻게 해야 할까요? [참여자에게 감정조절 자료9. "단기적 긍정 경험 쌓기" 첫 번째 상자를 읽게 할 것]

A. 왜 그래야 할까?

즐거운 활동이나 활동적인 일을 일정에 넣어 두는 것은 연구에 의해 밝혀진 치료방법입니다. 즐거운 활동은 종류에 관계 없이 우울증을 낮추는 효과가 있는 것으로 밝혀졌습니다.

뿐만 아니라 즐거운 활동을 증가시키는 것은 우리의 감정적 유약성을 낮출 수 있습니다. 나쁜 일은 거의 없고 즐거운 일이나 기쁜 일들이 많았던 주를 생각해보십시오. 그 일주일을 우울하고, 스트레스가 많고, 잘못된 일이 많았던 일주일과 비교해보십시오. 좋은 일주일과 힘든 일주일에 여러분은 각각 어떻게 반응을 했었나요?

B. 활동을 하는 것이 스킬이다.

즐거운 활동을 증가시키는 것은 쉬워 보입니다. 하지만 우울, 화, 불안, 감정조절의 어려움이 있을 때, 스스로 즐거운 일을 하는 것은 쉽지 않습니다. 우울할 때의 자연스러운 충동은 침대에 누워서 아무것도 하지 않는 것입니다. 이 스킬은 즐거운 활동을 할 기분이 아니더라도 스스로 일어나서 즐거운 일을 하는 것입니다.

C. 어떻게 해야할까?

1. 일정을 잡기

병원 방문 예약을 하는 것처럼 즐거운 활동도 약속을 하는 것이 좋습니다. 예를 들어 1시에는 피아노를 치고, 2시에는 친구와 전화를 하고, 4시에는 운동을 하러가는 것입니다. 달력이나 휴대폰에 약속을 적고, 알람을 설정하여 활동을 시작해보세요. 이러한 즐거운 활동이 쌓인 후에 긍정적인 감정이 증가하게 될 것입니다.

2. 마인드풀하게 긍정적인 감정을 경험하고, 걱정을 지나가게 하기

즐거운 활동을 하는 시늉만으로는 충분하지 않습니다. 즐거운 활동을 하는 순간에 집중을 해야만 합니다. 즐거운 활동을 마인드풀하게 하지 않으면 긍정적 감정 경험을 놓쳐버릴 수 있습니다[리더는 긍정적 경험을 마인드풀하게 하지 않아서 걱정하는 마음으로 끌려가 버렸던 개인적 경험을 나누도록 한다].

"일요일 오후나 이른 저녁에 가족들과 카드게임이나 탁구 치기, 스포츠 경기 관람 등을 하고 있을 때, 저는 다음주에 할 일들에 대해서 생각하기도 합니다. 열다섯 명의 인턴 지원자 면접 보기 등 끝내야 하는 일과 스트레스가 쌓이는 일들에 대해서 생각하기도 합니다[갑작스럽게 감정적, 인지적, 신체적으로 조절이 어려운 상태가 됩니다]. 가족과의 카드 게임에 마인드풀하게 참여할 수 있을까요? 그 때 저는 현재를 마인드풀하게 경험하지 못하고 더 이상 즐기지 못하는 상태가 됩니다. 이렇게 마인드풀하게 긍정적 경험을 하지 못하는 것이 감정에 어떤 영향을 줄까요? 또 우리의 사회적 관계에는 어떤 영향을 줄까요?" [참여자들이 겪었던 비슷한 경험을 나누도록 할 것]

또 다른 예가 있습니다.

"아름다운 해변에서 휴가를 보내고 있는 동안, 집에 돌아갈 때쯤 거센 바람이 불고 날씨가 좋지 않을 것이라는 일기 예보를 보게 되었습니다. 폭풍이 오고 있었죠. 이틀 후에 집에 돌아가는 것인데 저는 아름다운 해변에 누워서 우리 가족이 폭풍 속에서 비행하는 것이 안전할지 생각하였습니다. 또 비행기가 지연이나 취소, 아니면 하루 더 머물러야 되는지 그것이 가능한지 등과 같은 걱정을 하기 시작했습니다. [불안한 모습과 손을 꼬는 행동을 보여준다] 결국 몇 시간동안 이 걱정 때문에 휴가를 즐기지 못하고 말았습니다."

🗨 토의사항 | 참여자들에게 자신들의 긍정적인 경험이 (1) 즐거운 활동이 끝나면 어떻게 하나 (2) 긍정적 경험을 할 자격이 있는가 (3) 얼마나 더 많은 것을 해줘야 하는가 등과 같은 걱정이나 생각에 의해서 사라져 버린 적이 있는지 토의하도록 한다.

D. 즐거운 활동 리스트

감정조절 자료 10. "즐거운 활동 리스트"를 보게 할 것.

📇 연습하기

참여자들에게 이 자료를 읽고 자신이 즐겨하는 활동과 현재하고 있는 즐거운 활동에 체크하도록 지시한다. 즐거운 활동 중에 해본 적은 없지만 시도할 만한 것을 선택하여 시작하도록 한다. 이 활동 리스트 끝에 있는 빈칸을 사용하여 책에 기술되어 있지 않은 새로운 활동을 적어보게 한다. 이 연습은 높은 에너지를 요하는 방식으로 진행할 수도 있고, 에너지를 적게 들이는 방식으로 진행할 수도 있다.

1. 활동적인 연습 방식

가족이 아닌 사람들끼리 짝을 만들게 하고 이 자료를 기초로 즐거운 활동에 대한 인터뷰를 하도록 한다. 화이트보드에 아래 세 개의 인터뷰 질문을 적어 놓는다.

(1) 현재 어떤 활동을 하고 싶은가요?

(2) 과거에 했던 활동 중 다시하고 싶은 활동은 무엇인가요?

(3) 시도해 보고 싶은 새로운 활동에는 어떤 것이 있나요?

짝을 이룬 참여자들은 서로에게 이 질문을 한 후 상대방의 답을 적어 두도록 한다. 각자 5분 동안 서로 번갈아가며 이 인터뷰를 하게 한다. 그리고 돌아가면서 자신이 한 세 가지 질문에 대한 응답을 보고하게 한다. 참여자들에게 가장 흥미롭거나 재미있거나 영감을 주는 좋은 아이디어를 발표하게 한다. 참여자들은 이 연습을 매우 즐거워하며 서로에 대해 더 알게 되고, 활동에 참여하려는 동기를 갖게 된다. 이렇게 진행하면 상대방의 즐거운 활동 리스트를 보는 것이 즐겁고 자신의 리스트를 부끄러워하지 않고 발표할 수 있게 된다. 이 연습은 사회적 상황에 불안을 느끼거나, 수치심을 많이 갖거나, 내향적인 참여자들에게 아주 좋은 방법이다.

2. 차분한 연습 방식

화이트보드에 세 가지 질문을 쓰고, 참여자에게 자신이 적은 목록을 조용하게 읽도록 한다. 그리고 나서 각 질문에 대해 발표할 자원자가 있는지 물어본다. 모든 참여자가 발표할 수 있도록 독려하고 돌아가면서 질문에 대한 답을 발표하게 한다.

E. 가족이 함께하는 즐거운 활동 리스트

리더 유의사항: 감정조절 자료 11. "가족이 함께하는 즐거운 활동 리스트"는 지금까지 연구되지 않았지만, 표준 DBT에 있는 즐거운 활동 리스트를 응용하여 이 매뉴얼에 포함시켰음.

가족들이 DBT 치료를 받고자 할 때에는 가족들이 스트레스와 갈등으로 어려움을 겪는 상태일 것입니다. 여러분 가족들도 그런가요? [손을 들거나 고개를 끄덕이도록 한다.]

가족의 상호작용은 점점 부정적으로 빠지는 경우가 많습니다. 예를 들어 병원 약속을 지키려고 급히 다니기, 아이들의 '빡빡한' 학원 일정이나 기타 활동 일정들, 숙제나 방 청소를 안하는 것에 대한 잔소리, 친구 관계에서의 갈등, 전자 기기와 연관된 문제, 외출하는 것에 대한 문제 등입니다. 대개 이런 상황에 놓이면 우울하고 스트레스를 받으며 불안하고 화나 있고 기운이 다 빠져버릴 것입니다. 여러분은 어떤가요?

그래서 우리는 가족 간에 긍정적인 상호작용을 할 수 있는 기회를 놓치는 경우가 많습니다. 부정적인 것이나 다툼, 갈등에만 집중하며 지낸다면 우리 가족은 어떻게 될까요?

감정조절 자료 11. "가족이 함께하는 즐거운 활동 리스트"는 단기적으로 즐거운 활동을 증가시키는 방법입니다. 이 활동은 가족 구성원들이 같이 할 수 있는 것들입니다. 가족들이 가까워지고, 감정적 유약성을 낮추며, 부정적인 가족 상호작용에 대해 완충 역할을 하게 됩니다. 물론 부모와 자녀가 함께 대인관계 효율성 스킬을 연습해야 한다면 가족과 즐거운 활동을 하는 시간을 갖는 데에도 도움이 됩니다. [시간적 여유가 있거나, 즐거운 활동을 하는 것이 참여자들에게 중요하다면 아래에 있는 연습 중 하나를 하도록 할 것. 시간적 여유가 없다면 리더는 참여자들이 나중에 다시 연습할 기회가 있을 것이라고 말하고 숙제로 내주도록 한다.]

참여자에게 감정조절 자료 11. "가족이 함께하는 즐거운 활동 리스트"를 보게 할 것.

👥 연습하기

가족별로 그룹을 나눈다. 가족들이 함께하는 활동 리스트를 읽고 자신들이 하는 활동들을 같이 적도록 한다. 가족들이 지금까지 하고 있었던 것들에 체크하고 이전에 했던 것 중에서 다시 할 수 있는 것, 새로 시도해볼 수 있는 활동들을 표시하고 토의하게 할 것. 5분 정도를 할애하도록 한다.

1. 활동적인 연습 방식

돌아가면서 각 가족의 참여자들에게(아니면 그 가족의 대표에게) 이 연습을 통해 무엇을 얻었는지, 그리고 가족들이 어떻게 즐거운 활동을 함께 할 것인지 계획을 물어본다.

2. 차분한 연습 방식

그룹 전체가 돌아가면서 발표하기보다 자원자에게 발표하도록 한다. 이 연습 방식은 가족이 없이 혼자 참여하고 있는 사람이 있거나, 서로 상호작용을 할 때 감정조절이 어렵거나, 주제에서 벗어나는 가족이 있을 때 선택하도록 한다.

Ⅲ. 장기적 긍정 경험 쌓기

감정조절 자료 12. "장기적 긍정 경험 쌓기"를 보게 할 것.

단기적인 긍정적 감정이나 경험에만 초점을 맞춘다면 어떤 일이 벌어질까요? 영화를 보러 가거나, 친구와 놀거나, 좋아하는 음악을 듣는 것 또는 가족들과 보드게임을 하는 데만 시간을 보낸다면 장기적 목표나 미래를 설계하기 어려울 것입니다. 긍정적인 사건을 더 많이 경험하고, 긍정적인 감정을 더욱 자주 느끼기를 원한다면, 삶을 더 가치 있게 만들어 나가야 합니다. 바로 이것이 장기적 목표입니다.

장기적 목표를 향해 나아가기 전에 우리는 목표를 먼저 파악해야 합니다. 가치 있는 삶은 어떻게 만들 수 있을까요? 우리의 가치와 우선순위를 명확히 하는 것이 하나의 방법이 될 수 있습니다.

A. 지혜로운 마음의 가치와 우선순위

삶에서 가장 중요하고 의미 있게 여기는 것, 원칙, 신념과 같은 가치와 우선순위에 기초하지 않는다면, 장기적인 목표를 향해 노력하는 것은 우리에게 별로 도움이 되지 않을 것입니다.

감정조절 자료 13. "지혜로운 마음의 가치와 우선순위"를 살펴보세요. 이 자료는 많은 사람들이 가지고 있는 가치와 우선순위 목록이 나열되어 있습니다. 잠시 목록을 읽으면서 여러분들에게 중요한 것들을 표시하고, 목록에 없는 것은 추가적으로 기록해 보십시오. 친밀한 가족 관계, 열심히 일하는 것, 진실성(예: 정직함), 타인에 대한 기여(예: 지역사회에 자원봉사하기)와 같은 것에 가치를 둘 수도 있습니다. 이 목록을 리뷰하면서 지혜로운 마음의 소리에 귀를 기울여보세요. 그리고 어떤 것이 부모님이나 친구의 가치가 아닌 여러분의 가치에 진정으로 반향을 불러일으키는지 살펴보도록 하세요.

💬 **토의사항** | "이 목록들 가운데 적어도 한 가지 이상 체크한 분은 몇 분이나 되나요? 세 개의 가치에 체크한 사람은 몇 분인가요? 다섯 개는요? 일곱 개 이상에 표시한 분이 있나요? 한두 개만 표기했거나 혹은 하나도 표기하지 않은 분들이 있다면 그 자체로 중요한 정보가 됩니다. 반드시 개인 치료자와 함께 인생에서 가장 중요한 것이 무엇인지 파악하도록 하십시오. 가장 가치 있는 것이 무엇인지 모른다면 의미 있는 목표를 선택하기가 어렵기 때문입니다. 체크한 것이 많다면 그 자체로 중요한 정보가 됩니다. 중요한 장기 목표를 선택하고, 긍정적인 감정을 더 많이 느끼고, 원하는 삶을 만들기 위한 로드맵을 이미 가지고 있다는 것을 뜻하기 때문입니다" 라고 말한다.

B. 장기 목표를 달성하기 위하여 작은 단계로 나누어 실행하기

여러분이 목표를 설정할 때, 가치가 어떠한 역할을 하는지 살펴보세요. [감정조절 자료 12로 돌아가서 아래와 같은 모델을 만들어 볼 것.] 저의 중요한 가치는 건강이고 이를 위해 몸을 만들고 건강을 유지하는 것이 장기적 목표입니다. 지금 당장 이룰 수는 없지만, 목표를 달성하기 위해 작은 단계를 실행할 수는 있습니다. 세 가지의 작은 단계는 (1) 인터넷에 접속하여 근처에 있는 운동시설을 찾아보고, (2) 가격을 확인한 후, (3) 적당한 신발을 사는 것입니다. 저는 오늘 밤 집에서 첫 번째 단계인 인터넷으로 운동시설 찾기를 할 것입니다.

또 다른 예로 지역 사회에 기여하기가 있습니다. 그 가치를 이루기 위한 장기적 목표로 저는 학교에서 재활용 프로그램을 시작할 것입니다. 좋아하는 직업을 갖는 것을 가치로 둔다면, 좋은 대학에 들어가는 것이 하나의 장기 목표가 될 것입니다. 학교에서 잘 지내는 것을 가치로 둔다면, 목표는 수학 점수를 잘 받는 것입니다. 이러한 각각의 목표들은 수많은 작은 단계로 이루어져 있습니다. 중요한 것은 첫 번째로 할 수 있는 단계가 무엇인지 파악하고, 이를 미루지 않고 실행하는 것입니다.

👥 연습하기

참여자들에게 종이와 펜을 나누어 준다. 그리고나서 참여자들이 자신의 장기 목표를 파악하고, 이 목표를 달성하기 위한 단계들을 적게 한다. 아래의 단계에 따라 하나씩 적고 이를 실행에 옮기도록 한다.

(1) 나에게 중요한 가치를 파악하고 적기

(2) 그 가치를 달성하기 위한 몇 가지 장기적 목표를 선택하고 적기

(3) 장기적 목표 중 하나를 선택하기

(4) 그 목표를 향해 나아가기 위해, 초기 단계 브레인스토밍 하기

(5) 첫 번째 단계를 파악하고 선택하기. 그 단계가 너무 크거나 어렵다면 더 작은 단위로 나눌 수 있는 방법 찾기

돌아가면서 다음과 같이 묻는다. "선택한 장기적 목표는 무엇인가요?", "첫 번째 단계는 무엇인가요?", "압도되지 않도록 실행 가능하게 나누어 두었나요?"

리더 유의사항: 어떻게 해야할지 모르는 참여자가 있다면, 첫 번째 단계로 할 수 있는 쉬운 일이 무엇인지 파악하도록 도와준다. 예를 들어 학교 적응이 어려운 고등학교 1학년 학생에게 교육을 받는 것이 가치라면, 장기적 목표는 고등학교를 잘 졸업하고 대학에 가는 것이다. 하지만 현재 학교 결석을 자주하고 있기 때문에 먼저 달성해야 하는 단계는 침대에서 일어나 아침에 첫 수업에 가는 것이 된다. 그러나 실제적인 첫 번째 단계는 알람 시계를 구입하거나 휴대폰 알람 설정하기, 알람을 끄지 않는 것과 같이 더 작고 즉각적인 것이어야 하는 경우도 있다.

---

1. 목표를 향해가는 것의 효과

장기적 목표를 향해서 단계를 만들어 가다보면, 그것이 즐겁거나 즉각적으로 만족스럽지 않더라도 직접적으로 우리의 기분 상태에 영향을 주게됩니다(물론 단계적이고, 지속적으로 목표를 향해 가면 장기적으로 긍정적 감정을 얻을 수 있는 조건을 만들어 가게됨). 여러분에게 하나의 목표를 정하고, 그 목표를 향해가는 단계와 가장 첫 번째 단계를 무엇으로 할지 파악하는 숙제를 줄 것입니다. 그리고 나서 이번 주에 그 첫 번째 단계를 실행에 옮기도록 할 것입니다! 전에 배웠던 숙련감 쌓기의 개념을 잠시 다시 살펴봅시다.

C. 관계를 잘 살피기

관계는 장기적으로 우리의 삶의 만족도에 영향을 줍니다.

🗨 **토의사항** | "대인관계가 교착상태에 있거나, 상대와 멀어졌거나, 혹은 완전히 깨져 버려서, 불행

하거나 비참하지는 않지만 행복감을 못 느끼고 있는 분이 계신가요?"라고 묻는다. 청소년들은 우울할 때 사회적관계를 맺지 않으려고 한다는 점을 알고 있을 것. 정서적으로 어려움을 겪는 청소년의 부모들 또한 사회적으로 소외되어 있고 자신의 자녀에게만 집중하는 경향이 있다. 청소년과 보호자 모두 관계에 주의를 기울이고 새로운 관계를 만들며 손상되었던 예전의 관계를 회복하는 것이 중요하다.

👥 연습하기

참여자들에게 2분 정도 마인드풀하게 자신의 여러 관계를 반추해보게 한다. 1은 "어느 누구와도 가깝지 않음", 5는 "괜찮은 상태이지만, 강화하기 위해서 노력해야 함", 10은 "매우 좋아서, 별다른 노력을 할 필요가 없음" 일 때, 자신의 관계를 점수로 매긴다. 그리고 증진시키고자 하는 관계 중 하나를 정하고 다른 참여자들에게 그 관계를 증진시키기 위해 할 수 있는 것(이번 주에 할 것)을 하나 정하여 말하게 한다.

1. 회피하거나 포기하는 것을 피하기

회피하거나 포기할 때 우리는 정서적으로 유약해 집니다. 우리가 감정적으로 유약하거나 화가 난 상태일 때는 포기하거나 회피하는 악순환에 빠지게 됩니다. 예를 들어 경제적으로 어려운 상태에서 전기 요금 통지서가 날라온 상황을 상상해봅시다. 지금 마주하고 싶지 않아서 책상 서랍에 넣어 두고는 전기 요금에 대해 더는 생각하지 않을 것입니다. 그리고나면 다음 달 고지서가 왔을 때에는 한 달이 아닌 두 달치의 비용을 내야겠지요. 그러면 더 불안해지고, 고지서를 더 깊이 파묻어버리고 싶어질 것 입니다. 이렇게 회피가 계속 된다면 어떤 일이 일어날까요? 결국 전기를 더 이상 사용할 수 없는 지경에 이를 것입니다!

또 다른 예가 있습니다. 여러분이 감정적으로 힘들어서 학교를 빠지고, 학업에서 점점 밀려나가는 것을 상상해보세요. 학교에 돌아갔을 때 선생님은 많은 양의 숙제와 공부할 거리를 줄 것입니다. 집에 와서 공부할 게 너무 많다는 것을 알고는 "될 대로 되라. 난 안할 거야."라고 말하며, 포기하게 될 것입니다. 공부할 것이 너무 많아서 느껴지는 압도감, 불안, 공포를 피할 수 있어서 단기적으로는 일시적인 안도감을 느낄 수 있을 것입니다. 그러나 이렇게 주어진 공부를 하지 않고 포기해버리면 결국은 기분이 더 나빠지고 더 큰 문제에 빠져버리게 될 것입니다. 따라서 긍정적 감정을 증진시키고 감정적 마음에 빠지는 유약성을 줄이기 위해서는 마인드풀하게 피하고 싶은 마음을 피하고, 포기하고 싶은 마음을 피하는 것이 최선입니다.

👥 연습하기

참여자들에게 최근에 피해왔던 것이나 포기해왔던 것에 대해서 생각해보게 한다. 그것이 정서적으로 어떤 영향을 미쳤는지 나누고 토의할 것. 참여자들에게 이번주에 그 문제들 중에 하나를 하면서 회피하는 것을 피하고 포기하는 것을 피하도록 한다. 아니면 그것에 대하여 주치료자와 논의하도록 한다.

Ⅳ. 숙제 내주기

감정조절 자료 14. "연습하기: 긍정적 경험을 쌓기 위한 장단기 전략"

(1) **단기적인 긍정 경험 쌓기**. 참여자들에게 최소한 매일 하나의 즐거운 활동을 하게 하고, "단기적 긍정 경험 쌓기 자료"의 하단에 있는 숙제를 적어오도록 한다. 가족들은 감정조절 자료 11. "가족이 함께하는 즐거운 활동 리스트"에서 세 가지의 활동을 선택하게 한다. 회기 내에서 가족이 함께하는 즐거운 활동을 정하지 않았거나 합의가 안됐다면 집에서 정하게 한다. 감정조절 자료 8. "ABC PLEASE 개요"를 상기시켜서 참여자들이 즐거운 활동을 할 때 마인드풀하게 그 활동에 온전히 주의를 기울이고, 마음이 흐트러지면 다시 주의집중을 하며 온전히 그 경험에 참여하도록 한다.

(2) **장기적인 긍정 경험 쌓기**. 참여자들이 회기에서 파악한 장기적 목표를 향해 첫 번째 단계를 실행하도록 하거나, 또 다른 가치나 목표의 첫 번째 단계를 파악하고 실행하게 한다.

Ⅴ. 긍정적 경험을 쌓는 것을 교육할 때의 어려운 점

즐거운 활동 리스트를 만들려고 할 때 참여자들은 다음과 같이 말할 때가 있다. "제가 지금 너무 우울해서(화가 나 있거나 또는 다른 감정 때문에) 그 활동을 즐길 수가 없을 것 같아요." 리더는 이것에 대해 이해한다는 반응을 하도록 한다. 동시에 그들에게 그것이 감정적 마음 상태에서 나온 것인지, 아니면 어떻게 느끼게 될지 예상해서 한 말인지 물어본다. 우리는 어떤 활동에 온전히 참여하게 되면 완벽하지는 않더라도 어느 정도의 즐거움을 느끼게 되고 기분이 좋아지게 된다. 감정 모델에서 양방향의 화살표를 기억하게 한다. 기분이 행동에 영향을 줄 뿐 아니라 행동 또한 기분에 영향을 준다! 지속적으로 이러한 활동에 참여하게 되면 저울의 "긍정적인 쪽"에 더 많은 무게가 실린다는 것을 발견할 것이다.

많은 사람들은 장기 목표를 향해가는 첫 번째 단계에 압도되어 그것을 실행하지 않을 때가 많다. 중요한 것은 리더가 참여자의 목표를 작게 나누는 것을 코칭하고 모델링하게 하여 아주 작은 것이더라도 첫 번째 단계가 무엇이 되어야 하는지를 파악하게 하는 것이다. 이것이 너무 힘들다면 목표를 더 작게 나누어 실행할 수 있을 만한 단계로 나누는 것이 도움이 된다.

회기 3
마인드풀니스 연습하기
· · · ·
숙제 내주기
· · · ·
쉬는 시간
· · · ·

Ⅰ. 숙련감 쌓기(Building Mastery), 문제에 미리 대비하기(Cope Ahead), 그리고 PLEASE 스킬

A. 숙련감 쌓기 스킬과 이론적 배경에 대해 오리엔테이션하기

ABC PLEASE 스킬의 "B" 부분을 배워보도록 하겠습니다. 이것은 여러분이 통제감을 증진시킨다는 의미의 building mastery(숙련감 쌓기)를 말합니다. 여러분의 "할 일" 목록 중에서 완결하지 못한 것이 있나요? 여러분이 귀찮게 느꼈던 일 하나를 성취했을 때 어떤 느낌을 느꼈나요? 그리고 해야할 일 항목에서 그 일을 지울 때 느낌은 어땠나요? [응답 들어보기] 이것이 바로 숙련감을 쌓는 방법입니다. 아무리 작은 것이라도 성취하기 위해서 노력할 때 여러분은 통제감을 더 많이 느낄 수 있습니다. 또한 지난 시간에 토의했던 것처럼 여러분이 회피하는 것을 피할 수 있게 돕습니다.

해야 할 일 목록의 작은 일을 달성하는 것 이외에도, 숙련감 쌓기는 여러분이 살아가면서 가고자 하는 방향과 현재 처해있는 상황에 대한 진실을 존중하게 합니다. "너무 우울해서 지난 몇 주 동안 학교에 가지 않았어요. 하지만 이번 학기를 잘 마쳐서 11학년으로 올라가고 싶어요. 그렇게 하려면 내가 학교에 돌아가기 위한 방법을 찾아야 해요. 그래야 내 삶에 대해 통제감을 느끼고 스스로 효과적인 활동을 한다고 느끼게 될 거예요." 이것이 여러분의 삶에서 더욱 통제감을 느끼고 효과적으로 느끼는 숙련감 쌓기입니다. 숙련감 쌓기의 예는 자신이 생산적이라고 느끼면서 일하는 것, 타인에게 기여하는 것, 처음 운전을 배우는 것, 새로운 바이올린 곡 연습하는 것, 사이가 소원해졌던 누군가와의 관계를 회복하는 것 등이 있습니다.

💬 **토의사항** | "숙련감 쌓기가 재미있거나 즐거워야 할까요? 그렇지 않다면 왜 해야할까요? 즐거운 활동에만 집중하면 안되는 이유가 무엇일까요? '일만 하고 놀지 않으면 바보가 된다.'와 같이, '놀기만 하고 일하지 않으면 바보가 된다.' 역시 진실입니다. 여기에서 말하고자 하는 것은 매일 비디오 게임만 하는 것은 장기적으로 공허하고, 세상과 분리되고, 무엇인가를 하지 못한 느낌을 받을 수 있습니다. 며칠, 몇 주 동안 비디오 게임을 하거나 페이스북을 하는 것은 재미있을 수 있지만, 얼마 지나지 않아 지루해지고, 무능한 느낌을 받고, 여러분 삶에 불만족을 느끼게 될 것입니다(믿어지지 않겠지만). 그렇기 때문에 우리는 즐거운 활동뿐만 아니라 숙련감을 쌓는 활동도 균형을 맞추어 해야 건강해질 수 있습니다. 이 두 가지 활동은 때로는 새로운 곡을 배우며 피아노 연습을 하는 것과 같이 즐거운 활동이면서 동시에 숙련감을 쌓는 활동이 될 수 있습니다. 하지만 대체로 숙련감을 쌓는 것은 '재미있지' 않을 때가 많습니다. 그러나 우리에게 긍정적인 감정을 증진시킵니다."라고 말한다.

B. 숙련감 쌓는 방법

감정조절 자료 15. "숙련감을 쌓고 문제에 미리 대비하기"를 읽게 한다.

(1) 최소한 하루에 한 가지라도 여러분의 삶에 통제감과 만족감을 느낄 수 있는 것을 하도록 계획을 세웁니다.

(2) 실패하지 않고 성공할 수 있는 계획을 세웁니다. 할 수 있는 범위 내에서 하되 조금 어려운 것을 해보세요.

(3) 시간이 지날수록 점차 어려운 것을 해봅니다. 첫 번째 과제가 너무 어렵다면 우선 사다리 아래 발판이 될 만한 것을 먼저 해보세요. [리더는 숙련감 쌓기의 단계적인 진전을 강조하기 위해서 보드에 사다리를 그릴 것]

💬 **토의사항** | 참여자들이 자신이 숙련감을 쌓기 위해 하고 있는 일 몇 개를 떠올려 보도록 지시한다. 그리고 나서 숙련감을 쌓을 수는 있지만 해낼 수 없을 것 같은 느낌이 드는 일도 떠올려 보게 한다. 해야 할 일 목록 중에 오늘 완결할 수 있는 작은 일이 무엇일지 토의한다.

C. 문제에 미리 대비하기 스킬과 이론적 배경 오리엔테이션하기

ABC PLEASE 스킬의 "C" 부분은 잠재적으로 혼란스러울 수 있는 상황에 미리 대비하는 중요한 스킬입니다. 상황을 미리 그려보고 어떤 스킬을 사용할지 정해 놓으면 더 효과적으로 대처할 수 있겠죠. 몇 가지 상황에 대한 아래의 예를 같이 생각해봅시다.

- 사이가 좋지 않은 친구가 올 수도 있는 모임에 가야하는데, 그 날 문제가 생길까 봐 걱정이 되는 상황
- 술을 마시기 싫은데 회식자리에 가야하는 상황
- 수업에서 발표를 해야할 때
- 두번째 학원 수업에 가야하는데, 지난 시간에 같은 수업을 듣는 아이들 중에 심술궂은 아이들이 있는 것을 확인한 상황
- 학교에서 교외 견학을 가게 됨
- 선생님께 과제 제출 연장을 부탁드려야 하는 상황
- 만나고 싶지 않은 친척이 오는 가족 행사에 가야하는 상황
- 정신과병동에 입원해서 2주 동안 결석한 뒤에 다시 학교로 돌아가는 상황. 모두가 어디에 다녀왔는지 물어보고 소문이 퍼지는 것이 상상될 때

1. 문제에 미리 대비하는 방법

감정조절 자료 15. "숙련감을 쌓고, 문제에 미리 대비하기"에서 문제에 미리 대비하기 부분을 펴고, 위의 상황 중에 하나의 예를 사용하거나 참여자가 제시한 예를 이용하여 다음의 4단계를 따라가 보도록 할 것.

(1) **부정적인 감정을 일으킬 수 있는 혼란스러운 상황 기술하기.** 상황을 구체적으로 기술한다. 스킬을 사용하는 데 방해가 될 수 있는 감정을 명명한다. 예: 불편하게 느껴지는 친구 옆에 앉아 교외 견학을 가는 것에 대해 불안함이 느껴진다.

(2) **그 상황에서 사용하고 싶은 스킬을 기술하기.** 스킬을 사용할 계획을 구체적으로 기록한다. 예: "먼저 심호흡을 몇 번 하고, 감정을 알아차리고, 판단하지 않으려고 노력하고, 지혜로운 마음 상태가 되게 할거야. 그리고 고통감내 스킬에 있는 주의분산 스킬을 사용할거야."

(3) **머리 속에 그린 상황을 가능한 생생하게 떠올리기.** 그 상황을 바라보는 것이 아니라 지금 그 상황에 놓여있다고 상상한다. 예전에 나에게 심술궂게 굴었던 지연이 옆에 앉아 있는 것을

머리 속에 그린다. 불안한 감정을 느끼고 있는 것을 상상하고, 지혜로운 마음 상태가 되려고 노력하면서, 주의분산 스킬을 적용한다. 예: "핸드폰을 꺼내서 같은 스쿨버스에 타고 있지 않은 친구에게 문자를 보낼 거야. 그리고 나서 핸드폰을 가지고 놀 거야. 그리고 내가 좋아하는 음악을 마인드풀하게 들을 거야."

(4) **마음 속에 효과적으로 대처하는 것을 시연하기.** 효과적으로 대처하는 것을 마음 속에 정확하게 시연한다. 행동과 생각, 무슨 말을 하고, 어떻게 말할지 시연한다. 머리 속에 그린 장면을 혼자 혹은 치료자와 함께 연습한다. 마음속으로 시연하기를 통해 계획한대로 되지 않을 수 있는 문제들을 예상하고 해결한다. 즉, 그 때 어떤 행동을 할 지 결정하도록 한다!

연습하기

부정적인 감정을 촉발할 수 있기 때문에 참여자들에게 잠시 마인드풀한 시간을 갖도록 한다. 참여자는 자신의 개인적인 예시를 발표할 것에 대비해서 감정조절 자료 15. "숙련감 쌓기와 문제에 미리 대비하기"에 있는 문제에 미리 대비하기 스킬을 적용하도록 한다. 그리고 참여자 중 한 명에게 예시 전체를 발표하게 한다. 문제에 미리 대비하기를 적용하는 데 도움이 필요하다면 다른 참여자나 리더가 도와줄 수 있다.

D. PLEASE 스킬과 이론적 배경 오리엔테이션 하기

PLEASE 스킬은 몸을 잘 돌봄으로써 마음을 돌보는 스킬입니다. 잠을 잘 자고, 음식은 잘 먹고, 혹시 술이나 약물을 사용하는지, 운동을 하는지, 신체적 건강을 돌보는지 이 모두가 우리의 감정 상태와, 정신건강 그리고 신체적 건강에 영향을 줍니다. 이런 생활습관 요인은 무시할 수 없을 만큼 강한 영향력이 있습니다. 이 요인들은 불안하거나 우울한 사람을 더 불안하고 우울하게 할 수도 있고, 학교나 직장에서 대인관계 갈등을 겪은 사람이 마음이 조금 상한 정도에 머무를지 아니면 분노 폭발로 이어져 심하게 부정적인 결과로 이어지게 될지에 영향을 줄 수도 있습니다. 또한 양극성 장애를 가진 사람이 또다른 삽화를 경험하게 될 수도 있습니다.

앞서 신체적 건강에 대해 알아본 바와 같이, 심장병, 비만, 당뇨병, 암과 같은 신체적 질병은 생활 습관에 의해 큰 영향을 받을 수 있습니다. 생활 습관에서의 작은 차이가 건강 상태 전반에 중대한 차이를 가져올 수 있다는 것입니다(Walsh, 2011). 이 스킬을 여기에서 다루는 목적은 생활습관의 차이가 우리의 정서적 건강에 많은 영향을 끼친다는 점을 잘 인식하게 하는 것입니다! 단순히 신체적 건강이 아니라 우리의 기분을 위해서 건강한 행동을 발달시키는 것은 너무나 중요합니다. 감정조절 자료 16. "PLEASE 스킬"의 다섯 가지 행동을 잘 살펴보고 여러분이 꼭 증진시켜야 하는 행동이 있는지 스스로에게 물어보세요. 이 부분을 증진시키려고 노력하면 여러분의 감정적 마음에 대한 유약성이 줄어들게 되고 점진적으로 정신과 신체의 좋은 건강상태를 유지하는데 도움이 될 것입니다.

리더 유의사항: 감정조절 자료 17에 나와 있는 PLEASE의 머릿 글자를 참여자에게 읽게 한다. 아래에 기술된 바와 같이 각 항목을 설명한다. 참여자들이 각 행동에 대해서 스스로 얼마나 자신이 잘 하고 있는지 측정하게 한다. 그룹리더는 화이트보드에 기준점을 그린다. 그림 9.1에 나와있는 −5부터 +5 척도를 사용한다.

---

1. 몸에 있는 병 치료하기 Treat PhysicaL illness

참여자에게 자료를 읽게 한다. "몸을 잘 보살피도록 합니다. 필요하면 병원에 가고, 약을 제때 먹도록 하세요."[리더는 아래와 같은 개인적인 예시를 활용하도록 한다.]

"여러분은 어떤지 모르겠지만 저는 몸이 아프면 정서 상태가 몹시 나빠집니다. 짜증도 많아지고 집중력이 떨어지며 유머 감각도 많이 없어지죠. 병이 낫기를 바라면서 가능한 빨리 그 순간이 지나가기를 바라게 됩니다."

"병원에 가지 않거나, 당뇨병 치료를 위해 인슐린을 맞지 않거나, 우울이나 불안, 신체적 질병을 치료하기 위해 처방된 약을 먹지 않고 신체적 건강을 돌보지 않으면, 감정적 유약성이 높아지고 계속 아픈 상태가 됩니다. 병을 치료하지 않아서 오랫동안 고생했던 적이 있나요? 왜 그렇게 했을까요? 아픈 상태로 머물러 부정적인 감정 상태를 오래 지속한 이유가 무엇이었을까요?"

"반대로 빠르고 철저하게 신체적인 건강을 돌보면 우리의 신체적인 건강이 증진되는 것뿐만 아니라 감정적으로도 빠르게 좋은 상태로 전환하게 됩니다."

2. 균형 잡힌 식사 Balance Eating

참여자에게 자료를 읽게 한다. "너무 많거나 적은 양의 음식을 먹지 않습니다. 지나치게 감정적으로 되기 쉬운 음식은 피하세요."

우리가 먹고 마시는 것은 기분에 직접적으로 영향을 미칠 수 있습니다. 카페인, 치킨, 파스타, 사탕 등은 각각 다른 방식으로 우리 기분에 영향을 줍니다. 어떤 특정한 음식이 여러분을 더욱 활동적이게 하거나 더욱 긴장하게 만들고 혹은 더욱 처지거나 피곤하게 만드는 것을 발견한 적이 있나요? 과자 한 봉지를 가지고 TV 앞에 앉아 있다가 TV 쇼가 끝날 무렵 과자가 다 없어진 것을 알아차리고 "과자가 다 어디 갔지? 무슨 맛이었더라?"라고 스스로에게 질문한 적이 있나요? 우리는 이것을 마인드풀하지 않은 식사라고 부릅니다(mindless eating). 너무 적게 먹거나 너무 많이 먹는 것과 마찬가지로 우리가 마인드풀하지 않게 음식을 먹게 되면 신체적으로도 나쁘고 감정적으로 좋지 않은 기분을 느끼게 됩니다. 『마인드풀하게 식사하기(Eating Mindfully)』[Allbers, 2003]와 『마인드풀하지 않은 식사 (Mindless Eating)』[Wansink, 2006] 이 두 책에는 마인드풀하지 않은 식사를 하지 않는 방법과 균형 잡힌 음식을 먹고 즐길 수 있는 방법에 대한 좋은 정보가 담겨 있습니다.

-5	0	+5
(매우 못함, 거의 노력하지 않음)	(괜찮음)	(매우 잘하고 있음

그림 9.1_ PLEASE 스킬 측정 척도

💬 **토의사항** | "여러분은 하루에 몇 번 식사를 하시나요? 아침 식사를 하지 않아서 힘이 없는 채로 하루를 시작하나요? 아침 식사는 하루 중 가장 중요합니다. 아침 식사를 하지 않으면 오전에 기분과 집중력 상태가 어떻게 되나요? 하루 종일 먹은 것이 없을 때, 결국 폭식으로 끝나버리지는 않았나요? 그 이후에 여러분의 기분과 에너지 수준에 어떤 변화가 생겼나요? 균형 잡힌 식사란 음식의 종류, 식사와 간식의 빈도, 식사량에 대해 마인드풀한 상태를 유지하는 것을 말합니다." 라고 묻고 토의한다.

💬 **토의사항** | 많은 청소년들은 자신이 얼마나 많은 양의 카페인 음료(예: 콜라)를 마시는지 자각하지 못하고, 잠자리에 들기 전에 초콜릿 디저트를 먹는 것이 수면을 방해할 뿐만 아니라 엄청난 칼로리를 섭취하고 있는지 자각하지 못한다. "여러분이 먹고 마시는 것에 따라 수면과 기분에 많은 영향을 주고 있다는 것을 알고 있나요?"라고 묻고 토의한다.

💬 **토의사항** | 많은 청소년들은 과일이나 채소를 매일 충분히 먹지 않고 지방이 많은 음식, 염분이 많은 포장 음식, 당분이 많은 과자를 많이 섭취하며, 대부분 식사시간이 일정하지 않다. 최근 연구에서 지적한 바와 같이 이런 음식들은 우리의 음식 섭취, 에너지, 건강, 기분에 파괴적인 영향을 초래할 수 있다(cf. Moss, 2013; Pollan, 2009). 그리고 염분, 당분, 지방이 혼합된 맛있는 가공 식품들은 심지어 중독적이기까지 하다. "이러한 식사가 여러분의 감정에 어떤 영향을 미칠까요?"라고 묻는다.

시간이 허락한다면 그룹참여자에게 자신의 감정에 부정적인 영향을 미치는 음식 한가지를 발표하도록 한다. 식사와 감정적 마음 상태와의 관계에 대해서 더 교육이 필요한 가족이 있다면 감정조절 보충자료 16a. "균형 잡힌 식사와 감정조절"을 리뷰하도록 한다.

3. 기분을 인위적으로 바꾸는 약물 피하기 Avoid Mood-Altering Drugs

참여자에게 자료를 읽게 한다. "술이나 약물 등을 피하세요."

많은 사람들은 술이나 약물이 우리 감정에 직접적으로 영향을 준다는 것을 알고 있습니다. 하지만 대부분은 술이 우울제(항우울제가 아님)라는 사실은 잘 모릅니다. 처음에는 탈억제로 기분을 좋게 하는 효과가 있지만 계속 지속되지는 않습니다. 술을 마시면 마음과 몸, 신경계가 더 우울해지고 결국 수면을 심하게 방해하기 때문에 과도한 음주는 나쁜 영향을 주게 됩니다. 모든 사람들이 술을 마시면 안된다고 주장하게 되면 다이어렉티컬하지 않은 말이기 때문에 그런 말을 할 수는 없습니다. 그러나 여러분이 현재 감정적으로 유약한 상태이거나, 유약성을 줄이고 싶다면 당분간은 술이나 처방 받지 않은 약물류는 피하도록 노력하십시오(당연히 성인에게 해당하는 내용입니다!). 이 그룹에 있는 부모님들이 저녁 식사 시간에 와인 한 잔이나 맥주 한 잔을 하는 것은 앞서 설명한 부작용을 일으키지는 않을 것입니다. 이 정도의 양이라면 과도하거나 문제가 되지 않을 만한, 적절한 양의 음주라고 할 수 있습니다.

모든 불법적 약물류들은 기분에 부정적인 영향을 줍니다. 미국의 어떤 주에서는 환자들의 심각한 신체적 통증을 돕기 위해 대마초를 처방하기도 하지만 연구에 따르면 대마초는 주의력, 집중력, 동기부여, 에너지, 기억력, 불안을 악화시키고 망상을 증가시킬 수 있는 부정적 영향이 있다고 나타났습니다. 어떤 사람들은 무심코 환각제 등이 포함된 약물을 사용하고 정신증적 상태가 됐다는 것을 뒤늦게 알게 되기도 합니다. 외래 청소년 환자를 대상으로 한 연구에서 대마초를 한 적이 있는 청소년은 자해 행동을 더 많이 하는 것으로 나타났습니다[Velting & Miller, 1999]. 따라서 성인과 청소년 모두 현재 자신의 감정적 마음 상태의 유약성을 낮추고자 한다면 어떠한 형태라도 처방 받지 않은 약물과 술은 피해야 합니다.

4. 균형 있는 수면 Balance Sleep

참여자에게 자료를 읽게 한다. "기분이 좋은 상태가 될 만큼 충분히 잠을 자도록 합니다. 좋은 수면 습관을 만들기 위해 규칙적인 수면 일정을 지키도록 하세요."

우리는 충분히 수면을 취하지 않고 만성적으로 피곤한 상태로 살아갑니다. 여기에는 많은 청소년들도 포함됩니다. 많은 연구자들은 대다수의 청소년이 너무 적은 수면을 취하고 있다는 것을 발견했습니다(예: 8시간 이하). 그 결과, 수면 부족이 건강에 해를 끼친다는 것이 밝혀졌습니다[McKnight-Eily et al., 2011].

"일요일을 제외하고 평균적으로 8시간 이하로 잠을 자는 분이 있다면 손을 들어주세요[반응을 확인한다.]. 8시간 정도 주무시는 분은 몇 명일까요? 7시간은요? 6시간? 종종 이것보다 적게 주무시는 분도 있나요? 이렇게 적게 자거나 불규칙하게 잠을 자면 기분에 어떤 변화가 일어났나요? 집중력은 어땠나요? 행동은요?"

충분하지 않은 수면(그리고 과도한 수면)은 우리의 기분과 학교나 직장에서의 기능성, 또 건강에 실질적으로 문제가 됩니다. 사람들은 충분한 수면을 취하지 않기 때문에 더 많은 신체적인 질병을 얻게 됩니다. 수면 문제는 잠재적으로 주의력과 집중력을 감소시키고 불안, 우울, 비만, 그리고 사고를 증가시키기도 합니다[cf. Thakkar, 2013].

양극성 장애로 진단받은 청소년들은 충분한 수면을 취하지 않거나 취침시간이 불규칙하면 또다른 조증이나 우울 삽화를 일으킬 수 있고 자살행동 가능성을 높일 수 있습니다. 따라서 균형 잡힌 수면은 너무나 중요합니다!

어떤 분들은 불면증이 있거나, 우울이나 불안과 관련이 없는 별도의 수면 장애가 있어서 잠을 못 이루는 분도 있을 것입니다. 잠을 자기 어려운 다른 이유가 있나요? [두 명 정도의 이야기를 들어본다.] 이러한 문제를 해결하기 위해서 개인 치료자와 꼭 상의하십시오.

[리더는 할당된 시간과 참여자들의 관심도를 고려하여 감정조절 보충 자료 16b, "휴식을 가장 잘 취하는 방법: 숙면을 위한 12가지 방법"을 리뷰하도록 한다. 가족 참여자들은 집에서 이 자료를 살펴보거나 개인 치료자와 함께 리뷰할 수도 있다.] 청소년들의 경우 수면 문제를 해결하기 위해서 부모님과 함께 숙면을 위한 12가지 방법을 리뷰하고 열거되어 있는 내용을 지키려고 노력하는 것이 좋습니다[예: Epstein & Mardon, 2006; Morin, 1993]. 숙면에 문제가 많다면 수면 장애 치료를 위해 단기간의 행동 개입이나 약물치료 혹은 두 개의 치료를 동시에 받을 수 있도록 전문가 자문을 받도록 하십시오. 오늘 우리가 배운 것 중에 중요한 포인트는 지금부터 바로 균형 잡힌 수면 습관을 만들어야 한다는 것입니다. 바로 오늘 저녁부터 시작해보세요.

5. 적절한 운동 Get Exercise

참여자에게 자료를 읽게 한다. "매일 규칙적으로 적절한 운동하세요. 조금씩 시작해서 늘려 보세요."

연구에 따르면 운동은 우리가 구할 수 있는 가장 좋은 항우울제 중에 하나입니다. 운동을 하면 유의미한 기분 증진 효과를 얻을 수 있고, 불안과 스트레스를 낮출 수 있으며 수면 증진을 기대할 수 있습니다[예: Otto & Smits, 2011]. 대개 적당히 운동을 하면 5분 정도 만에 기분이 좋아지는 효과를 경험할 수 있습니다. 빠르게 걸어 심장박동수를 높이면 더욱 좋습니다. 만약 여러분이 전혀 운동을 하지 않은 상태라면 하루에 20분까지 점차 늘려가면서 시작해보세요.

여러분은 어떤 신체적인 활동을 하나요? 늘 하던 운동을 하지 않았을 때나 활동적이지 않은 상태에 있을 때 기분이 달라지는 것을 느낀 적 있나요?

💬 **토의사항** | 각각의 PLEASE 행동에 대한 의견을 참여자에게 묻는다.

Ⅱ. 숙제 내주기

감정조절 자료 17. "연습하기: 숙련감 쌓기, 문제에 미리 대비하기, PLEASE 스킬"을 숙제로 내준다. 다음 한 주 동안 다음의 내용을 하도록 서약하게 한다.

(1) 이번 주에 숙련감을 쌓을 수 있는 방법 한 가지 생각해봅니다. 여러분의 삶에 자신감과 통제감을 느낄 수 있도록 매일 최소 한 가지 이상 하십시오.
(2) 미래의 감정적 상황에 대비해서 계획을 만들어 봅니다.
(3) 이번 주에 PLEASE 스킬 중 두 개를 연습합니다.

회기 4

Ⅰ. 마인드풀니스 연습하기

참여자에게 감정조절 자료 18. "파도타기 스킬: 현재 감정의 마인드풀니스"를 보게 한다.

때로는 감정이 없어지지 않고, 감정 속에 파묻혀 갇혀버린 느낌을 받는 경우가 많습니다. 그렇기 때문에 참을 수 없는 상태라고 느끼게 되고 이를 회피하려는 시도를 하게 됩니다. 그렇지만 고통스러운 감정을 피하는 것이 효과가 있나요? 그렇지 않습니다. 감정은 다시 되돌아오는 경향이 있기 때문입니다. 오늘의 마인드풀니스 연습은 감정이라는 것은 왔다가 지나간다는 것,

우리는 우리가 느끼는 감정 이상의 존재라는 것, 감정이 시키는 대로 우리가 행동할 필요가 없고, 철저하게 그리고 환영하는 마음으로 감정을 받아들임으로써 그 감정을 능숙하게 견뎌낼 수 있다는 것을 알아차리는 것을 돕기 위해 만들어졌습니다.

A. 파도타기 스킬 지시문

이 스킬은 리더의 안내를 받아 진행하는 마인드풀니스 연습이라는 점을 참여자들에게 알려주고, 리더가 지시하는 각 지시문을 잘 따라야 한다고 말한다. 리더는 전체 연습을 5분 정도로 계획하고 지시하는 말들 사이에 20~30초 정도의 간격을 둔다. 다음과 같이 시작한다.

> 파도가 왔다가 사라지는 것처럼 여러분의 감정을 경험합니다.
> 한 발 물러서서 있는 그대로 알아차리십시오.
> 감정을 없애려고 하거나 밀쳐 내려고 하지 않습니다.
> 감정을 붙잡지도 않습니다.
> 감정적 신체 감각에 대한 마인드풀니스를 연습합니다. 여러분 몸 어느 곳에서 감정적 감각이 느껴지는지 관찰합니다.
> 그 감각을 가능한 온전히 경험합니다.
> 그 감정이 낮아지는데 얼마나 걸리는지 관찰해 봅니다.
> 꼭 기억하세요. 우리는 우리가 느끼는 감정 이상의 존재입니다. 감정에 꼭 반응할 필요는 없습니다.
> 같은 감정을 다르게 느꼈던 때를 기억해보세요.
> 여러분의 감정을 사랑하는 연습을 합니다(최소한 받아들이는 연습).
> 감정을 판단하지 않습니다.
> 감정을 여러분의 집에 초대해보세요(즉, 감정을 밀쳐 내기보다는 안으로 초대하기)
> 감정을 기꺼이 경험하는 연습을 합니다.
> 여러분의 감정을 철저하게 수용해보세요.

리더는 이 연습에 관해 관찰한 것들을 발표하게 한다.

숙제 리뷰하기

· · · ·

쉬는 시간

· · · ·

Ⅰ. 사실을 확인하고 문제해결하기

> **리더 유의사항:** 어떤 내담자들은 갇혀서 꼼짝하지 못하겠다는 느낌이 들고, 효과적으로 대처하는 스킬이나 문제해결 방법을 만들 때 도움이 필요하다고 느낀다. 이러한 경우에 감정조절자료 19. "사실을 확인하고 문제해결하기"가 도움이 될 수 있다. 먼저, 그 문제가 그들이 보는 것과 같은지 여부를 판단하기 위해서는 사실을 확인해야 한다. 때로는 감정이 우리의 생각을 증폭시키기 때문에 처음에 생각했던 것보다 실제로는 문제가 더 작거나 다른 것으로 밝혀지기도 한다. 문제가 남아있다고 가정하고 내담자는 문제해결법을 브레인스토밍하고, 해결책을 시도하고, 평가하며, 첫 번째 선택이 효과가 없을 때 다음 해결책을 시도하도록 해야한다. 이를 위해 자료에 있는 단계를 밟아가도록 한다.
>
> 내담자들은 다양한 문제들에 미리 대비하기 위해 사실을 확인하고, 문제를 해결하는 스킬을 적용할 수 있다. 예를 들어 어떤 청소년은 학교 연극에 참가하고 싶은데 능력이 부족하다고 느껴 걱정을 하고 오디션을 피하고 싶은 충동을 느꼈다. 사실 확인하기 스킬은 이러한 상황에 잘 적용할 수 있는 스킬이다. 문제해결하기 스킬은 이 청소년이 오디션에서 발탁되었을 때 사용할 수 있는 스킬이다. 이 청소년은 졸업앨범 제작팀과 육상팀에 이어 학교 연극에까지 참여하게 되어 시간 조정에 어려움을 겪게 되었고 세 가지 전부를 하기 위해서는 많은 시간이 필요하다는 것을 깨닫게 된다. 따라서 이 청소년은 1년 동안 다양한 과외 활동 관리와 그에 따른 책임을 지기 위해 조정을 해야하며, 이를 위해 효과적인 문제해결 스킬이 필요하다.
>
> 또한 사실 확인하기와 문제해결하기는 고통스러운 감정을 바꾸거나 줄이는 데 도움이 된다. 예를 들어 한 청소년은 친구가 자기때문에 화가 났다고 믿고 괴로워 한다고 생각해보자. 사실 확인하기는 그 청소년이 친구와 이야기를 나누고 자신의 생각이 잘못된 것이라는 것을 알게 하는 것이다. 만일 그 친구가 정말로 화가 난 것이라면 그 상황을 해결하는데 도움이 되는 문제해결 스킬을 사용할 수 있다.

Ⅱ. 정반대 행동하기(Opposite Action)

A. 정반대 행동하기 스킬과 이론적 배경 오리엔테이션 하기

오늘 우리는 정반대 행동하기 스킬을 배우게 될 것입니다. 이 스킬은 우리가 감정적으로 너무 고

감정조절 스킬

289

통스럽거나 그 감정이 우리에게 도움이 되지 않는 상황일 때 그 감정을 바꾸거나 줄일 수 있게 합니다. 여러분 중에 강렬하고 고통스러운 감정이 느껴질 때 그 감정을 어떻게 낮추어야 하는지 모르겠다고 느낀 적이 있나요? 정반대 행동하기 스킬은 여러분이 원하지 않는 감정의 강도를 낮추는데 도움을 줍니다. 감정적 유약성을 가진 사람은 높은 민감성과 높은 반응성 그리고 원래의 감정으로 돌아오기까지 시간이 오래 걸린다는 생물사회이론을 떠올려보세요. 현재 감정에 반하는 정반대 행동하기는 여러분을 원래 감정의 상태로 돌아오는데 도움을 줄 것입니다.

모든 감정은 행동충동을 포함합니다. 그리고 그 충동들은 모두 중요한 목적을 가지고 있습니다. 예를 들어 두려움은 우리를 도망가거나 회피하게 합니다. 이런 반응은 우리가 숲 속에서 곰에게 쫓길 때와 같이 실제로 위험한 상황에 처했을 때 매우 유용합니다. 하지만 위협이 없을 때나 위험한 상황이 지나갔을 때에도 계속해서 두려움을 느낄 수 있습니다. 이러한 경우에는 두려움과 피하려는 충동은 도움이 되지 않습니다. 오히려 두려움을 일으키는 것을 피하려다가 불필요하게 우리의 일상생활을 제한해 버립니다.

화가 나면 어떤 충동을 경험하게 되나요? [답: 고함을 지르고 소리를 지르고 공격하고자 하는 등의 충동] 우울한 감정은 어떤 충동을 가져오나요? [침대에 누워있고, 스스로를 고립시키고, 수동적으로 만드는 등의 충동] 수치감은 어떤 충동을 동반하나요? [답: 숨거나 피하고 싶은 충동]

B. 정반대 행동하기 스킬을 사용하는 경우

정반대 행동하기는 다음 두 가지 상황에서 매우 유용합니다.

(1) 감정이 실제 상황의 사실에 부합하지 않을 때. 즉 감정이 정당화되지 않을 때. 예를 들어 같은 반 친구들이 여러분에게 위협을 가하지 않는데도, 발표를 할 때 과도한 공포감을 느끼는 것. 이 발표는 모든 학생이 수업에서 낙제하지 않으려면 반드시 해야하는 것임.

(2) 느껴지는 감정이 정당한 것이더라도 너무 강렬하거나, 너무 오래 지속되거나, 감정에 따라 행동하는 것이 효과적이지 않을 때(또는 더 이상 효과적이지 않을 때). 예를 들어 선생님이 수업을 산만하게 한다고 부당하게 비난할 때를 생각해봅시다. 선생님의 이런 행동이 여러분을 화나게 하지만(합당한 이유로), 선생님에게 말대꾸하는 충동에 따르는 행동은 상황을 더 악화시킵니다. 또는 기르던 고양이가 4개월 전에 죽었는데, 여러분이 여전히 친구들과 어울리지 않거나 초대를 해도 응하지 않고 친구들과 떨어져 있고 무기력하게 있는 것을 생각해봅시다. 한동안 슬퍼하는 것은 이해가 되지만 어느 시점에서는 그 감정이 과도한 것이기 때문에 감정을 바꾸려고 노력해야만 합니다.

C. 정반대 행동하기란?

정반대 행동하기 스킬이란 감정적인 행동충동에 반대되는 행동을 하는 것입니다. 앞에서 배운 감정 모델에서 한 가지 요소를 바꿈으로써 감정을 변화시킨 것을 기억해보세요. 우리는 그 모델에서 행동을 변화시키는 것에 대해서 배우고 있습니다. 두려운 감정을 변화시키거나 감소시키기 위해서는 두렵게 느끼는 것을 피하기보다 다가가야 합니다. 이것은 쉽지 않고 한 번만으로 부족합니다. 반복적으로 노력해야 효과가 있습니다. 연구 결과에 따르면 두려움을 주는 것(예: 강아지, 비행기, 거미)과 반복적으로 직면하고 나쁜 일이 벌어지지 않으면(예: 강아지에게 물리지 않음) 공포감은 나아집니다. 또한 우울할 때 활발하게 움직이면 우울감이 줄어든다는 사실입니다(예: 운동 다시 시작하기, 기분이 내키지 않더라도 사람들과 어울리기). 중요한 포인트는 우리가 느끼는 것에 정반대 행동을 함으로써 감정을 변화시킬 수 있다는 사실입니다.

위에서 밝힌 바와 같이 모든 감정은 연관된 충동이 있습니다. 충동에 따르는 행동을 하는 것은 자연스러운 것이고 여러분은 그 행동을 함으로써 감정이 완화되는 느낌을 받을 수 있습니다. 그러나 이렇게 하면 감정이 경감되는 것처럼 보이지만 단기적일 뿐만아니라 효과가 없고, 실제적으로는 그 감정을 계속 유지시키게 된다는 것입니다. 예를 들어 여러분이 6개월 동안 수업에서 발표하는 것을 피했다면 어느 날 갑자기 편하게 발표할 수 있을까요? 만일 우울해서 하루 종일 침대에서 나오지 않고, 늦게 자고 오후 5시에 일어난다면 갑자기 기분이 행복하거나 즐거워질까요? [참여자들은 충동적인 감정에 따르는 행동은 그 감정을 유지시킬 뿐이라는 점을 발견하게 된다.]

몇 가지 감정에 대하여 정반대 행동하기를 적용해 보도록 합시다. [참여자들에게 감정조절 자료 20. "감정 상태를 변화시키기 위한 정반대 행동하기"를 보게 한다.]

1. 두려움에 대한 정반대 행동하기

두려운 감정의 충동은 회피하기 입니다. 회피하기의 정반대 행동은 그것을 가까이 하고 두려움을 느끼게 하는 것을 계속 반복해서 직면하는 것입니다. 이렇게 행동하면 당연히 두려움을 느끼게 될 것입니다. 그 감정을 억누르려고 하지 마세요. 감정을 느끼지만 오랫동안 잡고 있으려고 하지 말고, 정반대 행동이 우리의 감정을 변화시키도록 그대로 두세요. 이렇게 하면 통제감과 숙련감을 줄 것입니다.

예를 들어보겠습니다. 저는 강연하는 것을 두려워했습니다. 참고로 이것은 세계에서 가장 흔한 공포증입니다. 지금은 300명에서 400명의 사람들 앞에 서도 불편함을 느끼지 않습니다. 무슨 일이 있었을까요? 저는 계속해서 많은 강연에 온전히 참여했고 대체로 긍정적인 피드백을 받았습니다. 야유를 하는 사람들이나 제 머리에 토마토를 던지는 사람들은 없었습니다.

💬 **토의사항** | 참여자들이 두려워하거나 두려움을 느끼는 것의 예를 들고 충동에 따라 행동하는지, 정반대 행동을 하는지 묻는다. 참여자들이 정반대 행동을 할 때 두려움과 불안이 어떻게 낮아지는지 강조하면서 말한다. 예를 들어

"때때로 두려움은 그 상황에 계속해서 머물러 있을 때나(예: 사회적으로 불안감을 느끼는 청소년은 또래와 대화하는 10분 동안 이야기를 할 때, 처음 1, 2분이 지난 후에는 불안이 낮아진다는 것을 알아챈다), 반복적으로 연습할 때(예: 이 청소년이 한 주 동안 5번이나 낯선사람에게 다가가 질문하는 연습을 하면, 점점 더 쉬워진다는 것을 발견한다) 낮아집니다."

"하지만 여러분의 두려움이 정당할 때는 정반대 행동을 해서는 안됩니다. 길을 건너는데 어떤 차가 여러분을 향해 달려올 때는 무조건 피해야 합니다. 개가 으르렁거리고 있다면 접근하거나 쓰다듬어주지 말아야 합니다."

2. 분노에 대한 정반대 행동하기

분노 감정에 대한 충동은 공격하기 입니다. 공격을 하게 되는 이유는 우리가 중요한 사람, 물건, 목표, 권리를 상실할 수 있는 위험에 처할 때 우리를 보호하기 위한 것입니다. 공격하고자 하는 충동의 정반대는 친절하게 피하기 입니다. 즉, 뛰쳐나가거나 부루퉁한 얼굴을 하지 않고 오히려 조용히 거리를 두는 것을 의미합니다. 또한 몇 차례 심호흡을 하거나 지혜로운 마음상태에 들어갈 때까지 차분해지도록 다른 무언가를 하는 것입니다. 그리고 나서 적대감이나 비난과 같은 감정적 상태가 아니라 친절한 감정을 가지고 다가가도록 합니다. 이렇게 하기 위해 우리는 상대방의 입장에서 생각해봐야 합니다. 비난하기 보다는 상대방에게 공감하거나 동정심을 갖도록 상상해보세요.

예를 들어 어느 날 집에 왔는데 제 남편이 일에 너무 압도되어 제가 온 것조차 알아차리지 못했습니다. 저는 집에 와서 함께 대화를 하고 싶었기 때문에 화가 나기 시작했죠. 저는 공격하고 화를 내면서 말하고 싶은 충동을 느꼈어요(매우 따지는 어조로). "지금 뭐하는 거야? 왜 날 무시해?" 그 다음에 어떻게 되었을까요? [참여자들의 피드백을 들어본다.]

제 남편 역시 화를 냈고, 저는 원하는 것을 얻지 못해서 더 화가 났어요. 공격을 하면 대화가 잘 되지 않았다는 것을 알기 때문에, 몇 분 동안 심호흡을 하면서 그것에 대해서 생각하는 시간을 가졌습니다. 저는 남편 입장이 되어 생각을 해보았고, 남편이 곧 마무리 해야하는 큰 프로젝트로 스트레스를 많이 받고 있었다는 것을 떠올렸습니다. 그리고 나서 친절한 태도로 그에게 다가가 부드럽게 물어봤지요. "커피나 마실 것 좀 가져다 줄까? 일 더미에 쌓여 있는 것처럼 보이네." 그리고 나서 남편은 저를 올려다보며 웃으면서 "응. 고마워, 미안해. 이번 금요일까지 이

일을 끝내야 하는데 너무 힘들어!"라고 말했어요. 그리고 나서 저는 지지적으로 반응했고 업무에 대해서 잠시 이야기를 나누고 나서 분노가 사라지는 것을 느끼게 됐습니다. 충동에 정반대되는 행동을 함으로써 감정을 가라 앉힐 수 있었습니다.

💬 **토의사항** | 참여자들에게 분노에 따라서 충동적으로 행동했을 때와 정반대되는 행동을 했던 경험이 있는지 물어본다. 참여자들이 충동에 정반대되는 행동을 할 때 분노가 어떻게 지나가게 되는지 강조하여 설명한다. 그러나 분노가 정당할 때, 예를 들어 친구들이 나에 대한 거짓된 소문을 퍼트리고 다니는 것이 확실할 때에는 그 친구에게 친절하게 다가가거나 부드럽게 대할 필요는 없을 겁니다. 여전히 가장 효과적으로 할 수 있는 일은 그 친구에게 다가가서 감정을 잘 조절하면서 폭발하듯이 하지 않고 표현하는 것이다.

3. 슬픔에 대한 정반대 행동하기

슬픈 감정의 충동은 위축되고 내면세계에 빠지고 수동적인 상태가 되는 것입니다. 우리가 무언가를 상실하였을 때 무엇이 중요하고, 어떤 것을 해야 하는지 깨닫게 해주는 것이 슬픔입니다. 슬픈 감정의 정반대 행동은 피하지 않고, 다가가고, 움직이는 것입니다. 기분이 괜찮아질 때까지 기다리면 안 됩니다. 여러분이 효과적이라고 느끼고 자신감을 얻는 일을 하십시오.

여러분들은 슬프거나 우울할 때 침대나 소파에 누워 TV를 보면서 빈둥거린 적이 있나요? 이렇게 하면 어느 정도 진정이 되고 안전하고 안락하게 느껴질 것입니다. 그러나 이러한 행동은 위축되고 움직이지 않으려는 슬픔의 충동에 따르는 행동을 보입니다. 여러분이 우울한 상태라면 이러한 충동에 따르는 행동을 하는 것은 전혀 도움이 되지 않습니다. 활동적이지 않은 상태에 머물면 계속해서 우울한 상태에 빠져 있게 됩니다. 물론 슬픈 감정을 느끼는데 슬프지 않은 것처럼 행동하고 앞으로 기분이 나아질 거라는 희망을 갖는 정반대행동을 하는 것은 매우 힘듭니다. 정반대 행동하기는 학교에 가고, 즐거운 활동을 하고, 사람들과 어울리는 계획을 만드는 것과 같은 상황에 적극적으로 참여한다면 얼마 지나지 않아 덜 우울하게 느끼기 시작합니다. 이렇게 하는 것이 효과가 있다는 것을 믿기 어렵겠지만 뚜렷한 과학적 근거가 있습니다. 청소년들의 경우 행동적으로 활성화 되고 나서는 기분이 실제로 좋아집니다. 일어나서, 밖으로 나가고, 움직이세요.

💬 **토의사항** | 이 모듈을 두 번째 배우는 참여자들을 위해서 다음과 같이 묻는다. "여러분이 느끼는 것에 정반대로 행동하기 어려우신 분이 있나요? 어떤 것을 시도해봤고 또 어디서 잘 안 되었나요? 혹시 슬픔에 대한 정반대 행동하기 스킬을 너무 일찍 포기해 버린 적이 있었나요?"

4. 수치감에 대한 정반대 행동하기

수치감에 대한 충동은 숨거나 피하고, 사람들로부터 자신을 소외시키는 것입니다. 자신의 옳고 그름에 대한 가치관을 위반했을 때 그리고 다른 사람이 우리를 실망시키거나 우리를 거부하고 있다는 것을 알 때 우리는 수치감을 느낍니다. 하지만 어떤 경우에는 우리가 가치관을 위반하지 않거나 다른 사람을 해하지 않았고, 객관적으로 잘못한 행동을 전혀 하지 않았을 때도 수치감을 느낍니다. 우리가 사회적으로 거부당할 것이라고 믿거나 실제로 그렇게 되었을 때 수치감은 숨어 버리고 싶은 충동을 느끼게 합니다. 예를 들어 취직을 하기 위해 은행에서 면접을 볼 때, 여러분의 문신을 자랑스럽게 보여주는 것은 합격을 어렵게 만듭니다. 반면 이해심이 넓은 친한 친구에게 자신이 친구의 가족들과 휴가를 가기에 돈이 부족하다는 것을 말하거나 동성애자라는 사실을 공개하는 것은 그렇게 거부당하는 느낌을 많이 받지는 않을 것입니다. 수치감을 느끼는 것이 정당한 것이라면 우리는 깨끗하게 실수를 만회해야 합니다. 우리가 우리의 있는 그대로의 모습 때문에 거부당하여 수치심을 느낀다면 그 행동과 진실을 공개 해야합니다.

> ▪ **정당한 이유로 수치감을 느낄 때.** 여러분이 '잘못'했다는 것을 알고도, 그것에 대해서 사과하기 어려웠던 적이 있나요? 예를 들어 여러분이 아끼는 사람에게 충동적으로 말하거나 심술궂은 행동을 한 것, 학교 숙제에 대해 거짓말을 한 것이 발각된 것, 친구나 형제들에게 물어보지 않고 무언가를 '빌리고서' 계속 가지고 있었던 것, 친구의 생일을 잊어버리고 아무 말도 하지 않았던 것, 너무 화가 나서 사랑하는 사람에게 공공장소에서 소리를 지르거나, 수업에 낙제해 스스로와 부모님을 실망시켜서 숨었던 경험 등이 있을 것입니다. 또 다른 예시가 있나요?

수치감을 느끼는 것이 정당할 때 그것을 줄이기 위한 중요한 첫 번째 단계는 진심을 담아서 사과하는 것입니다. "내 잘못이야"라고 말하는 것으로는 부족합니다. 사과하는 것을 멈추지 마십시오. 여러분이 해를 끼친 것에 대해 보상하십시오. 우리는 이것을 리페어(repair)라고 부릅니다. 리페어를 할 때는 여러분이 진지한 태도라는 것을 알게 해야하고 사과를 위해서 단순히 입에 발린 말을 하는 것이 아님을 알게 하기 위해 노력해야합니다. 사람들은 어떤 리페어를 하나요? 저녁 식사 준비를 돕기, 집 청소 깨끗이 하기 등 여러분이 상대에게 정말로 마음을 쓰고 있다는 것을 그 사람이 알 수 있도록 하는 것은 무엇이든지 리페어 하기에 포함됩니다. 학교에서 어린 여동생을 데려오는 것을 잊어 버렸다면, 동생의 숙제를 도와주는 것도 좋은 방법입니다. 여러분이 한 일에 대한 결과를 받아들이고 앞으로는 똑같은 실수가 발생하지 않도록 노력하는 것도 여기에 포함됩니다. 그리고 위의 모든 단계들을 실행했다면 지나가게 해야합니다.

- **정당하지 않은 이유로 수치감을 느낄 때.** 여러분이 잘못을 하지 않았거나 다른 사람이 여러분에게 실망할 일을 하지 않았는데도 불구하고 수치감을 느낄 수 있는 상황들을 살펴봅시다. 이미 여러분의 한계를 넘어서 친구를 도와줬거나, 여러분의 자기존중감에 반하는 요구를 하는 친구의 부탁을 거절해야 할 때가 있습니다. 조현병을 가진 삼촌, 해고당한 엄마, "안 좋은" 동네에 사는 것, 여러분의 옷이 학교에서 인기 많은 친구들이 입고 다니는 유명 디자이너 브랜드가 아닌 것과 같이 여러분의 외적인 면 때문에 수치감을 느끼기도 합니다.

여러분이 잘못하지 않았고, 그 상황에서 거부당하지 않을 것임에도 불구하고 수치감을 느낀다면 어떻게 하겠습니까? 공개적으로 대응하고 머리를 높이 들고 당당한 태도를 취하십시오. 여러분이 하지 않은 일에 대해서는 사과하지 말고 뒤에 숨지 마십시요. 여러분의 개인치료자와 정당하지 않은 수치감이 왜 남아있는지, 이러한 수치감의 강도를 낮추기 위해서 무엇을 해야하는지 명확하게 확인해 보십시오.

5. 죄책감에 정반대 행동하기

일반적으로 죄책감을 느낄 때 다시는 잘못을 하지 않겠다고 과도하게 약속하거나, 극단적인 반대 행동을 하고 모든 책임감을 거부하고 싶은 충동을 갖게 됩니다. 또한 죄책감을 다루기 위해서 해로운 행동을 하기도 합니다(예: 우리가 잘못한 사람들에게 격노하며 행동하거나 자기 자신을 과도하게 처벌하기). 또 우리는 숨거나, 고개를 숙이거나, 과도하게 용서를 구하기도 합니다.

- **정당한 이유로 죄책감을 느낄 때.** 여러분이 자신의 도덕적 기준을 위반하는 행동을 했거나 상대의 기분을 상하게 했기 때문에 정당하게 죄책감을 느낀다면, 정반대 행동은 그 결과를 받아들이는 것입니다. 이것은 여러분의 행동에 대한 책임을 수용하고 죄책감을 있는 그대로 경험한다는 의미입니다. 여러분은 사과하고 용서를 구하고(과도하게 구하지 않기) 결과를 받아들이도록 합니다. 중요한 것은 여러분이 잘못한 것을 리페어하고 그 일이 또 발생하지 않도록 열심히 노력하는 것입니다. 상처를 준 것에 대해 리페어하는 행동은 여러분의 죄책감에 도움이 될 뿐만 아니라 관계에도 도움이 됩니다.
- **정당하지 않은 이유로 죄책감을 느낄 때.** 자신의 도덕적 기준에 위배되는 행동을 하지 않았거나 타인을 상처 주지 않았음에도, 우리는 여전히 죄책감을 느낄 때가 있습니다. 예를 들어 여러분의 부모가 이혼했거나, 친구의 커닝을 도와주지 않아서 친구가 시험에 떨어진 것, 여러분을 나쁘게 대하는 연인 또는 친구와 헤어졌을 때, 친한 친구 대신

반장이 되었을 때 죄책감을 느낄 수 있습니다. 정당하지 않은 죄책감이나 과도한 죄책감을 느끼는 경우에는 사과하지 않고 그것을 보상하지 않도록 합니다. 정당하지 않은 이유로 죄책감을 느낀다면 여러분의 자세를 바꾸고 여러분의 결백함과 자신감을 보이도록 똑바로 서고, 머리를 당당히 들고, 가슴을 펴고, 눈 맞춤을 유지하고, 여러분의 목소리를 안정되고 명확하게 유지하도록 합니다.

6. 질투에 정반대 행동하기

우리는 중요한 관계가 위협받거나, 누군가와 함께 나눠야 하거나, 잃어버릴 수 있다고 생각할 때 질투심을 느낍니다. 질투심을 느낄 때 우리는 비난하는 말을 하거나, 상대방을 통제하려고 하거나, 의심스러운 행동을 하거나, 상대의 소재나 활동에 대해서 캐묻거나, 위협하는 사람을 밀쳐 내버리고 싶은 충동을 느끼게 합니다.

질투심은 정당화 되지 않고 효과적이지 않을 때가 많습니다. 비록 관계가 위험에 처하더라도, 상대에게 집착하고 통제하려는 행동은 오히려 역효과를 낳아 상대를 떠나게 만들기도 합니다. 질투에 반대되는 행동은 상대방의 행동을 통제하려는 마음을 지나가게 하고, 염탐하거나 스파이 같은 행동을 멈추고 여러분의 얼굴과 몸, 목소리의 어조를 편안하게 하는 것입니다.

7. 사랑에 정반대 행동하기

사랑은 강렬한 긍정적인 감정입니다. 하지만 정당하지 않거나 효과적이지 않을 때도 많습니다. 만약 분명히 선을 넘거나 이루어질 수 없는 관계일 때(예: 이웃에 사는 대학생 오빠, 수학선생님), 또는 사랑하는 대상이 여러분을 학대할 때는 정반대 행동을 함으로써 사랑하는 감정을 줄이도록 해보십시오.

사랑의 충동은 "사랑해"라고 말하기, 그 사람과 시간을 보내기 위해 노력하거나 그 사람이 하는 것에 대해서 알려고 노력하는 것, 상대가 원하고 필요로 하는 것을 하는 것, 그리고 애정을 표현하는 등의 행동을 하게 만듭니다.

여러분은 사랑을 표현하는 것을 멈추고(정당하거나 효과적이지 않을 때), 그 사람을 피하고, 그 사람을 생각하지 않게 주의분산을 하고, 왜 정당하지 않은지 계속해서 생각하고 상대를 사랑하는 것의 '단점'을 계속해서 되뇌어 사랑에 정반대 행동을 할 수 있습니다. 그리고 여러분은 상대방을 떠올릴 수 있는 것들과 접촉을 피하는 것도 할 수 있습니다 (같이 찍은 사진 보지 않기, 페이스 북에서 "친구 끊기", 휴대폰에서 연락처 지우기).

D. 정반대 행동하는 방법

감정조절 전략으로써 정반대 행동하기는 다음의 8가지 단계가 필요합니다:

(1) 현재 느끼고 있는 감정 파악하기(마인드풀니스, 관찰하기, 기술하기 스킬 사용)

(2) 그 감정이 촉발시키는 행동충동은 무엇인지 파악하기

(3) 스스로에게 묻기: 감정이 현재 상황에서 사실에서 부합하는가?

(4) 만약 그렇다면, 그 감정의 행동충동에 따르는 것이 효과적인가?

(5) 스스로에게 묻기: 그 감정을 바꾸고 싶은가?

(6) 바꾸고 싶다면, 정반대 행동이 무엇인지 파악하기

(7) 온전히 정반대 행동하기

(8) 그 감정이 충분히 낮아졌다고 관찰할 수 있을 때까지 정반대 행동을 반복하기

1. '온전히' 정반대 행동하기

이 스킬을 '온전히' 적용한다는 것은 행동뿐만 아니라 여러분이 바꾸고 싶어하는 감정에 반대되는 생각과 말까지도 바꾸는 것을 의미합니다. 여러분의 얼굴 표정과 목소리, 어조 그리고 자세에 주의 집중을 하고 바꾸고 싶은 감정에 정반대되는 방식으로 만들어보도록 합니다.

정반대 행동 스킬을 실제로는 사용하고 있지 않은데 사용하고 있다고 생각하는 경우가 많습니다. 여러분이 우울한 감정을 느낄 때 침대에서 빠져나와서 TV를 보기 위해 소파에 눕는다면 이것은 정반대 행동 스킬을 사용하는 것이 아닙니다. 왜일까요? 바로 온전히 하지 않았기 때문입니다. 아래의 예에서 어떻게 해야만 온전히 스킬을 적용하는 것인지 생각해 보십시오.

💬 **토의사항** | 다음과 같이 말한다. "모르는 사람이 많은 있는 모임에 참석해야 해서 사회적인 불안감을 겪고 있을 때, 아래의 예에서 정반대 행동하기 스킬을 사용하고 있는 것을 선택해보세요."

(1) 모임에 가서 주최한 사람에게 인사하고, 연회장 구석에 있는 의자를 찾아 다른 사람이 와서 자기 소개할 때까지 기다린다.

(2) 모임에 가서 주최한 사람에게 인사하고, 음식과 마실 것을 가져온 다음 주방에 앉아 조용히 먹는다.

(3) 모임에 가서 주최한 사람에게 인사하고, 걸어오면서 마주치는 사람들에게 능숙하게(미소를 짓고, 힘차게 악수하며) 자신을 소개한다. 만약 대화에 갑작스럽게 끼어드는 것이 아니라면 다른 사람들의 이름을 물어보고 몇 가지 질문들을 한다(예: 모임 주최자와는 어떻게 아는 사이세요?).

토의사항 | 참여자들이 문제성 있는 감정을 느낄 때, 자신들의 전형적인 반응을 잘 관찰하고 기술하게 한다. 만약 온전히 정반대 행동하기 스킬을 사용한다면 참여자들의 목소리, 자세, 눈맞춤, 태도, 행동이 어떻게 다를지 묻는다.

2. 정반대 행동을 계속 반복하기

사람들은 정반대 하기 스킬을 곧바로 적용하고 효과도 빠를 것이라고 오해합니다. 빠른 효과가 있다고 하더라도, 감정이 잦아들기 전까지는 어느 정도 반복해야만 합니다. 여러분들이 모임에서 불안함을 느낀다면, 약 30분 정도는 몇 차례 자기 소개를 하면서 불안을 감내하여야만 새롭게 알게 된 사람과 편안하게 대화를 나누며 불안도를 낮출 수 있습니다.

E. 참여자들을 위한 역할극 활동

참여자들을 두세 명으로 이루어진 4개 정도의 작은 그룹으로 나눈다. 각각의 그룹에 특정한 감정과 관련된 간단한 상황이 묘사된 시나리오를 나누어 준다. 리더는 미리 인덱스 카드에 이 시나리오를 적어 둔다. 아래에는 분노, 두려움, 슬픔 그리고 수치감의 시나리오 예시를 제시하고 있다. 네 개 이상의 소그룹이 있다면 추가적인 감정시나리오(예: 죄책감, 질투, 사랑)를 만들도록 한다.

각 그룹에게 (1)감정에 따르는 충동 행동하기와 (2)행동충동에 반대되는 정반대 행동하기를 어떻게 할 것인지 5분 동안 계획하게 한다. 각 그룹은 2–3분 동안 두 부분으로 나누어진 역할극을 하게 한다. 역할극을 마친 후에는 다른 참여자들에게 그 감정과 정반대 행동을 추측해보게 하고, 감정 충동에 따라 행동했을 때 상황이 어떻게 되었는지 그리고 감정에 정반대되는 행동을 했을 때 어떻게 될 것인지 이야기 하도록 한다. 정반대 행동을 한 것이 감정의 강도를 낮추는데 효과가 있었는가? 또 다른 이점이 있었는가?

이 활동을 계획하는 동안 리더는 각 그룹들을 살펴보고 감정충동, 정반대 행동, 역할극에 대해서 코칭한다. 다음은 행동충동의 예이다:

- 화가 나서 고함을 지르거나 뛰쳐나가기
- 두려운 감정 때문에 얼어버리거나 떨거나 회피하기
- 슬픈 감정으로 인해 무기력하고 단조로운 목소리 어조를 표현하고, 불행한 표정 짓기
- 수치감으로 인해 의기소침하고, 어깨가 축 쳐지고, 눈 맞춤을 피하기

만약 참여자들이 감정충동의 정반대 행동하기를 다시 떠올릴 필요가 있다면 자신의 자료를 보게

한다. 이 역할극은 참여자에게 정반대 행동하기의 개념을 이해하고, 재미를 느끼며, 이 활동에 완전히 참여하게 한다. 일반적으로 정반대 행동을 표현하는 두 번째 역할극은 더욱 효과적으로 진행된다.

1. 역할극 시나리오

다음은 역할극을 위한 시나리오 예시이다. 아래의 내용들은 참여자들이 정반대 행동하기를 적절하게 이해하고 시범을 보일 수 있도록 리더들이 확실히 이해해야 하는 내용이다.

(1) 여러분이 하루 동안 있었던 일을 너무나 얘기하고 싶음에도 불구하고 집에 왔을 때 부모님은 너무 바빠서 여러분을 무시하고 있습니다. 너무 화가 납니다. [정반대 행동은 부모님을 부드럽게 피하거나 부모님에게 공감적이고 친절한 태도로 부모님에게 다가가는 것이다.]

(2) 친구 두 명이 새 차를 샀다고 자랑을 합니다. 그 친구들은 내가 언제 차를 갖게 되는지 물어봅니다. 요즘 친구들 모두 새 차를 사는 것 같습니다. 하지만 우리 집은 차를 사줄 여유가 없고, 그래서 수치감을 느낍니다. [연령, 문화, 상황에 적절하게 위의 연습 내용을 바꿀 수 있다. 예를 들어 친구들이 여행을 하면서 휴가 때 어디를 가는지 물어보거나, 친구들이 새로운 아이패드, 자전거, 운동화 등을 새로 샀다고 자랑하는 상황을 설정할 수도 있다. 다른 참여자들이 역할극 속의 감정을 잘 추측했다면 리더는 수치감이 정당한지 물어볼 수 있다. 그렇지 않다면 이 상황에서는 정당한 수치감이 아니다. 정반대 행동 역할극은 자신을 똑바로 세우고, 자신감 있게 말하고, 거짓말이나 회피하지 않고 다음과 같이 말하는 것이 포함된다. "지금은 우리가 차를 살만한 여유가 없어 하지만 언젠가는 살 수 있겠지…너의 멋진 차로 언제 드라이브 시켜줄래?" 또는 "야 진짜 멋있는 운동화다!"]

(3) 친구가 여러분을 축제에 데리고 갔지만 기분이 너무 우울합니다. [이 상황에서 정반대 행동은 에너지 넘치고, 웃고, 말을 잘하고, 축제에 대해서 긍정적인 것을 말하기 입니다.]

(4) 생물 수업 시간에 선생님께서 질문하실 때 정답을 알지만 손을 들고 모두 앞에서 발표하는 것이 너무 두렵게 느껴집니다. [이런 상황에서의 정반대 행동은 쭈뼛쭈뼛하지 않고 자신감 있게 손을 들기, 선생님을 바라보기, 그리고 명확하고 적절하게 큰 목소리로 답하기 등이 포함됩니다.]

2. 추가 시나리오

▪ 공부를 하지 않은 친구가 시험에서 답을 보여 달라고 해서 기분이 좋지 않습니다. 그 요구를 거절했고 그 친구는 D 학점을 받았습니다. 여러분은 죄책감을 느끼고 있습니다.

- 여자 친구가 과학 시간에 다른 남학생과 과학 실험 파트너가 되었습니다. 그 때 질투심을 느낍니다. 교실을 들여다보다가 여자 친구가 밖에 나왔을 때 여자 친구에게 둘이 무슨 이야기를 했는지 물어 봅니다.
- 25세의 약혼한 스페인어 선생님이 다정하고 매력적으로 느껴집니다. 그 선생님을 사랑하는 것 같습니다. 여러분은 학교 끝나고 그 선생님을 기다리고 온라인에서 스토킹을 하고, 그 선생님에 대해서 할 수 있는 모든 것을 찾기 시작합니다. 이것은 여러분의 학습을 방해하고, 친구들은 이런 행동이 순수하게 좋아하는 것 이상이라고 걱정하고 비판하기 시작했습니다.

III. 숙제 내주기

감정조절 자료 21. "연습하기: 정반대 행동하기"를 숙제로 내준다. 참여자들이 한 주 동안 정반대 행동하기를 연습하도록 서약을 받는다. 참여자들은 한 주간 경험하는 감정을 선택할 때 정당하지 않고(사실에 부합하지 않는), 효과적이지 않아서(과도한, 너무 오래 지속되는, 목표달성에 방해가 되는) 줄이고 싶은 감정을 선택하게 한다. 또한 참여자들은 자신의 감정, 행동충동, 정반대 행동을 파악하게 한다. 감정충동에 온전히(얼굴 표정, 몸의 자세, 목소리, 어조) 정반대되는 행동을 하도록 지시한다. 마지막으로 참여자들은 충동에 반대되는 행동을 한 뒤에 어떤 느낌을 경험했는지 보고하도록 한다. 정반대 행동으로 감정의 강도가 낮아졌는가? 참여자들이 자신의 워크시트에 경험한 것을 기록하게 한다.

제 10 장
대인관계 효율성 스킬

회기 개요

회기 1

▶ 마인드풀니스 하기

▶ 숙제 리뷰하기

▶ 쉬는 시간

▶ 대인관계 효율성 스킬과 이론적 배경에 대한 오리엔테이션

▶ 대인관계 효율성을 방해하는 요인

▶ 긍정적인 대인관계 유지하기: GIVE 스킬

▶ 숙제 내주기: 대인관계 효율성 자료 4. 연습하기: GIVE 스킬 `워크시트`

▶ 회기 마무리-긴장 풀기

배포 자료 및 기타 자료

▶ 대인관계 효율성 자료 1. 대인관계 목표와 우선순위

▶ 대인관계 효율성 자료 2. 대인관계 효율성을 감소시키는 요인

▶ 대인관계 효율성 자료 3. 긍정적 관계를 만들고 유지하는 방법: GIVE 스킬

▶ 대인관계 효율성 자료 4. 연습하기: GIVE 스킬 `워크시트`

▶ 화이트보드나 필기를 위한 큰 보드

▶ 마인드풀니스 벨

회기 2

▶ 마인드풀니스 하기

▶ 숙제 리뷰하기

▶ 쉬는 시간

▶ 상대방이 내가 원하는 행동을 하게 하기: DEAR MAN 스킬

▶ 숙제 내주기

▶ 회기 마무리—긴장 풀기

배포 자료 및 기타 자료

▶ 대인관계 효율성 자료 5. 상대방이 내가 원하는 행동을 하게 하기: DEAR MAN 스킬

▶ 대인관계 효율성 자료 6. 연습하기: DEAR MAN 스킬 `워크시트`

▶ 화이트보드나 필기를 위한 보드와 마커

▶ 마인드풀니스 벨

회기 3

▶ 마인드풀니스 하기

▶ 숙제 리뷰하기

▶ 쉬는 시간

▶ 자기존중감 유지하기: FAST 스킬

▶ 대인관계 효율성을 방해하는 걱정에 도전하기

▶ 숙제 내주기

▶ 회기 마무리—긴장 풀기

배포 자료 및 기타 자료

▶ 대인관계 효율성 자료 7. 자기존중감 유지하기: FAST 스킬

▶ 대인관계 효율성 자료 8. 지혜로운 마음으로 걱정 생각에 도전하기

▶ 대인관계 효율성 자료 9. 연습하기: FAST 스킬 `워크시트`

▶ 화이트보드나 필기를 위한 보드와 마커

▶ 마인드풀니스 벨

회기 4

▶ 마인드풀니스 하기

▶ 숙제 리뷰하기

▶ 쉬는 시간

▶ 얼마나 강하게 원하는 것을 요청하거나 거절할 지 결정할 때 고려할 것

▶ THINK 스킬 (보충자료)

▶ 대인관계 스킬을 동시에 사용하기

▶ 숙제 내주기

▶ 숙제 내주기 (보충자료)

▶ 회기 마무리−긴장 풀기

배포 자료 및 기타 자료

▶ 대인관계 효율성 자료 10. 원하는 것을 요청할 때 고려할 것

▶ 대인관계 효율성 자료 11. 연습하기: 요청하거나 거절할 때 고려할 것 `워크시트`

▶ 대인관계 효율성 자료 12. 연습하기: 대인관계 스킬을 동시에 사용하기 `워크시트`

▶ 대인관계 효율성 보충 자료 13. THINK 스킬

▶ 대인관계 효율성 보충 자료 14. 연습하기: THINK 스킬 `워크시트`

▶ 화이트보드나 필기를 위한 보드와 마커

▶ 마인드풀니스 벨

강의 노트

사랑은 소중한 식물과 같아요. 저절로 자라난다고 생각하지 마세요. 계속해서 물을 주어야 해요.
보살펴주고, 잘 키워야하죠.

– John Lennon

누군가 이야기를 한다면, 온전하게 경청하라.

– Ernest Hemingway

이 모듈에 대하여

이 모듈에서는 긍정적 대인관계를 만들고 유지하는 스킬을 배우게 된다. 다른 DBT 스킬 모듈에서는 자각과 집중력 및 고통감내 증진, 극단적인 생각과 행동패턴 감소, 감정조절을 통해서 대인관계를 증진시키고자 한다면, 이 모듈에서는 직접적으로 구체적인 대인관계 스킬을 교육한다. 다시 말하면, 내담자의 대인관계의 질을 증진시킴으로써 다른 스킬 적용 능력에 긍정적인 영향을 끼친다는 것이다. 예를 들어 견고한 사회적 지지망은 정서적 고통을 감내하는데 도움을 주며, 만족스럽고 갈등이 적은 관계는 긍정적인 감정을 만들고 부정적인 감정을 완충하는데 도움을 준다. 이 스킬 세트에서는 다음의 3가지 중요한 대인관계 목표를 강조한다. (1) 긍정적인 대인관계 만들기와 갈등이 심화되는 것을 감소시키기(GIVE 스킬), (2) 원하는 것을 효과적으로 요청하기 또는 다른 사람의 요청에 효과적으로 거절하기(DEAR MAN 스킬), (3) 자기존중감 유지하기(FAST 스킬). 참여자들이 회기 중에 피드백을 받으며 숙련될 때까지 연습하는 것이 스킬을 일반화하는 데 매우 중요하기 때문에 GIVE, DEAR MAN, FAST 스킬 역할극을 할 수 있는 많은 시나리오가 제공될 것이다.

또한 이 모듈에서는 3가지 스킬을 동시에 사용하는 방법과 대인관계 효율성을 방해하는 걱정에 도전하는 방법, 원하는 것을 요청하거나 거절할지 결정할 때 고려할 요소들, 그리고 타인의 관점 받아들이기(THINK 스킬)를 배우게 된다. 단, THINK 스킬은 표준 DBT 치료에 포함되어 있지 않고, 임상 연구에서 아직 반영되지 않았기 때문에 보충 자료로 제공된다. Crick과 Dodge (1994)의 사회적 정보 처리 모델을 근거로, 청소년과 가족이 다른 사람의 의도를 지나치게 부정적으로 가정하는 경우가 많다는 것(부정적 감정을 더욱 강화)을 고려하여 THINK 스킬을 개발하였다. 이 모델은 타인에 대한 잘못된 해석으로 인해 우리가 부정적인 반응을 하게 된다는 것에 주안점을 두고 있다. 그렇기 때문에 이 스킬의 목적은 잘못된 부정적인 가정을 수정하는 것이다. 이 모듈은 4회기 안에 모두 다루도록 설계되었지만 시간이 허락한다면 5회기로 연장하여 진행할 수도 있다.

회기 1

마인드풀니스 하기
· · · ·
숙제 리뷰하기
· · · ·
쉬는 시간
· · · ·

I. 대인관계 효율성 스킬(Interpersonal Effectiveness Skills)

A. 대인관계 효율성 스킬과 이론적 배경에 대한 오리엔테이션

사람들과의 관계에서 스트레스를 받을 때가 있나요? 문제를 어떻게 해결해야 할지 몰라 힘겨워하거나 누군가의 도움이 필요하다고 느낀 적이 있나요? [그룹 구성원의 반응을 들어볼 것]

친구들 때문에 너무 화가 날 때도 있을 것이고, 어떨 때는 친구가 한 명도 없다는 느낌을 받을 때도 있을 겁니다. 또는 여러분이나 다른 친구들이 괴롭힘 당하는 상황에서 여러분은 어떻게 해야 할지 모를 때도 있을 거에요. 친구 관계에서 여러분이 원하는 대로 되지 않을 때, 기분이 나빠지고 더욱 강렬해지는 것을 느낀 적이 있나요? [반응을 들을 것] 아마도 원하는 것을 어떻게 요청해야 할지 모를 때도 있었을 거에요. 아니면 누군가 무엇을 요청했을 때 거절하는 방법을 몰라서 곤란했을 때도 있었을 것입니다.

B. 대인관계를 유지하고 갈등을 줄이는 스킬

이 모듈에서 우리는 자기존중감을 유지하면서도 우리가 원하는 것을 얻고, 관계를 잘 유지하고, 갈등을 줄일 수 있는 스킬을 배울 것입니다. 그리고 이러한 것을 얻는 데 방해가 될 수 있는 여러 요인들에 대해서 알아보게 될 것입니다. 이것이 충분한 이유가 되지 않는다면 이 점을 생각해 보세요. 정말로 세련된 대인관계 스킬을 가진 사람은 취업에 유리하고, 승진도 쉽게 하며, 좋은 대인관계 스킬로 인해서 성공적으로 업무를 수행합니다.

이 스킬들을 효과적으로 사용하기 위해서는, 이곳에서뿐만 아니라 그룹 밖 상황에서도 자주 연습해야 합니다.

II. 대인관계 효율성의 목표

참여자에게 대인관계 효율성 자료 1. "대인관계의 목표와 우선순위"를 펴게 할 것

이 모듈은 3가지 주요 목표와 각각의 목표를 달성하기 위한 스킬 세트로 구성되어 있습니다.

(1) 건강한 관계를 지키고 유지하기: GIVE 스킬

(2) 상대방이 내가 원하는 것을 하게 하거나, 다른 사람의 요청에 거절하기: DEAR MAN 스킬

(3) 자기존중감 지키기: FAST 스킬

이상적으로 우리는 모든 관계에서 3가지 목표를 모두 얻기를 원합니다. 좋은 관계를 유지하고, 우리의 자기존중감을 지키면서 동시에 다른 사람으로부터 원하는 것을 얻고자 합니다. 이 목표들을 3개의 공으로 저글링하는 것처럼 생각해볼 수 있어요. 하나도 떨어뜨리지 않고 계속 허공에 떠있게 하는 것이 도전 과제입니다.

A. 건강한 관계 유지하기

💬 **토의사항** | "대인관계를 지키려고 자신이 원하는 것과 자기존중감을 희생시키는 사람들을 본 적 있나요?"라고 질문한다. [고개를 끄덕이는 정도의 동의하는 반응을 기다린다]

> ▪ **관계를 지키기 위해 내가 원하는 것을 희생하지 않기.** 많은 사람들이 자신이 원하는 것과 필요한 것을 희생하면 대인관계가 좀 더 원활해지고, 상대로부터 인정을 받고, 더 이상의 문제가 생기지 않을 것이라는 근거 없는 믿음을 가지고 있습니다. 하지만 이 방법은 효과가 없습니다. 여러분이 자신의 감정과 원하는 바를 오랫동안 멀리 한다면 어떤 일이 생길까요?

> (1) 결국 폭발해버리고, 상대방이 떠나버리는 위기가 온다, 또는...
>
> (2) 너무 짜증나서 관계를 단절해버린다. 또는...
>
> (3) 관계를 유지하지만, 비참한 기분을 느낀다.

어떤 경우라도 관계가 끝나게 되거나 심각한 위기 상황에 처하게 될 것입니다.

💬 **토의사항** | "이와 반대로, 강하게 주장해서 원하는 것을 얻어냈지만, 관계를 해친 사람을 본 적이 있나요? 여러분이 누군가의 요청을 거절해서 관계를 해친 경험이 있나요?"라고 질문한다. [반응을 들을 것]

> ▪ **관계를 지키면서 원하는 것을 얻기.** 여러분이 원하는 것을 상대방이 정말로 주고 싶은 마

음이 들도록 요청할 수 있습니다. 또한 상대방에게 여러분에 대한 좋은 느낌을 남기면서 요청을 거절하는 방법을 배울 수 있습니다. DEAR MAN 스킬은 타인으로부터 여러분이 원하는 것을 얻을 수 있도록 돕는 스킬이며, "아니오"라고 단호히 거절하는 것을 도와줍니다. GIVE 스킬과 함께 DEAR MAN 스킬을 사용하면 사람들과의 관계를 잘 유지할 뿐아니라 더욱 증진시킬 수 있습니다.

- **자기존중감 지키기.** 어떤 사람들은 싸우거나 굴복해서라도 원하는 것을 얻는 것이 효과적인 유일한 방법이라고 생각합니다. 또는 자신의 가치관에 위배되는 방식으로 행동을 하기도 하죠. 아마 원하는 것을 얻기 위해서는 댓가를 치뤄야 한다고 믿을 지도 모르겠습니다. 다만 자기 스스로에 대해서는 안좋은 느낌을 가지게 됩니다. 대인관계에서 자기존중감을 유지하는 것은 원하는 것을 얻는 것과 좋은 관계를 유지하는 것만큼 중요하거나, 더 중요할 수 있습니다. 자기존중감 유지하기의 의미는 아래와 같습니다.

  - 자신의 가치관과 도덕관에 부합하는 방식으로 행동하기와
  - 자신감을 느끼는 방식으로 행동하기

예를 들어 관계를 유지하기 위해서 원하는 것을 희생하는 것은 보통 자기존중감에 큰 손상을 가져옵니다. FAST 스킬은 다른 사람들로부터 여러분이 원하는 것을 얻기 위해서 노력하는 동시에 자신에 대해서 좋은 감정을 유지하거나 증진시키는 것에 관한 스킬입니다.

💬 **토의사항** | "여러분은 언제 자기존중감이 낮아지는 경험을 했나요? 무언가로부터 벗어나기 위해 거짓말을 하거나, 여러분이 좋아하지 않는 행동을 하는 친구들과 함께 어울리는 것과 같이요."라고 묻는다.

B. 우선 순위 명확하게 하기

특정한 관계를 시작하기에 앞서, 지금까지 논의한 3가지 목표 가운데 여러분에게 무엇이 가장 중요한지 아는 것은 도움이 됩니다. 만약 여러분이 원하는 것을 얻을 수 없다면, 그리고 좋은 관계를 유지할 수 없다면, 그리고 자기존중감을 지키기 어렵다면, 과연 여러분에게 가장 중요한 것이 무엇일까요? 어떤 것이 가장 덜 중요한가요? 물론 하나의 목표만 갖는 관계도 있고, 과제 자체가 목표를 확인시켜주는 경우도 있습니다. 어쩌면 상사나 선생님이 무언가 좋지 않은 일에 대해 논의하기 위해 여러분을 회의에 들어오게 할 수도 있습니다. 해고나 낙제되지 않는 것이 유일

하게 원하는 것일지도 모르겠네요. 다시 말하면, 회의가 끝날 때 다른 사람이 여러분에 대해서 좋게 느끼기를 원할 것입니다. 이렇게 목표를 정해두면, 건강한 관계를 유지하기 위한 GIVE 스킬을 사용하는데 집중할 수 있게 될 것입니다.

대인관계 효율성 자료 1. "대인관계의 목표와 우선순위"에 있는 각각의 목표 아래 질문들은 특정한 상황에서 3가지 목표와 목표의 상대적 중요성에 대해 생각하도록 도와줄 것입니다.

(1) 대화를 마친 뒤에 상대방이 나에 대해 어떻게 느끼기를 원하지?

(2) 내가 이 사람에게 원하는 것이 뭐지? 또는 어떻게 효과적으로 거절하지?

(3) 이 관계를 마친 후에 나 자신에 대해서 어떻게 느끼기를 원하지?

여러분의 목표와 우선 순위를 확인하기 위해 마인드풀니스가 필요할 수도 있습니다. 잠시 멈춰서 자신의 지혜로운 마음에 질문을 던져보세요. 이 상황의 목표는 무엇일까? 내가 무엇을 성취하려고 노력하는 거지? 내가 원하는 것을 얻거나(또는 거절), 또는 자기존중감을 지키면서 관계를 유지하는 데 집중하고 있나? 위의 것들을 모두 원하나?

다음의 예시에 대해 생각해봅시다. 어떤 대학생이 임대 기간이 끝나서 이사를 해야 하는 상황입니다. 그 학생은 집을 잘 관리하며 사용했지만, 집주인은 부당하게 보증금을 주지 않으려고 했습니다. 다음의 방법으로 우선 순위를 매겨볼 수 있습니다.

(1) 목표: 보증금을 돌려받기.

(2) 자기존중감: 지나치게 감정적이 되거나, 지저분하게 다투거나, 굴복하지 않음으로써 자기존중감을 잃지 않기.

(3) 관계: 이사가기 때문에 집주인과의 좋은 관계를 유지하는 것은 높은 우선순위가 아님. 하지만 집주인을 멀리하거나 화나게 하면, 보증금을 돌려받을 가능성이 낮아짐.

Ⅲ. 대인관계 효율성을 방해하는 요인들

대인관계 효율성 자료 2. "대인관계 효율성을 감소시키는 요인"을 펴게 한다.

어떤 것이 여러분의 목표를 달성하지 못하게 하나요? 몇 가지 요인들을 살펴봅시다.

■ 스킬 부족

- 걱정 생각
- 감정
- 망설임
- 환경

> **리더 유의사항:** 예시로 다음의 상황을 제시하고, 방해 요소를 읽은 후, 각각을 분류하도록 한다. 대인관계 효율성 자료 2를 빠르게 진행할 수도 있다. 여기에서 중요한 점은 대인관계에서 우리가 원하는 것과 필요한 것을 얻기 어려울 수도 있다는 점을 인정하고, DBT 스킬 모듈을 통해서 참여자들이 원하는 것을 얻을 수 있도록 돕는 스킬을 배우게 된다는 점이다.

여러분이 시험을 못봐서 이번 학기 수학 과목에서 낙제 위험에 처해있다고 상상해보세요. 여러분은 선생님께 찾아가서 추가로 점수를 얻을 수 있는 과제를 하거나 시험을 다시 보는 것과 같이 문제 해결을 위해 노력하고 싶을 것입니다. 이런 상황에서 여러분의 대인관계에서 효율성을 방해하는 요소는 어떤 것이 있을까요?

- 어떤 말과 행동을 해야할지 모름 [스킬 부족].
- 선생님이 화를 낼 것이라고 믿음 [걱정].
- 선생님께 가까이 가려다가 너무 불안해서 되돌아 옴 [감정].
- 특별한 추가 과제 등을 요청해서 선생님의 주의를 끌어오는 것이 좋을지, 아니면 "낮은 성적"을 유지하되 다음 학기에는 더 열심히 하기로 스스로와 약속을 하는 것이 좋을지 모름 [망설임].
- 요청했지만 선생님이 협상하기를 거부하시거나, 다음에 더 열심히 하라고 말씀하시는 경우 [환경].

A. 멈추지 않기

자, 이런 상황에서 무엇을 할 수 있을까요? 각각의 방해 요인에 적용할 수 있는 스킬을 배워봅시다.

- 스킬 부족의 경우, 각 상황에서의 여러분의 목표를 기초로 그 상황을 잘 다룰 수 있는 구체적인 대인관계 스킬을 배우도록 합니다.

- 걱정 생각의 경우, 지혜로운 마음의 상태를 통해 걱정하는 생각에 도전하고, 효율적인 대인관계를 맺을 수 있는 방법을 배우도록 합니다.
- 감정의 경우, 여러분의 감정과 충동을 관찰하고 기술하기 위한 마인드풀니스 스킬을 사용해서 집중하는 상태를 유지하고 효과적인 행동을 하는 법을 배웁니다. 다른 모듈에서 감정을 잘 관리하고, 감정적인 상태에 있더라도 효과적으로 요청하기 위한 고통감내 스킬과 감정조절 스킬을 배우도록 합니다.
- 망설임의 경우, 그 순간 느껴지는 것에 대해서 지혜로운 마음으로 결정을 할 수 있도록 마인드풀니스를 사용할 수 있습니다. 또한 원하는 것을 요청할지, 요청할 권리가 있는지, 무엇을 요청할지에 대해서 결정하는데 도움이 될 자신의 가치관에 대해 생각할 수도 있습니다.
- 환경이 방해하는 경우에는, 여러분이 원하는 것(예: 수학선생님의 예)을 얻지 못하는 것을 받아들이기 위해서 철저한 수용 스킬을 사용해야만 할지 모릅니다. 고통감내 스킬은 여러분이 원하는 것을 얻지 못하는 상황을 잘 감내하는 데 도움이 될 수 있습니다.

대인관계 효율성 스킬을 사용할 때, 여러분의 목표가 무엇인지 확인하는 것뿐 아니라 스킬을 사용할 때 방해되는 요인에 대해서도 파악하는 것이 중요합니다. 이 모듈의 나머지 부분에서는 스킬 부족이나 걱정 생각이 있을 때 어떻게 하는 것이 좋을지 배우게 됩니다. 다른 모듈에서는 감정, 망설임 또는 환경으로 인해 방해될 때 도움이 되는 스킬을 배우게 됩니다.

Ⅳ. 긍정적인 관계 유지하기: GIVE 스킬

참여자에게 대인관계 효율성 자료 3. "긍정적 관계를 만들고 유지하는 방법: GIVE 스킬"을 보게 할 것.
관계를 잘 유지하고 갈등을 줄이고 싶다면, GIVE라는 단어를 잊지 않도록 하세요.

> **리더 유의사항:** 이 자료를 소개하면서 리더와 참여자와 함께 내용을 읽는 것도 좋은 방법이다. 다음의 3 가지 연습을 하면 참여자들이 더욱 적극적으로 참여한다. (1) 리더가 정반대 행동을 하는 동안 그룹참여자들이 자료의 GIVE 스킬에 대한 설명을 읽게 하는 방법, (2) 공동리더들의 역할극, (3) 마인드풀니스 연습. 자세한 사항은 다음을 참고할 것.

A. GIVE 스킬과 이론적 배경에 대한 오리엔테이션

🫂 연습하기 1: 리더가 정반대 행동으로 역할극하기

우리가 이 스킬을 교육하면서 사용하는 한 가지 재미난 방법은 참여자 한 사람이 대인관계 효율성 자료 3의 GIVE 스킬 설명을 읽는 동안, 리더는 각 항목이 지시하는 것(아래에 상세히 설명)과 정반대의 행동을 하는 것이다. 이 방법은 GIVE 스킬을 사용하지 않으면 어떤 모습이 되는지 보여주고 참여자들에게 웃음을 주는 과장된, 유머러스하고 유별난 방식으로 행해져야 한다.

- **친절하게(be Gentle).** 대인관계 효율성 자료 3의 각각의 GIVE 스킬에 대한 설명을 참여자 한 사람이 읽게 한다. 참여자가 "친절하게(Be Gentle)"의 설명을 전부 읽는 동안 ("상대방을 존중하는 태도로 친절하게. 공격이나 협박 또는 비판하지 않도록 노력해요. 목소리의 어조를 주의하세요.") 리더는 "왜 이렇게 느려요? 빨리 좀 읽어보세요!" 또는 "심하네... 다른 사람에게 읽게 할 걸 그랬어요."라고 말한다.

- **호의적으로 행동하면서(act Interested).** 참여자가 읽는 동안, 리더는 "뭐... 그러거나 말거나....,"라고 하며 눈을 굴리고 크게 한숨을 쉬거나, "여러분, 어제 축구 경기 보셨나요?"와 같이 주제에 벗어나는 이야기를 갑자기 꺼내면서 방해한다.

- **수인적 태도로(Validate).** 참여자가 읽는 동안(아마도 방해를 한 이후이므로 더 조심스럽게 읽을 것임), 리더는 더욱 빈정거리는 태도로 비수인한다. "그렇게 망설이면 안되죠. 느리게 읽거나 불안할 이유가 전혀 없어요. 자, 어서 빨리 읽어서 끝내버립시다!"

- **가벼운 마음으로(use an Easy manner).** 참여자가 말하는 동안, 리더는 아주 심각하고, 단호하며, 뻣뻣하게 가슴 앞에 팔짱을 낀 상태로 참여자 앞에 서서, "제 이야기 잘 들으세요. 가르칠 내용이 많으니, 빨리 읽고 끝내라고요!"라고 말한다.

그리고 나서, 리더는 스킬 자료를 읽었던 사람에게 어땠는지 물어본다. 리더의 태도가 자료를 읽는 것에 대해서 그리고 리더와의 관계에 대해서 어떻게 느끼게 했는지도 묻는다.(예: 리더가 추가적으로 말할 수도 있다. "그 순간 저는 세상에서 가장 싫어하는 사람이 되었겠죠!") 보통 참여자들은 읽는 것을 멈추어야만 할 것 같았다고 보고할 것이다. 리더는 그룹 전체에 의견과 관찰한 사항에 대해 물어본다. 다음을 질문할 것: "상대가 GIVE 스킬을 사용하지 않을 때, 이야기를 지속하려고 하면 어떤 느낌이 드나요? 그것이 그 사람과의 관계에 어떤 영향을 주게 될까요?"

👥 연습하기 2: 리더들의 두 가지 시나리오 역할극

GIVE 스킬을 소개하는 또 다른 방법으로 그룹리더 두 사람이 역할극을 하는 것이다. 처음에는 GIVE 스킬 사용하지 않은 시나리오로 역할극을 진행하고, 같은 시나리오를 GIVE 스킬을 사용하여 역할극을 한다. 예를 들어 리더가 공동리더에게 쉬는 시간 동안 여러 종류의 과자를 사달라고 요청하면서, 공동리더가 무언가 선택하는 것을 잘못한다고 말한다. 리더는 이 때 공동리더의 행동을 바꿀것을 요청하면서 공격하고, 판단하고, 거만한 태도로, 공동리더가 하는 말에 호의적이지 않은 태도를 취할 수도 있다. 공동리더는 이에 더욱 공격적인 반응을 하면서, 리더에게 호의적이지 않은 태도와 비수인적으로 말하다가, 결국에 화를 내며, "당신이 직접 사오면 될 것 아니야 @$#%&*!!!" 라고 말한다.

참여자들이 이 대인관계 문제 상황을 어떻게 생각하는지에 대해 질문을 한다. 무엇이 잘못되었는가? 두 사람의 대화 중 어디에서부터 잘못되었을까? 두 사람은 각각 이 관계에 대해서 어떻게 느끼고, 상대방과 계속 같이 일을 하고 싶어할까? 어떻게 하면 더 잘 될 수 있었을까? 참여자들은 보통 예민한 관찰자이기 때문에, 직관적으로 GIVE 스킬의 많은 요소들을 이야기하기도 한다. 두 사람이 다시 GIVE 스킬을 사용하여 같은 시나리오로 역할극을 하고 대인관계 측면에서 더 좋은 결과를 보여주도록 한다.

또 다른 시나리오는 두 사람의 리더가 부모와 청소년 자녀간의 갈등을 역할극으로 보여준다. 부모가 모든 장비를 구입하고 축구부 비용도 지불한 상태에서 자녀가 축구부을 그만두고 싶어하는 것 등의 예가 좋다. 처음에는 갈등 상황을 그대로 표현하며 역할극을 하고, GIVE 스킬을 사용하여 반복한다. GIVE 스킬을 적용한 시나리오를 진행하는 중에 반드시 문제해결이 되지 않더라도, 화내지 않고 감정이 격앙되지 않은 상태에서 대화를 지속할 수 있어야 한다는 점이 강조되어야 한다. 예를 들어 축구 시나리오에서 부모는 자녀에게 최소한 올 해 시즌까지는 약속한 사항을 지키려고 노력하고 계속 팀에 남아 있기를 정말 바란다는 말로 마무리할 수 있다. 친절하고, 호의적이며, 수인적이고 가벼운 유머를 사용하고 있기 때문에(예: GIVE 스킬), 자녀가 원하는 결과를 얻지 못하더라도 다툼으로 번져 폭발하지 않게 된다. 그리고 두 사람은 서로에게 여전히 좋은 감정을 가지고 있고, 그렇기 때문에 관계를 유지하는 목표를 달성한 것이라 할 수 있다.

👥 연습하기 3: 마인드풀니스 연습

이 스킬을 소개하는 세 번째 방법으로는 마인드풀니스 연습이 있다. 참여자들에게 옆사람과 짝지어 앉도록 지시한다. 한 사람은 말하는 사람(화자, 話者), 다른 사람은 듣는 사람(청자, 聽者)이 된다. 마인드풀니스 벨이 울리면, 화자는 하루를 어떻게 보냈는지, DBT 스킬그룹에 무엇을 타고 오는지, 또는 최근 본 영화 등 나누고 싶은 주제에 대해 말하기를 시작한다. 동시에 청자는 경청하거나 주의

집중하지 않고, 전혀 관심없는 듯한 주의 산만한 행동을 하도록 한다. 2분 후에 마인드풀니스 벨이 다시 울리면, 청자는 이야기에 몰입하고 호의적인 태도를 보이며 화자의 말에 집중하는 태도로 바꾸도록 한다. 그리고 나서 리더가 다시 마인드풀니스 벨을 울리면, 참여자들은 역할극을 멈춘 뒤 두 가지 상황을 대조하며 관찰한 것들을 나눈다.

화자는 결국 화나고, 상처받고, 산만해졌다고 말할 것이다. 또한 자신이 말하고 있는 내용에 집중하기 어려웠다거나 계속 말하고 싶지 않아졌다고 보고할 수도 있다. 청자 역할을 한 참여자도 자신들이 완전히 상대방을 무시하는 것이 힘들었다고 말할 것이다. 그리고 화자가 청자의 행동을 얼마나 잔인하고, 무신경하다고 느낄지에 대해 무시하는 것이 쉽지 않았다고 말하기도 하며, 두 사람 모두 경청하지 않는 것의 부작용을 알게 된다. 그룹리더들은 경청하게 되면 상대를 진지하게 받아들인다고 느끼기 때문에 수인하기의 하나의 형태라는 점을 강조하여 설명하도록 한다. 이 연습을 통해 참여자들은 GIVE 스킬의 중요 요소들의 효과를 미리 경험할 수 있다.

리더들은 자료로 돌아와서, 각 스킬을 정의하고, 이를 연습하고 사용하는 것의 이점에 대해 논의한다. 리더들은 다음에 이어지는 내용을 참조하여, 각 스킬을 리뷰하면서 참여자가 스스로 자기평가를 하도록 한다. 각 스킬을 정의하면서, 공개 연습을 통하여 참여자들이 관찰하거나 경험한 것과 연결짓도록 한다. 다음의 예시를 참고할 것.

- **친절하게(be Gentle).** 몇 가지 공격의 예시를 생각해보겠어요? "넌 절대로 아무 것도 안하는 애야, 어쩜 그렇게 게으르니!"는 어떤가요? 위협의 예시로 생각해봅시다. "친구와 오늘 밤 노는 걸 허락안해주면, 나는 ....." 목소리의 어조는 어떤가요? 부드러운 어조와 거친 어조로 말하는 것의 차이점은 무엇일까요? 무뚝뚝하거나 퉁명스럽거나 거칠게 말하면 사람들은 이를 어떻게 느끼나요? 여러분 중에 좀 더 부드러운 방식으로 의사소통하는 능력을 증진시켜야하는 분이 있나요?

- **호의적으로 행동하면서(act Interested).** 대화 중에 멀티태스킹을 하는 사람이 있나요? 다른 사람의 이야기를 들을 때 여러분은 스마트폰으로 인터넷을 하고, TV를 보고, 요리, 청소, 농구공 슛하기 등을 하나요? 여러분이 대화를 나누려고 하는 데 사람들이 이런 행동을 하면 어떻게 느껴질까요? [참여자들의 답을 들을 것. 눈 맞춤, 고개 끄덕이기, "음~"과 같은 추임새와 관련이 있는 질문, 그리고 말하는 사람 쪽으로 자세를 완전히 돌리거나 팔짱을 껴지 않은 채로 열려 있는 몸의 자세 등이 포함되어야 함] 여러분 가운데 호의적으로 행동하는 스킬을 증진시켜야하는 분이 어느 정도 있을까요? [손들기를 기다릴 것]

- **수인적 태도로(Validate).** 수인하기는 여러분이 다른 사람의 의견에 동의하지 않더라도 그 사람을 이해한다는 메세지를 전달하는 것입니다. [참여자들은 오리엔테이션 동안 생물

사회이론에서 수인하기를 배웠고, 중도의 길 걷기 모듈에서도 이미 배웠을 것임] 상대방의 감정이 납득이 된다는 의사를 전달하는 것이 수인하기입니다. 여러분 가운데 명확하게, 언어로 표현하여 타인을 수인하기 위해 노력하고 계신 분들이 있나요? 여러분 중에 어떤 분들은 행동으로 수인적 반응을 하고 계시겠지만, 말로도 적극적으로 수인하기를 하기를 바랍니다.

리더 유의사항: 어떤 부모님들은 타인의 행동이 아닌 감정을 수인하는 것을 매우 어려워한다. 예를 들어 어떤 아버지는 딸이 과제에서 낮은 점수를 받은 것에 대해서 노력했다고 말하고 인정하는 것은 쉽게 하는 반면, 아이가 느꼈을 감정(실망감, 슬픔)에 대해서 수인하는 것은 상당히 어려워할 수 있다. 부모님에게는 감정 수인하기를 하면 자녀의 기분을 더 잘 이해하고, 기분을 풀어주기 쉬우며, 더 가깝게 느낄 수 있기 때문에 열심히 연습해야 한다고 강조한다.

- **가벼운 마음으로(use an Easy manner).** 진지한 주제에 대해서 논의하는 경우에 우리는 매우 진지하고 심각하거나 엄격한 자세를 취할 때가 많습니다. 어떤 말들은 더 편안하고 가벼운 느낌을 주어서 분위기가 밝아지고 관계가 증진됩니다. 여러분도 이런 단어를 선택하고 미소지으며 편안한 자세를 취하거나 가벼운 유머를 사용할 수 있습니다. 이미 앉아 있는 누군가와 대화를 나눌 때는 서있거나 기대는 것 보다 옆에 앉아서 대화를 나누는 것도 좋습니다.

B. GIVE 스킬 연습하기

리더 유의사항: 그룹참여자들이 이 스킬을 충분한 시간을 할애하여 배우고, 연습하여 숙련될 수 있도록 하는 것이 중요하다. GIVE 스킬은 모든 인간관계에 도움이 될뿐아니라, 가족들의 기능성에도 중요한 역할을 한다. GIVE 스킬이 부족한 경우에는 가족들의 효과적인 의사소통과 문제해결을 방해하고 비생산적인 방식으로 감정을 격앙시켜 가족 회기가 필요한 상황을 유발하기도 한다. 이 스킬은 모든 참여자들을 두 사람씩 짝을 지어주거나, 대표로 두 사람이 역할극을 해서 그룹 회기 내에서 연습할 수도 있다.

---

1. 짝지어 연습하기

두 사람이 짝을 지어 연습할 때 대화 주제를 고르고, 누가 청자와 화자가 될지 선택하게 한다. GIVE 스킬은 누군가의 말을 들을 때 사용할 수도 있고, 화자가 어떤 논의를 하거나 요청을 하는 동안에 사용할 수도 있다는 점을 잘 설명해야 한다. 화자는 너무 극단적이지는 않은 중간 강도의 감정적인 주제에 대해서 말하도록 한다. 이 때 너무 개인적이거나 감정조절이 어려울 수 있는 주제는 피해야 한다. 리더는 주제를 고르는 것을 돕기 위해 몇 가지 예를 줄 수 있다. 반려동물이나 어린 조카, 기억에 남는 소중한 선물, 좋아하는 영화나 배우 또는 밴드 가수와 같이 즐거운 주제를 예로 제공할 수 있다. 최근에 본 무섭거나 슬픈 영화같은 부정적인 것이나 영화관에 도착해서야 표가 매진임을 알았던 것과 같은 짜증나는 상황, 또는 폭풍우로 고생했던 것과 같은 무서운 상황도 가능하다. 각각의 짝은 같은 주제로 연습하거나, 그릇에 준비된 쪽지에 적힌 주제들 가운데 선택해서 연습할 수도 있다. 화자가 자신이 고른 주제로 이야기를 하는 동안, 청자는 GIVE 스킬을 모두 사용한다. 리더는 그룹을 돌면서 각각의 짝이 어떻게 연습을 하고 있는지 간단히 들어본다. 몇 분 후에 모든 짝이 연습이 어떻게 진행되었는지와 무엇을 배웠는지에 대해 함께 나누도록 한다.

2. 짝지어 또는 전체 그룹에서 역할극하기

그룹 전체에 시범을 보일 때는 코칭과 피드백을 통해 정확하게 GIVE 스킬이 적용되는 것을 보고, 참여자가 연습할 수 있도록 하는 것이 중요하다. 이를 위해서 참여자들에게서 주제를 이끌어 내거나 역할극 시범에 사용될 주제를 미리 준비하는 것이 좋다. 리더는 GIVE 스킬을 적용하지 않은 채로 첫 번째 논의를 하도록 하고, 그 다음에 GIVE 스킬을 사용해서 다시 연습해보도록 지시할 수 있다. 시범은 화자의 입장과 청자의 입장에서 GIVE 스킬을 사용하는 것을 잘 보여주어야 한다.

다음의 역할극 주제는 짝을 지어서 연습하거나 전체 그룹에서 GIVE 스킬을 연습하는데 사용될 수 있고, 한 사람 또는 양쪽 모두가 GIVE 스킬을 사용하도록 한다.

- 부모가 청소년 자녀에게 내일이 휴일이라 방청소를 하고 식탁 정리를 해야 하니, 지금 바로 식탁 위에 있는 아이 물건들을 모두 정리하라고 했다. 자녀는 "지금 꼭 만나서 이야기하자"라고 울면서 전화가 온 친구를 만나기 위해 막 나가는 중이어서, 부모에게 "안돼요"라고 말했다.
- 내가 좋아하는 친구가 나에게 못되게 구는 다른 친구와 늘 어울려서 걱정이 많다. 적어도 그 아이와 나에 대한 이야기를 하지 않고, 내 편에서 이야기 해주면 좋겠다고 말하고 싶다.
- 엄마는 아이의 생일을 맞아서 쇼핑을 가기로 약속했다. 처음으로 찾아온 엄마의 휴일에 아이가 오늘 쇼핑을 가자고 말하고, 엄마는 너무 피곤해서 가기 어렵다는 것을 설득해야 한다.

💬 **토의사항 |** "GIVE 스킬을 사용하여 대화를 진행할 때와 그렇지 않을 때, 어떤 차이가 있나요?" 라고 묻는다.

🎭 연습하기: 수인하기 역할극

수인하기 스킬을 정교화하기 위해 다음과 같은 역할극 연습을 할 수 있다. 리더는 그룹을 돌며, 각 참여자에게 한 번에 한 사람씩 아래 항목에 있는 말을 한다. 참여자의 임무는 어렵고 동의가 되지 않더라도 다른 사람을 수인하면서 GIVE 스킬을 사용하여 반응하는 것이다.

수인하기 연습을 위한 진술들:

- "우리 선생님이 요새 나한테 되게 나쁘게 대해요! 더 이상 그 선생님 보기 싫어서 수학 수업을 그만두고 싶어요."

- "모두가 나에게 너무 감정적이고 너무 부정적이라고 말해요. 그래서 난 누구와 이야기 할 지도 모르겠고, 어디에서 도움을 받아야 할 지도 모르겠어요... 너무 외로워요."

- "내가 생물에서 C 받은 걸 아빠가 알면 날 죽이고 말거야!"

- "내일 시험이 있어도 가족이 함께 모이는 저녁 식사에는 절대 빠지면 안돼. 우리가 주의분산되지 않고 다같이 앉아 있는 유일한 시간이잖니. 우리에게 중요하기도 하고..."

- "나는 지원이가 너무 좋아! 그애는 최고라니까! 나는 매일 그애랑 놀고 싶어!"

- "아무도 날 좋아하지 않아. 친구가 하나도 없는 것 같아..."

- "TV 프로그램_____ 에 완전 빠졌어! 이번 시즌 끝나는 것때문에 미칠 거 같아. 몇 달을 어떻게 기다려... 저번 시즌 끝날 때도 울었어."

- "동생이 내 방에 와서 빗을 가져가버려서 너무 화가 났어!"

- "난 그 영화 클럽이 너무 좋아! 한 주에서 가장 좋아하는 시간이야! 그러니까 거기 꼭 가게, 너 DBT 치료 약속 취소해라, 응?"

- "저번에 학교 연극동아리 오디션에 갔는데, 애들이 너무 불친절하고 끼리끼리 뭉쳐있는거야. 이젠 그 동아리에 내가 참여하고 싶은지조차 모르겠어."

- "내 생각에는 선생님이 오늘 날 찍어서 심하게 대한 것 같아. 진짜 열심히 했는데..."

- "콘서트 갈 생각에 엄청 흥분해서 예약 사이트에 들어갔는데, 매진 돼버렸어!"

- "너 때문에 정말 화났어! 동창들 모임에서 절반은 나한테 심술궂게 굴고, 절반은 날 무시했잖아!"

- "시험 망했어. 말도 안되게 어려웠어!"

- "너무 우울해. 내가 좋아하는 게임 동아리에 등록하려고 했는데, 인원수가 너무 많아서 등록이 안된데!"

- "너가 일주일이나 떠난다니, 너무 충격이야. 나는 너랑 가까이 있고 싶은데, 넌 여기 있기 싫어! 가지마!"

- "상사가 나를 대하는 태도 때문에 너무 화가 나. 더 이상 못참겠어. 그만 둬 버릴거야!"

▪ "기차를 놓쳐 버려서, 이렇게 비가오는데 30분을 더 기다려야 하네."

리더 유의사항: 그룹 전체에 GIVE라는 약어가 앞으로 계속 사용되고 계속 배우게 될 것이라고 알릴 것.

▪ **어렵고 힘들 때 오히려 연습할 것.** 안타깝게도, 많은 사람들이 학교와 직장에서 열심히 연습하고, 집에 돌아와서는 '이제 그만 연습해도 된다'는 안티-GIVE 행동처럼 보이는 행동을 합니다. 이것이 자연스러운 현상이지만 더욱 마인드풀한 마음으로 계속해서 연습하는 것은 매우 중요합니다. 여러분이 사랑하는 사람에게 열심히 그리고 숙련되게 GIVE 스킬을 적용하면 더욱 좋은 관계를 형성할 수 있을 것입니다. 앞으로 여러분이 가족, 또래, 또는 그룹의 공동리더에게 GIVE 스킬을 사용하는 것을 잊어버리면, 그 순간에 "GIVE" 스킬을 적용하도록 가벼운 마음으로(easy manner) 스킬을 사용하여 부드럽게 알려주게 될 것입니다.

3. GIVE 스킬을 교육할 때 어려운 점

▪ **수인하기와 칭찬하기.** 많은 사람들이 칭찬, 호평, 안심시키기 또는 격려와 지지를 보내는 것과 수인하기를 혼돈한다. 예를 들어

"괜찮아, 너희 아버지는 이해해 주실거야."

"시험 잘 봤을 거야, 넌 항상 잘했잖니!"

"괜찮아, 너는 친구들도 많고, 다들 널 좋아하잖아!"

리더는 좋은 의미의 칭찬이나 안심시키는 행동이 상대의 감정을 비수인하고 증폭시킬 수 있다는 것을 말하고 그 차이점을 설명하도록 한다. 예: "아니야, 너는 몰라. 우리 아빠가 진짜 날 죽일지도 몰라!"

▪ **과잉반응으로 인식되는 상황 수인하기.** 참여자들은 상대방이 무언가에 대해 지나치게 과도하게 여긴다고 느낄 때에도 수인해야 하는지 결정하는 것을 어려워한다. 즉, 감정이 실상과 맞지 않는다고 생각하는 경우이다. 예:

"정말 머리빗 하나때문에 이렇게 화가 난거야? 너무 과도한 것 같지 않니?"

"수학을 포기한다고? 미쳤어?"

리더는 어떻게 이러한 종류의 역효과 반응이 일어나게 되는지 언급하고, 역할극을 통해 시범을 보일 수 있다. 과소평가하거나 무시하는 태도는 거의 대부분 감정의 증폭으로 귀결될 수 있다.

직접적으로 감정을 말하지 않더라도, 듣는 사람의 입장에서 이를 추측하는 것 또한 수인하기이다. 예를 들어 기차를 놓쳐서 빗속에 서서 다음 기차를 기다려야 하는 상황이라면, 수인적 반응은 다음과 같을 것이다. "정말 너무 끔찍하네요! 얼마나 짜증났을까!" 비수인적 반응으로는 "다음에는 더 일찍 출발해야겠네!" 등이 해당된다.

▪ **수인하기와 책임감 교육하기.** 부모들이 자주 다음과 같이 질문한다. "만약 제가 수인적 반응을 보이면, 그 행동을 제가 용서하는 게 아닌가요?" 바로 위의 예시의 경우에, 부모님은 "빗속에서 꼼짝없이 기다려야 하는 걸 안타까워하기보다는, 늦지 않게 출발하는 것에 대한 책임을 가르쳤어야 하는 것 아닌가요?"라고 질문할 수도 있다. 이럴 때는 어떤 반응이 효과적인지 논의하고, 이 상황에서 부모에게 대인관계 목표가 무엇인지 파악하게 하는 것도 좋은 방법이다. 또한 이해는 하지만 기차 시간에 늦게 출발하면 기차를 놓칠 수 밖에 없다는 것을 강조하는 것도 수인적 반응이 될 수 있다. 반대로 아이에게 짜증을 내거나 더욱 거리감이 들게 만드는 것은 비수인적 반응으로 여겨질 것이다.

V. 숙제 내주기

대인관계 효율성 자료 4. "연습하기: GIVE 스킬"을 숙제로 내준다. 참여자들이 다음 한 주 동안 두 가지 상황에서 GIVE 스킬을 사용하도록 서약하게 하고, 그 상황과 결과를 워크시트에 기록해오도록 한다.

회기 2

마인드풀니스 하기
· · · ·
숙제 리뷰하기
· · · ·
쉬는 시간
· · · ·

A. DEAR MAN 스킬과 이론적 배경에 대한 오리엔테이션

DEAR MAN 스킬 교육은 그룹리더의 개인적인 사례를 소개하거나 두 명의 그룹리더가 3개의 역할극을 시연하면서 시작하도록 한다.

그룹리더는 자신이 실제로 겪었던 대인관계 상황을 사례로 소개할 때, 처음에는 배경 정보의 일부만 알려주도록 한다. 그리고 특정한 스킬을 언급하지 않은 채로 자신이 원했던 것을 어떻게 얻었는지 기술한다. 이 예시에는 DEAR MAN 스킬과 GIVE 스킬이 녹아 있어야 한다.

1. 리더의 개인적 사례를 통한 교육

제 아들이 태어난지 2주 후부터 구토를 심하게 하고 역류 증상을 보였어요. 3주 째에는 몸무게가 줄기 시작했는데, 이것은 신생아에게는 매우 위험한 증상이었지요. 응급실에 갔더니 유문협착증이라고 하더군요. 복부의 기반이 되는 근육이 너무 단단해서, 음식이 지나가지 못하는 것이라고 했습니다. 그래서 음식이 내려가지 못하고, 움직일 수 있는 방향은 오직 위쪽이었죠! 의사들은 수술을 해야한다고 말했습니다.

엄청난 불안감을 마주하면서, 우리는 수술에 동의하고 신생아 유문협착증 치료로 유명한 전문 외과의(W 박사)에게 갔습니다. 제 아이는 며칠 동안 입원 병원에서 수술을 기다리고 있었어요. 다른 급한 수술이 많아서 수술실이 없다고 들었죠. 아이의 몸에 정맥주사와 모니터가 연결되어 있었고, 우리 부부는 너무 힘든 시기를 겪었어요. 결국 수술날 아침이 되었고, 한 여자분이 방으로 들어와, "저는 B 박사입니다. 제가 아드님 수술을 진행할 것입니다"라고 말했어요. 우리는 W 박사가 수술할 것으로 들었다고 말했죠. B 박사는 방어적으로 "저는 치프 레지던트이고, 제가 수술을 할 겁니다. W 박사님도 저와 함께 수술실에 계실거고요."라고 말했어요. 전 바로 반박했죠. "B 박사님, 우리는 W 박사에게 수술을 받으러 여기 왔어요. 그분이 전문가이니까요. 아무나 수술을 하기 전에 W 박사님과 이야기를 나누고 싶네요." 저와 아내는 갑작스러운 상황에 너무 당황했어요. 한 가지 우리가 알고 있는 것은 레지던트가 아닌 외과의사가 3주 된 우리 아기를 수술하기를 원한다는 것이었죠. 한 시간쯤 뒤에 W 박사가 차분하고 자신감있게 방에 들어왔어요.

"W 박사님, 이야기 나눌 수 있는 시간을 내주셔서 정말 고맙습니다. [기술하기 Describe] 저희가 들은 바로는, 치프 레지던트인 B 박사가 아까 여기 와서 자신이 수술을 하게 될 것이라고 자신을 소개를 했습니다. 저희는 W 박사님의 명성을 듣고, 아이 수술을 위해 이 병원에 왔습니다. [표현하기 Express] 저는 B 박사의 퉁명스러운 반응에 너무 놀라고 황당했었고, 지금은 박사님이 수술을 하지 못할 가능성이 조금이라도 있을까봐 너무 불안하네요. [수인하며 주장하기 Assert with validation] 저도 수련 체계를 갖춘 병원에서 심리학자로 일하고 있고, 레지던트 수련에 대해 지지하는 입장을 가지고 있습니다. 하지만 저희는 박사님이 수술할 것으로 기대했었고, 꼭 제 아이의 수술을 직접 해주시길 부탁드립니다. [보상하기 Reinforce] 3주 밖에 되지 않은 아들에게 유문협착증이라는 병이 있다고 설명해주신 바로 당사자이시니, 저희는 박사님께서 직접 아이를 수술을 해주시길 원합니다. 박사님이 이 분야에서 가장 최고라고 알고 있습니다. 수술 집도를 약속해주시면 부모로서 너무나 감사하겠습니다.

[마인드풀하게 Be Mindful] W 박사는 저의 걱정을 수인해주었으나, 수련 병원이기 때문에 선임 레지던트가 자신의 감독 하에 수술을 하게 되어있다고 말했습니다. [고장난 레코드처럼 Broken record] 저는 목표에 초점을 맞추고 다시 반복하여 집도를 하지 않게 될 때의 걱정을 표현하고, 그 박사님에게 수술을 받고자 이 병원에 왔으며, 직접 수술을 한다면 너무나 고맙겠다고 말했습니다. [대담한 태도로 Appear confident] 부드럽게, 동시에 자신감 있는 태도로 말했고, 눈을 잘 맞추고 힘을 주어 악수를 했습니다. [협상 가능성 열어 두기 Negotiate] 우리는 W 박사가 직접 수술 집도를 할 수 있는 상황이 될 때까지 기꺼이 기다릴 수 있다고 말했습니다. W 박사는 제 걱정을 잘 이해했고 B 박사의 능력에 대해 확신이 있지만 본인이 직접 수술을 집도하고 B 박사가 옆에서 돕게 하겠다고 약속을 했습니다. 정말 깊이 감사하다고 표현을 하며 마음이 놓인다고 말했고, W 박사가 시간을 내주어 이야기를 나눌 수 있어 너무 고맙다고 했습니다.

토의사항 | 위의 예에 나온 대인관계 상호작용 가운데 어떤 요소가 효과적이었는지 참여자에게 물어 보도록 한다. DEAR MAN 스킬을 가르치며 해당 요소들에 이름을 붙이고 연결시키도록 한다.

2. 리더들의 역할극을 통한 교육

DEAR MAN 스킬을 소개하는 또 다른 방법으로는 리더들이 역할극 상황에서 스킬을 보여주는 것이다. 각자의 목표(예: 자녀가 부모님에게 기타를 사달라고 하고, 기타 레슨을 받게 해달라고 요청하는 상황)가 무엇인지 진술하는 것에서부터 시작한다.

먼저, 리더들은 공격적인 방식으로 역할극을 시작한다. 요청하는 리더는 화난 듯 소리치며 다른 리더에게 계속 무리한 요청을 하고, 이 때 부모 역할을 하는 리더는 놀라서 슬금슬금 멀리하는 태도를 취하거나, 맞부딪히며 고함치는 행동을 할 수도 있다. 두 번째로는 수동적인 태도로 역할극을 진행한다. 요청하는 리더는 에둘러 말하고, 힌트를 조금씩 주며, 미안하게 만들면서 요청하고,

다른 리더는 무반응적으로 굴다가 결국은 대응을 하지 않는 모습을 보인다.

각각의 역할극 후에, 요청하는 행동들 가운데 어떤 것이 효과적이었는지를 묻고, 효과적이었던 이유와 그렇지 않았던 이유에 대해 관찰한 바를 그룹참여자들에게 질문한다. 요청하는 행동을 더욱 효과적으로 만드는 요인이 무엇인지 물어보면, 그룹참여자들은 지혜롭게도 DEAR MAN 스킬이라고 말할 것이다.

B. DEAR MAN 스킬 리뷰하기

대인관계 효율성 자료 5. "상대방이 내가 원하는 행동을 하게 하기: DEAR MAN 스킬"을 펴게 한다. 이 자료를 소개하면서 내가 원하는 것을 요청하거나 "아니오"라고 거절하는 목표와 스킬을 연결하여 설명할 것. 자료를 읽고(참여자들에게 읽게 하거나) 각각의 약자의 의미를 정의할 것.

Describe (기술하기) 상황을 기술할 것. 판단하는 말이나 우리의 개인적인 의견을 말하지 말것.

Express (표현하기) 우리의 감정과 의견을 표현할 것. "나는 ~라고 느껴요" 또는 "나는 ~~ 하는 게 더 좋아요"를 사용해서 표현할 것. "너는 ~~해야 해"라는 말을 하지 말 것.

Assert (주장하기) 원하는 것을 요청하거나, 직접적으로 "아니오"라고 말하며 거절하기.

Reinforce (보상하기) 고마움을 미리 표현하여 상대방이 요청을 들어주는 것이 상대방과, 우리 자신, 또 해당 상황에 얼마나 도움이 될 지를 미리 알려줄 것. 요청을 들어주는 것이나 거절을 받아들이는 것의 이점에 대해 설명할 것.

(be) Mindful (마인드풀하게) 목표에 주의집중 할 것. 주의분산되거나, 주제에서 벗어나지 않도록 할 것. 목표로 되돌아오고, 고장난 레코드처럼 요청 사항을 반복해서 전달할 것.

Appear confident (대담한 태도로) 대담한 태도에는 목소리 어조와 강도, 눈맞춤과 자세(어깨와 등을 곧게 펴고, 머리를 높이 들어올리는), 신체적 외모(옷을 잘 갖춘 깔끔한 차림새는 자신감을 드러나 보이게 함) 등이 해당된다. 이러한 태도는 우리가 상대방에게 진지하게 인식되는 데 도움이 된다. [리더는 빠르게 역할극을 통해 시연하거나, 자원자들에게 자신감 없이 요청하거나 거절하기를 하게 하고 이어서 자신감 있는 태도로 요청 및 거절하는 역할극을 하여 그 차이점을 시연해 보이게 한다.]

Negotiate (협상하기) 상대방에게 줄 것은 주고, 얻을 것은 얻는 자세를 취할 것. 상대방이 나의 요청 사항을 들어주거나 거절을 받아들이는 데 도움이 되는 것을 기꺼이 하겠다고 말할 것(예: "이것은 할 수 없지만, 저것은 기꺼이 할 수 있습니다."), 입장을 바꿔 생각하게 할 것: 상대방에게 다른 대안이 있는지 묻기, 상대가 우리의 요청이나 거절을 들어주게 하기 위해 도움이 될 만한 것이 무엇인지 묻기. 다음의 예시와 같이 질문할 수 있음. "이 문제를 해결하려면 어떻게 해야 할까요?" [협상하기의 목표는 상대방을 지게 만드는 것이 아니라, 공동의 책임임을 보여주는 것, 또는 문제해결의 길을 열어두는 것이다. 리더는 이러한 접근을 통해 양 측 모두 요청과 거절을 잘 수용하고 있다는 느낌을 줄 수 있다.]

C. 스킬 연습하기

역할극을 통해서 참여자들에게 DEAR MAN 스킬을 연습할 기회를 주는 것이 중요하다. 두 사람 또는 세 사람(두 사람이 대화를 나누고, 한 사람은 관찰, 코칭, 피드백을 주는 역할)이 팀을 이루어서 진행하거나, 전체 그룹 형식에서는 자원자들이 역할극을 하고 리더와 나머지 참여자들이 코칭과 피드백을 제공한다. 아래의 DEAR MAN 역할극 및 토의 예시를 참고하도록 한다.

- 가족 구성원이나 친구가 곤란한 시간에 차를 태워달라고 요청한다. [역할극을 할 때 요청하거나 거절하는 것 모두 가능]
- 큰 돈을 빌려달라고 한다. [요청하거나 거절하는 것 모두 가능]
- 여행을 가기 위해서 휴가를 낸다.
- 가족 중 한 명에게 함께 시간을 보내자고 요청한다.
- 부모가 저녁 외출을 허락해 주면서 자녀에게 더 일찍 들어오라고 요청한다. 자녀는 더 늦게까지 있고 싶어한다.
- 담임 선생님에게 노는 시간을 더 달라고 요청한다.
- 친구와 노는 것을 허락해달라는 요청을 거절한다.
- 내가 원하는 것 이상으로 더 많은 신체적 접촉을 원하는 남자친구 또는 여자친구에게 거절 의사 표현한다.
- 자녀가 친구 부모님이 안 계신 날 그 집에서 자고 오겠다고 요청하는 것을 거절한다.
- 누군가가 갑작스럽게 무언가를 요청하여, 감정이나 걱정, 그리고 망설임이 뒤섞여 간섭을 하는 상황. 그 요청에 YES를 해야 할 지, NO를 해야 할 지 전혀 모르겠음. [이런 상황에서는 바로 그 자리에서 충동적으로 "YES"라고 말하지 않고, 생각할 시간을 달라고 요청하는 DEAR MAN 스킬을 사용하는 것이 중요함. 그 순간에 충동적으로 결정을 내리지 않아도 된다는 것을 배우는 것이 많은 내담자들에게 큰 도움이 되는 것으로 나타남. "생각을 좀 더 해볼게요."라고 자기주장을 하는 스킬을 사용하는 것이 연습 과제.]

D. DEAR MAN 스킬을 교육할 때 어려운 점

참여자가 자주 묻는 질문과 이에 대한 적절한 반응은 다음과 같다.

▪ **상대방이 대인관계에서 효율적이지 않은 태도를 보이면 어떻게 해야 하나요?** 너무 힘들고 짜증나죠! 우리를 힘들게 하는 사람들은 요청을 거부하거나 비수인적 태도를 보이고, 무시하고 괴롭히며, 소리를 지르거나 비판하기도 하고 또는 상처를 주거나 짜증나게 합니다. 이럴 때에도 우리는 목표에 집중하여 마인드풀한 자세로 반복하여 요청하면서, DEAR MAN 스킬을 잘 적용하는 것이 원하는 것을 얻을 가능성을 높게 합니다. 우리는 상대방의 스킬 수준을 통제할 수 없기 때문에, 우리 자신의 스킬을 극대화하는 방법만이 우리가 할 수 있는 최선입니다. 또한 GIVE 스킬을 더하거나 앞으로 배울 FAST 스킬을 함께 하면 더 좋은 결과를 얻을 수 있을 것입니다.

때로는 우리가 대인관계 스킬을 잘 적용하는 것만으로 충분하지 않을 때가 있습니다. 이런 경우라면 다른 다양한 스킬을 함께 사용하는 것이 바람직합니다. 여러분을 괴롭히는 친구가 있다면 학교 선생님이나, 자문 역할을 하는 친구나 부모님과 같이 도움을 줄 수 있는 사람과 함께 대인관계 효율성 스킬을 사용할 수 도 있습니다. 우리는 마인드풀니스를 사용하여 우리 반응과 충동을 알아차릴 수도 있습니다. 또한 주의분산, 자기위안, 순간을 살리기, 특정 반응에 대한 장단점 비교하기, TIPP, 철저한 수용과 같은 고통감내 스킬에 한 가지 마음으로 집중하거나, 효과적인 행동(여러분 목표에 효과적인 것)을 할 수 있습니다. 즐거운 활동하기, 우리의 가치관을 기반으로 한 장기적인 목표를 위해 노력하기, (가능하다면) 관계를 정리하거나 현재와 미래의 관계를 위해 노력하기, 또는 숙련감 쌓기 등의 감정조절 스킬을 사용하는 것도 좋습니다. 여기에서 중요한 점은 대인관계 상황에서 원하는 것을 얻지 못할 때에도, 우리는 고통을 경감시키기 위해 많은 다양한 반응을 실행할 수 있다는 점입니다.

▪ **상대방도 "DEAR MAN" 스킬을 사용하면 어떻게 해야 하나요?** 여러분이 DEAR MAN 스킬로 무언가를 요청한다면, 상대방은 "아니오"라고 거절하기 위해 그 스킬을 사용할지도 모릅니다. 어떻게 해야 할까요? 여러분이 마인드풀한 자세로 목표에 집중한다면 원하는 것을 얻을 수 있는 기회가 증진될 것입니다. 또한 보상하기(원하는 것을 여러분에게 주면 상대에게 어떤 이익이 있는지 말하기)와 협상하기(줄 것은 주고, 얻을 것은 얻겠다는 기꺼이하는 태도, 또는 이 문제를 함께 해결하려면 어떻게 해야 하는 지 상대방에게 질문해서

상대방도 의견을 낼 수 있도록 하기)를 강조하는 것도 좋은 방법입니다. 그럼에도 불구하고, 여러분이 원하는 것을 항상 얻을 수 있는 것은 아니기 때문에 이를 잘 수용해야만 할 때도 있습니다. 하지만 장기적 관점에서, 능숙하게 요청하고 협상하는 것을 연습하는 것은 도움이 될 것입니다.

- **간단한 부탁을 하려고 아이들에게 DEAR MAN을 사용하는 건 너무 '비굴하지' 않나요?**
간단한 부탁(예: 휴일에 식사 준비 돕기, 또는 할머니가 병원에 가실 때 동생 돌봐주기를 부탁하는 상황)을 하기 위해서 DEAR MAN을 사용하는 것에 대해 너무 '비굴한'것이 아닌지 걱정하는 부모도 있습니다. 그런 부모님들은 "제가 어렸을 때 저희 부모님은 '그냥 해'라고 말씀 하셨어요. 아무 생각 없이 따랐죠!"라고 말할 수도 있습니다. 또는 "아이들에게 너무 심한 것을 요구한다라던가 협상의 여지가 있다라는 메세지를 전달하게 되면 아이들이 권리만 주장하고 책임지지 않는 문화를 강화시키게 되는 것은 아닐까요?"라고 묻기도 합니다. 이 질문에 대해서 우리는 부모님들에게 요즘 시대에 자녀들에게 강압적으로 말하는 것이 효과가 있을지 묻곤 합니다. 대화가 아무런 소득없이 갈등이나 반항하는 상황으로 끝이 나는 것보다는 DEAR MAN 스킬을 사용하는 것이 더 효과적인 전략이라는 것입니다. 그리고 청소년들은 누군가 명령을 하는 것 보다 DEAR MAN 스킬로 이야기하면 더 존중받는 느낌을 받고, 이렇게 부모님들이 대인관계 스킬을 사용하면 자녀가 앞으로 다른 대인관계 상황에서도 그 스킬을 사용할 수 있게 됩니다.

II. 숙제 내주기

대인관계 효율성 자료 6. "연습하기: DEAR MAN 스킬"를 숙제로 내준다. 다음 한 주간 하나의 상황을 정해 DEAR MAN 스킬을 연습하고, 워크시트에 기록해오는 숙제를 하겠다는 약속을 받는다. 참여자들은 그 상황, DEAR MAN 스킬의 구체적인 목표(예: "저는 수지에게 돈을 빌려줄 수 없다고 말하고 싶었어요"), 어떻게 스킬의 모든 요소를 적용했는지, 그리고 결과가 어땠는 지를 적어오도록 한다.

회기 3

마인드풀니스 하기
· · · ·
숙제 리뷰하기
· · · ·
쉬는 시간
· · · ·

Ⅰ. 자기존중감 유지하기: FAST 스킬

A. FAST 스킬과 이론적 배경에 대한 오리엔테이션

우리 자신에게 진실하고 스스로에게 좋게 느끼는 것은 중요한 목표가 됩니다. 오늘 배우게 될 스킬은 다음과 같습니다.

- 이용당하거나 착취 당하지 않기
- 자신에게 좋은 느낌을 갖기
- 신념이나 가치를 버리기
- 우리가 타인을 대하는 방식에 대해 좋은 느낌 갖기

대인관계 효율성 자료 7. "자기존중감 유지하기: FAST 스킬"을 보게 할 것
영문 머리 글자 FAST를 통해서 이 스킬을 기억해봅시다.

(be) **F**air (공정하게): 나 자신과 다른 사람들에게 공정하게 대하기.

(no) **A**pologies (사과하지 않기): 과도하게 사과하지 않기(잘못을 했을 때는 진심으로 사과하기). 스스로 정한 원칙을 지키거나, 있는 그대로의 나의 모습, 혹은 살아서 존재하고 있는 것에 대해 사과하지 않기.

Stick to values (가치관 지키기): 나의 가치관을 지키기. 지혜로운 마음에서 나오는 가치에 따라 내가 옳다고 믿는 것을 하기

(be) **T**ruthful (진솔하게): 거짓말 하거나, 과장하거나, 무능력한 행동을 하지 않기

👥 연습하기: 그룹리더들의 역할극 연습

리더들은 FAST 스킬을 사용하지 않은 채로 역할극을 진행한 후, 이어 스킬을 사용하여 다음의 상황을 보여준다:

삼촌이 가족이 운영하는 사업장에서 함께 일하자고 제안을 한다. 부모님은 너무 기뻐하신다! 하지만 마음이 내키지 않는다. 따로 계획하고 있는 일이 있는 상황인데, 삼촌의 제안을 거절하면 너무 기분이 안좋을 것 같다. 이런 상황에서는 FAST 스킬이 매우 유용할 것이다.

리더는 참여자들에게 다가가 FAST 스킬 하나씩을 사용하여 다음의 질문을 한다: 스스로에게 공평했나요? 삼촌에게 공평한가요? 과도하게 사과를 했나요? 자신의 가치관을 지켰나요? 진솔했나요? 리더들은 참여자들에게 각각의 단계가 왜 중요한지에 대해 설명해 보도록 유도한다.

B. 스킬 연습하기

참여자들이 FAST 스킬을 연습하도록 한다. 자신이 정한 예시나 리더가 제시한 다음의 예시 중에 선택할 수 있다.

- 친구가 다른 친구의 생일파티를 위해 셋이 아주 비싼 곳에 가자고 한다. 답을 해야 하는데, 돈을 쓰기가 아까운 느낌이 든다.
- 면허를 딴지 얼마 되지 않았는데, 늦은 밤에 항상 친구들을 데려다주고 집에 온다. 외출 금지를 당할 수 있는 상황이다. 걱정, 죄책감 등이 몰려온다. [이것은 대인관계 효율성을 방해하는 요인을 다룰 때에도 사용할 수 있다.]
- 친구가 집에 있는 부모님 드시는 술을 몰래 가져오라고 한다.
- 학교에서 친구들이 어떤 아이를 따돌리며 같이 놀지도 않고 못 본 척하며 소외시키는 것을 보았다. 나는 그 아이와 같이 친하게 지내자고 친구들에게 말하고 싶다.
- 생일 파티에 갔는데 모두 술을 마신다. 나는 술을 마시고 싶지 않다.
- 선생님이 나의 사적인 내용을 수업시간에 친구들 앞에서 말해서 너무 당황스러웠다.
- 이 남자가 내 알몸 사진을 찍어서 보내지 않으면 나와 사귀지 않을 거라고 말한다.
- 나는 오늘 선약이 있다. 그런데 가족들이 어디 함께 가자고 한다.
- 친구가 자신의 숙제를 도와달라고 자주 부탁하는데, 이번 주에는 나도 바쁘고 나도 공부를 해서 성적을 올려야 하는 상황이다.
- 누가 나에게 다가와서 내 감정을 비수인하고, 몰아세운다.
- 과음을 한 친구가 "야! 내가 차로 데려다줄게!"라고 말한다.

- 친구가 축구 결승전 티켓이 있다며 같이 가자고 하는데, 학교를 조퇴하고 중간에 나와야 해서 부모님은 절대로 허락하지 않을 것이다. 그래서 거짓말을 해야 한다. [이 역할극은 친구에게 또는 부모님에게 FAST 스킬을 적용하는 것 모두 가능하다]
- 명절에 식사 자리에서 친척이 특정 그룹(예: 인종, 성적 지향성, 연령, 능력, 사회경제적지위 등)에 경멸적인 말을 해서 불쾌했지만 논쟁에 휘말리고 싶지 않았다.
- 친구 집에서 모여 놀고 있는데, 친구들이 내가 싫어하고 당혹스러운 행동(예: 친구들 앞에서 춤추기, 학교 친구에 대해서 안좋은 내용의 글을 온라인 상에 올리기, 내 개인 신상을 털어놓기)을 하라고 압박했다.

Ⅱ. 대인관계 효율성을 방해하는 걱정 생각(worry thoughts)에 도전하기

대인관계 효율성 자료 8. "지혜로운 마음으로 걱정 생각에 도전하기"를 펴게 할 것.

A. 대인관계 효율성을 방해하는 걱정하는 생각에 대해 오리엔테이션하기

때로는 걱정이 우리가 스킬을 사용하는 것을 방해하기도 합니다. 어떤 걱정들은 우리가 사람들과 어떻게 어울려야 하는지에 대한 잘못된 믿음을 가지고 있는 경우도 있습니다. 우리는 지혜로운 마음으로 이러한 걱정에 도전해서 대항할 수도 있고, 걱정 생각이 사실인지 아닌지 확인하기 위해 다른 사람들에게 대인관계 스킬을 시도해볼 수도 있습니다. 예를 들어 가치관을 지키는 행동을 하면 사람들이 여러분을 좋아하지 않을지도 모른다는 걱정이 들 때, 그 행동을 시도해보는 것입니다.

> **리더 유의사항:** 리더가 개인적으로 걱정하는 생각때문에 방해가 되었던 사례를 소개한다. 다음의 예시를 참고할 것.
>
> "중학교에 다니는 제 딸아이는 선생님과의 관계에서 문제가 생겼어요. 스스로 문제를 해결을 할 수 없게 되어서, 제가 선생님에게 직접 문제해결을 부탁드리려고 했죠. 그런데 처음에는 걱정하는 생각이 들어 멈칫하게 되더군요. 만약에 잘 해결이 안되면 어떻게 하지? 만약 선생님이 내가 부당한 요청을 한다고 생각하면 어쩌지? 내 아이가 도움을 받기는커녕 더 상처받게 되면 어떻게 하지? 결국에는 스킬을 적용해서 선생님과 이야기를 나누어 문제를 해결하지 못하고 미루고 말았어요."

B. 모든 걱정 생각이 다 해로운 것은 아니다

걱정 생각는 어떤 경우 우리의 행동을 멈추게 하고 속도를 늦추며 충동적으로 말하는 것을 다시 생각해 보게 하기 때문에 유용할 수 있습니다. 사실 확인을 하고 우리의 감정 상태와 지혜로운 마음을 확인해보는 것이 중요합니다. 지금 바로 요청하거나 말하는게 효과적일까? 이 걱정 생각이 나를 멈추게 하는 주된 이유인가?

참여자들이 대인관계 효율성 자료 8을 연습하는 방법들:
- 대인관계 효율성 자료 8에 있는 걱정 생각들 모두 도전해보게 한다.
- 악역 맡기 전략 사용하기: 각각의 걱정 생각을 강하게 주장하고, 참여자들은 강하게 반박한다.
- 걱정 생각에 대한 합리적 동의와 감정적 동의, 그리고 지혜로운 마음 상태에서의 동의 사이의 차이점에 대해 논의한다.

C. 지혜로운 마음의 진술문을 만들어 내는 연습하기

아래의 걱정 생각과 도전 시나리오들을 연습하도록 한다.

- **마음 속으로 연습하기.** 참여자들에게 대인관계 갈등 상황을 묘사해주고 상상하게 한다(아래 시나리오 예시 참조). 모두 그 상황에 몰입이 되었는지 확인한다. 충분히 몰입이 되었는지 확인한다. 자신에게 진지하게 지혜로운 마음의 진술문을 말하도록 한다. 서로 떠올린 진술문을 나누도록 한다.
- **소리내어 생각하기 연습.** 또 다른 갈등 상황을 묘사하고, 각 참여자들이 돌아가며 지혜로운 마음의 진술문을 소리내어 말하게 한다. 여러 명이 같은 것을 연습할 수도 있다.
- **생각을 그림으로 그리기.** 머리에서 비어 있는 생각 구름 두 개가 나오는 만화를 그린다. 아래의 시나리오 중 하나를 골라서, 하나의 구름에는 걱정 생각을 적고, 다른 구름에는 걱정 생각에 도전하는 지혜로운 마음의 진술문을 적게 한다.

1. 걱정하는 생각과 도전 시나리오

- 부모님에게 남자친구나 여자친구를 좀 더 친절하게 대해달라는 요청을 하고 싶다. 하지만 부모님이 화를 내며 그 애가 마음에 들지 않는다고 할까봐 걱정된다.
- 아이에게 친구들과 어울리지 말고 이번 주말에는 가족들과 시간을 보내자고 요청하고 싶지

만, 아이의 분노가 폭발할까봐 걱정된다.

- 수업에서 의견을 발표하고 싶지만, 이상해 보일까 걱정된다.
- 과제를 도와달라고 요청하고 싶지만, 상대방(선생님, 상사, 친구, 가족)이 나를 무능한 사람으로 생각할까봐 걱정된다.

2. 걱정 생각에 도전하기 위한 지혜로운 마음의 진술문 예시

아래의 진술문들은 여러분의 친구나 사랑하는 사람들에게는 말하기 쉽지만 우리 스스로에게는 하기 어려울 수 있습니다. 스스로에게 아래 진술문을 말하기 연습을 해봅시다!

- "지난 번에 내가 원하는 것을 얻지 못했다고 해서, 이번에 스킬을 사용해서 요청했을 때도 같은 결과가 나오는 것은 아니야."
- "나는 내가 원하는 것이나 필요로 하는 것을 얻지 못하더라도 견딜 수 있어."
- "다른 사람의 도움이 필요하다는 것을 인정하고 그것을 요청하는 사람은 강인한 사람이야."
- "상대방을 이해하고 수인하면서도, 여전히 내가 원하는 것을 요청할 수 있어."
- "내가 거절해서 상대가 화를 낸다고 해서, 내가 그 요청을 받아들였어야 하는 건 아니야."
- "다른 사람이 나를 짜증나게 하더라도, 나 스스로에 대해 여전히 좋은 느낌을 가질 수 있어"

Ⅲ. 숙제 내주기

대인관계 효율성 자료 9. "연습하기: FAST 스킬"을 숙제로 내준다. 참여자에게 다음 한 주 동안 두 개의 상황에서 FAST 스킬을 연습하겠다는 약속을 받는다. 참여자들은 그 상황과 결과를 기록해오도록 한다.

회기 4

마인드풀니스 하기
· · · ·
숙제 리뷰하기
· · · ·
쉬는 시간
· · · ·

I. 요청하거나 거절하는 강도를 결정할 때 고려할 것들

대인관계 효율성 자료 10. "원하는 것을 요청할 때 고려할 것"을 펴게 한다. 리더는 내담자들이 자료의 항목들을 모두 읽고, 각각에 대해 함께 토의하도록 한다. 그리고 나서 몇 가지 상황을 제시하거나, 참여자들에게 이 요소들을 고려하여 얼마나 강하게 요청하거나 단호하게 거절할지 결정하는 연습을 할만한 예시를 들게 한다.

스킬을 알고 있지만, 때로는 얼마나 강하게 요청하거나 단호하게 거절해야 하는지 확신이 서지 않을 때가 있습니다. 그런 경우에는 추가 정보를 얻기 위해서 뉘앙스와 상황적 맥락을 살펴야합니다. 아래의 요소들을 고려하여 스스로 질문을 해보면 결정하는 데 도움이 될 것입니다:

- **우선순위:** 요청을 할 때 나의 우선순위는 무엇인가? 관계 유지인가? 원하는 것을 얻거나, 거절하기인가? 자기존중감을 유지하기인가? 이 방법은 우리가 대인관계 목표와 우선순위를 먼저 고려해보도록 방향을 잡아줍니다. 즉, GIVE, DEAR MAN, FAST 스킬 중 어떤 것을 강조해서 사용할지 또는 어떻게 조합해서 사용할지 정하는데 도움이 됩니다.

- **능력:** 상대방이 내가 원하는 것을 상대방이 들어줄 능력이 있을까? 상대방이 요청하는 것을 내가 들어줄 수 있는 능력이 있나? 예를 들어 다리를 다친 친구에게 축구를 하자고 하는 것에는 분명 문제가 있습니다. 마찬가지로 이번 주에 용돈이 다 떨어졌는데 친구가 돈을 빌려달라고 하면, 나는 훨씬 명확히 거절할 수가 있을 것입니다.

- **시기의 적절성:** 지금이 요청하기 좋은 시점일까? 상대방의 요청에 동의하기 좋은 시점인가? 상대방이 영화를 보기 시작하거나 잠을 자려고 할 때 중요한 것에 대해 논의를 하자고 요청했던 적이 있나요? 감정적인 격정이 있는 상황에서 문제를 해결하기 위해 상대에게 다가간 적이 있나요? 그것도 공개적인 장소에서요? 막 문을 나서려는데 물건을 좀 치우고 정리하라는 말을 들어 본 적이 있나요? 학교나 직장에서 공부와 업무에 집중하고 있는데 누군가 말을 걸어왔던 경험이 있나요? 이러한 요소들이 내가 다른 사람에게 요청하거나 다른 사람의 요청을 들어줄 때 고려해야하는 것들입니다.

- **준비하기:** 요청하기 전에 사실 관계를 미리 확인하고, 충분한 준비와 검토할 것을 숙지하였

나요? 상대방도 그렇게 했나요? 예를 들어 원하는 수업을 듣기 위해 비용을 부모님께 요청하기 전에 그 수업의 내용과 비용에 대한 자세한 사항을 아는 것은 도움이 될 것입니다. 또한 친구들과의 모임에 가기 위한 허락을 받기에 앞서 그 모임에 보호자가 있는지, 위치가 어디인지 등에 대한 정보를 알아두는 것이 좋을 것 입니다.

- **관계:** 내가 상대에게 무언가를 요청하거나 상대가 나에게 요청을 할 때, 이것이 상대방과의 관계에서 적절한 것인가? 이 사람을 얼마나 잘 알고 있나? 상대와 어떤 형태의 관계를 맺고 있는가? 상대방에게(이 사람에게서) 어떤 것들을 합리적으로 기대할 수 있는가? 요청을 하거나 요청에 응하기 전에 상대방과의 관계가 어떤 것인지 고려해야 합니다. 예: 개인적인 것을 이야기해도 될 만큼 이 사람과 충분히 가까운 사이인가? 선배나 친한 친구에게는 차를 태워달라고 요청할 수 있지만, 선생님에게 차를 태워달라고 요청하는 것은 적절하지 않다. 스페인어 수업에서 추가적으로 도움을 받을 수 있는지 선생님께 요청할 수 있지만, 스페인어를 거의 모르는 아이들에게 부탁할 수는 없다.

- **주고 받기:** 최근에 누군가가 많은 요청을 했을 때, 이 부탁들을 다 들어주었나? 아니면 거절을 했었나? 상대방에게 최근에 요청을 많이 했었는가? 상대방과 내가 서로 공정하고 균등한 관계를 유지하고 있는가? 무엇인가를 요청하거나, 요청을 거절할 지 여부에 대해 고민할 때는 상대와 내가 서로 동등한 위치에 있는 지를 고려해야 합니다. 예를 들어 자꾸만 여러분에게 점심 값을 빌려가는 아이가 있나요? 여러분의 집으로 오려고 하지는 않으면서, 늘 자기 집으로 오라고 요청하는 사람이 있나요?

A. 연습할 시나리오 예시

리더는 두 가지 정도 시나리오를 제시하고 참여자들에게 각 상황에서 요청이나 거절 여부를 결정할 때 어떤 요소가 관련이 있을 지 묻는다.

- 여러분 집에서 지내는 친척이 흡연을 합니다. 친척에게 집안에서는 금연을 요청하려고 하지만 그렇게 말 할 권리가 있는지 확신이 서지 않습니다.
- 최근에 알게 된 지인이 이번 주말에 놀러와 자기 방 페인트칠을 도와줄 수 있겠는지 묻습니다. 거절하고 싶지만 맞는 행동인지 확신이 서지 않습니다.
- 여동생이 여러분의 전남자친구와 자주 어울려 다니는데 배신당했다는 생각이 듭니다. 너

무 화가 나서 동생에게 그 애와 만나는 것을 그만두거나 줄이라고 요청하고 싶지만 그럴 권리가 있는지 고민중입니다.

▪ 친구가 저녁식사 초대를 했습니다. 그런데 그 날 일찍 들어가서 해야할 일이 있어서, 친구에게 한 시간 정도 늦게 도착할 것 같다고 할 생각입니다.

▪ 가족이 여러분에게 비수인적으로 느끼는 일을 했습니다. 상대방과 이에 대해서 대화를 나누자고 요청하려고 하지만 말을 하는 것이 좋을지 잘 모르겠습니다.

▪ 운전을 못하기 때문에 이웃에게 병원까지 데려다달라고 부탁을 하고 싶습니다. 대략은 알지만 정확한 주소나 얼마나 시간이 걸릴지 모르는 상황입니다.

▪ 머리 염색을 하러 갔는데 헤어디자이너가 이상한 색깔로 염색을 했습니다. 환불을 요청하고 제대로 해달라고 말하고 싶습니다.

Ⅱ. THINK 스킬 (보충자료)

> **리더 유의사항:** 이 스킬(대인관계 효율성 보충 자료 13. "THINK 스킬" 참고)은 Crick과 Dodge(1994)의 사회적 정보처리 모델을 기초로 만들어졌으며, 이 스킬은 타인의 관점을 수용하고 타인의 행동에 대해서 다양하고 긍정적 해석을 하도록 연습하는데 도움이 된다. THINK 스킬은 표준 DBT(Linehan, 1993b)에 포함되어 있지 않고, 아직 연구되지 않았기 때문에 보충 자료로만 사용하도록 한다. 스킬훈련자가 시간적 여유가 있거나 참여자들이 이 스킬을 필요로 한다고 생각하면 교육하도록 한다. 필요하다면 개인치료자가 개인치료나 가족치료 상황에서 교육할 수 있다.

우리는 DBT 내담자들이 성급하게 결론을 내리고, 타인의 의도를 지나치게 부정적으로 가정하거나 타인의 관점을 고려하는 것에 어려워하는 것을 발견했기 때문에 THINK 스킬을 개발하였다. 사회적 정보처리 모델에서는 타인의 행동에 대한 부정적인 해석(예: "그 사람은 못되게 굴어", "그 여자는 나를 조종하려고 해!")을 하게 되면 이것이 어떻게 부정적으로 편중된 반응(예: "난 더 이상 못참겠어!")을 하게 만드는지에 대해 설명한다. THINK 스킬은 부정적인 귀인을 최소화하고, 내담자가 다른 사람을 더욱 긍정적으로 해석하는 것(예: "아빠는 내가 외출금지 규칙을 어겨서 화가 나셨고 걱정하고 계셔", "저 사람은 고통이 너무 커서 그걸 표현하는 것 뿐이야")을 촉진하며, 그러한 긍정적 해석에 따른 반응(예: "저 사람이 어떤 말을 하는지 집중해서 들어볼거야!")을 고려하고 선택하도록 한다. 이 스킬은 내담자로 하여금 다른 사람의 감정이 어떤 상태인가, 그 사람이 최근에 관계를 증진시키려고 노력하고 있는가, 그들 자신이 고통스러운 감정이나 상황으로 힘들어하고 있는 것은 아닌가와 같은 것을 고려할 수 있도록 한다. THINK 스킬을 그래서 정당화할 수 없는 부정적 감정을 낮추고 효과적이지 않은 대인관계 행동이나 적대적 행동을 줄이게 된다.

A. THINK 스킬과 이론적 배경에 대한 오리엔테이션

우리는 사람과의 관계 문제로 인해 화가 날 때가 있습니다. 타인의 행동이나 의도에 대해서 최악의 것을 가정하기도 하죠. 아마도 우리는 그 사람들이 우리에게 관심이 없거나, 우리를 아주 싫어하거나, 무시한다고 생각할 수 있습니다. 뿐만 아니라 그들이 이기적이거나, 의도적으로 우리에게 상처주려고 한다거나, 아니면 매정하고, 경솔하거나, 거부적인 무언가를 한다고 생각할 수도 있습니다.

💬 **토의사항 |** "이런 일이 여러분에게 일어났던 경우를 떠올려보시겠어요? 최악을 가정했을 때도 생각해보세요. 기분이 어땠나요?"라고 묻는다. 대부분은 부정적이고, 고통스러운 감정이 높아졌다고 언급할 것이다. "그런 감정을 느끼고 있을 때 다른 사람에게는 어떻게 행동했나요?" 많은 경우 상대방을 공격하거나 피했다고 할 것이며, 효과적인 관계를 유지했거나 증진되었다고 말하는 경우는 없을 것이다.

때로는 우리가 기존에 생각하던 것과 완전히 다른 것이 진실일 수도 있는 경우, 어떤 사실을 알지 못한 채 지나치게 부정적인 가정하기도 한다. THINK 스킬은 사람들의 어떤 행동을 할 때, 여러 가지 동기가 있을 수 있다는 생각을 하도록 도와준다.

B. 왜 다른 동기에 대해 생각(THINK)해야 하나?

상황을 부정적으로 해석하면, 우리는 더욱 부정적이거나 적대적으로 반응하는 경향이 있습니다. 부정적인 의도를 가졌다는 생각이 설사 부분적으로 또는 전체적으로 맞는다고 하더라도, 상대방이 나쁘다는 생각을 가지고 접근하는 것은 효과적이지 않습니다. 예를 들어 선생님이 여러분을 좋아하지 않거나 믿지 않아서 추가적인 도움을 주지 않는다고 해도, 선생님에게 공격적으로 행동하거나 비난하는 것이 효과적일까요? 일반적으로 효과적인 행동은 다른 사람과의 행동을 긍정적인 방향으로 해석하고 그 사람의 관점을 고려하여 그것을 바탕으로 행동하는 것입니다. 갈등을 줄이거나 분노와 상처 등의 부정적 감정을 줄이고 싶다면 좀 더 다르게 생각(THINK)해보세요.

C. 어떻게 생각(THINK)해야 하는가?

대인관계 효율성 보충 자료 13. "THINK 스킬"을 펴게 한다.

Think (생각하기): 그 상황을 상대방의 관점에서 다시 생각해보세요.

Have empathy (공감하기): 상대방이 어떻게 느낄지 생각해보세요. 슬픈 감정을 느낄까요? 걱정하고 있을까요? 짜증이 났을까요? 무기력할까요? 혼돈스러운 감정을 느낄까요?

Interpretations (해석하기): 타인의 행동을 해석하고 설명하는 방식은 한 가지 이상 있을 수 있습니다. 이것을 찾으려고 노력해보세요. 최소한 하나라도 나쁜 의도가 아닌 긍정적인 해석을 해보도록 합니다. 예: 아빠가 내가 하고 있는 것을 걱정을 하는 것은 나를 정말 생각해서 그러는 것이 아닐까? 아이가 심한 감정반응을 보이는 이유는 정말 그 일이 중요하다는 것은 아는데, 그보다 진지하게 받아들이는 방법을 몰라서는 아닐까?

Notice (알아차리기): 상대방이 배려하려고 하거나 관계를 증진시키려 노력하고 있나요? 이번에는 상대방이 협조적이지 않거나 지지적이지 않았지만, 이전에 다른 방식으로 배려하려고 하고 성의있는 노력을 하려고 했을 수 있습니다. 상대방이 지금 어려운 상황에 놓여 지금 같이 있어주기 어려운 상황이라면, 그가 어떤 이유로 지금 힘들어하고 있는지 알아차려보세요.

Kindness (친절하게): 상대방의 행동에 긍정적인(예: 비열하거나 약하지 않고, 적대적이지 않은) 이유가 있다고 가정해볼 수 있나요? 상대방이 스스로 힘들어 하는 방식과 배려를 표현하는 방식에 대해서 생각해보세요. 마음 속에 이러한 가능성들을 계속 담아둘 수 있다면, 여러분은 사람들에게 친절함과 부드러운 반응을 보일 수 있습니다. 이 스킬은 어떤 상황에 도움이 될까요?

D. THINK 스킬에 대해 논의하기 위한 시나리오 예시

리더는 아래 예시들을 소개하여 워크시트에 나와 있는 단계를 밟게 하고 그에 따라 토의를 진행하며 질문하도록 한다.

▪ 지방에 사는 한 어머니는 많은 비용을 감수하고 딸아이를 치료에 데려왔다. 하지만 아이는 어머니가 자신에게 관심이 없다고 가정하고 있다. 왜냐하면 이전에 어머니는 아이가 정서적 고통을 표현할 때마다 아이에게 바로 달려오거나 또는 적극적으로 반응하지 않았기 때문이다.

- 병원에 입원 중인 청소년은 친구들이 병문안을 오지 않아서 화가 나있다. 그 아이는 자신의 친구들이 모두 이기적이라고 가정하고 있다.
- 엄마는 퇴근할 때마다 아빠가 컴퓨터만 보면서 엄마에게 아무런 반응도 하지 않아서 화가 났다. 엄마는 아빠가 자기에게 화가 나있어서 무시하는 것이라고 가정한다.

E. 토의 질문

- 이 상황에서 상대방은 어떤 관점을 가지고 있을까요?
- 상대는 지금 어떤 감정을 느낄까요? 어떤 압력이나 또 다른 요청을 받고 있지는 않을까요?
- 첫 번째로 해석한 것 이외에 상대의 행동에 대해서 몇 가지의 다른 해석 또는 설명을 할 수 있다면 어떤 것들이 있을까요?
- 상대방이 관계를 좋게 하기 위해서 노력했던 것을 알아차리거나 발견할 수 있나요? 상대방이 자신의 집, 학교 또는 직장에서 겪는 스트레스, 문제들, 어려움으로 힘겨워하는 것을 알아차려 보세요.
- 상대방에게 친절하게 접근하는 방법이 있을까요? 어떻게 말하거나 행동하면 좋을까요? 어떻게 하면 어떤 도움이 될까요?

Ⅲ. 여러 가지 대인관계 효율성 스킬을 동시에 사용하기

이 모듈의 종반부에 가까워지는 시점에서 리더는 참여자들에게 하나의 상황을 주고 여러 가지 대인관계 스킬을 사용할 수 있는지 "테스트"를 해보는 것이 좋다. 첫 번째 테스트 방법으로는 리더가 참여자들이 적용하고자 하는 스킬을 시도할 수 있도록 방향을 잡아주고, 단계별로 코칭해주면서 역할극을 실행하는 것이다. 두 번째로는 공동리더들이 여러 가지 스킬을 사용하는 역할극을 직접 선보이면서, 참여자들이 관찰한 스킬을 모두 기록하게 하는 방법이다. 다른 요인들 고려하기, 걱정하는 생각에 도전하기, THINK 등의 스킬을 사용하는 것을 보여주기 위해서 역할극 배우들은 생각의 과정을 보여주기 위해 그 과정을 소리내어 시연하도록 한다. 그리고 참여자들이 스킬들이 효과가 있었는 지에 대해서 토의하게 한다. 여러 가지 스킬을 동시에 사용해야 하는 역할극 시나리오는 다음을 참고할 것.

A. 역할극 시나리오 예시

어떤 청소년이 일주일 간 아파서 결석을 했다. 그래서 선생님께 과제 제출일을 더 연장해줄 수 있는지 물어보고 싶어한다. 아이는 선생님이 언짢아하고 '안된다'고 하실까봐 [걱정하는 생각] 걱정된다. 그래서 "여쭤보지 않으면, 절대 알 수 없어. 그리고 스킬을 잘 사용해서 도움을 요청하는 것은 내가 강한 사람이라는 뜻이야" [지혜로운 마음의 진술]이라고 자신에게 말한다. 선생님이 자신의 요청을 들어줄 수 있는 능력을 가지고 있는지(능력이 있음), 요청하기에 적절한 관계인지(학생-교사 관계에서 적절해 보임), '주고 받기'(좋은 학생이고, 항상 숙제를 제때 제출했음) [고려해야 할 요인들]에 대해 생각한다. 그리고 나서 구체적인 연장 기한에 대해 명확하고, 자기주장적으로 요청한다[DEAR]. 또한 선생님이 생각하시는 연장 기한이 있는지 질문한다[MAN]. 아팠던 것에 대해서 과도하게 사과하거나 과장하지 않고 솔직한 태도를 보이며, 부드러운 톤으로 선생님을 수인하는 말을 한다[GIVE].

선생님은 학기말이 다가와서 '안된다'고 하며, 학생들의 전체 성적을 내야해서 바쁘다고 말한다. 아이는 선생님이 자신을 싫어하고 일부러 못되게 한다고 생각하고는 화가 났다. 하지만 선생님을 공감하기 위해서, 잠시 멈추고 다르게 생각해본다(선생님은 30명의 학생들로 이루어진 수업을 5개나 진행하고 있음). 그리고 더욱 긍정적인 해석을 해본다. 선생님은 지금 진짜 바쁘시고, 선생님은 올 한 해 동안 나를 응원하고 격려해준 분이다. 항상 질문에 잘 대답해주시고, 기꺼이 가르쳐주셨다[THINK]. 이렇게 폭넓게 이해하게 되면 선생님께 예의 바르게 다가가 선생님의 지금의 상황을 잘 이해한다고 말하며 이 과제에서 기대만큼 좋은 점수를 받지 못할 것 같아, 추가 점수를 받을 수 있는 과제를 주시면 열심히 하겠다고 제안한다.

또 다른 방법으로는 시나리오를 제시하고 참여자들이 스킬을 사용하는 데 무엇이 방해가 될지, 장애물을 어떻게 극복할지, 어떤 스킬을 어떻게 적용할지에 대해서 토의하게 한다.

좋아하는 친구의 집에 초대를 받아 밤새 같이 놀게 되었습니다. 친구들과 "진실 혹은 거짓" 게임을 하고 있는 상황입니다. 여러분과 친구들은 비밀을 공개하거나(예: 아주 민감한 개인 정보 공개하기), 난처한 행동(예: 춤추는 모습을 보여달라고 하고, 다들 비웃듯이 구경함), 여러분에게 심술궂은 행동(예: 주방에서 강한 향신료를 한 숟가락 삼켜보라고 함), 다른 사람에게 심술궂은 행동(예: 누군가의 페이스북에 심술궂거나 난처한 것 포스팅하기)과 같은 것을 하라고 압박을 받고 있습니다. '이러지도 저러지도 못하는' 느낌이 듭니다. 이 때 여러분이 원하는 것을 친구들에게 요청하거나(다른 게임을 하자거나 '수위를 낮추자'고 말하기), "싫어"라고 거부하는 것을 못하게 막는 것이 무엇인가요?

- 스킬 부족: 어떻게 말할 지 모르거나, 어떻게 요청할 지 모릅니다.
- 걱정하는 생각: "날 싫어할거야", "다시는 날 초대하지 않겠지", "나를 루저라고 생각할거야", 또는 "날 놀리고 비웃을 거야"라고 생각합니다.

- 감정: 분노, 외로움, 두려움, 수치감과 같은 강렬한 감정이 동시에 느껴지고, 불편하다고 말을 할 때 목에 무언가 걸린 것 같고, 눈물이 납니다.
- 망설임: 불편한 상황에 대해서 말을 해버려야 할지, 아니면 그냥 가만히 있어야 할 지 결정하기 어렵습니다. 이런 일들은 아이들과 놀면서 벌어질 수 있는 일이고, 내가 좋아서 여기 있는 것이니까 이 상황에 나 자신을 던지고 즐겨야 할까?
- 환경: 여러분은 불편하다고 말을 하려고 하지만, 아이들은 이를 무시하거나 건방진 태도로 "미안, 다수결원칙이야!"라고 말하며 같은 활동을 계속해서 할지 모릅니다.

B. 스킬 사용에 방해되는 것에 대한 토의

만약 걱정 생각이 떠올라 우리를 방해한다면, 어떤 지혜로운 마음 진술문이 도움이 될까요? [그룹에서 한 사람 정도의 답을 들어본다. 여기에는 "진심으로 후회하게 될 일을 하기보다는 나 자신에게 진솔한 것이 더 낫다"는 내용이 포함되어야 한다.]

만약 강렬한 감정이 방해가 된다면 어떻게 할까요? 무판단적으로 감정 관찰하기와 주의 집중된 상태 유지하기 등의 마인드풀니스 스킬을 사용할 수 있습니다. [만약 감정조절 스킬을 교육했다면] 또는 정반대 행동하기와 같은 감정조절 스킬을 사용할 수도 있습니다.

망설이는 상태라면 어떨까요? 여러분이 원하는 반응을 결정하는데 도움이 될 지혜로운 마음 상태에 이를 수 있는 마인드풀니스 스킬을 사용하도록 합니다.

여러분이 참여하지 않기로 결정하고, 불편하다는 이야기를 했지만, 환경이 이를 무시한다면 여러분은 그 상황을 받아들일지 아니면 그곳에서 떠나는 것을 선택할지 결정할 수 있습니다.

C. 어떤 스킬을 어떻게 사용할지에 대한 토의

만약 여러분의 목표가 관계를 유지하려고 하고 (또는 최소한 적을 만들지 않는 것), 원하는 것을 얻거나 거절하며, 자기존중감을 유지하기로 했다면 뭐라고 말해야 할까요?

자원자에게 스킬을 능숙하게 사용하여 시연을 정교하게 해보라고 요청한다. 공동리더는 자원자를 코칭하고, 다른 리더는 보드에 시범을 보이고 있는 구체적인 스킬을 적는다(예: 기술하기, 진솔하게, 가치관을 지키기). 자원자가 시범 보이는 행동에는 GIVE, DEAR MAN, FAST 스킬이 포함되어 있어야 하고, 다음과 같은 내용이 포함되어야 한다. "너희들이 재미있게 놀려고 하는 것은 알겠어. 하지만 나는 불편한 것이 있어. 특히, 춤추기나 양념 먹기나 온라인에 올리려고 했던 것들은 하고 싶지 않아. 나는 영화를 보거나 너희들도 하고 싶어하는 다른 걸 했으면 좋겠어."

여러 가지 대인관계 스킬을 사용하기 위한 역할극 시나리오:

- 부모는 자녀의 통금시간을 이른 저녁 시간으로 하고 싶어하지만, 자녀는 밤늦게까지 밖에 있고 싶어함.
- 가족 중 누군가에게 "나는 _____[중요한 행사]에 못갈 것 같아"라고 말하고 싶음.
- "정신 건강"의 날을 기념하여 결석하고 집에서 있고 싶다고 요청하고 부모는 이 요청을 거절하기.

Ⅳ. 숙제 내주기

대인관계 효율성 자료 11. "연습하기: 요청하거나 거절할 때 고려할 것"를 숙제로 내준다. 참여자들은 요청이나 거절할 때 여러 가지 중요한 요소들을 고려하여 연습하고 숙제를 완성해오도록 한다.

대인관계 효율성 자료 12. "연습하기: 대인관계 스킬을 동시에 사용하기"를 숙제로 내준다. 이 워크시트는 대인관계 효율성 모듈에서 배운 주요 스킬들을 최종적이고 통합적으로 연습할 수 있도록 하는 자료이다. 실제 삶에서는 특정 대인관계 상황에서 여러 개의 스킬을 통합하여 사용해야 하는 경우가 많기 때문에, 참여자들이 여러 가지 대인관계 스킬을 적용하는 연습을 하도록 해야 한다.

보충자료 | 스킬훈련그룹에서 이 보충 자료를 교육했다면, 대인관계 효율성 자료 14. "연습하기: THINK 스킬"를 숙제로 내준다. 이 워크시트는 상대방의 행동을 부정적으로 추론하는 것을 줄이고, 상대의 관점을 수용하기 위한 THINK 스킬을 리뷰하고, 더 긍정적이고 부드러운 반응을 고려해보도록 하는 자료이다.

제3부

스킬훈련 자료와 워크시트
Skills Training Handouts and Worksheets

오리엔테이션 자료

Orientation Handouts

마인드풀니스 자료

Mindfulness Handouts

고통감내 자료

Distress Tolerance Handouts

중도의 길 걷기 자료
Walking the Middle Path Handouts

감정조절 자료
Emotion Regulation Handouts

대인관계 효율성 자료
Interpersonal Effectiveness Handouts

오리엔테이션 자료
Orientation Handouts

다이어렉티컬 행동치료(DBT)란 무엇인가?

- DBT는 자신의 감정과 행동을 조절하기 어려운 사람들을 위해 개발된 효과적인 치료 방법입니다.

- DBT의 목표는 학습을 통해 문제 행동을 효과적인 행동으로 바꾸는 것입니다.

- DBT 스킬은 부정적 감정에 따라 행동하는 대신, 그 감정을 있는 그대로 잘 경험할 수 있도록 도와줍니다.

- DBT 스킬은 자신을 둘러싸고 있는 환경(가족, 학교, 친구)에서 관계를 잘 다룰 수 있게 합니다.

- DBT는 사람들이 자신의 삶이 가치 있다는 것을 느낄 수 있도록 도와줍니다.

'다이어렉티컬'의 뜻은?

'다이어렉티컬'이란 두 가지의 정반대되는 생각들이 있을 때, 두 가지 모두 진실일 수 있다는 것을 말합니다. 이렇게 해서 새로운 진리를 만날 수 있고, 또 새로운 관점으로 세상을 바라볼 수도 있습니다. 어떤 상황에 대해서 생각하는 방식은 언제나 한 가지 이상이 있다는 것을 기억하세요.

이 자료는 청소년을 위한 DBT® 다이어렉티컬 행동치료(저자 Jill H. Rathus, Alec L. Miller, 역자 조용범, 2017)의 일부입니다. 원 저작권은 Guilford Press, 한국어 판권은 더트리그룹에 있습니다. 자세한 사항은 본서 저작권 관련 정보 페이지를 참고하십시오.

스킬 훈련의 목표

<table>
<tr><td>

줄여야 하는 문제

1. 내가 누구인지 모르겠어요. 집중이 안돼요.
- 자각 능력과 집중력의 감소, 자기 정체감 혼돈 (왜 화가 나는지, 목표는 무엇인지, 현재 무엇을 느끼고 있는지 등에 대해 자각하지 못할 때가 있거나, 오랫동안 집중하기 어려움)

2. 감정을 조절하기 어려워요.
- 감정조절문제 (통제할 수 없는 감정이 강렬하고 빠르게 변화하거나 지속적으로 부정적인 기분을 느낌. 감정에 의존하여 행동하기)

3. 충동을 참을 수가 없어요.
- 충동성 (깊이 생각하지 않고 행동하기, 감정적 경험으로부터 회피하거나 도망가기)

4. 대인관계는 어려워요.
- 대인관계 문제 (관계가 오래 지속되지 않을 때, 사람들에게 내가 원하는 것을 얻는 방법을 모를 때, 자기존중감을 지키기 어려운 행동 패턴, 외로울 때)

5. 가족들과 자주 다퉈요.
- 청소년과 가족이 겪는 어려움 (극단적 사고, 감정, 행동 패턴, 유연성 부족, 가족의 갈등을 해결하는 법 혹은 사람들의 행동에 효과적으로 영향을 주는 방법을 몰라서 어려울 때)

</td><td>

증진시켜야 하는 행동

1. 핵심 마인드풀니스 스킬

2. 감정조절 스킬

3. 고통감내 스킬

4. 대인관계 효율성 스킬

5. 중도의 길 걷기 스킬

</td></tr>
</table>

개인적 목표

<table>
<tr><td>

줄여야 하는 행동

1. _____
2. _____
3. _____
4. _____
5. _____

</td><td>

증진시켜야 하는 행동

1. _____
2. _____
3. _____
4. _____
5. _____

</td></tr>
</table>

DBT 스킬훈련그룹 구성체계

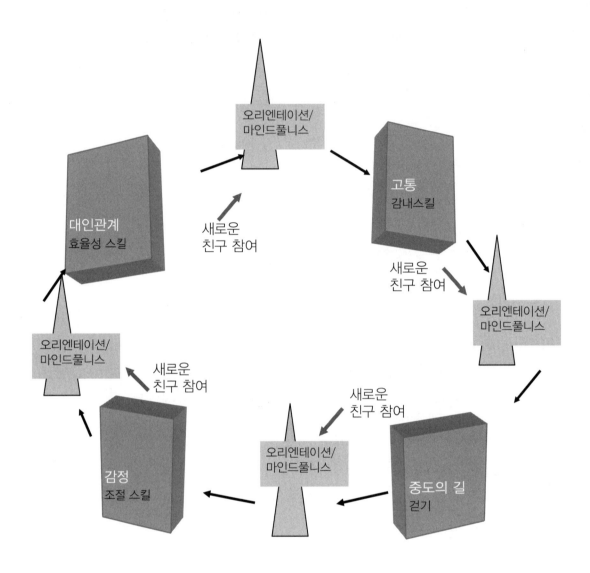

생물사회이론

생물학적 요인:

A. 생물학적인 유약성
  1. 너무 민감해요(과민감성).
  2. 과도하게 반응해요(과반응성).
  3. 감정 기초선(baseline)으로 돌아오는데 시간이 많이 걸려요.

추가 요인

B. 감정을 효과적으로 조절하는 능력이 부족해요.

상호   영향 ...

사회적 요인:

비수인적 환경은 우리의 느낌, 생각, 행동이 상식적이지 않고 부정확하며 과도하다는 느낌을 받게 합니다. 이러한 환경은 선생님이나 부모님, 친구들, 치료자 혹은 기타 영향을 주는 모든 사람이 포함될 수 있지요. 때로는 기질적으로 사람과 환경이 잘 맞지 않아 이런 환경이 조성될 수도 있답니다.

비수인적 환경은 특정한 감정 반응을 처벌하거나 강화하기도 하고, 그 감정을 억압하거나 악화 시키는데 영향을 끼치기도 합니다. 또는 그 사람을 혼란스럽게 만들고, 자신의 감정적 경험을 신뢰하지 못하게 할 수도 있습니다(**자기 수인화**).

이런 문제가 오래 지속되면···

복합적인 문제
(만성적 감정조절 문제)

DBT 기본 가정

1. 우리는 모두 자신의 삶에 최선을 다하고 있습니다

2. 우리는 모두 나아지고 싶어합니다.

3. 우리는 더 잘해야 하고, 더 열심히 해야 하며, 우리를 변화시키기 위해 더 많은 동기 부여를 해야만 합니다.

4. 어떤 문제를 겪고 있다면 우리가 유발시키지 않았더라도, 그 문제를 스스로 해결해야만 합니다.

5. 정서적인 어려움을 겪는 청소년과 그 가족들은 삶을 살아가는 것 자체가 너무나 고통스럽습니다.

6. 청소년과 그 가족들은 자신의 삶과 연관된 모든 상황에서 새로운 행동 양식을 배우고 연습해야만 합니다(예: 가족, 학교, 일, 이웃).

7. 절대적인 진리는 없습니다.

8. 청소년과 그 가족들은 DBT에서 실패할 수 없습니다.

청소년 스킬훈련그룹 가이드라인

1. 스킬훈련 중에 얻은 모든 개인 정보(참여자의 이름 포함)는 비밀 사항으로, 절대 유출 되어서는 안됩니다.

2. 참여자는 약물이나 술에 취한 상태로 참여해서는 안됩니다.

3. 24주의 프로그램 중에 5회 이상 참여하지 않으면(결석) 더 이상 치료에 참여할 수 없습니다. 치료 중단 이후에는 하나의 치료 모듈이 끝난 다음 다시 참여할 수 있습니다. 이 규정은 각각의 가족에게 개별적으로 적용이 됩니다.

4. 15분 이상 늦게 되면 그룹에 참여할 수 없고, 결석으로 간주 됩니다.

5. 참여자는 회기 밖에서 다른 참여자들과 위험 행동에 대해서 이야기해서는 안되며, 다른 참여자들이 문제 행동을 하도록 유도해서도 안됩니다.

6. 그룹참여자는 위기 상황에 있을 때 다른 참여자와 접촉해서는 안되고, 그 대신 그룹 치료자에게 연락을 취해야 합니다.

7. 참여자는 스킬훈련 기간 동안 다른 참여자와 특별한 개인적 관계(데이트, 그룹 형성)를 만들지 않습니다.

8. 참여자는 다른 그룹참여자나 리더를 존중하지 않거나, 심술궂은 행동을 하지 않습니다.

9. 통합 DBT 프로그램에 있는 청소년은 반드시 개인 DBT 치료 회기에 참여해야 합니다.

DBT 서약하기

나는 DBT 스킬훈련의 기본 이론과 가정 그리고 구성체계에 대하여 충분히 이해했습니다.

나는 DBT스킬훈련에 적극적으로 참여하며, DBT의 모든 스킬모듈을 끝까지 배우고 마치겠습니다.

나는 그룹에 늦지 않고, DBT 책과 숙제 워크시트를 잘 가지고 오겠습니다. 만일 숙제를 하지 않았다면, 행동분석을 통해 숙제를 할 때 방해되는 것이 무엇이었는지 이해하고 다음에 잘 할 수 있도록 문제해결 방법을 찾겠습니다.

나는 DBT 출석 규칙에 대해 잘 이해하고 있으며, 정해진 대로 출석하지 않을 경우 DBT 스킬훈련을 중단할 수 밖에 없다는 것을 잘 이해하였습니다(보호자로서 나는 동일한 출석 규칙이 적용된다는 것에 동의합니다).

_____   _____

내담자 서명   **날짜**

_____   _____

스킬훈련자/치료자 서명   **날짜**

마인드풀니스 자료
Mindfulness Handouts

마인드풀니스: 마음 중심 잡기

마음이 나를 통제하게 하지 않고, 내가 마음을 통제하는 방법을 배워 봅니다.

1. 온전한 자각(열린 마음 상태): 지금 이 순간을 판단하지 않고, 바꾸려고 시도하지 않고 있는 그대로 알아차리기 (ex. 생각, 감정, 몸의 감각)

2. 집중력 조절하기(집중한 마음 상태): 한 번에 한 가지에만 집중하기

마인드풀니스: 왜 중요할까?

마인드풀(Mindful)한 마음 상태는…

1. 우리의 행동을 잘 통제할 수 있게 하고, 더 많은 선택을 할 수 있도록 도와줍니다. 마인드풀니스는 충동적이거나 상황을 더 악화시키는 행동을 하기보다는 더 사려 깊은 선택을 하도록 도와주고, 천천히 그리고 차분히 행동하게 하며 우리의 감정과 생각, 충동을 자각하게 합니다(자기-자각능력 증진).

2. 우리의 정서적 괴로움을 줄이고, 즐거움과 행복감을 증진시킵니다.

3. 중요한 의사결정을 할 수 있게 합니다(지나치게 감정적이거나 논리적이기만 한 의사결정을 하지 않도록 둘 사이의 균형을 잡아줍니다).

4. 집중력을 증진시킵니다(예: 마음이 나를 통제하게 두기보다, 내가 마음을 통제할 수 있게 합니다). 그렇게 함으로써 우리는 더 효과적이고 생산적으로 변화할 수 있습니다.

5. 우리 자신과 다른 사람에 대해 깊은 측은지심(compassion)을 갖게 합니다.

6. 우리의 고통과 긴장 그리고 스트레스를 줄여서 건강해질 수 있습니다.

연습하고, 연습하고, 계속 연습하기.

세 가지 마음 상태

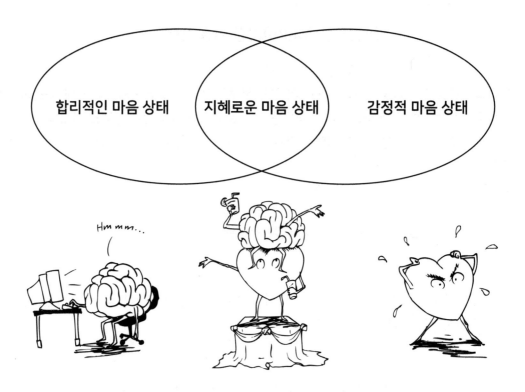

감정적 마음은 '뜨거운' 마음 상태로, 감정과 충동의 지배를 받는 상태를 말합니다.

내가 감정적 마음 상태일 때 다음과 같이 느끼고 행동합니다:

_____

_____

_____

(계속)

세 가지 마음 상태

합리적 마음 상태는 '차가운' 마음으로 생각과 사실, 논리에 의해 지배되는 마음 상태를 말합니다.

내가 합리적 마음 상태일 때 다음과 같이 느끼고 생각하고 행동하는 경향이 있습니다:

_____

_____

_____

_____

_____

지혜로운 마음은 합리적 마음과 감정적 마음을 모두 포함하는 마음 상태입니다. 지혜로운 마음은 우리 안에 있는 지혜입니다. 중요한 결정을 해야 할 때 도움을 주고, 충동적인 행동을 하지 않도록 도와줍니다(지혜로운 마음은 강렬한 감정에 휩싸여 있는 상태일 때 더 명료하게 생각할 수 있도록 도와줍니다).

지혜로운 마음 상태에 있을 때 나는 다음과 같은 경험을 합니다:

_____

_____

_____

_____

_____

마인드풀니스 자료 4

연습하기: 세 가지 마음 상태 관찰하기

_____년 _____월 _____일까지 마치겠습니다!

감정적 마음 상태

이번 주에 경험한 감정적 마음 상태의 예를 적어봅니다(나의 감정, 생각, 행동을 기술하기):

_____

_____

_____

_____

_____

(계속)

이 자료는 청소년을 위한 DBT® 다이어렉티컬 행동치료(저자 Jill H. Rathus, Alec L. Miller, 역자 조용범, 2017)의 일부입니다. 원 저작권은 Guilford Press, 한국어 판권은 더트리그룹에 있습니다. 자세한 사항은 본서 저작권 관련 정보 페이지를 참고하십시오.

연습하기: 세 가지 마음 상태 관찰하기

합리적 마음 상태

이번 주에 경험한 합리적 마음 상태의 예를 적어봅니다(나의 감정, 생각, 행동을 기술하기):

_____

_____

_____

_____

_____

지혜로운 마음 상태

이번 주에 경험한 지혜로운 마음 상태의 예를 적어봅니다(나의 감정, 생각, 행동을 기술하기):

_____

_____

_____

_____

_____

마인드풀니스 "What" 스킬

관찰하기

- **말하지 않고 지켜보기:** 지금 이 순간에 경험하는 것을 있는 그대로 관찰하세요.
- 오감을 모두 활용하여 나의 안과 밖의 모든 것을 관찰하세요.
- 마음 속에서 떠오르는 생각과 감정이 오고 가는 것을 마치 컨베이어 벨트 위에 있는 것처럼 관찰해보세요.
- 테플론 마인드"Teflon Mind"를 가져보세요. 마음이 경험하는 것들이 떠오르고 그대로 스쳐 지나가도록 해보세요 (붙잡지 않도록 노력해요).
- 생각과 감정을 밀어내려고 하지 마세요. 고통스럽더라도 그대로 두세요.
- 우리가 다른 사람의 내적 경험을 관찰할 수 없다는 것에 유의하여(예: "그 사람이 화났다"), 외적인 특징만을 관찰하세요(예: 그 사람의 볼에 눈물이 흐른다). 또는 다른 사람의 경험에 대한 우리의 생각을 관찰하세요 ("나는 지금 '그 사람이 화났다'고 생각한다").

기술하기

- 경험하고 있는 것을 말로 표현해보세요. 관찰한 것에 이름을 붙여(명명하기) 기술해보세요.
- 예: "나는 슬퍼", "지금 얼굴이 뜨거워", "심장이 빨리 뛰고 있구나", "나는 지금 어떤 생각을 해", "나는 지금 어떤 행동을 하고 싶은 충동이 들었어"
- 관찰한 것을 **해석하려고 하지 말고** 기술하세요. 사실에만 집중하세요. "저 사람은 태도가 안 좋아" 대신에, "저 사람은 지금 눈을 돌리고 큰 소리로 말하고 있어" 와 같이 기술해보세요.

참여하기

- 현재 이 순간에 스스로를 맡기고 온전히 몰입하세요(예: 춤추기, 청소하기, 시험보기, 이 순간에 느껴지는 슬픔 느끼기). 미래에 대해 걱정하거나 과거의 일에 집중하지 않도록 합니다.
- 지금 하고 있는 것이 무엇이든지 그것과 하나가 되어보세요.
- 자의식을 내려 놓고 정성껏 그 순간을 경험해보세요.
- 부정적 감정이라도 있는 그대로 경험하여, 충동적인 행동을 하는 대신, 지혜로운 마음이 좋은 행동을 결정할 수 있도록 도와주세요.

마인드풀니스 "How" 스킬

판단하지 않기

- 좋은 것과 나쁜 것을 구분하거나 평가하지 않고 자각해 보세요. 우리의 감각 기관을 통해 관찰된 정보만을 사용하여 사실에 집중하도록 합니다.

- 도움이 되는지, 해로운지만 파악하고 절대로 판단하지 않도록 합니다. 예를 들면 "그 사람은 바보야" 대신에 "이야기 나누는 도중에 그 사람이 자리를 떠났어"로 바꿔보세요.

- 우리는 판단하지 않고 살 수 없습니다. 우리의 목표는 판단을 하는 동안에도 감정을 잘 통제할 수 있도록 효과적인 스킬을 습득하는 것입니다.

- 자신을 판단하고 있는 것을 발견하면, **판단하고 있는 나를 스스로 판단하지 않도록 해보세요.**

집중하는 마음 상태 유지하기

- **한 가지 마음 갖기**: 한 순간에 한 가지에만 주의를 집중하세요. 마음의 속도를 느리게 하면 한 가지 마음 갖기 상태에 이를 수 있습니다.

- 한 번에 두 가지 일을 하지 않도록 합니다('멀티태스킹'의 정반대).

- **마음에 집중하기**: 주의분산을 일으키는 것들을 지나가게 하고, 주의가 분산되면 다시 마음을 모아 계속해서 집중하고 또 집중해봅니다.

- 집중된 마음 상태를 유지해보세요. 과거, 미래, 현재에 있는 주의 집중을 방해하는 것들이 여러분의 집중력을 흐트러뜨리지 않도록 노력합니다.

효과적인 것에 집중하기

- 목표를 달성하기 위해 지금 실행할 수 있는 효과적인 것에 집중합니다.

- 감정이 행동을 지배하지 않도록 해보세요. 감정과 행동의 연결고리를 끊도록 합니다.

- 규칙을 따르고, 올바른 길(正道)을 걸어보세요(집, 학교, 직장에서 각각 다르게 적용될 수 있습니다).

- 목표를 달성할 수 있도록 능수능란하게 스킬을 적용해보세요.

- 상처를 주고 상황을 더 악화시키는 비효율적인 부정적 감정들(예: 복수심, 불필요한 분노)과 "꼭 그렇게 해야만 해(should, 의무)"와 같은 생각을 지나가게 해보세요(예: "선생님은 반드시 이렇게 해야 해").

이 자료는 DBT® 다이어렉티컬 행동치료 워크북 제2판(저자 Marsha M. Linehan, 역자 조용범, 2017)에서 판권 소유자의 승인하에 발췌하여 수정하였음.

쉬운 마인드풀니스

1. 먼저 무엇에 집중할 것인지 정합니다.

    예: 호흡,

        사물 (사진, 촛불)

        활동 (머리 빗기, 방 청소하기, 독서하기)

2. 결정했다면 그것에 주의를 기울여 집중해봅니다.

3. 어떤 것에 마음을 집중하려고 하면, 집중력이 흐트러질 때가 있습니다. 이 때 우리 자신을 판단하지 않도록 합니다.

    ▪ 집중이 흐트러졌다는 것을 자각하기만 하세요.

    ▪ 집중하기로 정한 사물에 부드럽게 주의를 다시 기울여보세요.

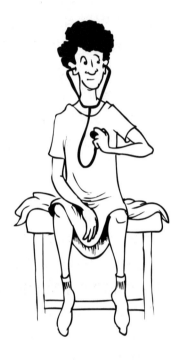

처음에는

주의 집중을 할 때 어떻게 마음이 분산되는지 자각하는 연습을 해보세요. 이 연습을 30초에서 시작해서 1분, 2분으로 점점 늘려가 보세요. 충분히 많이 연습해도 좋습니다. 아무도 우리가 마인드풀니스 연습하는 것을 알지 못하니까요.

우리 주변의 소음이나 걱정하는 생각, "이건 바보 같은 일이야" 와 같은 판단적인 생각, 몸에서 느껴지는 감각, 말하고 싶은 충동 같은 것에 주의가 분산될 거에요. 이런 것들을 자각하고 지나가게 한 후, 처음에 집중하려던 것에 다시 집중해 보세요.

마인드풀니스 자료 8

연습하기: 마인드풀니스 "What"과 "How" 스킬

_____년 _____월 _____일까지 마치겠습니다!

한 주 동안 연습한 "What" 스킬과 "How" 스킬에 체크해보세요.

"What" 스킬

_____ 관찰하기

_____ 기술하기

_____ 참여하기

"How" 스킬

_____ 판단하지 않기

_____ 집중하는 마음 상태 유지하기

_____ 효과적인 것에 집중하기

한 주 동안 어떻게 각각의 스킬들을 사용했는지 간단히 적어보세요(무엇을, 언제, 어디서했는지를 포함해서 적어봅니다).

_____

_____

_____

_____

_____

연습한 스킬들이 어떻게 우리의 생각과 감정, 행동에 영향을 주었는지 간단히 적어보세요.

_____

_____

_____

_____

_____

_____ 지혜로운 마음 상태에 이를 수 있었나요?

_____ 현재 이 순간을 잘 자각할 수 있었나요?

_____ 한 번에 한 가지만 하도록 주의 집중을 잘할 수 있었나요?

_____ 생각과 감정, 또는 행동에 영향을 준 다른 것이 있었나요? _____

_____

고통감내스킬 자료
Distress Tolerance Handouts

고통스러운 감정과 충동을 감내해야 하는 이유는?

왜냐하면…

1. 고통은 삶의 일부분이기 때문에 피할 수만은 없기 때문입니다.

2. 고통스러운 경험을 잘 다루지 못하면, 충동적인 행동을 할 가능성이 높아집니다.

3. 충동적인 행동은 나 자신과 다른 사람에게 상처를 주고, 우리가 원하는 것도 얻을 수 없습니다.

이 자료는 청소년을 위한 DBT® 다이어렉티컬 행동치료(저자 Jill H. Rathus, Alec L. Miller, 역자 조용범, 2017)의 일부입니다. 원 저 작권은 Guilford Press, 한국어 판권은 더트리그룹에 있습니다. 자세한 사항은 본서 저작권 관련 정보 페이지를 참고하십시오.

위기생존 스킬 개요

무엇인가를 더 나은 상태로 바꾸거나 나빠지지 않게 하고 싶을 때, 고통스러운 감정이나 사건을 감내하는 스킬이 필요합니다.

지혜로운 마음으로 수용하기 스킬로 주의분산하기 (Wise Mind ACCEPTS)	
활동하기	**A**ctivities
기여하기	**C**ontributing
비교하기	**C**omparisons
정반대 감정 만들기	**E**motions
밀어내기	**P**ushing Away
생각	**T**houghts
감각	**S**ensations

여섯 개의 감각 기관을 편안하게 만드는 자기위안 스킬 (Self-Soothe)	
시각	Vision
청각	Hearing
후각	Smell
미각	Taste
촉각	Touch
운동각	Movement

순간을 살리는 스킬 (IMPROVE)	
상상하기	**I**magery
의미 만들기	**M**eaning
기도하기	**P**rayer
이완하기	**R**elaxation
한 번에 한 가지 하기	**O**ne thing in the moment
휴가 가기	**V**acation
격려하기	**E**ncouragement

장점과 단점 비교하기

TIPP스킬

차가운 물로 얼굴의 온도를 낮추기	**T**emperature
격렬한 운동	**I**ntense exercise
천천히 호흡하기	**P**aced breathing
점진적 근육이완법	**P**rogressively relaxing your muscles

이 자료는 DBT® 다이어렉티컬 행동치료 워크북 제2판(저자 Marsha M. Linehan, 역자 조용범, 2017)에서 판권 소유자의 승인하에 발췌하여 수정하였음.

위기생존 스킬: 지혜로운 마음으로 수용하기(Wise Mind ACCEPTS) 스킬로 주의분산하기

활동하기 **A**ctivities	**무언가 하기.** 전화하기, 이메일 보내기, 문자하기, 친구 집에 놀러가기, 좋아하는 영화나 텔레비전 보기, 잘 다루는 악기 연주하기, 노래 부르기, 비디오 게임하기, 그림 그리기, 요리하기, 베이킹 하기, 일기 쓰기, 방 정리하기, 산책하거나 운동하기, 독서하기, 음악 듣기, 인터넷으로 음악이나 애플리케이션 다운받기, 혼자 혹은 다른 사람과 함께 게임하기.
기여하기 **C**ontributing	**누군가에게 기여하기(무언가 좋은 일하기).** 친구나 동생의 숙제 도와주기, 다른 사람에게 무언가 좋은 일 하기, 필요 없는 물건 기부하기, 어떤 사람에게 쪽지를 남기거나 호의를 베풀거나 포옹을 해서 깜짝 놀라게 하기, 자원봉사하기.
비교하기 **C**omparisons	**나보다 더 큰 어려움에 처한 사람과 비교하기.** 아주 힘든 상황일 때와 비교해서 지금 어떻게 느끼고 있는지 비교하기, 나와 비슷하거나 나보다 더 힘든 어려움을 극복하고 있는 사람 생각해보기.
정반대 감정 만들기 **E**motions	**다른 감정 상태 만들기.** 재미 있는 프로그램이나 감동적인 영화 보기, 위안을 주는 음악이나 신나는 음악 듣기, 슬플 때 적극적인 행동하기, 상점에 가서 재미있는 카드나 유머 책 읽기.
밀어내기 **P**ushing Away	**마음 속에서 잠시 동안 고통스러운 상황을 밀어내기.** 나의 생각과 주의를 그 상황으로부터 떠나게 하기, 나와 고통스러운 상황 사이에 상상의 벽을 만들기, 고통을 박스에 담아 마음 속 책상에 잠시 넣어두기.
생각 **T**houghts	**다른 생각으로 바꾸기.** 읽기, 단어나 숫자 퍼즐하기, 숫자, 포스터 색, 타일 개수 등 주변에 있는 것 세어 보기, 마음 속으로 노래 가사를 반복하기.
감각 **S**ensations	**다른 감각에 집중하기.** 얼음을 손에 꼭 쥐거나 입에 넣고 견디기, 시끄러운 음악 듣기, 따뜻하거나 차가운 물로 샤워하기, 스트레스 볼 쥐어 보기, 윗몸 일으키기를 하거나 팔굽혀펴기 하기, 강아지나 고양이 쓰다듬기.

이 자료는 DBT® 다이어렉티컬 행동치료 워크북 제2판(저자 Marsha M. Linehan, 역자 조용범, 2017)에서 판권 소유자의 승인하에 발췌하여 수정하였음.

_____

이 자료는 청소년을 위한 DBT® 다이어렉티컬 행동치료(저자 Jill H. Rathus, Alec L. Miller, 역자 조용범, 2017)의 일부입니다. 원 저작권은 Guilford Press, 한국어 판권은 더트리그룹에 있습니다. 자세한 사항은 본서 저작권 관련 정보 페이지를 참고하십시오.

연습하기: 지혜로운 마음으로 수용하기(Wise Mind ACCEPTS) 스킬로 주의분산하기

_____년 _____월 _____일까지 마치겠습니다!

한 주 동안 화가 나거나 속상할 때 두 개 이상의 주의분산 스킬을 아래에 적고 연습하도록 합니다(예: 활동하기-기타 연주, 기여하기-쿠키를 만들어서 선물하기).

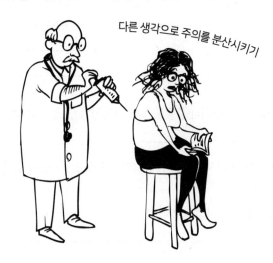

다른 생각으로 주의를 분산시키기

지혜로운 마음으로 수용하기(ACCEPTS) 스킬로 주의분산하기

활동하기(**A**ctivities) _____

기여하기(**C**ontributing) _____

비교하기(**C**omparisons) _____

감정(**E**motions) _____

밀어 내기(**P**ushing Away) _____

생각(**T**houghts) _____

감각(**S**ensations) _____

연습하기: 지혜로운 마음으로 수용하기(Wise Mind ACCEPTS) 스킬로 주의분산하기

스트레스를 받았던 상황을 적고, 어떤 스킬을 사용했는지 기록해보세요:

1. _____

_____

2. _____

_____

_____

이 스킬을 적용했을 때, (1) 불편한 감정이나 충동을 잘 극복하거나 (2) 갈등을 피할 수 있었나요?

예 _____   아니오 _____

(유의사항: 스킬을 사용하여 문제가 더 악화되지 않았다면 스킬을 성공적으로 활용한 것입니다!)

'예'라면 스킬이 어떤 도움을 주었는지 작성해보세요:

_____

_____

_____

_____

_____

'아니오'라면 스킬이 왜 도움이 되지 않았다고 생각하는지 작성해보세요:

_____

_____

_____

_____

_____

스킬을 연습하지 않았다면, 그 이유를 작성해봅니다:

_____

_____

_____

위기생존 스킬: 여섯 가지 감각 기관을 사용하여 자기위안하기(Self-Soothe)

시각 VISION   청각 HEARING
후각 SMELL   미각 TASTE
촉각 TOUCH   운동각 MOVEMENT

시각 Vision 좋아하는 곳에 방문하여 그곳에 있는 모든 풍경을 바라보기, 사진 앨범 보기, 포스터나 사진을 아무 생각도 하지 않고 바라보기, 석양의 색 관찰하기, 사람들 관찰하기.

청각 Hearing 좋아하는 음악 반복해서 듣기, 자연의 소리에 귀 기울여 보기(새, 비, 천둥, 차 소리), 악기를 연주하거나 노래하기, 백색소음 듣기.

후각 Smell 좋아하는 로션 바르기, 좋은 향이 나는 애프터 쉐이브나 바디 워시 사용하기, 쿠키나 팝콘 만들기, 갓 내린 커피의 향 맡기, 공원에서 '장미꽃 향기' 맡기.

미각 Taste 좋아하는 음식 먹기, 좋아하는 무알콜 음료 마시기, 좋아하는 아이스크림 먹기, 먹고 있는 음식에 집중하여 관찰하기, 마인드풀한 마음으로 음미하며 먹기, 과식하지 않기.

촉각 Touch 오랫동안 샤워나 목욕하기, 강아지나 고양이 쓰다듬기, 마사지 받기, 머리 빗기, 안아주거나 안기기, 머리에 차가운 수건 올려 두기, 가장 편안한 옷으로 갈아 입기.

운동각 Movement 천천히 몸을 흔들어 보기, 스트레칭하기, 뛰어보기, 요가하기, 춤추기!

자기 위안

이 자료는 DBT® 다이어렉티컬 행동치료 워크북 제2판(저자 Marsha M. Linehan, 역자 조용범, 2017)에서 판권 소유자의 승인하에 발췌하여 수정하였음.

고통감내 자료 6

연습하기: 자기위안 스킬

_____년 _____월 _____일까지 마치겠습니다!

한 주 동안 화가 나거나 속상할 때 사용할 수 있는 두 개 이상의 자기위안 스킬을 아래에 적어보세요:

자기 위안

여섯 가지 감각 기관을 사용하여 자기위안하기:

시각 _____

청각 _____

후각 _____

미각 _____

촉각 _____

운동각 _____

(계속)

연습하기: 자기위안 스킬

스트레스를 받았던 상황을 적고, 어떤 스킬을 사용했는지 기록해보세요:

1. _____

_____

2. _____

_____

_____

이 스킬을 적용했을 때, (1) 불편한 감정이나 충동을 잘 극복하거나 (2) 갈등을 피할 수 있었나요?

예 _____   아니오 _____

(유의사항: 스킬을 사용하여 문제가 더 악화되지 않았다면 스킬을 성공적으로 활용한 것입니다!)

'예'라면 스킬이 어떤 도움을 주었는지 작성해보세요:

_____

_____

_____

_____

_____

'아니오'라면 스킬이 왜 도움이 되지 않았다고 생각하는지 작성해보세요:

_____

_____

_____

_____

_____

스킬을 연습하지 않았다면, 그 이유를 작성해봅니다:

_____

_____

_____

_____

위기생존 스킬: 순간을 살리는 스킬(IMPROVE)

순간을 살리는 스킬 (IMPROVE):

상상하기 Imagery

차분하고 안전한 곳에서 편안하게 있는 장면 상상하기, 모든 일이 잘 될 것이라고 상상하기, 모든 것을 잘 극복하는 상상하기, 파이프에서 물이 빠져나가듯이 내 몸에서 고통이 빠져나가는 것을 상상하기.

의미 만들기 Meaning

고통 속에서 목적과 의미, 가치를 찾거나 만들어보기, 레몬을 레모네이드로 만들기

기도하기 Prayer

초월적 존재나 큰 지혜 혹은 지혜로운 마음 상태를 향해 가슴 열기, 지금 이 순간에 겪는 고통을 참을 수 있는 힘을 달라고 기도하기.

이완하기 Relaxation

주요 근육그룹을 이마에서부터 점점 아래로 긴장시키고 풀면서 이완하기, 이완을 시키는 음악이나 비디오 다운받기, 스트레칭 하기, 목욕을 하거나 마사지 받기.

한 번에 한 가지 하기 One thing in the Moment

지금 하고 있는 것에 온전히 주의 집중하기, 지금 이 순간에 몰입하기, 걷거나 청소를 하거나 먹을 때 느껴지는 모든 감각과 몸의 움직임을 자각하기.

휴가 가기 Vacation

짧은 휴가 가기, 밖에 나가 산 책을 하거나 커피나 음료수를 마시기, 잡지나 신문 읽기, 인터넷 서핑하기, 반드시 끝내야 하는 힘든 일로부터 한 시간 동안 휴식하기, 모든 전자 기기를 꺼두기.

홈런 치는 것을 상상해보세요!

격려하기 Encouragement

스스로 응원하기, 반복해서 "나는 견딜 수 있어", "이 고통은 영원하지 않아", "나는 극복할 수 있어", "나는 최선을 다하고 있어"라고 반복해서 말하기.

이 자료는 DBT® 다이어렉티컬 행동치료 워크북 제2판(저자 Marsha M. Linehan, 역자 조용범, 2017)에서 판권 소유자의 승인하에 발췌하여 수정하였음.

이 자료는 청소년을 위한 DBT® 다이어렉티컬 행동치료(저자 Jill H. Rathus, Alec L. Miller, 역자 조용범, 2017)의 일부입니다. 원 저작권은 Guilford Press, 한국어 판권은 더트리그룹에 있습니다. 자세한 사항은 본서 저작권 관련 정보 페이지를 참고하십시오.

고통감내 자료 8

연습하기: 순간을 살리는 스킬(IMPROVE)

_____년 _____월 _____일까지 마치겠습니다!

한 주 동안 고통스러운 마음 상태 였을 때 연습했던 순간을 살리는 스킬을 두 개 이상 적어보세요.

상상하기 Imagery _____

의미 만들기 Meaning _____

기도하기 Prayer _____

이완하기 Relaxation _____

한번에 한 가지 하기
One thing in the Moment _____

휴가 가기 Vacation _____

격려하기 Encouragement _____

스트레스가 쌓이는 상항을 아래에 적고 그 때 사용한 "순간을 살리는 스킬"을 적어보세요:

_____

_____

_____

_____

_____

(계속)

연습하기: 순간을 살리는 스킬(IMPROVE)

이 스킬을 적용했을 때 (1) 불편한 감정이나 충동을 잘 극복하거나 (2) 갈등을 피할 수 있었나요?

예 ＿＿＿＿＿＿＿＿＿   아니오 ＿＿＿＿＿＿＿＿＿

(유의사항: 스킬을 사용하여 문제가 더 악화되지 않았다면 스킬을 성공적으로 활용한 것입니다!)

'예'라면 스킬이 어떤 도움을 주었는지 작성해보세요:

＿＿＿＿＿＿＿＿＿＿＿＿＿＿＿＿＿＿＿＿＿＿＿＿＿＿＿＿＿＿＿＿＿＿＿＿＿

＿＿＿＿＿＿＿＿＿＿＿＿＿＿＿＿＿＿＿＿＿＿＿＿＿＿＿＿＿＿＿＿＿＿＿＿＿

＿＿＿＿＿＿＿＿＿＿＿＿＿＿＿＿＿＿＿＿＿＿＿＿＿＿＿＿＿＿＿＿＿＿＿＿＿

＿＿＿＿＿＿＿＿＿＿＿＿＿＿＿＿＿＿＿＿＿＿＿＿＿＿＿＿＿＿＿＿＿＿＿＿＿

＿＿＿＿＿＿＿＿＿＿＿＿＿＿＿＿＿＿＿＿＿＿＿＿＿＿＿＿＿＿＿＿＿＿＿＿＿

＿＿＿＿＿＿＿＿＿＿＿＿＿＿＿＿＿＿＿＿＿＿＿＿＿＿＿＿＿＿＿＿＿＿＿＿＿

'아니오'라면 스킬이 왜 도움이 되지 않았다고 생각하는지 작성해보세요:

＿＿＿＿＿＿＿＿＿＿＿＿＿＿＿＿＿＿＿＿＿＿＿＿＿＿＿＿＿＿＿＿＿＿＿＿＿

＿＿＿＿＿＿＿＿＿＿＿＿＿＿＿＿＿＿＿＿＿＿＿＿＿＿＿＿＿＿＿＿＿＿＿＿＿

＿＿＿＿＿＿＿＿＿＿＿＿＿＿＿＿＿＿＿＿＿＿＿＿＿＿＿＿＿＿＿＿＿＿＿＿＿

＿＿＿＿＿＿＿＿＿＿＿＿＿＿＿＿＿＿＿＿＿＿＿＿＿＿＿＿＿＿＿＿＿＿＿＿＿

스킬을 연습하지 않았다면, 그 이유를 작성해봅니다.

＿＿＿＿＿＿＿＿＿＿＿＿＿＿＿＿＿＿＿＿＿＿＿＿＿＿＿＿＿＿＿＿＿＿＿＿＿

＿＿＿＿＿＿＿＿＿＿＿＿＿＿＿＿＿＿＿＿＿＿＿＿＿＿＿＿＿＿＿＿＿＿＿＿＿

＿＿＿＿＿＿＿＿＿＿＿＿＿＿＿＿＿＿＿＿＿＿＿＿＿＿＿＿＿＿＿＿＿＿＿＿＿

＿＿＿＿＿＿＿＿＿＿＿＿＿＿＿＿＿＿＿＿＿＿＿＿＿＿＿＿＿＿＿＿＿＿＿＿＿

위기생존 스킬: 장점과 단점 비교하기(Pros and Cons)

감정적으로 심하게 화가 나거나 속상했던 위기상황 한 가지를 선택해 보세요(예: 정서적 고통이 너무 심할 때, 파괴적인 행동을 하고 싶을 때, 충동적 행동을 참기 어려울 때)

내가 직면하고 있는 위기:

_____

_____

위기 상황으로 인해 생긴 충동:

_____

_____

- 충동이 강해질 때 위기를 더 심하게 만들고, 충동을 행동으로 옮기게 되면 장기적으로 상황이 더 악화됩니다.
- 위기충동에 따라 행동할 때의 장점과 단점을 생각하고 목록을 만들어 보세요. 예를 들어 중독을 일으키는 행동이나 해로운 행동을 포기하거나 항복하는 행동, 또는 내가 원하는 삶을 살기 위해 필요한 것을 피하는 행동 등이 있을 수 있습니다.
- 위기충동에 저항하는 것의 장점과 단점을 생각하고 목록을 만들어 보세요. 정서적 고통을 능수능란하게 감내하고, 충동에 쉽게 항복하지 않는 것 등이 있을 수 있습니다.

(계속)

위기생존 스킬: 장점과 단점 비교하기(Pros and Cons)

	장점	단점
위기충동에 따라 행동하기	충동적 행동을 하는 것의 장점:	충동적 행동을 하는 것의 단점:
위기충동에 저항하기	충동적 행동에 저항하는 것의 장점:	충동적 행동에 저항하는 것의 단점:

1. 각 장점과 단점의 장기적/단기적 효과를 생각해봅니다.

2. 충동에 완전히 <u>휩싸이기 전에</u>:
    장점과 단점을 적고 그것을 실행에 옮기도록 하세요.

3. 충동에 완전히 휩싸여 있을 때:
    장점과 단점을 살펴보고, 충동에 저항했을 때 나타날 긍정적 결과를 상상해봅니다.
    위기충동에 항복할 때 나타날 부정적 결과를 상상하거나, 예전의 경험을 기억해보세요.

고통감내 자료 10

연습하기: 장점과 단점 비교하기

_____년 _____월 _____일까지 마치겠습니다!

감정적으로 심하게 화가 나거나 속상했던 위기상황 한 가지를 선택해 보세요 (예: 정서적 고통이 너무 심할 때, 파괴적인 행동을 하고 싶을 때, 충동적 행동을 참기 어려울 때)

내가 직면하고 있는 위기:

_____

_____

위기 상황으로 인해 생긴 충동:

_____

_____

	장점	단점
위기충동에 따라 행동하기	충동적 행동을 하는 것의 장점:	충동적 행동을 하는 것의 단점:
위기충동에 저항하기	충동적 행동에 저항하는 것의 장점:	충동적 행동에 저항하는 것의 단점:

1. 각 장점과 단점의 장기적/단기적 효과를 생각해봅니다.

2. 충동에 완전히 휩싸이기 전에:

　　장점과 단점을 적고 그것을 실행에 옮기도록 하세요.

3. 충동에 완전히 휩싸여 있을 때:

　　장점과 단점을 살펴보고, 충동에 저항했을 때 나타날 긍정적 결과를 상상해봅니다.

　　위기 충동에 항복할 때 나타날 부정적 결과를 상상하거나, 예전의 경험을 기억해보세요.

위기생존 스킬: 극단적 감정을 조절하기 위한 TIPP스킬

감정적 흥분이 너무나 높은 상황일 때!!!!!!!

- 감정적 마음 상태에 빠져 헤어나오지 못합니다.
- 뇌가 정보를 제대로 처리하지 못합니다.
- 감정적으로 압도된 마음 상태가 됩니다.

"TIPP" 극단적인 감정적 마음 상태를 빠르게 벗어나기 위해 신체의 화학적 반응을 바꾸는 스킬

차가운 물로 얼굴의 온도를 낮추기 **T**emperature

- **차가운 물로 얼굴을 씻으면서 빠르게 몸의 온도를 내리고 차분하게 하기.** 숨을 잠시 참고 세면대에 10도 정도의 차가운 물을 받은 뒤에 얼굴을 담가 보세요. 또는 얼음팩이나 얼음물을 비닐봉지에 담아 눈과 볼에 대거나 얼굴에 뿌리는 것을 30초 동안 해봅니다.

    주의: 얼음물은 심장박동수를 급격히 내릴 수 있습니다. 이 연습을 과도하게 하면 심장박동수가 과도하게 증가될 수 있습니다. 약물 복용으로 통해 심장박동수를 조절하고 있거나, 베타블로커를 복용하고 있거나, 혹은 섭식장애 등의 기타 질환이나 심장에 문제가 있는 경우 반드시 건강 전문가와 상의 한 후에 스킬을 사용해야합니다. 추위에 알레르기가 있는 사람은 얼음물을 피하도록 하세요.

격렬한 운동하기 **I**ntense Exercise

- **감정이 지나치게 격앙되었을 때 몸을 차분하게 하기.** 10~15분 동안 격렬한 에어로빅을 해보세요. 여러분의 몸에 축적된 에너지를 뛰거나, 빨리 걷거나, 줄넘기하기, 팔벌려 높이뛰기, 농구, 역기, 음악에 맞춰 춤추기와 같은 것을 하면서 내보내 보세요. 하지만 절대 과도하게 하지 않도록 주의합니다!

(계속)

위기생존 스킬: 극단적 감정을 조절하기 위한 TIPP 스킬

천천히 호흡하기 **P**aced Breathing

▪ **천천히 호흡하며 호흡의 횟수를 줄여봅니다**(1분에 5-7회의 들숨과 날숨 해보기). 깊이 복식 호흡을 하면서 숨을 **들이쉬고** 들숨보다 날숨을 더 천천히 그리고 길게 **내쉬어** 보세요(예: 4초간 숨을 들이쉬고 6초간 내쉬기). 1분 동안 숨을 쉬며 흥분된 마음을 가라앉혀보세요.

점진적 근육이완법 **P**rogressive Muscle Relaxation

▪ **각 근육을 긴장 시킨 후 이완 시킵니다.** 머리부터 발끝까지 각 근육그룹을 5초간 긴장시키고 천천히 **이완**시키면서 풀어갑니다. 긴장된 곳을 **자각해보세요**. 이완되었을 때 어떤 차이가 있는지 **자각**해보세요.

고통감내 자료 12

연습하기: TIPP 스킬

_____년 _____월 _____일까지 마치겠습니다!

한 주 동안 연습할 하나의 TIPP스킬을 선택하세요. 선택한 스킬에 체크하고, 감정적으로 흥분했을 때 스킬을 적용할 준비를 합니다.

이 스킬을 사용하기 전에 감정적 흥분 상태가 몇 점인지 측정해봅니다: 1-100: _____

신체의 화학적 반응을 바꾸기 (TIPP)

_____ 차가운 물로 얼굴의 온도 낮추기 Temperature
몸의 온도를 바꾸기 위해 숨을 참고, 30초 정도 차가운 물이 담겨 있는 그릇이나 세면대에 얼굴을 담그거나, 얼굴에 차가운 물을 뿌리기, 또는 눈이나 이마에 차가운 마스크팩을 덮어두도록 하세요. 앞으로 몸을 굽혀서 할 때 더 효과적입니다.

_____ 격렬한 운동하기 Intense exercise
뛰기, 역기 운동하기, 점프하기, 춤추기 등을 하기. 과도하게 하지 않도록 주의하세요!

_____ 천천히 호흡하기 Paced breathing
4초 정도 숨을 들이쉬고 8초 정도 숨을 내쉬면서 호흡을 천천히 줄여보세요. 흥분 상태를 가라앉히기 위해 1-2분 정도 숨을 천천히 쉬세요.

_____ 점진적 근육이완법 Progressive muscle relaxation
각각의 근육그룹을 머리에서 발끝까지 하나씩 긴장시키고 이완시키도록 합니다.

TIPP 스킬을 사용한 후 감정적 흥분 상태를 측정해봅니다: 1-100: _____

위기생존 전략 구급상자 만들기

집에서 위기생존 구급상자에 들어갈 10가지 도구 목록을 만들어 보세요. 지혜로운 마음으로 수용하기(ACCEPT) 스킬, 자기위안 스킬, 순간을 살리는 스킬(IMPROVE), 팁(TIPP) 스킬을 사용하여 주의를 분산시켜 보세요. 신발 박스나 튼튼한 가방 혹은 바구니 안에 필요한 물건을 담아봅니다. 예를 들어 MP3나 스트레스 볼, 좋은 향이 나는 로션이나 면도 크림, 휴가 사진, 좋아하는 잡지나 책, 허브티, 사탕, 위로가 되는 CD나 DVD 등을 넣어보세요.

1. _____
2. _____
3. _____
4. _____
5. _____
6. _____
7. _____
8. _____
9. _____
10. _____

필통이나 도시락을 사용해서 학교나 일터에서 사용할 수 있는 간단한 위기생존 구급상자를 만들어 보세요. 책상 위에서 사용할 수 있는 다양한 색의 고무 밴드, 종이와 펜, 플레이도우, 스트레스 볼, 고무 찰흙, 주위를 분산시키거나 위안을 줄 수 있는 시각적 자극물, 과자, 친구, 선생님, 상담선생님, 동료와 같이 휴식 시간에 만날 수 있는 사람의 목록 등과 같은 물건들을 넣어봅니다.

1. _____
2. _____
3. _____
4. _____
5. _____
6. _____

현실 수용하기: 우리가 선택할 수 있는 것들

우리에게 심각한 문제가 발생했을 때, 대응할 수 있는 다섯 가지의 반응이 있습니다.

1. 문제해결하기
2. 문제에 대한 감정 변화시키기
3. 수용하기
4. 스킬을 사용하지 않고 비참한 상태 유지하기
5. 충동행동으로 상황을 더 악화시키기

문제를 해결할 수 없거나, 문제에 대한 나의 감정을 바꿀 수 없다면,
괴로움을 줄이기 위해 수용하는 방법을 선택하세요.

현실 수용이 왜 중요할까?

✓ 현실은 부정한다고 바뀌지 않습니다.

✓ 현실을 바꾸려면 먼저 현실을 수용해야 합니다

✓ 현실을 거부하고 수용하지 않으면 고통은 괴로움으로 바뀝니다.

✓ 현실 수용을 거부하고 수용하지 않으면 불행한 마음과 분노, 수치심, 슬픔, 억울함 또는 고통스러운 감정에 갇혀버리게 됩니다.

철저한 수용(Radical Acceptance)

✓ **철저한 수용**은 내가 바꿀 수 없다는 것, 그 자체를 받아들이는 스킬입니다.

✓ **철저함**이란 온 몸과 온 마음을 다해 온전히 수용하는 것을 말합니다.

✓ **수용**이란 싫더라도 현실을 있는 그대로 바라보는 것을 말합니다.

✓ **수용**은 포기하거나 항복하는 것이 아니라 인정하고, 자각하고, 인내하는 것 입니다.

✓ 이것은 우리가 현실과 싸우는 것을 중단하는 것, 현실에 대해 짜증을 내는 것을 중단하는 것, 억울함을 지나가게 하는 것입니다.

✓ 철저한 수용은 "왜 나에게만?"의 반대입니다. 다시 말하면 그것은 "모든 것은 그저, 거기에 있는 그대로이다"라는 것을 뜻합니다.

✓ 삶은 고통스러운 일이 있더라도 살아갈 가치가 있는 것입니다.

(계속)

현실을 수용하기: 우리가 선택할 수 있는 것들

여러분의 인생에서 **지금** 수용해야 할 중요한 것 한 가지를 적어보세요:

_____

_____

_____

이번 주에 수용해야 할 중요한 또 다른 한 가지를 적어보세요.

_____

_____

_____

현실 수용하기: 마음 돌려 잡기(Turning the Mind)

✓ 수용이란 적극적인 선택을 말합니다. '갈림길에 서있을 때', 마음을 수용의 길로 들어서게 하고 현실을 거부하는 길과 떨어지도록 하십시오.

✓ 첫 번째로 우리가 현실을 수용하지 않는다는 것을 자각하도록 하십시오(분노, 억울함, "왜 나에게만 이런 일이?").

✓ 두 번째로 마음 속으로 수용하겠다는 서약을 합니다.

✓ 마음을 돌려 수용하겠다는 다짐을 끊임없이 해야합니다.

수용을 방해하는 요인들

✓ 잘못된 신념들이 방해가 될 수 있습니다. 고통스러운 상황을 수용하는 것은 약한 것이고 포기해버리는 것이며 현실을 용인하는 것, 또는 고통스러운 삶을 받아들이는 것이라는 신념을 가지고 있으면 수용을 방해합니다.

✓ 감정이 방해 요인이 될 수 있습니다. 고통스러운 사건을 유발한 사람이나 단체에 강력한 분노를 느끼거나, 감내할 수 없는 슬픔, 나 자신의 행동에 대한 죄책감이나 수치감, 부당함에 대한 과도한 분노 등이 방해 요인일 수 있습니다.

기억하기: 수용이란 인정하는 것을 의미하는 것은 아닙니다.

이 자료는 DBT® 다이어렉티컬 행동치료 워크북 제2판(저자 Marsha M. Linehan, 역자 조용범, 2017)에서 판권 소유자의 승인하에 발췌하여 수정하였음.

이 자료는 청소년을 위한 DBT® 다이어렉티컬 행동치료(저자 Jill H. Rathus, Alec L. Miller, 역자 조용범, 2017)의 일부입니다. 원 저작권은 Guilford Press, 한국어 판권은 더트리그룹에 있습니다. 자세한 사항은 본서 저작권 관련 정보 페이지를 참고하십시오.

기꺼이 하기(Willingness)

고집스러움(willfulness)이란…

▪ 고집스러움이란 상황을 감내하는 것을 거부하거나 포기하는 것을 말합니다.

▪ 고집스러움이란 바꿀 수 없는 상황을 바꾸려고 하는 것 또는 바꿔야 하는 것을 바꾸지 않는 것입니다.

▪ 고집스러움이란 '미운 네 살 아이'가 "싫어… 싫어… 싫어…"라고 말하는 것과 같습니다.

▪ 고집스러움이란 지금 "가장 효과적인 것을 하는 것"과 반대되는 말입니다.

고집스러움을 기꺼이 함으로 바꾸기

기꺼이 함(willingness)이란…

▪ 기꺼이 함이란 세상을 있는 그대로 놓아두고 적극적으로 온전히 참여하는 것입니다.

▪ 기꺼이 함이란 꼭 필요한 것을 넘치거나 부족하지 않게 효과적으로 하는 것입니다.

▪ 기꺼이 함이란 지혜로운 마음에서 들리는 소리를 경청하여 무엇을 할 지 결정하는 것입니다.

▪ 고집스러움이 사라지지 않는다면 "지금 정말 위협적인 것이 있을까?"라고 스스로에게 물어보세요.

기꺼이 하는 마음 상태와 **고집스러운 마음** 상태가 어떻게 다른가요? 예를 들어 고집스러운 마음 상태일때는 "절대 안돼!"와 같은 극단적 생각이 들거나 근육이 뭉치는 현상이 나타날 수 있습니다.

(계속)

기꺼이 하기(Willingness)

내가 기꺼이 하는 마음 상태였을 때 어떤 상황이었는지 적어보고, 또 **고집스러운 마음 상태**였을 때의 상황을 적어봅니다:

어디에서 고집스러운 마음을 가지게 되었나요?

_____

_____

_____

고집스러운 마음일 때 어떤 반응이 있었나요(예: 생각, 감정, 신체, 감각 반응)?

_____

_____

무슨 일이 일어났나요?

_____

_____

_____

어디에서 기꺼이 하는 마음을 가지게 되었나요?

_____

_____

_____

기꺼이 하는 마음일 때 어떤 반응이 있었나요(예: 생각, 감정, 신체, 감각 반응)?

_____

_____

_____

기꺼이 하는 마음일 때 어떤 반응이 있었나요(예: 생각, 감정, 신체, 감각 반응)?

_____

_____

_____

현실을 수용하는 방법

1. 현실을 <u>있는 그대로</u> 수용하기 위해서 때로는 적극적인 선택권을 행사할 필요가 있습니다.

2. 힘든 순간에 마인드풀하게 숨을 쉬면서 더 수용적인 마음 자세가 되도록 노력해 보세요.

3. 살짝 미소지으면서, 현실을 수용해봅니다.

4. 현실을 있는 그대로 수용한다면, 할 수 있는 것들을 마음 속으로 반복해서 연습하도록 하십시오.

5. 기꺼이 함을 연습해 보세요.

6. 현실을 수용하는 길로 마음을 돌리는 것을 기억하세요.

이 자료는 DBT® 다이어렉티컬 행동치료 워크북 제2판(저자 Marsha M. Linehan, 역자 조용범, 2017)에서 판권 소유자의 승인하에 발췌하여 수정하였음.

이 자료는 청소년을 위한 DBT® 다이어렉티컬 행동치료(저자 Jill H. Rathus, Alec L. Miller, 역자 조용범, 2017)의 일부입니다. 원 저 작권은 Guilford Press, 한국어 판권은 더트리그룹에 있습니다. 자세한 사항은 본서 저작권 관련 정보 페이지를 참고하십시오.

고통감내 자료 18

연습하기: 현실 수용하기

_____년 _____월 _____일까지 마치겠습니다!

지난 한 주간, 정서적으로 괴롭거나 바꿀 수 없었던 상황을 적어보세요.

_____

_____

_____

그 괴로움을 1부터 10까지의 점수로 측정해보세요(가장 힘들었다면 10점): _____

어떤 문제를 즉시 해결할 수 없고, 그것에 대한 내 감정을 바꿀 수 없었을 때 어떤 것을 선택할까요? (아래 남아있는 3가지 중 하나에 체크하세요):

1. 문제해결하기

2. 문제에 대한 감정 바꾸기

3. 상황을 수용하기

4. 수용을 거부하고 비참한 마음 상태로 있기

5. 상황을 더 악화 시키기

문제 상황을 철저히 수용하기 위하여 어떤 행동을 했는지, 혹은 스스로에게 무슨 말을 했는지 적어보세요.

_____

_____

철저한 수용을 하기 위해 '마음 돌려 잡기' 스킬을 사용한적이 있다면, 어떻게 했는지 적어보세요.

_____

_____

비참한 마음 상태로 남아있거나 상황을 더 악화시키기로 선택했다면, 어떤 행동을 했나요?

_____

_____

수용하기 위해 마음 돌려 잡기 스킬을 사용하고, 괴로움의 정도를 측정해보세요(0-10점, 가장 힘들었다면 10점): _____

중도의 길 걷기 자료
Walking the Middle Path Handouts

다이어렉틱스(dialectics)란 무엇인가?

다이어렉틱스는 우리에게 여러 가지를 가르쳐 줍니다.

▪ 하나의 상황을 바라보는 방법은 한 가지만 있는 것이 아니라 여러 가지가 있으며, 문제를 해결하는 방식 역시 여러 가지가 있습니다.

▪ 모든 사람들은 각자 독특한 특성을 가지고 있고, 다양한 관점을 가지고 있습니다.

▪ 변화한다는 것만이 유일한 진실입니다.

▪ 정반대로 대립되는 양쪽 모두 진리(진실)일 수 있습니다.

▪ 갈등 상황일 때, 양쪽에서 말하는 진실을 존중하세요. 그렇다고 여러분의 가치를 포기하거나 바꾸라는 것은 아닙니다. 이 세상을 '흑과 백', '이것 아니면 저것'만으로 바라 보는 것을 피하세요 .

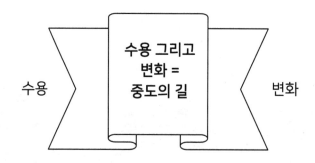

예:

나는 최선을 다하고 있어. **그리고** 더 잘해야 해, 더 열심히 노력해야 하고, 변화를 위해 더 동기를 부여해야 해.

난 이것을 할 수 있어. **그리고** 어려움이 있을 거야.

엄마는 엄격하신 분이야. **그리고** 나에 대해 많이 걱정하고 계셔.

나에게는 해결해야 할 큰 문제들이 있어. **그리고** 이 문제를 해결하려고 노력할 수 있어.

다음과 같은 관점은 중도의 길을 걸을 수 있도록 도움을 줍니다:

▪ 우리의 사고를 확장하여, 살아가면서 다양한 사항을 고려 할 수 있게 합니다.

▪ 고립과 갈등에서 벗어날 수 있어요.

▪ 더욱 유연하고 다가가기 쉽게 해요.

▪ 잘못된 추측을 하거나 남의 탓으로 돌리는 것을 피할 수 있 어요.

다이어렉틱스 적용을 위한 가이드

다이어렉티컬하게 생각하고 행동하는 방법(몇 가지 힌트):

1. "이것 아니면 저것"이라는 생각을 "두 가지 모두 다"라는 생각으로 바꾸어 보세요. **항상, 절대, "네가 나를 그렇게 만들어"와 같은 극단적 용어를 피하세요.** 조금 더 자세하게 기술하려고 노력해보세요.
   예: "**항상** 모든 사람이 나를 불공평하게 대해"라고 말하는 대신에 "때로는 공평한 대우를 받기도 해, 그리고 때로는 불공평한 대우를 받기도 하지"라고 말해요.

2. 상황의 모든 측면을 입체적으로 바라보고, 모든 관점에 대해 생각해보는 연습을 해보세요. 관대한 자세를 갖고 깊이 생각합니다. "혹시 빠진 것이 있나?"라고 물으면서 '진실의 핵심'을 찾아내려고 노력해보세요.
   예: "왜 엄마는 10시까지 집에 들어오라고 하실까?", "왜 내 아이는 새벽 2시까지 밖에서 놀려고 할까?"

3. 기억하세요! 어느 누구도 절대적 진리를 가지고 있지 않습니다. 대안을 선택할 수 있는 가능성을 열어 두세요.

4. "너는... 사람이야", "너는…해야 해" 또는 "그건 그렇게 해야지"와 같은 말보다는 "나는 …고 느껴"라는 말을 사용하세요.
   예: "엄마는 내 말은 듣지 않고, 항상 불공평하게 대해."라는 말 대신에 "엄마가 '일찍 들어오라고 말했으면, 무조건 일찍 들어와야 해'라고 말할 때, 나는 너무 화가 나"라고 말해요.

5. 내가 동의하지 않는 여러 가지 의견도 타당한 의견이라는 것을 받아들이세요.
   예: "내가 동의하지 않더라도, 엄마의 입장에서 볼 수 있을 것 같아."

6. 짐작하고 있는지 살펴보세요. 다른 사람이 무슨 생각을 하고 있는지 스스로 알고 있다고 짐작하지 마세요.
   예: "엄마가…라고 말했는데, 그게 무슨 뜻이야?"라고 물어보세요.

7. 다른 사람이 내가 생각하고 있는 것을 알고 있다고 기대하지 않습니다.
   예: "내가 말하고 싶은 것은…이야" 라고 말해요.

(계속)

다이어렉틱스 적용을 위한 가이드

연습하기:

다이어렉티컬한 표현에 동그라미 하세요:

1. A. "절망적이네요. 난 절대 못할 거에요."

   B. "이건 너무 쉬워. 아무 문제 없을 거야."

   C. "이건 나에게 너무 힘든 일이야. 그리고 나는 열심히 노력할 거야."

2. A. "내가 분명히 맞아."

   B. "네 생각은 완전히 틀렸어. 내가 맞아."

   C. "네가 왜 그렇게 느끼는지 이해해. 그리고 나는 그것에 대해서는 조금 다르게 느끼고 있어."

'생각'이 하는 실수들

1. **흑백 논리:** 완벽하게 하지 못하면 실패한 거야. 내가 원하는 것을 모두 가지지 못하면 아무것도 가지지 못한 것과 같아. 오늘 잘 지냈으니까 앞으로 아무 문제가 없을꺼야. 더 이상 치료를 받을 필요 없어.

2. **재앙화(점쟁이 오류):** 결과에 대해 지나치게 부정적으로 미래를 예측하기. "나는 분명히 이번 시험 망했어.", "내가 이 말을 하면 넌 나를 영원히 싫어하게 될 거야."

3. **독심술:** 다른 사람의 생각을 묻지 않고 다 안다고 믿는 것. "그 사람은 내가 일을 잘 한다고 생각하지 않을 거야."

4. **지나친 일반화:** 지금의 상황을 벗어나 마구잡이로 부정적 결론을 내리는 것. "첫 수업 시간에 기분이 좋지 않았어. 올 해 학교 생활을 제대로 못할거야."

5. **정신적인 여과장치:** 선택적으로 보고 듣는 것에 익숙해져서 오직 부정적인 것만을 듣고 긍정적인 것은 무시하는 것. "선생님이 나에게 대부분 높은 점수를 주기는 했지만, 한 항목에서 낮은 점수를 주었다는 뜻은 내가 형편없이 못했다는 거야."

6. **긍정적인 것을 평가 절하하기:** 나의 긍정적인 경험이나 행동, 특성들은 중요한 것이 아니라고 생각하는 것. "이번 농구 경기에서 잘한 건 그냥 좀 운이 좋았던 거지, 내가 잘한 게 아니야."

7. **감정적 추리:** 감정을 사실이라고 생각하는 것. "나는…라고 느끼기 때문에 그건 사실이야. 그 친구가 날 싫어하는 것 같다고 느껴. 그래 맞아. 분명히 날 싫어할 거야." "내가 바보같이 느껴져. 나는 바보야." "나는 학교가 무서워. 학교에 가는 것은 나쁜 생각이야."

8. **당위 진술:** 사람들이 어떻게 행동해야 한다는 고정관념을 가지고 나와 다른 사람에게 "~해야만 해"라고 말하는 것. 기대에 못 미치는 경우에 나쁜 결과가 올 것이라고 과도하게 평가하기. "내가 실수하다니 끝이야. 항상 최선을 다 했어야 했는데.", "넌 그런 걸로 속상해하면 안되지."

9. **낙인 찍기:** 지나친 일반화에서 한 발 더 나아가 상황에 대해서 극단적인 용어를 사용하는 것. "사람들 앞에서 물을 엎지르다니, 난 완전히 바보야.", "치료자 선생님이 전화를 다시 해주지 않았어. 세상에서 제일 무신경하고 정 없는 사람이야!"

10. **내 탓하기:** 자신이 할 수 있는 일이 아무것도 없는 상황인데도, 상황을 통제하지 못한 원인을 자신에게 돌리는 것. "나 때문에 부모님 관계가 나빠진 것이 분명해.", "내가 무언가 잘못했으니까 저 사람이 나에게 퉁명스럽게 대하는 거야."

이 자료는 청소년을 위한 DBT® 다이어렉티컬 행동치료(저자 Jill H. Rathus, Alec L. Miller, 역자 조용범, 2017)의 일부입니다. 원 저작권은 Guilford Press, 한국어 판권은 더트리그룹에 있습니다. 자세한 사항은 본서 저작권 관련 정보 페이지를 참고하십시오.

다이어렉티컬 딜레마 (dialectical dilemmas)

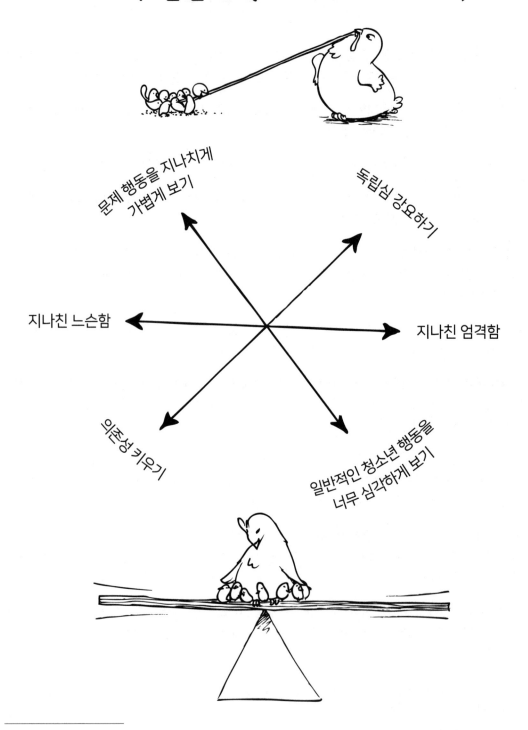

문제 행동을 지나치게 가볍게 보기

독립심 강요하기

지나친 느슨함

지나친 엄격함

의존성 키우기

일반적인 청소년 행동을 너무 심각하게 보기

다이어렉티컬 딜레마: 이 딜레마가 나에게 어떻게 적용될까?

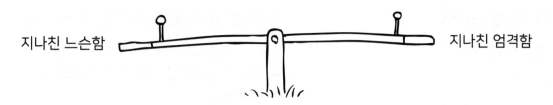

지나친 느슨함   지나친 엄격함

> 규칙을 뚜렷하게 정하고, 일관되게 지키기
> **그리고 동시에**
> 기꺼이 협상하려고 하되, 규칙으로 정한 처벌적 결과를 너무 과도하게 사용하지 않기

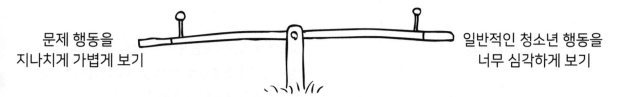

문제 행동을   일반적인 청소년 행동을
지나치게 가볍게 보기   너무 심각하게 보기

> 자녀가 언제 '선을 넘는' 행동을 하는지 파악하고 도움 받기
> **그리고 동시에**
> 그 행동이 청소년기에 보이는 일반적인 행동인지 파악하기

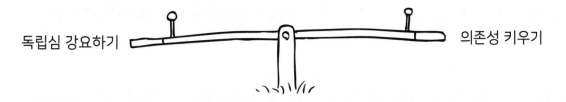

독립심 강요하기   의존성 키우기

> 청소년 자녀가 책임감을 갖도록 지도하고, 지지하고, 코치하기
> **그리고 동시에**
> 점점 더 많은 자유와 독립적인 행동을 허락하되, 다른 사람들에게 적절하게 의지할 수 있도록
> 지속적으로 격려하기

각 시소의 연장선 상에 자신이 어디에 있는지 "X", 부모(보호자)는 "Y", 또 다른 가족은 "Z"로 표시해보세요.
좀 더 다이어렉티컬하게 생각하고 행동하기 위해서 무엇을 해야할까요?

청소년에게 흔히 발견되는 문제와 심각한 문제의 차이

일반적인 청소년 행동	일반적이지 않은 행동: 주의를 기울여야 하는 행동
1. 변덕스러운 감정의 증가	강렬하고, 고통스럽고, 오랫동안 지속되는 감정 상태, 위험한 감정의존적 행동, 주요 우울장애나 공황 발작, 자해나 자살 생각.
2. 자의식 증가, '무대에 선 것 같은' 느낌, 외모에 대한 지나친 관심	사회적 상황에서 공포나 위축, 완벽주의 성향과 비현실적인 기준, 폭식이나 구토, 제한된 음식 섭취, 위생에 대한 강박적 관심이나 방치 행동.
3. 늑장부리는 성향 증가	지나치게 주의가 흐트러져서 과제를 끝내지 못함, 일상의 업무나 과제 수행을 방해할 정도의 집중력 저하, 약속 시간에 상습적으로 늦는 것.
4. 부모와 청소년 자녀의 갈등 증가	언어 혹은 신체적 공격성, 가출
5. 약물이나 술, 담배를 실험삼아 시도함	약물 중독, 약물 판매, 약물을 사용하는 친구들과 어울림.
6. 불사신이 된 것 같은 느낌의 증가로 말초적 쾌감을 찾거나 위험을 감수하는 행동 증가	수많은 사고에 휘말림, 무기 종류에 관심이 있음, 과도한 위험감수행동(예: 지하철 서핑, 음주 운전, 운전 중 메시지 보내기), 경찰에 체포됨.
7. 중학교와 고등학교에 진학하면서 발생하는 스트레스	학교 등교 거부, 왕따를 시키거나 당함, 학교와 친구 관계 문제, 무단 결석, 학업 실패, 중퇴

(계속)

청소년에게 흔히 발견되는 문제와 심각한 문제의 차이

일반적인 청소년 행동	일반적이지 않은 행동: 주의를 기울여야 하는 행동
8. 논쟁적 태도나 비현실적 이상주의, 비판적 시각 증가, 독단적인 사고	사회에서 정한 규정과 관습에 대한 반항적 질문, 가족 구성원과 선생님 혹은 청소년에게 권한을 행사하려는 사람들과 마찰을 일으킴
9. 성적으로 성숙해지고 성적인 행동에 대한 관심 증가	문란한 성 행동, 여러 명의 성적 파트너, 안전하지 않은 성행위, 임신
10. 일상적인 의사 결정 시 스트레스 받음	의사 결정의 어려움으로 아무 것도 할 수 없는 상태가 됨.
11. 개인 사생활을 보호하려는 행동 증가	가족으로부터 소외됨, 의사 소통 단절, 일상적인 거짓말이나 숨기는 행동 증가
12. 컴퓨터나 소셜 미디어에 대한 과도한 관심	컴퓨터나 위험한 웹사이트에 많은 시간을 허비함. 온라인에서 만난 사람과 실제로도 만남, 페이스북, 인스타그램, 트위터에 지나친 개인정보나 문란한 메시지를 올림.
13. 지저분한 방	방에 오래되고 썩은 음식을 둠, 청소년 필수품을 찾을 수 없음, 항상 바닥에 옷을 늘어놓음.
14. 늦게까지 무언가를 하려고 하거나 주말에 늦게 자려고 함	항상 밤에 늦게 자려고 함, 주말에 하루 종일 잠, 취침 문제로 일상적으로 늦거나 지각.

연습하기: 다이어렉티컬하게 생각하고 행동하기

_____년 _____월 _____일까지 마치겠습니다!

이번 한 주 동안 다이어렉티컬하게 생각하거나 행동하지 않았던 때를 찾아보세요.

예시 1: 그 상황을 간략하게 기술해 보세요(누가, 무엇을, 언제).

_____

_____

그 상황에서 어떻게 생각하고 행동했나요?

_____

_____

극단적으로 생각했나요? (예: 흑백논리적 생각이나 재앙화 생각) 예: _____

_____

_____

그 상황에서 좀 더 다이어렉티컬한 생각이나 행동은 무엇이었을까요?

_____

_____

결과는 어땠나요?

_____

_____

_____

이번 한 주 동안 다이어렉티컬하게 생각하거나 행동하지 않았던 때를 찾아보세요.

예시 2: 그 상황을 간략하게 기술해 보세요(누가, 무엇을, 언제).

_____

_____

_____

(계속)

연습하기: 다이어렉티컬하게 생각하고 행동하기

그 상황에서 어떻게 생각하고 행동했나요?

_____

_____

_____

극단적으로 생각했나요? (예: 흑백논리적 생각이나 재앙화 생각) 예: _____

_____

_____

그 상황에서 좀 더 다이어렉티컬한 생각이나 행동은 무엇이었을까요?

_____

_____

결과는 어땠나요?

_____

_____

_____

수인하기(Validation)

> **수인하기(validation)**란 어떤 상황에서 상대방의 감정과 생각, 행동을 납득하고, 이해했다는 전제 아래에서 의사소통을 하는 것입니다.
>
> **자기-수인하기(self-validation)**란 어떤 상황에서 나의 감정과 생각, 행동이 납득이 되고 올바르며 수용할 만한 것임을 인식하는 것입니다.
>
> **비수인하기(invalidation)**란 어떤 상황에서 상대방의 감정과 생각, 행동이 납득되지 않고 조작적이거나, 바보스럽거나, 혹은 과잉 반응을 한다고 생각하고 그 사람에게 시간을 내거나, 관심을 보이거나, 존중할 가치가 없다고 생각하는 의사소통(의도와 상관없이 말이나 행동으로)입니다.

> **기억하세요: 수인하기 ≠ 동의하기**
> 수인하기는 어떤 사람이 행동하고, 말하고, 느끼는 것을 그대로 동의하거나 좋아하는 것이 아닙니다.
> 수인하기란 그 사람이 왜 그렇게 행동하고, 말하고, 느끼는지 이해하는 것입니다.

왜 수인하기를 해야할까요?

- 수인하기는 관계가 좋아질 수 있도록 도와줍니다!!!!!
- 수인하기는 갈등이나 강렬한 감정을 낮출 수 있습니다.
- 수인하기는 아래의 의미를 전달합니다:
  - 잘 듣고 있어요.
  - 잘 이해하고 있어요.
  - 무판단적 상태를 유지하고 있어요.
  - 관계를 소중하게 생각해요.
  - 의견이 다를 수 있지만 큰 갈등이 있는 것은 아니에요.

무엇을 수인 해야할까요?

- 우리 자신과 상대방의 생각과 감정, 행동을 수인합니다.

수인할 가치가 있는 것을 수인해야 합니다. 타당하지 않은 것까지 수인하라는 의미가 아닙니다. **상대방의 행동은 수인하지 않으면서도,** 상대방의 감정은 수인할 수 있습니다. 예를 들어 자녀가 공부를 하지 않아서 낮은 성적을 받은 것에 대해 속상해 한다면, 그 감정을 수인할 수는 있습니다. 그렇지만 공부를 게을리해서 낮은 성적을 받은 것은 수인하지 **않아도 됩니다.**

다른 사람 수인하기

1. 적극적으로 경청합니다. 눈을 맞추고 집중하는 자세를 유지하세요.

2. 비수인적 행동을 하지 않으려면 마인드풀하게 우리의 언어적, 비언어적 반응에 유의하세요(예: 눈 굴리기, 치아를 훑는 행동, 한숨 쉬는 행동, 나가버리는 행동, "정말 한심하네. 슬퍼하지 마", "뭐라고 하든 상관하지 않을 거야", "마음대로 해!"와 같이 심각한 일이나 말을 가볍게 여기는 태도).

3. 그 순간에 다른 사람이 어떻게 느끼는지 관찰해보세요. 그 감정을 기술할 수 있는 단어를 찾아보세요.

4. 판단하지 않고 상대방의 감정을 느껴보세요. 그 이유는 우리가 상대방이 어떤 감정을 느끼는지 **이해**한다는 의사소통을 하기 위해서 입니다(예: "네가 화가 난 이유를 충분히 이해해", "네가 지금 힘든 시간을 보내고 있다는 것을 알아").

   자기-수인화: "나는 지금 슬퍼해도 괜찮아"라고 생각합니다. "맞아. 그렇지만…"과 같은 생각은 피하세요. 대신 지혜로운 마음을 가진 친한 친구가 나에게 이 때 어떤 말을 해줄까 생각해보세요.

5. 인내심을 보여주세요! 상대방의 행동이나 감정, 행위 자체를 용인하지는 않더라도 상대방(혹은 우리 자신)의 현재 상황과 과거에 있었던 일들을 고려했을 때 그 감정과 생각, 행동을 납득할 수 있는 방법을 찾아보세요.

6. 상대방에게(언어 혹은 비언어적으로) 정말 진지하게 생각하고 있다는 반응을 보여주세요. 예를 들어 "그건 정말 끔찍한 일이야"라고 말해보세요. 어떤 사람이 울고 있으면 휴지를 건네 주거나 안아주세요. "지금 무엇이 필요하니? 그냥 들어주는 게 좋을까? 아니면 함께 문제해결을 하는 것이 좋을까?" 라고 상대방에게 물어보세요.

자기-수인하기(Self-Validation)

자기-수인을 하는 방법은?

1. 우리 자신의 소리에 적극적으로 경청하고 관심을 가지도록 하세요. 마인드풀하게 우리의 생각과 감정, 행동에 관심을 가져보세요.

2. 판단하지 않고 우리의 감정을 기술해보세요: "와, 내가 정말 화가 났구나!" 또는 "내가 지금 긴장하는 건 당연해."

3. 나에 대해 진지하게 생각하고 있다는 것을 보여주세요. 지금의 감정을 느끼는 것은 괜찮다고 수용해 보세요(예: "가끔 슬픈 감정을 느껴도 괜찮아").

4. 그 상황에서 느껴지는 감정이 납득할 만한 것이라고 인정해 보세요. 나 자신과 내 감정에 관용적인 태도를 가지세요(예: "내가 지금 겪고 있는 스트레스때문에 집중을 못하는 것은 당연해").

5. 나 자신과 감정에 대해서 판단하지 않습니다.

6. 대인관계 효율성 스킬 중에 하나인 나 자신에게 공정하게 대하는 자기 존중감 스킬을 사용해 보세요. 내가 느끼는 감정에 대해 사과하려고 하지 않도록 합니다. 스스로의 가치를 지키고, 그 가치에 진솔한 태도를 유지해 보세요(FAST 스킬).

중도의 길 걷기 자료 11

연습하기: 나와 다른 사람 수인하기

_____년 _____월 _____일까지 마치겠습니다!

나에 대한 비수인적인 표현 한 가지와 **수인적인 표현 두 가지**를 적어보세요.

1. _____
2. _____
3. _____

다른 사람에 대한 비수인적인 표현 한 가지와 **수인적인 표현 두 가지**를 적어보세요.

1. _____
2. _____
3. _____

한 주 동안에 있었던 상황 중 하나를 선택해서 다른 사람 혹은 나 자신에게 수인하기 스킬을 사용한 상황을 선택하세요.

상황: _____

_____

누구를 수인 했나요? _____

나 자신 혹은 다른 사람을 수인하기 위해 **구체적**으로 무엇을 했고, 무슨 말을 했나요?

_____

결과가 어땠나요? _____

_____

_____

그 이후 어떻게 되었나요? _____

_____

_____

다음 번에는 다른 방식으로 말하거나 행동하고 싶은가요? _____

_____

그렇다면 어떻게 행동하거나 말하고 싶은가요? _____

_____

행동 변화

행동 변화 스킬은 우리가 원하는 행동은 증진시키고, 원하지 않는 행동은 감소시키는 전략을 말합니다.

증진시키려는 행동

구체적이고 측정 가능한 방식으로 하는 것을 기억하세요.

자신:
스스로 어떤 행동을 증진시키고 싶은가요? (예: 운동하기, 저축하기, 학교 가기, 숙제하기)

_____

_____

_____

_____

다른 사람:
다른 사람의 어떤 행동을 증진시키고 싶은가요? (예: 더 많은 시간을 나와 함께 보내기, 내 말을 경청하기, 나와

눈 마주치기, 싱크대에 접시를 가져다 놓기) _____

_____

_____

_____

(계속)

줄이고 싶은 행동

자신:

스스로 줄이고 싶은 행동은 무엇인가요? (예: 과식하기, 흡연하기, 자기파괴적 행동, 충동적 행동, 논쟁하는 행동, 가출하기, 싸움하기, 수업에 빠지기, 낮 시간에 침대에 누워있기)

_____

_____

_____

_____

다른 사람:

다른 사람의 어떤 행동을 줄이고 싶은가요? (잔소리하기, 통금 시간 안 지키기, 가출, 소리지르기, 등교 거부, 비수인하기, 비디오 게임하기, 늦게까지 깨어 있기) _____

_____

_____

_____

_____

긍정적 행동 증진시키기

강화물(Reinforcers)이란 어떤 행동을 증진시키도록 하는 결과물을 말합니다. 강화물은 여러분이 다른 사람에게 원하는 행동이 무엇인지 알게 합니다.

▪ **정적 강화(Positive Reinforcement)**: '보상'이라는 결과물을 주어, 특정 행동의 빈도를 증가시키는 것을 말합니다(예: 칭찬하기, 진심으로 감사하기, 시험에서 A 받기)

힌트: 타이밍이 매우 중요합니다. 동기가 될 만한 강화물을 선택하고 즉시 보상을 해 주세요! 스스로에게도 강화하는 것을 잊지 마세요!

예: _____

_____

_____

_____

▪ **부적 강화(Negative Reinforcement)**: 무언가 부정적인 것을 제거함으로써 특정 행동의 빈도를 증가시키는 것을 말합니다. 불편한 상태에서 **안심**할 수 있도록 합니다.

예: 머리가 아플 때 왜 아스피린을 먹을까요? 아스피린이 두통을 낫게 하기 때문에 다음에 또 머리가 아프면 (혐오 자극) 아스피린을 다시 먹게 됩니다. 이때 아스피린을 복용하는 것을 부적으로 강화한다고 말합니다.

엄마가 잔소리를 하면 잔소리가 듣기 싫어서 방을 더 잘 치우게 될 것입니다. 또 심한 부정적인 감정이 느껴져서 해로운 행동을 했는데 그것이 일시적인 안도감을 가져다 준다면 다음번에도 그런 해로운 행동을 반복할 가능성이 많아집니다. 따라서 이러한 상황을 더 잘 다루기 위해 스킬을 배우고 있다는 것을 잊지 마세요!

(계속)

이 자료는 청소년을 위한 DBT® 다이어렉티컬 행동치료(저자 Jill H. Rathus, Alec L. Miller, 역자 조용범, 2017)의 일부입니다. 원 저작권은 Guilford Press, 한국어 판권은 더트리그룹에 있습니다. 자세한 사항은 본서 저작권 관련 정보 페이지를 참고하십시오.

긍정적 행동 증진시키기

해롭지 않은 부적 강화의 예를 적어보세요(예: 스스로 위안하는 긍정적인 방법, 고통스러운 상황 떠나기):

_____

_____

_____

▪ **행동 조형(Shaping):** 최종적인 목표를 달성하기 위하여 목표를 작은 단계로 나누어 강화하는 것을 말합니다(예: A부터 Z까지 가기 위해 26단계로 나누고, 각 단계마다 보상을 만드는 것).

예: 학교에 가는 것이 불안해서 학교를 가지 않는 청소년의 경우, 처음에 월요일에는 1시간만이라도 학교에 가도록 격려하고, 화요일은 2시간 동안 학교에 있게 하는 식으로 하루 종일 학교에 머무를 수 있을 때까지 격려하는 것입니다. 최종 목표를 달성하기 위해 각 단계마다 보상하여 강화하는 것이 중요합니다!

중도의 길 걷기 자료 14

연습하기: 정적 강화

_____년 _____월 _____일까지 마치겠습니다!

1. 자신과 다른 사람을 정적으로 강화하기 위한 기회를 찾아보세요. 처음 할 일은 긍정적인 행동을 했을 때 살짝 알려주거나, 앞으로 어떤 긍정적인 결과가 일어날지 알려주는 것입니다.

이번주에 **여러분**이 한 긍정적인 행동은 무엇인가요? _____

이번 주에 **가족**들이 한 긍정적인 행동은 무엇인가요? _____

_____

2. 다른 예시를 사용하여 여러분이 증진시키고자 하는 행동을 찾고, 그 행동의 증진을 돕기 위하여 사용한 강화물을 찾아보십시오. 올바른 방향으로 갈 수 있는 작은 단계를 만들어 보상하는 것을 잊지 마세요(행동조형)!

A. 나 자신에게: _____

행동: _____

강화: _____

B. 다른 사람에게: _____

행동: _____

강화: _____

3. 다른 사람에게 강화물을 사용한 상황을 기술해보세요.

A. 나 자신에게: _____

B. 다른 사람에게: _____

4. 어떤 결과가 나타났나요? 무엇을 관찰했나요?

A. 나 자신에게: _____

_____

B. 다른 사람에게: _____

_____

부정적 행동을 줄이거나 중단시키는 방법

소거: 이전에 주었던 강화물을 주지 않음으로써 특정 행동을 줄이는 것을 말합니다. 관심을 주는 것으로 강화를 했다면, 원하지 않는 행동을 하면 무시하는 태도를 보여보십시오. 그러나 바람직한 대체 행동은 반드시 강화해야 합니다.

- 아이가 떼를 쓰는 행동을 부모님이 무시하면, 아이는 결국 떼 쓰는 행동을 그만 두게 될 것입니다.
- **소거 발작**에 유의합니다(일시적으로 소거하려는 행동의 폭발적인 증가가 일어나는 것). **절대 포기하지 마세요!** 특정 행동을 소거하기 위한 시작 단계임을 잊지 않아야 합니다!
- **간헐적 강화물**에 유의하세요: 간헐적으로 보상되는 행동은 소거하기가 가장 어렵습니다(예: 떼를 쓰는 행동을 계속 무시하다가, 떼를 쓰는 행동이 심해지면 이를 무시하지 못하고 그 행동을 중단시키기 위해서 아이가 원하는 것을 주는 경우)

처벌: 어떤 행동을 **감소시키기** 위한 **결과물**. 처벌은 여러분이 다른 사람에게 원하지 않는 행동이 무엇인지 알게 합니다. **처벌은 자주 사용해서는 안됩니다.** 왜냐하면:

- 처벌은 올바른 행동을 가르쳐주지 않습니다.
- 처벌은 억울함을 느끼게 하고, 사기를 떨어트리게 합니다.
- 처벌은 자기 처벌로 이어질 수 있습니다.

(계속)

부정적 행동을 줄이거나 중단시키는 방법

소거를 효과적으로 사용하려면:

- 첫째, 원하지 않는 행동을 **막기** 위해서 바람직한 행동을 강화하여야 합니다.
- **명확한 규칙과 기대하는 바**에 대해 서로 의사소통을 해야합니다.
- 적용할 처벌을 미리 준비하고 있어야 합니다.
- 부정적 결과와 **바람직한 행동의 강화물**을 서로 짝지어야 합니다.
- 처벌은 구체적이여야 하고, 시간이 정해져 있어야 하며, 규칙을 어긴 행동에 대해서만 적용해야 합니다 (예: 통금 시간에 한 시간 늦었다면, 다음 번에는 통금 시간보다 한 시간 일찍 와야 합니다).
- 이런 처벌을 할 때, 항상 **지혜로운 마음 상태**에서 하는 것인지 자신에게 물어보세요.
- 즉각적으로 처벌의 결과가 나오게 합니다.
- 또는 자연스럽게 처벌의 결과가 나오도록 기다립니다.

중도의 길 걷기 자료 16

연습하기: 소거하기와 처벌하기

소거(Extinction)

친구들이나 가족들이 짜증을 내거나 화를 내면, 이를 무시하는 연습을 해보세요.

중요 유의사항 1: 위험한 행동방식은 절대 사용하지 마세요!

중요 유의사항 2: 만일 나를 자극하는 행동이 집단 따돌림이나, 가치관에 반하는 것을 하도록 압박하거나 협박하는 것이라면, 무시하기(소거하기)만으로는 충분하지 않을 겁니다. 이 때는 믿을 수 있는 사람에게 도움을 요청할 필요가 있습니다!

한가지 상황을 간략하게 기술하고 무엇을 무시했는지 적어보세요. 어떤 결과가 나타났나요?

_____
_____
_____
_____
_____

처벌적 결과(Punishment): 아주 가끔 사용하거나 최후의 수단으로 사용하세요

부모:

다른 행동 변화 수단이 통하지 않을 때 사용할 수 있는 단기적 처벌 세 가지를 지혜로운 마음 상태에서 정하고 아래에 적어보세요:

1. _____
2. _____
3. _____

이 자료는 청소년을 위한 DBT® 다이어렉티컬 행동치료(저자 Jill H. Rathus, Alec L. Miller, 역자 조용범, 2017)의 일부입니다. 원 저작권은 Guilford Press, 한국어 판권은 더트리그룹에 있습니다. 자세한 사항은 본서 저작권 관련 정보 페이지를 참고하십시오.

감정조절 자료
Emotion Regulation Handouts

내 감정을 책임지기: 왜 그래야 할까?

shh...

내 감정에 대해 스스로 책임을 지는 것은 아래의 이유 때문에 중요합니다:

청소년들은 분노, 수치심, 우울감, 불안과 같이 조절하기 힘든 강한 감정을 자주 경험합니다.

이런 감정들을 잘 조절하지 못하면 나 자신과 주변 사람들에게 부정적인 영향을 끼치는 문제행동으로 이어지게 됩니다.

사실, 문제행동들은 너무나 고통스러운 감정을 피하는데 효율적이지 않은 행동적 해결책인 경우가 많습니다.

감정조절 스킬훈련의 목표

1. 내가 경험하는 감정 이해하기.

    a. 감정을 식별합니다(관찰하기와 기술하기/명명하기).

    b. 감정이 나를 위해 무엇을 하는지 이해하려고 노력합니다(지금 이 순간, 감정이 나에게 유리하게 작용하나요? 아니면 불리하게 작용하나요?).

2. 감정 유약성을 줄이고 원하지 않는 감정이 시작되는 것 막기.

    a. 긍정적 감정을 증진시키려고 노력합니다.

    b. 감정적 마음의 상태로 가는 유약성 요인을 줄여 나갑니다.

3. 원하지 않는 감정의 빈도 줄이기.

4. 정서적 괴로움 줄이기. 원하지 않는 부정적 감정이 시작되는 것을 막거나 줄이기.

    a. **마인드풀니스**를 통해 고통스러운 감정을 지나가게 해봅니다.

    b. **정반대 행동**을 통해 고통스러운 감정을 변화시켜 보도록 합니다.

감정 용어 리스트

사랑	증오	공포	**기쁨**	수치심	죄책감	불안

외로움

분노　　흥분　　좌절감　　**슬픔**　　부끄러움　　부러움

따분함　　**놀람**　　당혹스러움

혼돈스러운　　호기심　　자랑스러운　　의심스러운　　행복한

격노　　흥미로운　　우울한　　**걱정하는**　　짜증난　　극심한 공포

질투　　낙천적인　　희망이 없는　　혐오스러운　　상처받은

동정심　　실망스러운　　만족하는　　차분한

이 외에 여러분이 자주 느끼는 감정의 이름을 적어보세요.

_____　　_____

_____　　_____

_____　　_____

_____　　_____

_____　　_____

_____　　_____

_____　　_____

_____　　_____

_____　　_____

_____　　_____

감정, 어떤 좋은 점이 있을까?

감정은 우리에게 정보를 줍니다.

- 감정은 무엇인가 일어나고 있다는 신호를 보내줍니다(예: "나는 어두운 골목에 혼자 있으면 불안해").
- 때로 감정은 '직감'을 통해 의사소통을 합니다. 이러한 직감은 우리가 감정을 통해 사실을 확인하는 과정에 도움을 줍니다.
- 그러나 우리가 이 감정을 마치 이 세상에 대한 사실로 여기게 되면 문제가 될 수 있습니다(예: "내가 두려움을 느낀다는 것은 무언가 위험한 것이 있다는 뜻이야." 혹은 "나는 그 사람을 사랑해. 그러니까 그 사람은 분명 나에게 좋은 사람이야").
- 감정은 사실이 아니라는 것을 마인드풀하게 받아들여야 합니다. 우리가 처한 상황에 대한 사실을 정확히 확인하는 것이 중요합니다.

감정은 의사소통을 돕고, 다른 사람들에게 영향을 줍니다.

- 얼굴 표정, 몸의 자세, 목소리의 톤은 우리의 감정 상태에 대해 많은 것을 보여줍니다. 이처럼 우리는 감정을 통해 사람들과 소통합니다(예: 슬픈 표정을 하고 있으면 다른 사람들이 괜찮은지 물어보거나 위로를 해주기도 합니다).
- 우리가 자각하는지 여부와 상관없이 단어와 감정, 몸짓으로 표현되는 감정들은 다른 사람이 우리에게 반응하는 방식에 영향을 줍니다.

감정은 우리가 실행하려는 행동에 동기를 부여하고 준비시킵니다.

- 특정한 감정과 연결된 행동충동은 프로그램화 되어있습니다. 예를 들어 갑작스럽게 아주 큰 경적소리를 들으면 우리는 깜짝 놀라는 반응을 합니다.
- 감정은 중요한 상황에서 빠르게 행동하도록 하여 시간을 아낄 수 있게 합니다. 신경 시스템은 우리를 활성화 시킵니다(예: 차가 다가오면 우리는 즉시 피하는 행동을 합니다). 이런 상황에 깊게 생각할 필요는 없습니다.
- 강렬한 감정은 우리 마음이나 주변 환경에 있는 장애물을 헤쳐 나갈 수 있도록 합니다.

감정조절 자료 5
감정 모델

외현
얼굴과 몸
(표정, 몸짓, 자세)

행동
말 그리고 행동

감정의 이름

내면
몸의 변화
느껴지는 것

행동 충동

생존 효과

유발성 요인

촉발 사건1

생각

촉발 사건2

이 자료는 DBT® 다이어렉티컬 행동치료 워크북 제2판(저자 Marsha M. Linehan, 역자 조용범, 2017)에서 판권 소유자의 승인하에 발췌하여 수정하였음.

<hr />

감정 모델과 스킬

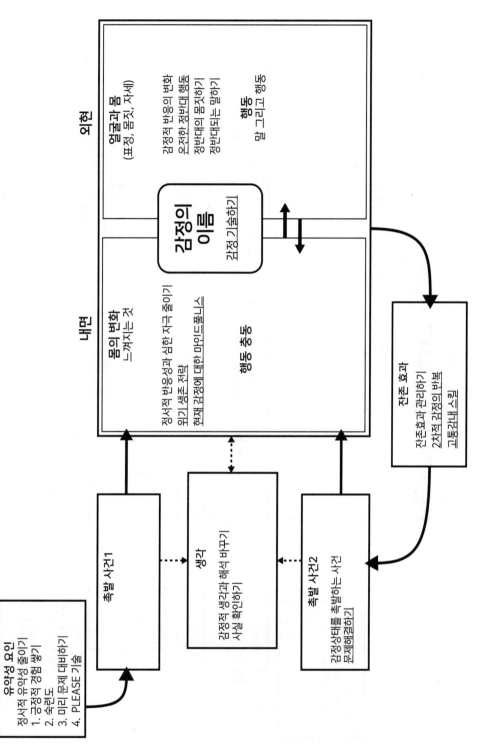

이 자료는 DBT® 다이어렉티컬 행동치료 워크북 제2판(저자 Marsha M. Linehan, 역자 조용범, 2017)에서 판권 소유자의 승인하에 발췌하여 수정하였음.

이 자료는 청소년을 위한 DBT® 다이어렉티컬 행동치료(저자 Jill H. Rathus, Alec L. Miller, 역자 조용범, 2017)의 일부입니다. 원 저작권은 Guilford Press, 한국어 판권은 더트리그룹에 있습니다. 자세한 사항은 본서 저작권 관련 정보 페이지를 참고하십시오.

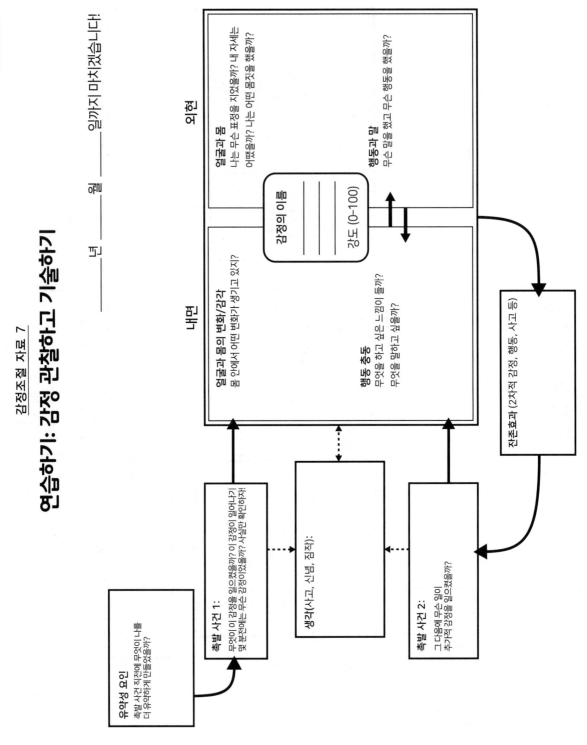

감정조절 자료 7

연습하기: 감정 관찰하고 기술하기

___년 ___월 ___일까지 마치겠습니다!

유약성 요인
촉발 사건 직전에 무엇이 나를
더 유약하게 만들었을까?

촉발 사건 1:
무엇이 이 감정을 일으켰을까? 이 감정이 일어나기
몇 분전에는 무슨 감정이었을까? 사실만 확인하자!

생각(사고, 신념, 짐작):

촉발 사건 2:
그 다음에 무슨 일이
추가적 감정을 일으켰을까?

내면

얼굴과 몸의 변화/감각
몸 안에서 어떤 변화가 생기고 있지?

감정의 이름
_____
_____
_____
강도 (0-100)

행동 충동
무엇을 하고 싶은 느낌이 들까?
무엇을 말하고 싶을까?

외현

얼굴과 몸
나는 무슨 표정을 지었을까? 내 자세는
어땠을까? 나는 어떤 몸짓을 했을까?

행동과 말
무슨 말을 했고 무슨 행동을 했을까?

전존효과 (2차적 감정, 행동, 사고 등)

이 자료는 DBT® 다이어렉티컬 행동치료 워크북 제2판(저자 Marsha M. Linehan, 역자 조용범, 2017)에서 판권 소유자의 승인하에
발췌하여 수정하였음.

이 자료는 청소년을 위한 DBT® 다이어렉티컬 행동치료(저자 Jill H. Rathus, Alec L. Miller, 역자 조용범, 2017)의 일부입니다. 원 저
작권은 Guilford Press, 한국어 판권은 더트리그룹에 있습니다. 자세한 사항은 본서 저작권 관련 정보 페이지를 참고하십시오.

ABC PLEASE 스킬 개요

어떻게 긍정적 감정을 <u>증진</u>시키고 감정적 마음 상태로 가는 유약성을 <u>줄일까</u>?

긍정적 경험 쌓기   (**A**ccumulating positive experiences)

숙련감 쌓기   (**B**uild Mastery)

감정적 상황에 미리 대비하기   (**C**ope ahead of time with emotional situations)

신체 질환 치료하기   (Treat **P**hysica**L** illness)

균형 잡힌 식사하기   (Balance **E**ating)

기분을 인위적으로 바꾸는 약물 피하기   (**A**void mood-altering drugs)

균형 잡힌 수면   (Balance **S**leep)

적절한 운동하기   (Get **E**xercise)

단기적 긍정 경험 쌓기

(나와 감정조절장애 사이에 둑 쌓기)

단기적 긍정 경험 쌓기

지금 바로 할 수 있는 즐거운 일을 시작하세요.

- 긍정적 감정을 일으키는 즐거운 활동을 많이 해보세요.
- 즐거운 활동 리스트에 있는 활동을 하루에 하나씩 해보세요.
  가족과 함께 하는 활동도 생각해보세요.
- 마인드풀하게 긍정적인 경험을 해요.

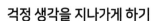

마인드풀하게 긍정적 경험하기

- 긍정적 활동을 하는 동안 그것에 온전히 집중해보세요.
- 마음이 부정적인 방향으로 향할 때는 다시 주의를 집중하세요.
- 그 경험에 온전히 참여하세요.

걱정 생각을 지나가게 하기

- 긍정적인 경험이 곧 끝날 것이 라는 걱정으로 좋은 경험을 망쳐
  버리지 않도록 주의해요.
- 스스로 긍정적 경험을 할 자격이 없다고 생각하지 않아요.
- 앞으로 사람들이 나에게 얼마나 더 기대를 하게 될지도 미리
  걱정하지 마세요.

이 자료는 청소년을 위한 DBT® 다이어렉티컬 행동치료(저자 Jill H. Rathus, Alec L. Miller, 역자 조용범, 2017)의 일부입니다. 원 저작권은 Guilford Press, 한국어 판권은 더트리그룹에 있습니다. 자세한 사항은 본서 저작권 관련 정보 페이지를 참고하십시오.

즐거운 활동 리스트

1. 목욕하기

2. 방과 후에 무슨 일을 할 지 생각하기

3. 친구와 놀기

4. 휴식하기

5. 영화보기

6. 조깅하기

7. 음악듣기

8. 일광욕하기(자외선 차단제를 바르고)

9. 독서하기

10. 저축하기

11. 미래 설계하기

12. 춤추기

13. 물건을 고치거나 청소하기

14. 조용한 저녁 보내기

15. 좋은 음식 만들기

16. 반려 동물 돌보기

17. 수영하기

18. 글쓰기

19. 그림 그리거나 낙서하기

20. 운동하기
   (운동목록: _____)

21. 파티 가기

22. 수다 떨기

23. 신체 단련하기

24. 노래 부르기

25. 아이스 스케이트 타기

26. 해변에 가기

27. 악기 연주하기

28. 여행하기

29. 선물 준비하기

30. 음악이나 새로운 애플리케이션 다운 받기

31. 스포츠 경기 시청하기

32. 외식하기

33. 빵 만들기

34. 누군가를 위해 파티를 준비하기

35. 옷 사기

36. 머리 스타일을 바꾸기

37. 커피나 차, 핫 초코 즐기기

(계속)

이 자료는 DBT® 다이어렉티컬 행동치료 워크북 제2판(저자 Marsha M. Linehan, 역자 조용범, 2017)에서 판권 소유자의 승인하에 발췌하여 수정하였음.

이 자료는 청소년을 위한 DBT® 다이어렉티컬 행동치료(저자 Jill H. Rathus, Alec L. Miller, 역자 조용범, 2017)의 일부입니다. 원 저작권은 Guilford Press, 한국어 판권은 더트리그룹에 있습니다. 자세한 사항은 본서 저작권 관련 정보 페이지를 참고하십시오.

38. 입맞춤 하기

39. 라이브 음악 들으러 가기

40. 손과 발, 네일 케어 받기

41. 어린 아이들과 놀아주기

42. 자전거 타기

43. 썰매 타기

44. 마사지 받기

45. 이메일이나 문자 보내기

46. 일기 쓰기

47. 사진 보기

48. 좋아하는 옷 입어 보기

49. 비디오 게임하기

50. 집 근처 산책하기

51. 새와 나무 관찰하기(자연에 있는 어떤 것)

52. 인터넷 서핑하기

53. 좋은 일로 누군가를 놀라게 하기

54. 기분이 좋아지는 일 끝내기

55. 당구나 탁구치기

56. 오랫동안 연락하지 않았던 친척에게 연락하기

57. 트위터나 온라인에 글 올리기

58. 운동, 춤, 음악, 무술 등 레슨 받는 것 생각해보기

59. 볼링하기

60. 삶이 더 나아질 것을 상상해보기

61. 사랑한다고 말하기

62. 시나 노래, 랩을 써 보기

63. 친구의 좋은 점을 생각해보기

64. 화장하기

65. 스무디를 만들어서 천천히 마셔 보기

66. 좋아하는 옷 입어 보기

67. 게임하기

68. 이야기를 써보기

69. 누군가에게 메시지 보내기

70. TV 재방송 보기

71. 직접 만든 카드를 좋아하는 사람에게 전달하기

72. 내가 좋아하는 향 찾아 보기

73. 나에게 작은 선물 하기

74. 폭풍이 오는 것을 관찰하기

75. 가구를 만들거나 목공예 배우기

나만의 즐거운 활동!

76. _____

77. _____

78. _____

79. _____

80. _____

가족이 함께하는 즐거운 활동 리스트

지시 사항: 부모와 자녀가 함께 할 수 있는 즐거운 활동을 표시하고, 함께 목록을 만들거나 서로의 목록을 비교해보세요. 한 주에 3개의 즐거운 활동을 선택하여 해보세요.

* 서로 개인적인 시간이 필요하다는 것 또한 잊지 마세요.

1. 함께 자전거 타기

2. 커피 마시러 가기

3. 아이스크림이나 요거트 먹으러 가기

4. 요리나 빵 만들기

5. 매니큐어 바르기

6. 마사지 받기

7. 해변 걷기

8. 휴가 계획하기

9. 쇼핑하기

10. 스포츠 경기 관람하기

11. 정원 가꾸기

12. 반려 동물과 놀거나 산책 시키기

13. 볼링하기

14. 골프하기

15. 드라이브 하기

16. 집 수리하기

17. 크로스워드 퍼즐하기

18. 스키나 아이스 스케이트 타기

19. 함께 조용히 독서하기

20. 카페나 외식하러 가기

21. 놀이공원 가기

22. 박물관 가기

23. 술래잡기 하기

24. 바비큐 하기

25. 캠핑 가기

26. 함께 좋아하는 음악 듣기

27. 콘서트나 공연 보러 가기

(계속)

이 자료는 청소년을 위한 DBT® 다이어렉티컬 행동치료(저자 Jill H. Rathus, Alec L. Miller, 역자 조용범, 2017)의 일부입니다. 원 저작권은 Guilford Press, 한국어 판권은 더트리그룹에 있습니다. 자세한 사항은 본서 저작권 관련 정보 페이지를 참고하십시오.

가족이 함께하는 즐거운 활동 리스트

28. 좋아하는 TV 프로그램이나 영화 같이 보기

29. 같이 산책이나 조깅하기

30. 같이 머리나 화장하기

31. 서로의 어린 시절에 대한 대화하기

32. 함께 친구나 친척을 방문하기

33. 지역 사회에서 자원 봉사하기

34. 선물 사러 가기

35. 오늘 하루 어땠는지 대화하기

36. 같이 비디오 게임하기

37. 보드게임이나 카드 놀이하기

38. 함께 사진 보기

39. 공원 가기

40. 같이 신체 단련 운동하기

41. 운동 수업 듣기

42. 같이 음악 듣기

43. 함께 미래 계획 세워 보기

44. 서로를 위해 깜짝 놀랄 일 계획하기

45. 농담하기

46. 창의적인 취미 생활하기 (예: 그림 그리기, 바느질하기, 스크랩북 만들기, 모형 만들기)

47. 함께 미술 수업 듣기

48. 좋아하는 웹사이트 같이 보기

49. 서로에게 새로운 것을 가르쳐 주기(예: 사진 찍기, 새로운 스킬 등)

50. 가족의 이야기 나누기

우리 가족의 즐거운 활동!

51. _____

52. _____

53. _____

54. _____

55. _____

장기적 긍정 경험 쌓기
(가치 있는 삶 만들어 가기)

장기적 긍정 경험 쌓기:

긍정적인 경험이 더 많이 쌓이도록 생활에 변화를 주어, 가치 있는 삶을 만들어 가도록 합니다. '지혜로운 마음'의 가치와 우선순위 목록에 표시해 보세요.

가치관을 기초로 목표를 정하고 이 목표를 달성하기 위해 노력합니다:

- **하나**의 목표를 만들어 보세요(예: 학교 졸업하기).
- 목표를 달성하기 위해 작은 단계를 만들어 보세요(예: 아침에 일찍 일어나기, 학교에 지각하지 않기).
- 첫 번째 단계를 실행하세요(예: 알람 시계 구입하기, 핸드폰 알람 맞추기).

1. 목표: _____

   _____

2. 목표 달성을 위한 단계: _____

   _____

   _____

3. 첫 번째 단계를 실행하기 위해서 무엇을 해야할까? _____

관계를 잘 살펴보세요:

- 과거의 관계를 회복하고, 새로운 관계를 맺어 보세요. 현재의 관계를 잘 유지하고, 파괴적인 관계는 단절하세요.

이번 주에 관계를 잘 살피기 위해 어떤 행동을 할 수 있을까요? _____

회피하려는 마음을 피하세요:

- 회피는 문제를 더 쌓아 두게 하고, 감정적 마음 상태로 가는 유약성을 증가시킵니다. 회신 전화를 하고, 전문가와 약속을 잡고, 직면하여, 문제를 논의 해보도록 하세요.
- 회피하려는 마음을 피하세요.

나는 무엇을 회피하고 있나요? _____

지혜로운 마음의 가치와 우선순위

아래의 목록 중 나에게 중요한 것에 표시해보세요:

- **기여하기** (예: 관대해지기, 어려운 사람 돕기, 다른 사람을 위해 희생하기, 자원봉사하기, 사회를 위해 봉사하기)

- **관계를 살피기** (예: 새로운 관계 만들기, 현재 관계를 잘 유지하기, 과거의 관계를 회복하기, 파괴적 관계 끝내기, 다른 사람 잘 대하기)

- **그룹에 들어가기** (예: 사회적인 사람이 되기, 친한 친구 만들기, 사람들과 함께 하기, 소속감 느끼기)

- **좋은 성품 만들기** (예: 진실한 사람되기, 정직하기, 충직하기, 내 신념을 주장하기, 약속 지키기, 존중하기, 삶을 대비하고 살아나가는 것에 용기를 가지기, 좋은 사람으로 성장하기)

- **책임감 가지기** (예: 일을 마치기, 돈 벌기, 나를 더 잘 돌보기, 믿을 수 있는 사람 되기)

- **성취하기** (예: 좋은 성적 받기, 열심히 일하고 공부하기, 재정적으로 안정을 찾기)

- **학습하기** (예: 지식과 정보 찾기, 독서하기, 공부하기)

- **즐거운 시간 보내기** (예: 내가 하는 일 즐기기, 웃기, 외출하여 즐거운 시간 갖기, 휴식하기)

- **가족에 집중하기** (예: 가족을 자주 만나기, 좋은 가족 관계 만들기, 가족을 위해 무언가 하기, 가족의 전통 존중하기)

- **지도자 되기** (예: 다른 사람이 볼 때 성공적인 사람이 되도록 노력하기, 모임이나 팀에서 책임지는 역할 맡기, 다른 사람에게서 존중 받기, 다른 사람에게 수용 받기)

- **건강하기** (예: 튼튼하게 체력 관리하기, 운동하기, 잘 먹고 잘 자기, 필요할 때 병원 가기, 요가하기)

- **절제하려고 노력하기** (예: 과도한 것을 피하고 균형을 맞추려고 노력하기)

- 기타 _____

_____

감정조절 자료 14

연습하기: 긍정적 경험을 쌓기 위한 장단기 전략

_____년 _____월 _____일까지 마치겠습니다!

단기적 긍정 경험 쌓기:

1. 즐거운 활동 리스트에서 선택한 활동을 적어도 하루에 하나씩 해보세요. 부모님과 함께 하는 활동도 생각해보세요. 아래에 각 활동을 적고, 필요하다면 추가 칸을 사용하세요.

2. 각 활동을 시작하기 전의 기분 상태와 활동을 한 후의 기분 상태를 측정하여 기록해보세요.

3. 활동 할 때 마인드풀한 마음 상태를 유지하고, 걱정하는 마음은 지나가게 하세요.

−5	−2.5	0	+2.5	+5
매우 속상함	약간 속상함	괜찮은 기분	좋은 기분	매우 좋은 기분

날짜: 월요일	화요일	수요일	목요일	금요일	토요일	일요일
/	/	/	/	/	/	/
/	/	/	/	/	/	/

4. 각각 활동에 마인드풀하게 참여했나요? 그랬다면 그 활동이 정서적 상태에 어떤 영향을 주었는지 적어보세요. 그렇지 않다면 무슨 일이 있었는지 적어보세요.

_____

_____

장기적 긍정 경험 쌓기:

1. 가지고 있는 **목표**와 **가치**를 적고 그것이 어떻게 긍정 경험과 연관되어 있는지 적어보세요.

2. 목표를 달성하기 위해 첫 번째 단계에서 무엇을 해야 할까요? _____

_____

3. 첫 번째 단계를 실행하세요. 어떤 기분이 들었나요?

_____

숙련감을 쌓고, 문제에 미리 대비하기

숙련감을 쌓으세요(Build Mastery)

1. 적어도 하루에 하나씩 생활에 통제감을 주고 자신감을 느끼게 하는 일을 해봅니다. 처음에는 작은 것부터 도전하고, 그것을 잘하게 되면 "해야할 일 목록"에 체크하면서 숙련감을 쌓아보세요. 예: 가구 조립하기, 악기 연습하기, 숙제 끝내기, 새 프로젝트 시작하기

    예: _____

2. 성공적으로 마칠 수 있는 계획을 세워보세요. 실패할 수 있는 계획을 세우지 않도록 주의합니다.
    - 어려운 것을 하되, 가능한 것을 하세요.
3. 시간이 지날수록 어려운 것을 해봅니다.
    - 첫 번째 일이 너무 어려우면, 다음 번에는 조금 더 쉬운 일을 해보세요.

감정적 상황에 미리 대비하세요(Cope ahead of time with emotional situations)
위협적인 상황에 잘 대처하기 위해, 계획을 세우고 연습해서 미리 대비합니다.

1. 부정적 감정을 일으킬 수 있는 상황을 **기술하세요.**
    - 그 상황을 구체적으로 기술하세요. **사실을 확인하세요!**
    - 그 상황에 경험하게 될 감정에 이름을 붙여보세요.
2. 어떤 DBT 스킬과 **문제해결 스킬을 적용할 것인지 결정하세요.** 구체적으로 적어보세요: _____
    _____
3. 마음 속에 그 상황을 **가능한 생생하게 떠올려** 보세요.
    - 지금 그 상황에 놓여있다고 상상해 보세요.
4. **효과적으로 대처하는 것을 마음 속으로 연습하세요.**
    - 효과적인 대처 방법을 마음 속으로 정확하게 연습해보세요.
    - 어떤 생각이나 행동을 할 것인지, 무슨 말을 어떻게 할 것인지 연습해보세요.
    - **문제해결하기:** 일어날 수 있는 문제에 대처하는 것을 연습하세요.

이 자료는 DBT® 다이어렉티컬 행동치료 워크북 제2판(저자 Marsha M. Linehan, 역자 조용범, 2017)에서 판권 소유자의 승인하에 발췌하여 수정하였음.

이 자료는 청소년을 위한 DBT® 다이어렉티컬 행동치료(저자 Jill H. Rathus, Alec L. Miller, 역자 조용범, 2017)의 일부입니다. 원 저작권은 Guilford Press, 한국어 판권은 더트리그룹에 있습니다. 자세한 사항은 본서 저작권 관련 정보 페이지를 참고하십시오.

PLEASE 스킬

Treat **P**hysica**L** illness: 몸에 있는 병을 치료하세요.
몸을 잘 보살피세요. 필요하면 의사를 찾아가고, 약을 제때 먹도록 하세요.

Balance **E**ating: 균형 잡힌 식사를 하세요.
너무 적은 양이나 많은 양의 음식을 먹지 않도록 합니다. 여러분을 지나치게 감정적으로 만들 수 있는 음식은 멀리하세요.

Avoid mood-altering drugs: 기분을 인위적으로 바꾸는 약물은 하지 않아요. 술이나 약물 등을 피하세요.

Balance **S**leep: 균형 잡힌 수면을 취하세요.
기분 좋은 상태가 될 만큼 충분히 잠을 잡니다. 좋은 수면 습관을 만들기 위해 규칙적인 수면 일정을 지키세요.

Get **E**xercise: 매일 규칙적으로 적절한 운동을 하세요.
처음에는 간단히 시작해서 점점 늘려 보세요!

운동하기! 건강한 음식 먹기! 충분히 휴식하기!

이 자료는 DBT® 다이어렉티컬 행동치료 워크북 제2판(저자 Marsha M. Linehan, 역자 조용범, 2017)에서 판권 소유자의 승인하에 발췌하여 수정하였음.

균형 잡힌 식사와 감정조절(FOOD & MOOD)

1단계: 어떤 음식이 기분 상태에 영향을 주는지 관찰하세요(긍정적, 부정적).

부정적인 예:

- 탄산 음료나 단맛이 나는 과자들은 쉽게 지치게 하고 짜증을 유발할 수 있습니다.
- 지방이 많은 음식들(감자튀김, 감자칩, 프라이드 치킨, 기름진 음식)은 기운이 없고 처지는 느낌을 갖게 합니다.
- 카페인은 불안해지거나 떨리게 하고, 수면을 방해할 수 있습니다.

긍정적인 예:

- 복합 탄수화물과 식이섬유(고구마, 통밀 파스타, 오트밀, 정제되지 않은 곡물 시리얼, 샐러드)는 천천히 그리고 지속적으로 에너지를 줍니다.
- 단백질(살코기, 콩, 견과류, 생선, 달걀)은 신체적, 정신적으로 강하고 활동적이게 만드는데 도움을 주며 지속적으로 에너지를 주어 우리 몸을 유지하게 합니다.
- 유제품(저지방 우유, 치즈, 요구르트)은 우리에게 에너지를 주고 뼈를 튼튼하게 하는 단백질과 칼슘을 포함하고 있습니다.
- 과일과 야채는 에너지를 주고, 건강을 향상시키고, 아삭아삭한 식감을 제공합니다. 또한 죄책감을 느끼지 않고 단 맛을 즐길 수 있답니다.
- 어떤 음식이 균형 잡힌 식사인지 알게 되면 좋은 식생활을 할 수 있습니다.

2단계: 지나치게 많이 먹는지, 혹은 지나치게 적게 먹고 있는지 알아차려 보세요.

3단계: 음식 섭취를 어떻게 바꿀지 생각해 보세요.

건강한 음식 섭취를 어떻게 늘려 나갈지 정해보세요. 음식 일기 카드에 매일 어떤 음식을 먹었는지 적고, 어떻게 진전이 되는지 관찰해보세요!

(계속)

균형 잡힌 식사와 감정조절(FOOD & MOOD)

4단계: 작은 것부터 시작하세요.

균형 잡힌 식사를 시작할 때 극적인 변화를 기대하지 않도록 주의합니다. 압도되어서 오히려 실패의 길로 갈 수 있습니다. 천천히 시작하고, 습관을 점진적으로 바꾸도록 하세요.

예시:

- 가공 식품을 줄이고, 신선한 음식을 늘리세요.
- 식사에 야채와 과일을 더 많이 포함시키고 간식으로도 섭취하세요.
- 양상추, 토마토, 오이, 양파를 샌드위치에 넣어서 먹어요.
- 시리얼에 과일을 넣어서 먹어요.

5단계: 음식을 잘 먹었을 때 어떤 기분이 드는지 알아차리세요.

휴식을 가장 잘 취하는 방법: 숙면을 위한 12가지 방법

균형 잡힌 수면 패턴을 유지하면 감정적 유약성을 줄일 수 있습니다.

1. **정해진 수면 일정을 지키고 주말에도 늦게 일어나지 않도록 합니다.** 토요일과 일요일 아침에 늦게 일어나게 되면 수면패턴을 무너뜨리게 됩니다. 매일 동일한 시간에 자고 일어나도록 해보세요.

2. **취침 전 일상을 만들어 보세요.** TV나 컴퓨터, 스마트폰을 끄고 편안한 잠옷으로 갈아 입거나, 허브차를 조금 마시는 것, 전등의 밝기를 줄이거나 소리를 줄이는 것 혹은 독서하는 것을 취침 전 일상에 넣어보세요.

3. **취침 전에 지나치게 많은 음식을 먹거나 마시지 않아요.** 적어도 취침 두 시간 전에 간단한 저녁 식사를 하세요. 취침 전에 과도하게 음료를 마시면 잠에서 여러 차례 깰 수 있습니다. 향신료가 강한 음식을 주의하십시오. 위장 장애를 일으켜 취침을 방해할 수 있습니다.

4. **카페인이나 니코틴을 피하세요.** 이 두 가지는 각성제이므로 계속 잠에서 깨게 합니다. 잠자기 8시간 전에는 카페인을 섭취하지 않도록 하세요.

5. **운동을 하세요.** 잠을 잘 자려면 오전이나 오후 시간에 운동을 하세요. 정기적인 운동은 취침의 질을 높여줍니다.

6. **실내 온도를 시원하게 만들어 보세요.** 자는 동안 몸의 온도가 자연스럽게 떨어지는 것처럼 실내 온도도 낮춰보세요. 에어컨이나 선풍기를 틀어도 좋습니다. 너무 춥다면 이불을 덮어보세요. 더우면 이불을 얇은 것으로 바꿔보세요.

7. **저녁에만 취침하세요.** 낮잠은 저녁에 자는 잠을 빼앗아 갑니다. 낮잠을 꼭 자야 한다면 1시간 이내로 하고, 오후 3시 이전에 자도록 하세요.

8. **전자기기 화면이 켜져 있지 않은 조용하고 어두운 상태에서 취침하세요.** 블라인드나 햇빛 가리개를 사용하고 전등을 끄세요. 조용한 상태가 잠을 더 잘 오게 합니다. 라디오와 TV를 끄고 귀마개를 사용해보세요. 선풍기나 백색 소음을 발생시키는 기계, 지속적으로 조용한 소리를 내는 기계를 사용해서 통제하기 어려운 외부 소리들을 차단하세요. 노트북이나 태블릿 PC, 스마트폰, 기타 화면이 있는 전자기기들은 취침 한 시간 전에는 사용하지 마세요.

(계속)

---

9. **침대는 잠을 자기 위한 목적으로만 사용하세요.** 침대를 편안하고 마음이 끌리는 곳으로 만들어 봅니다. 잠을 자기 위해서만 사용하고 공부나 TV를 보는데 사용하지 마세요. 피곤하다고 느낄 때 침대로 가서 전등을 끄세요. 30분안에 잠들지 못하면 일어나서 책이나 잡지를 보거나 이완할 수 있는 행동을 합니다. TV나 컴퓨터, 스마트폰과 같이 화면이 있는 것은 절대 보지 마세요! 피곤함을 느끼면 다시 침대로 가도록하세요. 스트레스를 받지 않도록 해보세요! 스트레스를 받으면 더 잠들기 힘들어집니다.

10. **욕조에 몸을 담근 후 잠들어보세요.** 잠들기 전에 따뜻한 물에 샤워를 하거나 목욕을 하면 긴장이 이완됩니다.

11. **수면제에 의존하지 않도록 합니다.** 수면제를 처방 받았다면 의사의 엄밀한 지도 하에 복용하세요. 수면제가 다른 약물과 섞여 부작용을 일으키지 않는지 주의하세요.

12. **재앙화하지 않도록 주의해요.** 스스로에게 "괜찮아. 나는 곧 잠이 들 거야."라고 말해주세요.

감정조절 자료 17

연습하기: 숙련감 쌓고, 문제에 미리 대비하기, PLEASE 스킬

_____년 _____월 _____일까지 마치겠습니다!

숙련감 쌓기(Building Mastery):

이번주에 숙련감을 쌓기 위한 두 가지 방법을 적어보세요

1. _____

2. _____

감정적 상황에 미리 대비하기(Coping ahead):

미래에 있을 감정적 상황을 효과적으로 관리하기 위한 계획을 세우고, 그때 사용할 스킬을 적어보세요.

_____

_____

이번 주에 연습할 두 개의 PLEASE 스킬에 체크해보세요:

_____ 몸에 있는 병을 치료하세요 (Treat PhysicaL illness)

_____ 균형 잡힌 식사를 하세요 (Balance Eating)

_____ 기분을 인위적으로 바꾸는 약물을 피하세요 (Avoid mood-altering drugs)

_____ 균형 있는 수면을 취하세요 (Balance Sleep)

_____ 적절한 운동을 하세요 (Get Exercise)

PLEASE 스킬을 연습하기 위하여 구체적으로 무엇을 했는지 적어보세요. _____

_____

_____

_____

감정에 어떤 변화가 있는지 적어보세요. _____

_____

파도타기 스킬: 현재 감정의 마인드풀니스

감정 경험하기

- 감정 관찰하기
- 뒤로 물러서서 느껴지는 감정을 알아차리기
- 감정에서 떨어지기
- 파도가 왔다가 가는 것처럼 감정 경험하기
- 감정을 없애거나 밀어내지 않기
- 감정을 붙잡지 않기

감정적 신체감각에 대한 마인드풀니스

- 몸 어느 곳에서 감정적 감각이 느껴지는지 관찰하기
- 그 감각을 가능한 온전히 경험하기

기억하세요! 나는 내 감정 이상의 존재입니다

- 감정에 꼭 반응을 할 필요는 없습니다.
- 같은 감정을 다르게 느꼈던 때를 기억해 보세요.

감정을 판단하지 않기

- 감정을 나의 일부로 철저히 수용하기
- 감정을 나의 집에 초대하기, 감정에 이름 지어 주기
- 감정을 기꺼이 경험하는 연습하기

사실을 확인하고 문제해결하기

이 두 개의 스킬은 "문제에 미리 대비하기 스킬"의 일부분으로 활용할 수 있습니다. 벌써 일어났거나 현재 진행 중인 상황으로 인해 나타난 강렬한 감정 상태를 줄이거나 바꾸는데 도움을 주는 독립적인 감정조절 스킬로 활용할 수 있습니다.

1. 문제 상황을 **기술하기**

2. **사실을 확인하기!** (모든 사실들을 확인하고, 해석과 사실을 파악하여 분류하기)

   a. 상황을 정확하게 해석하고 있나요? 또 다른 해석은 무엇이 있을까요?

   b. 극단적 생각을 하고 있나요 (흑백논리, 재앙적 사고)?

   c. 최악의 상황이 일어날 확률은 얼마나 될까요?

   d. 가장 최악의 일이 일어나더라도 이런 상황을 잘 극복할 수 있다는 것을 상상할 수 있나요?

   e. 아주 심각한 문제에 부딪혔다면 아래의 단계를 따라서 시작하도록 합니다.

3. 문제해결을 위한 **목표 파악하기**

   a. 무엇이 이루어져야 하는지 파악하거나 내 감정을 좋은 상태로 바꾸기

   b. 간소하고 소박한 상태 유지하기, 현실에서 실현될 수 있는 상태를 유지하기

4. 여러 가지 대안을 **브레인스토밍** 하기

   a. 가능한 많은 대안들을 생각하기. 신뢰할 수 있는 사람에게 의견을 묻기

   b. 초기 아이디어를 지나치게 비판하지 않기 (아이디어 평가를 위해 아래 5 단계를 실행하기)

5. 시행할 수 있는 대안을 **선정하기**

   a. 확신이 없으면 가장 근접한 2-3개의 대안을 선택하기

   b. 대안들의 장단점을 비교하기. 가장 첫 번째 시행할 수 있는 것을 선택하기

6. 대안을 **실행**에 옮기기

   a. 실행하기: 대안을 시도해보기

   b. 첫 번째 단계를 시도하고 그리고 두 번째를 시도하기

7. 결과 **평가**하기

   a. 그 대안이 성공적이었나요? 그렇다면, "정말 잘했어!"라고 말하고 스스로에게 강화물 주기

   b. 성공적이지 않았다면, 포기하지 않고 시도한 것에 대해 칭찬하며 강화물 주기

   c. 새로운 대안을 시도하기

감정 상태를 변화시키기 위한 정반대 행동하기

감정은 특정한 행동충동을 불러 일으켜 특정한 방식으로 행동하게 만듭니다.

우리는 감정이 주는 고통을 해로운 방식으로 피하곤 합니다.

아래는 감정과 연관되어 있는 일반적인 행동충동 입니다.

공포 → 탈출하기, 회피하기

분노 → 공격하기

슬픔 → 위축된 반응, 수동적인 태도, 스스로 고립시키기

수치심 → 숨기, 회피하기, 위축된 반응, 타인을 공격하며 체면 세우기

죄책감 → 다시는 공격적 반응을 하지 않겠다고 과도하게 약속하기, 모든 책임을 부인하기, 숨기, 고개 숙이기, 용서를 구하기

질투심 → 언어적으로 비난하기, 통제하려고 하기, 의심하기

사랑 → 사랑한다고 말하기, 시간을 함께 보내려 노력하기, 사랑하는 사람이 원하고 필요로 하는 행동하기, 애정표현 하기

정반대 행동하기 = 해로운 행동 충동이 느껴질 때 정반대 행동을 해보세요(감정조절 자료 4. 감정, 어떤 좋은 점이 있을까? 참고).

감정 ------------------ 정반대 행동

공포/불안 ------------ 노출하기

- 두려움을 느끼게 하는 사람, 장소, 사건, 업무, 활동을 반복적으로 가까이하며 직면하기
- 공포를 극복하고 통제감과 숙련감 쌓는 행동하기

(계속)

감정 상태를 변화시키기 위한 정반대 행동하기

분노 ---------------- **친절하게 피하기**
- 화나게 만드는 대상을 공격하기보다 친절하게 피하기
- 잠시 시간을 가지고 들숨과 날숨을 깊고 천천히 숨을 들이쉬고 내쉬기
- 공격적이거나 잔혹하기보다는 친절해지기(그 사람을 동정하거나 공감하려고 노력해보기)

슬픔 ---------------- **적극적인 태도를 취하기**
- 시도하기, 피하지 않기
- 숙련감을 쌓고 즐거운 활동 증진시키기

수치감 ------------ **행동에 대한 정당한 비판 감내하기** (자신의 행동이 도덕적 가치에 위배되거나, 자신의 수치스러운 부분이 드러나거나, 수치감이 느껴지는 이유가 사실에 부합할 때)
- 가능한 사과하고 해를 끼친 것에 대해 보상하기
- 같은 실수를 하지 않도록 노력하고 결과를 수용하기
- 자신의 잘못을 용서하고 지나가게 하기

공개적으로 대응하기 (자신의 행동이 도덕적 가치에 위배되지 않고, 수치감이 느껴지는 이유가 사실에 부합하지 않을 때)
- 적극적으로 사람들과 만나고 교류하기. 자세를 당당하게 하고, 차분한 목소리로, 눈을 마주치기
- (나를 거부하지 않는 사람들과) 나의 개인적 성격과 행동을 있는 그대로 보여주며 적극적으로 교류하기
- 수치감을 유발시키는 행동을 반복적으로 하기 (나를 거부하지 않는 사람들에게 그 행동을 숨기려고 하지 않기)

(계속)

감정 상태를 변화시키기 위한 정반대 행동하기

죄책감 ---------------- **행동에 대한 정당한 비판 감내하기** (자신의 행동이 도덕적 가치에 위배되거나, 자신과 가까운 사람들에게 상처를 주었을 때, 또는 죄책감이 느껴지는 이유가 사실에 부합할 때)

- 죄책감을 있는 그대로 경험하기
- 용서를 구하되, 과도하게 낮추는 자세는 피하고 결과를 수용하기
- 잘못에 대해 보상하고, 같은 일이 반복되지 않도록 노력하기

사과하지 않고, 무언가 만회하려고 하지 않기 (자신의 행동이 도덕적 가치에 위배되지 않고, 죄책감이 느껴지는 이유가 사실에 부합하지 않을 때)

- 자세를 바르게 하고, 자신감 있게, 아무 일 없는 것처럼 행동하기, 고개를 들고 가슴을 열어 눈을 마주치기 차분하고 분명한 목소리로 말하기

질투심 ---------------- **다른 사람의 행동을 통제하려고 하지 않기** (질투심이 사실에 부합되지 않거나, 효과적이지 않을 때)

- 염탐하거나 스파이같은 행동하지 않기
- 얼굴과 몸의 근육을 이완시키기

사랑 ------------------ **사랑하는 감정을 표현하지 않기** (사랑의 감정이 사실과 같지 않거나, 효과적이지 않을 때. 예: 끝난 관계이거나, 더 이상 가능성이 없거나, 학대적인 관계일 때)

- 그 사람을 피하고, 생각이 떠오르면 주의분산하기
- 사랑의 감정이 왜 정당화될 수 없는지 그 이유를 계속해서 떠올리고, 그 사람을 사랑하는 것의 '단점'을 되뇌이기
- 그 사람을 떠오르게 하는 물건과 접촉 피하기 (예: 사진)

(계속)

감정 상태를 변화시키기 위한 정반대 행동하기

정반대 행동은 아래의 상황에서 가장 효과적입니다.

1. 감정적 경험이 실상과 맞지 않는다.
- 감정적 경험이 실제 벌어진 상황과 맞지 않는다(예: 청중 앞에서 말을 해야 할 때 극도의 공포감을 느끼게 됨).

또는

- 감정과 그 감정의 강도, 지속기간이 특정한 상황에서 목표를 달성하는데 효과적이지 않다(예: 수학 선생님에게 매우 화가 났고, 수업 후 3시간이 지난 이후에도 분노가 가시지 않아서 과학 시간에 집중을 할 수 없게 됨).

2. 온전히 정반대 행동을 할 수 있을 때
- 정반대 행동하기
- 정반대 말하기와 정반대 생각하기
- 정반대 얼굴 표정, 목소리 그리고 자세 취하기

정반대 행동은 아래 7가지 단계가 필요합니다:

1. 현재 느끼고 있는 감정 파악하기
2. 그 감정이 촉발시키는 행동충동이 무엇인지 파악하기
3. 스스로에게 묻기: 감정적 경험이 현재 상황과 맞는가? 그렇다면 그 감정의 행동충동에 따르는 것이 효과적인가?
4. 스스로에게 묻기: 그 감정을 바꾸고 싶은가?
5. 바꾸고 싶다면, 정반대 행동이 무엇인지 파악하기
6. 온전히 정반대 행동하기!
7. 그 감정이 충분히 낮아진 것을 관찰할 때까지 정반대 행동 반복하기

감정조절 자료 21

연습하기: 정반대 행동하기

_____년 _____월 _____일까지 마치겠습니다!

정반대되는 행동을 하기 위해 다음의 질문을 스스로에게 해봅니다:

감정을 **관찰**하고 **기술**하기.
바꾸고자 하는 현재의 감정은 무엇인가?

행동충동은 무엇인가?

온전히 정반대되는 행동을 하기

현재의 감정과 정반대되는 행동을 한 후 어떤 느낌이 드는가?

대인관계 효율성 자료
Interpersonal Effectiveness Handouts

대인관계의 목표와 우선순위

건강한 관계를 맺고 유지하기 (GIVE 스킬)

스스로에게 질문하기: 상대방이 나에 대해 어떻게 느끼기를 원하나요?

예: 내가 상대방을 좋아하거나, 상대방이 나를 훈육하고 교육할 권위를 가지고 있다면, 그 사람이 나를 존중하고 좋아할 수 있도록 행동해보세요.

상대방이 내가 원하는 행동을 하게 만들기 (DEAR MAN 스킬)

질문하기: 내가 원하는 것은 무엇일까? 나에게 필요한 것은 무엇일까? 원하는 것을 어떻게 얻을 수 있을까? 어떻게 효과적으로 "아니오"라고 할 수 있을까?

예: 무언가를 부탁할 때 어떻게 해야 할까? 어떻게 해야 문제를 해결 할 수 있지? 상대가 내 요구를 진지하게 생각하도록 하려면 어떻게 해야 할까?

자기존중감 유지하기 (FAST 스킬)

질문하기: 어떤 사람을 만나고 난 후, 나 자신에 대해 어떻게 느끼길 원하나요?

예: 내 가치관은 무엇일까? 나 자신에 대해 긍정적인 감정을 느낄 수 있도록 행동해보세요.

대인관계 효율성을 감소시키는 요인

---

1. 대인관계 스킬 부족

특정한 대인관계 상황에서 무슨 말을 하고, 어떻게 행동하는 것이 올바른지 **알지 못하는** 경우가 있습니다.

---

2. 걱정 생각

내가 원하는 것을 말하고 행동하는데 걱정하는 마음이 방해 요인이 될 수 있습니다.

- 나쁜 결과에 대한 걱정
  - "그 애들은 나를 좋아하지 않을 거야", "그 애는 나를 떠날 거야"
- 내가 원하는 것을 얻을 수 있을지에 대한 걱정
  - "나는 나쁜 사람이라서 원하는 것을 얻을 수 없을 거야"
- 스스로에게 욕을 하고, 효율적으로 처신하고 있지 않다는 걱정
  - "나는 제대로 할 수 있는 것이 하나도 없어", "나는 실패자야"

---

3. 감정

대인관계 스킬을 가지고 있더라도 화, 두려움, 수치심, 슬픔과 같은 감정은 내가 정말로 원하는 것을 말하거나 행동하지 못하게 합니다. 즉, 스킬을 사용하지 못하고 감정적 마음이 마음과 행동을 통제해 버립니다.

---

4. 망설임

충분한 대인관계 스킬이 있는데도 망설임 때문에 내가 원하는 방향대로 결정할 수 없게 됩니다. 예를 들면 너무나 많은 것을 요구하거나, 반대로 아무 것도 요구하지 않는 행동, 모든 것에 "아니오"라고 하거나, 반대로 쉽게 항복하는 행동.

---

5. 환경

우리가 숙련된 스킬을 가지고 있더라도 환경적 요인으로 인해 스킬을 잘 사용하지 못할 때가 있습니다.

- 나는 최선의 노력을 다 했지만, 상대가 너무나 권위적이거나 큰 권력을 가진 경우
- 상대방이 내가 원하는 것을 갖지 못하게 하려는 특정한 이유를 가진 경우
- 나의 자존감을 버려야만, 상대방이 내가 필요로 하는 것을 주려는 경우

이 자료는 DBT® 다이어렉티컬 행동치료 워크북 제2판(저자 Marsha M. Linehan, 역자 조용범, 2017)에서 판권 소유자의 승인하에 발췌하여 수정하였음.

이 자료는 청소년을 위한 DBT® 다이어렉티컬 행동치료(저자 Jill H. Rathus, Alec L. Miller, 역자 조용범, 2017)의 일부입니다. 원 저작권은 Guilford Press, 한국어 판권은 더트리그룹에 있습니다. 자세한 사항은 본서 저작권 관련 정보 페이지를 참고하십시오.

긍정적 관계를 만들고 유지하는 방법: GIVE 스킬

GIVE(기브)를 기억하세요!

(be)	**G**entle	친절하게
(act)	**I**nterested	호의적으로 행동하면서
	Validate	수인적 태도로
(use an)	**E**asy Manner	가벼운 마음으로

(be) **G**entle:	**친절하게**	상대방을 존중하는 태도로 친절하게! 공격이나 협박, 비판하지 않도록 노력해요. 목소리의 톤을 주의하세요.
(act) **I**nterested:	**호의적으로 행동하면서**	상대방의 말을 잘 **경청**하고 호의적인 태도를 유지하세요. 상대의 말을 끊거나 논쟁에서 이기려고 하지 않아요. 얼굴을 찡그리지 않도록 주의합니다. 눈을 부드럽게 바라보세요.
Validate:	**수인적 태도로**	상대방의 감정과 의견을 이해하고 있다는 태도를 보여주세요. 아래와 같이 표현해서 '비판적이지 않은 마음'을 보여주세요. "어떻게 느끼는지 이해할 수 있을 것 같아. **그리고**⋯" "그 일을 하느라 정말 어려웠겠다⋯." "네가 정말 많이 바쁘구나. **그리고**⋯" "네가 그렇게 느꼈을 것 같아⋯"
(use an) **E**asy manner:	**가벼운 마음으로**	미소를 지어보세요. 유머와 재치를 적절히 사용해보세요. 위협적이지 않은 몸짓으로 대화해요. 부정적인 태도를 버리세요.

대인관계 효율성 자료 4

연습하기: GIVE 스킬

_____년 _____월 _____일까지 마치겠습니다!

한 주 동안 GIVE 스킬을 사용했던 두 가지의 상황을 선택해서 어떻게 사용했는지 기술하세요.

GIVE를 기억하세요.	(be)	**G**entle	**친절하게**
	(act)	**I**nterested	**호의적으로 행동하면서**
		Validate	**수인적 태도로**
	(use an)	**E**asy Manner	**가벼운 마음으로**

상황 1:

누구와 좋은 관계를 유지하려고 했나요? _____

어떤 상황에서 GIVE 스킬을 사용하였나요? _____

_____

_____

어떤 결과를 얻었나요? _____

_____

스킬을 사용하고 난 뒤에 어떤 느낌이 들었나요? _____

_____

상황2:

누구와 좋은 관계를 유지하려고 했나요? _____

어떤 상황에서 GIVE 스킬을 사용하였나요? _____

_____

_____

어떤 결과를 얻었나요? _____

_____

스킬을 사용하고 난 뒤에 어떤 느낌이 들었나요? _____

_____

상대방이 내가 원하는 행동을 하게 하기: DEAR MAN스킬

DEAR MAN(디어맨)을 기억하세요!

Describe 기술하기	**M**indful 마인드풀하게
Express 표현하기	**A**ppear Confident 대담한 태도로
Assert 주장하기	**N**egotiate 협상 가능성을 열어 두기
Reinforce 보상하기	

Describe 기술하기:
상황을 기술해 보세요. 사실 중심으로만 생각하세요. "지난 3주간 주말마다 통금 시간이 지난 후에 집에 도착했다는 것을 알게 됐어."

Express 표현하기:
"나는 이렇게 느껴" 또는 "나는 이렇게 하고 싶어"와 같이 '나'를 사용한 문장으로 감정을 표현해보세요. "너는 이렇게 해야만 해"같은 어투를 사용하지 마세요. 예: "네가 집에 늦게 오면, 나는 혹시 너에게 나쁜 일이 일어나지는 않았는지 너무 걱정 돼" 라고 말해 보세요.

Assert 주장하기:
원하는 것을 요구하고, 필요하다면 분명히 "아니오"라고 하세요. 상대방이 내 마음을 알아주거나 읽어낼 것이라고 생각하지 마세요. "나는 네가 통금 시간 전에 집에 돌아왔으면 좋겠어"

Reinforce 보상하기:
내가 원하는 것을 얻게 되면 상대방에게 어떤 긍정적인 결과가 나타날지 미리 알려주어 보상하세요. "네가 통금 시간을 잘 지키면 널 신뢰할 수 있고, 그러면 더 많은 권한을 줄 수 있어"

Mindful 마인드풀하게:
원하는 것이 무엇인지에만 집중하고, 주의가 분산되지 않도록 해보세요. 계속해서 의견을 반복해서 말하되, 공격에는 대응하지 마십시오. "너보다 더 늦게 집에 들어가는 것을 허용하는 부모들도 있을 거야. 그리고(AND) 나는 네가 약속한 통금시간을 최대한 지켜주었으면 해."

Appear Confident 대담한 태도로:
눈을 잘 마주치고, 자신감 있는 어조로 말합니다. 속삭이거나 우물거리거나 포기하듯 "어떻게 되던지 난 상관없어요"와 같은 행동은 하지 않도록 합니다.

Negotiate 협상 가능성 열어 두기:
상대방에게 **줄 것은 주고, 얻을 것은 얻겠다**는 태도를 가지십시오. 상대방의 의견이나 생각이 무엇인지 물어보고, 그 문제에 대한 해결책을 제시해보세요. "서로 의견이 다를 수 있다는 것"을 알고, 그저 지나가게 합니다. "네가 앞으로 2주간 규칙을 지킨다면, 그 이후에 친구들과 놀러갈 수 있도록 허락할게. 그래야 내 마음이 편할 것 같아."

대인관계 효율성 자료 6

연습하기: DEAR MAN 스킬

_____년 _____월 _____일까지 마치겠습니다!

한 주 동안 DEAR MAN(디어맨) 스킬을 사용했던 상황 한 가지를 선택하여 아래에 기술하세요.

무슨 일이 있었나요? (누가 무엇을 했나요? 이전의 무엇(상황)이 지금의 무엇(상황)과 연관 되어있나요? 문제가 무엇이었나요?) _____

_____

_____

_____

원하는 것이 무엇인가요? (예: 무언가를 요구하기, 거절하기, 내 입장을 진지하게 생각하기)

구체적으로 적어보세요: _____

_____

_____

적용한 DEAR MAN(디어맨)스킬 (각각의 스킬을 어떻게 사용했는지 구체적으로 적어보세요):

Describe **기술하기**(상황을 구체적으로 기술하세요. 단, 사실만 적어야 합니다): _____

_____

Express **표현하기**(감정): _____

Assert **주장하기**: _____

Reinforce **보상하기**: _____

Mindful **마인드풀하게**: _____

Appear Confident **대담한 태도로**: _____

Negotiate **협상 가능성을 열어두기**: _____

DEAR MAN 스킬을 사용하여 어떤 결과를 얻었나요? _____

_____

_____

자기존중감 유지하기: FAST스킬

FAST(패스트)를 기억하세요!

(be) **F**air	공정하게
(no) **A**pologies	사과하지 않기
Stick to values	가치관 지키기
(be) **T**ruthful	진솔하게

(be) **F**air 공정하게: 나 자신과 **다른** 사람들을 모두 공정하게 대하세요.

(no) **A**pologies 사과하지 않기: **과도하게** 사과하지 않도록 하십시오. 내가 한 행동에 대해서, 내가 무언가를 요청하는 것에 대해서, 또 나의 있는 그대로의 모습에 대해서 과도하게 사과하지 않아도 됩니다.

(그러나 상대방에게 정말 잘못한 경우에 진심 어린 사과는 필수예요!)

Stick to values 가치관 지키기: 나의 가치관과 의견을 버리지 않도록 노력하세요.

원하는 것을 얻기 위해, 기분을 맞춰 주기 위해 거절하는 것이 힘들어서 나의 신념을 버리는 일은 하지 않습니다. (감정조절 자료13. "지혜로운 마음의 가치와 우선순위"를 참고하세요.)

(be) **T**ruthful 진솔하게: 거짓말을 하지 않습니다.

무능력하지 않은 상황에서, 무능력한 것처럼 행동하지 않습니다.

변명이나 과장된 말을 하지 않도록 노력해 보세요.

이 자료는 DBT® 다이어렉티컬 행동치료 워크북 제2판(저자 Marsha M. Linehan, 역자 조용범, 2017)에서 판권 소유자의 승인하에 발췌하여 수정하였음.

이 자료는 청소년을 위한 DBT® 다이어렉티컬 행동치료(저자 Jill H. Rathus, Alec L. Miller, 역자 조용범, 2017)의 일부입니다. 원 저작권은 Guilford Press, 한국어 판권은 더트리그룹에 있습니다. 자세한 사항은 본서 저작권 관련 정보 페이지를 참고하십시오.

지혜로운 마음으로 걱정 생각에 도전하기

부정적인 생각을 현실적인 생각으로 바꿔보세요.

1. 뭐하려고 귀찮게 물어봐? 아무리 해도 바뀌지 않을 텐데.

   지혜로운 마음에서 나오는 진술: _____

2. 무언가 부탁하면 그 사람은 날 바보로 생각할거야.

   지혜로운 마음에서 나오는 진술: _____

3. 그 사람이 나에게 화내는 건 도저히 참을 수 없어.

   지혜로운 마음에서 나오는 진술: _____

4. 내가 '아니오'라고 하면 사람들은 나를 싫어하겠지. 나와 더 이상 어울리지 않을 거야.

   지혜로운 마음에서 나오는 진술: _____

5. 내가 '아니오'라고 하면, 화를 낼 거야.

   지혜로운 마음에서 나오는 진술: _____

6. 부탁하거나 도와 달라고 하면, 나를 약한 사람으로 취급할 거야.

   지혜로운 마음에서 나오는 진술: _____

지혜로운 마음에서 나오는 생각의 예:

1. "지난 번에 내가 원하는 것을 얻지 못했다고 해서, 이번에 스킬을 사용해서 요청했을 때에도 잘 안될 것이라는 말 할 수는 없어"

2. "내가 원하거나 필요한 것을 얻지 못해도 나는 괜찮아."

3. "타인에게 도움을 요청하고, 도움을 구한다는 것 자체를 인정하는 것은 바로 강한 사람이라는 뜻이야."

4. "내가 '아니오'라고 해서 상대방이 화났다고 하더라도, 내가 그 때 '예'라고 했어야 한다는 것을 뜻하는 건 아니야."

5. "그 사람이 나에게 짜증을 내더라도, 나는 이 상황을 잘 헤쳐 나갈 수 있어."

또 다른 지혜로운 생각이 있나요? _____

_____

_____

연습하기: FAST 스킬

_____년 _____월 _____일까지 마치겠습니다!

이번 한 주 동안 FAST(패스트) 스킬을 사용했던 상황 두 가지를 선택해서 기술해보세요.
FAST(패스트)를 기억하세요!

(be)	**F**air	공정하게
(no)	**A**pologies	사과하지 않기
	Stick to values	가치관 지키기
(be)	**T**ruthful	진솔하게

상황 1:

어떤 방식으로 자기 존중감을 지키려고 했나요? _____

_____

무슨 상황에서, 어떻게 FAST(패스트) 스킬을 사용 했나요?

_____

_____

결과는 어떻게 됐나요?

_____

_____

스킬을 사용한 이 후 어떻게 느꼈나요?

_____

_____

상황 2:

어떤 방식으로 자기 존중감을 지키려고 했나요? _____

무슨 상황에서, 어떻게 FAST(패스트) 스킬을 사용 했나요?

_____

_____

결과는 어떻게 됐나요?

_____

_____

스킬을 사용한 이 후 어떻게 느꼈나요?

_____

_____

원하는 것을 요청할 때 고려할 것
(원하지 않는 요청을 받았을 때 '아니오'하기)

1. 우선순위: 그 목표가 얼마나 중요한 것인가요? (원하는 것을 얻는 것이 얼마나 중요한가요?)
관계에 어려움이 있나요? 좋은 사이인가요?
자기존중감을 해칠 가능성이 있나요?

2. 능력: 상대방이 내가 원하는 것을 줄 수 있나요? (또는 상대방이 원하는 것을 내가 가지고
있나요?)

3. 시기의 적절성: 지금이 요청하기 좋은 시점인가요? 상대가 내 말에 귀를 기울여 줄 상태인가요?
('아니오'라고 하기에 좋은 시점이 아닌가요?)

4. 준비하기: 미리 알아야 할 사실에 대해 충분히 숙지했나요? 원하는 것이 무엇인지 분명한가요?
('아니오'라고 하는 이유를 사실에 근거하여 명확하게 설명할 수 있나요?)

5. 관계: 상대방과의 관계를 고려했을 때 내가 원하는 것이 적절한가요? (상대방이 나에게
요청하는 것이 현재 관계에서 적절한가요?)

6. 주고 받기: 상대방이 이전에 나를 도와준 적이 있나요? 상대방의 도움을 과하게 이용한 적이 있나요?
(과거에 그 사람을 도와준 적이 있나요? 상대방이 내 도움을 지나치게 많이 받았나요?)

위의 고려 사항 중, 더 주의를 많이 기울여야 하는 사항은 무엇인가요? _____

_____

_____

대인관계 효율성 자료 11

연습하기: 요청하거나 거절할 때 고려할 것

_____년 _____월 _____일까지 마치겠습니다!

한 주 동안 어떤 것을 요청하거나 '아니오'라고 하기 어려웠던 상황을 한 가지 선택하세요. 요청이나 거절하는 강도를 결정하기 어려웠던 상황을 선택해도 좋습니다.

아래의 고려 사항 중 해당되는 것에 체크하고, 그 때의 상황을 기술해보세요. 고려 사항 가운데 무엇이 요청 및 거절하는 것에 영향을 주었나요? 체크한 고려 사항이 요청 및 거절의 강도를 강하게 혹은 약하게 만들었나요?

v	상황을 기술하기
_____ 우선 순위	_____
	_____
_____ 능력	_____
	_____
_____ 시기의 적절성	_____
_____ 준비 상태	_____
	_____
_____ 관계	_____
	_____
_____ 주고 받기	_____
	_____

그래서 어떤 결정을 했으며, 어떤 결과가 나왔나요?

_____

_____

_____

연습하기: 대인관계 스킬 동시에 사용하기

_____년 _____월 _____일까지 마치겠습니다!

한 개 이상의 대인관계 효율성 스킬을 사용해야 했던 상황을 기술해 보세요.

_____

_____

_____

나의 우선순위는 무엇인가요?(해당 사항에 모두 체크하세요.)

_____ 좋은 관계를 맺기 / 유지하기

_____ 내가 원하는 것을 얻거나 '아니오'라고 하거나, 내 관점을 진지하게 전달하기

_____ 자기존중감을 높이기 / 유지하기

내가 말하거나 행동한 스킬은 무엇이었으며 어떻게 사용했나요?(체크하고 기술하세요)

_____ **G**entle 친절하게   _____ **D**escribe 기술하기   _____ **F**air 공정하게

_____ **I**nterested 호의적인 행동   _____ **E**xpress 표현하기   _____ (no) **A**pologies 사과하지 않기

_____ **V**alidate 수인적 태도로   _____ **A**ssert 주장하기   _____ **S**tick to values 가치관 지키기

_____ **E**asy Manner 가벼운 마음으로   _____ **R**einforce 보상하기   _____ **T**ruthful 진솔하게

                                              _____ **M**indful 마인드풀하게

                                              _____ **A**ppear Confident 대담한 태도로

                                              _____ **N**egotiate 협상 가능성을 열어두고

_____

_____

_____

_____

이 자료는 청소년을 위한 DBT® 다이어렉티컬 행동치료(저자 Jill H. Rathus, Alec L. Miller, 역자 조용범, 2017)의 일부입니다. 원 저작권은 Guilford Press, 한국어 판권은 더트리그룹에 있습니다. 자세한 사항은 본서 저작권 관련 정보 페이지를 참고하십시오.

THINK 스킬

평화로운 마음 상태를 유지하고 갈등과 분노를 줄이려고 한다면, 조금 다른 방식으로 **생각(THINK)** 해보세요. 때로는 다른 사람에 대해 부정적인 짐작이나 해석을 해서 '감정적 마음 상태'가 되고, 상황을 악화시킬 수 있습니다.

어떤 상황이 있었나요? _____
_____
_____

상대방에 대한 부정적 해석이 '감정적 마음 상태'를 어떻게 불러일으켰나요? _____
_____
_____

아래의 단계를 밟아가면서, 전과는 조금 다르게 **생각(THINK)**해보세요.

Think 생각하기	그 상황을 상대방의 관점에서 다시 생각해보세요.
Have empathy 공감하기	상대방은 어떻게 생각하고, 또 어떻게 느낄까요?
Interpretations 해석하기	타인의 행동을 해석하고 설명하는 방식이 한 가지 이상이라는 것을 생각해보세요. 왜 그렇게 행동을 했는지 가능한 여러 이유들을 적어보세요. 최소한 하나라도 **긍정적 이유**를 찾아보려고 노력해 봅니다.

_____   _____
_____   _____
_____   _____

Notice 알아차리기	상대방이 상황을 더 나아지게 하려고 하거나, 도움을 주려고 노력한 것을 알아차려보세요. 또는 상대방이 자신의 스트레스나 문제로 인해 힘들어 한다는 것을 알아차려 보세요.
Use **K**indness 친절하게	상대방에게 다정하고 친절한 태도로 다가가 보세요.

연습하기: THINK스킬

다른 방식으로 생각 THINK 해보세요:

누군가와 평화롭게 지내고, 갈등을 해소하고, 분노를 낮추기를 원하나요? _____

그 상황을 간략하게 기술해보세요. _____

_____

상대방에 대한 부정적인 해석이나 짐작을 하고 있나요? 이것이 어떻게 감정적 마음 상태를 불러 일으키고,

상황을 더 나쁘게 하나요?

_____

_____

_____

어떤 스킬을 사용했는지 기록하고, 이 스킬이 상황을 어떻게 다르게 생각THINK하게 만들었는지 적어보세요.

생각하기(Think): 상대방의 관점은 무엇이었나요? _____

_____

_____

공감하기(Have empathy): 상대방이 무슨 마음과 생각을 가지고 있는 것 같나요?

_____

_____

_____

해석하기(Interpretations): 상대방의 행동에 대해 한 가지 이상의 해석과 이유를 생각해 보십시오. 가능한

여러 가지 이유를 적어보세요. 적어도 하나의 **긍정적 이유**를 찾아내서 적어보세요.

_____   _____

_____   _____

_____   _____

(계속)

연습하기: THINK스킬

알아차리기(Notice): 상대방이 상황을 더 좋게 하거나, 도움을 주려고 하거나, 자신이 관심을 갖고 있다는 것을 보여주려는 것인지 알아차렸나요?

_____

_____

아니면, 상대방이 자신의 스트레스와 문제들로 인해 얼마나 힘들어하는지 적어보세요.

_____

_____

상대방에게 다정하거나 **친절(Kindness)**하게 다가갔었나요?

_____

_____

어떤 결과가 나왔나요? _____

_____

_____

참고 문헌

Albers, S. (2003). *Eating mindfully*: How to end mindless eating and enjoy a balanced relationship with food. Oakland, CA: New Harbinger.

Arnett, J. J. (1999). Adolescent storm and stress, reconsidered. *American Psychologist, 54(5)*, 317–326.

Barkley, R. A., Edwards, G. H., & Robins, A. L. (1999). *Defiant teens: A clinician's manual for assessment and family intervention*. New York: Guilford Press.

Barley, W. D., Buie, S. E., Peterson, E. W., Hollingsworth, A. S., Griva, M., Hickerson, S. C., et al. (1993). Development of an inpatient cognitive-behavioral treatment program for borderline personality disorder. *Journal of Personality Disorders, 7*(3), 232–240.

Baumrind, D. (1991). The influence of parenting style on adolescent competence and substance use. *Journal of Early Adolescence, 11*(1), 56–95.

Berk, L. E. (2000). *Child development* (5th ed.). Boston: Allyn & Bacon.

Berzins, L. G., & Trestman, R. L. (2004). The development and implementation of dialectical behavior therapy in forensic settings. *International Journal of Forensic Mental Health, 3*(1), 93–103.

Birmaher, B., Brent, D. A., Kolko, D., Baugher, M., Bridge, J., Holder, D., et al. (2000). Clinical outcome after short-term psychotherapy for adolescents with major depressive disorder. *Archives of General Psychiatry, 57*(1), 29.

Bohus, M., Haaf, B., & Simms, T. (2004). Effectiveness of inpatient dialectical behavior therapy for borderline personality disorder: A controlled trial. *Behaviour Research and Therapy, 42*, 487–499.

Bohus, M., Haaf, B., Stiglmayr, C., Pohl, U., Bohme, R., & Linehan, M. (2000). Evaluation of inpatient dialectical-behavioral therapy for borderline personality disorder: A prospective study. *Behaviour Research and Therapy, 38*, 875–887.

Bradley, R. G., & Follingstad, D. R. (2003). Group therapy for incarcerated women who experienced interpersonal violence: A pilot study. *Journal of Traumatic Stress, 16*(4), 337–340.

Brent, D. A., Baugher, M., Bridge, J., Chen, T., & Chiappetta, L. (1999). Age- and sex- related risk factors for adolescent suicide. *Journal of the American Academy of Child and Adolescent Psychiatry, 38*(12), 1497–1505.

Brown, B. B. (1990). Peer groups and peer cultures. In S. S. Feldman & G. R. Elliott (Eds.), *At the threshold* (pp. 171–196). Cambridge, MA: Harvard University Press.

Brown, M. (2012, November). *Enhancing emotional regulation with resonance frequency paced breathing training*. Paper presented at the annual meeting of the International Society for the Improvement and Training of DBT, National Harbor, MD.

Cooney, E., Davis, K., Thompson, P., Wharewera- Mika, J., Stewart, J., & Miller, A. L. (2012, November). *Feasibility of comparing dialectical behavior therapy with treatment as usual for suicidal & self- injuring adolescents: Follow-up data from a small randomized controlled trial*. Paper presented at the annual meeting of the Association of Behavioral and Cognitive Therapies, National Harbor, MD.

Crick, N. R., & Dodge, K. A. (1994). A review and reformulation of social information- processing mechanisms in children's social adjustment. *Psychological Bulletin, 115*, 74–101.

Dishion, T. J., McCord, J., & Poulin, F. (1999). When interventions harm: Peer groups and problem behavior. *American Psychologist, 54*, 755–764.

Epstein, L. J., & Mardon, S. (2006). *The Harvard Medical School guide to a good night's sleep*. New York: McGraw-Hill.

Evershed, S., Tennant, A., Boomer, D., Rees, A., Barkham, M., & Watson, A. (2003). Practice- based outcomes of dialectical behaviour therapy (DBT) targeting anger and violence, with male forensic patients: A pragmatic and non- contemporaneous comparison. *Criminal Behaviour and Mental Health, 13*(3), 198–213.

Fleischhaker, C., Munz, M., Böhme, R., Sixt, B., & Schulz, E. (2006). Dialectical behaviour therapy for adolescents (DBT-A): A pilot study on the therapy of suicidal, parasuicidal, and self- injurious behaviour in female patients with a borderline disorder. *Zeitschrift für Kinder-und Jugendpsychiatrie und Psychotherapie, 34*(1), 15–25.

Fleischhaker, C., Böhme, R., Sixt, B., Brück, C., Schneider, C., & Schulz, E. (2011). Dialectical behavior therapy for adolescent (DBT-A): A clinical trial for patients with suicidal and self- injurious behavior and borderline symptoms with a one-year follow- up. *Child and Adolescent Psychiatry and Mental Health, 5*(3). Retrieved from *www.capmh.com/content/5/1/3*.

Fruzzetti, A. (2006). *The high conflict couple*. Oakland, CA: New Harbinger.

Garber, J., Clarke, G. N., Weersing, V. R., Beardslee, W. R., Brent, D. A., Gladstone, T. R., et al. (2009). Prevention of depression in at-risk adolescents: A randomized controlled trial. *Journal of the American Medical Association, 301*(21), 2215–2224.

Goldstein, T., Axelson, D. A., Birmaher, B., & Brent, D. A. (2007). Dialectical behavior therapy for adolescents with bipolar disorder: A 1-year open trial. *Journal of the American Academy of Child and Adolescent Psychiatry, 46*, 820–830.

Goldstein, T., Fersch- Podrat, R., Rivera, M., Axelson, D., Brent, D. A., & Birmaher, B. (2012, November). *Is DBT effective with multi- problem adolescents?: Show me the data!* Paper presented at the annual meeting of the Association of Behavioral and Cognitive Therapies, National Harbor, MD.

Groves, S., Backer, H. S., van den Bosch, W., & Miller, A. (2012). Dialectical behaviour therapy with adolescents. *Child and Adolescent Mental Health, 17*, 65–75.

Halaby, K. S. (2004). Variables predicting noncompliance with short-term dialectical behavior therapy for suicidal and parasuicidal adolescents. *Dissertation Abstracts International: Section B: The Sciences and Engineering, 65*(6), 3160B.

Hashim, R., Vadnais, M., & Miller, A. L. (2013). Improving adherence in adolescent chronic kidney disease: A DBT feasibility trial. *Clinical Practice in Pediatric Psychology, 1*, 369–379.

Hoffman, P. D., & Steiner- Grossman, P. (Eds.). (2008). *Borderline personality disorder: Meeting the challenges to successful treatment*. New York: Routledge.

Hope, D. A., Heimberg, R. G., Juster, H. R., & Turk, C. L. (2000). *Managing social anxiety client workbook: A CBT approach*. Boulder, CO: TherapyWorks, Graywind.

James, A. C., Taylor, A., Winmill, L., & Alfoadari, K. (2008). A preliminary community study of dialectical behaviour therapy (DBT) with adolescent females demonstrating persistent, deliberate self- harm (DSH). *Child and Adolescent Mental Health, 13*(3), 148–152.

Kabat-Zinn, J. (1990). *Full catastrophe living*. New York: Delacorte Press.

Katz, L. Y., Cox, B. J., Gunasekara, S., & Miller, A. L. (2004). Feasibility of dialectical behavior therapy for suicidal adolescent inpatients. *Journal of the American Academy of Child and Adolescent Psychiatry, 43*(3), 276–282.

Kaufman, J., Birmaher, B., Brent, D., Rao, U., Flynn, C., Moreci, P., et al. (1997). Schedule for affective disorders and schizophrenia for school- age children present and lifetime version (K-SADS-PL): Initial reliability and validity data. *Journal of the American Academy of Child and Adolescent Psychiatry, 36*, 980–988.

Keuthen, N. J., Rothbaum, B. O., Welch, S. S., Taylor, C., Falkenstein, M., Heekin, M., et al. (2010). Pilot trial of dialectical behavior therapy- enhanced habit reversal for trichotillomania. *Depression and Anxiety, 27*(10), 953–959.

Koons, C. R., Robins, C. J., Tweed, J. L., Lynch, T. R., Gonzalez, A. M., Morse, J. Q., et al. (2001). Efficacy of dialectical behavior therapy in women veterans with borderline personality disorder. *Behavior Therapy, 32*, 371–390.

Linehan, M. M. (1993a). *Cognitive- behavioral treatment of borderline personality disorder.* New York: Guilford Press.

Linehan, M. M. (1993b). *Skills training manual for treating borderline personality disorder.* New York: Guilford Press.

Linehan, M. M. (1997). Validation and psychotherapy. In A. Bohart & L. Greenberg (Eds.), *Empathy reconsidered: New directions in psychotherapy* (pp. 353–392). Washington, DC: American Psychological Association.

Linehan, M. M. (1999). Standard protocol for assessing and treating suicidal behaviors for patients in treatment. In D. G. Jacobs (Ed.), *The Harvard Medical School guide to suicide assessment and intervention* (pp. 146–187). San Francisco: Jossey-Bass.

Linehan, M. M. (2015). *DBT skills training manual* (2nd ed.). New York: Guilford Press.

Linehan, M. M., Armstrong, H. E., Suarez, A., Allmon, D., & Heard, H. L. (1991). Cognitive- behavioral treatment of chronically parasuicidal borderline patients. *Archives of General Psychiatry, 48*(12), 1060–1064.

Linehan, M. M., Comtois, K. A., Murray, A. M., Brown, M. Z., Gallop, R. J., Heard, H. L., et al. (2006). Two-year randomized controlled trial and follow- up of dialectical behavior therapy vs. therapy by experts for suicidal behaviors and borderline personality disorder. *Archives of General Psychiatry, 63*(7), 757–767.

Linehan, M. M., Comtois, K. A., & Ward- Ciesielski, E. (2012). Assessing and managing risk with suicidal individuals. *Cognitive and Behavioral Practice, 19*(2), 218–232.

Linehan, M. M., Dimeff, L. A., Reynolds, S. K., Comtois, K. A., Welch, S. S., Heagerty, P., et al. (2002). Dialectical behavior therapy versus comprehensive validation therapy plus 12-step for the treatment of opioid dependent women meeting criteria for borderline personality disorder. *Drug and Alcohol Dependence, 67*(1), 13–26.

Linehan, M. M., Heard, H. L., & Armstrong, H. E. (1993). Naturalistic follow- up of a behavioral treatment for chronically parasuicidal borderline patients. *Archives of General Psychiatry, 50*(12), 971–974.

Linehan, M. M., Schmidt, H., Dimeff, L. A., Craft, J. C., Kanter, J., & Comtois, K. A. (1999). Dialectical behavior therapy for patients with borderline personality disorder and drug- dependence. *American Journal on Addictions, 8*(4), 279–292.

Lynch, T. R. (2000). Treatment of elderly depression with personality disorder comorbidity using dialectical behavior therapy. *Cognitive and Behavioral Practice, 7*(4), 468–477.

Lynch, T. R., Morse, J. Q., Mendelson, T., & Robins, C. J. (2003). Dialectical behavior therapy for depressed older adults: A randomized pilot study. *American Journal of Geriatric Psychiatry, 11*(1), 33–45.

Lynch, T. R., Trost, W. T., Salsman, N., & Linehan, M. M. (2007). Dialectical behavior therapy for borderline personality disorder. *Annual Review of Clinical Psychology, 3*, 181–205.

Mason, P., Catucci, D., Lusk, V., & Johnson, M. (2009, November). *An overview of a modified dialectical behavioral therapy adolescent skills training program in a school setting.* Poster presented at the Child and School- Related Issues SIG at ABCT Convention, New York.

Mazza, J. J., Dexter-Mazza, E. T., Murphy, H. E., Miller, A. L., & Rathus, J. H. (in press). *Skills training for emotional problem solving for adolescents (STEPS-A): Implementing DBT skills training in schools.* New York: Guilford Press.

McDonell, M. G., Tarantino, J., Dubose, A. P., Matestic, P., Steinmetz, K., Galbreath, H., et al. (2010). A pilot evaluation of dialectical behavioral therapy in adolescent long- term inpatient care. *Child and Adolescent Mental Health, 15*(4), 193–196.

McKnight-Eily, L. R., Eaton, D. K., Lowry, R., Croft, J. B., Presley- Cantrell, L., & Perry, G. S. (2011). Relationships between hours of sleep and health- risk behaviors in adolescent students. *Preventive Medicine, 53*, 271–273.

Mehlum, L., Ramberg, M., Tørmoen, A., Haga, E., Larsson, B., Stanley, B., et al. (2012, November). *Dialectical behavior therapy for adolescents with recent and repeated suicidal and self-harm behavior: A randomized controlled trial.* Paper presented at the annual meeting of the Association of Behavioral and Cognitive Therapies, National Harbor, MD.

Mehlum, L., Tørmoen, A., Ramberg, M., Haga, E., Diep, L., Laberg, S., et al. (in press). Dialectical behavior therapy for adolescents with recent and repeated suicidal and self- harming behavior and borderline traits: First randomized controlled trial. *Journal of the American Academy of Child and Adolescent Psychiatry.*

Miller, A. L., & Rathus, J. H. (2000). Dialectical behavior therapy: Adaptations and new applications. *Cognitive and Behavioral Practice, 7*, 420–425.

Miller, A. L., Rathus, J. H., & Linehan, M. M. (2007). *Dialectical behavior therapy with suicidal adolescents.* New York: Guilford Press.

Miller, A. L., Rathus, J. H., Linehan, M. M., Wetzler, S., & Leigh, E. (1997). Dialectical behavior therapy adapted for suicidal adolescents. *Journal of Psychiatric Practice, 3*(2), 78.

Morin, C. M. (1993). *Insomnia: Psychological assessment and management.* New York: Guilford Press.

Moss, M. (2013). *Salt, sugar, fat.* New York: Random House.

Nelson-Gray, R. O., Keane, S. P., Hurst, R. M., Mitchell, J. T., Warburton, J. B., Chok, J. T., et al. (2006). A modified DBT skills training program for oppositional defiant adolescents: Promising preliminary findings. *Behaviour Research and Therapy, 44*(12), 1811–1820.

Nock, M. K., & Kazdin, A. E. (2005). Randomized controlled trial of a brief intervention for increasing participation in parent management training. *Journal of Consulting and Clinical Psychology, 73*, 872–879.

Otto, M. W., & Smits, J. A. J. (2011). *Exercise for mood and anxiety: Proven strategies for overcoming depression and enhancing well-being.* New York: Oxford University Press.

Palmer, R. L., Birchall, H., Damani, S., Gatward, N., McGrain, L., & Parker, L. (2003). A dialectical behavior therapy program for people with an eating disorder and borderline personality disorder: Description and outcome. *International Journal of Eating Disorders, 33*(3), 281–286.

Parker-Pope, T. (2010, June 7). An ugly toll of technology: Impatience and forgetfulness. *New York Times*, p. A13.

Perepletchikova, F., Axelrod, S. R., Kaufman, J., Rounsaville, B. J., Douglas- Palumberi, H., & Miller, A. L. (2011). Adapting dialectical behaviour therapy for children: Towards a new research agenda for pediatric suicidal and non- suicidal self- injurious behaviours. *Child and Adolescent Mental Health, 16*(2), 116–121.

Phelan, T. W. (1998). *Surviving your adolescents: How to manage— and let go of—your 13–18 year olds.* Glen Ellyn, IL: Independent Publishers Group.

Pollan, M. (2009). *In defense of food.* New York: Penguin Press.

Porr, V. (2010). *Overcoming borderline personality disorder: A family guide for healing and change.* New York: Oxford University Press.

Pryor, K. (2002). *Don't shoot the dog!: The new art of teaching and training.* Lydney, UK: Ringpress Books.

Rathus, J. H., Campbell, B., & Miller, A. (in press). Feasibility of Walking the Middle Path: A new DBT skills module. *American Journal of Psychotherapy.*

Rathus, J. H., & Feindler, E. L. (2004). *Assessment of partner violence: A handbook for researchers and practitioners.*

Washington, DC: American Psychological Association.

Rathus, J. H., & Miller, A. L. (2000). DBT for adolescents: Dialectical dilemmas and secondary treatment targets. *Cognitive and Behavioral Practice, 7*, 425–434.

Rathus, J. H., & Miller, A. L. (2002). Dialectical behavior therapy adapted for suicidal adolescents. *Suicide and Life-Threatening Behavior, 32*, 146–157.

Rathus, J. H., Wagner, D., & Miller, A. L. (2013). *Self- report assessment of emotion dysregulation, impulsivity, interpersonal chaos, and confusion about self: Development and psychometric evaluation of the Life Problems Inventory*. Manuscript submitted for publication.

Ritschel, L. A., Cheavens, J. S., & Nelson, J. (2012). Dialectical behavior therapy in an intensive outpatient program with a mixed- diagnostic sample. *Journal of Clinical Psychology, 68*, 221–235.

Robins, C. J., & Chapman, A. L. (2004). Dialectical behavior therapy: Current status, recent developments, and future directions. *Journal of Personality Disorders, 18*(1), 73–89.

Safer, D. L., Lock, J., & Couturier, J. L. (2007). Dialectical behavior therapy modified for adolescent binge eating disorder: A case report. *Cognitive and Behavioral Practice, 14*, 157–167.

Safer, D. L., Telch, C. F., & Agras, W. S. (2001). Dialectical behavior therapy for bulimia nervosa. *American Journal of Psychiatry, 158*, 632–634.

Safer, D. L., Telch, C. F., & Chen, E. Y. (2009). *Dialectical behavior therapy for binge eating and bulimia*. New York: Guilford Press.

Salbach- Andrae, H., Bohnekamp, I., Pfeiffer, E., Lehmkuhl, U., & Miller, A. L. (2008). Dialectical behavior therapy of anorexia and bulimia nervosa among adolescents: A case series. *Cognitive and Behavioral Practice, 15*, 415–425.

Salbach, H., Klinkowski, N., Pfeiffer, E., Lehmkuhl, U., & Korte, A. (2007). Dialectical behavior therapy for adolescents with anorexia and bulimia nervosa (DBT-AN/BN): A pilot study. *Praxis der Kinderpsychologie und Kinderpsychiatrie, 56*(2), 91–108.

Sally, M., Jackson, L., Carney, J., Kevelson, J., & Miller, A. L. (2002, November). *Implementing DBT skills training groups in an underperforming high school*. Poster session presented at the annual meeting of the International Society for the Improvement and Training of DBT, Reno, NV.

Scheel, K. R. (2000). The empirical basis of dialectical behaviour therapy: Summary, critique, and implications. *Clinical Psychology: Science and Practice, 7*(1), 68–86.

Simpson, E. B., Pistorello, J., Begin, A., Costello, E., Levinson, J., Mulberry, S., et al. (1998). Use of dialectical behavior therapy in a partial hospital program for women with borderline personality disorder. *Psychiatric Services, 49*, 669–673.

Springer, T., Lohr, N. E., Buchtel, H. A., & Silk, K. R. (1996). A preliminary report of short-term cognitive- behavioral group therapy for inpatients with personality disorders. *Journal of Psychotherapy Practice and Research, 5*(1), 57–71.

Sunseri, P. A. (2004). Preliminary outcomes on the use of dialectical behavior therapy to reduce hospitalization among adolescents in residential care. *Residential Treatment for Children and Youth, 21*(4), 59–76.

Telch, C. F., Agras, W. S., & Linehan, M. M. (2000). Group dialectical behavior therapy for binge- eating disorder: A preliminary uncontrolled trial. *Behavior Therapy, 31*, 569–582.

Thakkar, V. G. (2013, April 28). Diagnosing the wrong deficit. *New York Times*, Week in Review, p. SR1.

Trautman, P. D., Stewart, N., & Morishima, A. (1993). Are adolescent suicide attempters noncompliant with outpatient care? *Journal of the American Academy of Child and Adolescent Psychiatry, 32*(1), 89–94.

Trupin, E. W., Stewart, D. G., Beach, B., & Boesky, L. (2002). Effectiveness of a dialectical behavior therapy program for incarcerated juvenile offenders. *Child and Adolescent Mental Health, 7*, 121–127.

van den Bosch, L. M. C., Koeter, M., Stijnen, T., Verheul, R., & van den Brink, W. (2005). Sustained efficacy of dialectical behaviour therapy for borderline personality disorder. *Behaviour Research and Therapy, 43*, 1231–1241.

Velting, D. M., & Miller, A. L. (1999, April). *Diagnostic risk factors for adolescent parasuicidal behavior.* Paper presented at the 9th annual conference of the American Association of Suicidology, Houston, TX.

Verheul, R., van den Bosch, L. M., Koeter, M. W., de Ridder, M. A., Stijnen, T., & van den Brink, W. (2003). Dialectical behaviour therapy for women with borderline personality disorder: 12-month, randomised clinical trial in the Netherlands. *British Journal of Psychiatry, 182*, 135–140.

Walsh, R. (2011). Lifestyle and mental health. *American Psychologist, 66*, 579–592.

Wansink, B. (2006). *Mindless eating: Why we eat more than we think.* New York: Bantam.

Woodberry, K. A., & Popenoe, E. J. (2008). Implementing dialectical behavior therapy with adolescents and their families in a community outpatient clinic. *Cognitive and Behavioral Practice, 15*(3), 277–286.

청소년을 위한 DBT® 다이어렉티컬 행동치료
– 감정조절장애와 경계선 성격장애 치료를 위한 매뉴얼

발행일 1쇄 2017년 8월 30일
　　　　5쇄 2024년 9월 4일

저자 Jill H. Rathus, Alec L. Miller
역자 조용범
펴낸이 조용범
펴낸곳 더 트리 그룹
출판등록 2008년 9월 23일 제2016-000018호
주소 서울특별시 송파구 법원로 90, 12층 우편번호 05855
전화 02)557-8823
팩스 02)557-8355

www.theTreeG.com

ISBN 978-89-967839-4-7